大学赤本シリーズ

252

慶應義塾大学

経済学部

JN077388

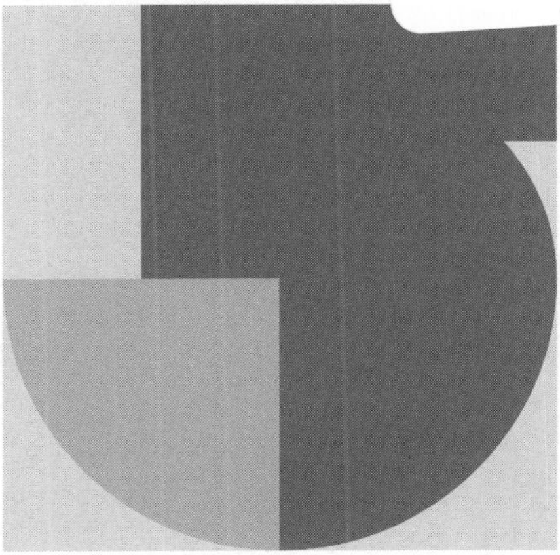

教学社

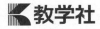

は　し　が　き

おかげさまで，大学入試の「赤本」は，今年で創刊70周年を迎えました。

これまで，入試問題や資料をご提供いただいた大学関係者各位，掲載許可をいただいた著作権者の皆様，各科目の解答や対策の執筆にあたられた先生方，そして，赤本を使用してくださったすべての読者の皆様に，厚く御礼を申し上げます。

以下に，創刊初期の「赤本」のはしがきを引用します。これからも引き続き，受験生の目標の達成や，夢の実現を応援してまいります。

本書を活用して，入試本番では持てる力を存分に発揮されることを心より願っています。

編者しるす

＊　＊　＊

学問の塔にあこがれのまなざしをもって，それぞれの志望する大学の門をたたかんとしている受験生諸君！　人間として生まれてきた私たちは，自己の欲するままに，美しく，強く，そして何よりも人間らしく生きることをねがっている。しかし，一朝一夕にして，この純粋なのぞみが達せられることはない。私たちの行く手には，絶えずさまざまな試練がまちかまえている。この試練を克服していくところに，私たちのねがう真に人間的な世界がはじめて開かれてくるのである。

人生最初の最大の試練として，諸君の眼前に大学入試がある。この大学入試は，精神的にも身体的にも，大きな苦痛を感ぜしめるであろう。あるスポーツに熟達するには，たゆみなき，はげしい練習を積み重ねることが必要であるように，私たちは，計画的・持続的な努力を払うことによって，この試練を克服し，次の一歩を踏みだすことができる。厳しい試練を経たのちに，はじめて満足すべき成果を獲得できるのである。

本書は最近の入学試験の問題に，それぞれ解答を付し，さらに問題をふかく分析することによって，その大学独特の傾向や対策をさぐろうとした。本書を一般の参考書とあわせて使用し，まとはずれのない，効果的な受験勉強をされるよう期待したい。

（昭和35年版「赤本」はしがきより）

挑む人の、いちばんの味方

赤本創刊70周年

1954年に大学入試の過去問題集を刊行してから70年。赤本は大学に入りたいと思う受験生を応援しつづけてきました。これからも，苦しいとき落ち込むときにそばで支える存在でいたいと思います。

そして，勉強をすること，自分で道を決めること，努力が実ること，これらの喜びを読者の皆さんが感じることができるよう，伴走をつづけます。

そもそも赤本とは…

受験生のための大学入試の過去問題集！

70年の歴史を誇る赤本は，500点を超える刊行点数で全都道府県の370大学以上を網羅しており，過去問の代名詞として受験生の必須アイテムとなっています。

…………… なぜ受験に過去問が必要なのか？ ……………

大学入試は大学によって問題形式や頻出分野が大きく異なるからです。

記述式?
マーク式?
問題のレベルは?
時間配分は?
自分に足りないのは？
頻出分野は?
どんな対策が必要？
どんな問題が出るの?
みんなの疑問に答える赤本！
赤本で志望校を研究しよう！

赤本の掲載内容

傾向と対策

これまでの出題内容から，問題の「**傾向**」を分析し，来年度の入試に向けて具体的な「**対策**」の方法を紹介しています。

問題編・解答編

- 年度ごとに問題とその解答を掲載しています。
- 「**問題編**」ではその年度の試験概要を確認したうえで，実際に出題された過去問に取り組むことができます。
- 「**解答編**」には高校・予備校の先生方による解答が載っています。

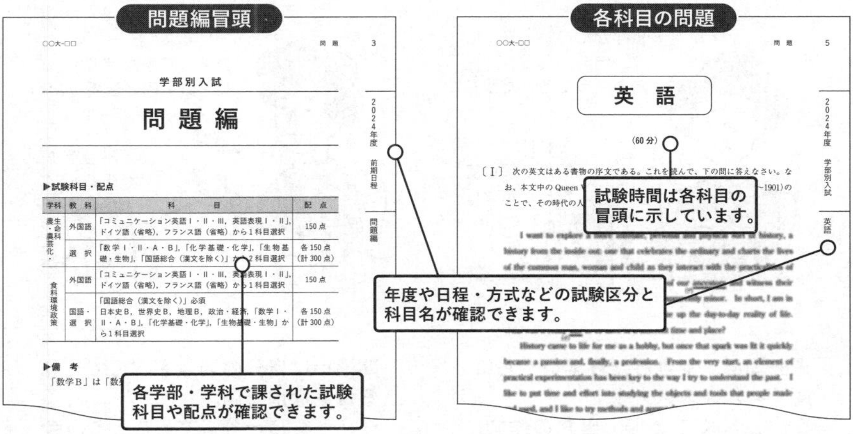

他にも，大学の基本情報や，先輩受験生の合格体験記，在学生からのメッセージなどが載っていることがあります。

掲載内容について

著作権上の理由やその他編集上の都合により問題や解答の一部を割愛している場合があります。

なお，指定校推薦入試，社会人入試，編入学試験，帰国生入試などの特別入試，英語以外の外国語科目，商業・工業科目は，原則として掲載しておりません。また試験科目は変更される場合がありますので，あらかじめご了承ください。

受験勉強は

過去問に始まり，

STEP 1 なにはともあれ

まずは解いてみる

しずかに…
今，自分の心と
向き合ってるんだから
ムーン
それは
問題を解いて
からだホン!

過去問は，**できるだけ早いうちに解く**のがオススメ！
実際に解くことで，**出題の傾向，問題のレベル，今の自分の実力**がつかめます。

STEP 2 じっくり具体的に

弱点を分析する

分析の結果だけど
英・数・国が苦手みたい
スリー
必須科目だホン
頑張るホン

間違いは自分の弱点を教えてくれる**貴重な情報源。**
弱点から自己分析することで，**今の自分に足りない力や苦手な分野**が見えてくるはず！

合格者があかす赤本の使い方

傾向と対策を熟読

（Fさん／国立大合格）

大学の出題傾向を調べるために，赤本に載っている「傾向と対策」を熟読しました。

繰り返し解く

（Tさん／国立大合格）

１周目は問題のレベル確認，２周目は苦手や頻出分野の確認に，３周目は合格点を目指して，と過去問は繰り返し解くことが大切です。

過去問に終わる。

STEP 3

志望校にあわせて

苦手分野の重点対策

明日からはみんなで頑張るよ！
参考書も！ 問題集も！
よろしくね！
呼んだ？
なにを!? どこから!?
グッ
グッ

参考書や問題集を活用して，苦手分野の**重点対策**をしていきます。
過去問を指針に，合格へ向けた具体的な学習計画を立てましょう！

STEP 1 ▶ 2 ▶ 3

サイクルが大事！

実践を繰り返す

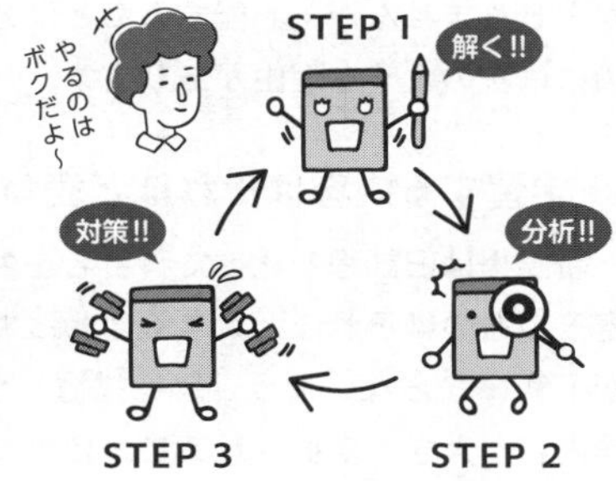

STEP 1～3を繰り返し，実力アップにつなげましょう！
出題形式に慣れることや，**時間配分を考えること**も大切です。

目標点を決める
(Yさん／私立大合格)
赤本によっては合格者最低点が載っているので，それを見て目標点を決めるのもよいです。

時間配分を確認
(Kさん／私立大学合格)
赤本は時間配分や解く順番を決めるために使いました。

添削してもらう
(Sさん／私立大学合格)
記述式の問題は先生に添削してもらうことで自分の弱点に気づけると思います。

新課程入試Q&A

2022年度から新しい学習指導要領（新課程）での授業が始まり，2025年度の入試は，新課程に基づいて行われる最初の入試となります。ここでは，赤本での新課程入試の対策について，よくある疑問にお答えします。

Q1. 赤本は新課程入試の対策に使えますか？

A. もちろん使えます！

旧課程入試の過去問が新課程入試の対策に役に立つのか疑問に思う人もいるかもしれませんが，心配することはありません。旧課程入試の過去問が役立つのには次のような理由があります。

● 学習する内容はそれほど変わらない

新課程は旧課程と比べて科目名を中心とした変更はありますが，学習する内容そのものはそれほど大きく変わっていません。また，多くの大学で，既卒生が不利にならないよう「経過措置」がとられます（Q３参照）。したがって，出題内容が大きく変更されることは少ないとみられます。

● 大学ごとに出題の特徴がある

これまでに課程が変わったときも，各大学の出題の特徴は大きく変わらないことがほとんどでした。入試問題は各大学のアドミッション・ポリシーに沿って出題されており，過去問にはその特徴がよく表れています。過去問を研究してその大学に特有の傾向をつかめば，最適な対策をとることができます。

出題の特徴の例	・英作文問題の出題の有無 ・論述問題の出題（字数制限の有無や長さ） ・計算過程の記述の有無

新課程入試の対策も，赤本で過去問に取り組むところから始めましょう。

Q2. 赤本を使う上での注意点はありますか？

A. 志望大学の入試科目を確認しましょう。

過去問を解く前に，過去の出題科目（問題編冒頭の表）と 2025 年度の募集要項とを比べて，課される内容に変更がないかを確認しましょう。ポイントは以下のとおりです。科目名が変わっていても，実際は旧課程の内容とほとんど同様のものもあります。

英語・国語	科目名は変更されているが，実質的には変更なし。 ▶▶ **ただし，リスニングや古文・漢文の有無は要確認。**
地歴	科目名が変更され，「歴史総合」「地理総合」が新設。 ▶▶ **新設科目の有無に注意。ただし，「経過措置」（Q３参照）により内容は大きく変わらないことも多い。**
公民	「現代社会」が廃止され，「公共」が新設。 ▶▶ **「公共」は実質的には「現代社会」と大きく変わらない。**
数学	科目が再編され，「数学 C」が新設。 ▶▶ **「数学」全体としての内容は大きく変わらないが，出題科目と単元の変更に注意。**
理科	科目名も学習内容も大きな変更なし。

数学については，科目名だけでなく，どの単元が含まれているかも確認が必要です。例えば，出題科目が次のように変わったとします。

旧課程	「数学 I・数学 II・数学 A・数学 B（数列・ベクトル）」
新課程	「数学 I・数学 II・数学 A・**数学 B（数列）・数学 C（ベクトル）**」

この場合，新課程では「数学C」が増えていますが，単元は「ベクトル」のみのため，実質的には旧課程とほぼ同じであり，過去問をそのまま役立てることができます。

Q3. 「経過措置」とは何ですか？

A. 既卒の旧課程履修者への対応です。

多くの大学では，既卒の旧課程履修者が不利にならないように，出題において「経過措置」が実施されます。措置の有無や内容は大学によって異なるので，募集要項や大学のウェブサイトなどで確認しておきましょう。

○旧課程履修者への経過措置の例

- 旧課程履修者にも配慮した出題を行う。
- 新・旧課程の共通の範囲から出題する。
- 新課程と旧課程の共通の内容を出題し，共通範囲のみでの出題が困難な場合は，旧課程の範囲からの問題を用意し，選択解答とする。

例えば，地歴の出題科目が次のように変わったとします。

旧課程	「日本史 B」「世界史 B」から１科目選択
新課程	「**歴史総合**，日本史探究」「**歴史総合**，世界史探究」から１科目選択※ ※旧課程履修者に不利益が生じることのないように配慮する。

「歴史総合」は新課程で新設された科目で，旧課程履修者には見慣れないものですが，上記のような経過措置がとられた場合，新課程入試でも旧課程と同様の学習内容で受験することができます。

要チェックだホン

新課程の情報は WEB もチェック！
より詳しい解説が赤本ウェブサイトで見られます。
https://akahon.net/shinkatei/

科目名が変更される教科・科目

	旧課程	新課程
国語	国語総合 国語表現 現代文A 現代文B 古典A 古典B	現代の国語 言語文化 論理国語 文学国語 国語表現 古典探究
地歴	日本史A 日本史B 世界史A 世界史B 地理A 地理B	歴史総合 日本史探究 世界史探究 地理総合 地理探究
公民	現代社会 倫理 政治・経済	公共 倫理 政治・経済
数学	数学Ⅰ 数学Ⅱ 数学Ⅲ 数学A 数学B 数学活用	数学Ⅰ 数学Ⅱ 数学Ⅲ 数学A 数学B 数学C
外国語	コミュニケーション英語基礎 コミュニケーション英語Ⅰ コミュニケーション英語Ⅱ コミュニケーション英語Ⅲ 英語表現Ⅰ 英語表現Ⅱ 英語会話	英語コミュニケーションⅠ 英語コミュニケーションⅡ 英語コミュニケーションⅢ 論理・表現Ⅰ 論理・表現Ⅱ 論理・表現Ⅲ
情報	社会と情報 情報の科学	情報Ⅰ 情報Ⅱ

目　次

解答編

※問題編は別冊

2021 年度

2020 年度

掲載内容についてのお断り

- 著作権の都合により，下記の内容を省略しています。
  2024 年度：「世界史」大問III　問 11　資料 b

下記の問題に使用されている著作物は，2024 年 4 月 17 日に著作権法第 67 条の 2 第 1 項の規定に基づく申請を行い，同条同項の規定の適用を受けて掲載しているものです。
2021 年度：「世界史」大問Ⅱ　問 7　資料 a・c

UNIVERSITY GUIDE

大学情報

基本情報

沿革

1858（安政 5）　福澤諭吉，江戸に蘭学塾を開く

1863（文久 3）　蘭学塾より英学塾に転向

1868（慶應 4）　塾を「慶應義塾」と命名，近代私学として新発足

　✎1885（明治 18）このころ塾生たちがペンの記章をつけ始める

1890（明治 23）　大学部が発足し，総合大学となる

1898（明治 31）　学制を改革し，一貫教育制度を樹立

　✎1903（明治 36）第 1 回早慶野球試合

1920（大正 9）　大学令による大学として新発足

　文学・経済学・法学・医学部から成る総合大学となる

1944（昭和 19）　藤原工業大学が寄付され，工学部設置

1949（昭和 24）　新制大学発足，文学・経済学・法学・工学部設置

1952（昭和 27）　新制大学医学部発足

1957（昭和 32）　商学部設置

1981（昭和 56）　工学部を改組し，理工学部を設置

1990（平成 2）　総合政策・環境情報学部を設置

2001（平成 13）　看護医療学部を設置
2008（平成 20）　学校法人共立薬科大学との合併により薬学部設置
　創立 150 周年

ペンマーク

1885（明治 18）年ごろ，塾生が教科書にあった一節「ペンは剣に勝る力あり」にヒントを得て帽章を自分たちで考案したことからはじまり，その後多数の塾生・塾員の支持を得て公式な形として認められ，今日に至っています。ペンマークは，その発祥のルーツにも見られるように，学びの尊さを表現するシンボルであり，慶應義塾を指し示すだけでなく，広く認知された社会的な存在と位置付けられます。

学部・学科の構成

大　学

●**文学部**　1 年：日吉キャンパス／2 ～ 4 年：三田キャンパス

人文社会学科（哲学系〈哲学専攻，倫理学専攻，美学美術史学専攻〉，史学系〈日本史学専攻，東洋史学専攻，西洋史学専攻，民族学考古学専攻〉，文学系〈国文学専攻，中国文学専攻，英米文学専攻，独文学専攻，仏文学専攻〉，図書館・情報学系〈図書館・情報学専攻〉，人間関係学系〈社会学専攻，心理学専攻，教育学専攻，人間科学専攻〉）

＊各専攻には 2 年次より分属する。

●**経済学部**　1・2 年：日吉キャンパス／3・4 年：三田キャンパス

経済学科

●**法学部**　1・2 年：日吉キャンパス／3・4 年：三田キャンパス

法律学科

政治学科

●**商学部**　1・2 年：日吉キャンパス／3・4 年：三田キャンパス

商学科

●**医学部**　1 年：日吉キャンパス／2 ～ 6 年：信濃町キャンパス

医学科

●理工学部　1・2年：日吉キャンパス／3・4年：矢上キャンパス

機械工学科
電気情報工学科
応用化学科
物理情報工学科
管理工学科
数理科学科（数学専攻，統計学専攻）
物理学科
化学科
システムデザイン工学科
情報工学科
生命情報学科

＊各学科には2年次より分属する。数理科学科の各専攻は3年次秋学期に選択する。

●総合政策学部　湘南藤沢キャンパス

総合政策学科

●環境情報学部　湘南藤沢キャンパス

環境情報学科

●看護医療学部　1・2・4年：湘南藤沢キャンパス／3・4年：信濃町キャンパス

看護学科

●薬学部　1年：日吉キャンパス／2年以降：芝共立キャンパス

薬学科［6年制］
薬科学科［4年制］

大学院

文学研究科 / 経済学研究科 / 法学研究科 / 社会学研究科 / 商学研究科 / 医学研究科 / 理工学研究科 / 政策・メディア研究科 / 健康マネジメント研究科 / 薬学研究科 / 経営管理研究科 / システムデザイン・マネジメント研究科 / メディアデザイン研究科 / 法務研究科（法科大学院）

（注）上記内容は2024年4月時点のもので，改組・新設等により変更される場合があります。

大学所在地

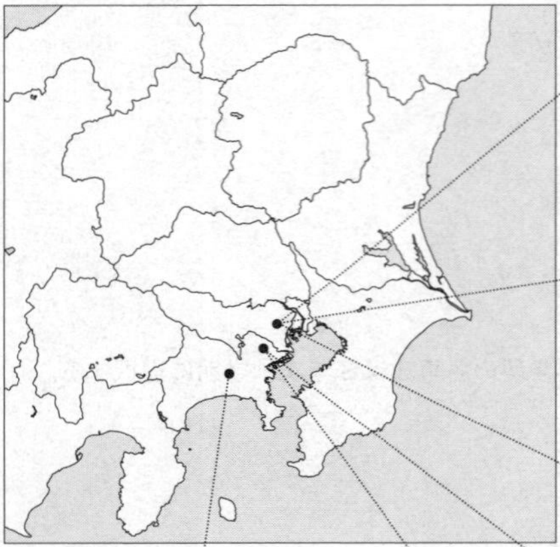

三田キャンパス

信濃町キャンパス

芝共立キャンパス

湘南藤沢キャンパス

日吉キャンパス

矢上キャンパス

三田キャンパス	〒 108-8345	東京都港区三田 2-15-45
日吉キャンパス	〒 223-8521	神奈川県横浜市港北区日吉 4-1-1
矢上キャンパス	〒 223-8522	神奈川県横浜市港北区日吉 3-14-1
信濃町キャンパス	〒 160-8582	東京都新宿区信濃町 35
湘南藤沢キャンパス	〒 252-0882	神奈川県藤沢市遠藤 5322(総合政策・環境情報学部)
	〒 252-0883	神奈川県藤沢市遠藤 4411(看護医療学部)
芝共立キャンパス	〒 105-8512	東京都港区芝公園 1-5-30

入試データ

2024 年度の合格最低点につきましては，大学ホームページや大学発行資料にてご確認ください。

入試状況（志願者数・競争率など）

○合格者数（第 2 次試験を行う学部は第 2 次試験合格者）と，補欠者許可数との合計が入学許可者数であり，実質倍率は受験者数÷入学許可者数で算出。

入試統計（一般選抜）

●文学部

年度	募集人員	志願者数	受験者数	合格者数	補欠者		実質倍率
					発表数	許可数	
2024	580	4,131	3,796	1,060	251	136	3.2
2023	580	4,056	3,731	1,029	288	143	3.2
2022	580	4,162	3,849	1,010	300	179	3.2
2021	580	4,243	3,903	932	276	276	3.2
2020	580	4,351	3,978	937	335	85	3.9
2019	580	4,720	4,371	954	339	79	4.2
2018	580	4,820	4,500	980	323	43	4.4

●経済学部

方式	年度	募集人員	志願者数	受験者数	合格者数	補欠者		実質倍率
						発表数	許可数	
A	2024	420	4,066	3,699	875	284	275	3.2
	2023	420	3,621	3,286	865	278	237	3.0
	2022	420	3,732	3,383	856	264	248	3.1
	2021	420	3,716	3,419	855	248	248	3.1
	2020	420	4,193	3,720	857	262	113	3.8
	2019	420	4,743	4,309	854	286	251	3.9
	2018	420	4,714	4,314	856	307	183	4.2
B	2024	210	1,853	1,691	381	138	52	3.9
	2023	210	2,015	1,844	380	138	100	3.8
	2022	210	2,086	1,905	380	130	82	4.1
	2021	210	2,081	1,913	368	132	132	3.8
	2020	210	1,956	1,768	367	148	39	4.4
	2019	210	2,231	2,029	364	141	38	5.0
	2018	210	2,417	2,217	362	143	69	5.1

●法学部

学科	年度	募集人員	志願者数	受験者数	合格者数	補欠者		実質倍率
						発表数	許可数	
法律	2024	230	1,657	1,466	334	79	46	3.9
	2023	230	1,730	1,569	334	60	18	4.5
	2022	230	1,853	1,633	330	48	48	4.3
	2021	230	1,603	1,441	314	53	30	4.2
	2020	230	1,511	1,309	302	51	40	3.8
	2019	230	2,016	1,773	308	53	23	5.4
	2018	230	2,089	1,864	351	51	0	5.3
政治	2024	230	1,363	1,212	314	64	10	3.7
	2023	230	1,407	1,246	292	52	37	3.8
	2022	230	1,323	1,190	289	49	12	4.0
	2021	230	1,359	1,243	296	49	40	3.7
	2020	230	1,548	1,369	295	53	0	4.6
	2019	230	1,472	1,328	300	50	12	4.3
	2018	230	1,657	1,506	315	55	0	4.8

●商学部

方式	年度	募集人員	志願者数	受験者数	合格者数	補欠者		実質倍率
						発表数	許可数	
A	2024	480	4,615	4,354	1,593	417	76	2.6
	2023	480	4,189	3,947	1,484	375	137	2.4
	2022	480	4,023	3,716	1,434	376	154	2.3
	2021	480	3,641	3,404	1,312	356	244	2.2
	2020	480	3,845	3,502	1,221	322	98	2.7
	2019	480	4,105	3,698	1,202	242	142	2.8
	2018	480	4,072	3,801	1,186	311	71	3.0
B	2024	120	2,533	2,343	385	164	0	6.1
	2023	120	2,590	2,404	344	141	38	6.3
	2022	120	2,867	2,707	316	185	89	6.7
	2021	120	2,763	2,560	298	154	51	7.3
	2020	120	2,441	2,234	296	158	21	7.0
	2019	120	2,611	2,390	307	105	0	7.8
	2018	120	2,943	2,746	289	124	12	9.1

●医学部

年度	募集人員	志願者数	受験者数	合格者数		補欠者		実質倍率
				第 1 次	第 2 次	発表数	許可数	
2024	66	1,483	1,270	261	139	96	30	7.5
2023	66	1,412	1,219	260	141	92	27	7.3
2022	66	1,388	1,179	279	134	119	44	6.6
2021	66	1,248	1,045	266	128	114	43	6.1
2020	66	1,391	1,170	269	125	113	41	7.0
2019	68	1,528	1,296	274	132	117	27	8.2
2018	68	1,525	1,327	271	131	111	49	7.3

●理工学部

年度	募集人員	志願者数	受験者数	合格者数	補欠者		実質倍率
					発表数	許可数	
2024	650	8,248	7,747	2,400	601	95	3.1
2023	650	8,107	7,627	2,303	534	149	3.1
2022	650	7,847	7,324	2,286	523	355	2.8
2021	650	7,449	7,016	2,309	588	0	3.0
2020	650	8,230	7,688	2,444	415	0	3.1
2019	650	8,643	8,146	2,369	488	42	3.4
2018	650	9,050	8,569	2,384	565	148	3.4

（備考）

- 理工学部はＡ～Ｅの５つの分野に対応した「学門」制をとっており，学門別に募集を行う。入学後の１年間は学門別に基礎を学び，２年次に進級する時に学科を選択する。
- 2020 年度の合格者数には追加合格の 81 名を含む。

●総合政策学部

年度	募集人員	志願者数	受験者数	合格者数	補欠者		実質倍率
					発表数	許可数	
2024	225	2,609	2,351	396	101	37	5.4
2023	225	2,852	2,574	407	127	34	5.8
2022	225	3,015	2,731	436	129	82	5.3
2021	225	3,164	2,885	375	104	29	7.1
2020	275	3,323	3,000	285	108	71	8.4
2019	275	3,600	3,254	385	150	0	8.5
2018	275	3,757	3,423	351	157	0	9.8

●環境情報学部

年度	募集人員	志願者数	受験者数	合格者数	補欠者		実質倍率
					発表数	許可数	
2024	225	2,287	2,048	344	45	36	5.4
2023	225	2,586	2,319	296	66	66	6.4
2022	225	2,742	2,450	360	111	86	5.5
2021	225	2,864	2,586	232	142	104	7.7
2020	275	2,999	2,664	200	102	82	9.4
2019	275	3,326	3,041	302	151	0	10.1
2018	275	3,123	2,866	333	154	0	8.6

●看護医療学部

年度	募集人員	志願者数	受験者数	合格者数		補欠者		実質倍率
				第1次	第2次	発表数	許可数	
2024	70	514	465	231	143	55	39	2.6
2023	70	538	500	234	163	45	0	3.1
2022	70	653	601	235	152	55	8	3.8
2021	70	610	574	260	152	52	45	2.9
2020	70	565	493	249	151	53	7	3.1
2019	70	655	606	247	154	68	20	3.5
2018	70	694	637	249	146	63	10	4.1

●薬学部

学科	年度	募集人員	志願者数	受験者数	合格者数	補欠者		実質倍率
						発表数	許可数	
薬	2024	100	1,372	1,252	317	82	0	3.9
	2023	100	1,454	1,314	306	85	0	4.3
	2022	100	1,421	1,292	279	83	54	3.9
	2021	100	1,203	1,105	270	90	25	3.7
	2020	100	1,342	1,215	263	97	19	4.3
	2019	100	1,597	1,424	295	69	8	4.7
	2018	100	1,777	1,573	306	79	0	5.1
薬科	2024	50	869	815	290	98	0	2.8
	2023	50	854	824	247	92	48	2.8
	2022	50	782	726	209	77	63	2.7
	2021	50	737	683	203	77	16	3.1
	2020	50	759	700	204	82	27	3.0
	2019	50	628	587	187	84	42	2.6
	2018	50	663	616	201	70	41	2.5

合格最低点（一般選抜）

●文学部

（合格最低点／満点）

2023 年度	2022 年度	2021 年度	2020 年度	2019 年度	2018 年度
205／350	218／350	232／350	250／350	233／350	228／350

（備考）

- 「地理歴史」は，科目間の難易度の違いから生じる不公平をなくすため，統計的処理により得点の補正を行う場合がある。
- 「合格最低点」は，正規合格者の最低総合点である。

●経済学部

（合格最低点／満点）

年度	A　方　式	B　方　式
2023	248／420	266／420
2022	209／420	239／420
2021	231／420	262／420
2020	234／420	240／420
2019	265／420	259／420
2018	207／420	243／420

（備考）

- 採点方法について
  A 方式は，「外国語」の問題の一部と「数学」の問題の一部の合計点が一定の得点に達した受験生について，「外国語」の残りの問題と「数学」の残りの問題および「小論文」を採点する。
  B 方式は，「外国語」の問題の一部が一定の得点に達した受験生について，「外国語」の残りの問題と「地理歴史」および「小論文」を採点する。A・B 両方式とも，最終判定は総合点によって合否を決定する。
- 「地理歴史」の科目間の難易度の違いを考慮した結果，統計的処理による得点の補正を行わなかった。
- 「合格最低点」は，正規合格者の最低総合点である。

●法学部

（合格最低点／満点）

年度	法律学科	政治学科
2023	247／400	252／400
2022	239／400	236／400
2021	234／400	235／400
2020	252／400	258／400
2019	227／400	224／400
2018	246／400	249／400

（備考）
- 採点方法について
  「論述力」は，「外国語」および「地理歴史」の合計点，および「地理歴史」の得点，いずれもが一定の得点に達した受験生について採点し，３科目の合計点で合否を決定する。
- 「地理歴史」は，科目間の難易度の違いから生じる不公平をなくすため，統計的処理により得点の補正を行った。
- 「合格最低点」は，正規合格者の最低総合点である。

●商学部

（合格最低点／満点）

年度	A方式	B方式
2023	237／400	278／400
2022	240／400	302／400
2021	252／400	288／400
2020	244／400	309／400
2019	258／400	288／400
2018	265／400	293／400

（備考）
- 「地理歴史」は，科目間の難易度の違いから生じる不公平をなくすため，統計的処理により得点の補正を行った。
- 「合格最低点」は，正規合格者の最低総合点である。

●医学部（第１次試験）

（合格最低点／満点）

2023 年度	2022 年度	2021 年度	2020 年度	2019 年度	2018 年度
315／500	308／500	251／500	303／500	303／500	305／500

（備考）
- 「理科」の科目間の難易度の違いを考慮した結果，統計的処理による得点の補正を行う場合がある。

●理工学部

（合格最低点／満点）

2023 年度	2022 年度	2021 年度	2020 年度	2019 年度	2018 年度
290／500	340／500	266／500	309／500	280／500	260／500

（備考）

- 「合格最低点」は，各学門における正規合格者の最低総合得点を各学門の合格者数で重み付けして平均した値である。

●総合政策学部

（合格最低点／満点）

年度	「数学」選択		「情報」選択		「外国語」選択		「数学・外国語」選択	
	数　学	小論文	情　報	小論文	外国語	小論文	数学・外国語	小論文
2023	258／400		264／400		257／400		268／400	
2022	261／400		269／400		260／400		275／400	
2021	254／400		261／400		243／400		260／400	
2020	246／400							
2019	267／400		285／400		261／400		277／400	
2018	301／400		272／400		277／400		300／400	

（備考）

- 採点方法について
  選択した受験科目（「数学または情報」あるいは「外国語」あるいは「数学および外国語」）の得点と，「小論文」の採点結果を組み合わせて，最終判定を行う。
- 合格最低点は，選択した試験科目によって異なっているが，これは 4 種の試験科目の難易度の違いを表すものではない。
- 「数学」「情報」「外国語」「数学および外国語」については統計的処理による得点の補正を行った。

●環境情報学部

（合格最低点／満点）

年度	「数学」選択		「情報」選択		「外国語」選択		「数学・外国語」選択	
	数　学	小論文	情　報	小論文	外国語	小論文	数学・外国語	小論文
2023	246／400		246／400		246／400		246／400	
2022	234／400		248／400		234／400		238／400	
2021	254／400		238／400		248／400		267／400	
2020	246／400							
2019	250／400		274／400		263／400		277／400	
2018	257／400		260／400		258／400		263／400	

（備考）

- 採点方法について
  選択した受験科目（「数学または情報」あるいは「外国語」あるいは「数学および外国語」）の得点と，「小論文」の採点結果を組み合わせて，最終判定を行う。
- 合格最低点は，選択した試験科目によって異なっているが，これは４種の試験科目の難易度の違いを表すものではない。
- 「数学」「情報」「外国語」「数学および外国語」については統計的処理による得点の補正を行った。

●看護医療学部（第１次試験）

（合格最低点／満点）

2023 年度	2022 年度	2021 年度	2020 年度	2019 年度	2018 年度
294／500	310／500	270／500	297／500	273／500	293／500

（備考）

- 選択科目（数学・化学・生物）は，科目間の難易度の違いから生じる不公平をなくすため，統計的処理により得点の補正を行った。
- 第１次試験で小論文を課すが，第１次試験の選考では使用せず，第２次試験の選考で使用する。

●薬学部

（合格最低点／満点）

学科	2023 年度	2022 年度	2021 年度	2020 年度	2019 年度	2018 年度
薬	169／350	204／350	196／350	196／350	208／350	204／350
薬科	171／350	209／350	195／350	195／350	207／350	204／350

（備考）

- 「合格最低点」は，正規合格者の最低総合点である。

学問のすゝめ奨学金
返済不要
2025年度入学者対象
申請受付
10.28 ▸ 11.25
●首都圏(一都三県)を除く地方出身者対象
●奨学生候補者数約550名以上
●一般選抜出願前に選考結果が分かる
年額60万円支給
(医学部は90万円、薬学部は80万円)
初年度は入学金相当額(20万円)を加算
入学2年目以降は成績優秀者の奨学金額を増額
国による「高等教育の修学支援新制度」との併用により、
一部の学部では実質"無料"での入学が可能となります。
お問い合わせ
慶應義塾大学 学生部福利厚生支援(月〜金 8:45 〜 16:45)
[TEL] 03-5427-1570 [E-mail] lifeshogaku@info.keio.ac.jp
https://www.students.keio.ac.jp/other/prospective-students/scholarship-gakumon.html
慶應義塾大学

募集要項(出願書類)の入手方法

2025 年度一般選抜要項は，大学ホームページで公開予定です。詳細については，大学ホームページでご確認ください。

一般選抜・文学部自主応募制による推薦入学者選考・法学部 FIT 入試に関する問い合わせ先

慶應義塾大学　入学センター
〒108-8345　東京都港区三田 2-15-45
TEL　(03)5427-1566
慶應義塾大学ホームページ　https://www.keio.ac.jp/

理工学部 AO 入試に関する問い合わせ先

慶應義塾大学
理工学部学生課学事担当内　アドミッションズ・オフィス
〒223-8522　神奈川県横浜市港北区日吉 3-14-1
TEL　(045)566-1800

総合政策学部・環境情報学部 AO 入試に関する問い合わせ先

慶應義塾大学　湘南藤沢事務室　アドミッションズ・オフィス
〒252-0882　神奈川県藤沢市遠藤 5322
TEL　(0466)49-3407
SFC ホームページ　https://www.sfc.keio.ac.jp/

看護医療学部 AO 入試に関する問い合わせ先

慶應義塾大学　湘南藤沢事務室　看護医療学部担当
〒 252-0883　神奈川県藤沢市遠藤 4411
TEL　(0466) 49-6200

慶應義塾大学のテレメールによる資料請求方法

スマートフォンから	QRコードからアクセスしガイダンスに従ってご請求ください。
パソコンから	教学社 赤本ウェブサイト(akahon.net)から請求できます。

合格体験記 募集

2025年春に入学される方を対象に，本大学の「合格体験記」を募集します。お寄せいただいた合格体験記は，編集部で選考の上，小社刊行物やウェブサイト等に掲載いたします。お寄せいただいた方には小社規定の謝礼を進呈いたしますので，ふるってご応募ください。

応募方法

下記URLまたはQRコードより応募サイトにアクセスできます。
ウェブフォームに必要事項をご記入の上，ご応募ください。
折り返し執筆要領をメールにてお送りします。
※入学が決まっている一大学のみ応募できます。

☞ http://akahon.net/exp/

応募の締め切り

総合型選抜・学校推薦型選抜 ……… 2025年2月23日
私立大学の一般選抜 ……… 2025年3月10日
国公立大学の一般選抜 ……… 2025年3月24日

受験にまつわる川柳を募集します。
入選者には賞品を進呈！
ふるってご応募ください。

応募方法　http://akahon.net/senryu/　にアクセス！☞

気になること、聞いてみました！

在学生メッセージ

大学ってどんなところ？ 大学生活ってどんな感じ？
ちょっと気になることを，在学生に聞いてみました。

以下の内容は 2020～2023 年度入学生のアンケート回答に基づくものです。ここで触れられている内容は今後変更となる場合もありますのでご注意ください。

メッセージを書いてくれた先輩 ［経済学部］R.S. さん　M.Y. さん　島田優也さん
［法学部］関口康太さん ［総合政策学部］T.N. さん
［理工学部］M.H. さん

大学生になったと実感！

大きく言うと自由と責任が増えました。大学生になるとどの授業を取るかもすべて自分で決めることができます。一見自由で素晴らしいことかもしれませんが，これは誰も決めてくれないということでもあります。高校のときより，どれがどのような内容や難易度の授業なのかといった正確な情報を得るということがより重要になったと感じました。また，高校まではバイトをしていなかったので，大学生になってからは金銭的な自由と責任も増えたと感じています。少しずつ大人になっていく感覚を嬉しく思いつつも，少しだけ寂しいです（笑）。（R.S. さん／経済）

出会う人の幅が大きく変わったと思います。高校までは地元の子が集まったり，遠くても隣の県まででしたが，慶應に入り，全国からはもちろん帰国子女や留学生など，そのまま地元にいれば絶対に会えないだろう人材に多く出会えたことが，高校までとは比べものにならないほど変わったことだと感じました。全員が様々なバックグラウンドをもっているので，話

を聞いていて本当に楽しいです！（関口さん／法）

大学生活に必要なもの

タッチペンで書き込みが可能なタブレットやパソコンです。授業形態は教授によって様々ではありますが，多くの授業はアップロードされたレジュメに自分たちで書き込んでいくスタイルです。なかには印刷して書き込む学生もいますが，大半はタブレットやパソコンに直接タッチペンで板書を取っています。自分は基本的にタブレットだけを大学に持って行き，プログラミングやプレゼンのスライドを作成するときにパソコンを持って行くようにしています。タブレットのみだと若干心細いので，両方購入することにためらいがある人はタッチペン付きのパソコンにしておくのが無難だと思います。（R.S. さん／経済）

パソコンは必須。他には私服。高校までは制服があったので私服を着る頻度が低かったが，大学からはそういうわけにもいかないので春休みに何着か新調した。（M.H. さん／理工）

この授業がおもしろい！

マクロ経済学です。経済学を勉強したくて経済学部に入学したということもあって以前から楽しみにしていました。身の回りの金銭の流通について，モデル化した図を用いて説明されると改めて経済が合理性をもった動きをしているとわかります。（R.S. さん／経済）

理工学概論。毎回異なる大学内外の講師が，自身のお仕事や研究内容を話してくださり，今後携わることになるであろう学問や業界の実情を知ることができる。また，あまり関心をもっていなかった分野についても，教養として目を配る必要性に気づくことができた。（M.H. さん／理工）

自分が最もおもしろいと思った授業は，「生活者の社会参加」という授業です。この授業では，自分が提案した様々なプロジェクトについて実際にNPO法人や行政と協力していき，その成果を発表するという，究極のフィールドワーク型の授業です。教授からは実際の進捗に対してのアドバイスくらいしか言われることはなく，学生が主体的に学べる授業になっています。SFCではこういった授業が他の学部や大学に比べて多く開講されており，SFCに入らなければ経験できない学びを多く得ることができます。（T.N. さん／総合政策）

大学の学びで困ったこと＆対処法

履修登録です。先輩などの知り合いがほとんどいない入学前から考え始めないといけないので大変でした。自分はSNSを用いて履修の仕組みを調べたり，興味深い授業や比較的単位の取得がしやすい授業を聞いたりしました。先輩方も同じ道を辿ってきているので，入ったら先輩方が受けたい授業の情報を共有してくれるというサークルも多いです。また，ただ単に授業をたくさん取ればよいわけではなく，進級条件や卒業条件でいくつ単位が必要か変わってくる点も考慮する必要があります。１年生では自分がどうしても受けたい授業が必修科目と被ってしまうということが多々あります。（R.S. さん／経済）

部活・サークル活動

ダンスサークルと，行事企画の立案・運営を行う委員会に所属しています。ダンスサークルでは三田祭やサークルのイベント公演に向けて週３，４回の頻度で練習しています。委員会は，立案した企画が承認されると大学の資金で活動ができるので規模の大きいものが運営できます。例年ではスキーハウスの運営をして塾生に還元するといったこともしています。公的な活動にもなるので就職の実績にも役立つと思います。（R.S. さん／経済）

謎解きをしたり作ったりするサークルに所属している。新入生は春学期の新入生公演に向け制作を行う。経験を積むと外部向けに販売も行う活動に関われる。単に謎を作るだけでなく，ストーリーやデザインなども本格的であり，やりがいを感じる。（M.H. さん／理工）

体育会の部活のマネージャーをしています。シフト制のため，週２回ほど稽古に参加し，学業やアルバイトと両立しています。稽古中の業務は主に，洗濯，掃除，動画撮影，勝敗の記録などです。時々，週末に大会が行われることもあり，選手と同行します。大会では，動画撮影と勝敗の記録，OB へのメール作成を行います。夏季休暇中には合宿があり，料理をしました。慶應には多くの部やサークルがありますので，自分に合った居場所を見つけることができると思います。（M.Y. さん／経済）

交友関係は？

クラスやサークルで築きました。特に入学当初はほとんどの人が新たに友達を作ることになるので，話しかけたら仲良くしてくれる人が多いです。また，初回の一般教養の授業では隣に座った人に話しかけたりして友達を作りました。サークルの新歓時期に話が弾んだ相手と時間割を見せ合って，同じ授業があれば一緒に受けたりして仲を深めました。みんな最初は大体同じようなことを思っているので，そこまで不安になる必要はないと思います。（R.S. さん／経済）

第二外国語のクラスが必修の授業においても一緒になるので，そこで仲良くなった。私は入学前に SNS などで友達探しをしなかったが，友達はできた。私もそうだが内気な人は勇気を出して話しかけることが大事。１人でも知り合いがいると心のもちようが全く違うと思う。（M.H. さん／理工）

いま「これ」を頑張っています

サークル活動です。ダンスサークルに所属しているのですが，公演前などは毎日練習があったりとハードなスケジュールになることが多いです。しかし，そんな日々を乗り越えた後は仲間たちとより親密になった気がして頑張るモチベーションになります。受験勉強はどうしても孤独のなか頑張らなければいけない場面が多いですが，大学に入学した後は仲間と団体で何かを成し遂げる経験を積むのもよいかもしれません。（R.S. さん／経済）

免許の取得とアルバイト。大学生は高校生よりも一般的に夏休みが長いので，こうした時間がかかるようなこともやりやすい。その一方で支出も増えるので，お金の使い方はより一層考えるようになった。高校までは勉強一本であったが，こうしたことを考えるようになったのも大学生であるという自覚をもつきっかけの１つだと思う。（M.H. さん／理工）

大学生活を無為に過ごさないために，公認会計士の資格の取得を目指しています。オンライン授業やバイトと資格の勉強の両立はかなりハードですが，自分のペースでコツコツと続けていきたいと思います。（島田さん／経済）

普段の生活で気をつけていることや心掛けていること

時間や期限を守ることです。当たり前のことではありますが，大学はレポートや課題の提出締め切りを自分で把握し，それまでに仕上げなくてはなりません。前日にリマインドしてくれる人もおらず，ほとんどの場合，どんな理由であっても締め切り期限を過ぎたものは受理してもらえません。欠席や遅刻が一定の回数に達するとテストの点が良くても単位をもらえないこともあります。また，時間を守るということは他人から信頼されるために必要なことでもあります。このように大学は社会に出るにあたって身につけなくてはならないことを少しずつ培っていく場でもあります。（R.S. さん／経済）

大学に入学した意義を忘れないように心掛けている。大学生は人生の夏休みと揶揄されることもあるが，自分では賄えない額を両親に学費として払ってもらっていることを忘れず，学生の本分をわきまえて行動するようにしている。（M.H. さん／理工）

おススメ・お気に入りスポット

メディアセンターという勉強やグループワークができる図書館です。塾生からはメディセンという愛称で親しまれています。テスト前や課題をやる際に友達と一緒に勉強する場所として活用しています。メディセンで共に頑張った後は，日吉駅の商店街，通称「ひようら」でご飯やデザートを楽しむ人も多いです。（R.S. さん／経済）

私が大学で気に入っている場所は，「鴨池ラウンジ」と呼ばれる施設です。ここはたくさんの椅子が並べられた多目的スペースになっています。一部の座席は半個室のような形になっていて，様々なことに１人で集中することができます。窓からは SFC のトレードマークである鴨池を一望することができ，リラックスすることも可能です。また，ローソンと学食の隣にあるので，利便性も高い施設になっています。（T.N. さん／総合政策）

入学してよかった！

慶應義塾大学の強みは人脈と言われるだけあり，人数も多ければ様々なバックグラウンドをもつ人々が存在します。起業をしている人や留学生，芸能人もいます。そのような人たちと話すと，自分の価値観が変わったりインスピレーションを受けたりすることが多くあります。在籍してる間になるべく多くの人々と交流をしたいと考えています。（R.S. さん／経済）

総合大学なのでいろいろな人がいる。外交的な人が多いというイメージが世間的にはあるだろうが，それだけでなく，問題意識であったり意見であったりをもったうえで自分の目標をしっかりもっている人が多いと感じる。極論すれば，入試は勉強だけでも突破可能だが，プラスアルファでその人の強みというものをそれぞれが備えているのは互いに良い刺激になっている。（M.H. さん／理工）

高校生のときに「これ」をやっておけばよかった

英会話の勉強をもっとしておきたかったです。慶應義塾大学には留学生もたくさんいるので外国人の友達も作りたいと思っていました。しかし，受験で英語の読み書きは上達したものの，実際に海外の人と交流するには話す・聞く技術が重要になってきます。大学からでも決して遅いわけではありませんが，やはり早くからやっておくに越したことはないと思います。（R.S. さん／経済）

自分にとって後悔のない高校生活を送るのが一番だと思う。私個人は小学校，中学校，高校と，節目で過去を振り返るたびにそれまでの環境が一番であったと思っているので，後に大切な思い出になるであろうその一瞬を大事にしてほしいと思う。（M.H. さん／理工）

体育祭や修学旅行といった行事をもっと楽しめばよかったと思いました。こんな言い方はよくないかもしれませんが，勉強はいつでもできます。でも，高校の行事はもう一生ないので，そのような貴重な体験を無駄にしてほしくないと思います。（関口さん／法）

合格体験記

みごと合格を手にした先輩に，入試突破のためのカギを伺いました。
入試までの限られた時間を有効に活用するために，ぜひ役立ててください。

（注）ここでの内容は，先輩方が受験された当時のものです。2025 年度入試では当てはまらないこともありますのでご注意ください。

・アドバイスをお寄せいただいた先輩・

Message

T.I. さん　経済学部
一般選抜（B 方式）2023 年度合格，宮崎県出身

慶應の経済学部を第一志望にして，対策に全力を注ぐことで，かなり有利になります。

Message

M.Y. さん　経済学部
一般選抜（B 方式）2022 年度合格，東京都出身

何回も復習することで知識や考え方は着実に身につきます。最後まで諦めずにコツコツ机に向かうことがポイントです。

その他の合格大学　慶應義塾大（文）

Message

R.H. さん　経済学部

一般選抜（A 方式）2021 年度合格，東京都出身

最後まで諦めないこと！　これに尽きます。受験とは普通の人にとって辛いものですから，誰だってやめたくなります。しかし，そういうときこそ諦めずに粘ることが大切です。私も何度かやめようか，志望校を落とそうか等悩みましたが，最後まで諦めず，合格することができました。ちょっとでも踏ん張ってみましょう。

入試なんでも Q & A

受験生のみなさんからよく寄せられる，
入試に関する疑問・質問に答えていただきました。

Q 「赤本」の効果的な使い方を教えてください。

A 私は慶應の経済学部の傾向に即して勉強するために，春の段階から赤本を使って傾向を頭に入れていました。慶應経済は私立文系にしては記述が多く，対策をしっかり打っておかなければ国公立受験者に記述の質で負けてしまいます。赤本の解説を熟読して，その解説の解き方や考え方で問題が解けるように何回も復習していました。「傾向と対策」には難易度が書いてあるので，それも参考にしていました。また，モチベーションを高めるためにも利用していました。　（T.I. さん）

Q 1年間のスケジュールはどのようなものでしたか？

A 夏休み前までは，単語，文法，英文解釈，長文読解などバランスよく英語を中心に勉強しました。また，基礎的な世界史の学習も始めました。夏休みは英語の長文読解と世界史の通史を中心に勉強しました。英語は，志望校と同レベルの長文問題集を解きました。受験日前日まで毎日，1日30分の英語長文を音読しました。9月からは世界史を理解と暗記の両方を意識し，学習しました。英語は，この頃に英検準1級に合格しました。12月～1月は一問一答と資料集を使用し，世界史を中心に学習しました。過去問演習の中で，小論文対策もしました。 (M.Y. さん)

Q 学校外での学習はどのようにしていましたか？

A 自分のペースで受験勉強に取り組みたかったため，塾，予備校には通いませんでした。主に，志望校のレベルにあった参考書を使用し，勉強に取り組みました。自宅で学習を進めるにあたって，「スタディサプリ」の講座はとても役に立ちました。解説がわかりやすいため，弱点分野を克服できますし，全教科視聴できるので便利です。直前期は，オンライン家庭教師の小論文対策講座を受講しました。書き終えた答案を添削してもらい，教わった事柄を意識して何回も書くことで，自信になりました。 (M.Y. さん)

Q 時間をうまく使うためにしていた工夫があれば，教えてください。

A 予定と結果をなるべく細かく書くことです。手帳を買って記録を書きます。予定はなるべく無理のないように書き，日曜日は予備として空けておくと急な予定にも対応できるようになります。結果を書くときに，どこが効率が良かったか，悪かったか等，メモをサッと書いておくと，時間をうまく使えるようになると思います。振り返りは悪かったことだけでなく良かったことも書くことがポイントです。しっかりと自分を肯定しないと心がすさんでしまいます。 (R.H. さん)

Q 慶應義塾大学経済学部を攻略する上で，特に重要な科目は何ですか？ また，どのように勉強しましたか？

A 慶應義塾大学を攻略するためには，英語が最も重要です。英語の配点が高いからです。経済学部は特に英語が大切です。A方式は英語の問題の一部と数学の問題の一部の得点の合計点に足切りがありますし，B方式は英語の問題の一部の得点に足切りがあります。これを突破しなければ，残りの答案は採点されません。私は，文法や単語などの基礎をしっかり固め，長文演習を繰り返しました。また，音読を継続したら，速く読めるようになりました。さらに，過去問演習を通して傾向に慣れると合格ラインをクリアできるようになりました。 (M.Y. さん)

Q 苦手な科目はどのように克服しましたか？

A 小論文が苦手でした。まず大事なことは，たくさん書くことです。慶應経済を第一志望でなく併願で受ける受験生は，あまり小論文対策をしていないと思われるので，たくさん書いて対策をしっかり行うだけで差がつきます。私は過去問だけでなく，大手予備校の講習なども受け，予想問題も含めて20本近く書きました。また，書いた小論文を添削してもらい，その先生と話をすることが大切だと思います。書面上だけでは学べないことが多くありました。誰に添削してもらうかはかなり大事なので，こだわったほうがいいです。 (T.I. さん)

A 私の苦手科目は世界史でした。苦手科目は特に反復学習を心掛けました。何度も同じ事柄を復習することで，曖昧だった知識や暗記事項を正確に身につけていけるようになりました。例えば，通史の参考書を毎日読むこと，一問一答で用語を暗記すること，資料集で地図や文化史の芸術作品に触れることを行いました。基本的な知識を身につけることを積み重ねていくうちに，手も足も出なかった過去問も解けるようになりました。苦手科目の克服には，反復学習で基本を押さえることをお勧めします。
（M.Y. さん）

Q スランプはありましたか？
また，どのように抜け出しましたか？

A スランプに陥りそうなときは勉強時間を短縮しました。本格的に受験勉強をしていた時期に全く勉強しなかった日はありませんでしたが，スランプぎみな日は短い時間で集中して学習に取り組みました。受験勉強は，短距離走ではなくマラソンのような長距離走です。無理をせず，焦らずに，目の前にある自分の克服すべき課題に取り組むように心掛けました。また，気分転換と軽い運動を兼ねて，毎日散歩に出かけていました。体を動かすのは気持ちがいいし，頭も冴えるためお勧めします。
（M.Y. さん）

Q 模試の上手な活用法を教えてください。

A 慶應関係の模試は秋に数回のみと少ないです。そこで，私は傾向が似ている一橋大学や名古屋大学などの模試を積極的に受験しました。模試をたくさん受けて，本番の感覚で答案を作成する経験を積んだことで，本番でも大きなトラブルを起こさずに済みました。また，特に日本史は同じような問題が出てきた場合に，「あの時の模試に出てきた問題だ」と思い出すことができるので，そのような意味でも積極的に受験しておくべきだと思います。
（T.I. さん）

Q 受験生のときの失敗談や後悔していることを教えてください。

A 私は１年目の受験時に勉強が間に合っていなかったため，メンタル的にも厳しく，本番の試験もただやみくもに解いてしまいました。

その結果，英語で時間配分を間違えてしまい，解き終わらずに不合格となってしまいました。点数開示の結果，時間配分さえちゃんとしておけば…という点数でした。不安なのはどの受験生も同じです。ですので，本番では勉強の進捗状況にかかわらず，「今ある実力でまとめ切る」という意識をもつといいと思います。 （T.I. さん）

Q 普段の生活のなかで気をつけていたことを教えてください。

A 私は眠いと勉強に全く集中できなかったので，睡眠を第一にしていました。起床後は，コーヒーなどを必ず飲んでいました。食事については，食べると眠くなってしまうので，受験勉強中は何を食べたいかよりも，眠くならないかを重視していました。その代わりに，夜に好きなものを食べるようにしていました。勉強の気分転換に好きなものを食べるのはよいと思います。 （T.I. さん）

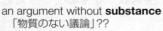

「得点する力」が身につく！

早慶上智の英語で問われる
単語の“真”の意味を理解しよう
an argument without **substance**
「物質のない議論」??
his **apparent** friendliness
「彼の明らかな友情」では×
詳しくはこちら

科目別攻略アドバイス

みごと入試を突破された先輩に，独自の攻略法や
おすすめの参考書・問題集を，科目ごとに紹介していただきました。

英　語

英語は時間がかなり厳しいので，過去問は必ず時間を計って解いてください。足切りのある読解問題を丁寧にやりすぎると配点の高い英作文を解く時間がなくなってしまいますし，読解問題を雑に解きすぎると正答率が下がります。その塩梅を過去問演習でしっかりつかんでください。自由英作文は，まずは英検準１級の英作文で演習するといいと思います。その後で，特有の引用・反論・譲歩を過去問を使って演習してください。テンプレをしっかり作ってから演習しましょう。また，発音・アクセントはとても大切なので，必ずやってください。長文は，例年同じプロセスで解くことができる問題が数問出題されているので，過去問を必ず何周もしてください。　(T.I. さん)

おすすめ参考書　『英検準１級ライティング大特訓』（アスク出版）

まず，英語のマークシート法の読解問題で足切りラインをクリアすることが大切です。単語，文法を完成させてから，長文問題集を使って読解に慣れることで攻略できます。この際，解いた英文を音読すると，読むスピードが速くなるためお勧めです。次に，英作文の対策も重要です。和文英訳問題では，日本語を直訳するのではなく，知っている英語表現で言い換えができそうかを考えることがポイントです。自由英作文は，過去問を使って，引用の仕方に慣れるといいです。全体的に，英検準１級を持っていると対策しやすいと感じます。　(M.Y. さん)

おすすめ参考書　『大学入試問題集 関正生の英語長文ポラリス［3 発展レベル］』（KADOKAWA）

日本史

日本史論述は，歴史を正しく理解したうえで，できるだけ多くの論述問題集や他大学の過去問に触れてください（一橋大・北大・九大・都立大など)。また，過去問の類題が毎年数問出題されているので，論述以外の部分も含めてできるだけ多くの過去問を解いてしっかり復習してください。試験時間が日本史にしては厳しいので，過去問演習で時間感覚をつかんでください。 (T.I. さん)

おすすめ参考書 『一橋大の日本史』（教学社）

世界史

近現代史が中心の出題です。暗記よりも歴史的事項を理解することがポイントです。教科書の内容を，他人に教えられるようになることを目標に勉強を進めてください。その出来事の内容は何か，その出来事の歴史的意義は何か，その出来事が起きたために社会がどのように変化したか，などを他人に教えられるほど理解すれば，論述問題は怖くありません。地図が出題されることが多いため，資料集で地図を確認することを習慣にするといいです。文化史の勉強の際も，資料集で芸術作品を視覚的に捉えることが大切です。 (M.Y. さん)

おすすめ参考書 『《これならわかる！》ナビゲーター世界史B』シリーズ（山川出版社）

数　学

頻出分野を押さえ苦手をなくすことが重要です。私は確率が苦手だったので重点的に演習しました。 (R.H. さん)

おすすめ参考書 『合格る確率＋場合の数』（文英堂）

TREND & STEPS

傾向と対策

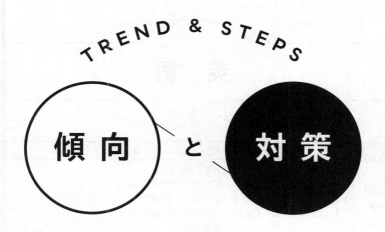

科目ごとに問題の「傾向」を分析し，具体的にどのような「対策」をすればよいか紹介しています。まずは出題内容をまとめた分析表を見て，試験の概要を把握しましょう。

注意

「傾向と対策」で示している，出題科目・出題範囲・試験時間等については，2024 年度までに実施された入試の内容に基づいています。2025 年度入試の選抜方法については，各大学が発表する学生募集要項を必ずご確認ください。

英　語

年　度	番号	項　目	内　容
2024 ◑	〔1〕	読　解	選択：空所補充
	〔2〕	読　解	選択：空所補充，内容説明，内容真偽
	〔3〕	読　解	選択：空所補充，内容説明，アクセント
	〔4〕	読解(日本文)	選択：内容説明，内容真偽
	〔5〕	英作文	記述：意見論述
2023 ◑	〔1〕	読　解	選択：空所補充
	〔2〕	読　解	選択：空所補充，内容説明，内容真偽，アクセント
	〔3〕	読　解	選択：空所補充，アクセント
	〔4〕	読解(日本文)	選択：内容説明，内容真偽
	〔5〕	英作文	記述：意見論述
2022 ◑	〔1〕	読　解	選択：空所補充，段落の主題
	〔2〕	読　解	選択：空所補充，語句整序，内容説明，内容真偽，アクセント
	〔3〕	読　解	選択：空所補充，内容説明，内容真偽
	〔4〕	英作文	記述：和文英訳
	〔5〕	英作文	記述：意見論述
2021 ◑	〔1〕	読　解	選択：空所補充
	〔2〕	読　解	選択：空所補充，内容説明，内容真偽，アクセント
	〔3〕	読　解	選択：空所補充，内容説明，内容真偽，発音
	〔4〕	英作文	記述：和文英訳
	〔5〕	英作文	記述：意見論述
2020 ◑	〔1〕	読　解	選択：空所補充，内容説明
	〔2〕	読　解	選択：空所補充，内容真偽，内容説明，アクセント，発音
	〔3〕	読　解	選択：空所補充，内容説明
	〔4〕	英作文	記述：和文英訳
	〔5〕	英作文	記述：意見論述

(注)　●印は全問，◑印は一部マークシート法採用であることを表す。

読解英文の主題

年　度	番号	類　別	主　題	語　数
2024	〔1〕	社会論	リモートワーク革命	約 820 語
	〔2〕	社会論	リモートワークの暗い面	約 870 語
	〔3〕	社会論	メディア・リテラシー：偽情報へのワクチン	約 870 語
2023	〔1〕	社会論	子どもに現金を：出生率の解決策としての政府の資金供与	約 700 語
	〔2〕	社会論	無理な要望？　政府の大家族キャンペーン	約 800 語
	〔3〕	社会論	介護者待遇：誰の責任？	約 960 語
2022	〔1〕	社会論	ミニマリズム：より少ないほどより良い	約 750 語
	〔2〕	社会論	ミニマリズム：狭量な考え方か？	約 760 語
	〔3〕	社会論	ファッションの廃棄物：特大なのか？	約 920 語
2021	〔1〕	社会論	顔認証技術がもたらす恩恵	約 770 語
	〔2〕	社会論	顔認証技術が及ぼす弊害	約 770 語
	〔3〕	社会論	自動運転車の未来	約 940 語
2020	〔1〕	社会論	政府の支援：芸術にとっての悲劇	約 790 語
	〔2〕	社会論	芸術：なぜ国家の資金助成が重要なのか	約 800 語
	〔3〕	社会論	漁業への補助金はどうあるべきか	約 960 語

傾向　分量も多く，難度も高い　出題形式に慣れることが大切

01　基本情報

試験時間：100 分。

大問構成：大問は5題。〔1〕～〔3〕（A方式で受験する場合は数学のマーク式の部分との合計）が一定点に達しないと〔4〕〔5〕が採点されない。

解答形式：読解問題はマークシート法，英作文問題は記述式。

02　出題内容

以前は会話文や文法・語彙の単独問題も出題されていたが，近年は読解と英作文のみの出題となっている。

①　読解問題

700 語を超える長文が例年3題出題されており，最新の話題を含む，考

えさせられる内容のものが多い。全体の傾向としては，現代の社会現象，特に社会学的・経済学的考察を中心とした，経済学部にふさわしい内容のものが目立っている。読解問題では設問の指示がすべて英文になっている。指示が理解できないと解答のしようがないが，指示は明快なので誤読・誤解のおそれはないだろう。

設問形式は英文中の空所補充が多い。空所補充以外の設問としては，各記述に対して著者なら賛成するか・反対するか（場合によっては本文で述べられていないという選択肢もあり）を判断させる設問や，下線部についての著者の意図，著者が本文のような表現をした理由など，直接は書かれていないが，英文を読み込んだ上で判断させる問題もよく出題されている。なお，発音・アクセント関連ではアクセントの位置を問うものや，動詞と違う発音をする名詞を問うものなどが大問１題につき１～３問程度出題されることが多い。

② 英作文問題

例年，後半の大問２題が英作文で，2022 年度までは〔４〕は独立した和文英訳問題であったが，2023・2024 年度は読解の４択問題となった。〔５〕は前半（2023・2024 年度は〔４〕も含む）の読解問題の内容を踏まえて自分の意見を書くものとなっている。

和文英訳問題が復活する可能性もあるので，例年〔４〕で出題されてきた和文英訳問題を概略する。短い日常会話を英訳する問題。単語を置き換えただけでは対応できない日本語が出題される。設問には「日本語の表現をうまく英語にできない場合は，別の言い方に変えてから英語にしてみましょう」とあり，言い換えの例も挙げられている。

〔５〕では(A)と(B)から１つを選んで意見論述をする。「自分の意見と異なる見解に言及し，それに反論する」「問題文で言及されている見解やことがらを最低１つ引用する」という条件がある。

語数指定はないが，過去に 100 語以上の指定がされていたことや解答欄の大きさから，少なくとも 150 語程度の論述は求められているとみるべきだろう。

③ 文法・語彙問題

単独での出題は見られないが，読解問題中で空所補充，同意表現，語句整序などが出題されている。基本的な文法や成句に関するものが多い。

03 難易度と時間配分

英文は分量こそ多いものの難解というわけではない。読解問題の設問も概ね標準的なレベルである。文脈や著者の意図などを理解する力から，文法・語彙・アクセントなどの知識まで幅広く試されることに注意。

最後の大問の英作文は，自分で論点を見つけ，それについて論述する英語小論文の要素が強く，かなり難度が高く，時間を要するものになっている。採点方法が独特なので，独立した英作文だけ先に仕上げても読解問題ができていなければ採点すらされない。読解問題については，最後に関連する英作文を書くことを念頭に置いて，先に設問に目を通し，どちらのテーマが自分にとって書きやすいかを見た上で，英文を読んでいってもよいだろう。選択式の読解問題を手早くすませて，英作文問題にできるだけ時間を確保したい。

対策

01 教科書と授業で基本を完璧に

大学入試問題としては高いレベルの部類に入るが，いきなり高度な問題集に取り組むのは，必ずしも賢明とはいえない。あくまでも学校での勉強が基本である。予習・復習を欠かさず，基本語句・構文・文法・発音，それに正しい読解方法を身につけるのが先決となる。その際，大事なのは，辞書の徹底的な活用で，意味だけでなく例文をじっくりと研究することである。読解問題に取り上げられるほどの英文になると，単語の表面的な意味を知っているだけでは本当の理解に達することができない場合が多い。言葉に対する感覚を十分に磨いて，文脈に合った訳語が頭に浮かぶようでなければならない。普段から英英辞典を利用するのも，英語に慣れて語彙を増やすには効果的であろう。なお，英文の注はほとんど期待できないので，語彙はできるだけ多く身につけること。

02 幅広く深い読解力＋常識を身につける

時事的・経済的・社会的なテーマをもった英文が多く取り上げられるのが特徴であるから，*The Japan Times*, *Asahi Weekly* など，英語学習者向けの英字新聞に親しみ，英文を読み慣れておくとよい。また，普段から新聞その他マスコミ報道に関心をもち，経済・社会や国際問題に対する常識を養うのも大事なことである。『AERA（アエラ）』（朝日新聞出版）や『ニューズウィーク日本版（Newsweek Japan）』（CCC メディアハウス）などの雑誌はこれらの目的にかなっているといえよう。

03 文法を征服すること

読解問題で英語の重要文法や基本事項が問われることがある。したがって，文法もしっかり整理しておかなければならない。本格的な文法書にひととおり目を通し，問題集を組み合わせて，応用力を養うことが必要である。また，読解や英作文の学習でも，受験生が間違えやすいポイントを網羅した参考書などを常に手元に置いて，疑問が生じるたびにチェックするのも効果的である。目次と索引を上手に利用できるようにしておきたい。

04 英作文対策もしっかりと

英作文問題としては，和文英訳や意見論述が出題されている。これに焦点を合わせた勉強をしておかなければならない。英文は，普段から書き慣れていないと，なかなか書けないものである。経済学部の過去問や国公立大学の二次試験問題などを利用して，十分に対策を講じておく必要があろう。専用のノートを作って，毎日数題ずつ解答するとよい。そのあとで，解答例を研究したり，先生に添削してもらったりすると，より効果的である。また，赤本プラス『大学入試 すぐ書ける自由英作文』（教学社）などの頻出・重要テーマがカバーされた参考書なども参考になる。なお，意見論述は，読解問題の英文や日本文から引用しながら自分の意見を述べる形式がとられている。このような場合は，論述テーマをまずチェックしておいて読解問題文を読むと，論述に必要な箇所が探しやすくなるだろう。

日本史

年度	番号	内容	形式
2024	〔1〕	近世～昭和戦前の政治・外交・経済・文化 ⊘グラフ・史料・年表	論述・選択
	〔2〕	江戸時代の政治・外交・文化・経済 ⊘年表・史料・地図	選択・論述・記述
	〔3〕	江戸～昭和戦後の外交・文化・経済・政治 ⊘史料・年表	論述・選択・記述
2023	〔1〕	江戸～昭和戦前の政治・外交・文化 ⊘史料・年表	選択・論述・記述
	〔2〕	江戸～平成の文化・政治・外交・社会・経済 ⊘史料・年表・グラフ	選択・論述
	〔3〕	江戸幕末～昭和戦後の政治・外交・経済 ⊘史料・年表	選択・論述・記述
2022	〔1〕	江戸時代の外交・経済・文化 ⊘史料・地図・年表	論述・選択
	〔2〕	明治～昭和戦後の政治・外交・経済 ⊘年表・史料・地図	選択・記述・論述
	〔3〕	江戸幕末～平成の政治・外交・経済 ⊘史料・年表・グラフ	論述・選択
2021	〔1〕	豊臣政権期～明治期の日朝関係史 ⊘地図・史料・年表	配列・選択・論述
	〔2〕	明治・大正期の政治・社会 ⊘年表・史料・グラフ	選択・論述・記述・正誤
	〔3〕	中世～昭和戦後の政治・外交・文化・経済 ⊘史料・年表・グラフ・地図	記述・論述・選択
2020	〔1〕	アジアにおけるキリスト教の普及と貿易 ⊘地図	論述・選択
	〔2〕	明治・大正期の美術・外交 ⊘史料・年表	記述・選択
	〔3〕	幕末～平成の政治・外交・文化・経済 ⊘年表・史料・地図・グラフ	選択・論述

傾向　近世・近現代から出題　論述問題が多く，史料・年表・グラフも必出

01 基本情報

試験時間：80分。

大問構成：例年大問3題である。

解答形式：選択・論述法を中心に，記述法も出題されている。年度によっては配列法や正誤法も出題されている。論述問題では字数制限は設けられておらず，1行17cmの指定行数の解答欄に収まる範囲で記述する形式となっている。

なお，2025年度は出題科目が「歴史総合，日本史探究」となる予定である（本書編集時点）。出題範囲は1500年以降を中心とし，基礎的理解並びに体系的理解を問う。2024年度までは「1600年以降」だったので，その分は範囲が広がることになる。

02 出題内容

選択問題の種類は，文中の空所補充語句選択，語句の組み合わせ，資料・短文・語句・地名・品名と地図・グラフ・年表との組み合わせによる時期選択など多岐にわたる。論述問題は2020・2021年度は8問，2022年度は9問，2023・2024年度は10問の出題であった。

▶時代別

2020年度以降は〔1〕が世界史と問題文を共通にしてきたことを受けて，16世紀のヨーロッパにおけるキリスト教の動向，天正遣欧使節を派遣したキリシタン大名，使節の寄港地に関して出題があった。2021年度も〔1〕で豊臣政権期の内政・外交，さらに〔2〕でも室町時代の琉球についての出題があった。2024年度も，〔1〕で中世城郭と近世城郭の相違についての出題があった。例年，近現代の出題は70％程度で，現代史（昭和戦後以降）は2000年代までの出題が特徴的である。2020年度の1980年代から1990年代の内閣退陣につながる汚職事件と非自民連立内閣の成立，2022年度のリーマン=ショック，小渕恵三連立内閣の成立，2023年度のイラク

復興支援特別措置法などといった，高度経済成長期以後の経済史・外交史・政治史は頻出である。しかし，2024年度は江戸時代に特化した大問が置かれたため，珍しく近現代の出題が40％程度となり，平成時代以降の出題もなかった。

▶分野別

近世・近現代に焦点が当てられているためか，さまざまな角度から出題されている。ただし，経済学部という学部の特色から，経済史と外交史が目立つ。特に経済史分野では，貨幣・金融，対外貿易，経済政策とその効果などについて，単純な暗記ではなく，経済動向の理解をふまえた上での出題が多く，経済分野の特定のテーマについての論述問題や，グラフなどを読み取り，分析した内容を論述する力を測るという特徴がある。文化史に関しては年度によって偏りがあるが，2020年度は4問，2021年度は1問，2022年度は2問，2023・2024年度は6問の出題があった。学問・思想・教育史分野での選択問題が比較的多く，2024年度も，江戸時代の学問・文学・教育機関・絵画と，桃山期の城郭建築に関する問題が出題された。また，2020年度〔2〕で明治期の翻訳書から訳者を選択する新機軸の出題があってから，2021年度〔3〕でも文学作品の史料から作者を選択する問題，2023年度〔1〕でも大正期の思想・学問書の引用から著者を選択する問題，2024年度〔2〕でも江戸時代の学問書の引用史料から著者を選択する問題があった。文化史分野においても，単答記述式や選択式だけでなく，論述式の出題もあるため，手抜かりなくさまざまなジャンルの学習が必要である。

▶史・資料問題

史料は毎年多数出題されているが教科書掲載の基本史料も少なくない。史料の特定さえできれば解答可能なものが多い。教科書でみられる史料以外も一般的な史料集に収載されているものが多く，また初見史料であっても標準的な史料読解力で対応できる。また，地図・グラフ・年表などを使った資料問題が極めて多い。グラフを分析して年代を特定させるなど，数値変化の背景にある政策や社会情勢を読み解く力を問う出題が特徴的である。

03 難易度と時間配分

①論述問題の多さ，②表やグラフの読み取り，③ 2000 年代に至る近年の事項を扱う，という特徴があり，一般的な私大対策や用語の暗記学習では対応できない。全体として難度は高い。しかし，一部の難問を除いて，多くの設問は精緻な教科書学習で十分対応できる。歴史の理解をふまえた史・資料の読解や情報処理力，論述など思考力が問われており，そういう意味では，経済学部の問題の特徴を理解して学習した受験生にとっては，学力を適正に測れる問題といえるだろう。

論述問題に時間が割かれるため，見直しの時間も意識して，解ける問題から確実に処理し，スピーディーに進めていきたい。

対策

01 近現代史を中心に資料集・用語集を併用した教科書の徹底学習を

2020 年度以降は〔1〕が世界史と問題文を共通にしているために，16 世紀の出題が急増した。2021 年度も〔1〕が世界史と一部共通問題であったことに加え，〔2〕で中世史も扱われたため 15・16 世紀の出題があった。2024 年度も同じ事情から〔1〕で桃山文化期が扱われた。入試制度改革も展望すれば，このように日本史・世界史の枠を超えた問題は今後も出題され得ると考えて，「1500 年以降」の，特定分野に偏らない，幅広くかつ精緻な学習が必要である。教科書の内容を徹底的に消化することを目標に脚注やコラムまで含めてチェックすること。

論述問題も多く出題されているので，日頃から単なる用語の暗記ではなく，出来事の因果関係や，事件や政策の背景に注目しながら学習をしよう。また，教科書の最後に記述されている 2000 年代初頭まで学習をすること。さらに，教科書のグラフや表・地図，美術作品などの図版だけでは不足するので，図説資料集を日頃から併用し，該当箇所の図版・地図をチェックし，グラフ・表の見方や分析に慣れておこう。語句記述や論述問題に備えて，『日本史用語集』（山川出版社）を用いて，用語の解説や周辺知識にも注意して学習したい。近年，『日本史用語集』は電子辞書やアプリのダウンロードでの利用も可能となり，検索の便はよくなったが，受験勉強では，紙版の利用をすすめたい。そして，過去問で出題されていた人名・語句にはマーカーを付したり，過去問の情報を書き加えたりするなどして，丸ごと1冊に慶應義塾大学経済学部の出題歴がつまった用語集にカスタマイズしていくとよい。なお，語句記述問題での誤字・当て字での失点がないよう，地道な「書く」訓練は不可欠である。そして知識の確認には，一般的な「一問一答集」を1冊，完璧に学習するとよい。

また，例年出題されている，年表を用いて各事項の時期特定をする問題は，今後も要注意である。このタイプの問題で問われているのは，個々の事項の年代を正確に暗記しているか否かではなく，関連する出来事を，因果関係をふまえて体系的に理解しているかどうかである。特に出題の多い「自由民権運動」や「昭和戦前～戦後の外交史」などは，テーマ史年表を作成したり，図説集の整理年表を用いて体系的に理解しておくことが有効である。

02 史料問題対策

経済学部の場合，史料問題について難問の出題は少なく，おおむね何の史料かがわかればよい。教科書で通史学習をする際に，掲載されている史料には必ず目を通そう。そのうえで史料に慣れるために『詳説 日本史史料集』（山川出版社）などの史料集を用いた学習をすすめる。さらに念入りに学習しておきたい受験生には，『史料をよむ 日本史史料問題 分析と解説』（山川出版社）もよいだろう。コンパクトに頻出史料がまとめられており，多くの史料問題にあたりながら，短文論述の練習もできる。

03 論述問題の攻略

論述問題は全部で20行前後の行数があり，最重要課題である。その基本は，設問の要求を正しく理解して，過不足なく書くこと。設問要求を満たさない的外れな答案では高得点は望めない。特に，「～に触れつつ」や「～と関連づけて」などの付帯条件に対応できているか，指定語句があればそれらが適切に使用できているか，といった点に注意が必要である。論述問題に慣れていないうちは，教科書を精読して必要な内容を抜き出して書こう。教科書を見ながら書くことを繰り返していくうちに，教科書を見なくても答案が作成できるようになってくるだろう。

手順としては，①設問の要求をつかむ，②内容を抜き出す，③枠内にまとめる，の３段階だが，用語を覚えてやり方がわかったからといって，簡単にできるわけではない。できるだけ多くの論述問題にあたり，とにかく書いてみよう。繰り返すことで書けるようになっていくはずである。その際には経済学部の過去問のほかに，商学部・文学部の問題もよい練習になるだろう。特に近世以降のものを選ぶとよい。さらに応用力をつけたいのであれば，近世以降の出題が中心で，グラフの読み取り，経済史分野に重点を置く一橋大学の問題も練習になるだろう。

04　過去問を解いておこう

最後の仕上げは過去問で行おう。ある程度，通史の学習ができたら，過去問を解きながら，経済学部特有の史料やグラフの読み取り問題，論述問題，年表を用いた時期特定問題などの傾向をつかみ，教科書を超える難度の高い用語のチェックを進めていこう。その際，不足している知識を教科書や用語集などでフィードバックして，弱点を補強することで高得点をめざしたい。

世界史

年度	番号	内容	形式
2024	〔1〕	建築家ル=コルビュジエのユネスコ世界遺産に登録された作品 ⊘**史料・視覚資料・年表**	記述・論述・配列・選択
	〔2〕	近世から近代にかけてのスペイン ⊘**史料・地図**	配列・記述・選択・論述
	〔3〕	アジアにおける共産主義 ⊘**地図・史料・グラフ**	選択・論述・記述
2023	〔1〕	近代における日本とドイツの外交関係 ⊘**史料・年表**	論述・記述・選択・配列
	〔2〕	16～20世紀における中国の対外関係 ⊘**地図・史料・年表**	論述・選択・記述
	〔3〕	経済学者ワシリー=レオンチェフの生涯とその業績 ⊘**グラフ・年表・史料・地図**	選択・論述
2022	〔1〕	17世紀に日本を訪れたケンペルをめぐる世界の情勢 ⊘**地図・史料・グラフ**	論述・記述・選択・配列
	〔2〕	16～18世紀におけるイエズス会の歴史 ⊘**史料**	選択・論述
	〔3〕	近世～現代における「メセナ」の歴史 ⊘**史料・視覚資料・年表・地図**	選択・配列・論述
2021	〔1〕	対馬の歴史 ⊘**史料・年表**	配列・論述・選択
	〔2〕	スペイン・ポルトガルの探検航海 ⊘**史料**	選択・記述・論述
	〔3〕	パリ大学の歴史 ⊘**史料・地図・年表**	選択・論述・記述・配列
2020	〔1〕	アジアにおけるキリスト教の普及と貿易 ⊘**地図**	論述・選択
	〔2〕	ヨーロッパにおける甘味料の歴史 ⊘**視覚資料・地図・グラフ・史料**	選択・配列・論述・記述
	〔3〕	ヴァイツゼッカーの第二次世界大戦終戦四十年の記念演説関連史 ⊘**史料・グラフ・地図・年表**	選択・記述・論述・配列

傾向 地図・史料・年表・グラフを用いた多彩な形式 詳細な年代知識と論述力を鍛えておこう

01 基本情報

試験時間：80 分。

大問構成：大問数は 3 題で構成されている。

解答形式：選択法を中心に，配列法・記述法・論述法と多彩な形式で出題されている。論述問題では字数制限は設けられていないが，1 行 17cm の指定行数の解答欄に収まる範囲で記述する形式となっている。

なお，2025 年度は出題科目が「歴史総合，世界史探究」となる予定である（本書編集時点）。出題範囲は 1500 年以降を中心とし，基礎的理解並びに体系的理解を問う。

02 出題内容

論述問題は必出で，2024 年度は 11 問出題された。また，地図・史料・年表・グラフ・視覚資料などが出題されるのが特徴となっている。

地図問題は，アジア・アフリカ・アメリカ・ヨーロッパなど世界全域から出題される。2024 年度はカリブ海から北アメリカ東海岸と中国東北部を中心とする地図問題が出題された。

史料問題は例年頻出している。2024 年度はジンナーやネルーのスピーチ，日仏関係，アジアの政治指導者の著作などに関する史料問題が出題された。史料文から情報を読み取り，解答する応用力が求められている。

年表問題は，史料問題と同様，例年，年代関連問題として多数出題されている。近現代史では同年の歴史事項の前後関係の判断が必要な問題も見られる。また，第二次世界大戦後の冷戦時代の年表問題では「政治・経済」に関係する事項も含まれており，注意を要する。

グラフ問題は，2024 年度はアジアとアメリカの経済成長率の動向についてグラフ問題が出題されている。年度によってはグラフのデータと絡めた論述問題も出題されている。

視覚資料は，写真や図版などを用いた問題が出題されることもあり，

2024年度は17～19世紀ヨーロッパの絵画作品が出題されている。

▶時代別

出題範囲は「1500年以降を中心とする」となっており，中世から現代まで幅広く出題されている。

論述問題は例年，18～20世紀を中心に出題される傾向にあるが，2024年度は〔1〕で16世紀の宗教改革期から出題されており，幅広い時代からの出題があると考えたい。なお，20世紀の現代史では，例年，第二次世界大戦後の国際政治・経済史が多く，米ソの冷戦や核軍拡競争・軍縮交渉，貿易の自由化，世界の環境問題などの政治・経済の推移などは頻出分野であるので，綿密に学習しておく必要がある。また，近年は，国際紛争・植民地支配の歴史的経緯を扱ったテーマも出題され，ウクライナ問題や，パレスティナ問題などへの目配りも欠かせない。

▶地域別

西ヨーロッパ・アメリカ・ロシア（ソ連）・中国を中心に南アジア・東南アジア・アフリカ・ラテンアメリカなどを含む世界全域が出題対象となっている。

欧米地域では，16世紀以降のイギリス・フランス・ドイツは要注意で，綿密に学習しておきたい。また南北アメリカも頻出しており，アメリカ合衆国とラテンアメリカの近現代史は毎年のように出題されているので，対策を講じておきたい。

アジア地域も重視されており，明・清代以降を中心に現代までの各時代の政治・社会・経済・文化を把握するとともに，朝鮮・日本・ロシア・中央アジア・チベットなど周辺諸国との関係が頻出しているので留意しておく必要がある。また，年度によってはサファヴィー朝・オスマン帝国・ムガル帝国などのイスラーム国家，現代の中東問題，アフリカ諸国の独立なども出題されており，注意を要する。

そのほか，16世紀以降の西欧列強による東南アジア・インド・中国・南北アメリカへの進出や，19世紀後半から20世紀初頭における帝国主義列強による世界分割なども頻出している。

▶分野別

政治史の比率が高いが，経済・社会・学問・文芸・科学・宗教などにも配慮して作問されている。

政治史では，第一次世界大戦後の欧米諸国の政治，ロシア革命とソヴィエト政権の歩み，世界恐慌と各国の対応，ナチス=ドイツの台頭，そして第二次世界大戦後の米ソの冷戦や核軍縮交渉の経緯，パレスチナ紛争，ソ連・東欧の体制崩壊，ベトナム戦争，アメリカの対テロ戦争などを問う問題が頻出している。経済史では貿易形態や経済政策などが必出で，アメリカを主軸とした戦後の経済成長率などのグラフ問題，EU の歩み，ロシアとウクライナの関係などには目配りが欠かせない。

一方，文化史も重視されており，思想（政治学・経済学）・哲学・宗教・文学・美術・科学など幅広い分野にわたっている。

03　難易度と時間配分

例年，史料（資料）問題や論述問題や地図問題などが多く出題され，かなり手ごわい。史料（資料）問題は，歴史に関する幅広い知識をもっていることを前提に，読解力と応用力を求める問題が目につく。特に近年は，世界史と日本史が重なる地域や時代への学習が望まれる出題があり，今後も注意が必要であろう。また，定番の年表を利用した年代整序問題や年代配列問題は詳細な前後関係の理解が要求されており，年代整理学習が望まれる。頻出の地図問題も主要地域からやや細かい都市・国家まで問われる傾向にある。論述問題は，例年ハイレベルな問題が散見される。解答に際して細かく条件が付されている場合があるので，設問要求を整理してから，ポイントを押さえた解答を構成することが求められる。

問題の難度と分量を考慮すると，80 分の試験時間は短いと言っていい。解答にスピードが要求されるため，まずは平易な設問をすべて処理して，それから難問や論述問題に取りかかるなど時間配分に十分な注意を払いたい。

対 策

01 教科書の徹底理解を

まず教科書で「1500年以降」を中心に，現代までの歴史を確実にマスターしておくことが基本となる。その際，問題意識をもってグローバルな視点から把握する学習姿勢が大切で，世界史を国別，地域別に系統立てて整理していくと理解が深まるだろう。さらに，国際政治や世界経済の視点から出題される傾向があり，同時代の欧米とアジア・アフリカの関係など，横のつながりを重視する問題も多い。そのため，年表を活用した体系的な学習や，世界史地図を利用して国・地域・都市などを確認する作業も欠かせない。特に，近現代史の学習では年代整理のスタイルをとった学習が有効なので，系統立てた年代記述がなされているサブノートなどを活用するとよい。

02 用語集・参考書の活用を

「教科書学習」といっても，教科書は各社から何種類も出版されており，自分の使用している教科書には掲載されていない事項もある。こうした事項を確認・理解するためにも，『世界史用語集』（山川出版社）などの用語集は必ず利用したい。さらに，『詳説 世界史研究』（山川出版社）などの参考書も利用して，掘り下げた学習をすることが望まれる。特に，第二次世界大戦後の国際政治・経済は時事的な要素を含んだものまで出題されるので，世界の民族紛争・地域紛争を地図入りで解説している『最新 政治・経済資料集』（第一学習社）や，『政治・経済用語集』（山川出版社）などを活用して最新のところまで理解しておくとよい。新聞などで現在問題になっている国際上の時事テーマについて，歴史的経緯に配慮しながらまとめ上げるといった学習も試みたい。

03 地図・史料・グラフ問題などへの意識を高めよう

地図問題

歴史上重要な国家・地域・都市・河川・山脈・海洋・王朝の位置や領域などは必ず地理的位置とともに覚えておこう。

史料問題

歴史上重要な条約・宣言・法律・著作物に関しては，できるかぎり掘り下げて，その背景・内容・結果などに迫っておきたい。用語集の説明文レベルの知識を確実にもっておくと心強い。

グラフ問題

現代のアメリカ・日本などの経済に関するグラフ問題が頻出しているので，グラフ・統計表を収めた政治・経済資料集なども利用したい。

04 視覚資料にも注意

教科書の写真・図版などに対して，本文と同じくらい注意深く見ておくこと。さらに図説・図表を掲載した市販の世界史資料集を利用して，より多くの図説を意識的に覚えておこう。絵画などの美術作品・建築様式はビジュアル的に理解しておきたい。

05 年表・年代関連問題対策

年表や年代配列問題に時間をとられて試験時間を浪費しないよう，重要年代などは積極的に暗記するよう心がけたい。また，相互に関連する事項や同時期に起きた事項については，因果関係や周辺状況を含めて有機的に理解しておきたい。実際に解くにあたっては，選択肢の中で「知っている年代はあるか？」「最も古い事項は？」「最も新しい事項は？」の３点を考えることがポイントである。

06 論述対策はしっかりと

論述力を高めるには，とにかく書いてみることである。ことさら新しい用語や難しいことばを使うのではなく，教科書や用語集に書かれている論理を参考にしながら，首尾一貫した文章を作成することをめざそう。用語説明などの短文から始めて，短文の集合体として長文を構成する力を養成していこう。問題集としては，『体系世界史』（教学社）をすすめたい。短文での論述問題が収載されており，過去問演習への橋渡しになるだろう。

07 過去問の研究を

慶應義塾大学経済学部特有の出題形式もあるので，出題に慣れるためにも，できるだけ早い段階で過去問に当たり，解答の仕方・手順を身につけよう。その過程で，同一テーマや同一問題が繰り返し出題されていることに自ら気づけば，重点学習などいっそう有効な対策を講じることも可能となる。

数学

年度	番号	項目	内容
2024 ◑	〔1〕	小問2問	(1)整数　(2)三角関数を利用した分数関数の最大値・最小値
	〔2〕	確率	非復元抽出試行の確率，条件付き確率
	〔3〕	数列，指数・対数関数	指数・対数の計算，等比数列，数列の和
	〔4〕	ベクトル	四面体の体積
	〔5〕	対数関数	対数の整数部分と小数部分
	〔6〕	微・積分法	関数の増減，$y=\|f(x)\|$ のグラフ，定積分の計算
2023 ◑	〔1〕	小問2問	(1)正弦定理，余弦定理，外接円・内接円の半径　(2)不定方程式
	〔2〕	数列	漸化式，数列の和
	〔3〕	データの分析，確率	分散，反復試行の確率，条件付き確率
	〔4〕	対数関数，微分法	対数関数の最大値と微分法，対数不等式
	〔5〕	ベクトル	三角錐台の体積
	〔6〕	微・積分法	定積分の計算，x 軸に接する3次関数のグラフ，面積
2022 ◑	〔1〕	図形と方程式	円に外接する四角形
	〔2〕	数列	2項間の漸化式
	〔3〕	データの分析，確率	平均，分散，共分散，条件付き確率
	〔4〕	ベクトル	四面体の体積
	〔5〕	対数関数，2次関数	対数計算，格子点の個数，2次関数の最大値・最小値
	〔6〕	微・積分法	定積分で表された関数，面積
2021 ◑	〔1〕	図形と方程式	2つの円に外接する円
	〔2〕	確率	反復試行の確率，条件付き確率
	〔3〕	数列	漸化式
	〔4〕	対数関数，数列	対数不等式，数列の和，桁数
	〔5〕	ベクトル	ベクトルと図形，円錐面
	〔6〕	微・積分法	3次関数のグラフと接線で囲まれた図形の面積　☑証明

2020 ◑	〔1〕	整数の性質	2次の不定方程式	
	〔2〕	確　　率	さいころの確率，二項定理	
	〔3〕	数　　列	連立漸化式，数学的帰納法，数列の和，桁数	
	〔4〕	ベクトル	直線と平面の交点，軌跡，三角形の面積	⊘図示
	〔5〕	対数関数，三角関数	対数方程式，三角関数の最大値と最小値	
	〔6〕	微・積分法	3次関数のグラフ，最大値，面積	

（注）●印は全問，◑印は一部マークシート法採用であることを表す。

出題範囲の変更

2025年度入試より，数学は新教育課程での実施となります。詳細については，大学から発表される募集要項等で必ずご確認ください（以下は本書編集時点の情報）。

2024年度（旧教育課程）	2025年度（新教育課程）
数学Ⅰ・Ⅱ※・A（場合の数と確率・整数の性質・図形の性質）・B（数列，ベクトル）	数学Ⅰ・Ⅱ※・A・B（数列）・C（ベクトル）

※数学Ⅱの「微分・積分の考え」においては一般の多項式を扱うこととする。

旧教育課程履修者への経過措置

2025年度については各教科・科目とも，旧教育課程履修者を考慮するものの，特別な経過措置はとらない。

傾向　文系としては高レベル，分量も多い

01　基本情報

試験時間：80分。

大問構成：大問6題。英語のマーク式の部分を含め，〔1〕～〔3〕が一定点に達しないと〔4〕～〔6〕が採点されない。

解答形式：〔1〕～〔3〕はマークシート法，〔4〕～〔6〕は記述式。

02　出題内容

頻出項目：微・積分法，ベクトル，確率，数列，図形と方程式，指数・対数関数などが頻出。

内　　容：記述式の問題については，論証力や図形的センスが求められる

ものが多く，図示や証明が求められることもある。

03 難易度と時間配分

例年，教科書章末問題程度から受験参考書の例題程度の標準的な問題が中心であるが，大問６題を80分で解かねばならないことを考えると文系学部の問題としてはレベルが高いといえよう。また，計算力や応用力・思考力が要求される問題もあり，決して侮れない。

試験時間に対して問題量が多く，計算量も多い。〔１〕～〔３〕の前半部分である程度の点数がないと，後半の〔４〕～〔６〕が採点されない仕組みであるから，まずは前半のマークシート法のところでケアレスミスをしないこと。〔４〕～〔６〕では手がつけられそうなものから仕上げていこう。

対策

01 教科書中心の学習

教科書を徹底的に復習し，基本的な問題や公式は完全にマスターしておくこと。また，入試問題でよく取り上げられるような典型的な問題が出題されることがあるので，標準的な受験参考書『数学Ｉ・Ａ標準問題精講』『数学Ⅱ・Ｂ＋ベクトル標準問題精講』（いずれも旺文社）などを丁寧に仕上げ，解法や考え方をしっかり身につけておきたい。

02 計算は手際よく正確に

出題の約半分は空所補充形式の問題であるから，小さな計算ミスが致命的になる可能性も高い。普段から筋道のしっかりした解法で解く力を身につけ，手際よく正確に計算する習慣をつけておくこと。できるだけ多くの問題に当たっていろいろな解法にふれるとともに，省力化に役立つ別解や公式も身につけておこう。

03 頻出項目の習熟

出題頻度の高い項目である微・積分法，ベクトル，確率，数列，図形と方程式，指数・対数関数などは徹底的に学習しておくことが肝要である。

小論文

年　度	内　容
2024	社会科学者の読書傾向と研究アプローチ (1)内容説明（200 字） (2)内容説明・意見論述（400 字）
2023	行動の合理性を解釈する (1)内容説明（200 字） (2)意見論述（400 字）
2022	集合知をつくりだす集団のあり方 (1)内容説明（200 字） (2)内容説明・意見論述（400 字）
2021	非対称的な関係における両者の責任 (1)内容説明（200 字） (2)意見論述（400 字）
2020	「分かち合い」とその必要性に関する考察 (1)内容説明（200 字） (2)意見論述（400 字）

傾向　緻密な読解分析力と設問意図を押さえた論述力を

01 基本情報

試験時間：60 分。
大問構成：大問１題，１つもしくは２つの課題文に対し２つの設問で構成。
解答形式：合わせて 600 字の論述。

02 出題内容

設問の形式は，１問目が内容説明，２問目が課題設定や意見論述というパターンが多い。課題文の分量は年度によってばらつきがあるが，それほど多いものではない。各設問の字数は比較的少なめなので，制限字数内で題意を的確にとらえた解答を作成しなくてはならない。

出題テーマは，社会学的内容のものが多い。経済学的テーマもあるが，それより少し広い視野から企業・大学・組織のあり方などを取り上げた現代社会論的テーマも多い。2022・2024年度のテーマからは，「現代社会が抱える課題の解決」という問題意識がうかがえる。また，2023年度の人の行動の合理性に関するテーマは経済学的なもの，2020・2021年度は両方にまたがるテーマであった。これらのテーマからは，グローバル化する社会にあって多様性をふまえた望ましい教育や組織のあり方を考察するという問題意識がうかがえる。

いずれにせよ，社会事象への関心と知識や洞察力，論理的思考力が問われることになるが，課題文をふまえて自分で具体例を出したり，問題点を発見したりしなければならないものも多いので，普段から意識して知識を身につけておく必要がある。意見論述もそうした知識をふまえた上で説得力のあるものにしなくてはならない。なお，設問では，細かい条件が設定されることが多いので，これらの条件を押さえた上で，求められているものを的確に判断して書いていくことを心がけよう。

03 難易度と時間配分

課題文の内容は難解というほどのものではない。意見論述においても，条件設定が細部にわたっているので，比較的書きやすいだろう。しかし，細かい設問条件を把握し，それに合致したものを書かなければならないので注意が必要である。設問で問われていることを素早く分析することに加え，短時間で課題文の要旨を的確に把握する理解力と表現力が必要である。さらに，時事問題や社会問題への関心に加え，課題把握の洞察力も問われる。その意味では，バランスのとれたハイレベルな問題であると言ってよいだろう。

試験時間が60分と短く，書き慣れていないと，時間内に計600字の論述を書き上げるのは難しい。まず初めに設問に目を通し，設問条件を確認してから課題文を素早く読み取り，要旨や全体の構想がまとまったら一気に書き進めよう。

対策

01 生活の中で問題意識をもとう

「現代社会が抱える課題とその解決法」や「グローバル化・多様性・市場化」を意識した問題が出されている。高校で学習する「現代社会」や「政治・経済」で基礎知識をしっかり身につけておくことが，論述のベースになる。それに加え，時事問題や社会問題についての関心や知識が必要である。これに対処するには，日頃から新聞の社説・解説記事などを読んでおく必要がある。それ以外では，テレビのニュース番組や特集番組などで，時事問題に関する知識を充実させておくこと。また，平素から何かにつけ深く考える習慣をつけておく必要がある。尊厳死や先端医療における生命倫理，家族や結婚のあり方，経済成長と環境問題，憲法改正，SNSと表現の自由，格差と分断など，論争となっている問題はたくさんある。そういったテーマについてまわりの人と話し合うとよいだろう。そして話し合った内容について，自分の感想を400字程度で文章化する訓練をしておくと，さらに効果的である。テーマについては，『文藝春秋オピニオン2024年の論点100』（文藝春秋）などが参考になる。

02 読解力をつけよう

興味をもてるテーマが見つかったら，それに関する新書類を読むとよいだろう。また，雑誌『世界』（岩波書店），『中央公論』（中央公論新社），『文藝春秋』（文藝春秋）の論文などにも目を通してみるとよい。読解力をつけるには，「この筆者はどういうことを問題にしているのか」「なぜそれが問題なのか」「ここで述べられている問題はどういう意味で重要なのか」を意識しながら読むことが大切である。

03 要旨をまとめる練習をしよう

出題形式によらず，内容を簡潔に要約する力は何らかの形で関わっているので練習が欠かせない。対象とする文章はどのようなものでもかまわないが，現代文の入試問題などは難易度や文章の長さの点で参考になるだろう。手近な材料を使って，本文の 10 分の 1 程度の字数で要旨をまとめればよい。要約は数をこなせばうまくなるので，まずは出来映えはあまり気にせず，どんどん練習することが大切である。

04 設問の条件をしっかり押さえよう

設問の条件がかなり細かく設定されているので，まずはそれをしっかり押さえよう。そうすれば，書くべき内容がおのずと決まり，書きやすくなる。特に経済学部の場合，設問条件の正確な理解が求められていると考えるべきである。時間的にかなり厳しいので，設問条件をしっかりと把握せずに書き始めてしまうと，よい答案は書けない。また，統計資料が出題されることも考えられる。統計資料を読み解き，説明するという形式は，経済系の学部ではよく出題されている。他学部の小論文の問題だけでなく，他大学の類似の問題なども利用して，時間内に書く練習をしておこう。

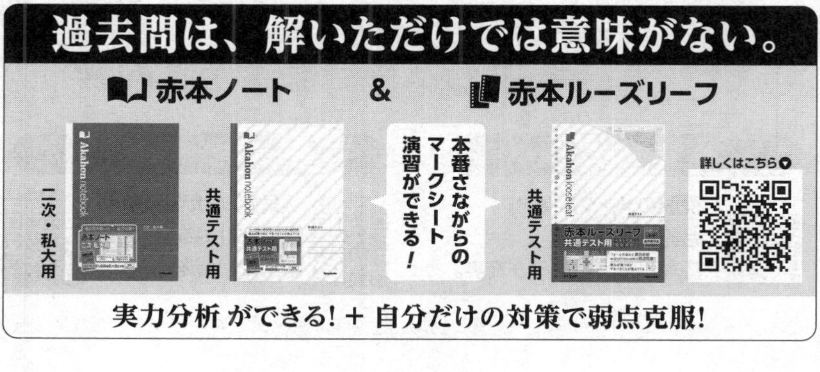
過去問は、解いただけでは意味がない。
赤本ノート
&
赤本ルーズリーフ
二次・私大用
共通テスト用
本番さながらのマークシート演習ができる！
共通テスト用
詳しくはこちら
実力分析ができる！＋自分だけの対策で弱点克服！

赤本チャンネル & 赤本ブログ
YouTubeやTikTokで受験対策
赤本ブログ
詳しくはこちら
受験のメンタルケア、合格者の声など、受験に役立つ記事が充実。
赤本チャンネル
YouTube
TikTok
人気講師の大学別講座や共通テスト対策など、役立つ動画を公開中！

2024年度

解答編

一般選抜

解答編

英語

I 解答　**1**―3　**2**―3　**3**―2　**4**―2　**5**―5　**6**―4
7―1　**8**―4　**9**―4　**10**―3　**11**―4

全訳

《リモートワーク革命》

①　労働者は反乱を起こしている。驚くべきことに，あらゆる経済部門の至る所で，前例のない数の人たちが安定した仕事を離れることを決めて，多くの企業を機能不全のままにしている。もっと高い給料を要求する労働者もいれば，自分の教育を高めたい労働者もいれば，単にいくらか「自分だけの」時間を持つつもりの労働者もいる。これらの労働者を連れ戻すために何ができるのか？　どうすれば労働条件を改善できるのか？　答えは簡単である。つまり，リモートワークだ。

②　リモートワークは，従業員が指定の会社のビルへ通勤しない働き方である。もちろん，リモートワークは何十年も昔からある。それは，1970年代にジャック=ナイルズによって「テレコミューティング」と初めて名づけられた。その実行への障害は，本質的に技術的なものではなく社会的なものであるとナイルズは主張した。従業員を机に縛り付けているのは頑固な経営者と時代遅れの組織構造である，ということだ。確かに，リモートワークの最近の隆盛は，通信技術の進歩とパソコンによって可能になった。しかしながら，皮肉なことに，2020年にリモートワーク革命を促進したのは，技術の変化でも社会の変化でもなかった。必要なものはウイルスだったのだ。

③　新型コロナウイルス感染症の世界的流行のために，2022年まで多く

の国に影響するロックダウンが行われた。2020年という会計年度には，これは結果として世界経済の3.3％の縮小となり，解雇の急増が伴った。しかし，翌年，諸制限がまだ実施されている国々での経済活動を正確に測定することは困難であるにもかかわらず，驚いたことに，世界の成長率は5.8％に達したようなのだ。これを説明することは簡単ではないが，一つ明らかなことがある。経済的な数字は一般的に改善した。そして，注目すべきいくらかの例外はあるが，一番うまく嵐を切り抜けることができた国や企業は，すばやくリモートワークの方針を採用したところだった。

④ リモートワークの恩恵は会社と労働者の両方が感じていて，その中でも何より重要なのはコストの削減である。従業員にとって，仕事場に行くことは，通勤，昼食，仕事着，同僚の誕生日の贈り物のような隠れた費用のためのコストを招く。自宅で働いている親は，保育料の節約によって恩恵を得るかもしれない。同時に雇用主は，従業員と全く同じぐらい恩恵を受ける。なぜならばリモートワークは会社のスペースの必要性を減らすからだ。通勤手当と住宅手当の減少ばかりでなく，賃貸料，ガス・電気・水道料金，清掃料，備品代に関して，節約ができるかもしれない。

⑤ これらの考えはケンブリッジにある建築会社のBildemupのシーモア＝ドルハーズによって最もよく言い表された。つまり「リモートワークは全ての人にとってお互いに利益があるものだ」と，ドルハーズは言った。世界的流行が起こった時，その会社は本社を閉めて事務員をオンラインへと移した。「私たちが最初にしたことは，承認のために会社中に文書を回す必要があった以前のやり方を止めることであった」と，ドルハーズは説明した。Bildemupにとって，全てをオンラインですることは作業を効率的にし，従業員に柔軟性を与えた。だから従業員のだれもいまだに辞めていない。従業員はどこからでも働くことができるので，全てをオンラインですることはまた，以前の本社から遠く離れて新たなプロジェクトを引き受ける力をその会社に与えた。

⑥ リモートワークについてのなかなか消えない不安の一つは，会社の環境から離れていると，従業員の生産性が下がるのではということである。これは過去にはもっともな不安だったかもしれないが，今日ほとんどの仕事はノートパソコンとインターネット接続があればできる。リモート勤務をすることは従業員が（自宅であろうが，地元の喫茶店であろうが，山の

頂上であろうが，日当たりの良い浜辺であろうが）自分にとっての最善の環境を見つけることを可能にする。ストレスもなく，通勤で無駄にする時間もないので，労働者はより幸せでより生産的になる。

⑦　リモートワークの利点は一見無限にあるようだ。リモートワークは自由を増やし，仕事の満足度を高め，労働者がどこでも好きなところに住むのを可能にし，仕事と生活のバランスを改善する。それは社内の有害な権力闘争を減少させ，忠誠心を向上させ，欠勤を減らす。これらの利点の中で，あまりよく知られていないものの一つが，環境への影響である。世界的大流行の間のロックダウンで，大都市の住民たちは，晴れている空や静かな道路やそんなにきれいだったことはない川と湖に驚いた。リモートワークはこれらの改善の要因のごく一部でしかないが，リモートワークが温室効果ガスとエネルギー消費をいかに減少させるのかを人は簡単に理解できる。

⑧　リモートワーク革命のより広範囲な影響について心配する人たちもいる。それは会社がリースを止めるので，ビルの所有者に悪影響を与えたり，地元のレストランを廃業に追い込んだりするだろうと，彼らは主張する。しかしながら，サンフランシスコからマンハッタンまで，アメリカの都市の中心地は居住スペースと商業スペースの賃貸料の低下を経験し，それがこの一等地の不動産の新しく多様な使い方を可能にしている。確かに，リモートワークは外食産業に強く影響を与えたが，それは必ずしも悪いことであるとは限らない。いろいろな圧力によって，レストランは驚くべき方法で客の食事経験を改善し，テイクアウトと配達の選択肢を増やさざるを得なくなったからだ。

⑨　リモートワーク革命は，会社がどのように経営されるかを変え続けるだろう。リモートワークの環境に対する従業員の要求と期待に応えるとき，会社は，もっと良い仕事をする能力を備えた忠実な従業員という形で報いられるだろう。もはや通勤ルートとムッとした会社の空間に縛りつけられることもなく，労働者は，自分の生活の質を改善するかもしれないし，次に，自分が住むより広い共同体を改善するかもしれない。

解説

1.「以下のうち，第①段の空所［1］を埋めるのに最も適切なものはどれか」

第①段第1文（Workers are …）に「労働者は反乱を起こしている」という記述，同段第2文（Amazingly, people across …）の冒頭に「驚くべきことに」という単語があるように，ここでは驚くほど大きな状況変化について述べられている。これらの記述に従って，空所［1］に3の unprecedented「前例のない」という形容詞を入れると，「前例のない数で」となり，話の筋が通る。leaving many businesses unable to function「多くの企業を機能不全のままにしている」は分詞構文で VOC という構造である。function は「機能する」という意の自動詞。他の選択肢では意味をなさない。

1．「理解できる」 2．「間違いのない」 4．「不安定な」

2．「以下のうち，第②段の空所［2］を埋めるのに最も適切なものはどれか」

第②段第4文（Niles claimed the …）ではリモートワーク導入の障害は社会的なものであるという主張が示され，次の第5文（Certainly, its recent rise …）には「確かに，リモートワークの最近の隆盛は，通信技術の進歩とパソコンによって可能になった」という，技術に関する記述がある。ところが，2020年のリモートワーク革命を促した要因について述べる次の第6文は Ironically, however, …「しかし，皮肉なことに」と逆接で始まり，続く最終文（What it took …）ではウイルスが要因だったことが述べられている。よって空所［2］には3の「技術の変化でも社会の変化でもない」を入れる。他の選択肢では話の流れの転換に合わない。neither *A* nor *B*「*A* でも *B* でもない」 Certainly, ～. However, ….「なるほど～だ。しかしながら，…だ」 類似の表現として it is true that ～, but … や sure〔true / indeed〕, ～ but〔yet〕… などがある。

1．「技術の変化と社会の変化の組み合わせ」

2．「社会の変化ではなく技術の変化」*B*, not *A*「*A* ではなく *B*」

4．「技術の変化ではなく組織の変化」not *A* but *B*「*A* ではなく *B*」

3．「以下のうち，第③段の空所［3］を埋めるのに最も適切なものはどれか」

第③段第2・3文（For the financial year … have reached 5.8%.）によると，2020年に世界経済は3.3%のマイナス成長だったが，2021年に成長率が5.8%に達したらしいということである。一方，空所の後はその直接の要因に言及しているわけではなく，最もうまく難局を切り抜けた国や企業はたいていリモートワークを速やかに採用していた，とだけ述べている。この展開に従って，空所に2の「これを説明することは簡単ではないが，一つ明らかなことがある」を入れると，話の筋が通る。result in ～「結果として～になる」 difficulty in *doing*「～することの難しさ，～することが難しいこと」 in place「実施されて，行われて」

1．「こうした数字はどれも同じ傾向を示している」

3．「それ以外であることはまずなかっただろう」

4．「その結果は完全に予測可能なものだった」

4．「以下のうち，第④段の空所［4］を埋めるのに最も適切なものはどれか」

第④段第1文（The benefits …）に「リモートワークの恩恵は会社と労働者の両方が感じている」とあり，第2・3文（For employees, going … by saving on childcare.）で，従業員にとってのリモートワークの利点が述べられている。*A* and *B* alike「*A* と *B* の両方（＝both *A* and *B*)」この記述に加えて，空所を含む文の冒頭に「同時に」とあるので，空所には会社にとってのリモートワークの利点が入ると予想される。よって，2の「雇用主は，従業員と全く同じぐらい恩恵を受ける」を入れると，空所に後続する「なぜならばリモートワークは会社のスペースの必要性を減らすからだ」という部分とうまくつながる。

1．「雇用主は本当の受益者である」

3．「雇用主の利益は従業員の利益によって影が薄くなる」

4．「雇用主は比較するといくらかの損失を被る」

5・6・7．「以下のうち，第⑤段の空所［5］［6］［7］に入る最も適切な単語を3つ選べ。それぞれの単語は1回だけ使えるものとする」

空所のある第⑤段では，1つの建設会社をリモートワークの成功例として挙げている。これを心に留めて，空所［5］の前の putting everything online「全てをオンラインですること」という主語と，後の operations「作業」という単語と結びつく動詞を探し，ここに5の streamlined「～を効率化した」を入れる。同様にして，空所［6］の後の flexibility for employees「従業員に柔軟性」と結びつく動詞を探し，ここに4の provided「～に与えた，提供した」を入れる。provide *A* for *B*「*B* に *A*

を与える，提供する」 よって，空所［5］［6］を含む文は「Bildemupにとって，全てをオンラインですることは作業を効率的にし，従業員に柔軟性を与えた。だからいまだに従業員のだれもが辞めていない」となって，話の流れがうまくいく。have yet to *do*「いまだに～していない，～するには至っていない」 最後の空所［7］には，後に the business「会社」という目的語と to take on … という to 不定詞があることや，空所を含む文の意味を考えて，1の empowered「～に力を与えた」を選ぶと，「従業員はどこからでも働くことができるので，全てをオンラインですることはまた，以前の本社から遠く離れて新たなプロジェクトを引き受ける力をその会社に与えた」となり，話がうまく流れる。文頭の It は putting everything online を受ける。empower *A* to *do*「～する力を *A* に与える」 take on ～「～を引き受ける」 personnel「従業員，職員」は複数扱い。

8.「以下のうち，第⑥段の空所［8］を埋めるのに最も適切なものはどれか」

空所を含む第⑥段第3文（Working remotely allows …）の前半部分に「リモート勤務をすることは従業員が自分にとっての最善の環境を見つけることを可能にする」とある。work remotely「リモートで勤務する」allow *A* to *do*「*A* が～するのを可能にする」「自分にとっての最善の環境」の具体例が空所の後に列挙されているので，4の「それが～であろうが」を空所に入れる。whether *A* or *B*「*A* であろうが *B* であろうが」whether は譲歩の副詞節を導く。whether 節では通例直説法を用いるが，この例のように be を使った仮定法現在を用いることもある。1．時制の過去形が間違っている。2．空所の後は副詞句のみなので，関係代名詞は空所に入らない。3．前置詞 of には名詞か名詞相当語句が後続するので，空所に入れることは文法的に間違いである。

1.「もしそれが～だったら」

2.「それの～」

3.「～に関係なく」

9.「以下のうち，第⑦段の空所［9］を埋めるのに最も適切なものはどれか」

第⑦段第2・3文（It increases freedom … reduces absences.）にリ

モートワークの利点が列挙されているので，リモートワークの利点を主張する文が空所に入るのではないかと見当をつける。よって，4の「リモートワークの利点は一見無限にあるようだ」を空所に入れる。

1.「リモートワークの1つの利点は明らかに他のものよりきわだっている」 stand out「きわだつ」

2.「リモートワークの利点の中には他の利点より重要なものがある」

3.「リモートワークの多くの長所は，いくつかの短所で抑制される」 counter *A* with *B*「*A* を *B* で抑制する，*A* に *B* で対抗する」

10.「以下のうち，第⑧段の空所［10］を埋めるのに最も適切なものはどれか」

空所を含む第⑧段第4文（Certainly, remote work …）の前半部分に「確かに，リモートワークは外食産業に強く影響を与えた」とある。certainly, ～, but …「確かに～だが…」 一方，空所の後に「いろいろな圧力によって，レストランは驚くべき方法で客の食事経験を改善し，テイクアウトと配達の選択肢を増やさざるを得なくなったからだ」と，レストラン側がさまざまな工夫をするようになったことについて記されている。この2つを連結するものとして，空所に3の「必ずしも悪いことであるとは限らない」を入れると，話の流れに合う。not necessarily は「必ずしも～とは限らない（＝not always)」という意の部分否定。他の選択肢では話の流れに合わない。

1.「ほとんど利点ではない」

2.「必要もないのに言うこと」 needless to say「言うまでもなく」との違いに注意。

4.「概して欠点」 on the whole「概して」

11.「以下のうち，第⑨段の空所［11］を埋めるのに最も適切なものはどれか」

空所を含む第⑨段第2文（When companies meet …）の前半部分に「リモートワークの環境に対する従業員の要求と期待に会社が応えるとき」とある。meet「(必要・欲求など）を満たす」 一般的に考えれば，会社が従業員の要求や期待に応えてくれるのであれば，従業員も会社のために努力すると考えられる。よって，空所に4の rewarded という reward「～に報いる」の過去分詞を入れると，空所を含む文の後半部分が「会社は，もっと良い仕事をする能力を備えた忠実な従業員（という形）で報いられるだろう」となり，うまく話が進む。reward *A* with *B*「*A* に *B* で報いる」 loyal employees (who are) equipped to do better work「もっと良い仕事をする能力を備えた忠実な従業員」 equip *A* to *do*「*A* に～する能力を備えさせる」

1.「獲得されて」 2.「与えられて，許可されて」 3.「認識されて」

語句・構文

(第①段) Some ～, some …, and others ―「～もいれば，…もいれば，―もいる」 "me" time「自分だけの時間」 bring back ～「～を連れ戻す」 working conditions「労働条件」

(第②段) commute to ～「～へ通勤する」 term「～を名づける，呼ぶ」 in nature「本質的に」 what it took「必要なもの」

(第③段) the COVID-19 pandemic「新型コロナウイルス感染症の世界的流行」 the governments and corporations (which were) best able to weather the storm「一番うまく嵐を切り抜けることができた国や企業」 省略されている語に注意。weather は「～を切り抜ける」という意の他動詞。those は the governments and corporations を受ける。

(第④段) the need for ～「～の必要性」 utilities「ガス・電気・水道料金，公共料金」 *B* as well as *A*「*A* ばかりでなく *B* も（=not only *A* but also *B*)」 reduced allowances for travel and housing は文字どおりには「通勤と住宅の減少した手当」となるが，「通勤手当と住宅手当の減少」ということ。

(第⑤段) construction firm「建築会社」 get rid of ～「～を止める，取り除く」 required documents to be passed「文書を回す必要があった」 require *A* to *do*「*A* が～する必要がある」

(第⑥段) the lingering fears「なかなか消えない不安」 lingering「なかなか消えない，長びく」は linger「ぐずぐずする，ぶらぶらする」という動詞からの派生語で，形容詞である。 be less productive「より生産的でなくなる」 つまり「生産性が下がる」 This may have been justified「これは当然のことだったかもしれない」 justified「当然のことで，正当な根拠があって」は justify「～の正しさを説明［証明］する」から派生した形容詞。

(第⑦段) work-life balance「仕事と生活のバランス」 the less well-noted「あまりよく知られていないもの」 この表現の後に benefits「利点」が省略されている。noted は「よく知られて，有名な」という意の形容詞。 impact on ～「～への影響」 marvel at ～「～に驚く」 while「～ではあるが，～だが一方で」 be responsible for ～「～の原因である」 greenhouse gasses「温室効果ガス」

(第⑧段) claim「主張する，断言する」 日本語の「クレーム」と混同しないこと。 negatively impact「否定的に～に影響を与える」 つまり「～に悪影響を与える」ということ。 run *A* out of business「*A* を廃業に追い込む，破産させる」 lower rents「より低い賃貸料」 つまり「賃貸料の低下」 allow for ～「～を可能にする」 real estate「不動産」 force *A* to *do*「*A* に～するように強いる」

(第⑨段) No longer tied to commuting routes and stale office spaces「もはや通勤ルートとムッとした会社の空間に縛りつけられることもなく」 この表現は No longer「もはや～ない」の後に being が省略されている分詞構文である。 tie *A* to *B*「*A* を *B* に縛りつける，結びつける」 in turn「次に，今度は」

Ⅱ 解答

12－3 **13**－1 **14**－3 **15**－1 **16**－2 **17**－4 **18**－3 **19**－4 **20**－1

全訳

《リモートワークの暗い面》

① リモートワークは私たち一人一人にとってばかりでなく現代生活のまさにその仕組みにとっても危険である。私たちの働き方は，他者との交流の仕方と社会としての機能の仕方にとって重要である。過去において，狩猟採集民は小さな部族で暮らしていて，食べ物を探すために長距離を移動した。農耕民は，植え付け期と収穫期に協力して働く大家族と社会的ネットワークを作った。近年では産業革命が人口密度の高い都市中心部へ人々を連れてきて，ニューヨーク，ロンドン，パリ，東京のような文化的に豊かな都市の発展へとつながっていった。もし私たちがこれらの都市から会社の仕事を取り去るならば，都市には何が残るのだろうか？

② 新型コロナウイルス感染症の世界的流行の初期には，リモート勤務が

多くの人にとって現実となった。そして，最初，その全てはたいへん魅力的に思われた。リモート勤務が経済を動かし続けてくれるので，会社と従業員はそれを歓迎した。労働者の生産性は飛躍的に上昇し，報告された増加は13％から56％もの高さにまで及んだ。労働者は，もっと運動をし，新しい趣味を見つけ，家族と以前より多くの時間を過ごしたと報告した。多くの人はこれらの数字を額面通りに受け取った。だが，全ては錯覚だったのか。

③　今日，だまされる人はほとんどいない。労働者の生産性の上昇を夢見た会社は，その利点が誇張して述べられたとわかったのである。多くの会社は従業員の自己申告したデータをもはや信用しない。労働者にとっては，幻滅が始まっている。すなわち，今日，仕事と私生活の間の境界線があいまいになっているので，雇用主はリモートワークを喜んで許可したのだと，労働者は認識しているのだ。家で働く従業員は，子どもを車でサッカーの練習に送っていったり，宿題の手助けをしたりしているかもしれないけれども，会議の電話に出るように期待されている。生産性の上昇に関する限り，それは単により多くの時間働いていることの結果であった。

④　リモートワークにもっと生産的な時間を求めても，会社は，仕事の質と従業員の創造性への長期にわたる影響を目にすることはできない。最初のものは，管理の増加から生じる。従業員はもっと理知的にではなくもっと迅速に働く。なぜならば会社は，単に作業を完了したりＥメールに返事をしたりするのにかかる時間だけで，リモートワークをする人を評価するからだ。二番目のものは，家で働くことの結果である。家で働くことは時が経つにつれて革新を阻害する。従業員はもはや自由に同僚とおしゃべりをしたり身近な作業部会以外で会う人たちと考えを交換したりできない。自然に発生する出会いは，新しい考えの出現に絶対必要である。究極的には，健全な企業文化の発展ばかりでなく，質の高い労働者の成長と教育にとっても，そのような出会いがカギとなる。

⑤　2021年の調査によると，70％の人々がリモートワークについて肯定的な意見を述べ，人の健康，人間関係，経済状況にとっての利点を主張した。しかしながら，同じ調査で，回答者の24％が家庭でのストレスのある人間関係を報告し，54％の人が，仕事と生活のバランスに悪影響を与えることとして仕事場がないことを挙げた。驚いたことに，10.4％の人

が，リモートワークについて一番好きな3つのことの1つとして心の健康の改善を挙げている一方で，全ての回答者のうち5人に1人が新たな心の健康問題を報告した。これは，同僚や上司との交流の欠如からくる孤立と不安のためである。最も心配なことに，若手の従業員や一人で住む人たちのみを調べると，心の健康問題の報告によるこの割合はほぼ2倍になり39％だった。

⑥　リモートワークの有害な影響は至るところで目に見えている。一方では，人々はもはや都会に住むように強制されないので，会社は商売をするのを止めてしまった。そして，美術館やシンフォニーホールや他の文化施設にはもはや多くの訪問者が来ることはない。このため都市の自治体と住民グループは，それらの施設に資金を提供するかそれともそれらがつぶれるのに任せるかのどちらかにせざるを得ない。他方，過去2年にわたって，リモートワークで働く人が田舎町と村に押し寄せた。これは，それらの地域の共同体にとって本当に悲惨なものであった。なぜならば思いがけない新たな住民の波が共同体すべてにわたって深刻な問題を引き起こしたからだ。つまり，学校，道路，病院，警察，自治体のその他のサービスにとっての問題である。リモートワークで働く人を雇っている企業が別の都市や州に本拠を置いていて，そちらに税金を払うときには，これらの問題は悪化する。

⑦　リモートワークが環境にとって有益であるという考えは空想である。たとえば，100人の労働者のために1つのオフィスを運営するエネルギーコストは，100の自宅オフィスを運営するのに必要なもののほんの一部に過ぎない。毎日1時間をかけて職場に通勤することがもうないので，労働者は二酸化炭素の削減について自慢する。だが，僻地に移住すれば，労働者はそれを，スーパーマーケットやホームセンターへ1時間かけて車で行くことと単に交換しているに過ぎない。さらに，人々は，大きな農場や遠くの森のある丘に新しい家を建てるので，これらの景観を害しているばかりでなく，食べ物や他の資源を生み出すためにそれらが使われるのを妨害してもいるのだ。

⑧　誰かが（すなわち，それが消費者としての行動を通した個人を意味しようが，公共政策を通した政府を意味しようが）介入する必要がある。放っておかれると，会社と従業員は両者とも一見したところ物事が手に負え

なくなるままにしておいてもかまわないようである。たとえば，Meta をとりあげてみよう。連絡することや催し物を計画することや同じ考えの人たちと会うことをもっと簡単にすることによって世界に革命を起こした会社として，Meta は出発した。今日，Meta は，人々が仕事と娯楽のあらゆる活動を行う仮想世界に全ての人を押し入れようとしている。これは本当に私たちが望む未来なのか？　実際，文化施設，社会的な関係，心の健康を犠牲にしてまで，私たちはこれを望むのだろうか？

解説

12.「以下のうち，第①段の空所［12］を埋めるのに最も適切なものはどれか」

第①段第3～5文（In the past, … and Tokyo.）は，大昔から現代までの人間の活動と，それに応じた社会の在り方についての簡潔な記述である。hunter gatherer「狩猟採集民」 search for ～「～を探す」 空所を含む文の前半部分では都市中心部に人口が集中したことが述べられており，空所の直後にある「文化的に豊かな都市の発展」はその結果だと考えられる。この流れに従って，空所に3の leading to「～につながっていった」を入れると，うまく話が進む。lead to ～「～につながる，～の原因となる」 空所を含めその後の部分は分詞構文である。1を空所に入れることは文法的に間違い。2と4は意味的に空所に入ることはない。

1.「～し始める」

2.「～からなる」 consist of ～「～からなる」

4.「～を引き継ぐ」 take over ～「～を引き継ぐ」

13.「以下のうち，第②段の空所［13］を埋めるのに最も適切なものはどれか」

第②段第3・4文（Worker productivity … with family members.）では報告されたリモートワークの利点のみが述べられている一方で，最終文（But was …）には「だが，全ては錯覚だったのか」とある。with reported increases ranging from 13% to as high as 56%「報告された増加は13％から56％もの高さにまで及んで」 付帯状況の with である。この流れに従って，空所に1の「多くの人はこれらの数字を額面通りに受け取った」を入れる。at face value「額面通りに」 選択肢の2～4は示された数字を疑問視しているという共通点があるので，それが正解とは異なるというヒントになる。

2．「ほとんどの人たちはそのデータを疑っていた」 be skeptical of ～「～を疑っている」

3．「誰もそんな数字には騙されなかった」

4．「そのデータは決してあまりバラ色のように思われなかった」 not ～ at all「決して～ない」 ここでは not の代わりに never が用いられている。

14.「以下のうち，第③段の空所［14］を埋めるのに最も適切なものはどれか」

空所を含む文の is concerned「関する」という表現に注目し，3の So far as「～である限り」を入れると，この文は「生産性の上昇に関する限り，それは単にもっと多くの時間働いていることの結果であった」となり，意味がうまくつながっていく。increased productivity は，「上昇した生産性」という文字どおりの意味から「生産性の上昇」とすれば理解しやすい。product「結果」 1．However の直後にカンマがあれば「しかしながら～ので」となるが，however as という形では意味をなさない。2．「～だけれども」 much as は譲歩節を導く定型表現で，as much as や much though という形で使われることもある。4．「～だが一方」 比較・対照を示す接続詞で，while より堅い単語。

15.「以下のうち，第④段の空所［15］を埋めるのに最も適切なものはどれか」

The first と The second という指標と言ってもよい表現に注目して考える。第④段第2・3文（The first stems … respond to emails.）は，空所前の the long-term impacts on the quality of work「仕事の質への長期にわたる影響」について情報を付加していると考えられる。stem from ～「～から生じる」 evaluate「～を評価する」 respond to ～「～に返事をする」 同様に，同段第4～最終文（The second … a healthy company culture.）は，空所［15］の付加的情報を記述していると予想できる。over time「時が経つにつれて」 be free to *do*「自由に～する」 exchange *A* with *B*「*B*（人）と *A*（物，事）を交換する」 spontaneous encounter「自然に発生する出会い」 この部分では人との出会いを通じて新しい考えが生まれるという主張がされている。よって，空所に1の「そして従業員の創造性」を入れる。

2．「そして労働者の心の健康」
3．「あるいは従業員の仕事と生活のバランスへの影響」
4．「あるいは直接的な管理の重要性」

16.「以下のうち，第⑤段の空所［16］を埋めるのに最も適切なものはどれか」

第⑤段第３文（Alarmingly, while …）の後半部分に「全ての回答者のうち５人に１人が新たな心の健康問題を報告した」とある。「全ての回答者のうち５人に１人」は20％である。cite *A* as *B*「*A* を *B* として挙げる」 one in five「５人のうち１人」 同段最終文（Most worryingly, …）に「最も心配なことに，若手の従業員や一人で住む人たちのみを調べると，心の健康問題の報告によるこの割合はほぼ２倍になり」とある。20％の２倍は40％になるので，それに近い２の「39％」を選ぶ。look at ～「～を調べる」 those who ～「～である人たち」

17.「第⑥段で，著者によると，リモートワークの増加によって最も悪影響を受けたのは以下のどのグループか」

第⑥段第４～６文（On the other hand, … cities or states.）に，リモートワークで働く人が田舎町と村に押し寄せて本当に悲惨なことになったと記されている。よって，４の「田舎町と村の住民」が最も悪影響を受けたと言える。on the other hand「他方では」 flood into ～「～に押し寄せる」 compound「～を悪化させる」 be based in ～「～に本拠を置いている」

1．「都市の住民」
2．「リモートワークで働く人を雇う会社」
3．「文化施設」

18.「以下のうち，第⑦段の空所［18］を埋めるのに最も適切なものはどれか」

著者はリモートワークの問題点を列挙するという論述の進め方なので，３の「～のほんの一部に過ぎない」を選べば，リモートワークのほうがエネルギーコストは大であるとなり，話がうまく流れる。

1．「～に等しい」
2．「～より何倍も大きい」 many times「何倍も」
4．「質的に～と異なる」

19・20.「以下の意見を考えよ。それから，両方の記事に基づいて，対応する数字(19)，(20)の欄に，もしNoah Ficeのみがその意見に賛成ならば，1をマークせよ。もしI. D. Nighetのみがその意見に賛成ならば，2をマークせよ。もし両方の著者がその意見に賛成ならば，3をマークせよ。もしどちらの著者もその意見に賛成ではないならば，4をマークせよ」

19.「政府はリモートワークを奨励するために政策を作るべきだ」

Noah Ficeの記事にはこのことに対する言及はない。I. D. Nighetは「リモートワークの暗い面」という題目の下に，リモートワークはいろいろな点でよくないと主張している。「政府はリモートワークを奨励するために政策を作るべきだ」という意見に賛成するとは考えられない。よって，両者とも，「政府はリモートワークを奨励するために政策を作るべきだ」に賛成ではないと考えられるので，4をマークする。

20.「リモートワークは環境を改善する」

Noah Ficeは第⑦段第4文（Among these benefits, …）で「これらの利点の中で，あまりよく知られていないものの1つが，環境への影響である」と述べ，続く第5～最終文（With the lockdowns … energy consumption.）で，リモートワークが環境の改善に貢献した例を挙げている。よって，Noah Ficeは「リモートワークは環境を改善する」という意見に賛成している。一方，I. D. Nighetは第⑦段第1文（The idea that …）で「リモートワークが環境にとって有益であるという考えは空想である」と述べ，同段で利点がないことをいろいろな例で示している。よって，I. D. Nighetは「リモートワークは環境を改善する」に賛成していない。よって，Noah Ficeのみが賛成しているので，1をマークする。

語句・構文

（第①段） the very fabric「まさにその仕組み」 very「まさにその」は形容詞であることに注意。 interact with ～「～と交流する」

（第②段） skyrocket「飛躍的に上昇する」

（第③段） dream of ～「～を夢見る」 benefit「利点」 overstate「～を誇張して述べる」 disillusionment「幻滅」 set in「始まる」 blurredは「あいまいな，ぼやけて」という意の形容詞で，blur「～をぼやけさせる」という動詞の派生語。 take conference calls「会議の電話に出る」 help *A* with *B*「*B*について*A*を助ける」

(第④段) in quest for ～「～を探して」 fail to *do*「～できない」
(第⑤段) identify *A* as *B*「*A* を *B* として特定する，認定する，みなす」 due to ～「～のためで」 interaction with ～「～との交流」
(第⑥段) with people no longer compelled to live in cities「人々はもはや都会に住むように強制されないので」 with は状況的理由を示す。形式は with＋名詞＋補語という付帯状況と同じ。 no longer「もはや～ない」 compel *A* to *do*「*A* に～するよう強いる，強制する」 cease *doing*「～するのを止める」 trade は「商売をする」という意の動詞。 either fund them or let them fold「それらの施設に資金を提供するかそれともそれらがだめになるのに任せるかどちらかをする」 either *A* or *B*「*A* か *B* のどちらか」 fund は「資金，基金」という意の名詞でよく用いられるが，ここでは「～に資金を提供する」という意味の他動詞。 fold は「(紙や布）を折る，(腕や手）を組む」という意味もあるが，ここでは「つぶれる，だめになる」という意の自動詞。
(第⑦段) the idea that ～「～という考え」 be beneficial to ～「～にとって有益である」 boast about ～「～について自慢する」 with no more daily hour-long commutes to work「毎日職場への1時間の通勤がもうないので」 no more「もう～ない」 hour-long「1時間の」という意の形容詞。commutes は名詞であることに注意。 exchange *A* for *B*「*A* と *B* を交換する」 with people building new homes「人々が新しい家を建てるので」 with は状況的理由を示す。 prevent *A* from *doing*「*A* が～するのを妨害する」 from が省略されることもある。同意表現として keep *A* from *doing* や stop *A* from *doing* がある。
(第⑧段) Left alone, companies and employees are … willing to let things get out of hand.「放っておかれると，会社と従業員は…物事を手に負えなくなるままにしておいてもかまわない」 文頭の Left alone は分詞構文。前に Being の省略あり。 leave *A* alone「*A* を放っておく」 be willing to *do*「～してもかまわない，～するのをいとわない」 get out of hand「手に負えなくなる」 keep in touch「連絡する」 at the cost of ～「～を犠牲にして」

Ⅲ 解答

21－2　**22**－4　**23**－3　**24**－5　**25**－2　**26**－2
27－4　**28**－4　**29**－3　**30**－2　**31**－3　**32**－2
33－3

全訳

《メディア・リテラシー：偽情報へのワクチン》

① オンラインの情報の入手しやすさとソーシャルメディアの広がりは私たちが偽情報に触れることを根本的に変えた。「フェイクニュース」は，2016年のアメリカの大統領選以前にはほとんどだれも聞いたことがない表現だったが，今ではあらゆるところの政治家にとってキャッチフレーズになっている。偽情報はいろいろな形をとるが，本質的に，偽情報は偽だとわかっている情報を広げようとする作り手の有害な意図によって特定される。

② 確かに，限られた量の偽情報はいつも私たちと共に存在してきた。ギリシア時代やローマ時代でさえ，有利になることを望んで，政治家は偽のうわさを広めた。さらに，商業という名のもとに広がるうそは，中世時代以来，民間部門の多くを特徴づけてきた。マスメディアの到来の前に，有害なうわさ話は貧しい田舎の地域社会で簡単に広がることができ，結果として多くの種類の不正となった。とはいえ，昔に広まったうその量は技術によって限定されていた。

③ 確かに，インターネットの出現は状況を大きく変えるものだった。今日，真実でないことを容易に信じたり正当な内省なしに考えを容易に受け入れたりする私たちの姿勢は，かつてないほど顕著である。デジタルで私たちが見たり聞いたりすることの多くは，認知バイアスを生み出すコンピュータアルゴリズムによって私たちにもたらされる。さまざまな考えにさらされる代わりに，私たちは類似したさらにもっと極端な意見を含むコンテンツに人々がさらされる反響室に住むことが多くなっている。実際，オンラインの偽情報の動画がますます多くの視聴者を引きつけるので，そんな動画はしばしばすばやく広がる。これは，特別な種類の正当性を与える傾向があり，それに反論するのは難しい。アメリカでQアノンというカルトが拡散したうそが消えないことが，その傾向の証拠である。Qアノンの陰謀論は正当な大衆の意見としてメディアで言及され続ける。多くの有名な信者はそのような陰謀論を捨て去っているのだが。

④　偽情報の影響は決して過少評価されるべきではない。国家規模で，政治上の意見の不一致は，うその増加を引き起こしてきたばかりでなく暴力も引き起こしてきたのである。もっと地元のレベルでは，偽のうわさが暴動の原因であることが示されたこともあった。さらに，政治家が疑念を故意に拡散したことが，民主主義体制への人々の信頼を弱め始めている。たとえば，不正によって選挙に勝ったという偽の主張は，統治体制それ自体への大衆の信頼を損なう傾向がある。政治的な無関心は現代病であるが，問題の原因は多くの場合，有権者の間の絶望感である——あらゆる公式の談話への信頼の欠如によって生じたものである。

⑤　皮肉なことに，公平で先入観のない討論を奨励するという考えは，それ自体偽情報の拡散の原因になった。現代のメディアが懐疑的な見方に熱中し討論を奨励しているために，定評のある総意とは反対の意見が，圧倒的に科学の反証があるときでさえ蔓延するのが可能になった。地球が平らだと主張する人たちは自分たちの「主張」を述べる不相応な機会を得る。そして，ワクチンの懐疑論者は，主張を支持する証拠がほとんどない場合でさえメディアに出ることができる。教育施設においてさえ，積極的に討論を奨励することはまた，全ての情報源は等しく疑わしいと結論づける学生がいるとき，意図しない結果を生むかもしれない。

⑥　私たちはこの状況にどのように反応すべきか？　インターネットに上げることができるものとできないものを規制しようとしたり，例えば，世界についての唯一の受容可能な見解を提示するために，学校の教科書の内容を規制したりして，大規模な検閲を支持している人もいる。しかしながら，この方法の問題は，真実であると決定するものを政府が独占するとき，政府は結局自らの大規模な偽情報プロジェクトに終わるということである。したがって，全体主義社会の人たちは懐疑論者になり，真実であろうがなかろうが，公式の話をしばしばフィクションとみなすようになる。かくして問題は残る。

⑦　メディアの改革は妥当な解決策のように思われるが，達成するのが難しい。例えば，ソーシャルメディアの会社を取り上げてみよう。こうした会社を統制しようとする政府の試みは，せいぜい成功と失敗が相半ばする結果となった。進歩は限定的だった。なぜならばこれらの会社は，協力的であるけれども，多くの場合，バランスのとれた情報の流れという考えに

対して本質的な抵抗を持っているからだ。ひとつには，それは自社のサイトを監視する方法についての技術的な問題のためである。ひとつには，それは，歪曲された情報さえ共有することが収入源となる，競い合うビジネスモデルから生じている。

⑧　むしろ，おそらく私たちは，ウイルス感染症とともに生きなければならないのと残念ながら同様に，一つの問題として偽情報とともに生きなければならないのだろう。この場合，できるだけ多くの子どもと大人に「ワクチンを接種する」必要がある。要するに，偽情報に感染するのを防ぐための理知的な道具を彼らに与えるのだ。それをすることは教育を受けた市民を必要とする。なぜならば彼らは批判的に考えることができるからだ。すなわち，自分が出会うような情報を疑問視し，分析し，それについて判断を下すことができる市民を必要とする。ソーシャルメディアの本質を調べるクラスを含めて，大人のためのメディア・リテラシーのクラスが必要であり，例外的な環境において，政府でさえ必ずそのようなクラスを採用するための手段を講じるべきだ。

⑨　メディア・リテラシーはしばらく前から多くの国の議題に挙げられているが，それが今日かつてないほど必要とされている。偽情報の拡散に対処することは複雑である。当然のことながら，これは一時的な即効薬ではない。しかしながら，結局のところ，何を信じるべきかに関する最終的な決定権を，政治家やビジネスリーダーではなく，十分な教育を受けた市民の手に委ねることが，私たちが所有する偽情報に対する最高の防御であるかもしれない。

解説

21.「以下のうち，第①段の空所［21］を埋めるのに最も適切なものはどれか」

空所の前に be があるので，空所には他動詞の過去分詞が入ると考える。よって，自動詞が空所に入ることはなく，自動詞の選択肢 1 と 3 を除外する。残った 2 個から意味を考えて，2 の identified by「～によって特定されて」をこの空所に入れる。identify「～を特定する」　1．「～にあった」consist は自動詞で，consist in ～「～にある」という意。文法的に不可。3．「～から現れた，発生した」 materialize「現れる，発生する」も自動詞で，文法的に不可。4．「～のために評価されて」 意味的に空所に入ることはない。

22.「以下のうち，第②段の空所［22］を埋めるのに最も適切なものはどれか」

第②段は「偽情報の拡散は古代からずっとあった」という趣旨で，第③段以降はインターネット出現後の状況を論じている。第②段の目的は「問題は昔からあったが」と譲歩し，近年の事態の深刻さを強調することだと考えられるので，「昔は今ほど深刻ではなかった」と示唆する4「とはいえ，昔に広まったうその量は技術によって限定されていた」が正解となる。他の選択肢ではうまくつながらない。

1.「明らかに，昔の政治家は今日の政治家ほどずるく行動することができなかった」 those は繰り返しを避けるために使われる代名詞で，politicians のこと。

2.「しかしながら，うわさ話が不正直な意図を持って広がることは，まずめったになかった。だから，比較的害がなかった」 rarely, if ever「あるとしてもごくまれに」

3.「実際，偽情報は現代と同じぐらい昔にも広まっていた」 prevalent「広まって」という意の形容詞。

23・24・25.「以下のうち，第③段の空所［23］，［24］，［25］に入る最も適切な単語を3つ選べ。それぞれの単語は1回だけ使えるものとする」

空所［23］を含む文の冒頭の Instead of「～の代わりに」という表現は対比を示す。空所の後には，人々が類似した考えにさらされる状況が述べられている。よって，空所［23］に3の ideas「考え」を入れると，多様な考えと類似した考えという対比が生まれる。be exposed to ～「～にさらされる」 a variety of ～「さまざまな～，多様な～」

空所［24］を含む第③段第5文（Indeed, as online …）の一部に「オンラインの偽情報の動画がますます多くの［24］を引きつける」とある。空所［24］には attract の目的語として人間が入ると見当をつけて，1の「活動家」と5の viewers「視聴者」を比較して，5を答えとする。a number of ～「多くの～」 viral は virus「ウイルス」の形容詞形で，「ウイルスの」が原義。そこから意味が拡大して「広まって，拡散して」という意味も持つ。

空所［25］の直前の QAnon「Qアノン」と数語後の be mentioned「言

及されている」という受身から，この空所には2の conspiracies「陰謀論」が入ると考える。

26.「以下のうち，第④段の空所［26］を埋めるのに最も適切なものはどれか」

空所［26］の後の「民主主義体制への人々の信頼を弱め始めた」を基にして，この表現に合うものとして2の「政治家が疑念を故意に拡散したこと」を選ぶ。他の選択肢では意味が合わない。

1.「専制君主の攻撃的反応」

3.「多くの有権者の不正直」

4.「マスコミ報道の大きな増加」

27.「なぜ著者は第⑤段を『皮肉なことに』という単語で始めるのか」

第⑤段第1文（Ironically, the idea …）が示すように，公平で先入観のない討論の奨励が偽情報の拡散を助長した点，つまり，めざす方向とは全く反対の結果になってしまったという点で，著者は「皮肉なことに」を用いていると考えられる。問題はどの選択肢がそのことと結びつくかだが，同段第2・3文（Modern media's … their claims.）から，著者は「メディアは討論の余地がないはずの事柄についても討論を促すことで，まともに取り合うべきでない意見が注目される機会を作ってしまう」と示唆していると考えられるので，4.「不必要な討論によって合理的な討論が徐々に損なわれると著者は考えている」が正解となる。undermine「～を徐々に損なう」 第⑤段に「合理的な討論」への直接的な言及はないが，著者はあらゆる討論を否定しているわけではないので，合理的で必要な討論があることを前提としていると言えるだろう。3.「過度に公平であることによってメディアは明確な偏見を示すと著者は考えている」については，第⑤段で fair が使われているのは第1文の debate に対してだけであり，メディアが偏見を示すという記述もないため不可である。

1.「著者は不公平な方法で公平という考えを使っている」

2.「著者は討論の一形式として皮肉という考えを使っている」

28.「以下のうち，第⑥段の空所［28］を埋めるのに最も適切なものはどれか」

空所［28］を含む第⑥段第4文（Accordingly, people …）に「したがって，全体主義社会の人たちは懐疑論者になり，公式の話をしばしば

[28] とみなすようになる」とある。「全体主義社会の人たち」は「公式の話」を真実とみなすとは考えられないので，選択肢の2と3を除外する。残った2つの選択肢から，意味を考えて，4の「真実であろうがなかろうが，フィクションとして」を選ぶ。regard *A* as *B*「*A* を *B* とみなす（= think of *A* as *B* / look on *A* as *B*)」 whether *A* or not「*A* であろうがなかろうが」 whether の後に it is の省略あり。

1．「うそにもかかわらず，フィクションとして」

2．「真実であるときでさえ，真実として」 when の後に it is の省略あり。

3．「いかにありそうでなかろうとも，真実として」 unlikely の後に it is〔it may be〕の省略あり。

29.「以下のうち，第⑦段の空所［29］を埋めるのに最も適切なものはどれか」

空所［29］の後の第⑦段第4文（Progress has been …）に「進歩は限定的だった。なぜならばこれらの会社は，協力的であるけれども，多くの場合，バランスのとれた情報の流れという考えに対して本質的な抵抗を持っているからだ」とある。cooperative「協力的な」 built-in「本質的な，組み込みの」 resistance to ～「～への抵抗」 進歩も限定的で抵抗もあったという状況なので，3の「せいぜい成功と失敗が相半ばする結果となった」を空所に入れる。mixed「相反するものを含んだ，賛否の混じった」 at best「せいぜい，よくても」 他の選択肢では意味が嚙み合わない。

1．「まったく変化を引き起こさなかった」 whatsoever「まったく～(ない)」否定語を強調して，名詞の後で用いることが多い。whatever も同意。

2．「協力の欠如のために行き詰まった」「行き詰まった」だけならば，空所に入る可能性があるが，「協力の欠如」が第4文の「協力的であるけれども」に合わない。fall apart「行き詰まる，崩壊する，ばらばらになる」

4．「ほとんど抵抗にあわなかった」

30.「以下のうち，第⑧段の空所［30］を埋めるのに最も適切なものはどれか」

この第⑧段では，ウイルス感染と偽情報の拡散を重ね合わせて論じている。ウイルス感染にワクチン接種で対応するように，偽情報の拡散には批判的に考える能力によって対処する，というのが同段第2～4文（In this case, … as they encounter.）の趣旨である。よって，空所［30］に2の intellectual「理知的な」を入れると，話の筋が整う。他の選択肢では「批判的に考えること」とうまく合わない。in short「要するに」 fight off *doing*「～するのを防ぐ」 become infected with ～「～に感染する」 that is to say「すなわち」 make a judgment「判断を下す」

1．「情緒的な」 3．「医学の」 4．「物理的な，身体的な」

31.「以下のうち，第⑨段の空所［31］を埋めるのに最も適切なものはどれか」

第⑨段第2文（Addressing the spread …）の前半部分は「偽情報の拡散に対処することは複雑である」，後半部分は「これは一時的な即効薬ではない」である。この2つの部分を連結するのに最も適しているのは，3の naturally「当然のことながら」である。他の副詞では，意味が合わない。 address「～に対処する」 quick fix「一時的な即効薬，一時しのぎの解決策，その場しのぎの手段」

1．「最後に」 2．「ますます」 4．「信じられないことに」

32.「以下の単語の対のうち，同じ音節に第一強勢を持つのはどれか」

以下各単語の意味とアクセントのある音節を順に示す。

1．「意思疎通，伝達」第4音節，「伝達の」第2音節

2．「憲法，体質」第3音節，「憲法の」第3音節

3．「類似」第3音節，「類似した」第1音節

4．「戦略，方略」第1音節，「戦略の，戦略上重要な」第2音節

よって，同じ音節にアクセントがあるのは，2である。

33.「以下のそれぞれは，動詞と名詞の対である。以下の単語の対のうち，異なるアクセントのパターンを持つのはどれか」

以下各単語の意味とアクセントのある音節を順に示す。

1．「離婚する」第2音節，「離婚」第2音節

2．「～を強調する」第1音節，「呼び物，目玉商品」第1音節

3．「～を生産する」第2音節，「農産物，生産品」第1音節

4．「～を支持する」第2音節，「支持」第2音節

よって，異なる音節にアクセントがあるのは，3である。

語句・構文

(第①段)　availability「入手しやすさ，入手可能性」 exposure to～「～へ触れること，～にさらされること」 hear of～「～について聞く」 at heart「本質的に，心底は，本心は」 intention to *do*「～しようとする意図」

(第②段)　to be sure「確かに」 in the name of～「～の名のもとに」 private sector「民間部門」 the Middle Ages「中世時代」 result in～「結果として～になる」

(第③段)　willingness to *do*「容易に～すること」 pronounced は「顕著な」という意の形容詞。 cognitive bias「認知バイアス」は，「自分の経験則や先入観によって非合理的な判断をすること」。 tend to *do*「～する傾向がある」 confer「～を授ける，与える」 legitimacy「正当性」 persistence「(好ましくないものが) 長く存在［継続］すること」

(第④段)　underestimate「～を過小評価する」 not simply *A* but *B*「*A* ばかりでなく *B* も（=not only *A* but also *B*)」 faith in～「～への信頼」 false claims that elections were stolen「不正によって選挙に勝ったという偽の主張」 that は同格の接続詞。 erode「～を損なう」 trust in～「～への信頼」 political disinterest「政治的な無関心」 a sense of despair「絶望感」 bring on～「～を生じさせる」

(第⑤段)　unbiased「先入観のない」 contribute to～「～の原因となる」 love affair with～「～に夢中なこと，～との恋愛」 views contrary to established consensus「定評のある総意とは反対の意見」 even when the science is … against them「科学がそれら（=定評のある総意とは反対の意見）に反しているときでさえ」 little or no「ほとんど～ない」 suspect は本文中では「疑わしい」という意の形容詞。

(第⑥段)　respond to～「～に反応する」 attempt to *do*「～しようとする」 so as to present a single acceptable version of the world「世界についての唯一の受容可能な見解を提示するため」 so as to *do*「～するために」 目的を示す。present は「～を提示する」という意の他動詞。 problem with～「～の問題」 wind up with～「結局～に終わる」 of *one's* own「～自身の，自らの」

(第⑦段)　a plausible solution「妥当な解決策」 tricky「難しい（=

difficult)」 attempts to *do*「～しようとする試み」 partly「ひとつには」 police「～を監視する」 business model「ビジネスモデル」は「企業などで収益を上げるための仕組み，方策」をいう。 distorted information「歪曲された情報」 a source of revenue「収入源」

(第⑧段) it may be that ～「おそらく」 この表現から it と that を削除し may と be を連結すれば，maybe「おそらく」という意の副詞となる。 in the same way that ～「～と同様に」 as ～ as possible「できるだけ～」 media literacy「メディア・リテラシー」は「情報媒体を活用する能力や情報を解釈する能力」をいう。 the nature「本質」 一方，「自然」という意味の場合は定冠詞の the はつかない。 take steps「手段を講じる」 make sure (that) ～「必ず～する」

(第⑨段) be on the agenda of ～「～の議題に挙げられて」 at the end of the day は「1日の終わりに」という意味もあるが，ここでは「結局のところ」という意。 leave the ultimate say on what to believe in the hands of ～「何を信じるべきかに関する最終的な決定権を～の手に委ねる」 leave *A* in *B*「*A* を *B* に委ねる，任せる」 say は「決定権」という意の名詞。 defense against ～「～に対する防御」

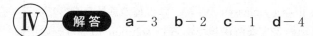

Ⅳ 解答 a－3 b－2 c－1 d－4

解説

a.「以下のうち，第③段で『全く根拠がない』という伊藤氏の表現が言及しているのはどれか」 refer to ～「～に言及する」

「全く根拠がない」は主張を支えるデータがないということである。この質問に対して，3.「自分の主張を支持するために Bayt 氏がなんら研究を引用していないこと」が答えである。failure to *do*「～しないこと，～できないこと」

1.「あらゆる全体的なポイントを Bayt 氏が完全に欠いていること」

2.「事実によって支持されていないうそに Bayt 氏が集中していること」 concentration on ～「～への集中」

4.「無関係のデータを使う傾向が Bayt 氏にあること」 tendency to *do*「～する傾向」

b.「次の考えのうち，間違ってBayt氏の意見だとされているのはどれか」 ascribe *A* to *B*「*A*を*B*のせいにする」

伊藤氏は，第②段第1文（まず第一に，…）で，「まず第一に，同氏はメディア・リテラシー教育を通して政府が偽情報（disinformation）への対処に関与し続ける必要性を認めている」と述べている。だが，Bayt氏はそのような必要性を認めていない。第⑧段最終文（Media literacy classes …）で，「ソーシャルメディアの本質を調べるクラスを含めて，大人のためのメディア・リテラシーのクラスが必要であり，例外的な環境において，政府でさえ必ずそのようなクラスを採用するための手段を講じるべきだ」と言っているに過ぎない。よって，間違ってBayt氏の意見だとされているのは，2.「政府の介入が偽情報に対抗するために継続的に必要とされる」である。

1.「家族や友人は偽情報に対抗することにおいて積極的な役割を果たすことができる」 play a role in *doing*「～することにおいて役割を果たす」 伊藤氏が第④段第1文（最後に，…）でBayt氏はそのような役割に全く言及していないと指摘している。

3.「メディア・リテラシーのクラスは問題を解決するのに貢献するかもしれない」 contribute to *doing*「～することに貢献する」 Bayt氏は第⑧段最終文（Media literacy classes …）で，この種の意見を述べている。

4.「自己検閲は問題の妥当な解決策である」 solution to ～「～の解決策」 伊藤氏が第④段第3文（集団の中で…）で記しているに過ぎない。

c.「以下の考えのうち，Bayt氏が支持するが伊藤氏が異議を唱えているのはどれか」

この質問に対して，1の「大人は批判的に考える訓練を必要とするという考え」が答えである。the idea that ～「～という考え」 thatは同格を示す接続詞。Bayt氏の第⑧段第4・5文（Doing that requires … are adopted.）にあるように，Bayt氏はこの意見を支持する。一方，伊藤氏は第⑤段第1文（同氏が…）で異議を唱えている。

2.「偽情報は腐敗した権力のある人たちの道具であるという考え」 Bayt氏も伊藤氏もこの意見に関して何も書いていない。

3.「断片化した社会は搾取を受けやすいという考え」 be vulnerable to ～「～を受けやすい」 Bayt氏も伊藤氏もこの意見に関して何も書いてい

ない。

4.「政府は演じるべき主要な役割を持っているという考え」 Bayt 氏は，第⑧段最終文（Media literacy classes…）で「ソーシャルメディアの本質を調べるクラスを含めて，大人のためのメディア・リテラシーのクラスが必要であり，例外的な環境において，政府でさえ必ずそのようなクラスを採用するための手段を講じるべきだ」と述べているが，「主要な役割を持っている」とまでは言っていない。伊藤氏も何も言っていない。

d.「次の文のうち両方の著者がおそらく賛成するのはどれだろうか」

この質問に対して，4の「共同体の中の政治上の意見の不一致は偽情報の拡散を助長する」が答えである。Bayt 氏は第④段第2文（On a national scale, …）で，この意見と同じようなことを述べている。伊藤氏も第④段第2文（しかしながら，…）で「しかしながら，偽情報が最も弊害をもたらすのは，まさしく既に政治的に分断されてしまった社会においてなのである」と述べており，賛意を示すと考えられる。

1.「検閲は偽情報の拡散を減らすのに役立つかもしれない」 Bayt 氏は第⑥段第3～最終文（The problem with … problem remains.）でこの意見に反対し，一方，伊藤氏は第④段第3文（集団の中で…）で賛意を示している。なお，Bayt 氏は国家による検閲に，伊藤氏は自己検閲に言及している。

2.「偽情報は，田舎の社会が規範だった時代にはもっと深刻であった」 Bayt 氏は空所［22］に入る文で「昔に広まったうその量は限定されていた」と述べ，この意見に反対している。伊藤氏はこの意見に関して何も書いていない。

3.「メディアでの討論の増加が偽情報を減らすのに役立つ」 Bayt 氏は第⑤段第1・2文（Ironically, … against them.）で，この意見に反対する。伊藤氏は第③段第3文（メディアにおいては，…）で，賛意を示す。

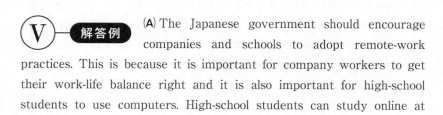

V 解答例

(A) The Japanese government should encourage companies and schools to adopt remote-work practices. This is because it is important for company workers to get their work-life balance right and it is also important for high-school students to use computers. High-school students can study online at home and familiarize themselves with the basic functions of digital devices, which will be beneficial for their future. Remote workers can live anywhere, for example, in rural villages, usually work there online, and at the same time, spend more time with their family members. In his 2023 article, Nighet describes the recent influx of remote workers into rural areas as "truly disastrous for those communities," arguing that it has taken its toll on the existing infrastructure. This may have occurred in the beginning. However, as time goes on, their arrival will have a positive impact on rural towns and villages, which often face population decline. Increased remote work is a great opportunity to revive and revitalize local communities.

(B) The Japanese government should take action to control the spread of disinformation because it has great potential to cause a variety of damages to people and should not be allowed. Let me provide an example of disinformation. When a big earthquake occurred in Kyusyu approximately eight or nine years ago, a picture of a lion on the street was posted on the Internet, captioned: "A lion ran out of the broken cage." This was not the case, but it shocked many people and unnecessarily stirred up their anxiety. The police searched for the person who posted the picture and arrested him for allegedly interfering with a zoo's operations. In his 2023 article, Bayt mentions that governmental intervention in social media companies has had mixed effects, suggesting that there is little the government can do to prevent users from spreading disinformation. However, this does not mean that the government can ignore this social issue. In fact, the quick intervention of the police in the aforementioned example worked well and eased the fears of worried people. I think that governmental intervention is necessary, because creating and spreading disinformation can be very harmful to society.

解説

設問は「次の２つの設問から１つを選んで自分の意見を英語で書くように」である。

(A)「日本政府は会社と学校にリモートワークの実践を採用するように奨励するべきか。なぜそうすべきか，あるいは，なぜそうすべきでないのか」
(B)「日本政府は偽情報の拡散を規制するために行動を起こすべきか。なぜそうすべきか，あるいは，なぜそうすべきでないのか」

自分の意見と異なる見解に言及し，それに反論して，問題文Ⅰ，Ⅱ，Ⅲ，Ⅳに記されている見解やことがらを最低1つ引用せよという指示がある。文法的な間違いをしないように気をつけて，自分が自信を持って使える表現や文構造を用い，できるだけ論理的な流れになるように書くこと。

講評

2024年度は，2023年度と同じ大問5題で，そのうちの3題が英文読解問題，1題が短い日本語の評論文読解問題，1題が英作文の意見論述であった。Ⅳは2022年度まで和文英訳問題であったが，2023・2024年度は，内容把握を問う選択問題となっている。

3題ある読解問題の英文は，いずれも現代社会でよく議論になる問題を扱っており，**Ⅰ**では「リモートワーク革命」，**Ⅱ**では「リモートワークの暗い面」と，リモートワークに関する相対立する考えが述べられている。さらに，**Ⅲ**は「メディア・リテラシー：偽情報へのワクチン」という題目の下に偽情報への対処をどうするかについて述べられている。設問形式は例年通り空所補充や内容説明が中心で，ほとんどが4択問題であるが，一部異なる問題もある。英文の量に圧倒されてしまいがちだが，個々の設問の選択肢は比較的理解しやすく，正解を絞りやすいものが多い。また，語彙力・文法力に関する設問もあり，総合力が試されている。

Ⅳは，内容説明や内容真偽の4択選択問題となった。Ⅲで出題された「メディア・リテラシー：偽情報へのワクチン」についての英文と，その英文に関する短い日本語による評論文を比較して，設問に答えるというものであった。2年目となった新しい出題形式の問題である。設問の一部がわかりにくいと感じた受験生もいたかもしれない。

Ⅴの意見論述は，経済学部の入試では毎年出題され，避けては通れない関門だ。2023年度と同様，読解問題の英文に関連したテーマを与えられ，それについての自分の見解を，英文から必要箇所を引用しつつ述べるというもの。このようないわゆる「アカデミック・ライティング」には決まった書き方が多く，事前に何度か練習しておくと大変効果的である。できれば，他の人に添削してもらうと，自分の弱点が把握できて有効である。

全体的に盛りだくさんの出題である。速く，しかも正確に読めて，内容がある文を書くためには普段からのトレーニングがものをいう。さらに時間配分にも十分気を配る必要がある。

日本史

I　解答　**問1．** 中世の城郭は戦時の防塞の機能を重視して山城が築かれた。近世初頭には領国支配の利便性から平野に，濠・石垣で囲った郭の中に御殿を建てた平山城や平城が築かれて，軍事施設の機能と城主の居館・政庁の機能もあわせもった。

問2． ①衆議院の議員は衆議院議員選挙法に基づき公選された。貴族院は公選ではなく皇族・華族から世襲で議員になる者と，天皇の任命で議員になる者もあった。

②**a**－0　**b**－2　**c**－3

③**a**－7　**b**－4　**c**－3

④鈴木春信は錦絵という，一色ずつ刷り重ねる多色刷木版画の手法を確立した。

解説

《近世～昭和戦前の政治・外交・経済・文化》

問1． 設問要求は，ｉ.「16世紀後半から17世紀初頭にかけて」の時期の城郭の構造上の特徴を説明することである。ⅱ．付帯条件は，それ以前の城郭から機能がどのように変化したのかに触れる，という点である。

ｉ．構造上の特徴について。中世の城郭は，険しい山頂に築く山城。一方，近世初頭の城郭は，小丘上の平山城や平地平城であり，巨大な石垣や土塁や濠で囲まれた郭（くるわ）をもち，そのなかに御殿が築かれた。

ⅱ．機能の変化について。中世城郭の機能は「軍事施設」。そして近世初頭には「軍事施設に加えて城主居館と政庁」の機能をあわせもった点を指摘しよう。中世の城郭には戦時の軍事施設（防衛拠点・防塞）の機能が重視され，険しい山頂に山城を築いた。そのため領主の居館は，ふもとに分けて築かれた。その後，鉄砲導入による戦法の変化や築城法の進歩などもあり，近世初頭の城郭は，領国支配に便利な小丘上や平地に移ったが，堅固で高い石垣，深い濠・土塁などで囲った郭をもつことで軍事施設の機能は維持した。そして安全な郭のなかに豪華な御殿を建てて，城主の居館と領民支配の中心である政庁の機能もあわせもったのである。

問2. ①　衆議院と貴族院，それぞれの議員は「どのように選ばれていたか」を説明する問題である。いかに手短かに説明するかが鍵である。

衆議院議員は衆議院議員選挙法に基づく選挙で選ばれた。1889年の衆議院議員選挙法制定時は，直接国税15円以上を納めた30歳以上の男子という被選挙人資格を有した立候補者から，直接国税15円以上を納めた25歳以上の男子有権者による選挙で選ばれるとされた。だが選挙法は，その後幾度も改定されたし，２行の行数制限を考えれば，法律の内容説明が不要なのは明白。制限選挙だが議員は公選された点が明示できていればよい。

貴族院は，皇族男子は成人とともに皇族議員となり，華族のうち公・侯爵は議員を世襲し，伯・子・男爵は一部互選で華族議員になった。つまり皇族・華族という特権階級からの世襲議員と，勲功者や学識経験者や多額納税者から天皇に任命された勅任議員とがあった。選挙によらず皇族議員・華族議員・勅任議員で構成されたことがポイントだが，「どのように選ばれていたか」問われているので書き方に迷っただろう。やや難問。

②「20世紀前半のある30年間」における「日本とイギリスのそれぞれの建造船数と日本の平均米価の推移」のグラフにおいて，a～cの出来事が起きた時期を選ぶ問題。まず，10年刻み30年間のグラフの「１～３」の各時期を特定する。注目点は米価が急変する２つの時期である。第一に，平均米価が急激に上昇する「２の時期の２年目から６年目」。急騰が３年間も続き，グラフ中の最高値をつけて，４年目の値下がりも僅かである。この値動きから，この時期は大戦景気で，工業労働者人口・都市人口の増加により米の需要が増大したのに米生産が追いつかず，さらにシベリア出兵をあてこんだ米の買い占めが拍車をかけて米価は急騰し米騒動が起こった1918年前後だと考え得る。同じ「２の時期の２年目から６年目」には，図中の30年間で日本の造船数も最高数を示していることも，世界的な船舶不足を背景に，日本では「船成金」が続出した大戦景気の時期だと特定しうる材料である。第二の注目点は「３の時期の５年目から７年目」で，米価が１年で急落して横ばいを示す。ここは昭和恐慌に加えて豊作で米価が暴落した1930年頃だと考え得る。これらを勘案すれば，グラフの「１の時期は1905年～1914年」，「２の時期は1915年～1924年」，「３の時期は1925年～1934年」と考えられるだろう。

a. 0が正解。造船奨励法は，日本の造船業発達のため一定以上の大型船の建造に補助金を支給する法律で，1896年に制定された。よって「20世紀前半」を示すグラフの「1より前」だから，0である。

b． 2が正解。南満州鉄道株式会社が鞍山製鉄所を設立したのは，「大戦景気まっただ中」の1918年である。よって2の時期にあたる。

c． 3が正解。ロンドン海軍軍縮条約は，1930年に浜口雄幸内閣が締結した。同内閣では井上準之助大蔵大臣による財政政策で昭和恐慌が起こったことに気づけば，3の時期に特定するのは易しかった。

③a． 7が正解。資料aは初見資料だが，「帝国大本営はここに勅令により…連合国最高司令官に対する降伏の結果…日本国軍隊（中略）をして敵対行為を直ちに終止しその武器を措き」や，「支那…，台湾…仏領印度支那」など戦時中，日本が統治・領有したすべての国や地域の日本軍は「降伏すべし」とある。よって，太平洋戦争の終結直後に締結されたものだと判断できる。年表では「ドイツ軍が連合国軍に無条件降伏した」（1945年5月）後に，ドイツのベルリン郊外のポツダムで連合国首脳らが会談し，日本に対し無条件降伏を勧告したポツダム宣言を発表した。日本はそれを受諾し，降伏文書に調印した。よって資料aは7の時期に発令された。

b． 4が正解。やや難。「フランス」国政府が日本に対し，「日本国軍隊，艦艇および航空隊の（中略）印度支那への派遣」の権限を与える，としており，航空基地・海軍基地としての使用を認めた地名に「サイゴン」がある。サイゴンは，フランス領インドシナの南部に位置する都市である。よって資料bは，日本政府の南部仏印進駐をフランス政府に承認させた文書であり，第3次近衛文麿内閣の成立直後（1941年7月）に締結された。年表中の「日ソ中立条約」は，第2次近衛内閣の松岡洋右外相が締結（1941年4月）した。これによりアメリカの態度が硬化したため，近衛首相は日米交渉継続を図って，対米強硬論の松岡外相を除くため総辞職したあと，第3次内閣を組閣して南部仏印進駐を実行した。するとそれに対して「アメリカが日本に対する石油の輸出を全面的に禁止した」（1941年8月）。よって，bは両者の間の4の時期である。

c． 3が正解。難。「日本国において仏蘭西国に要求」した軍事上の便宜供与について，「仏蘭西国は，…支那に境する印度支那の州に限り適用せらるる」と了承したとある。よって資料cは，北部仏印進駐に際し日本政府がフランス政府に承認させた文書だと判断できる。それは，欧州戦で

「パリがドイツ軍に占領された」(1940年6月) ことをうけ，第2次近衛文麿内閣で，援蔣ルート遮断と南方の軍事物資獲得のため，北部仏印へ進駐（1940年9月）したときの文書である。前問bのときに説明した通り，「日ソ中立条約」は1941年4月締結だから，資料cは3の時期である。残った項目「フランスがドイツに宣戦布告した」のは，第2次世界大戦の勃発を意味するから1939年9月。「カイロ宣言が出された」は，1943年11月。

④ 18世紀半ばに，浮世絵の主流となる版画の手法が確立したが，「その版画の手法」について，確立に主導的な役割を果たした「絵師の名」にも触れ，1行以内での説明が求められた。よってポイントは，「鈴木春信」が確立した「多色刷木版画」の説明をすることだと想起できよう。

17世紀後半に菱川師宣が庶民的風俗画の浮世絵を確立したが，代表作の「見返り美人図」は肉筆画であった。その後，需要の増加をうけて墨一色刷版画や，紅や緑など3色程度の色版を使う紅摺絵が出た。そして18世紀半ばに鈴木春信が多色刷木版画による浮世絵を創始した。それは錦絵と呼ばれたが，製作工程は，版元の依頼で絵師が下絵を描き，彫師が色の数だけ版木を彫り，摺師が一色ずつ刷り重ねる，というものであった。細かい説明は省いて1行以内にまとめればよい。

Ⅱ 解答

問3． ①**a**－5　**b**－8　**c**－2

②新井白石は，将軍呼称を日本国大君から日本国王と改めさせて，朝鮮国王と将軍が対等であると示したが，徳川吉宗は祖法尊重の方針からもとに戻させた。

問4． 陽明学

問5． ①株仲間による商品流通の独占が物価高の原因とみて，株仲間解散令を出した。

②国訴

問6． 3

問7． ①寛永　②**イ．** 対馬　**ウ．** 松前　**エ．** 薩摩

問8． **a**－2　**b**－6　**c**－3　**d**－7

解説

《江戸時代の政治・外交・文化・経済》

問3．①a． 5が正解。年表中の項目は，「どの将軍の時代」の事件・政策かを明らかにしやすい。6代将軍徳川家宣・7代将軍家継の治世に新井白石が主導した正徳の治で「閑院宮家が創設された」。よって年表では，5代将軍徳川綱吉によって「湯島聖堂が建設された」よりあと，「漢訳洋書の輸入が緩和された」8代将軍徳川吉宗の時代より前の，5の時期に入る。

b． 8が正解。「旧里帰農令」は，11代将軍徳川家斉の下で老中松平定信が主導した寛政の改革で出された。故に，年表では10代将軍の「徳川家治が死去した」後だから，8の時期である。

c． 2が正解。2代将軍徳川秀忠の時代，豊臣氏が滅亡した大坂夏の陣の直後（1615年）に「最初の武家諸法度が出された」。よって，年表では大坂の陣の発端である「方広寺鐘銘事件が起きた」よりあと。「明正天皇が即位した」のは，3代将軍徳川家光の時代に起こった紫衣事件のさなか，後水尾天皇が譲位したことによる。よって，それより前の2に入る。

残った年表中の項目の，「由井正雪の乱が起きた」は，3代将軍徳川家光の死の直後（1651年）である。「山県大弐が処刑された」のは明和事件といい（1767年），10代将軍徳川家治の時代である。

② 朝鮮からの国書に記された将軍の対外的な名称が，18世紀前半に2度変更された。将軍の対外的な名称に言及しつつ，その変更について2行で説明する問題である。

一度目の変更について。朝鮮からの国書には，将軍を「日本国大君」と記していたが，新井白石は「日本国王」に変更させた。それは，朝鮮国内では「大君」が国王嫡出の王子をさす意味であり，将軍の権威が軽んじられていると考えたためであった。そこで将軍の呼称を「日本国王」に改めさせて，朝鮮国王と将軍との関係が対等であることを示したのである。

二度目の変更について。8代将軍徳川吉宗が祖法尊重の方針から，再び「日本国大君」に戻させた。これらの概要を2行以内でまとめたい。

問4．「明で朱子学を批判する立場で生まれた儒学の一派」であり，「日本でも中江藤樹や熊沢蕃山に大きな影響を与えた」のは，陽明学である。明の王陽明が，形骸化していた朱子学への批判から出発して，「知行合一説」

などを説いた。日本の陽明学派には，中江藤樹とその弟子の熊沢蕃山，そして大塩平八郎などがいる。

問5． ①「米価いよいよ高直」の問題を扱った水野忠邦が，ⅰ．その原因についてどのように考え，ⅱ．それに対してどのような政策で対応しようとしたか，を説明する。水野忠邦→天保の改革→物価高対策に株仲間解散令を出した，と想起できただろう。1行しかないので，その原因をどう考え，株仲間解散令に結びつけるか，がポイントである。

水野忠邦は，江戸の物価高の原因を，上方市場からの商品流通を独占している十組問屋などの株仲間が，物価の不正な操作を行っているためだと考えた。そこで価格操作を行わせないように株仲間解散令を出したのだった。なお，結果は失敗に終わった。物価高の根本には，生産地から上方市場への商品流通量の減少があった。藩専売を行う藩が増加し，領内産物を大坂の株仲間商人を通さずに消費地に直送したり，内海船（尾州廻船）などの廻船業者や在郷商人が，仲間外商人と結んで商品を流通させたりするなど，新たな流通活動が活発化した。

② 大坂周辺の農村地帯では「菜種や綿実などの商品生産を担う」農民が多く，彼らが在郷商人の指導の下に国単位で連帯して，特権的問屋商人による「流通の独占に反対し」，自由な流通取引を求める訴訟を大坂町奉行所におこした。これを国訴（こくそ）という。特に1823年に摂津・河内国の1007カ村の農民が綿と菜種の自由売買を訴えた国訴では，大坂町奉行所も農民側の訴えを認めた。こうした動きが天保の改革での株仲間解散令に繫がった。

問6． 3が正解。やや難。資料a～cとその著者の組み合わせが問われた。

資料aは，2条目に「神明を尊び儒仏の教へによりて直道を守るべき事」とあり，神道・儒教・仏教の3教を融合した教えを説いている。また4条目に「その身の家業を太切に勉むべき事」としている点から，士農工商の身分制度に関係なく，どんな職業でも自分の分限を守りそれに勉めることを説いている。それらから，「心学」を説いた石田梅岩の弟子・手島堵庵が著したものと考えうる。見当が付かなければ，判断しやすい資料b・cの著者がわかれば，消去法で選択肢は3が残る。

資料bは，「古言を識らんと欲せば，古文辞を学ぶに非ずんば能はざるなり」から，著者は古文辞学派の儒者とわかり，荻生徂徠に限定できる。

資料cは，「…みな仏教に迷ひて，国を亡ぼすに至れり，…本朝には，聖徳太子蘇我氏と計りて，我国の神道をないがしろにし（中略）神道儒門を塞ぐ棘にあらずや」と，仏教を批判し，神道儒教を尊崇する立場が読み取れる。よって，排仏尊儒の立場をとり，神道も学んで垂加神道を唱えた山崎闇斎の著書だとわかる。

問7．①「昔は日本に金銀少なく，銭を鋳ることも無かりし故に，上より下まで，金銀を使うこと稀なり。銭も異国の銭ばかりを使ひて用足れりしに」とあるように，中世・近世初頭には，国内で銭貨は鋳造されず，中国からの輸入銭ばかり使っていた。そして「(　ア　) に銭を鋳てより，…小事には銭にて用を足す」とあるように，国内でその銭が鋳造されてからは，その銭貨で決済するようになったというから，3代将軍徳川家光時代に鋳造が開始された「寛永通宝」である。よってアには寛永が入る。

②イ．「僅か二万余石の禄なるが，朝鮮の人参，其の外諸の貨物を，甚だ賤く買ひ入れ，一国にて占めて，甚だ貴く売り出す」と書かれている。朝鮮の人参を独占的に買い入れ・売却できたのは，朝鮮との貿易を独占した対馬藩だけ。よって，イには「対馬」が入る。「(　イ　) 侯は」とあるため，氏名の「宗」と藩名のどちらが該当するかの判断が難しい。エに藩名が入ることから，同様に藩名が正解だと見極めたいが，やや難問。

ウ．「七千石の禄なるが，…蝦夷の貨物を占めて，貴く売る」とある。蝦夷の貨物，つまりアイヌとの交易を独占できたのだから，松前藩である。よって，ウには「松前」が入る。

エ．「本より大国なれども，琉球の貨物を占めて売り出す故に，其の富有海内に勝れたり」とある。「琉球の貨物」を独占的に売り出せる「大国」だから薩摩藩である。よってエには，「薩摩」が入る。

問8．a． 2が正解。咸宜園は，広瀬淡窓が豊後国（大分県）日田に創設した私塾である。

b． 6が正解。『古事記伝』の著者は，本居宣長である。本居宣長は伊勢国（三重県）松坂の医者で，自宅書斎の鈴屋で国学を教えた。

c． 3が正解。閑谷学校は，岡山藩主池田光政が創設した郷学である。

d． 7が正解。『蘭学階梯』の著者は，大槻玄沢である。大槻玄沢は江戸に芝蘭堂という蘭学塾を開いた。

Ⅲ 解答

問9． オランダとの抗争に敗れたイギリスは撤退した。キリスト教禁止と貿易の統制を図る幕府は，スペイン船の来航を禁止し，中国船の来航を長崎に限った。島原の乱後にポルトガル船の来航を禁止し，オランダ商館を長崎出島に移した。

問10． **ア**－1 **イ**－3

問11． ①国立銀行条例の改正で兌換義務が除かれると，国立銀行の設立が増加して不換紙幣も増発された。政府も西南戦争の戦費として不換紙幣を大量に発行した。

②政府は増税による歳入増加と，軍事費以外の歳出緊縮で生じた歳入の余剰で不換紙幣の処分と正貨の蓄積を進め，日本銀行からは銀兌換紙幣を発行させた。

問12． **a**－2 **b**－5

問13． ①問屋場 ②**ア**－6 **イ**－7

問14． 中曽根康弘内閣は，電電公社をNTTに，専売公社をJTに民営化するとともに，国鉄をJRに分割・民営化した。

問15． ①自作農創設特別措置法

②不在地主の全貸付地と，在村地主の貸付地のうち都府県平均1町歩・北海道4町歩を超える分を政府が強制的に買い上げ，小作人に優先的に安く売却した。

解説

《江戸～昭和戦後の外交・文化・経済・政治》

問9． 江戸時代に入り平戸に中国やヨーロッパの船が来航しなくなっていった経緯について，3行以内で説明する問題である。論点の定め方が難しいが，いわゆる「鎖国体制の形成過程」を述べる一般的な問題として捉えればよいだろう。なお，「経緯」を問われているだけなので，西暦年を書く必要はない。西暦年を書いて誤っていれば減点されるから，「次に」「その後」などの語で展開すればよい。

最初はイギリスについて。香辛料貿易をめぐる対立を背景に，1623年モルッカ諸島のアンボイナ島で，イギリス商館員らがオランダ側に殺害されたアンボイナ事件が起こった。これを機にイギリスは東南アジア貿易からの撤退を決意し，同年，平戸の商館も閉鎖して日本貿易も終了した。よって，イギリスだけは「自ら商館閉鎖・撤退」を決め，その時期も早いか

ら，冒頭でそのことを述べたい。

次に，キリスト教の禁教政策と貿易の利益独占を目的として，幕府が行った政策について。1616年に幕府はヨーロッパ船の寄港地を平戸と長崎に制限した。したがってこの時点では，寄港地を長崎に移したポルトガル船でさえ，幕府が許す平戸への入港の可能性はあった（ポルトガルは，1550年から平戸に入港し貿易を行ったが，1561年にポルトガル人船長らが殺傷された事件や領主松浦氏がキリシタン弾圧政策に転じたことから平戸での貿易をやめ，1570年からは寄港地を長崎に移した）。またスペイン船の平戸入港も可能だった。そこで1624年に「スペイン船の来航を禁止した」。中国（明）とは正式な国交が結ばれず，私貿易の中国船が平戸など九州各地に来航していたが，1635年に「中国船の来航を長崎に限った」。そして島原の乱の鎮圧後，1639年になって「ポルトガル船の来航も禁止」され，1641年に平戸の「オランダ商館を長崎の出島に移転させた」のである。中国船への施策時期を把握できていたかが難度をあげて，やや難。

問10．ア． 1が正解。『西国立志編』は，スマイルズの著書『Self Help（自助論）』を中村正直が翻訳したものである。なお，中村正直は福沢諭吉・森有礼らとともに，明六社を結成したメンバーの一人である。

イ． 3が正解。いわゆるお雇い外国人でアメリカから来日し，「後に東洋美術の再評価に大きな役割を果たした」人物は，フェノロサである。フェノロサは1878年来日し，東京大学で政治学，経済学，哲学を講じた。後に日本美術に興味をもち，伝統的な日本美術の復興を提唱し，岡倉天心とともに古美術の調査・研究・収集を行い，また東京美術学校開校にも尽力した。2020年度経済学部〔Ⅱ〕問5(c)にも出題されていた。

問11．① 日本銀行設立前，新貨条例が制定されたにもかかわらず政府や銀行によって紙幣が大量に発行されていた理由を，2行以内で説明する。「新貨条例制定の1871年から，1882年の日本銀行設立前まで」の間で，日本銀行設立の一因になった「インフレーション」だから，ｉ．国立銀行発行の不換紙幣と，ⅱ．政府発行の不換紙幣が原因だと想起できただろう。

ｉ．政府は，明治初年に発行した太政官札などの不換紙幣の整理と，近代的銀行制度の確立をめざして，1872年に国立銀行条例を制定した。国立銀行は民営だが，発行する銀行券の正貨兌換を義務づけたために，設立は4行にとどまり，経営も困難で兌換券もあまり流通しなかった。そのため，

1876年に政府は国立銀行条例を改正して，正貨兌換義務を取り除き不換紙幣の発行を認めると，国立銀行の設立は急増して不換紙幣も増発された。
ⅱ．1877年に起こった西南戦争の戦費をまかなうために政府は紙幣を大量に発行したが，これも不換紙幣であった。

以上より，「国立銀行条例改正→国立銀行の設立増加・不換紙幣の増発」「西南戦争の戦費支出→政府の不換紙幣増発」に言及すればよい。

② 日本銀行設立時に，ⅰ．政府は紙幣に関係してどのような財政政策を行い，ⅱ．それに基づき日本銀行はどのような紙幣を発行したか，2行以内での説明が求められた。

ⅰ．政府は酒税・煙草税などの増税によって歳入増加をはかる一方，軍事費以外の歳出を緊縮して捻出した歳入の余剰で，不換紙幣（政府紙幣）の処分と正貨の蓄積を進めた。ここでは，歳出は緊縮したが「軍事費以外の」と，付すことが重要である。日本銀行設立と同年の1882年には壬午軍乱が，そして2年後の1884年には甲申事変が起こっており，朝鮮をめぐる清国との緊張が高まる状況下で軍事費は削減しなかったからである。また，1883年に国立銀行条例を再改正して，開業後20年の間に国立銀行券を消却し，以後は普通銀行に転換するものにした。つまり，政府が発行した不換紙幣（政府紙幣）は政府が処分し，国立銀行が発行した不換紙幣（国立銀行券）は国立銀行が消却するという方針だった。ただし，本問では「政府は紙幣に関係してどのような財政政策を行」ったかに絞って2行以内で書くわけだから，国立銀行の普通銀行化については言及不要である。
ⅱ．日本銀行からは，紙幣価値の回復をまって1885年から銀兌換紙幣を発行させた。もちろんここでは，銀兌換紙幣（銀貨兌換の日本銀行券）を発行した，と明記することがポイントである。

問12．a． 2が正解。史料aは，問題文に「1930年代に」出された経済統制に関する法令，というヒントがある。また第一条で「生産又は販売に関し命令の定めむる統制協定を為したる場合に於て，同業者二分の一以上の加盟あるときは…主務大臣に届出づべし」とあって，同業者$\frac{1}{2}$以上が加盟して生産（数量）や販売（価格）などについての協定（＝カルテル）を結んだ場合，主務大臣への届け出を命じている。資本主義経済では本来禁止されるべきカルテルを政府が容認していることから，史料aは，昭和恐慌のなかで浜口雄幸内閣が出した，重要産業統制法だとわかる（1931年）。年表の「山東出兵が実施された」のは田中義一内閣のとき（1927・28年）で，次の項目の「血盟団事件が起きた」のは，犬養毅内閣のとき（1932年）である。浜口内閣は両内閣の間に組閣したから，2の時期にあたる。

b． 5が正解。難。資料bは第一条で，「物資及資金の需給の適合」のため「国内資金の使用を調整する」法律であるとし，第二条では，銀行などの金融機関からの「資金の貸付」などには「政府の許可を受くべし」とし，第八条で「時局に緊要なる事業を営む会社は，事業拡張の場合…政府の認可を受け…資本を増加することを得」としている。これらから，日中戦争の勃発という時局を受けて，軍需産業に優先的に貸付や増資をするため政府の許可制の下においた臨時資金調整法だと想起したい。臨時資金調整法は，日中戦争の勃発をうけて第1次近衛文麿内閣が制定した（1937年）ものである。年表では「盧溝橋事件が起きた」（1937年7月）ことから日中戦争に発展し，それをうけてこの法律が制定されたわけだから，5の時期だと見当がつく。また，「独ソ不可侵条約が締結された」のは1939年8月だから，やはり，両者の間の5の時期にあたると特定できる。残った項目「二・二六事件が起きた」は，岡田啓介内閣のときで1936年2月である。

問13． ① 問屋場は，「各宿駅に設けられていた，公用文書や荷物の継ぎ送りのために一定数の人足や馬（伝馬）を用意した」。それらが不足した際には近隣の村への人馬提供（助郷役）の差配などにもあたった，宿駅で最も重要な施設である。

②ア． 6が正解。「東海道川崎宿の名主」から，将軍徳川吉宗に登用され，「酒匂川の堤防修築を行った」のは，田中丘隅である。なお，田中丘隅が将軍吉宗に『民間省要』を献じたことが，登用のきっかけであった。

イ． 7が正解。「荒廃した農村復興に報徳仕法で取り組んだ」農政家といえば，二宮尊徳である。

問14． 設問要求は，ⅰ．「戦後政治の総決算」を掲げ民営化を実施した内閣名を示し，ⅱ．その内閣が行った「国の公共企業体の民営化」について，その前後の組織名を挙げながら2行以内で説明すること，である。

ⅰ．内閣は中曽根康弘内閣である。直前の鈴木善幸内閣が「増税なき財政再建」の実現を掲げ第2次臨時行政調査会を設けたものの，1982年11月に退陣した。それをうけて，第2次臨時行政調査会の答申に沿った改革は中曽根内閣が継承したのだった。具体的には，税収不足を補うための赤字国債増発による財政危機脱却のため，財政の削減・それを達成するための行政のスリム化・国営企業の民営化，である。これらの実現が中曽根内閣の掲げる「戦後政治の総決算」であった。

ⅱ．そこで，電電公社（日本電信電話公社）をNTT（日本電信電話株式会社）に，専売公社（日本専売公社）をJT（日本たばこ産業株式会社）に，そして37兆3000億円の長期債務を抱えて，政府最大の重荷となっていた国鉄（日本国有鉄道）をJR（6旅客・1貨物会社と清算事業団の全8社）に分割・民営化した。組織名などは略称でも可であり，まとめやすかっただろう。2020年度〔Ⅲ〕問13に類題の出題歴もあった。

問15. ①　農地調整法再改正とともに制定された法律は，自作農創設特別措置法である。第1次吉田茂内閣が国会に提出し，1946年10月に成立した。

②　設問要求は，第2次農地改革の内容を，2行以内で説明することである。第1次農地改革案がGHQ／SCAPに不徹底であると指摘された旨を示したうえで第2次農地改革の内容を問うていることに注目したい。第1次農地改革案の不徹底な点とは，在村地主に5町歩までの貸付地（小作地）保有を認めていた点である。それでは寄生地主制が温存されるとGHQは批判した。本問はそれらを踏まえて第2次農地改革の内容を問うているから，在村地主の貸付地保有限度面積は明示したい。ⅰ．不在地主の全貸付地と，在村地主の貸付地は都府県平均1町歩・北海道は4町歩を超える分を，ⅱ．国が強制的に買収し，小作人に優先的に安く売り渡したのである。以上ⅰ・ⅱについて述べればよいが，やや細かい知識を要し，やや難。

講評

2024年度は例年通り大問3題構成で，記述問題は2023年度の4個から8個に増加，選択問題は12個減の20個だった。選択問題のうち，年表を利用した時期特定問題は，2023年度の5問14個から3問8個に減少。グラフを用いた時期特定問題も，2023年度の1問4個から1問3個に微減。また，2023年度は出題されなかった地図問題が，2024年度は復活した。

時代別の出題分野では，近世初期（織豊政権期）が1個，江戸時代が21個，近現代史分野が16個。江戸時代が2023年度の10個から21個と倍増している。他方，例年は相当数ある戦後史（2022年度は6個・2023年度は7個）が2024年度は3個しか出題されなかった。分野別では，受験生の多くが苦手意識の強い文化史問題が2023年度の6問13個から，2024年度は6問10個に減少した。しかし，2023年度は全て選択式だが，2024年度は論述問題が2問含まれるため，必ずしも負担が軽くなったとはいえない。

Ⅰは，「建築家ル=コルビュジエの作品」に関する問題文を用いて，近世から昭和戦前の政治・外交・経済・文化について出題された。問題文や，問2の設問文や資料などが世界史と共通している。問1．近世初期城郭の構造上・機能上の特徴に関する論述問題は，中世城郭との変化といった想定出題範囲外の内容も含み，難。問2．③は「20世紀半ばの日仏関係に関連する外交文書」であり，「連合国最高司令官に対する降伏の結果」「日本国軍隊（中略）をして…武器を措き」などから，aは降伏文書。bは「サイゴン」に注目して，南部仏印進駐に際しての日仏外交史料，cは「支那に境する印度支那の州」から，北部仏印進駐に際しての日仏外交史料と判断したいが，bはやや難，cは難。Ⅰは難・やや難の小問数が多く，全体的に難レベルだった。

Ⅱは，江戸時代の儒学についての問題文を軸に，江戸時代の幕政・外交・社会経済・文化と，江戸時代に特化した出題。問3．①は年表による時期特定問題だが，標準レベル。論述問題の問3．②も標準レベルで，2度目の将軍呼称の変化が徳川吉宗時代であることに言及できたかが鍵となる。問8の位置特定は得点差が開いたかもしれないが，標準。以上からⅡは，難問も無く，全体としては標準レベルだった。最も易しい大問で，特に単答記述の問4・問5②・問7①とマーク式の問3①・問8は取りこぼしたくない。

Ⅲは，実業家・松永安左エ門の生涯に関する問題文に関連して，江戸初期～昭和戦後の外交・文化・経済・政治について問われた。問9．中国船寄港地が長崎に限定された時期に注意して言及できるかが鍵であり，やや難。問 12. 問題文「1930 年代になると」「経済統制に関する法令」をヒントに，史料 a では「生産又は販売に関し…統制協定を為したる」ことを政府が容認しているとして，重要産業統制法と判断可能。年表中の時期確定も，標準レベル。しかし史料 c は，「国内資金の使用を調整する」「時局に緊要なる事業」などの文言はあるが，臨時資金調整法と特定するのも，難問。問 15. ②第 2 次農地改革の内容を説明する論述問題。頻出テーマだが，在村地主の貸付地保有限度を，都府県・北海道それぞれ書く必要があり，やや難。よってⅢは，過去問との類題，頻出テーマ問題もあり，一部に難問を含むとはいえ，全体としては対応しやすい，標準レベルだった。

　過去問と類似した問題も多数あり，正文・誤文選択問題・年代配列問題の出題はなく，全体の小問数も若干減少したこともあり，例年より僅かに時間的余裕があった。総じて，日頃の教科書学習・過去問演習の成果が問われた。

世界史

I 解答

問1. ①**a.** チューリヒ **b.** ジュネーヴ

②アウクスブルクの和議によって領邦君主には自領でのカトリックかルター派の選択権が認められたが，選択の対象としてカルヴァン派は認められなかった。

③司教制度を否定し，牧師と信者の選んだ長老が教会を運営する長老主義を採用した。

問2. 重工業化の進む欧米で食料需要が高まり，鉄道や蒸気船が普及し冷凍技術が発達したことに加え，低成長化した欧米からの資本投下で鉄道建設や農牧地開発の進んだアルゼンチンから穀物や牛肉の輸出が増大した。

問3. ①－6

②政治的・経済的に優遇された西パキスタンに反発した東パキスタンは，インドの支援を受け，第３次インド=パキスタン戦争後にバングラデシュとして独立した。

③イギリスが輸入したキャリコは毛織物と比べて染色が容易で洗濯しやすく国内での人気が高まり，従来の主要産業であった毛織物産業を圧迫した。

問4. ①－5 ②(3)－6 (4)－4 (5)－3

解説

《建築家ル=コルビュジエのユネスコ世界遺産に登録された作品》

問1. ①**a.** チューリヒでは，万人司祭説を主張したツヴィングリが改革を始めたが，彼はルターからの協力が得られずカトリック派との戦いで戦死した。

b. ジュネーヴはレマン湖畔の都市で，プロテスタント宣言を行い，カルヴァンを招いて神権政治が行われた。

② 16世紀半ばの政治的な決着とはアウクスブルクの和議のことであるから，その内容として領邦諸侯がカトリックかルター派の選択権を認められたこと，カルヴァン派は選択の対象に入っていないことを指摘する。

③ カルヴァン派の教会組織とは長老制度のことであり，カトリックの司教制度と対比すればよい。カトリックでは上位者から任命された司教が教

会を管轄するのに対し，カルヴァン派では牧師と信者によって選ばれた長老が組織を運営するという点を指摘する。

問2． 難問。19世紀後半は第2次産業革命の展開期という点から考えるとよい。欧米では不況により企業の集中・合併が進み，その際に生じた余剰資本が海外に投下されるようになった。また重工業発展に伴い人口が増加し食料需要が拡大した。余剰資本が投下された国の一つがアルゼンチンであり，鉄道の建設やパンパの開発が行われた。アルゼンチンの主要輸出品としては牛肉や穀物があげられる。さらにこれらを輸送する手段として蒸気船・鉄道の発達や冷凍技術の進化にも触れたい。

問3． ①資料ａ．「最も偉大なヒンドゥーでありインド人」，「民族の父」，「偉大な」，「彼の死」などからガンディーの暗殺直後のスピーチだと判断する。ガンディー暗殺は1948年。

資料ｂ．「2つの独立したドミニオンであるパキスタンとヒンドゥスタン」から，イギリス連邦内でのインドとパキスタンの分離独立だと判断する。1947年のこと。

資料ｃ．「ヒンドゥーとムスリムが同じ国民になっていくというのは夢です」「(ムスリム）は自らの故郷，領土，国家をもたなければなりません」から，インドとパキスタンの分離独立以前のスピーチだと判断でき，ｂよりも前だとわかる。よって6．ｃ→ｂ→ａが正しい。

②　パキスタンの分裂とは，バングラデシュ独立のこと。パキスタンはインドと分離独立する際に，インドを挟んで東西に領域が分かれた。東西では使用言語が異なり，また政治的・経済的に西パキスタンが優遇されていたため，不満をもった東パキスタンで独立運動が起こった。インドは東パキスタン独立を支援して，第3次インド=パキスタン戦争でパキスタンが敗れると東パキスタンは1971年バングラデシュとして独立した。

③　イギリスの伝統的な産業は毛織物業だったが，東インド会社がインドから輸入したキャリコ（キャラコ，綿織物）は軽くて通気性に優れ，染色が容易でまた洗濯にも適していたので，爆発的な人気を得た。しかし，それは従来の毛織物産業にとっては大打撃となったため，毛織物業を保護するために資料のような条例が制定されたのである。

問4． ①ａ．ゴヤの「1808年5月3日」で，ナポレオンの侵攻に対するスペインの抵抗を描いた。

b．ミレーの「落ち穂拾い」。ミレーは，19 世紀前半に生まれた自然主義絵画の画家で，「落ち穂拾い」は 19 世紀半ばの作品。

c．レンブラントの「夜警」。レンブラントは 17 世紀に活躍したオランダ派の画家である。よって5．c→a→bが正しい。

②　難問。資料 a．「日本国軍隊の連合国最高司令官に対する降伏」という部分から，第二次世界大戦における日本の降伏関係の文書だと判断する。日本の降伏は 1945 年 8 月で，降伏文書調印は 1945 年 9 月である。

資料 b．「軍隊…印度支那への派遣」やサイゴン（現ホーチミン）やカムラン湾の名称から南部フランス領インドシナ進駐（1941 年 7 月）だと判断する。

資料 c．「日本国に…軍事上の特殊の便宜供与」や「支那に境する印度支那」から日本による北部フランス領インドシナ進駐（1940 年 9 月）だと判断する。

年表を整理すると以下のようになる（**太字**が解答箇所）。

フランスがドイツに宣戦布告した（1939 年 9 月）
パリがドイツ軍に占領された（1940 年 6 月）
c．日本による北部仏印進駐（1940 年 9 月）
日ソ中立条約が締結された（1941 年 4 月）
b．日本による南部仏印進駐（1941 年 7 月）
アメリカが日本に対する石油の輸出を全面的に禁止した（1941 年 8 月）
連合国軍によるノルマンディー上陸作戦が開始された（1944 年 6 月）
a．日本の降伏（1945 年 8 月）
バオ=ダイがフランス連合内のベトナム国元首となった（1949 年 3 月）

Ⅱ　解答　**問5．** 2　**問6．** ①ユトレヒト　②－6

③スペインはラテンアメリカに広大な植民地を獲得したが，ポルトガルとのトルデシリャス条約により奴隷供給地の西アフリカに拠点を持っていなかったため。

問7． ①植民地生まれの白人　②－2

③アメリカは，キューバ独立運動を支援する形でアメリカ=スペイン戦争を起こし，戦後キューバは独立したが，アメリカはプラット条項によりキューバを事実上保護国とした。

④**エ．** アジェンデ　**オ．** ピノチェト

解説

《近世から近代にかけてのスペイン》

問5． a．アラゴン王国とカスティリャ王国は1479年に統合され，スペイン王国（イスパニア王国）が成立した。

b．ナスル朝の滅亡は1492年。

c．バルトロメウ=ディアスの喜望峰到達は1488年。

よって2．a→c→bの順である。

問6． ①　資料aにはイギリスがフランスからアカディアを獲得したとあり，資料bにはスペインがイギリスにアシエントを与えたとあることから，スペイン継承戦争の講和条約であるユトレヒト条約だと判断する。

②　ユトレヒト条約でイギリスが獲得した地は，アカディアの他にハドソン湾地方と6．ニューファンドランドがある。5のアカディアと混同しないようにしたい。

③　難問。奴隷の供給地はアフリカ大陸，特に西アフリカであるから，スペインとアフリカ大陸との関係を考える。西回りでインドを目指したスペインに対してポルトガルがアフリカを迂回する東回り航路を探検した。その結果，両国はトルデシリャス条約（1494年）を締結して勢力範囲を定め，境界線が大西洋・南米上を通ったため，アフリカ大陸はスペインの勢力範囲外となった。

問7． ①　クリオーリョとは植民地生まれの白人のことであり，大地主として，先住民や黒人奴隷に対しては支配者だったが，本国からは抑圧されており，そのため独立運動の中心となった。

②ア．メキシコの独立運動はクリオーリョ出身の神父イダルゴの蜂起に始まった。

イ．南米大陸の北部ではシモン=ボリバルの指導で大コロンビアが独立した。

ウ．南米大陸の南部ではサン=マルティンがアルゼンチンやペルー，チリの独立を指導した。

③　スペインの植民地→独立→アメリカの事実上の保護国という流れを明記する。スペイン植民地だったキューバでの独立運動をアメリカが支援したため，アメリカ=スペイン戦争（1898年）が発生し，戦後キューバは独立を達成した。しかし，アメリカは1902年にキューバの憲法にプラット

条項を加えて事実上の保護国とした。

④エ. アジェンデは選挙による史上初の社会主義政権をチリに樹立（1970年）し，主要産業の国有化などの改革を行った。

オ. アジェンデ政権のもとで経済危機が生じると，アメリカの支援を受けたピノチェトが1973年に軍事クーデタを行い，アジェンデを死に追いやった。権力を握ったピノチェトは左派弾圧を行ったが，人権侵害として国際的に批判され，国内でも求心力を失い1990年に大統領を辞任した。

Ⅲ 解答

問8. ①－3

②日本は，日露戦争後のポーツマス条約によって東清鉄道の支線の一部である長春・旅順間の利権を獲得し，その経営のため南満州鉄道株式会社が設立された。

問9. 憲法大綱を発布し，国会の開設を公約して立憲君主政をめざした。

問10. チョイバルサン

問11. ⑽－7 ⑾－6 ⑿－4

問12. 中華人民共和国はアメリカに対抗するためソ連と同盟していたが，ソ連がアメリカとの平和共存に転じると中ソ対立が始まり，やがて国境紛争も勃発した。

問13. 親中ポル=ポト政権が農村重視の極端な共産主義社会建設と反対派への大虐殺を行うと，反中のベトナムが軍事介入しヘン=サムリン政権を樹立した。中国は国境問題でも対立するベトナム懲罰を口実に中越戦争を引き起こした。

問14. ⒀－3 ⒁－2 ⒂－0 ⒃－1

解説

《アジアにおける共産主義》

問8. ① ロシアが清から租借したのは旅順と大連であり，空欄アには旅順が入り，その位置は3である。

② 下線部 α の鉄道は東清鉄道である。ロシアは三国干渉後に敷設権を得た。本線と支線から成り，本線上のハルビンから旅順・大連に至る支線部分のうち長春以南の部分が，日露戦争後のポーツマス条約で日本に割譲された。日本が獲得した鉄道とその沿線を経営するために設立された組織が南満州鉄道株式会社（満鉄）である。

問9． 義和団事件後の改革であるから，光緒新政の内容をまとめる。科挙廃止，憲法大綱発布，国会開設の公約など，近代的な国家体制として立憲君主政を確立するための改革がめざされた。

問10． やや難。外モンゴルは辛亥革命の際に独立を宣言したが，その後中華民国から自治を承認された。ロシア革命の影響で発生した内戦がモンゴルに及ぶ中でチョイバルサンやスヘバートルがモンゴル人民党（1920年の結成当時は人民党）を結成し，1924年にモンゴル人民共和国を建国した。この国はアジアにおける最初の社会主義国家でもある。なお，スヘバートルはモンゴル人民共和国成立以前に死去している。

問11． ⑽　資料ａに「アメリカ帝国主義の手は…わが国の台湾に伸び」とあるので，台湾を領土の一部と考えている中華人民共和国の毛沢東による文章だと判断できる。

⑾　資料ｂの「わが祖国は再統一されるだろう」という部分から国家が分断されていることがわかり，また「二つの大帝国主義――フランスとアメリカ」からフランスとアメリカの支配または影響を受けているとわかる。この２つの条件から地域はベトナムだとわかり，その民族運動指導者ホー=チ=ミンが正解だと判断できる。

⑿　資料ｃの「三民主義を実践」「台湾の兄弟」や「大陸光復という神聖な使命」から台湾の指導者である蔣介石だと判断できる。

問12． 中ソ関係は大きく協力から対立へと変わるので，変化のポイントを明記する。中華人民共和国は建国直後にソ連と中ソ友好同盟相互援助条約を締結してアメリカに対抗した。ソ連が共産党第20回大会でスターリン批判と平和共存を発表すると，中国は反発して中ソ対立が始まった。この対立はキューバ危機後に公開論争となり，1969年にはウスリー江上のダマンスキー島（珍宝島）で国境をめぐる武力衝突が発生した。

問13． カンボジアで政権を獲得した共産主義勢力は親中国のポル=ポト派であり，その政策の特徴は農村への強制移住や通貨の廃止などの極端な共産主義で，反対派への大虐殺も行われた。これと対立したベトナムはカンボジアに軍事侵攻しポル=ポト政権を打倒してヘン=サムリン政権を樹立した。中国はベトナムと国境を巡っても対立していたため，ベトナムに侵入して中越戦争が発生したが，ベトナム戦争での戦闘経験が豊富なベトナムが中国を撃退した。

問14. グラフの2の時期に韓国とタイが大きく落ち込んでいる部分があり，また日本も落ちているのでアジア通貨危機（1997年）だと判断する。その約10年後の3の時期に全ての国が落ち込んだ部分があり，リーマン=ショック（2008年）だと判断する。

⒀ アメリカでバラク=オバマが大統領に就任したのは2009年。リーマン=ショックの翌年であり，3の時期に該当する。

⒁ インドネシアでスハルト政権が倒れたのは1998年。アジア通貨危機の影響であり，2の時期に該当する。

⒂ 日中平和友好条約が締結されたのは1978年。アジア通貨危機（1997年）の位置から考えると1の時期よりも前である。

⒃ マルタでアメリカ大統領ブッシュ（父）とソ連共産党書記長ゴルバチョフが会談したのは1989年。冷戦の終結を宣言した会談で，アジア通貨危機の8年前の1の時期に該当する。

講評

2024年度の大問数は3題，解答個数は34個。2023年度と大問数は変わらないが，解答個数は46個から大きく減少した。論述は11問で，2023年度よりも1問増加，総行数も22行となり，2023年度よりも1行増えた。1行30字程度とすると，小論述の総字数は700字弱となるので，相当な分量だと言えよう。総字数は増えたが，問題数は大きく減少しているので，2023年度よりは対応しやすかったと思われる。視覚資料，地図，文献資料，年表，グラフなどを利用した出題も例年通りであり，単純な歴史用語の暗記では対応できない。また年代の知識も必須である。一方で多くの大学が出題する文章の正誤判断問題は出題されていない。総じて詳細な歴史知識と理解，そして資料やグラフの読み取りが必要である点で難しさを感じるだろう。

Ⅰは「建築家ル=コルビュジエのユネスコ世界遺産に登録された作品」をテーマとした出題で，近世～現代の多地域から政治，社会，経済，文化と幅広く問われた。問2の論述問題は難問。問3．②は論述問題としては書きにくいと思われる。問4．②の年表問題は1940年から1941年の間の出来事を月単位で判断する必要がある上，日本に関連する資料b

と資料 c の内容から北部仏印進駐と南部仏印進駐を区別せねばならないため，かなり時間をとられるおそれがある。なお，2024 年度経済学部の日本史の問題でも同様の資料が使用された。

Ⅱは「近世から近代にかけてのスペイン」をテーマとして一部 20 世紀からも出題された。政治史中心の出題。他の大問と比べて，点数をとりやすい問題が多い。問 6．③は難問。トルデシリャス条約までさかのぼって根拠を明らかにすることに気づけるかがポイントになる。なお，同様の論述問題が 2021 年度商学部でも出題されている。

Ⅲは「アジアにおける共産主義」をテーマとして近現代から政治・経済を中心に出題された。問 8．②・問 9 の論述は比較的書きやすい。問 12 の論述は細かい情報まで書くと，スペースが足りなくなるおそれがある。情報の取捨選択と，中心となる情報の抽出が鍵を握る。逆に問 13 の論述は知識が不足しがちな分野である。カンボジアを支配した勢力と中国・ベトナムの関係を指摘することと，中国とベトナムの対立の要因を明らかにすることが必要となっている。問 11 の資料問題は，資料だけで著者の名前を判断することは難しいので，語群の人物の生涯などを併せて考えたい。問 14 のグラフ問題は，折れ線グラフが最も落ち込んだ 2 カ所について考察することが求められている。

数 学

1

発想

(1) m, n の関係式を導けば整数条件が利用できる。

解答 (1)(2) -8 (3)(4) -2 (5) 6 (6)(7) 13 (8) 1 (9) 2 (10) 1 (11) 2 (12) 5 (13) 2 (14) 3 (15) 3 (16) 5 (17) 4 (18) 5 (19) 4 (20)(21) 11 (22) 2 (23) 3 (24) 2

解説

《整数，三角関数を利用した分数関数の最大値・最小値》

(1) 解と係数の関係から

$$m+n=p-9$$

$$mn=-p+1$$

この2式の辺々を加えると

$$mn+m+n=-8 \quad \to (1)(2)$$

$$(m+1)(n+1)=-7$$

$m+1$, $n+1$ は整数で，$n+1>1$ であるから

$$m+1=-1,\ n+1=7$$

よって　$m=-2,\ n=6,\ p=13$　→(3)〜(7)

(2) $x=\tan\theta$ より

$$\frac{x}{x^2+1}=\frac{\tan\theta}{\tan^2\theta+1}=\frac{\sin\theta\cos\theta}{\sin^2\theta+\cos^2\theta}$$

$$=\frac{1}{2}\sin 2\theta \quad \to (8)\cdot(9)$$

$$\frac{1}{x^2+1}=\frac{1}{\tan^2\theta+1}=\frac{\cos^2\theta}{\sin^2\theta+\cos^2\theta}$$

$$=\frac{1}{2}(\cos 2\theta+1) \quad \to (10)\cdot(11)$$

よって

$$y=\frac{x^2+3x+5}{x^2+1}=\frac{(x^2+1)+3x+4}{x^2+1}$$

$=1+3\cdot\dfrac{x}{x^2+1}+4\cdot\dfrac{1}{x^2+1}$

$=1+3\cdot\dfrac{1}{2}\sin 2\theta+4\cdot\dfrac{1}{2}(\cos 2\theta+1)$

$=\dfrac{1}{2}(3\sin 2\theta+4\cos 2\theta)+3$

$=\dfrac{5}{2}\sin(2\theta+\alpha)+3$　→(12)〜(14)

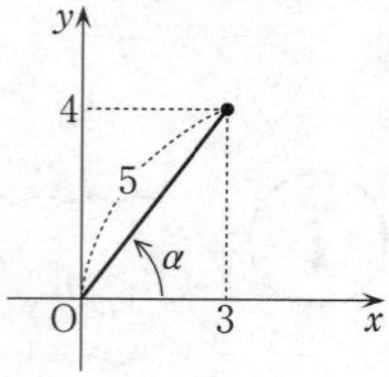

ただし　　$\cos\alpha=\dfrac{3}{5}$, $\sin\alpha=\dfrac{4}{5}$　→(15)〜(18)

また，$|x|\leqq 1$ に対する θ の範囲は

$|\tan\theta|\leqq 1$ $\left(|\theta|<\dfrac{\pi}{2}\right)$ より　　$|\theta|\leqq\dfrac{\pi}{4}$　→(19)

このとき，$\alpha-\dfrac{\pi}{2}\leqq 2\theta+\alpha\leqq\alpha+\dfrac{\pi}{2}$ であるから

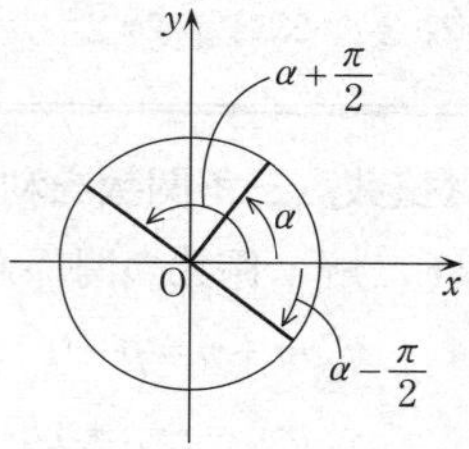

y の最大値は　　$\dfrac{5}{2}\sin\dfrac{\pi}{2}+3=\dfrac{11}{2}$　→(20)〜(22)

y の最小値は　　$\dfrac{5}{2}\sin\left(\alpha-\dfrac{\pi}{2}\right)+3=-\dfrac{5}{2}\cos\alpha+3=\dfrac{3}{2}$　→(23)・(24)

2

発想

(3)　Aがカードを何回目に引くかで場合分けをする。Aが２回目に引くときは，１回目に引かれたカードが５以上か否かで場合分けして考える。

(4)　条件付き確率の公式を利用する。

解答

(25) 7　(26) 9　(27)(28) 11　(29)(30) 18　(31)(32) 13　(33)(34) 72
(35)(36) 20　(37)(38)(39) 273

解説

《非復元抽出試行の確率，条件付き確率》

(1)　１回目の試行後，Ｂの点数が３の倍数になるのは

(i)カードを引かない

(ii)３の倍数が書かれたカードを引く

場合であるから，求める確率は

$$\frac{2}{3}+\frac{1}{3}\cdot\frac{3}{9}=\frac{7}{9}\quad\rightarrow(25)\cdot(26)$$

(2)　2回目の試行後，1人だけの点数が0になるのは，2人がカードを引く場合であるから，求める確率は

$$_2C_1\cdot\frac{1}{6}\cdot\frac{1}{3}+{}_2C_1\cdot\frac{1}{3}\cdot\frac{1}{2}+{}_2C_1\cdot\frac{1}{2}\cdot\frac{1}{6}=\frac{11}{18}\quad\rightarrow(27)\sim(30)$$

(3)　カードを，次のように2つのグループに分ける。

$T=\{1,\ 2,\ 3,\ 4\}$，$S=\{5,\ 6,\ 7,\ 8,\ 9\}$

2回目の試行後，Aの点数が5以上になるのは，「BまたはC」を$\overline{\text{A}}$で表すと

(i) 1回目にAがSのカードを引き，2回目は$\overline{\text{A}}$がカードを引く

(ii) 1回目に$\overline{\text{A}}$がTのカードを引き，2回目にAがSのカードを引く

(iii) 1回目に$\overline{\text{A}}$がSのカードを引き，2回目にAがSのカードを引く

(iv) Aが2回カードを引き，和は5以上になる

場合であるから，求める確率は

$$\frac{1}{6}\cdot\frac{5}{9}\cdot\frac{5}{6}+\frac{5}{6}\cdot\frac{4}{9}\cdot\frac{1}{6}\cdot\frac{5}{8}+\frac{5}{6}\cdot\frac{5}{9}\cdot\frac{1}{6}\cdot\frac{4}{8}+\left(\frac{1}{6}\right)^2\cdot\left\{1-\frac{2}{_9C_2}\right\}$$

$$=\frac{1}{6}\cdot\frac{5}{6}\cdot\frac{5}{9}\left(1+\frac{1}{2}+\frac{1}{2}\right)+\left(\frac{1}{6}\right)^2\frac{17}{18}=\frac{13}{72}\quad\rightarrow(31)\sim(34)$$

(4)　2回目の試行後のAの点数が5以上であるという事象をE，3回目の試行後のA，B，Cの点数がすべて5以上であるという事象をFとおく。

$E\cap F$は，Aが1回目か2回目にSのカードを引き，残り2回で，B，CがSのカードを引く場合であるから

$$P(E\cap F)={}_2C_1\cdot 2!\cdot\frac{1}{6}\cdot\frac{1}{3}\cdot\frac{1}{2}\cdot\frac{5}{9}\cdot\frac{4}{8}\cdot\frac{3}{7}=\frac{5}{2\cdot 3^3\cdot 7}$$

よって

$$P_E(F)=\frac{P(E\cap F)}{P(E)}=\frac{72}{13}\cdot\frac{5}{2\cdot 3^3\cdot 7}=\frac{20}{273}\quad\rightarrow(35)\sim(39)$$

3

発想

(2) 「任意の実数 b に対して $f(a)=b$ となる実数 a が，ただ1つ定まる」という条件は「$f(x_1)=f(x_2)$ ならば，$x_1=x_2$」と同値である。

(4) $\sum_{k=1}^{n}(x_k-x_{k+1})=x_1-x_{n+1}$ が利用できるように，$3^{k-1}b_k{}^3$ を変形する。

解答

(40) 1 (41) 3 (42) 1 (43) 4 (44) 3 (45) 4 (46) 2 (47) 1 (48) 1
(49) 1 (50) 3 (51) 3 (52) 1 (53) 3 (54) 4 (55) 3 (56) 4
(57)(58)(59) −81 (60) 3

解説

《指数・対数の計算，等比数列，数列の和》

(1)
$$\left(A-\frac{1}{A}\right)^3=A^3-3A^2\cdot\frac{1}{A}+3A\cdot\frac{1}{A^2}-\frac{1}{A^3}$$
$$=\left(A^3-\frac{1}{A^3}\right)-3\left(A-\frac{1}{A}\right)\quad\to(40)\cdot(41)$$

$2f(a)=A-\dfrac{1}{A}$，$2f(3a)=A^3-\dfrac{1}{A^3}$ であるから

$$\{2f(a)\}^3=2f(3a)-3\cdot2f(a)$$
$$\{f(a)\}^3=\frac{1}{4}f(3a)-\frac{3}{4}f(a)\quad\cdots\cdots①\quad\to(42)\sim(45)$$

(2) $f(a)=b$ より

$$A-\frac{1}{A}=2b,\quad A^2-1=2bA$$

よって $A^2-2bA-1=0\quad\to(46)\cdot(47)$

$$A=b\pm\sqrt{b^2+1}$$

$A=2^a>0$ であるから

$$2^a=b+\sqrt{b^2+1}$$
$$a=\log_2(b+\sqrt{b^2+1})\quad\cdots\cdots②\quad\to(48)\cdot(49)$$

つまり，任意の実数 b に対して $f(a)=b$ となる実数 a が，ただ1つ定まる。

(3) $4b_{n+1}{}^3+3b_{n+1}-b_n=0\quad(n=1,\ 2,\ 3,\ \cdots)\quad\cdots\cdots③$

$b_n = f(a_n)$ $(n=1, 2, 3, \cdots)$ より

$$4\{f(a_{n+1})\}^3 + 3f(a_{n+1}) - f(a_n) = 0$$

①より $4\{f(a_{n+1})\}^3 + 3f(a_{n+1}) = f(3a_{n+1})$

よって $f(3a_{n+1}) = f(a_n)$ →(50)

$3a_{n+1}$ と a_n は，$f(x) = f(a_n)$ の解だから，(2)の結果から

$$3a_{n+1} = a_n \quad \text{すなわち} \quad a_{n+1} = \frac{1}{3}a_n \quad (n=1, 2, 3, \cdots)$$

が成り立ち $a_n = a_1\left(\dfrac{1}{3}\right)^{n-1}$ →(51)・(52)

(4) ③より $b_{n+1}{}^3 = -\dfrac{3}{4}b_{n+1} + \dfrac{1}{4}b_n$

$$3^n b_{n+1}{}^3 = -\frac{1}{4}3^{n+1}b_{n+1} + \frac{1}{4}3^n b_n = \frac{1}{4}(c_n - c_{n+1}) \quad (n=1, 2, \cdots)$$

よって，$n \geqq 2$ のとき

$$S_n = \sum_{k=2}^{n} 3^{k-1} b_k{}^3 = \sum_{k=2}^{n} \frac{1}{4}(c_{k-1} - c_k)$$

$$= \frac{1}{4}(c_1 + c_2 + \cdots + c_{n-1}) - \frac{1}{4}(c_2 + c_3 + \cdots + c_{n-1} + c_n)$$

$$= \frac{1}{4}(c_1 - c_n)$$

$$= \frac{1}{4}(3b_1 - 3^n b_n)$$

$$= \frac{3}{4}b_1 - \frac{3^n}{4}b_n \quad \text{→(53)〜(56)}$$

よって

$$S_5 = \frac{3}{4}b_1 - \frac{3^5}{4}b_5 \quad \cdots\cdots ④$$

$$b_1 = \frac{4}{3}S_5 - 108 \quad \cdots\cdots ⑤$$

④，⑤より，S_5 を消去して整理すると

$$b_5 = -\frac{4}{3}$$

よって，$f(a_5) = -\dfrac{4}{3}$ より，(2)の結果から

$$a_5=\log_2\left(-\frac{4}{3}+\sqrt{\left(-\frac{4}{3}\right)^2+1}\right)=-\log_2 3$$

$$\frac{a_1}{3^4}=-\log_2 3$$

よって　$a_1=-81\log_2 3$　→(57)～(60)

4

発想

(2)　点Hを2通りで表し，成分比較する。

(3)　正四面体DEFGを座標空間に表示する。

解答

(1)　$OC^2=p^2+q^2=12$　……①

$AC^2=(3-p)^2+3+q^2=12$　……②

①，②より，qを消去すると

$$(3-p)^2+3+(12-p^2)=12$$

よって　$p=2,\ q^2=8$

$q>0$より　$p=2,\ q=2\sqrt{2}$　……(答)

(2)　点$P\left(\frac{3}{2},\ 0,\ \sqrt{2}\right)$に関して点$X(x,\ y,\ z)$と対称な点を$X'$とおくと

$$\frac{\overrightarrow{OX'}+\overrightarrow{OX}}{2}=\overrightarrow{OP}$$

よって，$\overrightarrow{OX'}=2\overrightarrow{OP}-\overrightarrow{OX}=(3-x,\ -y,\ 2\sqrt{2}-z)$であるから

$D(3,\ 0,\ 2\sqrt{2})$，$E(0,\ \sqrt{3},\ 2\sqrt{2})$，$F(0,\ -\sqrt{3},\ 2\sqrt{2})$，
$G(1,\ 0,\ 0)$

Hは平面ABC上の点だから

$$\begin{aligned}\overrightarrow{OH}&=\alpha\overrightarrow{OA}+\beta\overrightarrow{OB}+\gamma\overrightarrow{OC}\\&=\alpha(3,\ -\sqrt{3},\ 0)+\beta(3,\ \sqrt{3},\ 0)+\gamma(2,\ 0,\ 2\sqrt{2})\\&=(3\alpha+3\beta+2\gamma,\ -\sqrt{3}\alpha+\sqrt{3}\beta,\ 2\sqrt{2}\gamma)\end{aligned}$$

ただし　$\alpha+\beta+\gamma=1$　……③

また，Hは直線DG上の点だから

$$\begin{aligned}\overrightarrow{OH}&=\overrightarrow{OG}+t\overrightarrow{GD}=(1,\ 0,\ 0)+t(2,\ 0,\ 2\sqrt{2})\\&=(2t+1,\ 0,\ 2\sqrt{2}t)\end{aligned}$$

と表され

$3\alpha+3\beta+2\gamma=2t+1$　……④

$-\sqrt{3}\alpha+\sqrt{3}\beta=0$　すなわち　$\alpha=\beta$

$2\sqrt{2}\gamma=2\sqrt{2}t$　すなわち　$\gamma=t$

③×3−④ より　　$\gamma=2-2t$

よって　　$t=\dfrac{2}{3},\ \alpha=\beta=\dfrac{1}{6},\ \gamma=\dfrac{2}{3}$

$\mathrm{H}\left(\dfrac{7}{3},\ 0,\ \dfrac{4\sqrt{2}}{3}\right)$　……(答)

(3)　△DGE と△DGF は xz 平面に関して対称である。

また，2 直線 AC，BC も xz 平面に関して対称である。

よって，I と J も xz 平面に関して対称な点である。

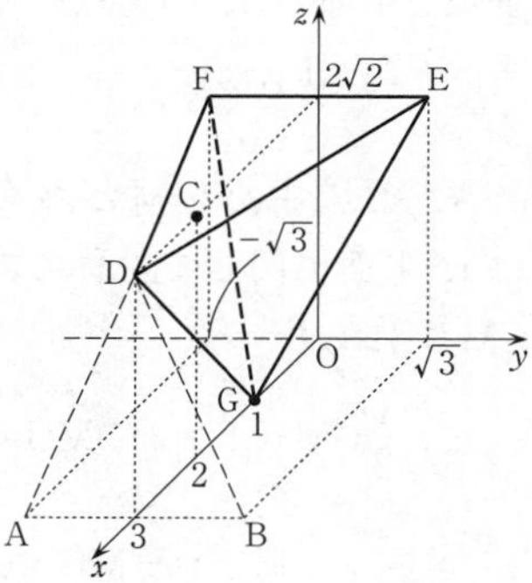

(2)と同様にして

$\overrightarrow{\mathrm{OI}}=l\overrightarrow{\mathrm{OD}}+m\overrightarrow{\mathrm{OE}}+n\overrightarrow{\mathrm{OG}}$

$=l(3,\ 0,\ 2\sqrt{2})+m(0,\ \sqrt{3},\ 2\sqrt{2})+n(1,\ 0,\ 0)$

$=(3l+n,\ \sqrt{3}m,\ 2\sqrt{2}l+2\sqrt{2}m)$

$\overrightarrow{\mathrm{OI}}=\overrightarrow{\mathrm{OC}}+k\overrightarrow{\mathrm{CB}}$

$=(2,\ 0,\ 2\sqrt{2})+k(1,\ \sqrt{3},\ -2\sqrt{2})$

$=(k+2,\ \sqrt{3}k,\ 2\sqrt{2}-2\sqrt{2}k)$

と表せば

$l+m+n=1$

$3l+n=k+2$

$\sqrt{3}m=\sqrt{3}k$　すなわち　$m=k$

$2\sqrt{2}l+2\sqrt{2}m=2\sqrt{2}-2\sqrt{2}k$　すなわち　$l+m=1-k$

よって　　$k=\dfrac{1}{6},\ l=\dfrac{2}{3},\ m=n=\dfrac{1}{6}$

$\overrightarrow{\mathrm{OI}}=\left(\dfrac{13}{6},\ \dfrac{\sqrt{3}}{6},\ \dfrac{5\sqrt{2}}{3}\right),\ \overrightarrow{\mathrm{OJ}}=\left(\dfrac{13}{6},\ -\dfrac{\sqrt{3}}{6},\ \dfrac{5\sqrt{2}}{3}\right),$

$\overrightarrow{\mathrm{IJ}}=\left(0,\ -\dfrac{\sqrt{3}}{3},\ 0\right)$

$$\overrightarrow{CH}=\overrightarrow{OH}-\overrightarrow{OC}=\frac{1}{3}(1,\ 0,\ -2\sqrt{2})$$

$\overrightarrow{CH}\cdot\overrightarrow{IJ}=0$ より　　$\overrightarrow{CH}\perp\overrightarrow{IJ}$

よって

$$S=\frac{1}{2}|\overrightarrow{IJ}|\cdot|\overrightarrow{CH}|=\frac{1}{2}\cdot\frac{\sqrt{3}}{3}\cdot 1=\frac{\sqrt{3}}{6}\quad\cdots\cdots(答)$$

四角形 CJHI は平面 ABC 上にあるから，G から平面 ABC に下ろした垂線と平面 ABC の交点を K とおくと

$$V=\frac{1}{3}S\cdot GK$$

A，B の中点を M とおくと，四面体 GABC は xz 平面に関して対称であるから，K は線分 CM 上にあり

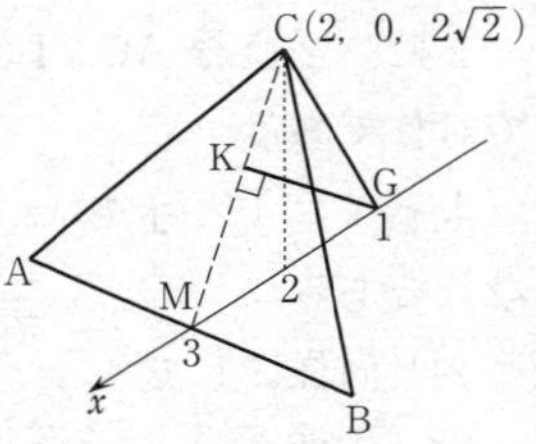

$$\frac{1}{2}CM\cdot GK=\triangle CMG$$

$$=\frac{1}{2}MG\cdot(C の z 座標)$$

CM＝3 より　　$GK=\frac{4\sqrt{2}}{3}$

よって

$$V=\frac{1}{3}\cdot\frac{\sqrt{3}}{6}\cdot\frac{4\sqrt{2}}{3}=\frac{2\sqrt{6}}{27}\quad\cdots\cdots(答)$$

解説

《四面体の体積》

(2)　H が平面 ABC 上の点のとき，実数 α，β を用いて

$$\overrightarrow{AH}=\alpha\overrightarrow{AB}+\beta\overrightarrow{AC}$$

と表されるので，$\overrightarrow{OH}=\overrightarrow{OA}+\alpha\overrightarrow{AB}+\beta\overrightarrow{AC}$ とおいてもよい。

(3)　四角形 CJHI は平面 ABC 上にあり，四面体 GABC は xz 平面に関して対称なことを利用する。GK の長さは，△CMG の面積に着目する。

5

発想

(2)　α，β の定義式から，x を消去する。m の定義から，不等式

$$m \leqq \log_4 \frac{x}{8} < m+1$$

が得られ，$0 \leqq \alpha < 1$ である。β についても同様である。

解答　(1)　$\alpha = \log_4 \frac{x}{8} - m$ より

$$\log_4 \frac{x}{8} = \alpha + m,\ \ \frac{x}{8} = 4^{\alpha+m},\ \ x = 2^{2\alpha+2m+3}$$

よって　　$\log_2 x = 2\alpha + 2m + 3$　……(答)

(2)　m の定義から

$$m \leqq \log_4 \frac{x}{8} < m+1,\ \ 0 \leqq \log_4 \frac{x}{8} - m < 1,\ \ 0 \leqq \alpha < 1$$

同様に，$0 \leqq \beta < 1$ であり　　$0 \leqq 2\alpha + \beta < 3$　……①

$\beta = \log_2 \frac{8}{x} - n$ より

$$\beta = \log_2 8 - \log_2 x - n,\ \ \log_2 x = -\beta - n + 3$$

よって，(1)の結果より

$$2\alpha + 2m + 3 = -\beta - n + 3$$

$$2\alpha + \beta = -(2m+n)$$

したがって，$2\alpha + \beta$ は，①を満たす整数だから

$$2\alpha + \beta = 0,\ 1,\ 2$$

$x=1$ のとき　　$2\alpha + \beta = -\{2 \times (-2) + 3\} = 1$

$x=2$ のとき　　$2\alpha + \beta = -\{2 \times (-1) + 2\} = 0$

また，$x=24$ のとき

$$\log_4 \frac{24}{8} = \log_4 3,\ \ \log_2 \frac{8}{24} = -\log_2 3$$

$\log_4 2 < \log_4 3 < \log_4 4$ より　　$\frac{1}{2} < \log_4 3 < 1$

$\log_2 2 < \log_2 3 < \log_2 4$ より　　$1 < \log_2 3 < 2,\ \ -2 < -\log_2 3 < -1$

よって　　$m=0,\ n=-2,\ 2\alpha + \beta = 2$

以上より　　$2\alpha + \beta = 0,\ 1,\ 2$　……(答)

(3) $n=m-1$ のとき

$$2\alpha+\beta=-(2m+n)=-3m+1$$

よって，$2\alpha+\beta$ を3で割った余りは1であり，$2\alpha+\beta=1$。

このとき，$3m-1=-1$ より

$$m=0,\ n=-1 \quad \cdots\cdots(答)$$

(4) (3)の結果から

$$n=m-1 \iff m=0,\ n=-1$$

$$\iff 0\leqq\log_4\frac{x}{8}<1 \quad かつ \quad -1\leqq\log_2\frac{8}{x}<0$$

$$\iff 4^0\leqq\frac{x}{8}<4^1 \quad かつ \quad 2^{-1}\leqq\frac{8}{x}<2^0$$

$$\iff 8\leqq x<32 \quad かつ \quad 8<x\leqq 16$$

$$\iff 8<x\leqq 16 \quad \cdots\cdots(答)$$

解説

《対数の整数部分と小数部分》

(2) (1)の結果を利用して，x を消去すると

$$2\alpha+\beta=-(2m+n)$$

が得られ，$2\alpha+\beta$ が整数であることがわかる。m，n の定義から

$$0\leqq\alpha<1,\ 0\leqq\beta<1$$

を導くことがポイント。

(3) $2m+n=3m-1$ を利用すると吟味の手間が省ける。

(4) 不等式 $m\leqq\log_4\frac{x}{8}<m+1$，$n\leqq\log_2\frac{8}{x}<n+1$ を利用する。

6

発想

解と係数の関係と，$y=|f(x)|$ のグラフを利用する。

解答

(1) $f(x)=x^3+ax^2+bx+17$ より

$$f'(x)=3x^2+2ax+b$$

$f(x)$ は，$x=p,\ -4p$ で極値をとるから，$f'(x)=0$ の解は

$$x=p,\ -4p$$

よって，解と係数の関係より

$$p+(-4p)=-\frac{2}{3}a,\ \ p\cdot(-4p)=\frac{b}{3}$$

$a=\frac{9}{2}p,\ \ b=-12p^2$ より　　$f(x)=x^3+\frac{9}{2}px^2-12p^2x+17$

このとき，$f(-2p)=34p^3+17=-17$ より　　$p^3=-1$

p は実数だから，$p=-1$

$p<0$ より，$f(x)$ の増減表は右のようになる。

x	$\cdots$	p	$\cdots$	$-4p$	$\cdots$
$f'(x)$	$+$	0	$-$	0	$+$
$f(x)$	↗	極大	↘	極小	↗

$f(x)$ は，$x=p$ で極大値，$x=-4p$ で極小値をとる。

よって　　$a=-\frac{9}{2},\ \ b=-12,\ \ p=-1$　……(答)

$f(x)=x^3-\frac{9}{2}x^2-12x+17$ であるから

$$M=f(-1)=\frac{47}{2},$$

$$m=f(4)=-39$$　……(答)

(2)　$f(5)=-\frac{61}{2}$ と，(1)の増減表から，

$y=|f(x)|$ のグラフは右のようになる。

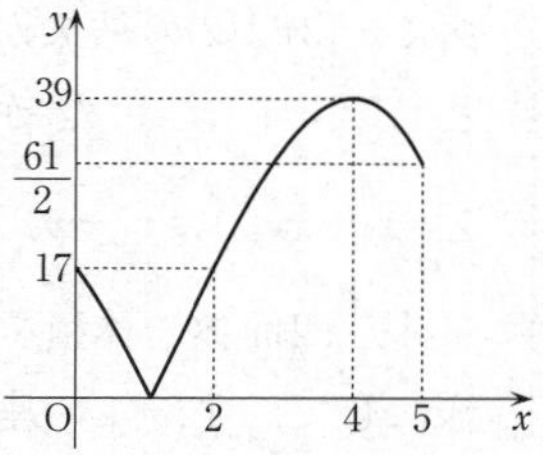

したがって

$$g(t)=\begin{cases}17 & (0\leqq t\leqq 2)\\ -t^3+\frac{9}{2}t^2+12t-17 & (2\leqq t\leqq 4)\\ 39 & (4\leqq t\leqq 5)\end{cases}$$　……(答)

(3)　$I=\int_0^5 g(t)\,dt$

$$=\int_0^2 17dt+\int_2^4\left(-t^3+\frac{9}{2}t^2+12t-17\right)dt+\int_4^5 39dt$$

$$=34+\left[-\frac{1}{4}t^4+\frac{3}{2}t^3+6t^2-17t\right]_2^4+39$$

$$=135$$　……(答)

解説

《関数の増減，$y=|f(x)|$ のグラフ，定積分の計算》

(1) 連立方程式

$$f'(p)=3p^2+2ap+b=0$$

$$f'(-4p)=48p^2-8ap+b=0$$

を解いても a，b を求められるが，少し計算が必要になる。

(2) $y=|f(x)|$ $(0\leqq x\leqq 5)$ のグラフを利用する。

講評

1 (1)は整数の有名問題。(2)は三角関数を用いる分数関数の最大最小問題。誘導が丁寧で解き易い。計算ミスをしなければ容易に完答できる。

2 非復元抽出試行の確率の問題。(3)でうまく場合分けすることがポイントである。得点差がついた問題と思われる。

3 (1)と(2)は指数・対数の計算問題。(3)以降は数列の漸化式の問題である。(3)は(2)の結果から，数列 $\{a_n\}$ が等比数列であることに気づくことがポイントだが，やや難。(4)は 2023 年度と同様に，等式 $\sum_{k=1}^{n}(x_k-x_{k+1})=x_1-x_{n+1}$ を利用するように誘導されている。

4 四面体の体積を題材にした頻出の問題。(1)は易しい。(3)は(2)と同様にして，I，J の座標を求めれば，四角形 CJHI の面積までは正解可能であるが，やや計算量が多く大変である。四面体 DEFG を座標空間に図示し，図形の対称性に気づくことがポイントである。やや難。

5 対数の整数部分と小数部分を題材にした問題である。(1)は対数の計算問題で易しい。(2)は m，n の定義から，$0\leqq\alpha<1$，$0\leqq\beta<1$ を導くことがポイントである。実際に，$2\alpha+\beta=2$ となる x の存在の証明が少し難しい。

(4)は，(3)の結果から　$n=m-1 \Longleftrightarrow m=0,\ n=-1$

さらに　$m=0 \Longleftrightarrow 0\leqq\log_4\dfrac{x}{8}<1$，$n=1 \Longleftrightarrow -1\leqq\log_2\dfrac{8}{x}<0$

であるから，連立不等式の問題である。

6 微・積分法の易しい問題である。計算ミスをせず，確実に得点しておこう。

小論文

解答例

[設問] A. 自然科学は，時代や文化に関わりのない自然の法則だけを扱う。そのため，一度確立された知識はそのまま受けとられ，万人の所有物となる。一方，哲学・文学は，時代や文化，個人的経験とも結びついて一つの完結した世界を形成する。そのため，時代や経験が異なる人々が完全に吸収することはできない。ゆえに，過去の哲学・文学は，後世の基盤となる一面を持ちながら，それ自体として独立した存在感を持ち続けるから。(200字以内)

[設問] B. 社会科学者は，最新の研究動向を把握し，自身の研究をより先進的なものにするために，絶えず専門雑誌を読んでいる。それに加え，時代を経ても色あせない社会科学の根本的な理論的枠組みを獲得するためには，古典を読むことも欠かせない。

私が社会科学者であれば，ネット上の誹謗中傷者・拡散者の心理的・社会的特徴は何かという問いを立てる。この問いを探求するために，まずは専門雑誌を通して，先行研究を調査し，誹謗中傷・拡散者に関する知見を渉猟する。その後，アンケート調査，インタビュー，集団心理実験，SNS観察などの手法により，匿名性，共感性，攻撃性に関するデータを収集する。最終的には，これらのデータを用いて，加害者の心理状態や行動パターンを分析する。このとき，古典から学んだ知見が有益な手掛かりとなるだろう。多様なデータを整理し，その意味を読み取るには，古典の理論的枠組みが効果を発揮するからである。(400字以内)

解説

《社会科学者の読書傾向と研究アプローチ》

[設問] A.「哲学にも，文学にも，歴史的な発展はある。しかし自然科学と同じ意味での進歩はありません」という筆者の見解について，自然科学と哲学・文学との違いがなぜ起こるのか，その理由を説明する。解答にあたっては，それぞれの学問分野における知識の蓄積と継承の仕方の違いがポイントになる。

まず，自然科学の扱う自然は「歴史にも，時代の変化にも，文化の違いにも，まったく関係のない法則」（第5段落）によって支配されている。そのため，後の時代の人にとっても，「一度確立された事実」の前提をあらためて検証し直す必要はなく，こうした事実は「そのまま受けと」られる（第4段落）。このように，「一度確立された事実は万人の所有になる」（同段落）ため，自然科学は進歩を続けるのである。

それに対して，哲学・文学の場合は，時代や文化，あるいは「作者の個人的な経験」（第5段落）と密接に関係しており，それぞれの作品は「それ自身で完結し，一つの世界を形づくっている」（第6段落）。したがって，「前の時代の仕事が，次の時代の仕事に完全に吸収される」（第5段落）ことにはならない。確かに，先の時代の作品が「次の時代のものの基礎」として働く側面はあるが，それらはあくまで「それ自身として，そのまま次の時代にも存在しつづけてゆく」ものである（同段落）。こうした点が哲学・文学の大きな特徴であり，それゆえ哲学・文学には自然科学と同じ意味での進歩は認められないのである。

[設問] B. 求められているのは大きく次の2点である。

①「一方で必要な若干の古典を参照しながら，他方で絶えず専門雑誌を読んでいる」という読書傾向を社会科学者が有している理由。

②仮にあなたが社会科学者であったら，どのような問いを，どのように立て，どのように検証・探求していくか論ずる。

①に関して，課題文では自然科学者，社会科学者，哲学者・文学者の読書傾向を比較している。自然科学者は専門雑誌，哲学者・文学者は古典に比重が大きく，社会科学者はその中間に位置する。社会科学者が専門雑誌を読む理由は，自然科学者と同様だ。先行研究の調査・分析・批判的吟味とともに，最新の研究動向の把握によって，自身の研究をより先進的にするためである。一方，古典は過去の社会科学者たちの知恵の宝庫である。たとえ数百年前のものであっても，古典を読む社会学者が絶えないのは，社会の根幹を捉えるために古典が提示する理論的枠組みが，今なお色あせていないからである。

②に関して，求められているのは以下の点である。

(a)仮に自分が社会科学者であった場合，どのような問いを，どのように立てるか。

自らの興味関心に基づき，日頃の社会的関心や問題意識を踏まえた問いを立てる。自分が経済学部を志望した動機から考えてみるのもよいだろう。ここで立てる問いは経済学的なものである必要はないものの，社会科学の問いである必要がある。以下，参考例を挙げる。

- 最低賃金の引き上げは，労働者の雇用と企業の収益にどのような影響を与えるのか。
- 経済成長と環境保護を両立させるためにはどのような政策が必要なのか。
- 格差拡大を抑制しながら経済成長を実現するにはどのような政策が必要なのか。
- 日本経済の長期的停滞を打開する経済政策の在り方。
- 日本における少子高齢化と人口減少への効果的な対策は何か。
- 陰謀論を信じる人々の心理的・社会的特徴は何か。
- インフルエンサーといわれる人々が世論形成にどれくらいの影響を与えているか。

なお，問いの内容は，できるだけ明確なものであることが望ましい。たとえば，「ネット中傷について」ではなく，「ネット上の誹謗中傷者・拡散者の心理的・社会的特徴は何か」のように具体的に問う。

(b)どのように問いを検証あるいは探求するか。

文献調査→データ収集→データ分析→結果の解釈という流れに沿うと書きやすいだろう。社会事象の原因となる因果関係に関する問いを立てる場合は，文献調査の前に仮説を立てる方法もある。

そのうえで，「課題文に則して」記述する必要がある。課題文にある社会科学者の研究スタイルを踏まえた記述になるようにしたい。〔解答例〕では，解答前半で述べた部分を踏まえつつ，議論を展開した。最初の文献調査の段階では，社会学者が専門雑誌を読むことの意義を踏まえた記述を展開した。最新の知見や先行研究を踏まえるために，専門雑誌に眼を通すことは社会科学者にとって重要となる。他方，古典については，最終的にデータを解釈する段階において特に寄与が大きいと考えられる。収集したデータはそれ自体では，雑然としており，それらから有意味な帰結を引き出すには，何らかの理論的な分析枠組みが必要である。社会学者はこうした理論的な枠組みを今なお読み継がれている古典から学ぶことができるからである。

講評

2024年度は，2023年度と比較して大きな変更は見られなかった。課題文は1つ，［設問］は2つで，200字の内容説明と400字の内容説明・意見論述という形式も維持されている。

課題文は，自然科学，社会科学，哲学・文学（人文科学）それぞれの研究アプローチに応じた読書傾向の違いについて論じている。筆者は，古典の位置づけや読書傾向についての自然科学と哲学・文学との違いに多くの紙幅を割いている。一方，400字の意見論述である［設問］Bでは，課題文では軽く触れられているにすぎない社会科学について問われている。ここに，受験者の洞察力と社会科学への関心を試す問題作成者の意図がうかがえる。

［設問］Aは，課題文の内容を200字以内で説明するものである。課題文は一般読者向けの文章で難解ではないが，自然科学と人文科学にとっての「進歩」概念の違いを簡潔にまとめるのは容易ではない。関係する文章を抜粋しても200字を超えてしまう可能性があり，過不足なくまとめるためには蓄積・継承という観点から文章全体を咀嚼し，自分の言葉で構成し直す必要がある。高レベルの文章構成力が求められる。

［設問］Bは，大きく2つの問いが提示されている。①下線部のような読書傾向を社会科学者が有する理由，②仮に社会科学者であった場合，どのような問いを，どのように立て，どのように検証あるいは探求するか。

①では思考力・洞察力が，②では受験生の社会的関心や問題意識の高さとともに発想力や構想力が問われる。特に②で問われる課題発見力は，以前から重視されてきたポイントであり，今後も求められるものと考えられる。受験対策において意識的に取り組むべきだろう。

問われている内容を400字でまとめるのはかなり難しい。①を説明するだけでもかなりの字数を必要とするため，②を要領よく展開することが必要である。60分という試験時間では時間的な余裕はほとんどないと思われるため，2023年度よりやや難化したと言えるだろう。

2023年度

解答編

解答編

英語

I **解答** 1―3　2―1　3―2　4―2　5―1　6―4
7―4

◆全　訳◆

≪子どもに現金を：出生率の解決策としての政府の資金供与≫

① 世界中で，いろいろな政府が低下する出生率にますます懸念をいだいている。人口の安定を確保するために，合計特殊出生率（TFR）は，1人の女性が一生に産む子どもの平均的な数であるが，2.1である必要がある。世界全体では依然としてこの課題を満たしている。つまり，2020年では世界のTFRは2.4だった。そして，高い出生率はまだアフリカで見られた（最高はニジェールで，6.8というTFRだった）。

② しかしながら，他のところでは，TFRの低下という悩ましい例は，見つけるのが難しくない。東アジアでは，その傾向は特に顕著である。今日，中国は再び約1.2というTFRの低いレベルになるように思われるが，その前は，1990年代にそうであった。2020年には，シンガポールのTFRは1.1だったし，韓国は0.84に達していた。1.36で，日本はややそれより良いように思われる。しかし，その数字は人口を安定にしておくのに必要とされる出生率よりまだ相当低いことを考えると，これらのどの国でも楽観主義になる理由などあり得ない。

③ 個々に考えてみると，そのような状況は決して新しいものではない。ローマ時代でさえ，カエサル=アウグストゥスは，明らかに出生率を上げることを望んで――パピウス・ポッパエウス法（Lex Papia Poppaea）を通して――未婚の男性に税金をかけた。同様の政策が1927年にアメリカのミズーリ州で，1933年にカリフォルニア州で行われた。前ソビエト連邦で，スターリンは，子どもがいないことに税金を制定し，第2次世界大戦の間に被った壊滅的な損失を取り戻すのに役立った。これらのそれぞれ

は，たとえ限られた程度であっても，いくぶんうまくいった。しかしながら，問題の大きさが変わった。2020年に，新型コロナウイルス感染症（COVID-19）の甚大な影響のあおりを受けて，出生の低下は世界的な現象になった。

④　多くの要因がこの憂慮すべき傾向の背後にある。経済的な不透明性とパンデミックはこれらの要因の中で最もよく目に入るものにすぎない。汚染のような環境的な要因もまた働いているのであろう。社会的変化が，家庭外で女性が果たす役割の増加を含めて，より大きな原因だったかもしれない。理由が何であろうとも，医療から年金まで社会制度に置かれた測りしれない重圧を考えると，政府が対応するのが極めて重要である。

⑤　しかし，政府の主導する取り組みは本当に効果的でありえるのか？フランスは，いかに政府の政策が実際に効果的であるかについての良い例を示してくれる。フランスの合計特殊出生率は，2019年にほとんど1.9になり，この点でヨーロッパの最も成功した国の一つになった。明確に家庭生活と子どもの幸福を目指した政府の政策（スウェーデンのように男女の平等を重視する政策とは対照的に）が，この成功の中心にあったのだ。フランスの家庭政策のモデルは，社会階級に関係なく，広範囲に及ぶ育児政策と組み合わされた，家庭に対する寛大な現金給付の上に成り立っている。

⑥　フランスでは，これらの現金給付は，誕生に賛成的という特徴を持っていて，まず大人数の家族に向けられる。しかしながら，間接的な方法が最も有効であるとわかってきた。それゆえ，税控除が，フランスの家族政策システムの土台の一つになっている。すなわち，課税所得は，家族の人数が1人増えるたびに減らされる可能性がある。これは，家族が多くなればなるほど，税負担が減ることを意味する。加えて，フランスは，少なくとも2人の子どもを持つ親に，一般的な家族手当，貧困家庭用の特別手当，追加の住居手当を与える。

⑦　主によく整備された育児サービス制度が理由で，フランス人は子どもを持つことがいやではない。この制度のおかげで，より多くの女性が労働市場に参加することができている。育児制度はまた標準として週35時間という短縮労働時間からも恩恵を受けてきた。フランスの一週間の労働時間は失業を減らすために主に短くされたけれども，この改革の派生的な結

果は仕事と家庭のバランスを改善することであった。

⑧　フランスにおける首尾一貫した寛大な総合的家庭政策は，比較的高い出生率の重要な理由だと考えることができる。さらに，フランスは成功を成し遂げた唯一の政府ではない。すなわち，例をほんの２つ挙げると，カナダとエストニアもまた，赤ん坊手当と「母の給料」を用意することによって，いくらか控えめな出生率の増加を経験した。同様に，他の政府も行動を起こす必要がある。子どもを持ち育てるということになると，社会を支援のない状態にしておくことは，政府の統治する義務を放棄することであり，子どもたちが代表だと主張するまさにその社会の未来に対する責任を負うことを壊滅的に拒絶することである。

◀解　説▶

▶１.「以下のうち，第①段の空所［１］を埋めるのに最も適切なものはどれか」

第①段第２文（To ensure stability in …）に「人口の安定を確保するために，合計特殊出生率（TFR）は，１人の女性が一生に産む子どもの平均的な数であるが，2.1である必要がある」という記述がある。total fertility rate「合計特殊出生率」 give birth to ～「～を生む」 この記述に従って，空所［１］に３の meets this challenge「この課題を満たしている」を入れると，「世界全体では依然としてこの課題を満たしている」となる。as a whole「全体として」 よって，空所の後の部分の「2020年では世界のTFRは2.4だった」という記述にうまくつながる。他の選択肢では意味をなさない。

１.「この数値に挑む」

２.「その課題を作る」

４.「その課題を満たすことができない」 fail to *do*「～できない」

▶２.「以下のうち，第②段の空所［２］を埋めるのに最も適切なものはどれか」

第②段第１文（Elsewhere, however, worrying examples …）に「しかしながら，他のところでは，TFRの低下という悩ましい例は，見つけるのが難しくない」という記述がある。この記述に従って，空所［２］に１の「顕著な」を入れる。他の選択肢では第１文の記述に反する。

２.「話されて」　３.「理解できる」　４.「悩んで」

▶3.「以下のうち，第③段の空所［３］を埋めるのに最も適切なものはどれか」

空所の前文の第③段第５文（Each of these was …）に，「これらのそれぞれは，たとえ限られた程度であっても，いくぶんうまくいった」という記述がある。even if ～「たとえ～だとしても（＝even though)」 to a limited degree「限られた程度に」 この記述を受けて，空所に２の「しかしながら，問題の大きさが変わった」を入れると，空所の直後の同段最終文（In 2020, the decline …）の「2020年に，新型コロナウイルス感染症の甚大な影響のあおりを受けて，出生の低下は世界的な現象になった」とうまくつながる。

1.「さらに，いくつかの他の国々が影響を受けている」
3.「その上，総額は驚くべきものだった」
4.「究極的に，これは全く現代的な災害である」

▶4.「以下のうち，第④段の空所［４］を埋めるのに最も適切なものはどれか」

第④段第１文（Many factors are behind …）に「多くの要因がこの憂慮すべき傾向の背後にある」とある。出生率の低下の要因として，空所［４］の前で，「経済的な不透明性」「パンデミック」「汚染」「社会的変化」が順に述べられている。このような話の流れに従って，空所に２の「理由が何であろうとも」を入れる。no matter ～「～が何であろうとも」 すると，空所の後の「医療から年金まで社会制度に置かれた測りしれない重圧を考えると，政府が対応するのが極めて重要である」という部分とうまくつながる。given は「～を考えると」という意の前置詞であることに注意。place *A* upon *B*「*B* に *A* を置く」 この流れで，次の第⑤段の政府の関与というテーマにつながっていく。

1.「この要因にもかかわらず」
3.「何が重要であろうとも」
4.「どちらの場合が起ころうとも」

▶5.「以下のうち，第⑤段の空所［５］を埋めるのに最も適切なものはどれか」

第⑤段第１文（Yet, can government initiatives …）に「しかし，政府の主導する取り組みは本当に効果的でありえるのか？」とある。それを受けて，次の第2文（France provides a good …）の冒頭で，「フランスは良い例を示してくれる」と述べている。空所に1の「効果的である」を入れると，空所の後でフランスがどのように効果的な政策を実施して成功した国となったのかについて記されているので，話の流れに合う。make a difference「効果的である，違いが生じる」 他の選択肢では話の流れに合わない。

2.「衝撃を際立たせる」

3.「道理に外れている」

4.「いちかばちかやってみる」

▶6.「以下のうち，第⑥段の空所［6］を埋めるのに最も適切なものはどれか」

空所を含む第⑥段第3文（Tax breaks, therefore, form …）の前半部分に「それゆえ，税控除が，フランスの家族政策システムの土台の一つになっている」とある。tax break「税控除」 よって，4の「1人増えるたびに減らされ」を選ぶと，後半部分が「すなわち，課税所得は，家族の人数が1人増えるたびに減らされる可能性がある」となる。income (which is) subject to taxes「税金が課せられる収入」 which is が省略されていると考えればよい。be subject to ～ は「～が課せられる，～に従属している，～の影響を受ける」という意の定型表現で，subject は形容詞であることに注意。

1.「1人加わるごとに増やされて」

2.「1人減るごとに下げられて」

3.「1人減るごとに修正されて」

▶7.「以下のうち，第⑧段の空所［7］を埋めるのに最も適切なものはどれか」

4の very を選ぶと，the very societies「まさにその社会」となり，意味をなす。very は the や this などに続く「まさにその」という意の形容詞であることに注意。

1.「理想的な」　2.「現実の」　3.「いわゆる」

●語句・構文●

（第①段）　fertility rate「出生率」 with high rates still seen in Africa「高い出生率はまだアフリカで見られた」 rate は「出生率」のこと。

with＋名詞＋補語という形で，付帯状況を示す。

（第②段）　seem set to *do*「～するように思われる」 be set to *do*「～することになっている，～する予定である」 considering that～「～を考えると」 well below the rate「出生率よりまだ相当低い」 well は「相当，十分」という意の副詞。rate は fertility rate「出生率」のこと。

（第③段）　by no means「決して～ではない」 place a tax on～「～に税をかける」 in the hope of *doing*「～することを望んで」 enact a tax on～「～に税を制定する」

（第④段）　be at work「働いて」 societal shift「社会的変化」

（第⑤段）　stand at 1.9「1.9である」 close to～「ほとんど～，およそ～，～に近い」 in this respect「この点で」 as opposed to～「～とは対照的に」 gender equality「男女の平等」 at the heart of～「～の中心に」 cash transfer「現金給付」 childcare provision「育児政策」 without regard to～「～に関係なく」

（第⑥段）　have a pro-birth character「誕生に賛成的という特徴を持っている」 be directed towards～「～に向けられる」 the larger the family the lower the tax burden「家族が多くなればなるほど，税負担が減る」 the＋比較級, the＋比較級「～すればするほどますます…」という定型表現。family と tax burden の後に is（becomes）という動詞が省略されていると考えればよい。in addition「加えて」 family allowance「家族手当」 at least「少なくとも」 housing allowance「住居手当」

（第⑦段）　be reluctant to *do*「～することが嫌である，気が進まない」 because of～「～のために」 allow *A* to *do*「*A* が～することを可能にする」 participate in～「～に参加する（＝take part in～）」 childcare system「育児制度」 benefit from～「～から恩恵を受ける」 working week「一週間の労働時間」 reduce unemployment「失業を減らす」 work-family balance「仕事と家庭のバランス」

（第⑧段）　family policy package「総合的家庭政策」 to give just two examples「例をほんの2つ挙げると」 just は only の意。baby bonus「赤ん坊手当」 take action「行動を起こす」 leave society without support「社会を支援のない状態にしておく」 VOC という構造。when it comes to *doing*「～するということになると」 duty to govern「統治す

る義務」 refusal to *do*「～するのを拒絶すること」 take responsibility for ～「～に対する責任を負う」

II 解答

8－2　9－1　10－4　11－3　12－1　13－3　14－3　15－4　16－2　17－2　18－3　19－1　20－2

◆全　訳◆

≪無理な要望？　政府の大家族キャンペーン≫

① 政府は社会でどの問題に取り組むべきかを慎重に選ぶべきである。仕事，犯罪，医療，教育は全て，政府の正当な関心事例である。これは，それぞれの場合に公的な場での国民の行動が議論になるためである。しかしながら，合計特殊出生率は政府が取り組むべき問題ではない。私的な面で国民が生活をどのように行うのかは，決して国家の介入する目標であるべきではない。

② なるほど，今日の多くの国々は人口統計上の難題に直面している。つまり，あまりにも少ない赤ん坊と高齢化する人口だ。だが，ほとんどの研究は，世界中の人々が，外的な要因がないならば，夫婦あたり２人の子どもを持ちたいと思っていることを示し続けている。人々がしばしば２人の子どもを持たないことは，結局，彼らの選択であり彼らの責任なのだ。政府が権威主義的ではなく国民に選択を強いる気がないと仮定すれば，政府はその選択を尊重する義務を負っているのだ。

③ 政府の強力な介入が好ましい影響を及ぼす可能性があると主張する人もいるかもしれない。フランスは合計特殊出生率が1.9であり，しばしば模範例として引用される。しかし，フランスの成功は，その育児政策よりはむしろ移民と関係がある。フランスで生まれた国民の出生率は，およそ1.7であると見積もられている。しかしながら，いくつかの研究は，移民の出生率は2.8から5.0の間であることを示唆している。フランスが国境を閉じることを想定してごらん。すると，その出生率は，フランス生まれの人たちのレベルに落ちないけれども，おそらく少なくとも0.1下がるだろう。

④ 国家主導の財政政策は少しもうまくいかなかった。2000年代以来，シンガポールは一連の信じられないほど家庭に優しい取り組みを制定した。

最初に，政府は3人以上の子どもを持つ母親に大きな税控除を提供した。それから，政府は赤ん坊手当——第2子には9000ドル，第3子には18000ドル——として現金を与え始めた。政府は，子ども普通預金口座を作ったが，親からの預金と同額の年金のような基金で，育児費用を払うために使うことができた。政府はまた雇用主が最短12週間の有給出産休暇を提供することを義務づけた。政府は，祖父母が育児の手助けをするために孫の近くに住居を見つけることを支援するプログラムを策定した。このような全てが，人々にもっと多くの子どもを持つように促す一般向けキャンペーンを伴っていた。だが，いろいろなことを全て行ったにもかかわらず，シンガポールの出生率は下がり続けた。2013年までには，それは0.79になった——記録された歴史上で最も低い数値の一つであった。

⑤ こうした種類の「人口増加の政策」に関しては，かなりの研究が行われてきた。確かに，このような政府の政策は時として出生率に小さな好ましい影響を及ぼす可能性がある。だが，あらゆる成功話には，多くの失敗がある。純粋に財政的な観点から見ると，このような政策はほとんど意味をなさない。1つの研究が示すところでは，人口増加の費用が25パーセント増加するごとに，社会は短期間で0.6パーセント出生率が増加するが，長い目で見ると4パーセントの増加にすぎない。人口統計学者のジャン＝ホーエムが主張したように，出生率を，「(社会) 体制上の最終結果として見なすのが一番良いのである。つまり，(社会) 体制上の最終結果は，社会の家族に対する優しさの程度のようなより広い特性に依存することが多く，金銭的利益の存在やその詳細な構造には依存することが少ないのである。」

⑥ 実際，私たちは，人間の数を増やすことがなぜ常にそんなにも重要な目標であったのかを本当に疑問に思っているべきではないのか。私たちの社会は，通例，消費を通して成長を増す方向に動いている。したがって，どんな減速であれ否定的なこととして見なされる。しかしながら，消費財やプラスチックをますます多く生産することがちょうど近視眼的であるように，おそらく国の人口を維持することへの私たちの依存は，同様に間違った方向に導かれている。なるほど，社会が高齢化するにつれ，困難な移行が差し迫っている。しかしながら，同時に，多くの新しい機会が現れるかもしれない。

⑦　失業を取りあげてみてほしい。これは，先進世界の合計特殊出生率が既にピークを越えた後の，1970年代以来の地球規模の問題であった。だが，減少する出生率の世界で，状況が変わり始めるかもしれない。仕事を見つけようと苦労することは，過去のものとなるかもしれない。ほとんどの経済学者は，長期停滞という概念をよく知っている。それは，長期にわたって需要がないことで苦しむ経済を単に言うのである。しかしながら，普通の労働者に大規模な再投資をすれば，仕事自体や仕事の家庭生活との関係の本質を変えることは，より広範囲にわたって経済を再活性化するだろう。皮肉なことに，この方向転換は，労働力不足と十分な雇用のある経済への移行によって，実際は促進されるかもしれない。

⑧　究極的には，私たちは既に人口過密の世界に生きている。1900年には地球にたった16億の人々しかいなかったが，一方，今日では地球にはだいたい80億の人々がいる。2つの地球規模の大戦，無数の小さな戦争，パンデミックと飢饉があっても，このことが起こったのだ。それから，環境には負担がかかっているということは当然である。汚染や廃棄物や他の種の崩壊が増加傾向にあり，気候から海洋まで，人間の活動が地球を傷つけているのだ。私たちがこの逃げることができない事実を考える時，人間の数の減少は，耐えるべき悪ではなくて，私たちが実際に受け入れるかもしれない未来である。

◀解　説▶

▶8.「以下のうち，第②段の空所［8］を埋めるのに最も適切なものはどれか」

空所の直前にも，空所の後の no external factors の後にも，コンマがあるので，［8］no external factors が挿入語句ではないかと想定できる。この挿入語句を除く部分の「世界中の人々が，夫婦あたり2人の子どもを持ちたいと思っている」という意味を基にして，2の given「～があるのなら，～を考慮に入れると」という意の前置詞を入れると，挿入語句と仮定した部分が「外的な要因がないならば」となり，意味をなす。1の absent と4の unless では文法的に間違っていて，3の presenting は意味的につながらない。

1.「欠席して」

3.「～を提示して」 present「～を提示する」という他動詞の現在分詞。

4.「もし〜がないならば」

▶ 9.「以下のうち，第③段の空所［9］を埋めるのに最も適切なものはどれか」

第③段第2〜5文（France, with a total … between 2.8 and 5.0.）で，次の出生率が述べられている。

フランスの合計特殊出生率＝1.9
フランスで生まれた国民の出生率＝およそ1.7
移民の出生率＝2.8〜5.0

移民の高い出生率（2.8〜5.0）を含めて，フランスの合計特殊出生率が1.9になっている。よって，フランスが国境を閉鎖して移民の流入をストップした場合には1.9より必ず下がる。必ず下がるが，同段最終文（Suppose France closed …）によると，1.7まで下がることはないという話の流れである。よって，空所に0.1を入れると，うまく意味がつながる。文末近くで用いられているbyは「〜の差で」ということを示す前置詞で，fall by 0.1は「0.1下がる」ことで，「下がって0.1になる」ということではない。

▶ 10〜12.「以下のうち，第④段の空所［10］，［11］，［12］に入る最も適切な単語を3つ選べ。それぞれの単語は1回だけ使えるものとする」

空所［10］を含む文の前文の第④段第2文（Since the 2000s, …）に「2000年代以来，シンガポールは一連の信じられないほど家庭に優しい取り組みを制定した」とある。a series of 〜「一連の〜」 incredibly family-friendly initiative「信じられないほど家庭に優しい取り組み」 この内容を基にして，空所［10］に4のoffered「〜を提供した」を入れると，空所［10］を含む文が「最初に，政府は3人以上の子どもを持つ母親に大きな税控除を提供した」となり，話の流れに合う。次に空所［11］の直後のthat以下は「雇用主が最低12週間の有給出産休暇を提供する」という意味なので，この意味に合うように3のmandated「〜することを義務づけた」を入れる。a minimum of 〜「最低〜」 paid maternity leave「有給出産休暇」 最後に，空所［12］の後の部分の「人々にもっと多くの子どもを持つように勧める一般向けキャンペーンによって」という内容を基にして，空所に1のaccompanied「伴われて」を入れる。public campaign「一般向けキャンペーン」 urge *A* to *do*「*A*に〜するように勧める，促す」 他の２つの選択肢は上記の空所には合わない。
２.「～を作った」 ５.「～を予想した」

▶ 13.「以下の『人口増加の政策』のうち，第④段で著者によって（第⑤段より）前に提起されていなかったのはどれか」

natalist measures「人口増加の政策」という表現は，第⑤段第１文（Considerable research has …）で初めて使われているので，第④段についてのこの質問では previously「前に」という単語を用いている。

１.「子どもが増えるごとの直接的な現金給付」 第④段第４文（Then it started awarding …）で論じられている。
２.「祖父母が転居する住居の払戻金」 第④段第７文（It instituted a program …）で取り上げられている。
３.「公園へのインフラ支出」については第④段で述べられていないので，３が正解である。
４.「母親への税控除」 第④段第３文（First, the government …）で記されている。

▶ 14.「以下のうち，第⑥段の空所［14］を埋めるのに最も適切なものはどれか」

空所を含む文で，従属節の「消費財やプラスチックをますます多く生産することは近視眼的である」と主節の「おそらく国の人口を維持することへの私たちの依存は，同様に間違った方向に導かれている」を比較すると，内容は異なっているが，short-sighted「近視眼的で」と misguided「間違った方向に導かれて」という否定的な意味合いの形容詞が用いられていること，また，similarly「同様に」という副詞が用いられている点から考えて，３の just as「ちょうど～のように」を空所に入れれば，意味がうまくつながる。他の接続詞的表現では意味が合わない。

１.「～であるかぎり」
２.「～にもかかわらず」
４.「いかに～であろうとも」

▶ 15.「以下のうち，第⑦段の空所［15］を埋めるのに最も適切なものはどれか」

空所に関係があると思われる表現として，第⑦段第２文（This has been …）に a global problem「地球規模の問題」という記述がある。さらに同段第4文（Struggling to find …）に「仕事を見つけようと苦労することは，過去のものとなるかもしれない」とある。これらの記述を基に，4の unemployment「失業」を空所に選ぶ。他の選択肢の言葉ではうまくつながらない。

1．「成長，増加」　2．「停滞」　3．「経済」

▶ 16．「以下のうち，第⑧段の空所［16］を埋めるのに最も適切なものはどれか」

空所の直後の第⑧段第5文（Human activity is …）に「汚染や廃棄物や他の種の崩壊が増加傾向にあり，気候から海洋まで，人間の活動が地球を傷つけているのだ」という記述がある。rising tide は文字どおりには「上げ潮」という意だが，比喩的表現として「増加傾向，上昇時期」という意味でも使われる。この環境への負荷につながる文を考えて，空所には2の「それから，環境には負担がかかっているということは当然である」を選ぶ。is there any wonder that ～? この表現は修辞疑問で「～に不思議があろうか，不思議はない」が原義であるが「～は当然である」とでも訳せばよい。

1．「人間の人間に対する絶え間ない闘争には制限がないのか？」 limit to ～「～に対する制限」

3．「確かに，これら全ての災害は全く避けることができたね」

4．「いったい誰がそのような大災害を予期することができようか，できはしない」 この文も修辞疑問である。possibly は wh 疑問文で用いられると「いったい」という意。

▶ 17・18．「以下の意見を考えよ。それから，両方の記事に基づいて，対応する数字⑰，⑱の欄に，もしアフラ＝ディジアックのみがその意見に賛成ならば，1をマークせよ。もしコール＝シャウアーのみがその意見に賛成ならば，2をマークせよ。もし両方の著者がその意見に賛成ならば，3をマークせよ。もしどちらの著者もその意見に賛成ではないならば，4をマークせよ」

17．「政府は，TFR に影響を与えようとする政策を作るべきではない」ディジアックは第⑧段最終文（Leaving society without support …）で，「子どもを持ち育てるということになると，社会を支援のない状態にしておくことは，政府の統治する義務を放棄することであり，子どもたちが代表だと主張するまさにその社会の未来に対する責任を負うことを壊滅的に拒絶することである」と述べ，政府の政策を通して，出生率の上昇への介入が絶対に必要だと主張し，反対の意見を主張している。一方で，シャウアーは第①段第4・5文（The total fertility rate, … state intervention.）で政府が出生率に介入することに反対している。よって，この意見に賛成なのはシャウアーのみで，2が正解である。

18.「TFRを上げようとする政府の試みはいくぶんかの成功をおさめてきた」 ディジアックは第⑤段第2・3文（France provides a good … in this respect.）で，フランスの成功例について述べ，第⑧段第2文（Moreover, it is not …）で，他の2国のいくぶんかの成功例を記している。一方，シャウアーの第⑤段第2文（Admittedly, such government …）にも，出生率上昇においていくぶんかの成功を収めた政策への言及がある。よって，どちらの著者もこのように考えているので，3が正解である。

▶ 19.「以下の単語のうち，他と異なるアクセントのパターンを持つのはどれか」

各単語の意味とアクセントの位置は次の通りである。1.「理解する」第3音節。2.「強迫観念に取りつかれた，心を取られて放さない」第2音節。3.「状況」第2音節。4.「～を考える」第2音節。よって正解は1のcomprehendである。

▶ 20.「以下のそれぞれは，動詞と名詞の対である。以下の単語の対のうち，異なるアクセントのパターンを持つのはどれか」

以下各単語の意味とアクセントのある音節を順に示す。

1.「前進する」第2音節，「進歩」第2音節
2.「～を行う」第2音節，「行動」第1音節
3.「約束する」第1音節，「約束」第1音節
4.「～を驚かす」第2音節，「驚き」第2音節

動詞と名詞で異なる音節にアクセントがあるのは，2のconductである。

●語句・構文●

（第①段） legitimate government concerns「政府の正当な関心事」 this is because ～「これは～のためである」 in the public sphere「公的な場での」 at issue「意見が分かれて，論争中で，問題になって」 in private「私的な面で」 state intervention「国家の介入」

(第②段)　to be sure「なるほど」は後続文の however「だが～」と連動する。「なるほど～，だが…」という表現は，it is true that ～ but … / true, ～ but … / indeed, ～ but … な ど が あ る。face a demographic challenge「人口統計上の難題に直面する」 an aging population「高齢化する人口」 across the globe「世界中で（＝all over the world)」 prefer to *do*「～したいと思う，～することを好む」 per couple「夫婦あたり」 That they often do not do so「人々がしばしばそうしないこと」は「人々がしばしば2人の子どもを持たないこと」である。この部分が主語であることに注意。in the end「結局」 assuming that ～「～と仮定すれば」 be disposed to *do*「～する傾向がある」 impose *A* on *B*「*B* に *A* を強いる，課す」 be obliged to *do*「～する義務を負っている，～しなければならない」

(第③段)　have positive effects「好ましい影響を及ぼす」 is often cited as an example「しばしば模範例として引用される」 cite *A* as *B*「*A* を *B* として引用する」 have more to do with ～「むしろ～と関係がある」 more ～ than …「…よりはむしろ～」 day-care policy「育児政策，保育政策」 be estimated to *do*「～すると見積もられている」 suppose ～「～と想定してごらん，もし～としたら」suppose の後続節の France closed its borders「フランスがその国境を閉じる」は仮定法過去。「国境を閉じる」とは「移民を国内に入れない」ということ。those born in France「フランス生まれの人たち」 likely「おそらく」

(第④段)　state-led fiscal policy「国家主導の財政政策」 have not worked any better「少しもうまくいかなかった」 この any は副詞で，形容詞や副詞の比較級の前に置き，not any で「少しも～ない」という意味。award *A* as *B*「*B* として *A* を与える，授与する」 savings account「普通預金口座」 in order to *do*「～するために」 despite everything はよく「何はともあれ，何を差し置いても，いろいろあるが」と訳されるが，ここでは「いろいろなことを行ったにもかかわらず」と文脈に従って訳している。by 2013「2013年までには」 stand at ～「(数値などが)～になる，～である」

(第⑤段)　conduct research on ～「～に関して研究を行う」 natalist measures は文字どおりには「人口増加提唱者の政策」であるが，「人口増加の政策」という意。natalは「出生の，誕生の」という意でそれにist「～に携わる人，～を行う人」という接尾辞がつく。admittedly「確かに，明らかに」はyetと連動して，admittedly,～, yet…「確かに～だが，…（＝it is true that ～, but…）」となる。in purely financial terms「純粋に財政的な観点から見ると」 in ～ termsは形容詞を伴って「～の観点から見ると」という意味になる。make sense「意味をなす，意味が明瞭である，筋が通る」 natalist spending「人口増加の費用」 in the short term「短期間で，短期的には」 in the long run「長い目で見ると，長期的には」 最終文の文字通りの意味は「出生率は，社会の家族に対する優しさの程度のようなより広い特性に依存することが多いが，金銭的利益の存在と詳細な説明には依存することが少ない（社会）体制上の最終結果として一番よく見なされる」である。しかし，関係代名詞のthat以下の修飾部分が相当長くわかりにくいので，thatの前でカットして解釈し，受動態は能動態のような訳をしている。is best seen as～「～として一番よく見なされる」 つまり「～として見なすのが一番よい」ということ。この構造の元の形はsee *A* as *B*「*A*を*B*とみなす，考える」である。systemic outcome「（社会）体制上の最終結果」 depend on～「～に依存する」 broader attributes「より広い特性」 the degree of family-friendliness「家族に対する優しさの程度」 monetary benefit「金銭的利益」

（第⑥段） in fact「実際」 be geared towards *doing*「～する方向に動いている」 any slowdown is seen as a negative thing「どんな減速であれ否定的なこととして見なされる」 肯定文で用いられたanyは「あらゆる，どんな～でも」という意。see *A* as *B*「*A*を*B*とみなす，考える」 increasing amounts of～「ますます多くの～」 short-sightedは「近視眼的で」という意の形容詞。reliance on～「～への依存」 keep up～「～を維持する」 misguidedは「間違った方向に導かれて，誤った」という意の形容詞。true～however…「なるほど～だが…」 as societies age「社会が高齢化するにつれて」 on the horizon「差し迫って，兆しが見えて」 at the same time「同時に」

（第⑦段） things「状況」 struggle to *do*「～しようと苦労する」 be familiar with～「～をよく知っている」 secular stagnation「長期停滞」

secularは通例「世俗的な，現世の，宗教と関係がない」という意味だが，ここでは「長期間の」という意味で用いられている。suffer from ～「～で苦しむ，悩む」 the nature of work itself and its relation to family life「仕事自体や仕事の家庭生活との関係の本質」 workとrelationの両方がthe natureと接続する。reorientation「方向転換，方針転換」 be spurred on「駆り立てられる，促進される」 spur *A* on「*A*を駆り立てる」 labor shortage「労働力不足」 transition to ～「～への移行」

（第⑧段） whereas「だが一方」 close to ～「だいたい～，～に近い」 decline in ～「～の減少」 not an evil to be endured, but a future we might actually embrace「耐えるべき悪ではなくて，私たちが実際に受け入れるかもしれない未来」 not *A* but *B*「*A*ではなくて*B*」

Ⅲ　解答

21－1　22－3　23－2　24－4　25－1　26－3
27－1　28－3　29－3　30－1　31－3　32－3

◆全　訳◆

≪介護者待遇：誰の責任？≫

①　2027年までに，介護の世界市場は2340億ドルに達すると予想されている。全世界では，2050年までには，５人の大人のうち１人以上が60歳を超えているだろう。実際，それらの人々の80パーセントが低所得や中所得の国々で生活しているだろう。これらの人々に支援を増やす必要があるだろう。アメリカだけでも，１つの調査によってわかったのだが，65歳以上の全ての人々のおよそ半分が，在宅介護者であろうが，生活介護施設であろうが，老人ホームであろうが，ある種の長期にわたる介護を必要とするだろう。私たちが彼らを何と呼ぼうが――介護人，介護従事者，介護者――彼らは不足しているのである。

②　その必要にもかかわらず，世界は既に介護分野の従事者の大量の不足に直面している。ほとんどの有給の介護の仕事は給料がよくない（たとえば，アメリカでは，13,000ドルが平均年間賃金である）ので，介護を魅力がない職業選択にしている。2030年までには，380万人の無報酬で高齢者を世話する家族の介護者がいてさえ，アメリカはおそらく15万人以上の介護従事者の不足に直面するだろう。

③　この理由は介護の仕事への低い評価である。多くの国において，介護

のシステムは，依然として女性の無報酬の労働に基づいている。イギリスにおいては 1960 年代に，その時，介護政策が形を取り始めたのだが，女性の 3 分の 1 のみが労働人口に参加していた。女性たちは子どもや祖父母の世話をするために家に居たので，プロの介護の必要はなかった。だが，時代は変わる。2011 年までには，無報酬の介護者でもあるイギリスの 600 万以上の働く女性たちは，ある研究では，政府にとって 1 年に 570 億ポンドの節約になると見積もられていた。同じ研究でわかったことだが，45 歳から 64 歳までの既婚や同棲の女性たちの半分以上が，高齢の親やパートナーの主要な介護者になっていた。彼女たちの貢献がなければ，社会の介護は崩壊するだろう。

④ 介護施設での虐待は広がってきている。これは，社会のあらゆるレベルで，介護の価値が十分に認識されてきていないからである。賃金は低く，訓練と設備にほとんど投資がなされてこなかったのだ。その結果として，高齢者施設が非常に多くあるのだが，著しく質が異なっているということである。高齢者は尊敬に値するし，私たちは適切な介護施設を提供しなければならない。しかしながら，ぞっとするような高齢者の虐待は広範囲にわたってきている。これは多くの国々でしだいに重要な問題となってきている。可能な解決策は，法制化，虐待に対するより厳格な処罰，より良い介護者を引きつけるために賃金を上げることが入るかもしれない。

⑤ 移住者は，多くの国にとって現在の政策の中心に位置している。ますます，アメリカにおいて，そして先進世界の他のどこかで，介護のジレンマを解決するために，家族が移住者に頼っている――通例女性たちである。2013 年に，国際労働機関が推定したところでは，世界中のおよそ 6,700 万人の国内労働者の中で，1,150 万人が移住者であった。移住者は普通過少報告されるので，その数字はその時もっと高かった可能性が大きく，今日ではもっと相当高い可能性がある。しかしながら，介護部門に関してもっと広範囲に考えれば，この統計は，氷山の一角にすぎない。つまり，現代の移住の流れには，看護師，教師，医師が入っており，かれら全員が介護部門で雇用されている。

⑥ 移住した介護者たちは，しばしば優勢な人口集団とは民族的にあるいは人種的に異なる。優勢な人口集団はしばしば介護の仕事を軽蔑し，烙印を押された「他者」にそのような仕事を任せる。孤立した個人宅で働く女

性の介護者は，人種的，民族的，性的ハラスメントを受けやすい。世界中で歴史的に，社会の主流から取り残された社会的地位の低い女性たちを介護の仕事と結びつけて考えることは依然として顕著なままである。アメリカでは，介護の仕事は，かつては黒人の女性たちが行っていたのだが，もっと貧しい国々出身の移住した女性たちの仕事になった。介護の全従事者を励まし多様化することによって，女性たちの仕事と民族的少数派の女性たちの価値を下げるそのような文化的既成概念を壊すことが絶対に必要である。介護従事者を移住先の国のより広い世界に統合することは，依然としてかなりの課題のままである。

⑦　技術は実際果たすべき役割を持っている。患者を持ち上げるのに役立つ技術は，介護従事者から肉体的負担の多くを取り除くことができる。そして一方，ロボットや遠隔医療のような新しい医療技術は，訓練を受けていない介護者でさえリアルタイムで患者の健康をモニターするのに役立つことができる。いくらかの基本的な訓練を受ければ，その他の点では資格のない介護従事者は，最新の医療技術を利用することができるし，患者と医療専門家，特に看護師をつなぐ実際の懸け橋になることができるだろう。したがって，これは看護師と家族の両方の負担を減らすだろう。

⑧　それにもかかわらず，社会における女性の役割の再考は避けられないと思われる。18歳以下の子どもを持つほとんどのヨーロッパとアメリカの家庭では，両親が今や働いている。実際，女性たちは多くの国の全従事者のおよそ40パーセントを占めている。しかもなお，介護の負担は依然として通常は家族の中で女性に降りかかると予想されている。これらの家族の多くは，また「サンドイッチ世代」の一部である。それは，自分自身の子どもたちの世話をしながら年老いた家族を世話している人々のことをいう。それゆえ，多くの女性たちは，仕事に就いているにもかかわらず，両方をするのだ。それは労働が2倍になり，援助は半分ということである。

⑨　ほとんどの女性たちは，ちょうど自分の職業で最高年収に達するとき，介護の問題に直面している。多くの女性たちは，介護の責任事のために仕事で昇進しないか，まったく仕事を辞めさえするかのどちらかだ。もし介護の費用が手頃な価格で利用しやすいならば，女性たちが職を辞するのを容認するだけならば社員を訓練することによって生じる莫大な損失を，会社は回避することができるだろう。民間会社は従業員の介護のニーズと責

任を認める必要がある。これは，従業員の介護のニーズを受け入れる柔軟な予定，手当，慣例を作り出すことを意味する。

⑩　最終的に，私たちは，家族の介護のニーズにもっと包括的に対処する政策を必要とする。アメリカでは，普遍的家族介護プログラムのような企画案は，家族介護保険基金を創設する連邦の法制化を想定している。個々の人は，その基金を使って，介護のニーズに対処するために育児や高齢者介護や勤務からの休暇（の費用）を支払うことができるだろう。もしその基金が採用されるならば，個々の人や家族は，子どもの誕生から家族のメンバーや自分自身の長期にわたる介護まで，生涯を通して介護支援を得ることができるだろう。

◀解　説▶

▶ 21.「以下のうち，第①段の空所［21］を埋めるのに最も適切なものはどれか」

空所の前の In the US と選択肢を合わせて「アメリカだけでも」という意味だと考えられる。1．alone「〜だけ」は，前の単語を修飾するので，この空所に入る。2．only「〜だけ」は，修飾する語句の直前に通例置かれるので，この場合は不可。3．simply「ただ単に」 only とほぼ同義で，修飾する節や句の前に置かれるので，不可。4．solely「ただ，〜だけ」 この単語も修飾する語句の前に置かれるので，不可。

▶ 22〜24.「以下のうち，第③段の空所［22］，［23］，［24］に入る最も適切な文を3つ選べ。それぞれの文は1回だけ使えるものとする」

原則として，このような問題では，入れやすいところから空所を埋めていけばよい。

22. 第②段第2文（Most paid caregiving jobs …）に「ほとんどの有給の介護の仕事は給料がよくない（たとえば，アメリカでは，13,000ドルが平均年間賃金である）ので，介護を魅力がない職業選択にしている」とある。そのために介護者の不足が大問題になっているという内容である。この話の流れで，空所に3の「この理由は介護の仕事への低い評価である」を入れると，第③段第2文（In many countries, …）とうまくつながる。reason for 〜「〜の理由」 poor status「低い評価」

23. 空所の前の第③段第3・4文（In the UK … need for professional caregiving.）は1960年代の状況についての言及であった。一方，空所の後に By 2011「2011年までには」という表現があり，時間という点からみて，空所で話の方向性が少し変化していることがわかる。よって，2の「だが，時代は変わる」を空所に入れるのが適切だとわかる。

24．第③段では，無報酬の介護者であった女性の役割が主として論じられている。よって，この段の最後の空所には，4の「彼女たちの貢献がなければ，社会の介護は崩壊するだろう」を入れる。この文は仮定法過去である。without ～「～がなければ（＝but for ～／if it were not for ～）」

1．「この全ては社会の高齢化によって説明することができる」 第③段までの主要なテーマは介護問題なので，この選択肢はそぐわない。

▶ 25.「以下の文のうち，第④段の空所［25］を埋めるのに最も適切なものはどれか」

第④段では，高齢者施設での虐待の問題について論じられている。よって，この問題に関連する1の「介護施設での虐待は広がってきている」を空所に入れる。abuse「虐待（＝mistreatment）」 systemic は「体系的な，組織の，全身的な」という意味だが，文脈によって「広がって」と訳す。

2．「介護は独占産業の明白な例である」

3．「介護施設を見つけることは主な問題になっている」

4．「どの介護者が支払われるに値するかが今や中心的な問題である」 which caregivers deserve to be paid が主語。deserve to *do*「～するに値する」

▶ 26.「以下のうち，第⑤段の空所［26］を埋めるのに最も適切なものはどれか」

空所を含む文の冒頭の For the care sector considered more broadly「介護部門に関してもっと広範囲に考えれば」という表現もあり，1,150万人という移民の労働者数についての文であることを考えて，空所に3の tip of the iceberg「氷山の一角，問題のほんの一部」を入れる。1から3は慣用表現である。

1．the best of the bunch「その中で一番良いもの（人），えり抜きのもの（人）」 bunch は「集団，束」という意。

2．the icing on the cake は文字どおりには「ケーキにかけるアイシング（糖衣）」であるが，「おまけ，飾り，添え物，最後の仕上げ」と訳せる。

4．「世界の頂上，頂点」

▶ 27.「以下のうち，第⑥段の空所［27］を埋めるのに最も適切なものはどれか」

「他者」という烙印を押された移住した女性たちの仕事が，見下される介護の仕事であったというこの段の内容を基に，1の association「結びつけて考えること」を空所に入れる。association of *A* with *B*「*A* と *B* を結びつけて考えること」 元になる associate *A* with *B*「*A* と *B* を結びつけて考える」という表現を考えてみればわかりやすい。

2.「例，模範」 3.「虐待」 4.「適切なこと，適合」

▶ 28.「以下のうち，第⑦段の空所［28］を埋めるのに最も適切なものはどれか」

第⑦段では，最新技術の介護従事者の負担軽減への寄与の可能性が語られている。空所を含む文では，その他の点では資格のない介護従事者が医療専門家と空所との懸け橋になり得ると述べられている。よって，空所に3の patients「患者」を入れると，話がうまくつながる。2.「刷新者」

▶ 29.「以下のうち，第⑧段の空所［29］を埋めるのに最も適切なものはどれか」

空所の前に still「まだ」があり，空所の後に a job があるので，空所に3の holding down「～に就いている」を入れると，第⑧段第2文（Both parents now …）の女性の社会進出の話や最終文（That is double …）の「それは労働が2倍になり，援助は半分ということである」とうまくつながる。whilst は while と同意。whilst（they are）still holding down a job「仕事に就いているにもかかわらず」 主節の主語と be 動詞が省略されている。

1.「～を申し込んでいる」

2.「～を持ち越している」

4.「～を徐々に発展させている，～を徐々に増やしている」

▶ 30.「以下のうち，第⑨段の空所［30］を埋めるのに最も適切なものはどれか」

第⑨段最終文（This means developing flexible …）に「これは，従業員の介護のニーズを受け入れる柔軟な予定，手当，慣例を作り出すことを意味する」という記述がある。このためには，会社は従業員が直面している介護に関する問題を理解する必要がある。また，空所の目的語はニーズと責任である。よって，空所に1のacknowledge「～を認める」を入れると話の流れに合う。他の単語では意味がうまくつながらない。

2.「～に挑戦する，挑む」 3.「～を取り除く」 4.「～を解決する」

▶ 31.「以下のうち，第⑩段の空所［31］を埋めるのに最も適切なものはどれか」

選択肢に倒置の表現があるので仮定法ではないかと考える。3のWere itを空所に入れると，Were it adoptedはIf it were adopted「採用されるならば」となる。itはa family-care insurance fund「家族介護保険基金」を受ける。

▶ 32.「以下の単語の対のうち，同じ音節に第一強勢を持つのはどれか」

以下各単語の意味とアクセントのある音節を順に示す。

1.「～を計画する，予想する」第2音節，「計画」第1音節

2.「参加する」第2音節，「参加」第4音節

3.「～に烙印を押す，汚名をきせる」第1音節，「烙印，汚名」第1音節

4.「～を認識する」第1音節，「認識」第3音節

よって，同じ音節にアクセントがあるのは，3である。

●語句・構文●

(第①段) health caregiving「介護」 be projected to *do*「～すると予想されている」 low-income countries「低所得国」 middle-income countries「中所得国」 some kind of～「ある種の～」 単数名詞の前で用いられたsomeは「ある～」という意。whether *A*, *B*, or *C*「*A*であろうが，*B*であろうが，*C*であろうが」 an in-home caregiver「在宅介護者」 an assisted living facility「生活介護施設」 食事や掃除などのサービスが提供されるマンション形式の施設をいう。a nursing home「老人ホーム」 in short supply「不足して」

(第②段) in the caregiving field「介護分野で」 pay well「給料がよい」 annual wage「年間賃金，年収」 making it an unattractive career choice「介護を魅力がない職業選択にしている」は，前にコンマがないが分詞構文と考える。career choice「職業選択」 unpaid「無報酬の」という意の形容詞。family caregiver「家族の介護者」 the elderly「高齢者」 the＋形容詞で「～の人々」。elderlyは「高齢の」という意の形容詞。

(第③段) remainは「依然として～である」という意の自動詞であるが，

be 動詞に意味が近い。よって，remain based on ～「依然として～に基づいている」は be based on ～「～に基づいている」と類似表現である。during the 1960s, when caregiving policy began to take shape「1960年代に，その時，介護政策が形を取り始めたのだが」 when は関係副詞の非制限用法で，「そしてその時」とでも訳す。take shape「具体化する，形になる」 participate in ～「～に参加する（＝take part in ～）」 workforce「労働人口」 care for ～「～の世話をする（＝take care of ～／look after ～）」 need for ～「～の必要，必要性」 be estimated to *do*「～すると見積もられている」 save the government £57 billion「政府にとって570億ポンドの節約になる」 save *A* *B*「*A*（人，組織など）にとって *B*（お金など）の節約になる」

（第④段） this is because ～「これは～のためである」 make investment in ～「～に投資をする」 the result is that ～「結果は～である」 elderly home「高齢者施設」 while (they are) numerous「非常に多くあるのだが」 while ～「～だが」という意の接続詞で，この部分では主語と be 動詞が省略されている。the aged「高齢者（＝the elderly）」 mistreatment「虐待」

（第⑤段） at the heart of ～「～の中心で」 turn to migrants「移住者に頼る」 of some 67 million domestic workers「およそ6700万人の国内労働者の中で」 数字の前で用いられた some は「およそ，約」という意の副詞。be likely to *do*「～する可能性が大きい」

（第⑥段） differ from ～「～と異なる」 the dominant population group「優勢な人口集団」 which は関係代名詞の非制限用法。look down on ～「～を軽蔑する（＝despise）」 反意の表現は look up to ～「～を尊敬する（＝respect）」である。leave *A* to *B*「*A* を *B* に任せる」 stigmatized “others”「烙印を押された『他者』」 private home「個人宅」 be vulnerable to ～「～を受けやすい，～に傷つきやすい」 racial, ethnic, and sexual harassment「人種的，民族的，性的ハラスメント」 once undertaken by black women「かつては黒人の女性たちが行っていたのだが」 分詞構文で，once の前に being を補って考えればわかりやすい。integrate *A* into *B*「*A* を *B* に統合する」

（第⑦段） Technology does have a role to play.「技術は実際果たすべ

き役割を持っている」 doesは強調の意味で使われている。help (to) lift up patients「患者を持ち上げるのに役立つ」 helpの後にtoの省略あり。remove *A* from *B*「*B*から*A*を取り除く」 in real time「リアルタイムで，即時に」 otherwise unqualified care workers「その他の点では資格のない介護従事者」 otherwiseは「その他の点では」という意の副詞。take advantage of～「～を利用する」 the latest～「最新の～」 health-care「医療」 become a real bridge between *A* and *B*「*A*と*B*をつなぐ実際の懸け橋になる」 ease the burden on～「～への負担を減らす」

（第⑧段） indeed, *A*, yet *B*「なるほど*A*だが，*B*…」 account for～「～を占める」 around 40%「およそ40パーセント」 be expected to *do*「～すると予想されている」 fall on～「～に降りかかる，～の肩にかかる」 sandwich generation「サンドイッチ世代」 親と子どもの両方を世話しなければならない世代をいう。

（第⑨段） be confronted with～「～に直面している」 just as～「ちょうど～のように」 because of～「～のために」 affordable and accessible「手頃な価格で利用しやすい」 the huge losses implied by training staff just to see them quit「女性たちが職を辞するのを容認するだけならば社員を訓練することによって生じる莫大な損失」 女性が仕事を辞めると，その穴埋めのために新たな社員や他の部門の社員を訓練しなければならないので，大きな損失になるということ。この箇所の不定詞to seeは「もし～ならば」という条件を示す。private-sector「民間部門の」 flexible schedules, benefits, and practices「柔軟な予定，手当，慣例」

（第⑩段） address families' caregiving needs「家族の介護のニーズに対処する」 addressは動詞であることに注意。envision federal legislation「連邦法の制定を想定する」 a family-care insurance fund「家族介護保険基金」 pay for～「～を支払う」 time off「休暇，休み」 attend to caregiving needs「介護のニーズに対処する」〔全訳〕では，第⑩段第2文（In the US, proposals …）が長いので，a family-care insurance fundの後で，文を切って訳している。it would allow individuals and families to access caregiving support「個々の人や家族は介護支援を得ることが

できるだろう」 allow *A* to *do*「*A*が～することを可能にする（＝enable *A* to *do*)」 it は a family-care insurance fund を受ける。

Ⅳ 解答 a－1 b－4 c－2 d－1

◀解 説▶

≪介護問題再考：ジマー氏の難しい選択≫

▶ a.「次の考えのうち，批評家が間違ってジマー氏の意見だとしているのはどれか」 attribute *A* to *B*「*A*を*B*のせいにする」

1の「科学と技術の長所を認めることができないこと」が答えである。failure to *do*「～できないこと，～しないこと」 ジマー氏は第⑦段（Technology does have … nurses and families.）で科学と技術の長所を認め，いろいろな利用法を述べている。この点で批評家は間違っている。

2.「社会で女性が果たす役割の変化を受け入れること」 change in ～「～における変化」 ジマー氏は第⑨段第4・5文（Private-sector companies need … employees' caregiving needs.）で「民間会社は従業員の介護のニーズと責任を認める必要がある。これは，従業員の介護のニーズを受け入れる柔軟な予定，手当，慣例を開発することを意味する」と述べている。よって間違いではない。

3.「介護の市場の大きさの重要性」 ジマー氏の文章の第①段第1文（By 2027, the global …）に「2027年までに，介護の世界市場は2340億ドルに達すると予想されている」と記されている。よって間違いではない。

4.「介護部門への未来の投資の必要性の欠如」 ジマー氏の文章の第④段第3文（Wages are low, and …）に「賃金は低く，訓練と装置にほとんど投資がなされてこなかったのだ」とあるので，間違いではない。

▶ b.「次の領域で，ジマー氏が論じているが，批評家が言及していないのはどれか」

4の「介護で移住者が果たす役割」について，ジマー氏が第⑤段（Migration has been … the care sector.）で論じているが，批評家は言及していないので，これが答えである。

1.「介護における男性の変わりつつある役割」 ジマー氏も批評家も論じていないので，間違いである。

２.「政策を作ることへの政府の関与」 involvement in ～「～への関与」 ジマー氏は，第⑩段第１・２文（Finally, we need policies … attend to caregiving needs.）で論じ，一方，批評家の言及は第①段第１文（21世紀に於いて…）にある。

３.「現在のこの領域への投資の低いレベル」 investment in ～「～への投資」 ジマー氏の文章の第④段第３文（Wages are low, and …）に，投資の低いレベルへの言及があり，批評家は第③段第４文（特に介護…）で論じている。

▶ c.「次のどれが，第③段の『地理的に限定されている』という批評家の表現の意味だろうか」

２の「アジア，アフリカ，ラテンアメリカの国々についてジマー氏が言及していないこと」が答えである。

１.「アメリカの状況へのジマー氏の集中」 concentration on ～「～への集中」 ジマー氏は第③段第３～６文（In the UK during … billion per year.）で，アメリカだけでなくイギリスの状況にも言及しているので，間違いである。

３.「国際機関のデータをジマー氏が使っていないこと」 ジマー氏は第⑤段第３文（In 2013 the International …）で，国際労働機関のデータを利用しているので，間違いである。

４.「各国ごとの状況のジマー氏の記述がないこと」 country-specific は「各国ごとの」という意の形容詞。ジマー氏は第③段第３～６文（In the UK during … billion per year.）でイギリスの，第①段第５文（In the US …）などでアメリカの状況に言及しているので，間違いである。

▶ d.「ジマー氏の書かれていない仮定や考えのなかで，批評家が直接に言及しているのはどれか」

１の「政府が介護を改善することに責任を持たなければならないという考え」が答えである。the idea that ～「～という考え」 that は同格を示す接続詞。批評家は第②段第１文（シーモア・ジマー氏は…）で言及しているが，ジマー氏は何も書いていない。

２.「女性は男性よりも介護にもっと適しているという考え」 be suitable for ～「～に適している」 ジマー氏も批評家も男性と比べて女性が適していると述べていないので，不可。

3.「高齢者は尊敬と適切な介護に値するという考え」 be worthy of ～「～に値する」 ジマー氏は第④段第５文（The aged deserve our …）でこのことを述べているので，不可。

4.「社会の主流から取り残された人々の集団は搾取を受けやすいという考え」 be vulnerable to ～「～を受けやすい」 第⑥段第２・３文（Female caregivers who work … work remains strong.）で，ジマー氏は「孤立した個人宅で働く女性の介護者は，人種的，民族的，性的ハラスメントを受けやすい。世界中で歴史的に，社会の主流から取り残された社会的地位の低い女性たちを介護の仕事と結びつけて考えることは依然として顕著なままである」と述べている。よって，明確に書かれているので，不可。

V 解答例

(A) I think that the Japanese government should pay families to have more children because many parents in Japan tend to have fewer children due to the cost of raising and educating them. Government financial support will surely convince them that they can have and raise children by lessening the financial burden. Some people may say that having children is a matter of individual choice. In his 2020 article "Asking the Impossible? Government Campaigns for Larger Families," Schauer claims, "How citizens conduct their lives in private should never be a target for state intervention." Of course, governments cannot oblige people to have children. However, I think that they should help people who want to have children to do so without any anxiety. As Mr. Aphra Disiac mentions in his article (2020, paragraph 8), I also believe that supporting having and nourishing children is the government's duty and responsibility toward the future.

(B) The Japanese government should take action to increase the number of caregivers in society because Japan is aging fast and experiencing a severe shortage of care workers. At present, low salaries and hard work under poor working conditions make paid caregiving work an unattractive career choice. Therefore, there are not so many young people who want to work at assisted living facilities or nursing homes. Governmental initiatives are vital in addressing this kind of issue. Zimmer claims in his article (2020, paragraph 7) that technology can help solve the care worker shortage. However, the use of technology by untrained caregivers can cause confusion or miscommunication. Technology is not the answer to solving the problem. I believe that the priority of the Japanese government should be making the care workplace appealing by ensuring higher pay, better staffing levels, and improved working conditions for workers, which will lead to an increase in the number of care workers.

◀解　説▶

設問は「次の２つの設問から１つを選んで自分の意見を英語で書くように」である。

(A)「日本政府はもっと多くの子どもを持ってくれるように家族にお金を支払うべきか。なぜそうすべきか，あるいは，なぜそうすべきでないのか」

(B)「日本政府は社会の介護者の数を増やすために行動を起こすべきか。なぜそうすべきか，あるいは，なぜそうすべきでないのか」

自分の意見と異なる見解に言及し，それに反論して，問題文Ⅰ，Ⅱ，Ⅲ，Ⅳに記されている見解やことがらを最低１つ引用せよという指示がある。引用例は下記のとおりである。

- 「ワタナベ（2023，第③段）によると，１つの選択は間接課税である。この主張は…であるけれども」
- 「『動物園に反対して』という2019年の記事で，フェーレーは主張する。『自然はコントロールするべき私たちのものではない』彼女は…と主張するが，私はその意見に強く反対する。なぜならば…」
- 「フォーン（2018）によるエッセイの中で『学校は生徒の権利を十分保護していない』と主張するイブ=N．スズキに，私はある程度のみ賛成する。ＸはＹであるという彼女の主張は正しいかもしれないが，…」

to a certain extent「ある程度」

文法的な間違いをしないように気をつけて，自分が自信を持って使える表現や文構造を用い，できるだけ論理的な流れになるように書くこと。

❖講　評

2023年度は，2022年度と同じ大問5題で，そのうちの3題が英文読解問題，1題が短い日本語の評論文読解問題，1題が英作文の意見論述であった。これまでⅣでは和文英訳問題が出題されていたが，今回読解問題となったのは大きな変更点であった。

3題ある読解問題の英文は，いずれも現代社会でよく議論になる問題を扱っており，Ⅰでは「出生率を上げるための政策」，Ⅱでは「出生率を上げるための政策は必要か」という相対立する出生率に関する考えが述べられている。さらに，Ⅲは「介護者待遇」について述べている。設問形式は例年通り空所補充が中心で内容説明やアクセント問題があり，ほとんどが4択問題であるが，一部異なる問題もある。英文の量と難度の高さで圧倒されてしまいがちだが，個々の設問の選択肢は比較的理解しやすく，正解を絞りやすいものが多い。また，語彙力・文法力に関する設問もあり，総合力が試されている。

Ⅳの毎年出題されてきた和文英訳は姿を消し，内容説明の4択選択問題となった。Ⅲで出題された「介護者待遇」についての英文と，その英文に関する短い日本語による評論文とを比較して，設問に答えるというものであった。新しい出題形式の問題であったので，戸惑った受験生もいたかもしれないし，設問の一部がわかりにくいと感じた人もいたかもしれない。

Ⅴの意見論述は，経済学部の入試では毎年出題され，避けては通れない関門だ。2022年度と同様，読解問題の英文に関連したテーマを与えられ，それについての自分の見解を，英文から必要箇所を引用しつつ述べるというもの。参照する文章はⅣの日本語文を加えた四つとなり，ⅠとⅡ，ⅢとⅣがそれぞれ反対の意見を取り扱っているため，解答に組み込むべき「自分の意見と異なる見解への言及と反論」の参考になっただろう。このようないわゆる「アカデミック・ライティング」には決まった書き方が多く，事前に何度か練習しておくと大変効果的である。できれば，他の人に添削してもらうと，自分の弱点が把握できて有効である。

全体的に盛りだくさんの出題である。速く，しかも正確に読めて，内容がある文を書くためには普段からのトレーニングがものをいう。さらに時間配分にも十分気を配る必要がある。

日本史

I **解答**　問1．⑴a－4　b－5　ア－2　⑵－1

問2．政府は予算が議会で成立しなかった場合でも，前年度予算を執行する権限を持った。

問3．a－6　b－2　c－7

問4．1

問5．⑴ア．立憲政友会　イ．立憲同志会　ウ．憲政会

⑵a－2　b－7　c－6

⑶貴族院に基礎をおく清浦奎吾内閣は特権階級による超然内閣だと，批判した。

⑷国体の変革や私有財産制度の否認を目的とする結社や人物を十年以下の懲役・禁錮としたが，改正で結社指導者の最高刑は死刑とし，その協力者も処罰対象とした。

◀解　説▶

≪江戸～昭和戦前の政治・外交・文化≫

▶問1．⑴　a．4が正解。ア．2が正解。1792年，根室に来航したラクスマンは，通商要求と江戸湾入航を要求したが，幕府は「そこでの交渉」も「江戸に来ることも許さ」ず，外交交渉は長崎以外では行わないとして長崎回航を諭し，長崎の「通行証」を与えた。

b．5が正解。ラクスマンに与えた通行証（信牌という）を携えて，長崎に来航したのは，レザノフである。レザノフは皇帝の書翰をもって通商を要求したが，「その回答を待」たされたあげく，拒否された。

⑵　1が正解。ラクスマンが伴ってきた漂流民は大黒屋光太夫であり，光太夫を尋問して『北槎聞略』にまとめたのは，桂川甫周である。甫周は蘭学者で，杉田玄白・前野良沢の『解体新書』の翻訳にも協力した。

▶問2．やや難。大日本帝国憲法の規定で，「政府にはどのような予算に関する権限が与えられていたか，その権限の内容について」の説明が求められた。ここで想起すべきなのが，帝国憲法の第71条「帝国議会ニ於テ予算ヲ議定セス又ハ予算成立ニ至ラサルトキハ政府ハ前年度ノ予算ヲ施行

スヘシ」である（前年度予算執行権）。つまり，政府は予算が議会で成立しなかった場合，前年度の予算を執行できた，と示せばよい。

▶問３．「大教宣布の詔が発せられた」のは 1870 年。「東京大学が設立された」のは 1877 年。「教育令が公布された」のは 1879 年。「帝国大学令」は初代文部大臣森有礼が 1886 年に公布した。「教育勅語が発布された」のは 1890 年。「小学校の教科書が国定となった」のは 1903 年である。

ａ．６が正解。「内村鑑三が第一高等中学校を辞職した」のは，内村が教育勅語に最敬礼をしなかった行為が不敬であるとされた内村鑑三不敬事件（1891 年）が原因である。不敬事件に気づければ，教育勅語の発布後に限定できる。

ｂ．２が正解。明治政府の教育施策の第一歩として国民皆学をめざして「学制」を公布したのは，1872 年である。

ｃ．７が正解。「大学令」は，教育の改善整備を掲げた原敬内閣が，1918 年に公布した。

▶問４．１が正解。資料ａは，「驚くべきは現時の文明国における多数人の貧乏である」の有名な書き出しや，「貧乏」を経済学的に説明するといった内容からも，経済学者·河上肇の著書『貧乏物語』だとわかる。

資料ｂは，「君主が御一身の利益のために統治権を保有し給うものとする」説を否定している。これは天皇主権説を否定する立場であるから，天皇機関説を説いた美濃部達吉の主張である。天皇機関説は，統治権は法人である国家に属し，天皇は国家の最高機関として憲法の条項に従って統治権の行使にあたる，とするものである。

資料ｃは，「『政治の目的』が一般民衆の利福に在るということ…『政策の決定』が一般民衆の意向に拠るということ」と，民本主義の定義を述べているから，著者は吉野作造である。

▶問５．⑴　ア．加藤高明は，1900 年に伊藤博文が設立した立憲政友会を基礎に組織された第４次伊藤内閣で外務大臣となった。

イ．「桂太郎の新党設立計画に賛同し，桂の没後，その計画によってつくられた」政党は，立憲同志会である。立憲同志会は，第３次桂太郎内閣の打倒を叫ぶ第一次護憲運動に対抗するため，桂が立憲国民党などの議員に呼びかけて，1913 年２月に結成した。しかし，同年 10 月に桂は病死したため，12 月に正式に立憲同志会は結党式をあげ，加藤高明が総裁となった。

ウ．立憲同志会が，「その後他党との合流をへて成立した」のは，憲政会である。1916年の憲政会創設時から加藤高明は総裁であった。

(2)　日英間で結ばれた条約・協定の資料を，年表を用いて時期確定する問題である。「ノルマントン号事件が起きた」のは，井上馨外相が条約改正交渉中の1886年。「下関講和条約が結ばれた」のは，日清戦争終結時の1895年。三国干渉はその直後で同じ1895年。「ロシアが旅順・大連を清から租借した」のは1898年。北清事変が終結して「北京議定書が締結され」たのは1901年。「日露戦争が始まった」のは1904年。

ａ．２が正解。資料ａは，「大ブリテン国が日本帝国に於て執行したる裁判権」などを「全然消滅に帰」すと，イギリスが日本での領事裁判権の撤廃を認めているから，日英通商航海条約である。この条約は，日清戦争勃発の直前（1894年），陸奥宗光外務大臣のときに締結された。

ｂ．７が正解。やや難。資料ｂは「大ブリテン国は日本国が…必要と認むる指導，監理及び保護の措置を韓国に於て執るの権利を承認す」る，つまり，イギリスが日本の韓国保護国化を承認している。したがって，これはポーツマス条約調印前の1905年に結ばれた第２回日英同盟協約である。

ｃ．６が正解。やや難。資料ｃは「若し日本国又は大ブリテン国の一方が」第三国と戦争を始めた場合は「他の一方…は厳正中立を守」るというから，日露戦争前の1902年に結ばれた第１回日英同盟協約である。

(3)　第二次護憲運動の発生原因を清浦内閣の性格に触れつつ記述する。1924年１月に枢密院議長だった清浦奎吾が，陸・海軍大臣を除く全閣僚を貴族院議員から選任した内閣を発足すると，それに対応して第二次護憲運動が開始された。大正デモクラシー思想の浸透を背景に，政治は国民の意思を重視すべきという考えが定着しつつあるなかで，清浦内閣は国民の選挙を経ていない貴族院議員の政治進出のかたちをとっていたため，憲政会・立憲政友会・革新倶楽部の３党は護憲三派を結成して，特権内閣打倒と政党内閣実現をめざす第二次護憲運動を展開したのである。当時の内閣の性格としては，「貴族院を基盤とした」ことや，「非立憲内閣」「超然内閣」「非政党内閣」という表現を一つ示すことができればよい。

(4)「治安維持法の内容と，のちに田中義一内閣がおこなった改正の内容について」，２行以内での説明が求められている。詳細な知識が必要となる問題であり，難問。

治安維持法が加藤高明内閣で制定された当初は「国体ヲ変革シ又ハ私有財産制度ヲ否認スルコトヲ目的トシテ結社ヲ組織シ又ハ情ヲ知リテ之ニ加入シタル者ハ十年以下ノ懲役又ハ禁錮ニ処ス」というものであった。ポイントは「国体の変革（天皇制国家の打倒）」と「私有財産制度（資本主義体制）を否認」する共産主義の結社・人物が処罰対象であったことである。

次に田中義一内閣の改正により「国体ヲ変革スルコトヲ目的トシテ結社ヲ組織シタル者，又ハ結社ノ役員其ノ他指導者タル任務ニ従事シタル者ハ，死刑又ハ無期…」と，最高刑は死刑に引き上げられた。さらに，「目的遂行罪」を新設して「目的遂行のためにする行為」をなした者も処罰の対象とした。これによって政府は，法の適用しうる範囲を拡張しようとしたのである。したがって解答では，「結社の指導者の最高刑に死刑を導入」と，「その協力者も処罰対象になった（目的遂行罪の新設）」の2点を指摘したい。ただし「（目的遂行罪の新設により）協力者も処罰対象になった」点の指摘は，詳細な知識であり，難しい。なお，予防拘禁制の導入は1941年における同法の全面改正のときだから書いてはいけない。

II 解答

問6．ア－5　イ－4　ウ－7　エ－1

問7．(1)江戸町会所は，町費の節約分の7割を積み立てた七分積金を資金源に運用して米・金を蓄え，貧困者や災害被災者の救済や，町人への低利融資にあたった。

(2)関東農村の治安悪化に対応するため置かれた関東取締出役は，幕領・私領の区別なく関八州全域を巡回し，無宿人や博徒を取り締まり治安の回復を図った。

問8．a－7　b－3　c－5

問9．国立銀行条例で設立が認可された国立銀行は，正貨兌換紙幣の発行義務があった当初は4行に留まった。その後，条例が改正され不換紙幣も発行可能となると，国立銀行の設立は急増し153行に達したところで設立は打ち切られた。

問10．(1)a－4　b－1　c－3　d－2

(2)朝鮮戦争の前後に，GHQはレッドパージを指令する一方，産別会議に対抗する反共勢力による総評の結成を支持した。しかし総評はアメリカと日本政府が進める単独講和に反対し，日本社会党と結んで左傾化し戦闘的組合に転換した。

◀解　説▶

≪江戸～平成の文化・政治・外交・社会・経済≫

▶問6．ア．5が正解。本居宣長の「弟子を自称し」，「神道と結びつ」いた，というから，平田篤胤である。篤胤が唱えた復古神道は，尊王攘夷運動や廃仏毀釈運動などの思想運動の中核として，幕末・維新期の政治に大きな影響を与えた。

イ．4が正解。「幕府の援助のもとで，和学講談所を設立した」のは，塙保己一である。保己一は，日本の古代から江戸初期に至るまでの諸史料を集大成した『群書類従』を編纂した。

ウ．7が正解。「大坂の町人が設立した私塾・懐徳堂」の出身で，「『夢の代』をあらわした」のは，山片蟠桃である。

エ．1が正解。「町人出身の学者」で，「心学」を創始したのは，石田梅岩である。

▶問7．(1)　やや難。寛政の改革で設置された江戸町会所の機能について，その資金源にふれつつ2行以内で説明する問題である。まず「資金源」が，寛政の改革の「七分積金の法」とどのようにつながっているか明らかにしよう。寛政の改革では，江戸の町々に命じて，町を運営するために地主が負担している町費（町入用）の節約分の7割を積み立てさせ，それが毎年江戸町会所に預けられた。江戸町会所はその七分積金を資金源として管理・運用して米・金を蓄え，中・下層町人へは低利の融資を行い，貧困者には米や銭などを支給し，災害時には救小屋を建てて被災者の救済にあたった。

(2)　関東取締出役の任務と，その特徴について2行以内で説明する問題である。2つのポイントのうち，①任務は，犯罪者の取締り。②その特徴は，関八州の幕領・私領の区別なく広域の警察権をもったことである。こうした特徴をもつことになった背景は，天明の飢饉以降，離農した百姓が無宿人や博徒となって関東一円に横行し，狼藉を働いたり，金銭等を要求したりするなど治安の乱れがひどくなっていたことにある。しかし関東は，旗本領・藩領が入りくんでおり，他領に逃げ込むと幕府の捜査権は及ばず，また幕領の代官も江戸在住が多く，治安の維持は困難であった。そのため，勘定奉行のもとに関東取締出役を設置して，幕領・私領の区別なく広域警察権を与えて犯罪者を取り締まり，治安の回復を図ったのである。

▶問8．三越百貨店に関する新聞記事の掲載時期を，年表中に特定する問題である。

ａ．７が正解。難問。資料ａは「大政翼賛会」などが，「消耗戦と資源戦の実相を知らしめるため戦ふ資源展覧会」を開催するという記事である。展示内容は「米英蘭の東亜侵略，敵側の対日圧迫年表」「一転して逆封鎖を受けた敵の資源など」とあることから，今は「米英蘭」を敵として消耗戦の最中で，以前は日本が米英蘭による封鎖を受けたが，今は逆に日本が敵を封鎖していることがわかる。これから，日本に対して米英蘭などでABCD包囲陣が形成された時期よりあとだと判断できる。ABCD包囲陣は，第３次近衛文麿内閣が断行した南部仏印進駐（1941年７月）に対抗してなされたものであるから，ａは７の時期である。

ｂ．３が正解。資料ｂは，三越本店で青年らが「国民生活を蹂躙しドル買ひに狂奔する奸悪の牙城を粉砕せよ」「三井財閥を膺懲せよ」などのビラをまく騒ぎを起こした。その後，三井銀行筆頭常務の池田成彬は「金輸出再禁止を見越して（ドルを）買つたなぞといふことはない」と語った，という記事である。つまり，三井財閥が金輸出再禁止前に円売り「ドル買ひ」を行い，金輸出再禁止後に円相場が下落した時点で，ドルを円に交換して巨額の為替差益を上げたことに怒った人々が起こした騒ぎである。ここから「金輸出再禁止」直後の時期だとわかる。金輸出再禁止は1931年であり，犬養毅首相暗殺は1932年であるから，ｂは３の時期であると推察できる。

ｃ．５が正解。資料ｃは，学用品の宣伝広告で，「先頃の日独伊防共協定に因んだ三国の国旗を配したナイフ」など「事変の産んだ時世粧」が現れた学用品に言及している。ここで，「先頃」についての注から，この記事は，第１次近衛文麿内閣が日独伊防共協定を締結した（1937年）３カ月後の頃のものだとわかる。それは年表の，「二・二六事件」（1936年）よりあと，「ドイツがポーランドへの侵攻を開始した」（1939年）の前にあたるから，５の時期に特定できる。

▶問9．設問要求は，「国立銀行の設立状況の推移」を説明することである。付帯条件は「国立銀行が発行する紙幣の性質に関連づけて」である。

明治政府は，近代的銀行制度の導入と政府発行の不換紙幣を兌換紙幣に切り替えるという2つの課題を解決するため，1872年に国立銀行条例を公布した。この法律に基づいて設立されたのが国立銀行だが，設立は4行に留まった。国立銀行は会社組織の民間経営の銀行だが，正貨兌換の国立銀行券の発行を義務づけたことが原因であった。国立銀行券は直ちに兌換請求されてしまい，国立銀行の経営は軒並み行き詰まったためである。

そこで，1876年に国立銀行条例は改正され，正貨兌換義務を廃止し，不換銀行券も発行可能となると，紙幣発行によって銀行は大きな収益をあげられるようになり，国立銀行の設立は急増した。結果，1879年の京都第百五十三国立銀行をもって設立認可が打ち切られた。

▶問10.（1）経済学部定番のグラフを用いた時期特定問題で，例年は5年刻みだが，2023年度は10年刻みである。ただ解答方法は例年と同じで，まずグラフの時期を特定する。「20世紀後半から21世紀にかけてのある50年間」で石油の国際価格が大きく変動した出来事は，1973年の第1次石油危機と，1979年の第2次石油危機が想起できる。1970年代は「価格低迷期が続いたが一気に高騰し，その6年後にも急騰する」という石油価格の動きをするはずだとわかる。そこでグラフ中から，そうした特徴的な価格推移を示す時期区分を探し出すと，1の時期が1970年代だと特定できる。

a．4が正解。難問。「イラク復興支援特別措置法が公布された」のは，第1次小泉純一郎内閣の2003年である。同年3月にアメリカなどがイラクへの軍事侵攻（イラク戦争）を開始した後，占領・統治するアメリカ軍・イギリス軍などの後方支援にあたる自衛隊などを派遣するために制定された法律である。初めて戦闘のおそれがある地域に自衛隊を派遣することになった。

b．1が正解。1973年10月に勃発した第四次中東戦争に際して，アラブ石油輸出国機構（OAPEC）は，原油の減産・原油価格を大幅に引き上げ，イスラエルよりの欧米や日本向けの輸出制限を行った。これによって原油価格が一気に4倍近くになる第1次石油危機が起こり，世界的不況が起こった。この世界的不況の打開策を協議するため，1975年パリで第1回先進国首脳会議（サミット）が開催され，日本は三木武夫首相が参加した。

c．3が正解。「PKO協力法」は，1991年の湾岸戦争では資金援助にとどまった日本に対し，人的貢献が不足しているとの国際的批判をうけ，国連の平和維持活動などに自衛隊などを海外派遣する原則を定めたもので，宮沢喜一内閣が 1992 年に公布した。

d．2が正解。「プラザ合意」は，中曽根康弘内閣の 1985 年に行われた。ニューヨークのプラザホテルで開かれた先進５カ国の蔵相・中央銀行総裁会議で，アメリカの貿易赤字を縮小するため，ドル高を是正し各国がドル売りの協調介入をすることで合意した。

⑵　難問。設問要求は，日本労働組合総評議会の結成とその路線転換について説明すること。付帯条件は，産別会議・日本社会党・レッドパージの語をすべて用い，３行以内であること。①結成期から書き出し，当初の路線を示し，②転換の契機，③どのように転換したか，を説明しよう。

①指定語句は論述の方向性を示すヒントである。1950 年６月の朝鮮戦争開始に前後して，GHQ は官公庁・報道機関・産業界などから共産主義者の追放を指令した（レッドパージ）。これによって，共産党系の労働運動の全国組織・「産別会議」は弱体化していった。一方 1950 年７月，GHQ は「産別会議」に対抗する反共勢力による日本労働組合総評議会（総評）の結成を推進した。当初の総評が，“GHQ（アメリカ）の方針に協力的”“反共”，という２つの路線（性格）であった点を示すことがポイントである。

②しかし朝鮮戦争のさなか，アメリカと日本政府が単独講話締結の動きを促進させたのを契機に，総評は路線転換した。

③具体的には，アメリカと日本政府の進める単独講和には真っ向から反対し，「日本社会党」と提携して全面講和を主張し，全面講和運動に取り組むようになった。これは，総評の左翼化・左傾化であり，戦闘的な組合に転換したのである。ポイントとしては，総評が“アメリカと政府が進める単独講和に反対”，「日本社会党」と結び“左傾化（左翼化）（戦闘化）”といった転換を果たしたことを示したい。

Ⅲ　解答

問 11．a－4　b－3　c－5

問 12．a－1　b－2

問 13．⑴ア－7　イ－5　ウ－6

⑵大阪会議で漸進的な国会開設方針を決め，これに基づき立法諮問機関の

元老院，最高裁判所にあたる大審院，府知事・県令からなる地方官会議を設置した。

問14. ⑴震災手形処理法案の審議中，片岡直温蔵相の失言から取付け騒ぎが起こり金融恐慌が発生した。第1次若槻礼次郎内閣は，鈴木商店の倒産で経営危機に陥った台湾銀行の救済を図ったが，枢密院に緊急勅令案を否決され，総辞職した。

⑵田中義一内閣はモラトリアムを発し，日銀に救済融資を行わせて収束させた。

問15.　a－4　b－2

問16.　国家総動員法

◀解　説▶

≪江戸幕末～昭和戦後の政治・外交・経済≫

▶問11.　日露間の条約や宣言の調印・発表の時期を，年表中に特定する問題である。「江華島事件が起きた」のは1875年。「官営八幡製鉄所が操業を開始した」のは1901年。「南満州鉄道株式会社が設立された」のは1906年。「軍部大臣現役武官制が改正され」たのは第1次山本権兵衛内閣のときで1913年。「ワシントン会議で海軍軍縮条約が締結された」のは，高橋是清内閣のときで1922年。

a．4が正解。資料aの第一条にある日本がもつ満州南部の鉄道の権益とは，日露戦争後にロシアから譲渡された長春以南の鉄道である。そして日本の「韓国」における特殊権益を，ロシアは承認する「協約」だから，日露戦争後に結ばれた日露協約である。日本がロシアの「外蒙古」における特殊権益を承認する，という第三条が決め手となり，1907年締結の第1次日露協約と特定できる。ただ，日露協約は，1907年の第1次から1916年の第4次まで締結されているため，やや難問である。

b．3が正解。資料bは，第九条で「露西亜帝国政府」が北緯五十度を境界とする「薩哈嗹島南部」を「日本帝国政府に譲与す」とあるから，ポーツマス条約（1905年）である。

c．5が正解。資料cは「チエツク，スローヴァック」軍のため，「合衆国政府の提議に応じて」日本政府も派兵する，という内容である。よって寺内正毅内閣が行ったシベリア出兵宣言（1918年）である。

▶問12.　a．1が正解。水戸藩主徳川斉昭に登用され，『新論』を執筆した人物は，会沢安（正志斎）である。会沢は，斉昭が開設した藩校・弘道館の初代総裁に就任し，水戸学の尊王攘夷思想の教授もおこなった。

ｂ．２が正解。ペリー来航時の老中首座で，徳川斉昭を幕政に参与させたのは阿部正弘である。

▶問 13. (1)　ア．７が正解。「福澤諭吉や森有礼ら」が「発行して近代思想を紹介した」のは，『明六雑誌』である。『明六雑誌』は，森有礼が明治６年（1873 年）に設立した明六社が翌年創刊した雑誌だったが，政府が 1875 年に新聞紙条例・讒謗律を出し言論統制強化を図ると，それに抵触することをおそれ廃刊を決めた。

イ．５が正解。陸羯南の発刊した新聞は『日本』である。井上馨外務大臣が進めた極端な欧化政策に反対して，「国家の独立性や国民性を重視する国民主義を主張した」。

ウ．６が正解。「幸徳秋水・堺利彦らが創刊し」，「反戦論や社会主義論を掲載し」たのは，『平民新聞』である。

(2)　設問要求は，「この時期」の政治機構改革について，説明すること。付帯条件は，「木戸孝允が政府に復帰する契機となった会談と，そこで決められた方針に触れ」ることである。「この時期」とは，下線部 α に「讒謗律や新聞紙条例」とあるから，1875 年である。「木戸孝允が政府に復帰する契機となった会談」は同年の大阪会議で，そこで決められた方針は，「漸進的な国会開設方針」だと判断できる。

　次に政治機構改革が行われるまでの経緯を確認する。この年，板垣退助が大阪に愛国社を設立したことで，「自由民権運動が広まり政府批判が高ま」ったため，内務卿大久保利通は，下野した板垣と木戸孝允を招いて大阪で会議を開いた。大久保は，征韓論争以後の分裂で弱体化した政府を強化するため２人の参議復帰を求め，かわりに木戸の主張をいれて，漸進的な国会開設の方針を決めた。そして政府は，同年４月に漸次立憲政体樹立の詔を出すとともに，左院に代わる立法諮問機関である元老院，最高裁判所にあたる大審院，地方の民情を政治に反映させるため府知事・県令からなる地方官会議を設置したのである。

▶問 14. (1)「震災で決済不能になり支払いが猶予されていた手形」の処理をきっかけとして起きた混乱により内閣が総辞職に至る経緯について，内閣名にふれつつ，３行以内で説明することが求められている。

第1次若槻礼次郎内閣が議会に出した震災手形処理法案の審議中に，片岡直温蔵相の失言がきっかけで一部銀行の経営悪化が暴かれ，1927年3月に取り付け騒ぎが起こった。これが金融恐慌の始まりである。さらに4月には鈴木商店の倒産で，巨額の不良債権を抱えた台湾銀行が経営危機に陥った。若槻内閣は台湾銀行を緊急勅令で救済しようと図ったが，枢密院に勅令案を拒否され，内閣は総辞職に追い込まれた。
以上を3行以内にまとめるのだが，このとき設問文があえて「混乱」と表現しているものは，金融恐慌だと示しておきたい。
(2) 「次の内閣」つまり，田中義一内閣が「混乱をどのように収束させたか」を説明する問題である。取り付け騒ぎが全国的に拡大するなか，台湾銀行は休業，十五銀行などの大銀行の多くも破綻する大混乱に陥っていた。田中内閣は3週間のモラトリアム（支払猶予令）を発して，銀行を休業させている間に，銀行の開業に向けて日銀から巨額の救済融資を行わせた。これにより台湾銀行も普通銀行も救済され，金融恐慌は収束した。
▶問15. 戦後復興期の日本経済に関する資料を，年表を用いて時期特定する問題である。
a．4が正解。資料aは「支出を厳重に引締め…予算の…均衡をはかること」「収税…強化」「金融機関からの融資は…厳重に限定する」「賃金安定」「価格統制計画を強化」「外国為替管理を強化」などの文言から，1948年にGHQが第2次吉田茂内閣に出した「経済安定九原則」の指令である。アメリカが対日占領政策を“非軍事化・民主化”から“経済的自立”へと転換し，その処方箋として出したものだから，「ロイヤル陸軍長官が対日政策の転換について演説した」1948年1月よりあとである。そして経済安定九原則の実施にあたり，ドッジが立案した一連の経済政策（ドッジ=ライン）をふまえた，国鉄職員の人員整理方針を背景に「下山事件が起こった」(1949年)。したがって，aは両者の間の4の時期にあたる。
b．2が正解。資料bの第一条に「金融機関は…封鎖預金…に付ては…其の支払を為すことを得ず」などとあるから，幣原喜重郎内閣が発した（1946年2月），預金封鎖などを命じる金融緊急措置令である。「人権指令を出した」のは，東久邇宮稔彦内閣に対して（1945年10月）である。そのあとの幣原内閣，第1次吉田茂内閣に続いて，「片山哲内閣が発足」する。よって，bは2の時期にあたる。

なお，年表中の事項「警察予備隊が設置された」のは，1950 年である。

▶問 16.「電力国家管理法が制定された同じ議会で」制定された，「議会の承認なしに戦争の遂行のために必要な物資や労働力を利用する権限を政府に与える法律」は，国家総動員法である。この法律は，日中戦争下における戦時統制法令で，1938 年第 1 次近衛文麿内閣が制定したものである。そして国家総動員法に基づいて勅令で定められたものに，平沼騏一郎内閣で制定された国民徴用令，阿部信行内閣で制定された価格等統制令などがある。

❖講　評

2023 年度は，例年と同じ大問 3 題構成で，記述問題は 2022 度の 1 個から 4 個に増加，選択問題は 1 個減の 32 個であった。選択問題のうち，年表を利用した選択法の時期特定問題は，2022 年度の 4 問 13 個から 5 問 14 個と微増。グラフを用いた選択法の時期特定問題は，2022 年度の 2 問 8 個から 1 問 4 個に減少した。また配列問題は 2022 年度に続き出題はなかった。一方，論述問題は，2022 年度は 9 個，そのうち 3 行の論述 4 個，2 行の論述 4 個，1 行の論述 1 個で合計行数は 21 行であった。2023 年度は 10 個，そのうち 3 行の論述 3 個，2 行の論述 4 個，1 行の論述 3 個で合計行数は 20 行であった。比較的単純な 1 行論述が増えたが，3 行論述が減少し，総行数も 1 行減少した。

特筆すべきこととして，2018 年度以降，毎年出題されていた地図問題の出題がなかったことと，例年，高難度となるグラフを用いた時期特定問題が 8 個から 4 個に半減したことがあげられる。

時代別の出題範囲は「1600 年以降を中心とする」という方針通りであった。なお，近現代の出題割合が増加した。分野別では，文化史問題が 2022 年度よりも増加した。

I は，幕末から大正期までの日独関係に関する問題文を用いて，江戸時代から昭和戦前期の政治・外交・文化について出題された。問 2 の帝国憲法下の政府の前年度予算執行権を説明するのは，やや難。問 5 (2)は初見資料だが，年表の範囲から「明治期」に「日英間で結ばれた」条約・協約であることをヒントに，a は日英通商航海条約，b は第 2 回日英同盟協約，c は第 1 回日英同盟協約と判断したいが，b・c の区別はやや難。(4)治安維持法改正で，目的遂行罪の新設により協力者まで処罰対象となったことまで指摘するのは，難問。Ⅰは，一部にやや難・難問も含むが，頻出事項をストレートに問う設問が多く，やや易である。

Ⅱは，近世から昭和戦後の三井家・三井財閥についての問題文を通して，江戸時代～平成の文化・政治・外交・社会・経済と，多角的に出題された。問7(1)江戸町会所について，掘り下げた知識を前提とした論述問題であり，やや難。問8の新聞記事の資料aは時期確定のキーワード探しに細心の注意を要す難問である。問10(1)10年刻み50年間の石油価格と石油供給量のグラフは，2度の石油危機時の石油価格の変動を手がかりに時期確定したい。ただ，aのイラク復興支援特別措置法は難問。(2)日本労働組合総評議会の路線転換に関する知識は一部の教科書にのみ記載がある内容であり，難問。Ⅱは，大問3題中最も苦戦したであろう，やや難レベルである。

Ⅲは，近現代の大地震に関する問題文に関連して，江戸幕末～昭和戦後の政治・外交・経済について問われた。問11の資料a中の「協約」「韓国」の語句から，韓国併合条約以前に結ばれた日露協約だとわかれば，正答できる。「第1次」日露協約と判定する必要はないと気づかなければ時間を浪費してしまうから，やや難。Ⅲは基本的知識やそれをもとに思考力・表現力などを試す対応しやすい良問で，やや易レベルであった。

2023年度の経済学部日本史の問題は，時事的問題に関連した出題が目立った。具体的には，2022年2月24日に始まったロシアのウクライナ侵攻をうけて，Ⅰの問1では江戸時代の，Ⅲの問11では明治・大正期の，日露関係史が扱われた。また，ウクライナ侵攻を一因とした石油価格等の高騰を背景にして，Ⅱの問10(1)で1970～2020年の石油価格と供給量のグラフ問題が出題され，さらにそうした諸物価高騰をうけて本格的な賃上げが叫ばれているためか，Ⅱの問10(2)で，昭和戦後の労働運動を主導した総評について出題された。Ⅲのリード文は，2023年で関東大震災から100年目であることからか，近現代の大地震がテーマに選ばれている。もともと経済学部の入試問題は時事的問題や直近の政治的動向に機敏に対応した傾向があるので，今後も注意が必要である。

一方で，過去に類題の出題歴がある問題も複数あり，年代整序問題の出題もなく，取り組みやすい問題が目立った。よって，2023年度入試全体としては，やや易化と評価できる。ただし戦後の総評に関する3行の論述問題などの複数の難問は看過できないし，「取り組みやすくなった」と評価する前提には，グラフ・年表を用いた経済学部独特の出題形式を熟知し，教科書の細密な部分までの理解があってのことである。決して経済学部入試のハードルが下がったわけではない。むしろ易化した翌年は反動で難化しやすいと心にとめて，緻密な教科書知識の習得と過去問演習を徹底したい。

世界史

I 解答

問１．⑴スペイン継承戦争に際して神聖ローマ皇帝を支持し，皇帝から王号が認められた。

⑵ダンツィヒ

⑶西ドイツの首相ブラントはソ連・東側諸国との関係改善を図る東方外交を推進し，ポーランドと友好条約を結んでオーデル=ナイセ線をドイツ・ポーランドの国境とすることに合意し，国交を正常化させた。

問２．⑴シパーヒーの反乱鎮圧を機に，イギリスは反乱発生を理由に東インド会社を解散させ，本国政府によるインドの直接統治を開始した。

⑵工業化が進んだ北部諸州は保護関税政策を求め，西部への奴隷制拡大に反対した。一方，南部諸州は黒人奴隷を用いたプランテーションで生産した綿花をイギリスに輸出し，自由貿易と奴隷制の存続を要求した。

問３．a－2　b－3　c－5

問４．ア－9　イ－8　ウ－4　エ－3　オ－7

問５．4→2→3→5→1

◀解　説▶

≪近代における日本とドイツの外交関係≫

▶問１．⑴　スペイン継承戦争（1701～13〈14〉年）に際し，ブランデンブルク選帝侯（プロイセン公位を兼任）が，フランス=ブルボン朝のルイ14世と戦った神聖ローマ皇帝（ハプスブルク家）側を支持し，皇帝から王号を許され，1701年にプロイセン王国が成立した。

⑵　1919年のヴェルサイユ条約でドイツは，ポーランド回廊（西プロイセン）をポーランドに割譲し，隣接の貿易港ダンツィヒは自由市となった。

⑶　西ドイツ首相ブラントの東方外交を指摘し，「新しい国境線」としてオーデル=ナイセ線を説明すればよい。オーデル=ナイセ線とはオーデル川とその支流であるナイセ川を結んだ線を指す。

▶問２．⑴「1850年代にはイギリスのインド支配には制度的な変化が生じた」とあるので，東インド会社解散とイギリス本国政府のインド直接統治をまとめればよい。19世紀後半，インドでシパーヒーの反乱（インド大反乱：1857～59年）が発生すると，イギリスはこれを鎮圧し，反乱に加担したムガル皇帝をビルマに流刑にしてムガル帝国を滅ぼした（1858年）。同年イギリスは反乱の失政の責任を問う形で東インド会社を解散させ，本国政府によるインド直接統治を開始した。

(2)　北部諸州は産業革命の影響で工業が発展し，イギリス製品を国内市場から排除する必要から保護貿易政策を主張し，奴隷制拡大に反対した。一方，南部諸州は黒人奴隷を労働力にして綿花を栽培するプランテーション（大農場）が普及し，イギリスに綿花を輸出していたため自由貿易政策を主張した。1850年代に西部開拓で生まれた諸州を奴隷州にするか自由州にするかで南北の対立が激化し，この対立が南北戦争（1861～65年）へ発展することになる。

▶問3．a～cの出来事を年表中に入れる年代整序問題。

a．イェーナ大学で，学生らの組織であるブルシェンシャフトが結成されたのは1815年。

b．フランスで，ルイ=ブランら社会主義者を含む政府が成立したのは1848年。

c．プロイセンとオーストリアが，デンマークと開戦したのは1864年。

年表を整理すると以下のようになる（太字が解答箇所）。

ウィーン会議が始まった（1814年）
a．イェーナ大学で，学生らの組織であるブルシェンシャフトが結成された（1815年）
ドイツ関税同盟が成立した（1834年）
b．フランスで，ルイ=ブランら社会主義者を含む政府が成立した（1848年）
フランクフルトで国民議会がプロイセン国王を皇帝に推した（1849年）
ビスマルクがプロイセン首相に任じられた（1862年）
c．プロイセンとオーストリアが，デンマークと開戦した（1864年）
北ドイツ連邦が成立した（1867年）
普仏戦争（プロイセン=フランス戦争）が起きた（1870年）

▶問4．ア．「社会契約論」「人民主権論」から『社会契約論』（1762年）を著して人民主権論を唱えたフランスの啓蒙思想家ルソーと判断できる。

イ．ドイツのランケは史料批判による歴史叙述の方法を確立し，近代歴史学の基礎を築いた。

ウ．イギリスのダーウィンは『種の起源』（1859年）を著して生存競争における自然淘汰を主張し，生物進化論を確立した。

エ．イギリスのスペンサーは生物進化論を社会学に応用して社会進化論を説いた。

オ．ドイツの思想家マルクスは，主著『資本論』（1867 年初刊）で資本主義経済の構造を究明し，剰余価値説などを説いた。

▶問 5．難問。1 と 2 が日本史の内容である上，1 と 5 の選択肢が同年のため前後関係を慎重に考えなければならない。加藤友三郎は海軍大臣としてワシントン会議の全権代表となり，会議後，首相に就任し，シベリア出兵撤兵を決定している。また，米騒動はシベリア出兵（1918～22 年）を背景に発生している。

1．加藤友三郎内閣がシベリア本土からの撤兵を決定したのは 1922 年 6 月。

2．米騒動が起き，寺内正毅内閣が総辞職したのは 1918 年。

3．ドイツ領であった赤道以北の南洋諸島が日本の委任統治領となったのは 1919 年。

4．日本がドイツの膠州湾租借地を占領したのは 1914 年。

5．ワシントン会議で海軍軍備制限条約が締結されたのは 1922 年 2 月。

したがって，古い順に並べると 4→2→3→5→1 となる。

Ⅱ 解答

問 6．明朝は朝貢貿易に限定する海禁政策を実施してきたが，これに反発する後期倭寇の激化や中国周辺での国際交易の活発化を背景に海禁を緩和した。

問 7．(1)アー5　イー3　ウー7　エー4　オー2

(2)コーカンド

問 8．2

問 9．a－5　b－1

問 10．第二次世界大戦後，内戦に勝利した共産党が北京を首都に中華人民共和国を樹立すると，敗れた国民党は台北で中華民国政府を維持した。国際連合設立当初は台北政府に国連代表権が認められたが，1971 年に代表権が台北政府から北京政府に移った。

◀解　説▶

≪16～20 世紀における中国の対外関係≫

▶問 6．明は民間貿易を禁じる海禁政策を中心とした朝貢貿易体制を維持してきたが，16世紀半ばには海禁に反発した後期倭寇が中国東南海岸で活発化し，明を苦しめることになった。16世紀「当時の中国の周辺海域における貿易の状況」については，ポルトガル・スペインによる大航海時代の国際交易の影響が中国周辺や東南アジア地域にも及んでいたことを指摘したい。こうした情勢を背景に明は海禁を緩和している。

▶問7．やや難。(1)ア．アルグン川とスタノヴォイ山脈（外興安嶺）を露清間の国境にしたのはネルチンスク条約（1689年）なので，締結地は地図上の5。

イ．雍正帝時代に露清間で結ばれたキャフタ条約（1727年）でロシアと外モンゴルの国境が画定された。締結地は，バイカル湖南方の地図上の3。

ウ．ロシアがアロー戦争を利用して黒竜江（アムール川）以北を領有したのはアイグン条約（1858年）で，締結地は地図上の7。

エ．ロシアはアロー戦争における清と英仏の講和を調停した代償としてウスリー川以東の沿海州を北京条約（1860年）で獲得した。北京は地図上の4。

オ．東トルキスタンのイスラーム教徒の反乱に乗じてロシアがイリ地方（新疆西北の地域）を占領して露清間の対立が高まったが，1881年のイリ条約でロシアはイリ地方を清に返還した。イリ地方は地図上の2。

(2)　やや難。コーカンド=ハン国の軍人ヤークーブ=ベクはイスラーム教徒の反乱に乗じて東トルキスタン（新疆）に侵入し，タリム盆地を制圧したが，清の左宗棠によって討たれた。「1876年にロシアに併合された」から，保護国化されたブハラ=ハン国・ヒヴァ=ハン国ではないことからも判断することができる。

▶問8．やや難。a．「白話」とあることから文語を否定して白話（口語）運動を提唱した胡適と判断したい。

b．「食人」「人を食ってきた」「人を食った」という言及は儒教を批判した部分で，これは魯迅の『狂人日記』である。

c．西欧文明を取り入れることを表明しているので，1915年に雑誌『新青年』（刊行時は『青年雑誌』の名称）を刊行し，「民主と科学」をスローガンに西欧式文明を紹介して新文化運動を推進した陳独秀と判断したい。

▶問9．ａ・ｂの出来事を年表中に入れる年代整序問題。

a．蔣介石を中心とする勢力が南京に国民政府を建てたのは1927年4月

18 日。

b．中国国民党が党大会で「連ソ・容共・扶助工農」の方針を決定したのは 1924 年。

年表を整理すると以下のようになる（太字が解答箇所）。

b．中国国民党が党大会で「連ソ・容共・扶助工農」の方針を決定した（1924 年）
孫文が死去した（1925 年 3 月）
広州に国民政府が成立した（1925 年 7 月）
国民革命軍が北伐を開始した（1926 年）
上海クーデタが起きた（1927 年 4 月 12 日）
a．蔣介石を中心とする勢力が南京に国民政府を建てた（1927 年 4 月 18 日）
瑞金に中華ソヴィエト共和国臨時政府が成立した（1931 年）

▶問 10.「北京と台北に政府が並立することになった経緯」については，内戦に勝利した共産党による中華人民共和国成立と敗れた中国国民党による中華民国の台湾における政権樹立をまとめればよい。また，国際連合と両国の関係について，中華民国が持っていた国際連合（1945 年発足）の代表権が 1971 年に中華人民共和国に移動したことをまでを述べればよい。

Ⅲ 解答

問 11.　4

問 12. ⑴内戦期には戦時共産主義で穀物の強制徴発を行うなどしたが，生産力の低下を招き，内戦後，レーニンはネップに転換し農産物の自由販売，中小企業の私的営業を認めた。

⑵ソヴィエト政権はドイツとブレスト=リトフスク条約を結んで第一次世界大戦から離脱したが，英仏など列強は対ソ干渉戦争を起こした。

問 13.　アジアからの移民を禁止し，南欧や東欧からの移民も制限した。

問 14. ⑴―1　⑵ア―0　イ―5　ウ―2　エ―3

問 15. ⑴GATT はモノの自由貿易をめざしたが，冷戦終結後，世界市場が拡大する中で成立した WTO は，情報・サービスや知的財産権のルールを定め，貿易紛争の解決などを扱う。

⑵a―3　b―1　c―4

問 16. ⑴―5　⑵―5

問 17.　a―4　b―9　c―3

問 18.　a―4　b―2　c―3

◀解　説▶

≪経済学者ワシリー=レオンチェフの生涯とその業績≫

▶問11. ロシアのピョートル1世がスウェーデンとの北方戦争（1700～21年）中に，バルト海に面した新都ペテルブルクを建設した。第一次世界大戦が起こってドイツと開戦すると，ロシア風のペトログラードに改称され，ロシア革命後1924年にレーニンが死去したのを機にペトログラードはレニングラードに改称された。その後，ソ連が解体した1991年にサンクト=ペテルブルクと旧名に戻されている。

▶問12. (1)　戦時共産主義とネップ（新経済政策）を述べればよい。ソヴィエト政権は反ソヴィエト政権勢力との内戦（1918～21年）の時期に戦時共産主義を採用した。しかし，私企業の禁止，工業国有化，穀物強制徴発などを強行したことで，農民の生産意欲の減退や生産力の低下によって多くの餓死者を出した。そのためレーニンは内戦が終わった1921年に経済回復をはかるためネップ（新経済政策）に転換し，小農や中小企業の経営，農産物の自由販売などを認めた。その結果，生産力は1927年に戦前の水準に回復した。

(2)　ドイツがブレスト=リトフスク条約でソヴィエト政権と講和した一方，イギリスやフランスが対ソ干渉戦争を行ったことを指摘すればよい。ソヴィエト政権は1917年のロシア十月革命を経て成立した。当時は第一次世界大戦（1914～18年）の最中である。ロシア十月革命直後にレーニンは「平和に関する布告」を発表し無併合・無償金・民族自決に基づく即時講和を呼びかけた。連合国はこれを無視したが，ドイツは1918年にソヴィエト政権からの領土割譲と賠償金を内容とするブレスト=リトフスク条約を結んで講和し，ソヴィエト政権は第一次世界大戦から離脱している。一方，この時期，ソヴィエト政権は反ソヴィエト政権勢力との間に内戦を戦っており，革命の波及を恐れるイギリスやフランスなどの連合国は対ソ干渉戦争を起こしてソヴィエト政権の内政に干渉しようとした。

▶問13. 第一次世界大戦後，アメリカは一大好況期をむかえたが，一方で共和党政権は孤立主義を提唱し，伝統的な白人社会の価値観が強調されて保守化した。1924年の移民法では日本・中国などアジア系移民が禁止され，南欧・東欧からの新移民にも一定の制限が設けられている。

▶問14. (1)　難問。アメリカ経済の指標に関するグラフ問題。まず第2

図のdに着目し，約25％のピークに達しているのが世界恐慌時の失業率と推定したい。世界恐慌の影響でアメリカでは労働者の4人に1人が失業したといわれる。

次に第1図のaに注目する。時期区分の2に急速に低下しているのは工業生産指数で，世界恐慌の影響が原因である。

以上から，横軸の2は世界恐慌発生（1929年）が含まれる。なお，指数が横軸の4で急上昇したのは第二次世界大戦（1939～45年），横軸の6で上昇したのは朝鮮戦争（1950～53年）での軍需生産の拡大によるものと考えられる。残るbが労働組合加入者数，cが関税率である。

なお，横軸の1～6の時期は，1は1923～28年，2は1928～33年，3は1933～38年，4は1938～1943年，5は1943～48年，6は1948～53年の計30年間と考えられる。

(2)　ア．ウィルソン大統領の十四カ条の発表は1918年なので0が正解。

イ．国際通貨基金（IMF）の発足は1945年なので5が正解。

ウ．フーヴァー=モラトリアムが宣言されたのは1931年なので2が正解。

エ．ワグナー法が制定されたのは1935年なので3が正解。

▶問15.（1）　難問。第二次世界大戦後まもなく成立したGATT（関税と貿易に関する一般協定）は，関税障壁を除去して自由貿易を促すことを目的とした。その後，冷戦が終結し1990年代にグローバル化が進んで国際貿易が拡大すると，1995年にWTO（世界貿易機関）が発足し，モノの貿易ルールだけでなく，サービス貿易，知的財産権など広範な分野の国際ルールの確立がめざされることになった。また，貿易紛争の解決などの調停機能も有する。

(2)　難問。a～cの地域共同体や協定の発足を年表に入れる年代整序問題。

a．アジア太平洋経済協力会議（APEC）が発足したのは1989年。

b．東南アジア諸国連合（ASEAN）が発足したのは1967年。

c．北米自由貿易協定（NAFTA）が発効したのは1994年。

年表を整理すると以下のようになる（太字が解答箇所）。

b．東南アジア諸国連合（ASEAN）が発足した（1967年）

第1回先進国首脳会議が開催された（1975年）

プラザ合意により，ドル高の是正がはかられることになった（1985年）

a．アジア太平洋経済協力会議（APEC）が発足した（1989年）

ヨーロッパ連合（EU）の創設などを規定するマーストリヒト条約が調印された

（1992年）

c．北米自由貿易協定（NAFTA）が発効した（1994年）

タイの通貨バーツの急落をきっかけにアジア通貨危機が発生した（1997年）

アフリカ連合（AU）が発足した（2002年）

アメリカの投資銀行リーマン=ブラザーズが経営破綻して，世界的な金融危機が起こった（2008年）

▶問16．(1)・(2)　資料ａは「1938年」「チェコスロヴァキアを引渡し」から，ミュンヘン会談のことが述べられている。ミュンヘン会談ではイギリス・フランスがヒトラーにチェコスロヴァキアのズデーテン地方の割譲を認めた。アはフランスで，ａの著者はフランスの作家ロマン=ロランである。資料ｃには「フランコ将軍」とあることから，イはスペイン。ｃの著者はスペイン内戦に国際義勇軍として参加したアメリカの作家ヘミングウェー。残る資料ｂはウ．ドイツの作家ｂ．トーマス=マンによるものである。

▶問17．ａ．マーシャル諸島のビキニ環礁は地図の４。地図の７は，フランスが核実験を実施した仏領ポリネシアのムルロア環礁。

ｂ．パグウォッシュ会議はカナダ東部の９に位置する。

ｃ．1989年のゴルバチョフとブッシュ（父）の会談が開催されたのは地中海のマルタ島で，地図の３。

▶問18．難問。環境問題のａ～ｃの出来事を年表に入れる年代整序問題。

ａ．京都議定書が採択されたのは1997年。

ｂ．国連人間環境会議が開催されたのは1972年。

ｃ．リオデジャネイロでの「環境と開発に関する国連会議」が開催されたのは1992年。

年表を整理すると以下のようになる（太字が解答箇所）。

レイチェル=カーソンが『沈黙の春』を刊行した（1962年）

ｂ．国連人間環境会議が開催された（1972年）

オゾン層の保護のためのウィーン条約が採択された（1985年）

ｃ．リオデジャネイロで「環境と開発に関する国連会議」が開催された（1992年）

気候変動枠組条約が発効した（1994年）

ａ．京都議定書が採択された（1997年）

アメリカでバラク=オバマが大統領に就任した（2009年）

気候変動に関する国際的枠組であるパリ協定が採択された（2015年）

アメリカでドナルド=トランプが大統領に就任した（2017年）

❖講　評

2023年度も大問数は3題。解答個数は2022年度の35個から46個に大幅に増加した。小論述は2022年度の10問と同様で，論述解答の行数も同じ21行であった。出題形式では，2023年度も例年と同じく資料関連の問題や地図問題・グラフ問題が出題された。2023年度も資料に関連する国家・歴史的事件・人物の特定や年代配列法・年代整序法が目立っており，詳細な年代把握が重視されている。全体的に細かい知識や年代を問う設問が多く，近現代史は用語集レベルの知識が必須。小論述はおおむね教科書レベルで作問されている。

Ⅰは，「近代の日本とドイツの関係」をテーマとした大問。4問ある論述問題はいずれも標準レベルで書きやすかった。問3の年表問題は他の2問に比べると解きやすいため確実に得点しておきたい。問5は日本史の内容が含まれていたことから世界史受験者には難問となった。

Ⅱは，「16～20世紀の中国の対外関係」をテーマとした大問。問6の海禁に関する小論述は明代の政治・経済に関する定番とも言えるテーマである。問10の中華人民共和国・中華民国と国際連合の関係は基礎的知識で十分対応できる。問7⑴の地図問題はやや難。空欄の条約名はわかりやすいが，その地名を地図から選ぶ作業が煩瑣である。⑵のコーカンド=ハン国も得点差が生じやすい。問8の資料問題は資料bが魯迅の『狂人日記』であるかどうかを「食人」や「人を食った」で判定しなければならないため，相当の知識が必要であった。慶應義塾大学の文化史では人物と著作名を覚えるだけでなく，著作の内容や詳細な思想についてもきちんと学習する必要がある。

Ⅲは，「経済学者レオンチェフの生涯とその業績」をテーマに現代史が幅広く問われた。総じて難度が高い設問が多く，この大問で解答個数の半分近くになるため負担が大きい。問14⑴のグラフ問題は難問。グラフが急上昇，急下降する時期の特定を見誤らないようにしたい。問15は⑴⑵とも難度が高い。⑴GATTとWTOの相違点の小論述は，世界史の知識だけでまとめるのは難しく，「政治・経済」分野の知識が必要であった。⑵の年表問題も第二次世界大戦後の政治と経済を中心に問われているため，特定に時間がかかる可能性がある。問16⑴⑵は資料に書かれているキーワードで作家名を特定し，空所補充を完成させたい。

作家の出身国を理解していると推定しやすい。問17はビキニ環礁とパグウォッシュの位置で得点差が生じる可能性がある。問18は難問。環境問題に関する年代整序問題で，気候変動に関する会議・条約・協定などを詳細に学習していないと太刀打ちできないだろう

数学

1

◇発想◇ (2)の関係式は m についての2次方程式だから，判別式を計算してみる。

解答

(1) 3 (2) 7 (3) 8 (4) 1 (5) 7 (6) 4 (7) 3 (8) 3 (9) 7 (10) 3
(11) 2 (12) 3 (13) 3 (14) 2 (15) 3 (16) 1 (17) 3 (18) 2 (19) 1
(20)(21) −4

◀解　説▶

≪正弦定理，余弦定理，外接円・内接円の半径，不定方程式≫

(1)　正弦定理より

$$a : b : c = \sin A : \sin B : \sin C = 3 : 7 : 8$$

であるから　　$a=3k,\ b=7k,\ c=8k\quad (k>0)$　→(1)〜(3)

と表され，c が最大であるから，$\angle C$ が最大角である。

余弦定理から

$$\cos C = \frac{a^2+b^2-c^2}{2ab} = \frac{9k^2+49k^2-64k^2}{2\cdot 3k\cdot 7k} = -\frac{1}{7}\quad \to(4)\cdot(5)$$

$\sin C>0$ より

$$\sin C = \sqrt{1-\cos^2 C} = \sqrt{1-\left(\frac{1}{7}\right)^2} = \frac{4\sqrt{3}}{7}$$

$$\tan C = \frac{\sin C}{\cos C} = -4\sqrt{3}\quad \to(6)\cdot(7)$$

$\triangle ABC = \dfrac{1}{2}ab\sin C$ より

$$\frac{1}{2}\cdot 3k\cdot 7k\cdot\frac{4\sqrt{3}}{7} = 54\sqrt{3},\quad k^2=9$$

$k>0$ より　　$k=3$　→(8)

正弦定理から，外接円の半径は

$$\frac{c}{2\sin C} = \frac{24}{2}\cdot\frac{7}{4\sqrt{3}} = 7\sqrt{3}\quad \to(9)\cdot(10)$$

内接円の中心をＩ，半径を r とおくと

$$\triangle IAB+\triangle IBC+\triangle ICA=\triangle ABC$$

より

$$\frac{1}{2}r(AB+BC+CA)=54\sqrt{3},\quad \frac{1}{2}r\cdot 18k=54\sqrt{3}$$

$$r=\frac{6\sqrt{3}}{k}=2\sqrt{3}\quad \to(11)\cdot(12)$$

(2)　与えられた2点の中点が $\left(p,\ \frac{p}{2}\right)$ より

$$\frac{(-3m^2-4mn+5m)+m}{2}=p,\quad \frac{(n^2-3n-3)+n}{2}=\frac{p}{2}$$

p を消去すると

$$\frac{-3m^2-4mn+6m}{2}=n^2-2n-3$$

$$3m^2+2(2n-3)m+2(n+1)(n-3)=0\quad\cdots\cdots①\quad\to(13)\sim(17)$$

①を満たす実数 m が存在する条件は，判別式を D とおくと

$$\frac{D}{4}=(2n-3)^2-6(n+1)(n-3)=27-2n^2\geqq 0$$

この不等式を満たす自然数 n は　　$n=1,\ 2,\ 3$

$n=1$ のとき

$$①\iff 3m^2-2m-8=0\iff (m-2)(3m+4)=0$$

m は自然数より

$$m=2,\ p=n^2-2n-3=-4$$

$n=2$ のとき

$$①\iff 3m^2+2m-6=0\iff m(3m+2)=6$$

$3m+2$ は5以上の6の約数だから

$$3m+2=6,\ m=\frac{4}{3}\quad (\text{不適})$$

$n=3$ のとき

$$①\iff 3m^2+6m=0,\ m=0,\ -2\quad (\text{不適})$$

以上より

$$m=2,\ n=1,\ p=-4\quad \to(18)\sim(21)$$

2

◇発想◇　$a_n=S_n-S_{n-1}$ を利用して S_n を消去する。

また，m，l を $m-l>2$ を満たす自然数の定数とするとき，漸化式

$$(n+m)a_{n+1}=(n+l)a_n$$

の両辺に $(n+m-1)(n+m-2)\cdots\cdots(n+l+1)$ をかけると

$$\{(n+m-1)(n+m-2)\ \cdots\ (n+l)a_n\}$$

が一定な数列になることを利用する。

解答　(22) 1　(23) 6　(24) 3　(25) 0　(26) 1　(27) 1　(28) 1　(29) 4　(30) 1
(31) 4　(32) 1　(33)(34) 96　(35) 1　(36) 2　(37) 3　(38) 4　(39)(40) 47

◀解　説▶

≪漸化式，数列の和≫

(1)　$S_n=\dfrac{1}{4}-\dfrac{1}{2}(n+3)a_{n+1}$　……①　$(n\geqq 0)$

①で $n=0$ とおくと，$S_0=0$ より

$$\frac{1}{4}-\frac{3}{2}a_1=0 \qquad \therefore\quad a_1=\frac{1}{6}\quad \to(22)\cdot(23)$$

$n\geqq 1$ のとき

$$S_{n-1}=\frac{1}{4}-\frac{1}{2}(n+2)a_n\quad \cdots\cdots②$$

①－② より

$$S_n-S_{n-1}=\frac{1}{2}(n+2)a_n-\frac{1}{2}(n+3)a_{n+1}$$

$S_n-S_{n-1}=a_n$ であるから

$$a_n=\frac{1}{2}(n+2)a_n-\frac{1}{2}(n+3)a_{n+1}$$

$$(n+3)a_{n+1}=na_n\quad \to(24)\cdot(25)$$

両辺に $(n+2)(n+1)$ をかけると

$$(n+3)(n+2)(n+1)a_{n+1}=(n+2)(n+1)na_n$$

$b_n=n(n+1)(n+2)a_n$ より

$b_1=1\cdot 2\cdot 3a_1=1$ であり　　$b_{n+1}=b_n$　$\to(26)\cdot(27)$

が成り立つので，$b_n=1$ であり　　$a_n=\dfrac{1}{n(n+1)(n+2)}$　$\to(28)$

(2)
$$\frac{a_k}{k+3}-\frac{a_{k+1}}{k+4}=\frac{a_k}{k+3}-\frac{1}{k+4}\cdot\frac{k}{k+3}a_k$$
$$=\frac{a_k}{(k+3)(k+4)}\{(k+4)-k\}$$
$$=\frac{4a_k}{(k+3)(k+4)}\quad\to(29)$$

$c_k=\dfrac{1}{4}\cdot\dfrac{a_k}{k+3}$ とおくと

$$T_n=\sum_{k=1}^{n}\frac{a_k}{(k+3)(k+4)}=\sum_{k=1}^{n}(c_k-c_{k+1})$$
$$=(c_1+c_2+\cdots+c_n)-(c_2+c_3+\cdots+c_n+c_{n+1})=c_1-c_{n+1}$$
$$=\frac{1}{4}\cdot\frac{a_1}{4}-\frac{1}{4}\cdot\frac{a_{n+1}}{n+4}$$
$$=\frac{1}{96}-\frac{1}{4(n+1)(n+2)(n+3)(n+4)}\quad\to(30)\cdot(31)$$

よって　$A=\dfrac{1}{96}$　$\to(32)\sim(34)$

$p=1,\ q=2,\ r=3,\ s=4$　$\to(35)\sim(38)$

(3)　与えられた不等式から

$$\frac{1}{4(n+1)(n+2)(n+3)(n+4)}<\frac{1}{10000(n+1)(n+2)}$$

$\therefore\quad (n+3)(n+4)>2500$　……③

$f(n)=(n+3)(n+4)$　$(n\geqq 1)$　とおくと，$f(n)$　は単調に増加し

$f(46)=49\cdot 50<2500,\ f(47)=50\cdot 51>2500$

よって，③を満たす最小の自然数 n は

$n=47$　$\to(39)(40)$

3

◇発想◇　(4)　和が 15 となる 3 数の組を求めておく。

解答

(41) 6　(42) 8　(43) 9　(44)(45) 14　(46) 9　(47) 8　(48)(49)(50) 243　(51) 7

(52)(53) 81　(54)(55) 79　(56)(57)(58)(59) 5103

◀解　説▶

≪分散，反復試行の確率，条件付き確率≫

(1)　3 回の試行後の点数が 23 点であるのは，引いた 3 枚のカードに記入

された数字がすべて異なり，小さい順に

6，8，9　→(41)〜(43)

であり，これら3つの数字の分散は

$$\frac{1}{3}(6^2+8^2+9^2)-\left\{\frac{1}{3}(6+8+9)\right\}^2=\frac{181}{3}-\left(\frac{23}{3}\right)^2$$

$$=\frac{14}{9}$$　→(44)〜(46)

(2)　4回の試行後の点数が23点であるのは，引いた4枚のカードに記入された数字がすべて異なり，カードに記入された数字を a，b，c，d とおき

$$a+b+c+d=23,\ a>b>c>d$$

とする。

$(a,\ b)=(9,\ 8)$ のとき

$c+d=6$，$8>c>d$ より　$(c,\ d)=(5,\ 1)$，$(4,\ 2)$

$(a,\ b)=(9,\ 7)$ のとき

$c+d=7$，$7>c>d$ より　$(c,\ d)=(6,\ 1)$，$(5,\ 2)$，$(4,\ 3)$

$(a,\ b)=(9,\ 6)$ のとき

$c+d=8$，$6>c>d$ より　$(c,\ d)=(5,\ 3)$

$a=9$，$b\leqq5$ のとき　$a+b+c+d\leqq9+5+4+3=21$

$(a,\ b)=(8,\ 7)$ のとき

$c+d=8$，$7>c>d$ より　$(c,\ d)=(6,\ 2)$，$(5,\ 3)$

$(a,\ b)=(8,\ 6)$ のとき

$c+d=9$，$6>c>d$ より　$(c,\ d)=(5,\ 4)$

$a=8$，$b\leqq5$ のとき　$a+b+c+d\leqq8+5+4+3=20$

$a\leqq7$ のとき　$a+b+c+d\leqq7+6+5+4=22$

したがって，4つの数字の組合せは9通りであり，求める確率は

$$\frac{9\cdot4!}{9^4}=\frac{8}{243}$$　→(47)〜(50)

(3)　2回の試行後の点数が8点または1008点である数字の組合せは

$\{1,\ 7\}$，$\{2,\ 6\}$，$\{3,\ 5\}$，$\{4,\ 4\}$

であり，求める確率は

$$\frac{3\cdot 2+1}{9^2}=\frac{7}{81}$$ →(51)〜(53)

(4)　2 回の試行後の点数が 8 点または 1008 点となる事象を A，5 回の試行後の点数が 2023 点であるという事象を B とおくと，(3)の結果より

$$P(A)=\frac{7}{9^2}$$

3 つの数字の和が 15 になるのは，右表の 13 組である。

9，5，1	9，4，2	9，3，3	
8，6，1	8，5，2	8，4，3	
7，7，1	7，6，2	7，5，3	7，4，4
6，6，3	6，5，4		
5，5，5			

この表を利用して $A\cap B$ の数字の組合せを調べると

1，2 回	3〜5 回			
7，1	7，4，4	5，5，5		$3+1=4$
6，2	7，6，2	6，6，3	5，5，5	$3!+3+1=10$
5，3	7，5，3	9，3，3	6，6，3	$3!+3+3=12$
4，4	9，4，2 9，3，3	8，4，3 6，6，3	6，5，4 7，7，1	$3!\times 3+3\times 3=27$

したがって

$$P(A\cap B)=\frac{2\times(4+10+12)+1\times 27}{9^5}=\frac{79}{9^5}$$

$$P_A(B)=\frac{P(A\cap B)}{P(A)}=\frac{79}{9^5}\cdot\frac{9^2}{7}=\frac{79}{5103}$$ →(54)〜(59)

4

◆発想◆　(3)　z_2 を求めて，n の範囲を求めればよい。$6n$，$2n$ の範囲を考える。

解答　(1)　$y=k-x$ より　　$z=\log_2 x^2(k-x)$

$x>0$，$y>0$ より　　$0<x<k$

$f(x)=x^2(k-x)=kx^2-x^3$ とおくと

$$f'(x)=2kx-3x^2=-3x\left(x-\frac{2}{3}k\right)$$

$f(x)$ の増減は右のようになる。

x	0	…	$\frac{2}{3}k$	…	k
$f'(x)$		+	0	−	
$f(x)$		↗		↘	

よって，$f(x)$ は $x=\frac{2}{3}k$ のとき最大値 $\frac{4}{27}k^3$

をとり

$$z_1=\log_2\frac{4}{27}k^3,\ \text{最大値を与える}\ x\ \text{の値は}\ x=\frac{2}{3}k \quad \cdots\cdots(\text{答})$$

(2)　$kx+y=2k$ のとき，$y=k(2-x)$ より　　$z=\log_2 kx^2(2-x)$

$x>0,\ y>0$ より　　$0<x<2$

$g(x)=x^2(2-x)=-x^3+2x^2$ とおくと

$$g'(x)=-3x^2+4x=-3x\left(x-\frac{4}{3}\right)$$

$g(x)$ の増減は右のようになる。

x	0	$\cdots$	$\frac{4}{3}$	$\cdots$	2
$g'(x)$		+	0	−	
$g(x)$		↗	$\frac{32}{27}$	↘	

よって，z の最大値を z_1' とおくと

$$z_1'=\log_2\frac{32}{27}k$$

z の最大値が z_1 と一致する条件は　　$z_1 \geqq z_1'$　……①

が成り立つことであり

$$① \Longleftrightarrow \log_2\frac{4}{27}k^3 \geqq \log_2\frac{32}{27}k \Longleftrightarrow \frac{4}{27}k^3 \geqq \frac{32}{27}k \Longleftrightarrow k^2 \geqq 8$$

よって，$k>0$ より　　$k \geqq 2\sqrt{2}$　……(答)

(3)　$a=\log_2 3$ とおくと

$$1.58<a<1.59,\ 47.4<30a<47.7 \quad \cdots\cdots②$$

$$k \geqq 2\sqrt{2} \Longleftrightarrow 2^{\frac{n}{5}} \geqq 2^{\frac{3}{2}} \Longleftrightarrow \frac{n}{5} \geqq \frac{3}{2} \Longleftrightarrow n \geqq \frac{15}{2}$$

よって，$n \geqq 8$ のとき，$z_1>z_1'$ が成り立ち

$$z_2=z_1=\log_2\frac{4}{27}k^3=2\log_2 2+3\log_2 2^{\frac{n}{5}}-3\log_2 3=2+\frac{3}{5}n-3a$$

$\frac{3}{2}<z_2<\frac{7}{2}$ より

$$\frac{3}{2}<2+\frac{3}{5}n-3a<\frac{7}{2} \Longleftrightarrow 3a-\frac{1}{2}<\frac{3}{5}n<3a+\frac{3}{2}$$

$$\Longleftrightarrow 30a-5<6n<30a+15$$

②より　　$62.4<30a+15<62.7,\ 30a-5<42.7<48$

$48 \leqq 6n \leqq 62$ より　　$6n=48,\ 54,\ 60$　　$\therefore\ n=8,\ 9,\ 10$

$n \leqq 7$ のとき，$z_1'>z_1$ が成り立ち

$$z_2 = z_1' = \log_2 \frac{32}{27} k = \log_2 2^5 + \log_2 2^{\frac{n}{5}} - 3\log_2 3 = 5 + \frac{n}{5} - 3a$$

$\frac{3}{2} < z_2 < \frac{7}{2}$ より

$$\frac{3}{2} < 5 + \frac{n}{5} - 3a < \frac{7}{2} \iff 3a - \frac{7}{2} < \frac{n}{5} < 3a - \frac{3}{2}$$

$$\iff 30a - 35 < 2n < 30a - 15$$

②より　$12.4 < 30a - 35 < 12.7,\ 14 < 32.4 < 30a - 15$

$13 \leqq 2n \leqq 14$ より　$2n = 14$　$\therefore\ n = 7$

よって，n の最小値は 7，最大値は 10　……(答)

◀解　説▶

≪対数関数の最大値と微分法，対数不等式≫

(2)　$kx + y = 2k$ のときの z の最大値を z_1' とすると，z_2 は z_1 と z_1' の小さくない方である。したがって，$z_2 = z_1$ ならば，$z_1 \geqq z_1'$ が成り立ち，逆に，$z_1 \geqq z_1'$ ならば，$z_2 = z_1$ も成り立つ。

(3)　z_2 を $k = 2^{\frac{n}{5}}$ で表し，$\frac{3}{2} < z_2 < \frac{7}{2}$ を利用して，n の範囲を a を用いて表せばよい。

5

◇発想◇　(3)　$\vec{n}$ が平面 α と垂直なので，α 上の直線と $\vec{n}$ は垂直である。

(4)　3 点B，M，Nを利用して，Fを含む多面体を考察する。

解答　(1)　$\overrightarrow{PQ} = (-p,\ q,\ 0)$ と $\overrightarrow{PR} = \left(-p,\ 0,\ \frac{3}{2}\right)$ が，$\vec{n}$ に垂直だから

$$\vec{n} \cdot \overrightarrow{PQ} = -ap + bq = 0,\quad \vec{n} \cdot \overrightarrow{PR} = -ap + \frac{3}{2} = 0$$

よって，$ap = bq = \frac{3}{2}$ より　$a = \frac{3}{2p},\ b = \frac{3}{2q}$　……(答)

(2)　直線 l は平面 α に垂直だから，$\vec{n}$ が方向ベクトルである。

直線 l と xy 平面の交点をHとおくと，Hは l 上の点だから，実数 t を用いて

$$\overrightarrow{OH} = \overrightarrow{OF} + t\vec{n} = (1,\ 1,\ 1) + t\left(\frac{3}{2p},\ \frac{3}{2q},\ 1\right)$$

$=\left(1+\dfrac{3t}{2p},\ 1+\dfrac{3t}{2q},\ 1+t\right)$

と表され，Hは xy 平面上の点だから　　$t+1=0$，$t=-1$

また，Hの x 座標が $\dfrac{2}{3}$ より　　$1-\dfrac{3}{2p}=\dfrac{2}{3}$　　$\therefore\ p=\dfrac{9}{2}$

Bが線分PQ上の点だから，実数 s を用いて

$$\overrightarrow{OB}=s\overrightarrow{OP}+(1-s)\overrightarrow{OQ}=\left(\frac{9}{2}s,\ (1-s)q,\ 0\right)$$

より　$\dfrac{9}{2}s=1$，$(1-s)q=1$　　$\therefore\ s=\dfrac{2}{9}$，$q=\dfrac{9}{7}$

したがって　　$p=\dfrac{9}{2}$，$q=\dfrac{9}{7}$　……(答)

(3)　(2)の結果から　　$\vec{n}=\left(\dfrac{1}{3},\ \dfrac{7}{6},\ 1\right)$

Mは線分EF上の点だから $M(1,\ u,\ 1)$（u は実数）とおけて

$$\overrightarrow{RM}=\left(1,\ u,\ -\frac{1}{2}\right)$$

直線RMは平面 α 上にあるから

$$\vec{n}\cdot\overrightarrow{RM}=\frac{7}{6}u-\frac{1}{6}=0,\ u=\frac{1}{7}\qquad\therefore\ M\left(1,\ \frac{1}{7},\ 1\right)\ \cdots\cdots(\text{答})$$

Nは直線FG上の点だから $N(v,\ 1,\ 1)$（v は実数）とおけて

$$\overrightarrow{RN}=\left(v,\ 1,\ -\frac{1}{2}\right)$$

直線RNは平面 α 上にあるから

$$\vec{n}\cdot\overrightarrow{RN}=\frac{1}{3}v+\frac{2}{3}=0,\ v=-2\qquad\therefore\ N(-2,\ 1,\ 1)\ \cdots\cdots(\text{答})$$

(4)　線分DGと平面 α の交点をI，線分CGと平面 α の交点をJとおくと，点Fを含む多面体は，図の三角錐台GIJ－FMBである。三角錐NGIJと三角錐NFMBは相似で，相似比は　　2：3

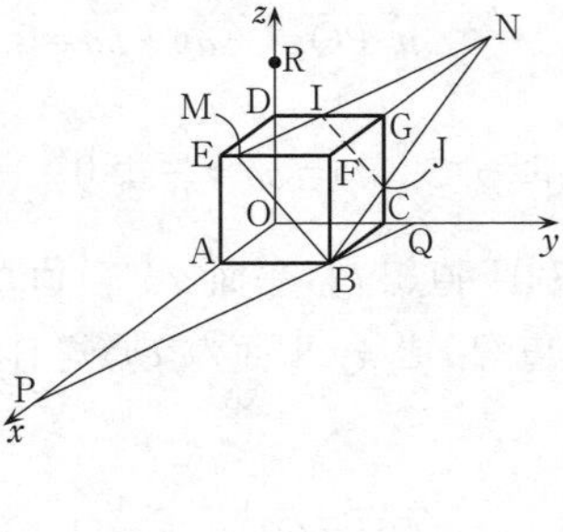

したがって，三角錐の体積をそれぞれ，V_1，V_2 とおくと

$$V_1 : V_2 = 2^3 : 3^3,\quad V_1 = \frac{8}{27}V_2$$

$$V_2 = \frac{1}{6}\mathrm{FM}\cdot\mathrm{FB}\cdot\mathrm{FN} = \frac{1}{6}\cdot\frac{6}{7}\cdot 1\cdot 3 = \frac{3}{7}$$

$$V = V_2 - V_1 = \frac{19}{27}V_2 = \frac{19}{63} \quad \cdots\cdots(\text{答})$$

◀解　説▶

≪三角錐台の体積≫

(3)　X$(x,\ y,\ z)$ を平面 α 上の点とすると，$\overrightarrow{\mathrm{RX}} = \left(x,\ y,\ z-\frac{3}{2}\right)$ と $\vec{n} = \left(\frac{1}{3},\ \frac{7}{6},\ 1\right)$ は垂直であるから

$$\vec{n}\cdot\overrightarrow{\mathrm{RX}} = \frac{1}{3}x + \frac{7}{6}y + \left(z - \frac{3}{2}\right) = 0$$

よって　　$2x + 7y + 6z = 9$　……①

M$(1,\ u,\ 1)$ とおき，①を用いて，$2 + 7u + 6 = 9$，$u = \frac{1}{7}$ としてもよい。

参考　①は平面 α の方程式である。

6

◇発想◇　(2)の前半はグラフの考え方を利用する。

解答　(1)　　$a = \frac{3}{2}b\int_{-1}^{1}|x^2+x|\,dx - \int_{-1}^{1}f(x)\,dx$　……①

$$|x^2+x| = \begin{cases} -(x^2+x) & (-1 \leqq x \leqq 0) \\ x^2+x & (x \geqq 0) \end{cases}$$

より

$$\int_{-1}^{1}|x^2+x|\,dx = -\int_{-1}^{0}(x^2+x)\,dx + \int_{0}^{1}(x^2+x)\,dx$$
$$= -\left[\frac{1}{3}x^3 + \frac{1}{2}x^2\right]_{-1}^{0} + \left[\frac{1}{3}x^3 + \frac{1}{2}x^2\right]_{0}^{1} = 1$$

$$\int_{-1}^{1}f(x)\,dx = \int_{-1}^{1}(x^3 - ax + b)\,dx = 2\int_{0}^{1}b\,dx = 2b$$

よって，①より，$a = \frac{3}{2}b - 2b$ であるから　　$b = -2a$　……(答)

(2)　　$f(x) = x^3 - ax - 2a$，$f'(x) = 3x^2 - a$

(i) $a \leqq 0$ のとき

$f'(x) \geqq 0$ より，$f(x)$ は単調に増加し，曲線 C と x 軸の共有点は1個。

(ii) $a > 0$ のとき

$$f'(x) = 3\left(x + \sqrt{\frac{a}{3}}\right)\left(x - \sqrt{\frac{a}{3}}\right)$$

$f(x)$ の増減表は次のようになる。

x	$\cdots$	$-\sqrt{\frac{a}{3}}$	$\cdots$	$\sqrt{\frac{a}{3}}$	$\cdots$
$f'(x)$	$+$	0	$-$	0	$+$
$f(x)$	↗		↘		↗

よって，$f(x)$ は $x = \pm\sqrt{\frac{a}{3}}$ で極値をもち

$$f\left(\sqrt{\frac{a}{3}}\right) = -\frac{2}{3}a\left(\sqrt{\frac{a}{3}} + 3\right) < 0,\ f\left(-\sqrt{\frac{a}{3}}\right) = \frac{2}{3}a\left(\sqrt{\frac{a}{3}} - 3\right)$$

曲線 C と x 軸の共有点の個数が2個となる条件は，極値が0になることから

$$\sqrt{\frac{a}{3}} = 3$$

よって　　$a = 27$　……(答)

このとき

$$f(x) = x^3 - 27x - 54 = (x+3)^2(x-6)$$

よって，x 軸との交点の座標は，$x = -3,\ 6$ であり

$-3 \leqq x \leqq 6$ において，$f(x) \leqq 0$ が成り立つ。

したがって

$$S = -\int_{-3}^{6} f(x)\,dx = -\int_{-3}^{6} (x+3)^2(x-6)\,dx$$

$$= \frac{1}{12}(6+3)^4$$

$$= \frac{2187}{4}　……(答)$$

◀解　説▶

≪定積分の計算，x 軸に接する3次関数のグラフ，面積≫

(1)　n を0以上の整数，a を正の定数とする。

$y=x^{2n}$ のグラフは y 軸に関して対称，$y=x^{2n+1}$ のグラフは原点に関して対称だから

$$\int_{-a}^{a} x^{2n}dx=2\int_{0}^{a} x^{2n}dx$$

$$\int_{-a}^{a} x^{2n+1}dx=0$$

(2)　$a=27$ のとき，$x=-3$ は，方程式 $f(x)=0$ の重解である。

❖講　評

1　(1)図形と計量の典型問題で易しい。(2)は，2 変数の 2 次の不定方程式である。m についての 2 次方程式に整理されているので容易に判別式の利用を思いつき，判別式が 0 以上の条件から n が限定される。(1)，(2)とも計算ミスをしなければ容易に完答できる。

2　S_n を含んだ漸化式の問題である。誘導が丁寧で解きやすい。(1)は(＊)と $b_n=n(n+1)(n+2)a_n$ から，a_n と a_{n+1} を消去してもよい。(2)は，等式 $\sum_{k=1}^{n}(x_k-x_{k+1})=x_1-x_{n+1}$ を利用するように誘導されている。

3　(1)と(3)は易しい。(2)は樹形図を用いて 4 つの数字の組を求めることもできる。(4)は方針が立っても処理が面倒でやや難。後回しにすべき設問。

4　(1)対数関数の最大値を求める問題で易しい。(2)定義域が和集合の関数の最大値を題材にした問題。$kx+y=2k$ のときの z の最大値を利用すれば，z_2 を求める必要はない。(3) z_2 を求め，与えられた不等式から n の範囲を求めればよいが，工夫しないと小数計算が面倒である。

5　空間ベクトルの応用問題で，三角錐台の体積の問題。誘導が丁寧で解きやすい。(3)条件「M，N が平面 α 上の点である」の扱い方がポイント。(4) 3 点 B，M，N で点 F を含む多面体の形状がわかる。

6　x 軸に接する 3 次関数のグラフを題材にした問題。x 軸との共有点の個数がちょうど 2 個となるのは，$y=f(x)$ のグラフと x 軸が接する場合に限ることを利用する。

小論文

解答例　［設問］A．志向的スタンスでふるまいを予測するとは，対象が特定の目的を持っていると仮定して，ふるまいを予測することである。この予測は対象の行為がいかなる信念や欲求に帰属するのかを解釈することでなされるが，対象が合理的行為者であることを前提としている。そのため，対象が非合理的であるときは問題が生じる。対象が誤った知覚的信念を抱く場合や，行動に不整合や自己欺瞞がみられる場合，志向的スタンスによる予測は困難である。（200字以内）

［設問］B．①目の前に立った人が妊婦であった。甲が社会的弱者には配慮が必要であるとの信念を持っていたとすれば，妊婦に席を譲る行為は，社会的義務を果たすことで自身の道徳感情や自尊心を満足させることができたという点で合理的である。②目の前に立った人が席を譲るよう言ってきた。外見からは席を譲る必要があるのかどうか判然としないが，甲はその人の要望に応じた。なにか切迫した事情があるのかもしれないし，相手とトラブルになったり気まずくなったりするよりは自分が少し我慢をすればよいと甲が考えたとすれば，他者との争いを避けるための行動として，甲にとっては合理的な行動である。③目の前に立った人が酩酊状態であった。吊り革につかまってはいるが，足元も不安定で相手の足が甲の膝に接触したりするので，甲はその場を離脱した。このままではトラブルに巻き込まれる恐れがあり，心身の平穏を守る危険回避の行動として合理的である。（400字以内）

◀解　説▶

≪行動の合理性を解釈する≫

▶［設問］A．要求されているのは次の２点である。

①志向的スタンスでふるまいを予測することとはどういうことか説明する。

②その予測に問題が生じるケースとはどのようなものか説明する。

①に関しては，志向的スタンスとは何かを説明し，志向的スタンスによる予測の特徴を書けばよい。

志向的スタンスについては，他者のふるまいを予測する３つのスタンス

（物理的スタンス・設計的スタンス・志向的スタンス）について説明した箇所（第3段落）にある，「志向的スタンス，これを使うためには，ふるまいを予測したい対象のシステムを，志向的状態をもった合理的な行為者とみなしていなければならない」という記述を核として，「志向的状態」とはどういう状態か，「合理的な行為者」とは何かを考える。志向的状態とは，対象の行動の裏にそれを動機づける目的がある状態のこと（第1段落）である。対象がその目的に向かって行動するとき，対象の持つどのような欲求や信念が関係しているのかを解釈するのが，志向的スタンスによる解釈である。

②に関しては，志向的スタンスによる予測の限界について書けばよい。

志向的スタンスは対象が「合理性の基準を満たすようにふるまっている」（第1段落）ことを前提としているから，「対象が非合理であったとき」，「志向的スタンスにもとづいた予測には必ず問題が生じる」（第6段落）という論点がみえてくる。そのうえで，課題文では，対象が非合理である2つのケースについて触れている。すなわち，薬物やアルコールの作用によって対象が幻覚をみているような場合と対象のふるまいが不整合であるとか自己欺瞞に陥っている場合である。前者は志向的スタンスでは予測困難だから物理的スタンスで予測する。後者では，合理性からの逸脱が一時的なら暫定的な予測が可能だが，長期的・体系的な場合は，「志向的スタンスではいかなる志向的状態も帰属できず，いかなる予測も立てられない」（第7段落）。

以上の論点を〈志向的スタンスによる予測の特徴とその限界〉というアウトラインで要領よく簡潔にまとめたい。

▶［設問］B．あなたが電車に乗って席に座っており，隣にも人（甲）が座っているとする。駅に着き，ある人が甲の席の前に立つと，甲が席を立った。この甲の行動を志向的スタンスで説明できるような3つの異なる状況を設定し，それぞれの状況における甲の行動の「合理性」について説明する。

要求されているのは次の2点である。

①甲が「席を立つ」異なる3つの状況を設定する。

②それぞれの状況について，「席を立つ」という甲の行為を志向的スタンスで解釈する（解釈者は甲の隣に座っている「あなた」）。

①に関して，自分が甲であったらどのような場合に「席を立つ」のか考えればよいので，状況設定は容易であろう。〔解答例〕では１番目に妊婦を挙げたが，これは高齢者でも身体障害者でも同じ論理が成り立つ。〔解答例〕のほかに，目の前に立った人が悪臭を放っているとか偶然乗り合わせた旧友であったのでじっくり話をしたい，甲の咳が止まらなくなったなども考えられる。

②では，それぞれの状況において，「席を立つ」という行動の「合理性」が，甲のどのような欲求や信念によって担保されているのかを論理的に説明しなければならない。

この設問のように複数の解答を並べなければならないとき，記述方法に迷った受験生もいただろう。〔解答例〕のように番号を振ってもよいし，「１つ目は…」「２つ目は…」「３つ目は…」という書き方でも，「目の前に立った人が妊婦であった場合：…」のように書いてもよい。

❖講　評

2022 年度は課題文が２つだったが，2023 年度は１つになり 2021 年度の形に戻った。［設問］は２つで 200 字の内容説明と 400 字の意見論述という形式に変化はない。

課題文は，人や組織の行動を予測する際にもちいる方針の一つとして志向的スタンスを挙げ，その特徴と限界について説明した文章である。主流派経済学が経済的合理性に基づいてのみ行動する「経済人」をモデルに理論構築したのに対して，近年，時に非合理的な行動もする人間を想定して理論構築する行動経済学が注目されるようになっている。その意味でこの問題は学部系統に沿った出題といえる。やや抽象的な記述だが,「志向的状態」と「合理的行為者」という概念と解釈主義という立場が理解できれば，課題文の読解自体はそれほど難しくない。

［設問］Ａは，まさに課題文の内容要約である。志向的スタンスの特徴とその限界というアウトラインに沿って要約すればよいのだが，関連箇所をそのまま抜粋するのでは軽く 200 字を超えてしまう。課題文の全体をかみくだいて，設問の要求事項に過不足なく 200 字で答えるためには，思考力と文章構成力が必要である。

［設問］Ｂは，課題文をふまえて，具体的な状況の中での人の行動の

「合理性」について論じさせる問題である。異なる３つの状況を設定しなければならず発想力が問われるものの，電車の中という日常的な場面なので，自分の体験と重ね合わせて想定すれば，３つの異なる事例を挙げるのは難しくない。ポイントは，それぞれの状況のもとで，人の行動を特定の「欲求」や「信念」に帰属させ，その合理性の根拠を論理的に説明できるかどうかである。この点でも，自己に引きよせて，自分の行動を合理化するという方針で考察すればよいから難しくはないが，考察したことを簡潔かつ論理的に記述できるかどうか文章構成力が問われた。

課題文はやや抽象的だが難文というほどでもない。［設問］Ａも［設問］Ｂも文章構成力という点でやや手強いところはあったものの，比較的取り組みやすい問題であった。「知性とはなにか」を自分で定義しなければならなかった2022 年度と比較すると，やや易化したといえる。

//////////////////// · memo · ////////////////////

2022年度

解答編

解答編

英語

I **解答** 1－2　2－4　3－2　4－1　5－4　6－1
7－3　8－4　9－2

◆全　訳◆

≪ミニマリズム：より少ないほどより良い≫

① ミニマリズムは一つの運動であり，その時代がやって来たのだ。日本からアメリカやヨーロッパに至るまで，さまざまな国の人たちが近藤麻理恵に魅せられてしまっている。家をきちんと片付けて物質的所有物を生活で「ときめく」ものだけに限定することによって，彼女は私たちに生活を簡素化するように奨励した。彼女のテレビ番組で，家の隅々に一般的に果てしない大量の物があるアメリカ人の家族の家に彼女は入っていき，彼らの所有物について決定を下すよう彼らを導いたものだ。「こんまりメソッド」のわくわく感は明らかだった。物質的所有物を大いに減らすことによって，人々はもっとのんびりしてもっと幸せになることに気がつき，家族関係が良くなるのを知った。

② しかしながら，所有物を減らすことは，ミニマリストのライフスタイルへの移行の１段階にすぎない。この哲学を採用する際に，多くの人々は最も重要な消費の選択についてじっくり検討することを選ぶ。たとえば，家の大きさと場所そして通勤手段。郊外の巨大な家をあきらめて，その代わりに町の中心の，大きさがほんの少しのアパートに住む人たちもいる。仕事に公共交通機関を使ったり自転車で行ったりすることを選び，家族が２台目の車をやめたり，ともかくも車を持つ必要性を除外さえしたりすることができる人たちもいる。さらにもっと考えて，持ち主がいつなんどきどこにでも住むことができるトレーラーハウスやキャンピングカーに住むことを選ぶ人たちもいる。

③ ミニマリストのライフスタイルは地球に対する私たちの責任感を反映

している。個人の消費は，深いさまざまな方法でより広い環境や共同社会に影響を及ぼす。たとえば，地元の農産物やパンを求めてファーマーズマーケットで買い物をすることは，食事を改善させるばかりでなく，廃棄物の発生も減らす。ほとんどの人々にとって，一つの食べ物の選択はまったく意味がないように思われるだろう。しかし，大きな長期的な有益さが後に続くかもしれない。なぜならばそれはあなたのお皿に食べ物を持ってくるための地球規模の輸送ネットワークへの依存を減らすことができるからである。究極的に，購入する物を少なくすることは，生産しなければならない物を少なくし，時が経てば，廃棄物も結果としてもっと少なくなることを意味する。これらの環境的な有益さを計算することができるし，計算すべきである。

④　実際，ミニマリズムを選ぶ多くの人たちは，過度の消費によって引き起こされた金銭的なストレスのために，そうするのである。多くの人たちは，かつて買い物中毒者であった。彼らは給料ぎりぎりの生活をして，ただ帳尻を合わせるためにクレジットカードに頼っていた。実際，今日アメリカとイギリスの平均的な大人は5000ドル以上の無担保のローンやクレジットカードの負債があり，アメリカ連邦準備制度によると，全てのアメリカの大人のゆうに４分の１は退職のための貯金がない。人々を貧しい状態にしているのは，もっと多くの物を買いたいという欲求ばかりでなく，清掃費や維持費と同様に，電話契約や保険や税金を含む，持っている物を維持し保管しておくための費用でもあることを，人々はしばしば忘れる。その核心で，ミニマリズムは基本的な財政的健全さを促進する。そういうものとして，あらゆる責任のある政府は，ミニマリズムの原則のいくらかを具体化する政策を採用するだろう。

⑤　ミニマリズムは今日の世界に存在する経済的不均衡のいくらかを是正する能力を持っている。もし仮に豊かな人たちがある程度の消費なしで済ますならば，より多くの資産を利用して，発展途上国の真に貧しい人たちに必要な物を与えることができるだろう。豊かな人たちは，倫理的考慮からとは言わないまでも，そのときは自己の利益から，地球の環境への影響を抑制することができるし，そうすべきである。もし豊かな人たちに新たな機器を提供するための資源のために発展途上国が荒廃させられ続けるならば，地球全体での人の移動と病気の大流行がおそらくどのように起こる

かは誰の目にも明らかである。

⑥　次のように主張する人たちもいる。もし私たち全てがミニマリストのライフスタイルで生活するならば，世界経済は破綻するだろう。なぜならば，サプライチェーンを機能させておき，地元の店を開かせておくために消費者がお金を使うことがなくなるからだ。しかしながら，ミニマリストは消費をやめることを決して主張していない。それどころか，彼らはお金がどんな影響を及ぼすのかに着目したいのである。良心的に消費することによって，私たちは最低価格の入札者によって大量生産される品物よりも，倫理的に生産された地元産の品物を支援することができる。積もっていけば，それぞれの個人の決定がかなりの国の経済的利益を生み出すだろう。なぜならば，消費者が多国籍企業を拒絶するとき，地元の製造業と家族経営の商売が復活するからだ。

⑦　批評家はたいていミニマリズムを急進的で反資本主義的な運動と説明するけれども，ミニマリズムそれ自体は政治運動ではない。ミニマリストには財産の個人所有や富の蓄積に関する問題はない。彼らが反対しているのは，社会的な見せびらかしの手段としての人目を引く消費である。将来に対する蓄えや隣人に対して責任を持つことのような静かな美徳が流行しなくなった時代に，私たちは生きている。だが，ジェイソン=ロドリゲスが説明したように，「アメリカのミニマリスト運動は，大量消費主義の悪徳に対するますます人気上昇中の批判的な反省と消費者資本主義の真っただ中で新たな生活様式を築き上げようとする努力を表している」。ほとんどの国の政府にとって，大量消費社会の不平等を撲滅するためにミニマリズムが成し遂げることは何でも，前に進む主要な一歩となるだろう。

◀解　説▶

▶1．「以下のうち，第①段の空所［1］を埋めるのに最も適切なものはどれか」

第①段第2文（From Japan to the …）で「家をきちんと片付けて物質的所有物を生活で『ときめく』ものだけに限定する」という記述がある。この記述に従って，空所［1］に2の「～について決定を下すよう彼らを導く」を入れる。他の選択肢では第2文の記述に反する。make a decision about～「～について決定を下す」

1．「～を高めるための費用を計算する」

3.「所有者が～を再整理するのに役立つ」 help *A* to *do*「*A* が～するのに役立つ」

4.「～を拡大するために彼らと協力する」

▶ 2～4.「以下の表現から，第②段の空所［2］，［3］，［4］を埋めるのに最も適切な表現を選べ。それぞれの表現は1回だけ使えるものとする」

空所［2］の直後の「最も重要な消費の選択」を基にして，空所［2］に4の take stock of「～についてじっくり検討する」を入れる。他の選択肢は否定的な意味合いで使われることが多いので，この空所には合わない。次に空所［3］の直後に「巨大な家」があり，そのすぐ後にアパートに住むという記述があるので，2の give up「～をあきらめる，放棄する」という定型表現を入れる。最後に，空所［4］の後の表現を基にして，空所［4］に1の eliminate「～を取り除く，除外する」を入れる。

3.「～を補う，埋め合わせをする」

5.「～をぬぐう，消去する，全て返す」

▶ 5.「以下のうち，第③段の空所［5］を埋めるのに最も適切なものはどれか」

まず，空所より前に「ほとんどの人々にとって，一つの食べ物の選択は」という表現がある。この表現につながるものとして，空所に4の seem absolutely insignificant「まったく意味がないように思われる」を入れる。すると，空所の後の「しかし，大きな長期的な有益さが後に続くかもしれない。なぜならばそれはあなたのお皿に食べ物を持ってくるための地球規模の輸送ネットワークへの依存を減らすことができるからである」とうまくつながる。dependency upon～「～への依存」

1.「とても意味があるように思われる」

2.「多くの不利な点をもたらす」

3.「人生を変える違いを生じる」

▶ 6.「以下のうち，第④段の著者の主旨を最もよく表現しているのはどれか」

過度の消費のために財政的健全さが低下しているので，ミニマリズムにより消費を抑えれば，健全さは増すという第④段の内容を基にして，1の「消費を少なくすることは財政的な有益さがある」を選ぶ。consuming less「より少なく消費すること」とは，つまり「消費を少なくすること」である。

2．「ほとんどの人たちは物が少なければより満足する」 be happy with ～「～に満足する」

3．「人々は消費に中毒になってしまっている」 become addicted to ～「～に中毒になる」

4．「保管経費は隠れた財政負担である」

▶7．「以下のうち，第⑤段の空所［7］を埋めるのに最も適切なものはどれか」

空所の前後を考えると，空所に入る表現がわかりやすい。まず，空所の前の第1文（Minimalism has the capacity …）で「ミニマリズムは今日の世界に存在する経済的不均衡のいくらかを是正する能力を持っている」と記されて，ミニマリズムの利点が記されている。次に，空所のある文のコンマ以降に「より多くの資産を利用して，発展途上国の真に貧しい人たちに必要な物を与えることができるだろう」という記述がある。resources「資源」 provide for ～「～に必要な物を与える」 the truly poor「真に貧しい人たち」 the＋形容詞で「～の人たち」を意味する。developing countries「発展途上国」 このコンマ以降の内容と might という単語から，コンマ以降の部分が仮定法過去の帰結節だと想定できるので，空所に入れる条件節を探す。3の Were the rich to go without「もし仮に豊かな人たちが～なしで済ますならば」が形の上でも意味的にも一番適していると考えられる。この部分は条件節の倒置構文であり，元の形は If the rich were to go without である。were to *do*「仮に～」 go without ～「～なしで済ます」 3を空所に入れると，空所の後の a certain portion of their consumption「ある程度の消費」にもうまく合う。a certain portion of ～「ある程度の～，一定の～」 certain は「ある程度の，いくらかの」という意の形容詞。portion は「部分」という意の名詞。なお，この問題の他の選択肢は文法的に少し逸脱しているが，ここで一応の訳をしておく。

1．「豊かな人たちが～を拡張する」

2．「地球のエリートたちが～を減らす必要がある」

4．「貧しい人たちが～を手に入れる」

▶ 8.「以下のうち，第⑥段の空所［8］を埋めるのに最も適切なものはどれか」

空所の前後を考えて，空所に入る文を考える。空所を含む文の前文に「消費をやめることを決して主張していない」という記述がある。空所の直前に Instead「それどころか，そうではなく」という副詞があり，この副詞は前言を打ち消して代わりとなる事柄を提示するときに用いられる。よって，空所に 4 の「彼らはお金がどんな影響を及ぼすのかに着目したいのである」を入れると，空所の後の「良心的に消費することによって，私たちは最低価格の入札者によって大量生産される品物よりも，倫理的に生産された地元産の品物を支援することができる」という内容とうまく話がつながる。focus on ～「～に着目する，注意を向ける」 support *A* over *B*「*B* より *A* を支援する」 those which are mass-produced「大量生産される品物」 those は前出の goods「品物」を受ける代名詞。

1.「彼らの関心の的は世界的なサプライチェーンを強化することである」
2.「彼らは，私たちが持っているものを単に再利用することに賛成である」 argue for ～「～に賛成である」
3.「私たちは高品質の製品のみを買わなければならないと彼らは言う」

▶ 9.「以下のうち，第⑦段の空所［9］を埋めるのに最も適切なものはどれか」

空所を含む文の文末に would be a major step forward「前に進む主要な一歩となるだろう」があるので，空所を含めて our consumerist society までの部分が主語になるのではないかと見当をつけることができる。よって，空所に 2 の whatever minimalism can「ミニマリズムが～できることは何でも」を入れると，意味的にも文法的にも一番合う。他の選択肢では文法的にこの文には合わない。uproot the inequalities「不平等を撲滅する」 consumerist society「大量消費社会」 consumerist は「大量消費主義の」という意の形容詞。

1.「ミニマリズムがいかに～であろうとも」
3.「ミニマリズムがいつ～であろうとも」
4.「どちらのミニマリズムが～であろうとも」

●語句・構文●

(第①段)　under the spell of ～「～に魅せられて，～の魔法にかかって」

encourage *A* to *do*「*A* に〜するよう奨励する」 clean up 〜「〜をきちんと片付ける」 limit *A* to *B*「*B* に *A* を限定する，限る」 この段落で *B* に相当するのは only those that “spark joy” in our lives「生活で『ときめく』ものだけ」である。those は名詞の繰り返しを避ける代名詞で，material possessions「物質的所有物」を受ける。spark joy は「喜びを引き起こす，ときめく」という意。she would go into の would「よく〜したものだ」は過去の習慣を示す。piles of stuff「物の山，山のような物，大量の物」

(第②段)　some 〜, others …「〜の人たちもいれば，…の人たちもいる」 a city-center apartment one fraction the size「町の中心の，大きさがほんの少しのアパート」 one fraction は「ほんの少し」という意。size は修飾する名詞の直後に置くことに注意。例を示すと，a hole the size of a ball は「ボールの大きさの穴」となる。opt to *do*「〜することを選ぶ（=choose to *do*)」 cycle to work「仕事に自転車で行く」 ここで cycle は自動詞であることに注意。allow *A* to *do*「*A* が〜するのを可能にする」 get rid of 〜「〜を取り除く，除外する」 the need for one at all「ともかくも車を持つ必要性」 one は a car のこと。at all は肯定文では「ともかく，本当に」という意味である。taken even further「さらにもっと考えて」 take という多義語はここでは「考える，理解する」という意味。even は比較級の前で用いられると「さらに，いっそう」という意の強調用法になる。further は far の比較級。

(第③段)　sense of responsibility「責任感」 local produce「地元の農産物」 この produce は名詞でアクセントは第1音節にあることに注意。not only *A* but also *B*「*A* ばかりでなく *B* も（=not just *A* but also *B* =*B* as well as *A*)」 purchasing fewer things「より少ない物を購入すること」つまり「購入する物を少なくすること」 less will have to be produced「より少ない量を生産しなければならないだろう」，つまり「生産しなければならない物を少なくする」 この文の less は名詞で「より少ない量」という意。over time「時が経てば，やがて」 less waste will result「より少ない廃棄物が結果としてできる」つまり「廃棄物は結果としてもっと少なくなる」 この文での less は「より少ない」という意の形容詞。result は動詞であることに注意。

(第④段) because of～「～のために(=on account of～)」 shopaholic「買い物中毒者」 似たような単語に alcoholic「アルコール依存症の人」, workaholic「仕事中毒者」などがある。live paycheck to paycheck「給料ぎりぎりの生活をする, その日暮らしの生活を送る(=live from hand to mouth)」 paycheck は「給料」のこと。rely on ～「～に依存する, 頼る(=depend on ～)」 make ends meet「生活の収支を合わせる, 家計をやりくりする」 at its heart「その核心で」 as such「そういうものとして」 any responsible government「あらゆる責任のある政府」 肯定文で用いられた any は「あらゆる」という意。

(第⑤段) environmental footprint「(人間の活動が及ぼす) 環境への影響, 環境フットプリント」 if not～「～とは言わないまでも」 この段落では if not *A*, then *B*「*A* とは言わないまでも *B*」という形で連動している。developing nations「発展途上国(=developing countries)」 この表現と対比的に使われるのは developed〔advanced〕countries〔nations〕「先進国」である。resource は多義語で, 複数形で用いられた場合「(石油, 石炭などの) 資源, 資産, 財源, 手段」という意味があり, この段落では「資源」という意で用いられている。supply *A* with *B*「*A* に *B* を提供する, 供給する」 might well *do*「おそらく～だろう」

(第⑥段) keep supply chains running and local stores open「サプライチェーンを機能させておき, 地元の店を開かせておく」 VOC の構造である。supply chains は「製品が生産者から物流システムにより販売店へ行き, 消費者のもとに届くまでの全ての過程」を言う。cumulatively「累積的に, 積もっていけば」 family-based business「家族経営の商売」 multinational corporation「多国籍企業」

(第⑦段) in itself「それ自体」 paint *A* as *B*「*A* を *B* として評する, 表現する」 have problems with～「～に関する問題がある」 object to～「～に反対する」 as a means of～「～の手段として」 social display「社会的な見せびらかし」 be responsible to～「～に対して責任を負う」 to の後には人が来る。reflection on～「～に対する反省」 an effort to *do*「～しようとする努力, 試み」

Ⅱ 解答

10―4 11―2 12―2 13―1 14―3 15―3
16―2 17―3 18―1 19―4 20―3 21―2
22―1

◆全 訳◆

≪ミニマリズム：狭量な考え方か？≫

① ミニマリズムを表面的に調べると，その肯定的な面のみが明らかになる。この現代的な家族中心の哲学は必要とする物だけで生活することを奨励する。確かに，もし物を少なくして生活することはストレスを解消すると証明できるならば――実際にそのことを例証している研究もある――その時にはミニマリズムは健全で価値のある運動である。だが，もっと深く熟考すると，真実が明らかになる。つまり，美徳の外観の背後に，社会的交流を制限し新しい社会規範を導入するという目的を持つカルトのようなイデオロギーがある。

② ミニマリズムの主な魅力は，環境に有益だと認められていることである。消費をより少なくすることによって，私たちは地球を救っているのだと言われる。だが，これは真実なのか？ 不運にも，ほとんどのミニマリストが認めるよりもはるかにもっと多く考えるべきことがある。第一に，私たちは，世界の消費の急激な減少が発展途上国に及ぼすであろう影響を理解する必要がある。というのは，発展途上国の経済は，後に消費財になる一次産品を輸出することにしばしば依存しているからだ。その一次産品を放棄することを単に選んだ豊かな人たちを，これらの国々の人たちが強く批判しても許されるだろう。結果として，損失の埋め合わせをするために，彼らはもっと貴重な天然資源を破壊しなければならないだろう。

③ 人々はしばしば消費を最小限にすることがもたらす環境への有益さを指摘する。なるほど，ミニマリズムの環境コストと有益さを算出することは必要不可欠である。しかし，これらは，現実生活では何人かの人が信じているより計算するのがもっと難しい。ファーマーズマーケットや地元の店に行くことが貿易問題全てを解決するとは限らないだろう。規模の経済は，大きいことは本当に素晴らしいものになりうることを意味する。つまり，大規模経営はしばしばはるかに少ないゴミではるかに多く生産することができる。さらに，長距離貿易は環境にとって必ずしも悪いとは限らない。国家は，独特の地理や利用可能な資源，異なる環境を反映する政策を

採用する必要がある。

④　論理的には，政府は人々に大量消費を削減するよう勧めるのではなく，大量消費を奨励するべきである。国内消費は，GDP の増加の第一の原動力である。規模もまた重要である。１人の豊かな人の家を片付けることは，１人の意思決定者に伴う微調整である。国全体の消費の流れを片付けることは，単に正解のない無数の政治的経済的問題を伴う。

⑤　実際，政治問題は，より広い規模のミニマリズムの採用に続いて自然に起こるであろう。国家が自給できるようになろうとして武力衝突に訴える程度にまで，私たちは実際に国際統合を後退させたいのか？　政府はどちらの貿易相手国が適切なのかを法制化するべきなのか？　政府はどのようにこれをするのだろうか？　そして，「ミニマリスト」の消費はどのようにして正確に計算されるのだろうか？　国内の消費者を考慮に入れてか？　あるいは，さまざまな取り組みが生産物を生み出した関連する多くの生産者と貿易業者は？

⑥　明確にするために言うと，ミニマリストの運動は，インターネットベースの経済と社会への転換によって推進される。そこで，ミニマリストがいかに多くの所有物を生活環境から取り除くとしても，コンピュータとスマートフォンは決してなくなることはない。これらの機器のおかげで，私たちは額入り写真や DVD や書物なしで済ましているのだ。しかしながら，ほとんどの人たちは，このように物を保管する隠れた費用や巨大なエネルギー需要を認めることができない。インターネットのおかげで，人々は自分たちの生活から「物」を取り除くことができる。なぜならば仮想の物はただマウスのクリックやスクリーンのタップでなくなるからだ。理論的には，人々は家に２個以上のトイレットペーパーを決して必要としない。なぜならば，もちろん，会社が無料の当日配送で次のトイレットペーパーを渡してくれるからだ。現実には，費用はどこか他の場所に回されているだけだ。

⑦　ミニマリズムがどのようにしてそれ特有の人目につく消費になったかを認識することが重要である。2020 年の中頃に，インスタグラムにはおよそ 1800 万枚の「ミニマリズム」というハッシュタグのついた画像があった。ほとんどは，自撮りをして 800 ドルの真っ白のスニーカーを見せびらかしている自称ファッションリーダーたちによるものである。今までに

耳にした最も馬鹿げた物の一つで，最高級の化粧品会社がどういうわけか「ミニマリストのファンデーション」を売りだして大もうけをしている。その化粧品は，まるで化粧をしていないかのように見えるという点で評価されている。ミニマリストの王様は実際に服を着ていないようだ！

⑧　最後に，数人のアメリカのミニマリストたちは，私たちが生きている現在の大量消費社会でその運動が「根本的な変革」を起こす可能性について語っている。彼らが知ることができないことは，ミニマリズムは実際は特権であり，先進国の豊かな人たちにのみ限られているということである。貧しい人たちは物をそんなに簡単に捨て去ることはできない。なぜならば彼らは将来それらの物を必要とするかもしれないし，それらの物を再び買うことができないからだ。自分の故国から逃げざるを得ない難民たちは，何を持っていくことができるのか，何を後に残さなければならないかを決める時，泣きわめくだろう。もしこれらの人たちが所有物をあきらめるならば，それは，生活から物を取り除くことは究極的には彼らをより幸せにして人間関係を改善するという，いくぶん利己的な考えのためではない。もしミニマリストが実際に変革を起こしたいのであるならば，彼らは，インスタグラムのアカウントについて心配するのをやめて，人々が必要性に応じて消費するもっと公平な社会を目指して議論し始めるべきである。

◀解　説▶

▶ 10.「以下のうち，第①段の空所［10］を埋めるのに最も適切なものはどれか」

4 の with the aim of「～という目的を持った」を空所に入れると，文法的にも意味的にも話の流れに合う。この of は「～という」という意の同格を示す前置詞。他の選択肢では文法的に空所の後の部分とつながらない。

1．constitute は「～を構成する」という他動詞。on という前置詞が後続しない。

2．stress「～を強調する」は他動詞なので on が後に来ることはない。

3．intent「意図」という名詞は with the intent to *do*「～する意図を持った」という形で用いられる。to の後は動詞の原形なので，動名詞が後続しない。

▶ 11.「下記の 5 個の単語は組み合わさって，第②段の空所［11］に入る。

文法的に正しい文になるように単語を並べると，どの単語が3番目に来るのか」

まず，空所の前のtheyによって，空所には述語動詞が入ると見当をつける。助動詞mightとwellがあるので，might well「～だろう」という定型表現ではないかと想定する。後はhaveとtoを組み合わせ，最後にdestroy「～を破壊する」を持ってくる。よって，(As a result, they) might well have to destroy (more precious natural resources to make up for the losses.)「結果として，損失の埋め合わせをするために，彼らはもっと貴重な天然資源を破壊しなければならないだろう」となる。as a result「結果として」 natural resources「天然資源」 make up for ～「～の埋め合わせをする」

▶ 12.「以下のうち，第③段の空所［12］を埋めるのに最も適切なものはどれか」

空所の直前文に「規模の経済は，大きいことは本当に素晴らしいものになりうることを意味する。つまり，大規模経営はしばしばはるかに少ないゴミではるかに多く生産することができる」と記されている。著者はここで「規模の経済」を例に挙げて，ミニマリズムと対極的な手段が環境に良いと主張していることがわかる。そして，空所の直前にMoreover「さらに」とあることから，空所にはそうした筆者の主張に合う別の例が入ると推測できる。よって，2の「長距離貿易は環境にとって必ずしも悪いとは限らない」を空所に入れると，後に続く文の「独特の地理や利用可能な資源，異なる環境を反映する」と，貿易の話としてつながる。not necessarilyは「必ずしも～とは限らない」という意の部分否定。

1.「生産を最大にするために規模を拡大することは必然的である」

3.「国家は調和した政策を採用するべきだ」 直後の文の主語が同じくNationsであるため，英文の流れとしても不適。

4.「環境に関する計算を統一することは第一歩である」

▶ 13.「以下の問題のうち，第⑤段で提起されていないのはどれか」

1. Environmentalism「環境保護主義」についてこの段落で述べられていないので，1が正解である。

2.「グローバル化」 第⑤段第2文（Do we really want to…）で記されている。

3．「国際紛争」 第⑤段第2文で取り上げられている。

4．「国の経済政策」 第⑤段第3文（Should governments legislate …）で論じられている。

▶ 14.「以下のうち，第⑥段の空所［14］を埋めるのに最も適切なものはどれか」

「不必要な物を取り除く」という話の流れから，空所の後の“things”を含めて，「生活から物を取り除く」という意味だと想定される。よって，3の rid their lives of を空所に入れる。rid *A* of *B*「*A* から *B* を取り除く」 他の選択肢は文法的に合わない。4は3の表現に似ているが，このような使い方をしない。1と2は get rid of ～「～を取り除く」という表現に類似しているが，このように用いることはない。

▶ 15.「以下のうち，第⑦段の空所［15］に論理的に入るものはどれか」

各選択肢の意味を考えて，3の make a killing「大もうけをする」という慣用表現を選ぶ。

1．「（賭博で）胴元をつぶす」

2．「身ぎれいにする」

4．「非難を受ける，打撃を受ける」

▶ 16.「以下のうち，第⑧段の空所［16］を埋めるのに最も適切なものはどれか」

空所に後続する文に「貧しい人たちは物をそんなに簡単に捨て去ることはできない。なぜならば彼らは将来それらの物を必要とするかもしれないし，それらの物を再び買うことができないからだ」という記述がある。貧しい人たちにはミニマリズムが認められていないことがわかる。throw away ～「～を捨てる」 この観点から考えると，1と4は「全ての人」に言及しているので，空所に適さないことは明白である。3は特定の国籍の人にのみ言及しているので，空所に入れるには難がある。このように考えて，空所には2の「先進国の豊かな人たちにのみ限られている」を選ぶ。空所の前にコンマがあるので，limited 以下が直接 privilege にかかる後置修飾だとは考えにくい。よって，前に being が省略されている分詞構文だと考えればよい。be limited to ～「～に限られる，限定される」

1．「そして，私たちが全ての人たちに担うように奨励すべき義務」 bear an obligation「義務を担う，負う」

3.「アメリカ人のみが利用できる特権」 oneはa privilegeの代わりに用いられる代名詞。take advantage of～「～を利用する」

4.「そしてその特権を全ての国籍のあらゆる人が共有できる」 whichは前にコンマがあるので，関係代名詞の非制限用法である。anyは肯定文で用いられているので「あらゆる」という意。

▶ 17.「第⑧段の下線部で，以下の単語のうち，話される時自然に強勢が置かれるのはどれか」

強勢が置かれるのは強調したい部分である。下線部を含めた文章の意味を考えて，何を強調したいのかを考えること。it is not because of some selfish idea that removing objects from their lives will ultimately make them happier and improve their relationships「それは，生活から物を取り除くことは究極的には彼らをより幸せにして人間関係を改善するという，いくぶん利己的な考えのためではない」 itはif節の内容を受ける。thatは「～という」という意の同格の接続詞。「that以下という考えのためではない」という否定的な内容が強調されていると考えられるので，3のnotに強勢を置く。

▶ 18～20.「以下の意見を考えよ。それから，両方の記事に基づいて，対応する数字(18)，(19)，(20)の欄に，もしクレア=ヤーメスのみがその意見に賛成ならば，1をマークせよ。もしウイニー=D.モースタッフのみがその意見に賛成ならば，2をマークせよ。もし両方の著者がその意見に賛成ならば，3をマークせよ。もしどちらの著者もその意見に賛成ではないならば，4をマークせよ」

18.「消費を削減するための政府の政策は実行されるべきだ」 ヤーメスは第④段最終文（As such, any responsible government …）で消費の削減に賛成している。一方，モースタッフは第④段第1文（Logically, the government …）で，政府が消費を奨励するべきだと，反対の意見を主張している。よって，この意見に賛成なのはヤーメスのみで，1が正解である。

19.「ミニマリズムは豊かな人たちに不当な影響を与える」 ヤーメスは第⑤段第1～3文（Minimalism has … then from self-interest.）で，経済的不均衡の是正のために，豊かな人たちがある程度の消費なしで済ませば，貧しい人たちの役に立つことを記している。ミニマリズムが与える悪影響とは程遠い状況で，ヤーメスはこの意見に同意していないと考えればよい。さらに，モースタッフも，第⑧段第２文（What they fail to see is …）で，ミニマリズムは豊かな人たちに限定される特権であると反対の主張をおこなっている。どちらの著者もこの意見に反対である。よって，４を正解とする。

20.「ミニマリズムの環境コストと有益さを計算することは，絶対に必要である」 ヤーメスは第③段最終文（These environmental benefits …）で，モースタッフは第③段第２文（True, working out …）で，それぞれ計算の必要性を主張している。どちらの著者もこのように考えているので，３が正解である。

▶ 21.「以下の単語のうち，他と異なるアクセントのパターンを持つのはどれか」

各単語の意味とアクセントの位置は次の通りである。１.「建築」第１音節。２.「悲しむべき」第２音節。３.「公平な」第１音節。４.「ミニマリズム」第１音節。５.「統合」第１音節。よって正解は２の deplorable である。

▶ 22.「以下のそれぞれは，動詞と名詞の対である。以下の単語の対のうち，同じアクセントのパターンを持つのはどれか」

以下各単語の意味とアクセントのある音節を順に示す。

１.「～を配送する」第２音節，「配送」第２音節
２.「～を模倣する」第１音節，「模倣，模造（品）」第３音節
３.「宣言する」第２音節，「宣言」第３音節
４.「記録する」第２音節，「記録」第１音節

名詞も動詞も同じ音節にアクセントがあるのは，１の deliver と delivery である。

●語句・構文●

（第①段） certainly, *A*, yet *B*「なるほど *A* だが，*B*（＝true, *A*, yet *B*）」同様の表現に it is true that *A*, but *B* がある。if ～, then …「もし～ならば，…」

（第②段） its perceived benefit to the environment の原義は「環境への認められた有益さ」だが，「環境に有益だと認められていること」と訳すとわかりやすい。there is a lot more to consider「はるかにもっと多く

考えるべきことがある」 a lot「はるかに」は比較級の more を修飾する強調表現。to begin with「第一に」 the impact that sharp reductions in global consumption would have on developing countries「世界の消費の急激な減少が発展途上国に及ぼすであろう影響」 この部分で用いられている impact だが，have an impact on 〜「〜に影響〔衝撃〕を与える」という元の形をしっかり押さえておくこと。be reliant on 〜「〜に依存している」 be forgiven for 〜「〜のことで許される」 元の形は forgive *A* for *B*「*B*（行為など）のことで *A*（人）を許す」である。

(第③段) point to 〜「〜を指摘する，〜に注意を向ける」 work out 〜「〜を算出する，計算する」 not all「全て〜だとは限らない」 部分否定である。Economies of scale mean that big really can be beautiful「規模の経済は，大きいことは本当に素晴らしいものになりうることを意味する」 economies of scale「規模の経済」とは生産の規模が拡大すればするほど製品 1 個あたりのコストが下がることを言う。この文の that 以下の部分で，big という形容詞が「名詞化」されて主語になっていることに注意。

(第④段) encourage *A* to *do*「*A* に〜するよう勧める」 primary driver「第一の原動力」 tidy up 〜「〜を片付ける」 consumption stream「消費の流れ」 a myriad of 〜「無数の〜，数えきれないほどの〜」

(第⑤段) follow from 〜「〜に続いて起こる」 on a wider scale「より広い規模で」 to the point where 〜「〜の程度にまで」 where は関係副詞。resort to 〜「〜に訴える」 armed conflict「武力衝突，軍事衝突」 in *one's* attempt to *do*「〜しようと試みて，〜しようとして」 with *A* in mind「*A* を考慮に入れて，念頭に置いて」

(第⑥段) to be clear「明確にするために言うと，誤解のないように言うと」 no matter how 〜「いかに〜であろうとも」 remove *A* from *B*「*B* から *A* を取り除く」 fail to *do*「〜できない」 in this way「このように」 virtual versions「仮想の版〔型，バージョン〕」，つまり「仮想の物」。a mouse-click or screen tap away「マウスのクリックやスクリーンのタップでなくなって」 away は「なくなって」という意の副詞。in theory「理論的には」 この表現はこの段落の次の文の冒頭の In reality「現実には」と対応している。hand over 〜「〜を渡す」 with free

same-day delivery「無料の当日配送で」
（第⑦段） *one's* own kind of～「…特有の～，…独特の～」 some 18 million images「およそ 1800 万枚の画像」 数字の前に some がつくと「およそ」という意味になる。self-proclaimed fashion gurus「自称ファッションリーダーたち」 take a selfie「自撮りをする」 show off～「～を見せびらかす」 be valued for～「～の点で評価される」 元の形は value *A* for *B*「*B* の点で *A* を評価する」である。as if～「まるで～であるかのように」 have makeup on「化粧をしている」 it seems (that)～「～だと思われる，～のようだ」
（第⑧段） the potential of *A* to *do*「*A* が～する可能性」 make a change「変革を起こす」 be forced to *do*「～せざるを得ない，～するよう強いられる」 元の形は force *A* to *do*「*A* に～するよう強いる」である。leave behind「～を（後に）残す」 stop *doing*「～することをやめる」 worry about～「～について心配する」 in proportion to～「～に応じて，比例して」

III 解答

23―2　24―1　25―3　26―2　27―2　28―3
29―1　30―4　31―2　32―4　33―2　34―1
35―1

◆全　訳◆

≪ファッションの廃棄物：特大なのか？≫

① ファッションは環境コストが実にあまりにも高い怪物になってしまった。「持続可能なファッションのための国連アライアンス」によると，ファッション産業は全世界の製造業に 2.4 兆ドルをもたらし，世界中で 7500 万人以上の人々を雇用している。生産の増加はとんでもなかった。国連開発計画の見積もりでは，1000 億枚の衣服が 2014 年だけでも製造され，10 年前の数量の 2 倍の数量であり，地球上の全ての人に 14 枚の衣服を提供するに十分だった。また，そのペースは下降しそうにない。ある概算によると，アパレル全体の消費は，2017 年の 6200 万トンから 2030 年の 1 億 200 万トン――5000 億枚の T シャツに相当する量――へ，63 パーセント上昇し続けるだろうということだ。その後に起こることを推測するのは難しくない。クローゼットは必然的に一杯になり，その後でゴミ箱へ，

そして埋め立て地へ行くことになる。分析者の示唆するところでは，今日の消費者は，15年前に消費者が持っていた期間の半分の期間，衣料品を持っているだけで，最も安い衣服を「ほとんど使い捨てできるもの」として扱いさえする。

②　統計は気の滅入る話をしてくれる。世界全体で見ると，その産業は2015年に9200万トンのファッションの廃棄物を生み出した。先進国は並外れて大きな役割を演じた。たとえば，アメリカ人が捨てた衣服の量は20年にわたって増加し，700万トンから2015年の900万トンになり，大部分は直接埋め立て地に行くのであった。同様に，EUでは1996年から2015年の間に衣服の購入が40パーセント以上増加した。だが，2015年に消費されたおよそ600万トンの新しい衣服のうち，30パーセント以上の衣服が1年以上使われることはなかった。そして，廃棄された衣服のうち，50パーセント以上が最終的にゴミとして埋められたり焼却されたりした。

③　もし廃棄物処理が唯一の関連する損害であるならば，それはすでに，対応策を講じる必要があることをほとんどの人たちに納得させるに十分であろう。だが，そうではないのだ。その産業はまた生産のあらゆる段階で環境に害を及ぼす。たとえば，世界で最も消費される織物である綿を取り上げてみよう。綿の生産は水を大量に消費し，駆除剤にひどく依存する。世界の農地のたった2.4パーセントで綿が植えられているのだが一方，世界の殺虫剤の24パーセントと駆除剤の11パーセントが綿を育てるために使われている。さらに，衣服は目的地に到達するために通例広範囲の距離を移動する。複雑なサプライチェーンや消費者の廃棄や集約型農業は，大きな二酸化炭素排出量を作り出す。2018年の研究が示しているところでは，アパレル産業と履物産業を一緒にすると，地球の気候への影響の8パーセント以上を占めている。それは，全ての国際フライトと船舶旅行を合わせたよりも多い温室効果ガスの排出量になるだろう。

④　この巨大な汚染源とそれに伴う資源の廃棄を抑えるために何ができるのか。たとえば，他の環境問題への多くの反応は，汚染を減らすために新しい技術の導入を必要とする。だが，技術だけがどのようにこの点で役に立つかを知ることは難しい。実際，最も難しい問題を引き起こすかもしれないのは，まさに現代の技術の創造物――合成繊維――である。衣服のおよそ60パーセントが今やこれらの繊維を含んでいる。だが，平均的な

6キログラムの洗濯物から，70 万以上のプラスチックのマイクロ繊維が川や海に流され，魚によってそして後に人間によって摂取されるだろう。もし技術が演じるべき役割があるならば，それはこのサイクルを元に戻すことであろう。

⑤　また，課税や規制によって市場を調整する方法を見つけることは簡単ではない。確かに，発展途上国の衣服にかかわる貧しい労働者たちの権利は，新しい法律によってよりよく保護されるだろう。しかし，過度の消費を制限することは難しいだろう。つまり，環境への影響のために合成繊維の衣服に課税することは効果的だろうが，政治的には厄介なのである。たとえば，2018 年にイギリスでの全てのファストファッションの衣服に1ペニーの税金を導入しようとした企ては，それが公害のコントロールで使うために数百万ポンドを集めたかもしれないけれども，拒絶された。

⑥　それにもかかわらず，私たちはこれらの問題についての社会意識を改善させなければならない。この点で，再利用，発生抑制，再生利用という環境保護論者の目標は再考する価値がある。近年，再利用は，アフリカへ古着を単に輸送すること以上のものを意味しているに違いない。アフリカでは，人々は古着を必要としていると，あまりにも容易に言われている。アメリカ・イギリス・ドイツ・中国は4カ国で，今日の古着の貿易のおよそ半分を占めている。これらの国は，主にアフリカのもっと貧しい国へ不必要な衣服を輸送することによって，自分たちの廃棄物を減らしている。それは慈善のように思われるが，その規模がしばしば不適切であり，衣服はしばしば理想的ではない。さらに悪いことに，その貿易はこれらの発展途上国が自分自身の産業を発展させる能力をむしばんでいる。織物製造業がしばしば産業化への道の最初の段階であることを考慮に入れると，これは大きな障害になっている。

⑦　究極的には，私たちは皆衣服のリサイクルの可能性を認識できるし，認識すべきである。このことは，単に古着を雑巾に変えることにとどまらない。それは，容易に溶け再び作ることができる新しい織物を推奨し，その織物に投資することを意味する。リサイクルした素材の経済的側面は現在魅力がない。たとえば，リサイクルされたポリエステルは，新品の素材と比較すると 10 パーセント高価である。ある一流のアウトドアブランドが算定しているように，新しいポリエステルを使うことと比較すると，リ

サイクルは必要とされるエネルギーの75パーセントを不要にし，二酸化炭素の40パーセントをなしで済ますとしても，その主要な数字が変化するまで，会社はほとんど何もしないだろう。技術とリサイクルの経済的側面の両方が劇的に改善する必要がある。

⑧ それにもかかわらず，持続可能なファッション，良質な古着，他の代替品はますます手に入るようになってきているが，その負担は消費者だけにかかるべきではない。ファッション会社が責任を負わなければならない。政府もまた規制や課税構造を通じて貢献できるだろう。それらの地球規模の複雑な問題に取り組むことは，個人の買い物習慣の変化以上のことを必要とする。つまり，それはシステムの変革を必要とする。

◀解　説▶

▶ 23～25.「以下の文のうち，第①段の空所［23］，［24］，［25］を埋めるのに最も適切なものはどれか。それぞれの文は1回だけ使えるものとする」

原則として，このような問題では，入れやすいところから空所を埋めていけばよい。空所［23］に前後の文の内容を基にして，2の「生産の増加はとんでもなかった」を入れる。absurd は「ばかげた，理屈に合わない，不合理な，途方もない」という意味であるが，ここでは「とんでもない」と訳出している。空所［24］には，空所の後続文のアパレル全体の消費の上昇という内容を基にして，1の「また，そのペースは下降しそうにない」を入れる。nor「また～ない」 nor を含む文の倒置構造に注意。通例 nor は否定の意味を持つ語を含む節や文の後で用いられるが，ここでは肯定文の後に用いられる用法である。be set to *do*「～しそうである」 set は形容詞であることに注意。この1の選択肢は，後続文を基にして空所［23］にも入りそうである。しかし，空所［23］の前文と合わないので，空所［23］には不可。空所［25］の後続文の「クローゼットは必然的に一杯になり，その後でゴミ箱へ，そして埋め立て地へ行くことになる」という内容に基づいて，空所［25］に3の「その後に起こることを推測するのは難しくない」を入れる。what follows「その後に起こること」 follow は自動詞。

▶ 26.「第②段によると，2015年の全世界のファッションの廃棄物のおおよそどのくらいの割合がアメリカから来ていたのか」

第②段第2文（Globally, the industry …）の内容から2015年の世界のファッションの廃棄物は9200万トンである。一方，第②段第4文（For example, the volume of clothes …）を基にすると，2015年のアメリカのファッションの廃棄物は900万トンである。よって，世界のファッションの廃棄物に対してアメリカが占める割合は，900万トン÷9200万トン×100≒10％であり，正解は2である。

▶ 27.「以下の文のうち，第③段の空所［27］を埋めるのに最も適切なものはどれか」

空所［27］の前文で，if節内の主語が単数であるが述語動詞はwereなので，仮定法過去が用いられていることがわかる。空所の後続文に「その産業はまた生産のあらゆる段階で環境に害を及ぼす」とあるように，アパレル産業に関連する損害は廃棄物処理だけではないことが記されているので，2の「だが，そうではないのだ」を選ぶ。

1.「それは全て真実である」

3.「しかしながら，それで十分である」

4.「これは問題にされるだろう」

▶ 28.「以下のうち，第③段の空所［28］を埋めるのに最も適切なものはどれか」

空所の後の「大きな二酸化炭素排出量」と合う表現として，空所に3のmake for「～を生み出す，助長する」を入れる。carbon footprint「二酸化炭素排出量，カーボンフットプリント」

1.「～を育てる」

2.「～に従う，～と一致する」

4.「～を取り上げる，～を始める」

▶ 29.「以下のうち，第④段の空所［29］を埋めるのに最も適切なものはどれか」

前後の意味を考えて，1のalone「～だけを」を空所に入れる。aloneは名詞や代名詞の直後に用いられると，「～だけ」という意である。

3.「単に」　4.「単独で，～だけで」

▶ 30.「以下のうち，第⑤段の空所［30］を埋めるのに最も適切なものはどれか」

正しい目的のためでも課税は難しいという第⑤段の内容を基にして，4

の rejected「拒絶されて」という過去分詞を選ぶ。

1.「廃止されて」

2.「考慮に入れられて」

3.「(法案などが) 可決されて」

▶ 31.「以下のうち，著者が第⑥段の下線部［31］を使う理由を最も適切に説明しているのはどれか」

下線部を含む where 以下の意味は「アフリカでは，人々は古着を必要としていると，あまりにも容易に言われている」である。where は関係副詞の非制限用法である。all too「あまりにも」 in need of ～「～を必要として」 第⑥段第5文（They reduce their waste …）が示すように，古着をアフリカに送るのは，自国の廃棄物を減らしたいという先進国の思惑があると著者は述べている。よって，著者の理由は，2の「この話の真実性に疑いを投げかけるため」である。cast doubt on ～「～に疑いを投げかける」

1.「この話の真実性を受け入れるため」

3.「アフリカの貧困を強調するため」

4.「アフリカについて最もありふれた話をするため」

▶ 32.「以下のうち，第⑦段の下線部［32］と入れ替えるのに最も適切なものはどれか」

下線部を含む文の後半部分は「その主要な数字が変化するまで，会社はほとんど何もしないだろう」という意味である。make little progress「ほとんど進化しない」 ここでは「ほとんど何もしない」と意訳している。第⑦段第4文（The economics of recycled materials …）の後半部分に「たとえば，リサイクルされたポリエステルは，新品の素材と比較すると10パーセント高価である」と記されている。これを基にして，「その主要な数字」は10パーセントであることがわかる。よって，4の「リサイクルされたポリエステルの価格」が求める正解である。

1.「ポリエステルのリサイクル率」

2.「ポリエステルが環境に与える損害」

3.「ポリエステルのエネルギーコスト」

▶ 33～35.「以下の3つの意見を読むように。それから，記事に基づいて，マークシートの対応する数字(33)，(34)，(35)の欄に，もし著者がその意見に賛成すると思うならば，1をマークせよ。もし著者がその意見に反対すると思うならば，2をマークせよ」

33.「持続可能なファッションの慣行についての消費者教育を増やすことは，ファッションの廃棄物を減らすのに十分である」 be sufficient to *do*「～するのに十分である」 第⑧段では，消費者ではなくファッション会社や政府の方策が重要であると述べられている。よって，著者がこの意見に反対すると考えられるので，2を選ぶ。

34.「持続可能ではない衣服の生産に課税することは，廃棄物を減らす一つの解決策である」 第⑤段第3文（Yet, restricting excess consumption …）で「環境への影響のために合成繊維の衣服に課税することは効果的だろう」と述べ，また，第⑧段第3文（Governments may also …）で「政府もまた規制や課税構造を通じて貢献できるだろう」と記している。よって，著者はこの意見に賛成すると考えられるので，1を選ぶ。

35.「天然素材と合成素材の両方が環境に有害である」 be damaging to ～「～に有害である」 damaging は「有害な」という意の形容詞。第③段第5・6文（Cotton production is water … to grow it.）では，天然素材である綿の生産は水を大量に消費し，駆除剤を多用すると記されている。また，第④段第4～6文（Indeed, it is precisely … later by humans.）では，合成素材である合成繊維は川や海に流出するプラスチックのマイクロ繊維の原因であると述べられている。これらはいずれも，環境に有害である事例である。よって，著者がこの意見に賛成すると考えられるので，1を選ぶ。

●語句・構文●

（第①段） contribute *A* to *B*「*B* に *A* をもたらす，貢献する，寄付する」 $2.4 trillion「2.4 兆ドル」 a figure twice that of a decade earlier は，「10 年前の数量の2倍の数量」という意で，twice that of a decade earlier が直前の figure を後置修飾している。that は前出の figure の繰り返しを避けるために用いられている代名詞。この表現は，100 billion garments「1000 億枚の衣服」と同格の機能を果たしていることに注意。provide *A* with *B*「*A* に *B* を提供する」 by one estimate「ある概算〔見積もり〕によると」 rise by 63%「63 パーセント上昇する」 by は

数値や程度を示す前置詞。例：miss the bus by seconds「数秒差でバスに乗り遅れる」 an equivalent of 500 billion T-shirts「5000億枚のTシャツに相当する量」は，直前の102 million tons in 2030「2030年の1億200万トン」と同格である。followed by trash bins and landfill sites「その後でゴミ箱へ，そして埋め立て地へ行く」 followedの前にbeingを補い，分詞構文と考えるとよい。followは多義語で，ここでは「～の後に続く」という意の他動詞である。例示すると，The meal was followed by a cup of coffee.「食事はコーヒーによって後を続かれた」つまり「食事の後にコーヒーが出た」となる。keep their clothing items for half as long as they did 15 years ago「15年前に消費者が持っていた期間の半分の期間，衣料品を持っている」 この部分はfor long「長い間」とhalf as long as～「～の半分の長さで」が重複していると考えればよい。treat *A* as *B*「*A*を*B*として扱う」 nearly disposable「ほとんど使い捨てできる」

（第②段） with the vast majority going directly to landfills「大部分は直接埋め立て地に行くのであった」 付帯状況のwithであることに注意。the EU has seen clothing purchases increaseは無生物主語構文で，文字通りの意味は「EUは衣服の購入が増加するのを見た」だが，「EUでは衣服の購入が増加した」と訳出している。of the roughly 6 million tons of new clothing consumed in 2015「2015年に消費されたおよそ600万トンの新しい衣服のうち」 最初のofは「～のうち，～の中で」という意で，後ろのmore than 30％と連結する。同様の使い方をするofの例として，この段落のof those discarded「廃棄された衣服のうち」があり，ofは後ろのmore than 50％と連結する。end up～「最終的に～となる」

（第③段） the only cost involved「唯一の関連する損害」 involvedは前のcostを修飾。action needs to be taken「対応策を講じる必要がある」元の形のtake action「行動を起こす，対応策を講じる」を押さえておくこと。water intensive「水集約型で」つまり「水を大量に消費して」という意。whileは「～だが一方，…」という意の対照を示す接続詞。plant *A* with *B*「*A*に*B*を植える」 account for～「～を占める」 translate into～「～になる，結びつく」 greenhouse gas emissions「温室効果ガスの排出量」 all international flights and maritime shipping trips combined「全ての国際フライトと船舶旅行を合わせた」 combinedは

「合わせた，合計した」という意の形容詞で，名詞の前後で用いる。例：the size of *A* and *B* combined「*A* と *B* を合わせた大きさ」

（第④段）　responses to ～「～への反応」 call for ～「～を必要とする，求める」 synthetic fibers「合成繊維」 washing load「洗濯物」 flush *A* into *B*「*A* を *B* に流す，洗い流す」 to be ingested by fish and later by humans「魚によって，そして後に人間によって摂取される」 この表現の to be ingested は結果を示す不定詞。to の代わりとして and と考えるとわかりやすい。

（第⑤段）　sure enough, *A*, yet *B*「なるほど *A* だが，*B*…」 enough は強調のために用いられているが，通例は enough がないことが多い。類似の表現として true, *A*, yet *B* や it is true that *A*, but *B* などがある。politically awkward「政治的には厄介な」 an attempt to *do*「～しようとする企て，試み」 even though ～「～だけれども，たとえ～だとしても」

（第⑥段）　be worth *doing*「～する価値がある」 these days「近年，この頃」 ship off ～「～を輸送する，船で送る」 second-hand clothes「古着」 worse still「さらに悪いことに」 undermines the ability of these developing countries to develop industries of their own「これらの発展途上国が自分自身の産業を発展させる能力をむしばんでいる」 the ability of *A* to *do*「*A* が～する能力」 of *one's* own「自分自身の」 given that ～「～を考慮に入れると」 the initial step on the ladder to industrialization「産業化への道の最初の段階」 この表現中の単語の原義に関して，ladder は「はしご」であり，step は「(はしごの) 段」である。

（第⑦段）　be aware of ～「～を認識する」 go far beyond ～「～をはるかに超える，～にとどまらない」 turn *A* into *B*「*A* を *B* に変える」 floor cloth「雑巾」 invest in ～「～に投資する」 at present「現在」 compared to ～「～と比較すると」

（第⑧段）　quality「良質の」 この quality は形容詞であることに注意。lie with ～「～にある，～の責任である」 take responsibility「責任を負う」 contribute through ～「～を通じて貢献する」 a shift in ～「～の変化」 shopping habits「買い物習慣」

Ⅳ 解答　R1 : I am not trying to find fault with you, but I feel that your way of speaking with Mrs. Tanaka last time was a little impolite.

D1 : But on such an occasion, I'm afraid parents won't notice that the situation is serious if I don't say clearly.

R2 :However serious the situation may be, isn't it a bit too much to make them take full responsibility?

D2 : In general, I think that the parents are careless in letting their child carry such a thing to school for fun.

◀解　説▶

英訳する際には，文法的な間違いに気をつけて，自分が自信を持って使える表現や文構造を用いて英語に直すことが重要である。そのためには，難しい単語を使わずに，自分自身がよく慣れている単語やイディオムを使うことが望ましい。特に，この和文英訳は会話なので，難解な言葉を使わない方がよいだろう。

R1 :「～のあら探しをする」は定型表現を用いて，find fault with ～とする。あるいは，「～のあら探しをする」を「～を批判する」と考えて，criticize を用いるのも可。「この前の言い方」は「この前の田中さんとの話し方」と補足して your way of speaking with Mrs. Tanaka last time とするか，the way you spoke to Mrs. Tanaka last time とする。「ちょっと」は a little か a bit という定型表現を用い，「失礼な」は impolite か rude にする。「この前の田中さんとの話し方」を「あなたが田中さんと話した時」として，you were a little impolite to Mrs. Tanaka when you talked with her とすれば，満点とは言えないが，言いたいことはかなり伝えることができると思われる。

D1 :「ああいう時は」は「そんな場合には」と考えて，on such an occasion や in such a case とする。「はっきり言う」は say clearly を用いる。「事の重大さ」は「起こった事の深刻さ」「状況の深刻さ」と考えて，the seriousness of what happened か the seriousness of the situation とする。あるいは「状況が深刻である」と考えて，the situation is serious とするか，「状況がいかに深刻であるのか」と考えて how serious the situation is とするのも可。

R2:「いくら重大だとしても」は「状況がいかに深刻だとしても」と考えて，however serious the situation may beとする。howeverの代わりにno matter howでもよいし，may beの代わりにisでも可。「全ての責任を負う」はtake full responsibilityを使うのもよい。「親に全ての責任を負わせる」はmake the parents take full responsibilityとなる。あるいは，blame「(したことへの) 責任，非難」を用いると，put all the blame on the parentsとなる。「〜するのは行き過ぎである」はit is too much to *do*を用いる。あるいは，go too far「度を超す」という定型表現を利用して，it is going too far to *do*を用いてもよい。

D2:「一般的に」はgenerallyやin generalを用いる。「あんなもの」はsuch a thingとするか，that thingでも可。「遊び道具として」はas a playthingとするか，「楽しみのために」と考えて，for funとする。「親の不注意だ」はthe carelessness of the parentsとするか，「*A*が〜するのを許すとは，親は不注意である」と考えて，the parents are careless in letting *A do*とする。

V　解答例

(A) I do not think that the Japanese government should encourage citizens to adopt a minimalist lifestyle. I have two reasons. First, it would violate individual freedom. A way of life is an expression of a person's values. Thus, the government should not create a climate that would undermine the diversity of individual values. Second, minimalism's reduced consumption could harm the economy. As more people become thrifty, national growth will slow. Given that social security costs will increase in the future in Japan, there is no reason to promote a slowdown in growth. However, in her 2020 article "Minimalism: Less is Better," Clare Yermesse insists that minimalism has economic benefits because it prioritizes the consumption of "ethically produced and locally sourced goods." Minimalism indeed may have the power to solve such problems of consumerism, but considering that the production process involves various people and countries, the primary role of the government should be to determine a larger framework and not to promote the lifestyle. For these reasons, whether or not to adopt minimalism should be left to citizens.

(B) I think the Japanese government should encourage citizens to reduce fashion waste. I have two reasons. First, we should not leave a pile of fashion waste behind. It is a negative legacy for people in the future. If we continue to produce fashion waste at the current rate, it will damage the environment and have adverse influences on people in the future. Second, the government should increase our awareness about reducing fashion waste rather than think of taxation. It is said that the Japanese people originally had a "mottainai" spirit, so we need to inspire this spirit. In her 2020 article "Fashion Waste : Outsized?," Anne Derwahn claims that "Governments may also contribute through regulations and tax structures." However, I see it in a different way. In the current Japanese economic recession, taxation is not effective. It is a burden on consumers. It should be emphasized that clothes are not disposable. People will gradually change their shopping habits and buy fewer clothes, paying more attention to environmental pollution.

◀解　説▶

設問は「次の２つの設問から１つを選んで自分の意見を英語で書くように」である。

(A)「日本政府はミニマリストのライフスタイルを採用するように国民に奨励するべきか。なぜそうすべきか，あるいは，なぜそうすべきでないのか」

(B)「日本政府はファッションの廃棄物を減らすように国民に奨励するべきか。なぜそうすべきか，あるいは，なぜそうすべきでないのか」

問題文**Ⅰ**，**Ⅱ**，**Ⅲ**に記されている見解やことがらを最低１つ引用して，自分の意見と異なる見解に言及し，それに反論せよという指示がある。引用例は下記の通りである。

- 「2010年の記事の『動物園に反対して』で，フェーレーは主張する。『自然はコントロールするべき私たちのものではない』 彼女は…と主張するが，私はその意見に強く反対する。なぜならば…」
- 「フォーン（2010）によるエッセーの中で『学校は生徒の権利を十分保

護していない』と主張するイブ=N. スズキにある程度のみ賛成する。Xは Y であるという彼女の主張は正しいかもしれないが，…」 to a certain extent「ある程度」

- 「オワーク（2012，第7段）によると，1つの選択肢は間接課税である。この議論は…であるけれども」

文法的な間違いをしないように気をつけて，自分が自信を持って使える表現や文構造を用い，できるだけ論理的な流れになるように書くこと。

❖講　評

2022年度は，2021年度と同じ大問5題で，そのうちの3題が長文読解問題，1題が和文英訳問題，1題が意見論述であった。

3題ある読解問題の英文は，いずれも現代社会でよく議論になる問題を扱っており，**I**では「ミニマリズム：より少ないほどより良い」，**II**では「ミニマリズム：狭量な考え方か？」という内容が述べられている。さらに，**III**は「ファッションの廃棄物：特大なのか？」について述べている。設問形式は例年通り空所補充や内容説明，内容真偽が中心で，ほとんどが4択問題であるが，一部異なる問題もある。英文の量と難度の高さで圧倒されてしまいがちだが，個々の設問の選択肢は比較的理解しやすく，正解を絞りやすいものが多い。また，語彙力・文法力に関する設問もあり，総合力が試されている。

IVの和文英訳は内容こそ日常的なもので，一見易しい印象を受けるが，実際に書いてみると正確な英訳が難しいことに気づくはずだ。注意点にもあるように，与えられた日本文をそのまま直訳しようとせず，どこまで英語に訳しやすい別の日本語表現にできるか，いわゆる「和文和訳」のプロセスを上手にたどることが重要である。

Vの意見論述は，経済学部の入試では毎年出題され，避けては通れない関門だ。2021年度と同様，読解問題の英文に関連したテーマが与えられ，それについての自分の見解を，英文から必要箇所を引用しつつ述べるというもの。このようないわゆる「アカデミック・ライティング」には決まった書き方が多く，事前に何度か練習しておくと大変効果的である。できれば，他の人に添削してもらうと，自分の弱点が把握できて有効である。

全体的に盛りだくさんの出題である。速く，しかも正確に読めて，内容がある文を書くためには普段からのトレーニングがものをいう。さらに時間配分にも十分気を配る必要がある。

日本史

I 解答

問1．国内の金銀産出量が減少する中，貿易で金銀銅が大量流出して国内の銅が不足したため，新井白石は海舶互市新例を発して貿易額を制限することで，金銀銅の流出を防ごうとした。
問2．a－8　b－1　c－6
問3．(1)大坂は西廻り航路が整備されると江戸と結ぶ南海路の結節地になり，東北・北陸の諸藩が蔵屋敷を設けて年貢米を廻送し，蔵元・掛屋を通して販売し，貨幣を獲得した。こうして大量の蔵米が売買される大坂に立った米市は米流通の中心となった。
(2)江戸など東日本では主に金貨，京都など西日本では主に銀貨を使用したため。
問4．(1)a－2　b－3　(2)ア－4　イ－1
問5．a－1　b－3　c－6　d－4

◀解　説▶

≪江戸時代の外交・経済・文化≫

▶問1．やや難。設問要求は，18世紀前半に幕府が実施した長崎貿易に関する政策転換について説明すること。付帯条件は，その背景と，政策転換を主導した人物の名に触れることである。「18世紀前半」に注目すれば，新井白石が1715年に発した海舶互市新例について説明するのだとわかる。また，内容についても「政策転換」の指摘ができたか注意が必要である。まず政策転換の背景だが，国産金銀の大量流出だけでなく，輸出用の銅不足も問題になっていたのである。17世紀後半には金銀の産出量が減少した一方で，別子銅山・足尾銅山・阿仁銅山などの発展で銅は増産傾向にあり，清での貨幣用銅の需要増加も相まって，長崎貿易での支払いは銅輸出に転換していった。しかし18世紀前半には輸出品の主力となった銅も不足して，貿易が渋滞するといった問題も起こった。こうした背景を受けて，新井白石は，貿易額制限により，金銀に加えて銅の輸出も制限した。

▶問2．a．8が正解。ケンペルが長崎から江戸へ向かう途中に使った東海道にあって，「大名の夫人がそっと通りぬけたり，銃や武器の類がひそかに運ばれるのを防ぐため」「幕府から任命された役人によって検査される」所だから，入鉄砲出女を監視する関所である。またそこは「入江」に立地するから，浜名湖岸の新居関（今切関）に限定できる。東海道には箱根にも関所が置かれたが，箱根山中に位置するから該当しない。

b．やや難。1が正解。「北方の湾に臨んでいるある町」と「炭坑があり，それを人々は大へん珍しいものだ」が手がかりとなる。日本の炭坑は大部分が近代以降に発見・採掘が始まったが，三池炭坑など北九州の炭坑の一部は，江戸時代以前から採掘されていた。

c．6が正解。「築き上げた低い堤防と堀」「川がたくさんあり」「この川を利用して多量の木材を」をヒントに，木曽檜や，木曽川・長良川・揖斐川の三川下流の輪中地帯を想定できれば，正解できよう。木曽檜は，尾張藩が直轄する山林から切り出され，商品化されて有名になった。

▶問3．(1) やや難。設問要求は，資料アの「この都市」の米市で，米売買が行われた背景について説明すること。付帯条件は「江戸時代の米の流通の特徴に触れ」ることである。資料アには「一刻（約2時間）の間に，五万貫目のたてり商」「米は蔵々に山をかさね」「千石・万石の米をも売買」とさかんな取引の描写があり，「この都市」は，元禄期に上方で活躍した井原西鶴が「日本第一の津」と記すことからも，「大坂」だとわかるだろう。蔵々は蔵屋敷で，大名が年貢米を換金するために蔵物の米（蔵米）を蔵屋敷に納めた。また，大坂の米市で大量の蔵米取引が行われた背景を流通の特徴に触れながら説明する。大坂に蔵物が集まる理由は，17世紀後半に河村瑞賢が幕命により出羽の酒田と大坂とを結ぶ西廻り航路を整備したことで，大坂が南海路と西廻り航路の結節点となったためである。中世以来，北陸地方の米は船で敦賀や小浜で陸揚げされ，琵琶湖水運を利用して大津か坂本に達し，あとは陸路で京都に送られた。しかし出羽酒田から日本海・瀬戸内海の諸港を経て大坂に達する西廻り航路によって，東北・北陸・西国諸藩の年貢米が大坂に直送できるようになった。そこで諸大名は大坂に蔵屋敷を設け，蔵物として換金用の年貢米（蔵米）を廻送し，蔵元を通して蔵米を売りさばいたので，蔵の前に米市が成立したのである。また，米問屋などに買い取られた米は，大坂から南海路で大消費地の江戸などに運ばれた。

(2)「鯛の事，一枚の代金一両二分づつ…今お江戸にすむ商人なればこそ食ひはすれ，京の室町にて，鯛一枚を二匁四五分にて買ひ取り」と，鯛の代金が2つの異なる表し方で示されている。江戸が金貨で，京都が銀貨での表示となっている。それは，江戸を中心とする東日本では主に金貨を使い，京都・大坂など上方や西日本では主に銀貨を取引などで使ったためである。また，計数貨幣の金貨の単位は「両・分・朱」であるのに対し，銀貨は秤量貨幣で「貫・匁」などを単位とする違いに触れてもよいだろう。

▶問4．(1)ａ・ｂ．近松門左衛門の作品『国性爺合戦』は，明の遺臣を父に，日本人を母にもつ主人公の和藤内が，明末期に中国に渡り，明朝の復興のために奮戦する筋書きで，国性爺と呼ばれた鄭成功の史実を脚色した人形浄瑠璃の作品である。

(2)ア．４が正解。「独特の語り方を完成させて人気を博した」から，竹本義太夫が創始した義太夫節を想起したい。

イ．１が正解。徳川綱吉の治世，つまり元禄期の「江戸で歌舞伎」の「荒事芸」つまり勇壮な荒武者などの芝居で名をはせた俳優は，市川団十郎である。

▶問5．江戸時代の天文学に関連する出来事を，年表を用いて年代特定する問題である。

ａ．１が正解。渋川春海は元の授時暦をもとに，独自の観測結果を加味して初の日本独自の暦である貞享暦を作った，元禄文化の時期に活躍した人物である。貞享が５代将軍徳川綱吉の時代とわかれば，「幕府が渋川春海を天文方に登用した」のも，綱吉の頃と判断できる。

ｂ・ｄ．ｂの蕃（蛮）書和解御用は1811年，高橋景保の建議により設置された。また，ｄの高橋景保が投獄されたのは，国禁の地図を帰国するシーボルトに渡したことが発覚したシーボルト事件（1828年）によってである。したがって，ｂ・ｄは，前後関係と消去法でも正答を導ける。なお，シーボルトが鳴滝塾を開いたのは1824年，蛮社の獄は1839年である。

ｃ．やや難。６が正解。「幕府が蕃書調所をおいた」のは1856年で，ペリー来航と翌年の開国をきっかけに，西洋諸国との外交文書の翻訳や洋式軍事力導入の必要に迫られたためである。したがって，ビッドルの浦賀来航（1846年）の後と判断できる。問題は西周らの留学時期である。そこで想起すべきは，幕府が日米修好通商条約の批准書交換のために勝海舟らの咸臨丸を派遣して（1860年）以後，幕府や長州・薩摩などから留学生が派遣された点である。ゆえに西周らの留学は1860年以後だと判断できる。なお，蕃書調所設置は1856年で，1862年には洋書調所，1863年には開成所と改称された。

Ⅱ 解答

問6．a－3　b－1　c－5

問7．⑴原敬　⑵a－1　b－6　c－5

⑶領事裁判権を撤廃する代わりに内地雑居を認め，外国人判事を任用するなどの条件がついた改正案は，国家主権の侵害であるとの批判が政府内外から起こり，ノルマントン号事件への反感や極端な欧化政策を非難する世論も高まった。

⑷ア－4　イ－2　ウ－5　エ－8

⑸井上準之助蔵相は緊縮財政策をとり金解禁を断行して金本位制に復帰したが昭和恐慌に陥った。高橋是清蔵相は金輸出再禁止を行って管理通貨制度に移行して円安による輸出促進と，赤字国債の発行で積極財政に転じて恐慌を脱した。

問8．政府が海軍軍令部の反対を抑えて補助艦保有量を決めた条約に調印したことは，憲法が政府から独立した天皇大権の1つである統帥権の干犯だと批判された。

問9．最高決定機関の極東委員会が決定した占領政策は，米国政府を通じて占領の実施機関であるGHQに伝えられ，最高司令官の諮問機関の対日理事会の助言も受けながら，GHQが指令・勧告を下し，それに従って日本政府が政治を行う間接統治がとられた。

◀解　説▶

≪明治～昭和戦後の政治・外交・経済≫

▶問6．山県有朋の戦功の時期を，明治の経済発展に関する年表中に特定する問題である。年表中の出来事はほぼ基本事項であり，大阪紡績会社の操業開始は1883年。「日本郵船会社が設立された」のは1885年。貨幣法の公布で金本位制が採用されたのは1897年。「官営八幡製鉄所の操業開始」は1901年。「鉄道国有法が公布された」のは1906年である。

a．3が正解。aは「日清戦争の勃発」から1894年の出来事である。

b．1が正解。「鹿児島に…西郷隆盛らの軍と戦った」から，bは西南戦争で1877年である。

c．5が正解。「日露戦争の作戦を指揮した」から，cは日露戦争中の1904～05 年のことである。

▶問7．(1)　正解は，原敬。資料bでは，筆者は内閣総理大臣の「大命を拝した」ことを西園寺公望に報告し，「閣員人選等の事に関して内談」している。また，筆者は「政友会総裁の職に居」り，組閣に際して山県有朋から陸軍大臣に田中義一が推薦された，という。リード文中に，山県有朋は 1922 年に死去したと見えるので，政友会総裁で，西園寺公望の後，1922 年以前に内閣総理大臣になった原敬（1918 年組閣）と判断できる。

(2) a．1が正解。「講和条約は償金を取らず樺太半分を得たるは不結果なれども，…目下に於ける奉天地方の露兵は日本兵よりも多し」とあるから，資料aの時期は，日露戦争の講和条約であるポーツマス条約（1905 年）の内容が決定しつつあった頃だとわかる。年表の「戊申詔書」は，日露戦争後の社会的混乱の是正を図るため，第2次桂太郎内閣が 1908 年に出した。

b．6が正解。資料bは原敬が内閣総理大臣の「大命を拝した」日の叙述なので，1918 年の米騒動により寺内正毅内閣が辞職した直後である。年表の「石井・ランシング協定が結ばれた」のは寺内正毅内閣のときで 1917 年。「難波大助が摂政の裕仁親王を狙撃した」のは，第2次山本権兵衛内閣辞職の原因となった虎の門事件（1923 年）である。

c．5が正解。資料中の「欧州の戦争が極東にまで押移るならば」「自ら戦争に加入すれば」とするこの戦争は，第一次世界大戦である。年表中の「シーメンス事件によって，山本権兵衛首相が辞職した」後に成立した第2次大隈重信内閣のとき，つまり5の時期に第一次世界大戦が勃発し，日本は参戦する。

(3)　井上馨が推進した条約改正交渉が失敗に終わった理由を，条約改正案の内容に触れつつ説明することが求められた。まず，改正の主眼は領事裁判権の撤廃であり，その代わりに内地雑居の承認，欧米同様の法典編纂，外国人判事任用，という条件がついた。折しも 1886 年のイギリス船ノルマントン号の沈没事件で日本人乗客全員が死亡したが，領事裁判所が船長らに下した判決が不当に軽微であったため，領事裁判権に対して憤慨する世論が高まっていた。しかし，1887 年に政府内に示された改正案に対し，法律顧問ボアソナードが外国人判事の任用は国家主権の侵害であると批判し，民権運動も反対運動を展開した。そのため井上外相は条約改正会議の無期延期を通告し，間もなく辞任した。また改正案以外にも，井上馨が交渉促進のためにとった極端な欧化政策も反発を招いた。

⑷ア．4が正解。「第一次世界大戦前はドイツの租借地だった」のは山東半島の膠州（こうしゅう）湾であり，その港湾都市は4の青島である。なお，イギリスの租借地となった7の威海衛と混同しないように注意しよう。

イ．2が正解。1928年の2回目の山東出兵で，日本軍が「国民革命軍と軍事衝突を起こした」事件を済南（さいなん）事件という。その済南は山東半島の出入り口部にあたる交通の要衝の2である。

ウ．5が正解。関東州とは，ポーツマス条約によって日本がロシアから引き継いだ租借地で，遼東半島南端の旅順・大連などを含む地域である。5は旅順である。

エ．8が正解。関東軍は奉天郊外で張作霖爆殺事件を起こした。奉天は満州軍閥張作霖政権の根拠地で，現在の中国遼寧省瀋陽にある。なお，9は長春で，1932年に建国された満州国では，首都·新京と改称された。

⑸　高橋是清大蔵大臣の「前任者」は，立憲民政党の浜口雄幸内閣・第2次若槻礼次郎内閣の大蔵大臣井上準之助である。よって，設問要求は犬養毅内閣成立にともなって高橋是清が大蔵大臣となった時期の通貨政策および財政政策について，その前任者・井上準之助のとった政策と対比しながら，説明するものである。

	井上準之助	高橋是清
通貨政策	金輸出解禁→金本位制復帰	金輸出再禁止→金本位制停止 管理通貨制度へ
財政政策	緊縮財政を実施 →物価下落を狙う（→旧平価で金解禁により円高に） →産業合理化で国際競争力を強化（→企業倒産増加）	積極財政を実施 →円為替相場の下落 →赤字国債を財源に軍事費中心・農村救済費にも充当
結果	世界恐慌と金解禁不況で輸出激減・正貨の流出 →昭和恐慌に陥る	輸出拡大・重化学工業の発展 →昭和恐慌を克服

井上準之助は，1920年代に繰り返された恐慌で慢性的なインフレ不況にある日本経済を抜本から立て直すことを目標とした。そこで，緊縮財政策をとって物価の引き下げをはかり，産業合理化によって不良中小企業の整理・淘汰による国際競争力の強化をめざした。さらに金輸出解禁を断行して金本位制に復帰することで，為替相場を安定させて輸出を拡大しようとした。しかし世界恐慌の影響と金解禁による不況の二重の打撃を受け，輸出は激減し，正貨は大量に流出して深刻なデフレ不況である昭和恐慌に陥った。

そうした中で就任した高橋是清蔵相は，金輸出再禁止を断行して金本位制を停止し管理通貨制度に移行した。それによって為替相場は下落（円安）したため世界市場において日本製品は格安となり，綿織物などの輸出が激増した。また赤字国債の発行を財源に軍事費中心に積極財政策をとって満州事変の軍事費を捻出したことで，重化学工業化が進展して産業界は活気づき，他の資本主義国に先駆けて1933年には世界恐慌以前の生産水準を回復した。つまり恐慌を克服したのである。

▶問8．ロンドン海軍軍縮条約の内容をめぐって起きたのは，統帥権干犯問題である。

1930年ロンドン海軍軍縮会議に向けて，海軍の要求は対英米比7割の補助艦保有量であったが，政府は，これに達しない状態で，海軍軍令部の反対を押し切り，調印した。しかしこれに不満の海軍軍令部や野党政友会・右翼が結束して，政府が調印したことは，大日本国憲法第11条「天皇ハ陸海軍ヲ統帥ス」の天皇の統帥権を犯すものだと批判した。統帥権は天皇大権の1つで，内閣も介入できない規定であった（統帥権の独立）。一方，兵力量の決定は第12条「天皇ハ陸海軍ノ編制及常備兵額ヲ定ム」で，天皇の編制大権に含まれ，本来統帥権とは別の，内閣の輔弼事項とされている。しかし軍縮条約への反対派は，統帥権を拡大解釈して，統帥権干犯と攻撃した。

▶問9．やや難。連合国による日本本土占領統治の機構について，関係する機関の名称と，それらの役割を説明する問題である。

連合国による占領政策の最高決定機関が極東委員会で，アメリカ・ソ連・イギリス・中国・フランスなど11カ国で構成され，ワシントンに置かれた。また，GHQ（連合国軍最高司令官総司令部）の諮問機関として対日理事会が置かれ，アメリカ・ソ連・イギリス・中国の４カ国からなり，東京に設置された。そして占領政策の実施機関がマッカーサーを最高司令官とするGHQで，東京に置かれた。極東委員会が決定した基本政策は，米国政府を通じてGHQに伝えられ，米国政府が日本の統治では主導的役割を果たしていた。また，GHQは日本政府に対して指令・勧告を下し，それに従って日本政府が政治を行う間接統治方式だったことに言及する。設問文が「日本本土占領統治の機構」と強調しているから，沖縄・小笠原などに敷いた直接軍政との違いを明確に示しておくとよいだろう。

Ⅲ 解答

問 10．開港場に設けた居留地で外国人商人と日本人商人が取引を行う自由貿易で幕府は統制できず，両国の協定で定めた貿易章程に従い関税を納めると制約された。

問 11．a－5　b－4　c－3

問 12．a－0　b－3　c－1　d－2

問 13．4

問 14．(1)開放経済体制への移行で外資参入の懸念から，占領期に分割を免れた旧財閥系銀行を軸に系列企業が株式持ち合いや相互融資を通じて企業集団に再編された。

(2)a－5　b－3　c－1　d－2

◀解　説▶

≪江戸幕末～平成の政治・外交・経済≫

▶問 10.「横浜の開港を取り決めた条約」は，日米修好通商条約である（この条約で約した開港地は神奈川だったが，宿場町で日本人の通行が多いことから，横浜に変更された)。日米修好通商条約の条文には「第三条…此箇条の内に載たる各地は亜墨利加人に居留を許すへし。…双方の国人…其払方等に付ては，日本役人これに立会ハす」とあり，居留地において幕府の役人の干渉のない自由貿易が規定された。また「第四条 総て国地に輸入輸出の品々，別冊の通，日本役所へ，運上を納むへし」とあり，別冊の貿易章程に定めた通り関税を納めることになっていたが，日本にはその税率を決定する関税自主権が欠如していた。自由貿易とは，政府が介入する保護貿易の反対であり，幕府が貿易統制できないことを意味するので，自由貿易も制約内容の１つである。

▶問11. アーネスト=サトウの著作からの抜粋資料を，年表を用いて時期特定する問題である。本問も年表中の出来事はすべて基本事項であり，年代を記憶しておきたい。「日米修好通商条約が調印された」のは1858年。「五品江戸廻送令が出された」のは1860年。「薩摩・会津両藩などが，長州藩と三条実美らの勢力を京都から追放した」八月十八日の政変は1863年。「徳川家茂が急死し，幕府は第二次長州征討を中止した」のは1866年。そして「五稜郭にたてこもっていた榎本武揚らの旧幕府軍が降伏した」五稜郭の戦いは1869年5月である。アーネスト=サトウの『一外交官の見た明治維新』の資料抜粋は，2018年度Ⅰでも出題されている。

ａ．５が正解。資料ａの「江戸市中の住民は，やがて慶喜に突き付けられる要求についてはまだ何も知らず，…大火の起こることだけを心配していた。（中略）四月四日に，江戸湾の砲台は，…官軍の手に引き渡された」から，戊辰戦争中，江戸城無血開城（1868年4月）についての記述とわかる。

ｂ．やや難。４が正解。資料ｂの「大君は天皇に…力説し，大君の従兄一橋の切なる献言もあって，天皇もついに条約批准に同意された」は，将軍徳川家茂の説得と従兄の一橋慶喜の献言もあって，孝明天皇が無勅許調印された日米修好通商条約批准に同意した1865年10月の出来事についての記述で，やや細かい知識である。また実際は，英仏米蘭の四国艦隊下関砲撃事件（1864年8月）の後，1865年に艦隊は兵庫沖にも迫り，朝廷に軍事的圧力をかけたことが勅許の背景にあった。また資料ｂの将軍は家茂だから，「徳川家茂が急死」するより前であり，４に限定できる。

ｃ．やや難。３が正解。「わが方が…鹿児島の町を廃墟と化せしめたにもかかわらず，薩摩側では自分の力でイギリス艦隊を退却の止むなきに至らしめたと主張する」とあるから，ｃは薩英戦争の記述で，1863年7月である。年代を覚えていても薩英戦争と八月十八日の政変は，１カ月ほどの間の出来事であり，因果関係で時期を特定するのがよいだろう。1863年，イギリスは生麦事件（1862年）の報復のため薩英戦争に及んだ。そのため，攘夷が不可能であると知った薩摩藩は，会津藩と協力して，攘夷を強行する尊攘派の長州藩と三条実美ら急進派公家を京都から追放した（八月十八日の政変）。

▶問12. 経済学部入試問題では定番の５年刻みのグラフを用いた時期特

定問題である。注目すべきは「日本銀行券現在高」の線の始点，つまり2の時期の5番目の点である。それは日本銀行券の発行が始まった1885年にあたる。そこから，このグラフは1876〜90年の15年間を示しているとわかる。

a．0が正解。「新貨条例が公布された」のは1871年である。この条例が出された頃は，明治初年に政府が発行した太政官札・民部省札などの不換紙幣や，旧幕府鋳造の金銀貨なども流通して貨幣制度は混乱していた。そこで貨幣の統一をめざして新貨条例を制定し，初めて円・銭・厘の十進法を採用した。

b．3が正解。「大日本帝国憲法が発布された」のは1889年である。

c．1が正解。1873年に公布された地租改正条例で地租率は地価の3％であったが，1876年に相次いだ地租改正反対一揆を受けて，翌77年に地租率が2.5％へ引き下げされた。

d．2が正解。初の政府の御用政党である立憲帝政党が結成されたのは1882年である。背景には，1881年に国会開設の勅諭が出されて，10年後の国会開設が公約されたことがある。1881年に板垣退助を総理とする自由党が，翌82年に大隈重信を党首とする立憲改進党と，福地源一郎らを中心に立憲帝政党が結成された。

▶問13．4が正解。対華二十一カ条要求のうち，中華民国政府が大部分を承認する以前に，日本側が撤回したのは「日本人顧問の雇用」などを求める第5号である。第5号は，中国の主権に深く関与する内容だけに，それを知ったイギリス・アメリカの反対もあって撤回した。

▶問14．(1)　難問。財閥が戦後の企業集団に再編されることになった経緯を，占領期の経済改革の内容に触れつつ，説明することが求められた。

占領期には財閥解体が進められ，財閥本体の持株会社や財閥家族が保有した株式は，持株会社整理委員会を通じて市場に放出され，財閥は解体した。しかし財閥系銀行は過度経済力集中排除法による分割対象に入らず，その後の占領政策の転換もあって分割されなかった。企業集団の中核となったのが，こうした旧財閥系銀行である。経緯としては，企業集団形成の社会的背景として，1960年代前半の「資本の自由化」または「開放経済体制への移行」を示したい。日本は1964年のOECD加盟とIMF8条国への移行によって，開放経済体制に入った。これによって外国企業（外資）

の日本企業の株式買収による乗っ取りや，日本市場に外資系企業が参入するなどの懸念が高まった。そこで外資に対抗するため，旧財閥系銀行を中心に，系列企業相互の株式持ち合いや相互融資を通じて結束を強めた結果，企業集団に再編されたのである。こうして三井・三菱・住友などの六大企業集団が成立した。

(2)　まず，「日経平均株価の推移」のグラフの時期を特定する。目印は4万円に迫る株価をつけている1の時期の4番目の点である。その翌年には急落し，その後は低迷していることもあり，このピークの点がバブル経済絶頂の1989年だとわかる。よってグラフは1986～2005年の20年間である。

a．5が正解。「リーマン=ブラザーズが経営破綻して，世界的な金融恐慌が起こった」とは，2008年のリーマン=ショックである。

b．やや難。3が正解。1998年に成立した小渕恵三内閣は，前任の橋本龍太郎内閣のときに，消費税率5％への引上げとアジア通貨危機，大手金融機関の破綻などで深刻な不況となったことを受け，経済再生内閣をうたい，景気回復最優先とした。それを可能にした要因は，1999年1月に自由党，10月に公明党との連立が成立したこともある。

c．1が正解。「竹下登内閣が，消費税を導入した」のは1989年である。

d．2が正解。結党以来初めて自由民主党の単独政権が終焉し，55年体制が崩壊して，非自民8党派連立の「細川護熙内閣が発足した」のは1993年である。

❖講　評

2022年度は，2021年度と同じ大問3題構成で，記述問題は2021年度の6個から1個に減少，選択問題は5個増の33個であった。誤文選択問題は2019年度から4年続けて出題されなかった。配列問題は2021年度に1個あったが2022年度は0個だった。年表を利用した選択法の年代特定問題は2021年度の5問14個から2022年度は4問13個に，グラフを用いた選択法の年代特定問題は2021年度の2問5個から2022年度は2問8個と増加したから，時代把握・時期特定の設問総数に大きな変化はない。一方で論述問題は2019～2021年度が8個で，そのうち2021年度は解答欄3行の論述2個，2行の論述6個で合計行数は18行であった。2022年度は論述問題が9個で，そのうち3行の論述4個，2行の論述4個，1行の論述1個で合計行数は21行に増加した。解答総数は42個から43個と増加し，論述問題の行数が3行増加したことで，受験生の負担は少し増したといえよう。時代別の出題分野では，江戸時代が14個，近現代史分野が29個で，出題範囲の「1600年以降を中心とする」という通りであった。2021年度に室町時代と織豊政権期からの出題があったことに比べて，対応しやすかったといえる。ただ2021年度の前近代史と近現代史の出題数比は，およそ1：6だったが，2022年度は，およそ1：2となった。問題構成では前近代史の問題数が増加したことが特徴的である。地図問題は2問7個で，2021年度より5個増加。文化史問題は2問8個と7個増加であった。

Ⅰは，ケンペルに関する問題文を通じて，江戸時代の外交・経済・文化が出題された。**Ⅰ**のリード文は世界史の**Ⅰ**とほぼ同文であり，これは2020年度以降続いている。ただし，2022年度は世界史との小問の共通問題はなかった。問1の海舶互市新例は，金銀だけでなく，銅の輸出抑制についての記述は教科書掲載頻度が低く，やや難問。問2はケンペルの記録にある場所を地図中から選択する問題。東海道の関所の新居と箱根は基本的知識であり，aは標準レベル。bは，「炭坑」に注目して北九州地方を想起したいが，やや難である。cは，木曽檜や，木曽三川・輪中など地理の知識を活用すれば解けるレベル。問3⑴西廻り航路の整備を背景に，幕藩領主の大坂への蔵物廻送・販売といった「米の流通」をコンパクトにまとめるのは，やや難問。⑵は，江戸時代の貨幣制度に関する1行の論述問題，問4は元禄期の芸能に関する出題で，いずれもやや易。問5は，江戸時代の天文学に関連する事項の年代特定問題で，b・dは高橋景保の事績として前後関係から正答を導けるので標準レベル。cは，蕃書調所の設置時期も年表中の「西周らのオランダ留学」の時期も細かい知識であり，やや難問。総じて**Ⅰ**は，手応えのある問題が多く，やや難である。

Ⅱは，近代の元老に関する問題文から，明治～昭和戦後の政治・外交・経済について出題された。問6は年表中の「日本郵船会社の設立年」の特定がやや細かいが，a～cいずれも基本事項であり，標準レベル。問7⑵原敬の日記からの抜粋資料a～cを年表中に年代特定する問題で，すべて年代を把握しておくべき基本的事項であり，取りこぼしは避けたい。⑶井上馨の「条約改正案の内容」から内地雑居の承認・外国人判事任用問題を，内容以外から極端な欧化政策への反発を指摘したい。⑷山東出兵・張作霖爆殺事件に関する地名の地図選択問題で，アの青島は同じ山東半島の7の威海衛と，エの奉天は同じ中国東北部の9の長春との区別に注意を要するが，いずれも標準レベル。⑸井上準之助と高橋是清の通貨・財政政策の対比型論述問題である。井上財政や昭和恐慌に踏み込みすぎて，高橋財政の記述スペースが不足しないよう注意したい。問8は統帥権干犯問題の根拠を憲法規定に基づいて論述する問題で，2019年度Ⅱ問12⑵に出題歴があるため，過去問演習を重視したか否かで得点差は開いただろう。問9は，2018年度Ⅱ問9⑴に機関名の選択問題の出題歴があるが，本土占領統治の機構の論述問題は初出。各機関の繋がりを機構として説明するのは，やや難。したがって，Ⅱは，選択問題に難度の低い問題が散見される一方，論述問題は全体の過半を占める11行もあり負担が重く，全体としては標準レベルである。

Ⅲは，2024年度からの新1万円札の肖像に決まった渋沢栄一の伝記を通して，江戸幕末～平成の政治・外交・経済について問われた。問10の幕末貿易の取引方法には，居留地に限定・協定関税制に加えて自由貿易という制約の指摘も必要である。問11の資料b「孝明天皇の条約勅許」の時期はやや細かい事項であり，cの「薩英戦争」は年表中の「八月十八日の政変」と1カ月しか前後していないこともあり，b・cはやや難。問12は日本銀行券の発行が始まった点が1885年だと気付けば，グラフの時期特定は易しい。またa～dも基本的事項であり，標準レベル。問14⑴財閥が企業集団に再編される時代背景として，「開放経済体制への移行で外資参入が危惧された」ことの指摘や，「系列企業の株式の持ち合い・相互融資」を通じて再編された経緯を正確に叙述するには，政治経済分野にまたがる総合的な学習を要し，難問。⑵日経平均株価の推移を示したグラフは，過去にも何度か出題されている。突出した株価の年がバブル絶頂の1989年として特定でき，a・c・dは標準レベル。bは，小渕恵三内閣成立時ではなく，「自由党および公明党と連立内閣を成立させた」時期特定を求める意表をつく出題であり，正攻法で解くには緻密な学習を要する。ただ5年幅の時期区分の選択問題なので，歴代内閣の順序や重要政策の年代など大掴みの知識から解答は可能だが，やや難。よってⅢ全体としては標準レベルであった。

総括すれば，３年連続してⅠのリード文が世界史と共通であり，歴史地理的分野・政治経済分野といった学際的な知識や，グラフ・資料など複数の情報を分析して解答に至る応用力を測る出題が目立つという特徴も例年通りである。また過去問に類題の出題歴がある問題も複数あった上に，近現代の文学作品名を選択する難問や，年代整序問題の出題がなく，概ね取り組みやすい問題が増えた。しかし，全く歯が立たないほどの難問ではないが，論述問題の負担が増し，時期や地図上の位置特定問題などにも難度の高いものが含まれることから，全体としては，2021 年度よりやや難化したと評価できる。もともと経済学部の入試問題は時事的問題や直近の政治的動向に機敏に対応した傾向があるので，今後も社会環境・政治動向にも影響されて，出題傾向や難易度が変動する可能性はあるだろう。とはいえ日本史教科書の精読をベースとしたオールラウンドな実力養成こそが望まれる。

世界史

I 解答

問1．(1)商品作物のコーヒー・サトウキビ・藍などをジャワ農民に強制的に栽培させ，一方的に定めた価格で安く買い上げて独占的に国際市場で販売して利益を得た。

(2)スカルノ政権下で台頭した共産党に危機感をもった軍人スハルトが九・三〇事件でスカルノを失脚させて実権を握り，反共的地域機構であったASEANに加盟した。

(3)a．ポルトガル　b．東ティモール

問2．ア―2　イ―6　ウ―7　α―8

問3．3→5→1→4→2

問4．(1)名誉革命で議会主権が確立し，立憲王政となったイギリスは，徴税権を議会が掌握した結果，当時設立されたイングランド銀行が議会の保障する国債を引き受け，その高い信用により国内外から多額の資金を集めることが可能となった。

(2)3→1→2

(3)日本敗戦後，共産党のホー=チ=ミンが樹立したベトナム民主共和国と，これを認めずインドシナ戦争を起こしたフランスがバオダイを擁立して建国したベトナム国。

(4)―1・5

◀解　説▶

≪17世紀に日本を訪れたケンペルをめぐる世界の情勢≫

▶問1．(1)　オランダの東インド総督ファン=デン=ボスが1830年からジャワ農民に実施した強制栽培制度について，「制度の特徴」および「制度がオランダに利益をもたらした仕組み」を「主な作物名」に触れつつ説明することが求められた。「制度の特徴」および「制度がオランダに利益をもたらした仕組み」は，安く買い上げて独占的に販売するという構造を説明すればよい。コーヒー・サトウキビ・藍の他，タバコも強制栽培の対象となった。

(2)　「インドネシアにおける政変」とは，共産党系の軍部左派による蜂起を軍部右派のスハルトらが巻き返し，共産勢力を徹底弾圧した1965年の九・三〇事件を指す。この政変でインドネシア共産党は壊滅した。実権を握ったスハルトは反共親米路線をとってスカルノを解任して1968年大統領に就任した。この間，1967年にインドネシアはマレーシア・シンガポール・フィリピン・タイと，当初，反共的性格を有していたASEAN（東南アジア諸国連合）を結成している。

(3)「カーネーション革命」を起こした国を特定するのは難しいが，リード文を読めば，インドネシアに併合され1999年に住民投票で独立したのはbの東ティモールなので，そこを植民地にしていたaはポルトガルと判断できる。

▶問2．ア．「1683年」に注意したい。ピョートル1世は北方戦争中の1712年に2のモスクワから1のペテルブルクに遷都している。

イ．難問。イランの石油産地が求められている。当時イランのサファヴィー朝の領土にあった6のバクーは，現アゼルバイジャン共和国の首都。カスピ海西南岸に位置しており，バクー油田がある。

ウ．サファヴィー朝のアッバース1世が16世紀末に建設した新首都イスファハーンは地図の7。

α．バンダレ=アッバースは「イランの主要貿易港」とあるので，海に面した地図の8と推定できる。

▶問3．日本と東アジアの関係史を年代順に並べる設問。

1．江戸幕府がポルトガル船の来航を禁止したのは1639年。

2．鄭成功が台湾をオランダから奪取したのは1661年。

3．秀吉による朝鮮出兵（壬辰・丁酉倭乱）は1592～93年，1597～98年。

4．平戸のオランダ商館が長崎の出島に移されたのは1641年。

5．琉球が薩摩の島津氏の支配下に入ったのは1609年。

以上から，古い順に並べると3→5→1→4→2となる。

▶問4．(1)　やや難。イングランド銀行による国債発行に言及すること。「政治的背景」については1688～89年の名誉革命と「権利の章典」の制定で王権に対する議会の優位が確立され，徴税権も王権から議会に移ったことを考えたい。安定した徴税が可能となった議会は，イングランド銀行（1694年創設）に国債を引き受けさせ，その資金を戦費に充てるという財政確保の手段を用いてフランスとの戦争を有利に進めた。

⑵ やや難。フランスがインドシナ進出の過程で結んだ条約の年代配列問題。
資料1は,「安南国はフランスの保護国たることを承認」とあるので,これはベトナム保護国化を決定した1883・84年のユエ条約。
資料2は,「清朝は」に着目する。清仏戦争（1884～85年）で結ばれた天津条約（1885年）の条文。敗れた清朝はベトナムの宗主権を放棄した。
資料3は,ナポレオン3世が起こした仏越戦争（1858～62年）で結ばれたサイゴン条約（1862年）で,フランスはコーチシナ東部3省を獲得した。

以上から,古い順に並べると3→1→2となる。

⑶ 1954年のジュネーヴ会議にカンボジア・ラオス以外に参加した2つの国を問う。正式国名を述べること。1つは,日本の敗戦後にインドシナ共産党のホー=チ=ミンが北ベトナムのハノイで樹立したベトナム民主共和国（1945～76年）。もう1つは,ベトナム民主共和国独立を拒否するフランスがインドシナ戦争（1946～54年）中の1949年に,阮朝最後の王だったバオダイを擁立してサイゴンで樹立したベトナム国（1949～55年）。

⑷ 1971年8月,ニクソン大統領は「金・ドル交換停止」を発表（ドル=ショック）し,同年12月のスミソニアン協定で日本円は1ドル360円から308円に調整された（この段階では固定相場制は維持）。しかし,ドル危機は進み,1973年までに主要各国が変動相場制に移行したことでブレトン=ウッズ体制は崩壊している。

したがって,グラフの為替レートが円高に大幅に切り上がっている1971年がドル=ショックの年なので,Aの時期は1960～69年と判断できる。Aの次の年代が1970年,その次が1971年で,以降は1米ドルあたりの日本円が毎年変動しているのに注意したい。

1．アメリカ軍が北爆を開始したのは1965年（ベトナム戦争開始）。
2．アメリカ軍が南ベトナムから撤退したのは1973年。
3．中越戦争が起きたのは1979年。
4．ニクソンが訪中し,毛沢東と会談したのは1972年。
5．パリでベトナム和平会談が始まったのは1968年。

以上からAの時期（1960～69年）に該当するのは,1と5である。

II 解答 問5．a－1 b－7
問6．(1)ア－9 イ－4
(2)スペイン国王が先住民のキリスト教化と保護を条件として統治権を植民者に委託した制度。
問7．(1)カトリックとユグノーの宗教対立が貴族の党派争いと結びついてユグノー戦争が起こり，サン=バルテルミの虐殺が起こるなど混乱していた。
(2)新教からカトリックに改宗し，ナントの王令でユグノーにも信教の自由を与えた。
問8．三部会は，第一身分の聖職者，第二身分の貴族，第三身分の平民の代表からなる身分制議会。ルイ16世が招集した三部会で議決方法をめぐって聖職者・貴族らの特権身分と第三身分の平民が対立し，第三身分の代表は三部会から離脱して国民議会を発足させた。

◀解　説▶

≪16～18世紀におけるイエズス会の歴史≫

▶問5．a．「14世紀初頭」から判断できる。カペー朝のフランス王フィリップ4世は，1309年フランス人の教皇クレメンス5世をローマから南仏のアヴィニョンに新設した教皇庁に移した。以後約70年間教皇はフランス王権の監視下に置かれた，これが「教皇のバビロン捕囚」（1309～77年）である。
b．イギリスのウィクリフやベーメンのフスなど，各地で教会改革を求める声が高まると，神聖ローマ皇帝ジギスムントはコンスタンツ公会議（1414～18年）を開き，フスを異端として火刑に処し，すでに死去していたウィクリフも異端とした。
▶問6．(1)ア．拠点が「大きな島」にあり，「船団が…〔メキシコ〕へ赴き」とあるので9のマニラが入る。「大きな島」とはフィリピン北部のルソン島。スペインのガレオン船がルソン島のマニラとメキシコのアカプルコ間を往復し，マニラで新大陸産の銀と中国の絹・陶磁器が交換された。
イ．「インカの帝国の首都」は4のクスコで，現在のペルーに位置する。
(2)　スペインがラテンアメリカで16世紀に実施したエンコミエンダ制を問うている。スペイン国王が征服や開拓に功績をあげた植民者に土地と住民に対する統治権を委託（エンコミエンダ）する制度で，先住民の保護と彼らへのカトリック布教が義務づけられた。スペイン人の植民者はこの制度を利用して先住民を苛酷な鉱山・農業労働などに使役し，巨額の富を得た。

▶問7．(1)　宗教問題に関しては，フランスで勃発したカトリック（旧教）とユグノー（カルヴァン派）とのユグノー戦争（1562～98年）について説明すればよい。当時のフランス国内の政治事情として，貴族の党派争いがユグノー戦争に絡んだことを指摘し，シャルル9世の母后カトリーヌ=ド=メディシスがカトリックと結んで起こしたサン=バルテルミの虐殺（1572年）に触れるとよい。波線部αからだけでは，解答の手がかりがみつけにくい。次の(2)とあわせて取り組むと対応しやすいだろう。

(2)　まずヴァンドーム公アンリとは誰かを推察する。「改宗し」て「最も敬虔なフランス王として讃えられる」とあるので，アンリ4世と判断できる。資料は，国王アンリ3世がユグノーのヴァンドーム公（のちアンリ4世）に王位を譲ろうと準備していたため修道士に暗殺されてヴァロワ朝が断絶し，ブルボン朝に交替した経緯を記述している。ユグノーの指導者であったヴァンドーム公アンリはアンリ3世の暗殺後，1589年ブルボン朝を創始してアンリ4世となり，カトリックに改宗した。その後，1598年ナントの王令（勅令）でユグノーにも信仰の自由を認めた。

▶問8．三部会が身分制議会であることとその構成を指摘し，ルイ16世の三部会招集から国民議会の成立までをまとめればよい。三部会は1302年にフランス王フィリップ4世が設立した身分制議会で，聖職者（第一身分）・貴族（第二身分）・平民（第三身分）の代表で構成され，聖職者・貴族が特権身分であった。1615年に解散したが，財政難から1789年5月にルイ16世により特権身分への免税特権を審議するため招集された。しかし，議決方法をめぐって対立が起こり，身分別議決法を主張する聖職者・貴族に対して，個人別票決を主張する第三身分代表は三部会から離脱し，1789年6月に国民議会の設立を宣言した。

III　解答

問9．a－2　b－3　c－1

問10．(1)3 → 2 → 1

(2)a－2　b－3

問11．a－9　b－3　c－4　d－2

問12. (1)a－2　b－3

(2) 19世紀末にアドワの戦いでイタリア軍を破って独立を保持したが，1935年にムッソリーニ政権が再び侵略し，国際連盟はイタリアに経済制裁を加えたが効果はなく翌年エチオピアは併合された。

(3)西ドイツのブラント政権は東側諸国との和解を図るため東方外交を展開し，ソ連と武力不行使条約を結び，ポーランドとはオーデル=ナイセ線を認めて国交を回復した。また東西ドイツの主権を相互に認めて国連同時加盟を実現させ緊張緩和を進めた。

◀解　説▶

≪近世～現代における「メセナ」の歴史≫

▶問9. a.「この審判図」とは，ミケランジェロがシスティナ礼拝堂正面に描いた祭壇画「最後の審判」のこと。「天井画」は『旧約聖書』の創世記を題材とした「天地創造」を指している。ミケランジェロの作品は2の「ダヴィデ像」。

b.「誰が主を裏切るであろうか知りたがっている使徒たち」や「ユダの頑な態度，憎悪，裏切りの姿」とあるので，これはレオナルド=ダ=ヴィンチの「最後の晩餐」と判断できる。彼の作品は3の「モナ=リザ」。

c.「微風にはこばれてヴィーナスがキューピッドたちとともに海辺へ着く」がヒント。これはフィレンツェの画家ボッティチェリの「ヴィーナスの誕生」を指している。彼の作品は1の「春（プリマヴェーラ）」。

なお，作品の4は，ラファエロが描いた聖母子画の「美しき女庭師」。

▶問10. (1)1. コメコンが解散したのは1991年。

2. 東ドイツでホネカー書記長が退陣したのは1989年。

3. ポーランドでワレサを中心に自主管理労働組合「連帯」が設立されたのは1980年。

したがって，古い順に並べると3→2→1となる。

(2)　a・bの出来事を年表中に入れる年代整序問題。

a. アイルランド自治法が成立したのは1914年。

b. アイルランド自由国が成立したのは1922年。

年表を整理すると以下のようになる（太字が解答箇所）。

ジョゼフ=チェンバレンが植民相として保守党内閣に入閣した（1895年）

a. アイルランド自治法が成立した（1914年）

ダブリンでイースターの期間に蜂起が起き，パトリック=ピアースら反乱指導者が処刑された（1916 年）
b．アイルランド自由国が成立した（1922 年）
ウェストミンスター憲章が成立した（1931 年）
アイルランド共和国法が制定され，アイルランドは共和国であると宣言された（1949 年）

▶問 11．a．『人間不平等起源論』を著したのはフランスの啓蒙思想家のルソーで，私有財産制を文明社会の悪の根源として批判した。

b．「イギリス経験論の流れをくむ哲学者・経済学者」とは，ベンサムの功利主義を発展させ，社会改良主義を主張した 19 世紀のジョン=ステュアート=ミル。彼は 1867 年の第 2 回選挙法改正の実現に尽力し，女性の参政権も主張した。

c．『アンクル=トムの小屋』（1852 年）を著し，奴隷解放運動の気運を高めたのはアメリカの女流作家のストウ夫人。

d．『家族，私有財産および国家の起源』を著したのはドイツの社会主義者エンゲルス。

▶問 12．⑴ a．「エンクルマ（ンクルマ）」がヒント。1957 年にイギリス領ゴールドコーストはガーナとしてイギリス連邦内で独立した。首相のエンクルマは 1960 年に大統領に就任し，完全独立を宣言してガーナ共和国を樹立。この国は地図の 2 に位置。

b．やや難。2000 年のシドニーオリンピックのサッカー競技で優勝したのはカメルーン。ドイツの旧アフリカ植民地の位置を押さえていれば，3 がカメルーンと特定できる。ドイツの旧アフリカ植民地は，カメルーンの他に，トーゴ・南西アフリカ（現ナミビア）・東アフリカ（現タンザニア）などがあるが，いずれも地図には番号がついていない。

⑵　アドワの戦い（1896 年）でエチオピアがイタリアの侵略を退けて独立を維持したものの，1935 年にムッソリーニ政権が再び侵略して併合された経緯を国際連盟の役割と絡めて述べればよい。国際連盟はイタリアに対して経済制裁を加えたが効果がなく，1936 年にエチオピアはイタリアに併合された。

⑶　難問。1975 年の全欧安全保障協力会議（CSCE）の開催とヘルシンキ宣言に影響を与えた 1970 年代前半のヨーロッパの国家間関係の変化をテーマとした問題。西ドイツの首相ブラントの東方外交に焦点をすえればよ

い。共産圏諸国との関係改善を図り，緊張緩和（デタント）を進めた彼の東方外交の成果として，まず，1970年に西ドイツはソ連とソ連=西ドイツ武力不行使条約を結び，ポーランドとはオーデル=ナイセ線を国境に定めて国交正常化条約を締結した。ついで1972年に東西ドイツ基本条約を結び，東西ドイツは相互に主権を承認しあい，翌1973年に両国は国際連合に加盟している。

❖講　評

2022年度も例年と同じく大問数は3題で構成されている。解答個数は2021年度の39個から35個に減少した。小論述は2021年度の10問と同様で，論述解答の行数も2021年度と同じ21行であった。出題形式では，例年，資料（史料）に加えて視覚資料・地図・年表・グラフなど多彩な形式が出題されており，2022年度は例年と同じく資料関連が多いが，視覚資料やグラフの問題が復活し，地図問題は2つ出題された。2022年度も資料に関連する国家・都市・条約・人物の特定や年代配列法が目立っており，詳細な年代把握が欠かせない。全体的に細かい知識や年代を問う設問が多く，近現代史は用語集レベルの知識が必須。小論述はおおむね教科書レベルで作問されている。歴史事象の経緯や因果関係など考察力を試す問題も散見される。

Iは，「17世紀に日本を訪れたケンペルをめぐる世界の情勢」をテーマとした問題で，総じて「やや難」のレベルで作問されており，3つの大問で最も難度が高い。問2．アは「1683年」当時のロシア帝国の首都が問われたが，モスクワとペテルブルクを混同しやすいため注意が必要であった。イは難問。17世紀当時のイランにおける原油の産地が求められているが，地図の国境線が現在のものであるので地理的知識を基にした考察が必要。問3は日本も含めた東アジアの情勢について正確な年代理解が必要だった。問4⑴イングランド銀行と戦費調達について説明する経済史からの出題で，得点差が生じやすい。⑵19世紀におけるベトナム関連の条約の理解が求められており，資料を正確に読む力が試された。⑷グラフの読解問題で，ニクソン政権が金・ドル交換を停止した1971年がポイントとなった。ここからAの時期を特定し，さらに1～5の年代を検討していかなければならないため時間をとられやすい。

Ⅱは，「16〜18世紀におけるイエズス会の歴史」を扱った取り組みやすい大問。問5と問6⑴は都市名を問う標準レベルの問題。問6⑵エンコミエンダ制と問7⑴ユグノー戦争の論述は定番だが，資料から設問の意図を読み取るのは難しかったかもしれない。また，前者は1行，後者は2行なので，まとめ方に注意したい。問8の三部会も書きやすい論述であった。

Ⅲは，「近世〜現代における『メセナ』の歴史」をテーマとしている。問9は資料文と絵画の視覚資料をあわせたイタリア=ルネサンスからの出題で，資料文のキーワードから作品を選ぶのはそれほど難しくはない。問10⑵は例年頻出の年表問題。アイルランド独立に至る年代の正確な理解が必要であった。問12⑴bはリード文の記述からカメルーンを連想できても，地図上の位置を選ぶ必要があり，戸惑ったかもしれない。⑶の論述問題は「1975年」から，西ドイツのブラント政権が推進した東方外交を説明しなければならず，得点差が出やすい論述となった。

数学

1

◇発想◇　点Oが線分 BD 上にあることを確認し，△DAB と相似な三角形を利用する。

解答　(1)2　(2)5　(3)2　(4)(5)12　(6)5　(7)3　(8)3　(9)6

◀解　説▶

≪円に外接する四角形≫

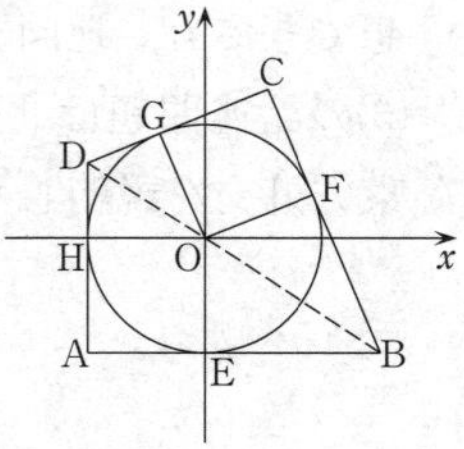

(1)　図のように点をとる。点Aにおける接線の方程式は，$x=-1$，$y=-1$ であるから

$$\angle \mathrm{BAD}=\frac{\pi}{2} \quad \to(1)$$

(2)　いま，$\angle \mathrm{OGC}=\angle \mathrm{OFC}=\frac{\pi}{2}$，$\mathrm{OF}=\mathrm{OG}=1$ より四角形 OFCG は正方形であり，$\mathrm{GC}=1$ であるので

$$\mathrm{DH}=\mathrm{DG}=\mathrm{DC}-\mathrm{GC}=\frac{5}{3}-1=\frac{2}{3}$$

よって

$$\mathrm{DA}=\mathrm{DH}+\mathrm{HA}=\frac{2}{3}+1=\frac{5}{3}=\mathrm{DC}$$

また　　$\mathrm{OE}=1=\mathrm{OF}$

したがって，O，D は∠ABC の二等分線上にあり，O は線分 BD 上の点である。

よって，△DAB∽△DHO であり

$$\mathrm{AB}:\mathrm{HO}=\mathrm{DA}:\mathrm{DH}$$

$$l:1=\frac{5}{3}:\frac{2}{3} \quad より \quad l=\frac{5}{2} \quad \to(2)\cdot(3)$$

このとき

$$\tan\frac{\theta}{2}=\frac{\mathrm{AD}}{\mathrm{AB}}=\frac{2}{3}$$

$$\tan\theta=\frac{2\tan\frac{\theta}{2}}{1-\tan^2\frac{\theta}{2}}=\frac{2\cdot\frac{2}{3}}{1-\left(\frac{2}{3}\right)^2}=\frac{12}{5}\quad\to(4)\sim(6)$$

(3)　△DAB≡△DCB より，△DAB の面積は　　3

$$\tan\frac{\theta}{2}=\frac{\mathrm{OE}}{\mathrm{BE}}=\frac{1}{l-1}$$

これより

$$\mathrm{DA}=\mathrm{AB}\cdot\tan\frac{\theta}{2}=\frac{l}{l-1}$$

よって，△DAB の面積は　　$\frac{1}{2}\mathrm{DA}\cdot\mathrm{AB}=\frac{1}{2}\cdot\frac{l^2}{l-1}=3$

ゆえに　　$l^2-6l+6=0$　　$l=3\pm\sqrt{3}$

θ は鋭角より　　$0<\frac{\theta}{2}<\frac{\pi}{4}$

よって，$0<\tan\frac{\theta}{2}<1$ であるから

$$0<\frac{1}{l-1}<1\iff l>2$$

したがって　　$l=3+\sqrt{3}$　$\to(7)\cdot(8)$

$$\tan\frac{\theta}{2}=\frac{1}{2+\sqrt{3}}=2-\sqrt{3}$$

これより

$$\tan\theta=\frac{2\tan\frac{\theta}{2}}{1-\tan^2\frac{\theta}{2}}=\frac{2(2-\sqrt{3})}{1-(2-\sqrt{3})^2}=\frac{2-\sqrt{3}}{-3+2\sqrt{3}}$$

$$=\frac{2-\sqrt{3}}{\sqrt{3}(2-\sqrt{3})}=\frac{1}{\sqrt{3}}$$

よって　　$\theta=\frac{\pi}{6}$　$\to(9)$

2

◇発想◇　(3)　$a_k>0$ $(1\leqq k\leqq m-1)$ より，漸化式を用いて a_k $(1\leqq k\leqq m)$ が求まる。

(4)　a_{2k} と a_{2k+1} の符号を調べる。(2)はそのためのヒントになっている。

解答　(10)(11) 17　(12) 4　(13)(14) 11　(15) 8　(16) 4　(17) 9　(18) 2　(19) 7　(20) 4　(21) 1　(22)(23) 14　(24) 3　(25) 4　(26) 5　(27) 2　(28)(29) 10　(30) 7　(31)(32) 56　(33) 3　(34) 4　(35) 7

◀解　説▶

≪２項間の漸化式≫

(1)　$$a_{n+1}=-|a_n|-\frac{1}{2}a_n+5$$

$$=\begin{cases}-\dfrac{3}{2}a_n+5 & (a_n\geqq 0)\\[2mm] \dfrac{1}{2}a_n+5 & (a_n<0)\end{cases}$$

$a_1=\dfrac{1}{2}$ より

$$a_2=-\frac{3}{2}a_1+5=-\frac{3}{2}\cdot\frac{1}{2}+5=\frac{17}{4}\quad\to(10)\sim(12)$$

$$a_3=-\frac{3}{2}a_2+5=-\frac{3}{2}\cdot\frac{17}{4}+5=-\frac{11}{8}\quad\to(13)\sim(15)$$

(2)　$-2\leqq a_n\leqq -1$ より

$$a_{n+1}=\frac{1}{2}a_n+5$$

よって　$4\leqq a_{n+1}\leqq\dfrac{9}{2}$　→(16)〜(18)

$$a_{n+2}=-\frac{3}{2}a_{n+1}+5$$

よって　$-\dfrac{7}{4}\leqq a_{n+2}\leqq -1$　→(19)〜(21)

(3)　m は $a_n<0$ となる自然数 n のうち最小のものだから

$$a_n>0\quad(n=1,\ 2,\ 3,\ \cdots,\ m-1)\quad,\quad a_m<0$$

が成り立ち　$a_{n+1}=-\frac{3}{2}a_n+5$　$(n=1,\ 2,\ 3,\ \cdots,\ m-1)$

よって　$a_{n+1}-2=-\frac{3}{2}(a_n-2)$

$$a_n-2=(a_1-2)\left(-\frac{3}{2}\right)^{n-1}=\left(\frac{2}{3}\right)^{10}\left(-\frac{3}{2}\right)^{n-1}$$

$$a_n=2+(-1)^{n-1}\left(\frac{3}{2}\right)^{n-11}\quad (n=1,\ 2,\ 3,\ \cdots,\ m)$$

したがって

n が奇数のとき　$a_n=2+\left(\frac{3}{2}\right)^{n-11}>0$

n が偶数のとき，$a_n=2-\left(\frac{3}{2}\right)^{n-11}$ より，$a_2>a_4>a_6>\cdots>a_{12}$ が成り立ち

$$a_{12}=2-\left(\frac{3}{2}\right)>0,\quad a_{14}=2-\left(\frac{3}{2}\right)^3=-\frac{11}{8}<0$$

よって　$m=14$　→(22)(23)

(4)　$k\geqq 7$ のとき，$-2\leqq a_{2k}\leqq -1$　……① が成り立つことを証明する。

(i) $a_{14}=-\frac{11}{8}$ より，①は成り立つ。

(ii) $k=l$ $(l\geqq 7)$ のとき，①が成り立つと仮定すると　$-2\leqq a_{2l}\leqq -1$

よって，(2)の結果から，$-\frac{7}{4}\leqq a_{2l+2}\leqq -1$ が成り立ち　$-2\leqq a_{2l+2}\leqq -1$

したがって，$k\geqq 7$ のとき，①が成り立ち，(2)の結果から $4\leqq a_{2k+1}\leqq\frac{9}{2}$ が成り立つ。

$a_{2k}<0$，$a_{2k+1}>0$ であるから

$$a_{2k+2}=-\frac{3}{2}a_{2k+1}+5,\quad a_{2k+1}=\frac{1}{2}a_{2k}+5$$

よって

$$a_{2k+2}=-\frac{3}{2}\left(\frac{1}{2}a_{2k}+5\right)+5=-\frac{3}{4}a_{2k}-\frac{5}{2}\quad \to (24)\sim(27)$$

$$a_{2k+2}+\frac{10}{7}=-\frac{3}{4}\left(a_{2k}+\frac{10}{7}\right)\quad (k\geqq 7)$$

これより

$$a_{2k}+\frac{10}{7}=\left(a_{14}+\frac{10}{7}\right)\left(-\frac{3}{4}\right)^{k-7}=\left(-\frac{11}{8}+\frac{10}{7}\right)\left(-\frac{3}{4}\right)^{k-7}$$

ゆえに　$a_{2k}=-\frac{10}{7}+\frac{3}{56}\left(-\frac{3}{4}\right)^{k-7}$　→(28)～(35)

3

◇発想◇　共分散は，偏差の表を利用して計算する。

解答　(36) 5　(37) 2　(38)(39) 17　(40) 8　(41) 1　(42)(43) 12　(44)(45) 11　(46)(47) 48　(48)(49) 37　(50)(51) 60　(52)(53) 11　(54)(55) 20

◀解　説▶

≪平均，分散，共分散，条件付き確率≫

(1)　a_1，a_2，…，a_{100} の平均 $\overline{a}$ は

$$\overline{a}=\frac{(1-3x)\times 46+(1-2x)\times 35+(1-2x+2x^2)\times 15+(1-3x+5x^2)\times 4}{100}$$

$$=\frac{(1-3x)\times 50+(1-2x)\times 50+50x^2}{100}$$

$$=\frac{1}{2}(x^2-5x+2)=\frac{1}{2}\left(x-\frac{5}{2}\right)^2-\frac{17}{8}$$

この関数は，$x=\frac{5}{2}$ のとき最小値 $-\frac{17}{8}$ をとる。→(36)～(40)

(2)　b：記録された関数の $x=0$ から $x=1$ までの定積分の値

　c：記録された関数の $x=1$ における値

とする。また，b，b^2，c の平均をそれぞれ $\overline{b}$，$\overline{b^2}$，$\overline{c}$ とする。

$$\int_0^1 (1-3x)\,dx=\left[x-\frac{3}{2}x^2\right]_0^1=-\frac{1}{2}$$

$$\int_0^1 (1-2x)\,dx=\left[x-x^2\right]_0^1=0$$

$$\int_0^1 (1-2x+2x^2)\,dx=\int_0^1 (1-2x)\,dx+\left[\frac{2}{3}x^3\right]_0^1=\frac{2}{3}$$

$$\int_0^1 (1-3x+5x^2)\,dx=\int_0^1 (1-3x)\,dx+\left[\frac{5}{3}x^3\right]_0^1=-\frac{1}{2}+\frac{5}{3}=\frac{7}{6}$$

よって

$$\overline{b}=\frac{\left(-\frac{1}{2}\right)\times 46+0\times 35+\frac{2}{3}\times 15+\frac{7}{6}\times 4}{100}=\frac{-\frac{25}{3}}{100}=-\frac{1}{12}$$　→(41)～(43)

$$\overline{b^2}=\frac{\left(-\frac{1}{2}\right)^2\times 46+0^2\times 35+\left(\frac{2}{3}\right)^2\times 15+\left(\frac{7}{6}\right)^2\times 4}{100}=\frac{\frac{425}{18}}{100}=\frac{17}{72}$$

ゆえに，b の分散は

$$\overline{b^2}-(\overline{b})^2=\frac{17}{72}-\left(-\frac{1}{12}\right)^2=\frac{1}{12}\left(\frac{17}{6}-\frac{1}{12}\right)$$

$$=\frac{11}{48} \quad \to(44)\sim(47)$$

$\overline{c}$ は $\overline{a}$ に $x=1$ を代入したときの値であるから，(1)の結果を用いて

$$\overline{c}=-1$$

共分散は右の表により

$$\frac{-\frac{5}{12}\times(-1)\times 46+\frac{3}{4}\times 2\times 15+\frac{5}{4}\times 4\times 4}{100}$$

$$=\frac{37}{60} \quad \to(48)\sim(51)$$

b	$b-\overline{b}$	c	$c-\overline{c}$	個数
$-\frac{1}{2}$	$-\frac{5}{12}$	-2	-1	46
0	$\frac{1}{12}$	-1	0	35
$\frac{2}{3}$	$\frac{3}{4}$	1	2	15
$\frac{7}{6}$	$\frac{5}{4}$	3	4	4

(3)　カードを1枚取り出したとき，関数の $x=1$ における値が負になるのは，$1-3x$，$1-2x$ のカードを取り出す場合の20通りで，そのうち，関数の $x=0$ から $x=1$ までの定積分の値が負になるのは $1-3x$ のカードを取り出す場合の11通りだから，求める条件付き確率は　$\frac{11}{20}$　$\to(52)\sim(55)$

4

◇発想◇　(3)　点Cから3点O，A，Bを通る平面に下ろした垂線と，平面の交点を求める。

解答　(1)　$\overrightarrow{OA}=(4,\ 2,\ 5)$，$\overrightarrow{OB}=(-1,\ 1,\ 1)$ より

$$|\overrightarrow{OA}|^2=45,\quad |\overrightarrow{OB}|^2=3,\quad \overrightarrow{OA}\cdot\overrightarrow{OB}=3$$

よって，△OABの面積は

$$\frac{1}{2}\sqrt{|\overrightarrow{OA}|^2|\overrightarrow{OB}|^2-(\overrightarrow{OA}\cdot\overrightarrow{OB})^2}=\frac{1}{2}\sqrt{45\cdot 3-3^2}=\frac{3\sqrt{14}}{2} \quad \cdots\cdots(答)$$

(2)　3点O，A，Bを通る平面を α とおく。平面 α に垂直なベクトルを $\vec{n}=(a,\ b,\ c)$ とおくと

$$\overrightarrow{OA}\cdot\vec{n}=4a+2b+5c=0$$

$$\overrightarrow{OB}\cdot\vec{n}=-a+b+c=0$$

よって，$b=3a$，$c=-2a$ より　　$\vec{n}=a(1,\ 3,\ -2)$

以下，$\vec{n}=(1,\ 3,\ -2)$ とする。点Cが平面 α 上にあるとき

$$\overrightarrow{OC}\cdot\vec{n}=(2-t)+3(4-3t)-2(6+2t)=-14t+2=0\quad より\quad t=\frac{1}{7}$$

よって　　$C\left(\dfrac{13}{7},\ \dfrac{25}{7},\ \dfrac{44}{7}\right)$　……(答)

(3)　$\overrightarrow{OC}=(2,\ 4,\ 6)-t\vec{n}$ より，点Cは点 $(2,\ 4,\ 6)$ を通り，$\vec{n}$ に平行な直線上を動き，この直線は，平面 α に垂直である。したがって，(2)で求めた点をHとすると，四面体OABCの体積 V は

$$\frac{1}{3}\times(\triangle OAB の面積)\times|\overrightarrow{CH}|$$

で与えられる。

点Cが xy 平面上にあるとき，$6+2t=0$ より，$t=-3$ であるから，Cの座標は $(5,\ 13,\ 0)$ で，この点を C_0 とおくと

$$\overrightarrow{C_0H}=\left(\frac{13}{7},\ \frac{25}{7},\ \frac{44}{7}\right)-(5,\ 13,\ 0)=-\frac{22}{7}(1,\ 3,\ -2)$$

$$V=\frac{1}{3}\times\frac{3\sqrt{14}}{2}\times\frac{22\sqrt{14}}{7}=22\quad ……(答)$$

(4)
$$\begin{aligned}\overrightarrow{HC}&=\overrightarrow{OC}-\overrightarrow{OH}\\&=(2,\ 4,\ 6)-t(1,\ 3,\ -2)-\left(\frac{13}{7},\ \frac{25}{7},\ \frac{44}{7}\right)\\&=\frac{1}{7}(1,\ 3,\ -2)-t(1,\ 3,\ -2)\\&=\left(\frac{1}{7}-t\right)(1,\ 3,\ -2)\\&=\frac{7}{22}\left(t-\frac{1}{7}\right)\overrightarrow{C_0H}\end{aligned}$$

であるから，$|\overrightarrow{CH}|=\dfrac{7}{22}\left|t-\dfrac{1}{7}\right|\cdot|\overrightarrow{C_0H}|$ となる。

よって，四面体OABCの体積が V の3倍となるような t の条件は

$$\frac{7}{22}\left|t-\frac{1}{7}\right|=3\iff\left|t-\frac{1}{7}\right|=\frac{66}{7}\iff t-\frac{1}{7}=\pm\frac{66}{7}$$

以上より　　$t=-\frac{65}{7},\ \frac{67}{7}$　……(答)

別解 (2)　3点O，A，Bが通る平面をαとおく。点Cは平面α上の点より，実数p，qを用いて

$$\overrightarrow{OC}=p\overrightarrow{OA}+q\overrightarrow{OB}$$
$$\iff (2-t,\ 4-3t,\ 6+2t)=p(4,\ 2,\ 5)+q(-1,\ 1,\ 1)$$

と表され

$$\begin{cases} 4p-q=2-t \\ 2p+q=4-3t \\ 5p+q=6+2t \end{cases}$$

この連立方程式を解くと　　$t=\frac{1}{7},\ p=\frac{19}{21},\ q=\frac{37}{21}$

よって，Cの座標は　　$\left(\frac{13}{7},\ \frac{25}{7},\ \frac{44}{7}\right)$

(3)　点Cがxy平面上にあるとき，Cの座標は (5, 13, 0) で，この点をC_0とおく。

C_0から平面αに下ろした垂線と平面αの交点をHとし

$$\overrightarrow{OH}=\alpha\overrightarrow{OA}+\beta\overrightarrow{OB}$$

とおくと，$\overrightarrow{C_0H}=(4\alpha-\beta-5,\ 2\alpha+\beta-13,\ 5\alpha+\beta)$ は，$\overrightarrow{OA}$，$\overrightarrow{OB}$に垂直だから

$$\overrightarrow{OA}\cdot\overrightarrow{C_0H}=4(4\alpha-\beta-5)+2(2\alpha+\beta-13)+5(5\alpha+\beta)$$
$$=45\alpha+3\beta-46=0 \quad \cdots\cdots①$$
$$\overrightarrow{OB}\cdot\overrightarrow{C_0H}=-(4\alpha-\beta-5)+(2\alpha+\beta-13)+(5\alpha+\beta)$$
$$=3\alpha+3\beta-8=0 \quad \cdots\cdots②$$

①，②より　　$\alpha=\frac{19}{21},\ \beta=\frac{37}{21},\ \overrightarrow{C_0H}=-\frac{22}{7}(1,\ 3,\ -2)$

よって　　$V=\frac{1}{3}\times(\triangle\text{OAB の面積})\times|\overrightarrow{C_0H}|$

$$=\frac{1}{3}\times\frac{3\sqrt{14}}{2}\times\frac{22\sqrt{14}}{7}=22$$

◀解　説▶

≪四面体の体積≫

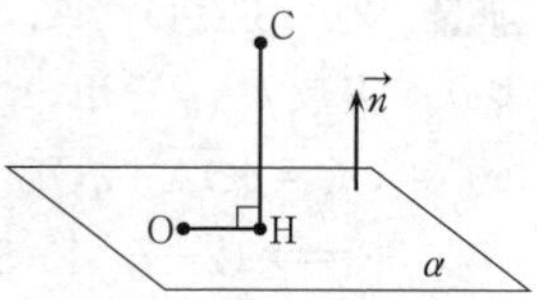

3点O，A，Bを通る平面をαとし，点Cからαに下ろした垂線と平面αの交点をHとおく。αに垂直なベクトル$\vec{n}=(l,\ m,\ n)$が求まれば，実数tを用いて

$$\overrightarrow{CH}=t\vec{n} \Longleftrightarrow \overrightarrow{OH}=\overrightarrow{OC}+t\vec{n}$$

と表されるが，Hがα上の点だから，$\overrightarrow{OH}\perp\vec{n}$より

$$\overrightarrow{OH}\cdot\vec{n}=\overrightarrow{OC}\cdot\vec{n}+t|\vec{n}|^2=0 \quad \cdots\cdots(*)$$

この式からtの値が求まる。

本問では，点Cが3点O，A，Bを通る平面に垂直な直線上を動くように設定されているため，(＊)の計算が不要である。

(2)以降の解答は，〔別解〕の(2)→〔別解〕の(3)→(4)が自然な流れであるが，やや計算が面倒である。

5

◇発想◇ (2) 不等式で表された領域に含まれる格子点の個数を数えればよい。

(3) 2次関数の最大値・最小値問題であるが，軸$x=2^{a-1}$が定義域に属しているので場合分けは単純だが，pは整数なので，pの最大値，最小値を求める際に注意が必要。

解答 (1) $2^{a+1}\log_2 3^x+2x\log_2\left(\frac{1}{3}\right)^x=2^{a+1}x\log_2 3+2x(-x)\log_2 3$

$$=(2^{a+1}x-2x^2)\log_2 3$$

$$\log_s 9^y=\frac{\log_2 3^{2y}}{\log_2 2^{2p+1}}=\frac{2y}{2p+1}\log_2 3$$

よって　$\dfrac{2y}{2p+1}=2^{a+1}x-2x^2$

$$f(x)=(2p+1)(-x^2+2^a x) \quad \cdots\cdots(答)$$

(2) 不等式$y\leqq f(x)$，$x+y>0$で表される領域に含まれる格子点（x座標，y座標がともに整数である点）の個数を求めればよい。

$a=2,\ p=0$のとき　$f(x)=-x^2+4x$

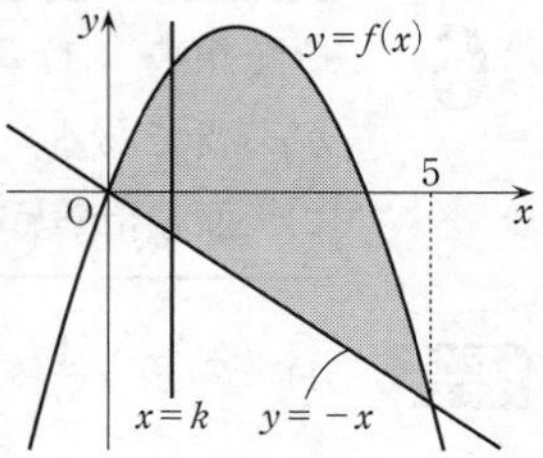

これより，領域は右図の網かけ部分。ただし，直線 $y=-x$ 上の点は含まない。

直線 $x=k$ （$k=1, 2, 3, 4$） 上の格子点の y 座標は

$$-k+1,\ -k+2,\ \cdots,\ -k^2+4k$$

これより，格子点の個数は

$$-k^2+4k-(-k+1)+1=-k^2+5k$$

よって，求める整数の組 (m, n) の個数は

$$\sum_{k=1}^{4}(-k^2+5k)=-\frac{1}{6}\cdot4\cdot5\cdot9+5\cdot\frac{1}{2}\cdot4\cdot5=20\text{ 個}\quad\cdots\cdots(\text{答})$$

(3)　$y=f(x)$ （$0\leqq x\leqq 2^{a+1}$） の最大値を M とおく。

$$f(x)=(2p+1)(-x^2+2^a x)$$
$$=(2p+1)\{-(x-2^{a-1})^2+2^{2a-2}\}$$

p は整数だから，$2p+1\neq0$ であり，$f(x)$ は 2 次関数なので，$0<2^{a-1}<2^{a+1}$ より，軸 $x=2^{a-1}$ は定義域に属している。

(i) $2p+1>0$，つまり $p\geqq0$ のとき，$y=f(x)$ は上に凸であり

$$M=f(2^{a-1})=(2p+1)2^{2a-2}\leqq2^{3a}$$

$$\Longleftrightarrow 2p+1\leqq2^{a+2}\Longleftrightarrow p\leqq2^{a+1}-\frac{1}{2}$$

p，2^{a+1} は整数だから　　$0\leqq p\leqq2^{a+1}-1$

(ii) $2p+1<0$，つまり $p\leqq-1$ のとき，$y=f(x)$ は下に凸であり

$$f(0)=0$$
$$f(2^{a+1})=(2p+1)2^{a+1}(2^a-2^{a+1})=-(2p+1)2^{2a+1}>0$$

よって　　$M=f(2^{a+1})=-(2p+1)2^{2a+1}\leqq2^{3a}$

$$\Longleftrightarrow -(2p+1)\leqq2^{a-1}\Longleftrightarrow p\geqq-2^{a-2}-\frac{1}{2}$$

p，2^{a-2} （$a\geqq2$） は整数だから　　$-2^{a-2}\leqq p\leqq-1$

したがって，p の最大値は $2^{a+1}-1$，最小値は -2^{a-2}　……(答)

◀解　説▶

≪対数計算，格子点の個数，2 次関数の最大値・最小値≫

(1)　底の変換公式で，底を 2 にそろえる。

(3)　整数 p の最大値と最小値は，数直線を利用すればわかりやすい。

6

◇発想◇ (1) 積分区間に1が含まれているかどうかで場合分けが必要である。

(2) 面積計算が容易になるよう工夫する。

解答 (1) $F(x)=\dfrac{1}{2}+\displaystyle\int_0^{x+1}(|t-1|-1)\,dt$

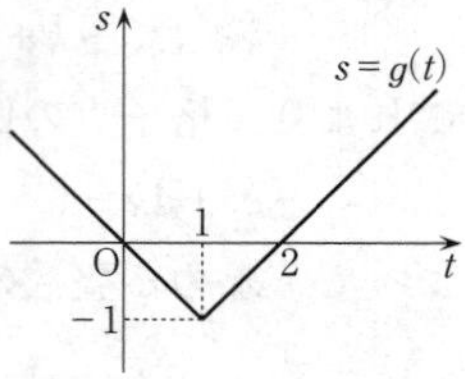

$g(t)=|t-1|-1$ とおくと

$$g(t)=\begin{cases} t-2 & (t\geqq 1) \\ -t & (t<1) \end{cases}$$

• $x+1\geqq 1$, つまり $x\geqq 0$ のとき

$$F(x)=\frac{1}{2}+\int_0^1(-t)\,dt+\int_1^{x+1}(t-2)\,dt$$

$$=\frac{1}{2}+\left[-\frac{1}{2}t^2\right]_0^1+\left[\frac{1}{2}t^2-2t\right]_1^{x+1}=\frac{1}{2}x^2-x$$

• $x+1<1$, つまり $x<0$ のとき

$$F(x)=\frac{1}{2}+\int_0^{x+1}(-t)\,dt=\frac{1}{2}+\left[-\frac{1}{2}t^2\right]_0^{x+1}=-\frac{1}{2}x^2-x$$

よって $$F(x)=\begin{cases} -\dfrac{1}{2}x^2-x & (x<0) \\ \dfrac{1}{2}x^2-x & (x\geqq 0) \end{cases}$$ ……(答)

(2) P$(-2,\ 0)$, Q$(2,\ 0)$ である。

$x<0$ のとき, $F'(x)=-x-1$ より $F'(-2)=1$

よって, l の方程式は $y=x+2$ である。

l と C の第1象限にある交点をTとおくと T$(2+2\sqrt{2},\ 4+2\sqrt{2})$

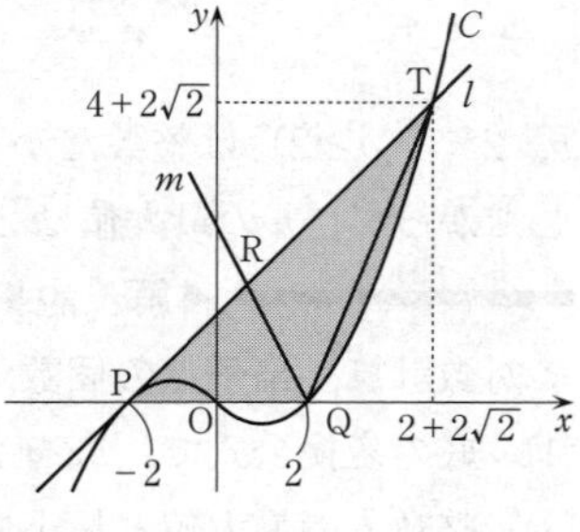

x 軸と曲線 C で囲まれた2つの図形は原点対称だから, S は右図の網かけ部分の図形の面積と一致する。線分 QT ($y=mx+n$ とおく) と C で囲まれた図形の面積を S' とおくと

$$S'=\int_2^{2+2\sqrt{2}}\left\{(mx+n)-\left(\frac{1}{2}x^2-x\right)\right\}dx$$

$$= -\frac{1}{2}\int_2^{2+2\sqrt{2}} (x-2)\{x-(2+2\sqrt{2})\}\,dx$$

$$= \frac{1}{12}\{(2+2\sqrt{2})-2\}^3 = \frac{4\sqrt{2}}{3}$$

$$S = \triangle\mathrm{PQT} + S' = \frac{1}{2}\cdot 4\cdot(4+2\sqrt{2}) + \frac{4\sqrt{2}}{3} = 8 + \frac{16\sqrt{2}}{3} \quad \cdots\cdots (答)$$

$\mathrm{R}(t,\ t+2)$ とおくと

$$\triangle\mathrm{PQR} = \frac{1}{2}\cdot 4(t+2) = 2(t+2)$$

直線 m が S を 2 等分する条件は

$$2(t+2) = \frac{1}{2}\left(8 + \frac{16\sqrt{2}}{3}\right) \quad より \quad t = \frac{4\sqrt{2}}{3}$$

よって　$\mathrm{R}\left(\frac{4\sqrt{2}}{3},\ \frac{4\sqrt{2}}{3}+2\right)$　……(答)

◀解　説▶

≪定積分で表された関数，面積≫

(2)　$G(x) = mx + n - \left(\frac{1}{2}x^2 - x\right)$ とおくと

$$G(2) = G(2+2\sqrt{2}) = 0$$

であるから，因数定理より，$G(x)$ は $x-2$，$x-(2+2\sqrt{2})$ で割り切れる。

また，x^2 の係数が $-\frac{1}{2}$ より

$$G(x) = -\frac{1}{2}(x-2)(x-2-2\sqrt{2})$$

と変形できる。

❖講　評

1　円に外接する四角形の問題。原点Oが線分 BD 上の点であることに気付けば容易に完答できる。(2)の $\tan\theta$ の値は，点Dと直線 OG の距離が $\frac{2}{3}$ であることから直線 OG の傾きを求める方針でもよい。

2　絶対値記号を含んだ 2 項間の漸化式の問題。[(21)] までは易しい。(4)は(2)をヒントに a_{2k}，a_{2k+1} の符号を調べることがポイントである

がやや難しい。

3　データ分析の問題。平均，分散，共分散を計算するだけの問題で，計算ミスをしないことが大事である。共分散は表を作成して計算するなどの工夫が必要である。(3)の条件付き確率は基本問題である。

4　四面体の体積を題材にした問題である。方針によって計算量が変わってくる。本問は，点Cが△OABを含む平面に垂直な直線上を動くように設定されているため，このことに気付いた受験生にとっては易しい問題である。(2)までは確実に得点しておくことが大事である。

5　対数計算，領域に含まれる格子点の個数，2次関数の最大値・最小値問題と内容は豊富だが，いずれの問題も易しい。

6　(1)絶対値記号を含んだ定積分の標準的な計算問題であり，$x+1$ と1の大小関係による場合分けが必要である。$g(t)=|t-1|-1$ のグラフを利用して考えるとわかりやすい。(2)面積の立式は容易であるが，積分計算は面倒である。安易に計算するのではなく，いろいろな計算方法を考えてみることが大事である。本問は，ほとんど積分計算しなくても面積が求まるように作られている。

小論文

解答例　［設問］A．多数決では個人の多様な意見を反映した意思決定はできない。世論力学によれば3割程度の意見が全体の世論を左右しており，これは，一部の意見を多数と錯覚させるようなSNS上の議論で観察できる。また，情報から隔絶された人々は，その情報を信じている人々に同調し，結果として，個人の生の声は覆い隠されてしまう。このように，多数決が拠りどころとしている多数派の意見は，一部の意見への同調の産物でしかない。(200字以内)

［設問］B．一般の人々と専門家が協働して研究するのは，多様な立場の人々が持つ知見をうまく集めて問題解決につなげようとの発想からである。ここで非専門家に期待されるのは，個人の立場や経験を活かして，狭い専門知を相対化することだ。ところが，過去の事例を見ると，研究規模が大きくなるに伴って分業化と階層化が進展する。課題文Ⅰで指摘された問題点を踏まえると，階層上部にいる一部の専門家の意見や情報に他の人々が同調して，結局のところ，専門家が研究全体の方向性を決めてしまうという問題が考えられる。このような仕方で一般の人々が受動的同調的態度で研究に従事するなら，彼らは期待された役割を発揮できない。それを避けるために必要なのは，研究過程や成果の共有などの体制を整えるとともに，専門家と非専門家が対等の立場で相互批判的に議論することである。主体的で批判的に思考する知性を個々の参加者が発揮できるようにしなければならない。(400字以内)

◀解　説▶

≪集合知をつくりだす集団のあり方≫

▶［設問］A．課題文Ⅰに基づき，個人の多様な意見を反映する集団的意思決定ルールとして，多数決の問題点を説明する。この設問では，一般論として多数決の問題点を指摘するのではないことに留意したい。すなわち集団的意思決定に際しては個人の多様な意見が反映されなければならないという前提のもとで，多数決方式にはどのような問題があるのかを答えなければならない。課題文では，意思決定のルールとして人々の信頼を得てきた多数決には問題があることが２つの事例で示されている。ひとつは，自分の意見を譲らない確信者と他人の意見に影響を受ける浮動票者を想定したとき，確信者の数を25〜30％超にまで増やしたときに浮動票者全員が確信者の意見に転じたというシミュレーション。この結果は，SNS上で確認できる。もうひとつは，情報から隔絶された人々は，情報に接触できる人々の55％が信じる情報に同調して，その８〜９割までもが同じ情報に染まってしまったという研究成果である。この２つの事例が示すものは，多数意見とはいっても，その内実は，一部の意見への同調にすぎず，個人の多様な意見を反映していないということである。以上の点を要領よくまとめる。事例の関連性は課題文の記述だけではわかりにくいので，それらを咀嚼して論理的に再構成した上で多数決の問題点の指摘につなげたい。

〔解答例〕では，設問に「多数決の問題点を…説明しなさい」とあることから，まず端的に多数決の問題点を指摘し，その理由を述べるという形にした。もちろん結論が最後にくる構成でもよい。

▶［設問］B．課題文Ⅱに関する設問であるが課題文Ⅰにも関連する問いとなっている。設問の要求は，課題文Ⅰを踏まえた上で，①「学問への参入者の増大」により生じうる問題は何か，②それに対して「一人の人間が持つ知性が一体どんな意味を持ちうるのか」について見解を述べよというものである。

「課題文Ⅰを踏まえた上で」とあるのは課題文Ⅰと課題文Ⅱを連続させることができるということだ。まず両者のつながりを考察する。課題文Ⅱには研究が大規模化したとき参加者一人ひとりの知見をどう結集していくかという問題意識がある。その観点からみると，課題文Ⅰは多様な意見を反映した集団的意思決定の難しさを同調の問題として指摘していると解釈できる。これを踏まえて課題文ⅠとⅡをつなげると，同調という問題を乗り越えながら多様な意見をうまく結集させて集合知を構築するためにはどうしたらよいのか，という問題を読み取れる。

①に関しては，上記の整理に従って課題文Ⅱの内容を説明する。課題文Ⅱによると，研究規模が大きくなり研究への参入者が増大すると分業化と階層化がすすみ，個人は構造の一部になってしまうとある。この現象が「アクションリサーチ」や「シチズン・サイエンス」のめざした集合知と

しての研究を阻む要因であることを，課題文Ⅰの同調という問題と絡めながら，指摘すればよいだろう。

②に関しては，「知性」とは何かを自分なりに定義する必要がある。〔解答例〕では，「主体的で批判的な思考」として特定した。他にも「知と知をつなぐ思考」のことであるとしてもよい。その上で個人の持つ知性が意味を持つような研究のあり方を論ずればよいだろう。

「アクションリサーチ」や「シチズン・サイエンス」について具体的な事例を知っていればそれについて論ずればよいのだが，受験生は具体的な研究分野に関する知見はないのが普通だから，やや抽象的な論述になるのは仕方がないだろう。

❖講　評

2022年度は2021年度と異なり課題文が2つになり，課題文の分量も約1ページ分増えたものの，設問の形式や解答字数に大きな変化はなかった。

課題文Ⅰは，多数決を金科玉条にしてよいのか，多数決は実際には個人の多様な意見を反映できていないのではないかという新聞の論説記事。課題文Ⅱは，学術論に関する書籍が出典で，研究の大規模化に伴う分業化・階層化の進展とその問題点を指摘した部分の引用である。

［設問］Aは課題文Ⅰの内容説明である。多数決は一部の人々の意見への同調の結果にすぎないというのが結論なのだが，その根拠は2つの研究成果である。字数内に収めるためにも研究成果を漫然と引用するのではなく，再構成して論理的に説明できるかどうかがポイントであった。

［設問］Bには「課題文Ⅰを踏まえた上で」と指示があり，議論の対象が異なる2つの課題文をつなげることが必要となる。しかも課題文は「知性」の意味を限定していないため，受験生自身が「知性」を定義してその意義について論ずる必要があった。深い洞察力と高い思考力が求められる難問といえるだろう。

多様性を活かす集団のあり方や知のあり方といった題材は過去にも登場しており，難解なテーマとはいえないが，課題文の分量増加と［設問］Bの要求内容から考えて2021年度よりやや難化したといえよう。

//////////////////// · memo · ////////////////////

2021年度

解答編

解答編

英語

I **解答** 1－2　2－1　3－5　4－2　5－3　6－3
7－2　8－4　9－2　10－4

◆全　訳◆

≪顔認証技術がもたらす恩恵≫

①　顔認証は，顔のいくつかの際立つ特徴を検出することによって個人を特定する，急成長している生体認証技術である。現在，顔認証は，スマートフォンのロックの解除や空港警備での円滑な通過から店での品物の購入まで，さまざまな方法で用いられている。いくつかの見積もりでは，2022年までの顔認証市場は96億ドル以上の価値があるかもしれない。

②　近頃では，人々はあらゆる種類のデータで圧倒されていて，データの多く，特に写真やビデオは，顔認証技術を可能にするために必要とされる基本的な情報を構成する。顔認証システムは，高品質の監視カメラやスマートフォンやソーシャルメディアや他のオンライン上の活動によって作られる何百万もの画像や映像を利用している。ソフトウェアでの機械学習と人工知能の能力は，顔の識別できる特徴を数学的に分析し，ビジュアルデータのパターンを検索し，身元を判別するために顔認証データベースに蓄えられた既存のデータと新しい画像を比較する。

③　顔認証技術は私たちの生活に便利さを提供してくれるだろう。お金やクレジットカードを使わずに，店で支払いをすることがまもなくできるだろう。その代わりに，あなたの顔はスキャンされるだろう。そのようなシステムは，複雑な薬の処方箋がある人たちにとって救いの手となるだろう。そのような薬の処方においては，どんな間違いでも有害な副作用を引き起こしかねない。薬局での顔認証技術は，患者と処方箋の両方を特定できるだろう。この情報は，医者と薬剤師に共有することもできるし，彼らが，患者が適切な薬を与えられたかどうかを確認できるだろう。

④　顔認証技術の別の主な利点は犯罪と戦うことにある。警察は，その技術を使って，犯罪者を発見したり行方不明の子どもたちを見つけたりする。ニューヨークで，ナイフを突きつけて女性を脅した事件の後24時間以内に，警察は顔認証技術を使って強姦の容疑者を見つけることができた。警察が軽犯罪と戦うのに役立つ時間がない地域では，警察は，現在，ビジネスオーナーたちに，顔認証システムを設置して，容疑者が店に入ってきたときその人を監視し特定するように奨励している。結局のところ，そのような協力が犯罪との戦いに必要不可欠である。

⑤　批判者たちは，この技術は市民権にとって重大な脅威となると主張する。そのような情報はそもそも当局に与えられるべきではないと彼らは主張する。しかしながら，これより真実から程遠いものは何もないだろう。顔のスキャンは犯罪の嫌疑をかけられた人々の無実を裏付けるかもしれない。たとえば，特定の時間と場所で犯罪を行ったという嫌疑をかけられた個人は，人間の目撃者がいない場合でさえ，彼らがいたことがカメラによって記録されていたので，実際は異なる場所にいたのだと証明できるかもしれないだろう。もしその技術が設置されていたならば，間違って有罪判決を受けた多くの人たちは恩恵を受けたであろう。結局のところ，顔のスキャンは法律を守る国民に有利に働き，彼らが自分たちの無実を立証するのを可能にするだろう。

⑥　顔認証はまた国民を厳重管理するのに役立つかもしれない。空港が保安検査場に顔認証技術を急いで付け加えている十分な理由がある。米国国土安全保障省は，2023年までに旅行者の97パーセントにその技術が使われるだろうと予想している。明らかなことだが，ほとんどの役人は，ただこの技術が使われているという可能性があるだけで，犯罪を抑止するだろうと信じている。周知のように，人々は自分たちが見張られていると疑うと，彼らが犯罪を行う可能性がより低くなる。しかしながら，以前の活動からか武器を含む購入履歴を通してからかそのどちらかにより，大量殺人犯になる可能性がある人を認識できるかもしれない技術ならどんな技術でも，コストを減らし法の執行を大いに助けるだろう。

⑦　指紋法とか他のセキュリティの手段を使う場合と異なって，個人との身体的接触は顔を認証する技術に必要ないので，顔認証はすばやく安全で自動的な認証を提供してくれる。カギや身元を示す書類のようななくした

り盗まれたりするかもしれない物理的な物に依存するシステムは必要なくなるだろう。批判者たちは，顔認証システムの潜在的な欠陥を熱心に指摘するが，現在の認証方法それ自体に深刻な欠陥があることを大抵は認めたがらない。つまり，署名はでっち上げることができるし，パスポートは偽造することができるし，重要な個人のアカウントは不正利用することもできる。もちろん，顔認証技術それ自体は不法な妨害を受けやすいかもしれない。しかしながら，それがもっと広く用いられるようになるならば，いかなる潜在的な欠陥もすぐに修正されるだろう。

⑧　数世紀前の都市化以前，私たちの大部分がみんなお互いを知っている小さな村に住んでいたとき，人の身元を立証する必要はなかった。社会は自らの治安を維持することができた。今日では，私たちは大衆旅行，移住，見たところ無名の群衆であふれた巨大な都市という混沌とした時代に住んでいるので，私たちは身元を立証するための適切な技術を見つける必要がある。これは恐れるべき発展ではなく，長く失われた秩序をいくらか私たちの生活に取り戻すものである。

◀解　説▶

▶ 1．「以下のうち，第①段の空所［１］を埋めるのに最も適切なものはどれか」

空所の前文の，顔認証システムがさまざまな分野で用いられているという内容に対して，空所の後の部分の「2022 年までの顔認証市場は 96 億ドル以上の価値があるかもしれない」という内容は顔認証のマーケット予想である。よって，２の By some estimates「いくつかの見積もりでは」が内容的に２つの部分を結びつけるのに最適である。more than ～「～以上」　３の account は多義語である。ここでは「話」という意で，in all accounts は辞書には掲載されていないが，直訳の「すべての話で」から「誰に聞いても，誰の話でも」という意味だと考えられる。しかしながら，通例は，by all accounts や from all accounts という表現が用いられるので，受験生はこちらの表現を理解しておいた方がよい。

１．「すでに」　４．「ますます」

▶ 2～4．「第②段の空所［２］，［３］，［４］のうち最も適切な空所に以下の単語のうち３つを入れよ。それぞれの単語は１回だけ使えるものとする」

第②段のテーマは顔認証の方法であることをもとにして考える。選択肢はすべて動詞であり，空所を含む文を読めば，述語動詞として用いられていると想定できる。まず mathematically「数学的に」という副詞と facial features「顔の特徴」という表現と共起する動詞として，空所［2］に analyze「～を分析する」を入れる。次に空所［3］の直後の for をもとにして，search「検索する」という自動詞を入れる。search for ～ は「～を検索する」。最後に，既存のデータとの比較という意味合いから，空所［4］に compare「～を比較する」を入れる。compare *A* with *B*「*A* と *B* を比較する」 要するに，分析→検索→比較という流れである。

▶ 5.「以下のうち，第③段の空所［5］を埋めるのに最も適切なものはどれか」

空所を含む前後を考えると，空所に入る単語がわかりやすい。まず，空所を含む文の前半部分で，医者と薬剤師による情報の共有が記されている。次に，空所の直前で，非制限用法の関係代名詞 who が用いられ，who could confirm「医者と薬剤師は確認できるだろう」という表現がある。よって，空所に 3 の whether「～かどうか」を入れると，空所の後の「その患者が適切な薬を与えられた」とうまくつながる。share *A* with *B*「*B*（人）と *A*（物・情報など）を共有する」

1.「いかに～であろうとも」

2.「何が～であろうとも」

4.「そして一方～」

▶ 6.「以下のうち，第④段の空所［6］を埋めるのに最も適切なものはどれか」

顔認証技術は犯罪と戦う点で警察の武器になるが，警察が多忙なときには店の主人たちが顔認証システムを設置することにより軽犯罪に対応できるという第④段の内容をもとにして，3 の「結局のところ，そのような協力が犯罪との戦いに必要不可欠である」を選ぶ。be crucial for ～「～に必要不可欠である，重要である」

1.「最終的に，この傾向が続くので，犯罪はほとんど減らないだろう」 in the end「最終的に」

2.「結局のところ，警察は働きすぎであってはいけない」 in the final analysis「結局のところ」

4.「これによって，行方不明事件の件数はさらに減少するだろう」

▶7.「以下のうち，第⑤段の空所［7］を埋めるのに最も適切なものはどれか」

空所の後の had the technology been in place は，元の形が if the technology had been in place「もしその技術が設置されていたならば」であり，仮定法過去完了の条件節の倒置用法だと考えることができる。次に，空所の前の「間違って有罪判決を受けた多くの人たちは」を考慮に入れると，2の might have benefited「恩恵を受けたであろう」が形の上でも意味的にも一番適していると考えられる。文頭の Many の後に people が省略されていると考える。in place「設置されて」

1.「恩恵を受けるかもしれない」

3.「恩恵を受ける必要がある」

4.「恩恵を受けるだろう」

▶8.「以下のうち，第⑥段の空所［8］を埋めるのに最も適切なものはどれか」

空所を含む文の前文の「米国国土安全保障省は，2023年までに旅行者の97パーセントにその技術が使われるだろうと予想している」という記述をもとにして，空所に4の「ただこの技術が使われているという可能性があるだけで，犯罪を抑止するだろう」を入れると，うまく話がつながる。the mere possibility that ～ は「ただ～という可能性があるだけで,」。that は同格の接続詞で「～という」と訳せばよい。

1.「この技術にたくさん投資することは費用対効果がよくないだろう」invest in ～「～に投資する」

2.「人々は，監視下でも自分たちの行動をめったに変えないだろう」rarely if ever は「めったに～ない」という意。rarely「めったに～ない」の強調表現である。if が欠落して rarely ever という形で使われることもある。under surveillance「監視下では」

3.「殺人犯を捕らえる機会が極端に高い」

▶9.「以下のうち，第⑦段の空所［9］を埋めるのに最も適切なものはどれか」

空所の後の any potential flaws would soon be corrected「いかなる潜在的な欠陥もすぐに修正されるだろう」が仮定法過去の帰結節だと想定で

きるので，空所の後の more widely used「もっと広く用いられて」と結合する可能性として，2の if it became「もしそれが～になるならば」が形の上でも意味的にも一番適している。

1．「それが～になるときでさえ」

3．「それが～になったので」

4．「それが～になるだろうが，一方で，…」

▶ 10.「以下のうち，第⑧段の空所［10］を埋めるのに最も適切なものはどれか」

数世紀前は村社会でお互いをよく知っていたが，現在は混沌とした時代なので身元を立証する技術を必要とするという第⑧段の内容を考えて，空所に4の「長く失われた秩序をいくらか取り戻す」を入れると，うまく論理がつながる。空所を含む文の構造は not *A* but *B*「*A* ではなくて *B*」である。one は前述の名詞の繰り返しを避けるための代名詞で，a development ということ。restore *A* to *B*「*B* に *A* を取り戻す」

1．「小さな価値を呼び戻す」

2．「都市に適切な安全を強調する」

3．「いくらか民主主義的な公正さを提供する」

●語句・構文●

（第①段） facial recognition「顔認証」 biometric technology「生体認証技術」 at present「現在」 in a variety of ways「さまざまな方法で」 pass through ～「～を通過する」

（第②段） be overwhelmed with ～「～に圧倒される」 all kinds of ～「あらゆる種類の～」 in particular「特に」 millions of ～「何百万という～」 a surveillance camera「監視カメラ」 machine learning「機械学習」 artificial intelligence「人工知能（＝AI）」 facial features「顔の特徴」 in order to *do*「～するために」 determine identity「身元を特定する」

（第③段） add *A* to *B*「*B* に *A* を付け加える」 detrimental side effects「有害な副作用」

（第④段） police forces「警察，警察隊」 locate「～を見つける」 at knifepoint「ナイフを突きつけて」 minor crime「軽犯罪，小さな犯罪」

（第⑤段） represent a threat to ～「～にとって脅威となる」 civil

liberties「人権，市民権，市民の自由」 in the first place「そもそも，まず第一に」 Nothing could be further from the truth.「これより真実から程遠いものは何もないだろう」は文末に than this を補って考えればよい。further は far の比較級で，far from the truth は「真実から程遠い」。people suspected of crime「犯罪の嫌疑をかけられた人々」の元の表現は suspect *A* of *B*「*A*（人）に *B*（犯罪など）の嫌疑をかける」だと理解しておくこと。commit a crime「犯罪を行う」 at a certain time and location「特定の時間と場所で」 certain は「確かな」以外に「ある」「特定の」という意味がある。their presence は「彼らの存在」つまり「彼らがいたこと」。even in the absence of ～「～がいない場合でさえ」 ultimately「結局のところ」 favor law-abiding citizens「法律を守る国民に有利に働く」 allow *A* to *do*「*A* が～するのを可能にする」

（第⑥段） there are good reasons why ～「～する十分な理由がある」 good は「十分な」という意。the U.S. Department of Homeland Security「米国国土安全保障省」は 2001 年 9 月の同時多発テロを機に米国の安全を保障するために設立された組織である。as is known「周知のように，知られているように」 as は関係代名詞の非制限用法で，文末にあったものが文頭に移動したと考えればよい。be likely to *do*「～する可能性が高い」 この表現に less が入ると，be less likely to *do*「～する可能性がより低くなる」となる。potential mass-murderer は「潜在的大量殺人犯」つまり「大量殺人犯になる可能性がある人」を意味する。either *A* or *B*「*A* か *B* のどちらか」 law enforcement「法の執行，法的処置を行う機関」

（第⑦段） contact with ～「～との接触」 rely on ～「～に依存する」 be keen to *do*「熱心に～する，～することに熱心である」 point out ～「～を指摘する」 be vulnerable to ～「～を受けやすい」

（第⑧段） the majority of ～「～の大部分」 police は「～の治安を維持する」という意の動詞であることに注意。第 3 文（Today we live in a chaotic age …）では，文頭の Today という副詞が接続詞的に用いられていることに注意。つまり，Today は「今日では」ではなく「今日では～なので」という意である。具体例として接続詞の now を示す。Now (that) you live in a global age, you should practice speaking English fluently.「あなたはグローバルな時代に生きているのだから，英語を流ちょうに話すのを練習すべきだ」 verify who is who「身元を立証する」 who is who は「誰が誰だか」という意で，つまり「身元」のこと。

II **解答**　11―2　12―2　13―4　14―3　15―4　16―2　17―4　18―2　19―2　20―3　21―4　22―1　23―1

◆全　訳◆

≪顔認証技術が及ぼす弊害≫

①　ちょうど 70 年前に，私たちはあらゆる行動が政府によって監視されているような未来について警告を受けた。これはジョージ=オーウェルによって彼の小説『1984 年』の中で紹介された。その中では，「ビッグ=ブラザー」という指導者が，絶えず登場人物を観察することによって，彼らの考えや行動をコントロールしようとする。あいにく，未来に対するオーウェルのビジョンは私たちを待っている未来と比較すると穏やかである。顔認証技術は個人のプライバシーという考えを過去の遺物に急速に変えつつある。もっと悪いことに，これらのシステムを推進しているのは政府だけではない。つまり，多国籍企業，オンラインのソーシャルメディアサービス，地元の食料品店でさえ，このシステムをどんどん進めている。皮肉なことに，真剣かつ迅速な政府の監視がなければ，近い将来に私たちはすべての人によっていつも監視されることになるだろう。

②　顔認証は，現在使われている他の生体認証技術，たとえば指紋による認証や DNA 分析とはほとんど似ていない。私たちは，自分の顔の画像を誰が取りこみ，記録し，分析するのかについて制御できない。指紋と目のスキャンは，家や電話やコンピュータを保護するために使われているのだが，機能へのユーザーの同意を必要とする。顔認証システムの問題は，登録手続きを通して，個人が自分の個人的なデータを管理できないということである。電話に関しては，そのようなデータが自分の個人的な機器で保護されることをあなたは理解している。

③　顔を記録するということになると，あなたの友人は，あなた自身よりもその件についてはもっと発言権があるだろう。家族や友人と写真を共有することは自然であるが，それはこの技術の発展にとってまた必要不可欠

であったのだ。私たちが友人と写真を共有することを可能にするソーシャルメディアサービスの急速な成長は，予見できない方法で他の人たちが私たちの画像を使うことを可能にしてきた。新たな人工知能のプログラムがこの技術を極端にまで押しやってきた。今日，そのようなプログラムは，同じことをする現実の人々よりももっと速く画像の中の個人を特定することができる。この調子でいけば，すぐに機械はあなた自身が知っているよりもあなたの社会生活についてもっと多く知ることになるだろう。

④　顔認証技術は個人的な自由への脅威を増加させてきた。私たちは私たちの顔の画像や友人たちの画像を含めて，個人的な情報を集め使う許可を数十億ドル規模の会社に与えてきた。そして，会社はそれが望む，いかなる方法でも自由に私たちをターゲットにするように思われる。すぐにも，地元の店に設置された監視カメラが，もっと買うように絶えず勧める「客認証システム」に変更されるだろう。いつの間にか，通りを歩いているときに個人的にあなたに話しかける「スマート広告」を避けることは不可能になるだろう。

⑤　さらに悪いことに，政府による乱用の可能性が恐ろしい。平和的な抗議の権利がほとんどの民主主義国家では保証されている。だが，抗議者は，国が使う監視カメラから自分の身元を守るためにマスクをするようますます強いられている。政府は，平和的なデモ参加者を逮捕したり投獄したりするために顔の画像を使うかもしれない――明らかに，これらのシステムのまったくの悪用である。絶え間ない監視の下での言論の自由は結局のところ自由ではない。

⑥　人物誤認は別の深刻な問題である。いくつかの場合に，単に店の中に歩いていき何も買わずに店から出て行った無実の人たちが防犯システムによって知らないうちに選び出された。彼らが次にやって来たとき，すぐに店から出て行くように求められた。同様に，2018年に，警察が顔認証技術を使って，18歳の学生を万引きした人間だと特定した。彼女は逮捕された。しかしながら，その犯罪が行われたとき，その学生は学校のダンスパーティーに出ていたことがわかった。最終的に嫌疑は晴れたが，このトラウマが残る経験はこの技術の欠陥の結果である。現在，この学生は，それが引き起こした精神的苦痛を補償してくれるようにその会社を訴えている。

⑦　実際，顔認証の間違いに関係する人種偏見のニュースは，毎日現れているように思われる。問題は，これらの技術がもっとしばしば有色人種を誤って特定することがわかってきたということである。これは，今度は結果的に警察官が許可を得ていない家宅捜索や身体検査を行うということになるかもしれない。これらの間違いは主に有色人種のいるコミュニティに影響するので，このことは，法の執行機関への不信をなおいっそう刺激する可能性があるかもしれない。このことは，世界中で警察の偏見に反対する広範囲の抗議を引き起こしたのだ。

⑧　幸運なことに，この先にいくらか希望がある。憂慮する個人は，顔のデータの収集と共有を停止するように期待してソーシャルメディア会社に対して訴訟を起こした。抗議の行進が可能な改革の議論を引き起こしている。最近の数カ月で，カリフォルニアとマサチューセッツのいくつかの都市が，リアルタイムで人々を調査する「ライブ映像の」顔認証技術を禁止する法律を可決した。うまくいけば，国の法律制定という究極の目標はまもなく実現可能であるかもしれない。実際，オーウェルは，顔認証技術のすべてを見通す目から私たちのプライバシーを保証することは政府の責務であるという状況の皮肉を確かに認識していただろう。

◀解　説▶

▶11.「以下のうち，第①段の空所［11］を埋めるのに最も適切なものはどれか」

小説の中で，指導者がコントロールしようとしているのは，他の登場人物の思考や行動であると考えられるので，2の「登場人物の」を空所に入れると，意味をなす。他の選択肢では意味がつながらない。

▶12.「記事によると，第①段で述べられた小説はいつ出版されたのか」

この記事は2019年に出版されたことが記事の題目の下に書かれている。一方，小説は，第①段第1・2文（Exactly 70 years ago, … constantly observing them.）で「ちょうど70年前に」出版されたとあるので，2019－70＝1949である。よって，2を正解とする。

▶13.「以下のうち，第②段の空所［13］を埋めるのに最も適切なものはどれか」

空所の直後の文に「顔認証の問題は，登録手続きを通して，個人が自分の個人的なデータを管理できないということである」とあり，私たちが顔認証をコントロールできないことがわかる。一方，最終文（With phones, you understand …）が示すように，電話などでは，データの保管がうまくいくと記されている。よって，4の「機能へのユーザーの同意」を空所に入れると，話がうまく進んでいく。

1．「オンライン上のサーバからの起動」 2．「政府の承認」 3．「作動するパスワード」

▶ 14.「以下のうち，第③段の空所［14］を埋めるのに最も適切なものはどれか」

空所の後には recording your face「顔を記録すること」という表現のみで，ＳＶ関係は成立していない。選択肢の1・2・4は（群）接続詞なので，後にＳＶが必要である。よって，3の When it comes to ～「～ということになると」を空所に入れると，形式の上でも意味の上でも論理が通る。have say in ～「～に対して発言権をもつ」 say は「発言権」という意の名詞。

1．「～するかぎり」 2．「～の程度まで」 4．「～のときはいつでも」

▶ 15.「第④段において，以下のうち，顔認証技術の広範囲な使用によって生じた個人の自由への最大の脅威として著者が見なしているのはどれか」

第④段第1・2文（Facial recognition technology … in any way they choose.）に，顔認証技術は個人の自由への脅威となり，利用する許可を数十億ドル規模の会社に与えてきたということが述べられている。よって，この問いに対する答えは4の「大企業」である。

1．「広告会社」 2．「政府機関」 3．「友人たちの画像」

▶ 16.「以下のうち，第⑤段の空所［16］を埋めるのに最も適切なものはどれか」

民主主義国家でも顔の画像が悪用される可能性があるという第⑤段の内容をもとにして，2の「まったくの悪用」を選ぶ。ついでながら，a gross misuse of these systems「これらのシステムのまったくの悪用」はダッシュの前の文の内容を別の表現で示している。文法的には同格という。

1．「便利な恩恵」 3．「利口な応用」 4．「必然的な結果」

▶ 17.「以下のうち，第⑥段の空所［17］を埋めるのに最も適切なものはどれか」

空所を含む文の意味を考えて，4のsimply「単に」を空所に入れる。他の3つの選択肢がすべて否定の意味をもっていることもヒントになる。

1.「めったに～ない」 2.「ほとんど～ない」 3.「決して～ない」

▶18.「以下のうち，第⑥段の空所［18］を埋めるのに最も適切なものはどれか」

空所の前の「現在，この学生はその会社を訴えている」という内容と空所の後の「それが引き起こした精神的苦痛」という内容を連結するのは，2のcompensate for～「～を償う，～の埋め合わせをする」である。emotional distress「精神的苦痛」

1.「～に訴える」

3.「～を切り刻む」

4.「～に向かって進む，～に役立つ，～を助長する」

▶19.「以下のうち，第⑦段の空所［19］を埋めるのに最も適切なものはどれか」

空所を含む文の意味を考えて，選択肢の中から2を選ぶ。may potentiallyを空所に入れると，論理が通る。他の選択肢では意味がつながらない。potentiallyは「潜在的に」という意だが，「～する可能性がある」と訳せば，わかりやすくなる。

1.「望ましくは（できれば）～だろう」

3.「必ずや～であるかもしれないだろう」

4.「もしかすると～であるに違いない」

▶20.「以下のうち，第⑧段で『希望』の最も重要な源として，著者が考えているのはどれか」

第⑧段は顔認証技術に反対の運動の行方について記されている。同段第5文（Fingers crossed,…）に「国の法律制定という究極の目標はまもなく実現可能であるかもしれない」とあり，また，最終文（Indeed, Orwell would…）に「顔認証技術のすべてを見通す目から私たちのプライバシーを保証することは政府の責務である」と記されている。よって，3の「連邦政府」がこの質問に対する答えである。

1.「市政」 2.「個人」 4.「広範囲にわたる抗議」

▶21・22.「以下の意見を考えよ。それから，両方の記事に基づいて，(21)，(22)の欄に，もしアイ=シーユーのみがその意見に賛成ならば，1をマークせよ。もしU.C.ミーのみがその意見に賛成ならば，2をマークせよ。もし両方の著者がその意見に賛成ならば，3をマークせよ。もしどちらの著者もその意見に賛成ではないならば，4をマークせよ」

21.「顔認証技術は政府によってのみ使われるべきだ」 どちらの著者もこのように考えていない。よって，4が正解である。

22.「個人の安全は顔認証技術によって改善される」 アイ=シーユーの記事の第⑥・⑦段（Facial recognition can also help … would soon be corrected.）を読めば，全体的に言って，「顔認証技術によって安全が改善される」と主張していると考えられる。一方，U.C.ミーの記事の第⑥段（Misidentification is another …）には，顔認証技術により個人の安全が損なわれている事例が挙げられており，反対の主張をしていると考えられる。よって，正解を1とする。

▶23.「次の単語の対はそれぞれ名詞と動詞を含む。どの対が同じアクセントのパターンをもつ単語を含むのか」

以下アクセントのある音節を順に示す。

1.「均衡」第1音節，「～の均衡をとる，～を考察する」第1音節
2.「行為」第1音節，「～を案内する，～を行う」第2音節
3.「計画」第1音節，「～を計画する，～を見積もる」第2音節
4.「反逆者」第1音節，「謀反を起こす，反抗する」第2音節
5.「記録」第1音節，「～を記録する，～を登録する」第2音節

名詞も動詞も同じ音節にアクセントがあるのは，1のbalanceである。

●語句・構文●

（第①段） be warned of ～「～について警告を受ける」は，warn *A* of *B*「*A*（人）に*B*（危険など）を警告する」が元の表現である。watch over ～「～を監視する」 as it happens「偶然にも」 in comparison to ～「～と比較すると」 in store for ～「～を待っている，～に降りかかろうとする」 turn *A* into *B*「*A*を*B*に変える」 push *A* along「*A*をどんどん進める」 in the near future「近い将来に」 all the time「いつも」

（第②段） bear resemblance to ～「～と似ている」 currently in use「現在使われている」 such as ～「～のような」 fingerprint identification「指紋による認証」 have control over ～「～を制御する」 problem with ～「～の問題」

(第③段) be essential to ～「～に必要不可欠である」 allow *A* to *do*「*A* が～するのを可能にする」 push *A* to extremes「*A* を極端に押しやる」 at this rate「この調子でいけば」

(第④段) multi-billion-dollar company「数十億ドル規模の会社」 those of our friends「友人たちの画像」 those は直前の the images を受ける代名詞。it seems (that) ～「～だと思われる」 be free to *do*「自由に～する」 in any way they choose「それが望むいかなる方法でも」 they は multi-billion-dollar companies を受ける。it will not be long until ～「まもなく～」 transform *A* into *B*「*A* を *B* に変える」 encourage *A* to *do*「*A* に～するよう勧める」 before you know it「いつの間にか，あっという間に」

(第⑤段) worse still「さらに悪いことに」 still の前後に形容詞や副詞の比較級が連結すると「さらに」という意になり，その比較級の強調用法となる。still worse という語順も多い。the potential for ～「～の可能性」 the right to ～「～の権利」 be obliged to *do*「～するよう強いられる」 protect *A* from *B*「*B* から *A* を守る」 free speech「言論の自由」

(第⑥段) on several occasions「いくつかの場合に」 on their next visit「彼らが次にやって来たとき」 visit は名詞。be asked to *do*「～するよう求められる」 identify *A* as *B*「*A* を *B* として特定する」 it turns out that ～「結局～だとわかる」

(第⑦段) racial bias linked to facial recognition errors「顔認証の間違いに関係する人種的偏見」 racial bias「人種的偏見」の後に which is が省略されている。be linked to ～「～に関係する」 the problem is that ～「問題は～である」 people of color「有色人種」 in turn「今度は，次は」 result in ～「結果として～になる」 protest against ～「～に反対する抗議」

(第⑧段) on the horizon「この先に，兆しが見えて」 launch a lawsuit against ～「～に対して訴訟を起こす」 pass a law to *do*「～する法律を可決する」 fingers crossed「うまくいけば」は keep *one's* fingers crossed「幸運を祈る」から派生した副詞句で，hopefully と同義。within reach「実現可能な，手の届く範囲に」 up to ～「～の責務で」

III 解答

24―2　25―3　26―4　27―1　28―3　29―2
30―1　31―3　32―2　33―1　34―3　35―3
36―1

◆全　訳◆

≪自動運転車の未来≫

① 2019 年 4 月に，テスラの CEO のイーロン=マスクは，自動運転の車の未来に焦点を当てた大きなイベントを主催した。マスクは「製造されているテスラの車はすべて，全自動運転にとって必要なハードウェア（コンピュータなど）がついている」と発表した。このことを実現するために残された唯一のことは，その機能を有効にするためのソフトウェアのアップデートである。マスクはまた，テスラの車は個々の所有者が自動的に人々を車で運ぶために自分の車を貸し出すことをまもなく可能にするだろうと発表した。これらの「ロボタクシー」は人間の介入がなくてもうまく機能し，所有者に 1 年当たり 21,000 ドルものお金を儲けさせてくれるだろう。

② 自動運転の車の未来は，多くの技術的な進歩の上に築かれて，疾走している。その進歩とは，周囲の車を発見するためのカメラやレーダー，忙しくアップデートする電気通信，人間よりも早く危険な状況を認識するコンピュータプロセッサーである。自動運転の車の世界市場は，2017 年に 105 億ドルに達し，2027 年までには 650 億ドル以上に増加することが予想されている。経済的な機会は大変大きいので，国は言うに及ばず，どの自動車メーカーもそれを無視することができない。しかしながら，それらの同じ機会は，無人自動車の拡大を抑制するかもしれない重大な新たなリスクと課題に匹敵するものである。

③ 無人自動車は，交通事故が過去のものである理想の世界のビジョンを提供してくれる。安全という観点から言って，WHO は，2016 年の道路上の衝突による世界中の死亡者数を過去最高の 135 万人と推定した。対照的に，2001 年から 2018 年までの間，欧州連合（EU）で交通事故による死者数が 50 パーセント以上も減少したことが欧州委員会にはわかった。それは自動化に部分的に起因する達成であった。しかしながら，歩行者の死者数は，ずっともっと低い割合で減少してきて，EU における死者数の 29 パーセントを占め続ける。無人自動車で人為的ミスの可能性が減ったので，都会の通りは自転車のために再設計することができ，このことは歩

くこととサイクリングをより安全により快適にするだろう。

④　安全は唯一の恩恵ではない。自動運転の車を利用すれば，朝の仕事への通勤は，仕事を早く始めたり必要な睡眠を取り戻したりするために使うこともできる――それは，1日に少なくとも2時間半運転をする米国の1900万人の労働者にとっての関心事である。多くの者にとって，生活の質は大いに改善される。身体障害のある人たちは，増大した自由の恩恵を得ることができ，高齢者はもはや移動手段がなくなることについて心配する必要はなくなるだろう。運転の社会的側面もおそらく変わるだろう。無人自動車を呼ぶ容易さが個人で車を所有する必要性を減らし，それによって，自動車を共同で持つことが可能になる。無人自動車は速度制限を決して超えないだろう。結果として，交通違反の減少によって，警察署は，地域社会が直面する他の問題に焦点を当てる時間をもっと多くもつようになるだろう。

⑤　それにもかかわらず，無人自動車の広範囲の採用は多くのスピードバンプに直面する。最も明らかなのは，かかった経費である。主な自動車会社によって提供された現在の世代の自動化された車は，優に10万ドル以上になるからだ。車はいくつかの集積技術に非常に依存しているので，失敗したプログラミングのアップデート，ダウンした衛星システム，損傷したシステムのために，自動車がエラーを起こしやすくなるだろうという懸念があるのだ――スマートフォンのOSをアップデートすることができないためにスマートフォンがいかに役に立たなくなるかというようなものである。

⑥　さらに悪いことに，無人自動車が無線ネットワークに接続されることになるので，他の誰かがあなたの車の制御を奪うかもしれない。2015年に研究者たちは，インターネット接続を通して遠隔で車をハッキングして，GPSの位置を変更し運転手にブレーキを使わせないようにすることができた。さらに，個人のデータの収集について深刻な懸念が依然としてある。無人自動車は，車に乗っている人々についての私的な情報を集めて自動的にこの情報を保存し共有する必要があるかもしれない。

⑦　さらに，法的責任について実際の懸念がある。今日，運転しているときは，車を適切な運転状態にしておいて，事故の場合には保険で処理することが車の所有者と運転手の責任である。無人自動車では，誰が事故の責

任を負うのかという問題が不明確になるだろう。1つの提案は，責任を自動車の製造業者にのみ割り当てることである。しかしながら，そうすることは経費を非常に高く押し上げるので車を単にあまりにも高価にするだろうと，自動車製造会社は反対する。すべての事故を予見できるとは限らないのだから，製造会社がこの不確かさの経費を負うべきではない。事例がどんなものであろうとも，保険と維持管理のための最低限の基準が満たされなければならない。事故の法的効果が曖昧であるという状況を許す政府はほとんどないだろう。

⑧　その恩恵にもかかわらず，また，いくらかの現実の懸念にもかかわらず，無人自動車の進歩にとって本当に制限となっているものは，政治の問題である。自動運転の車のすべての影響は，必然的に，自動車産業，労働組合，立法府の規制，人々の命と生計に対して想定される危険からの抵抗にあうだろう。インドの道路交通大臣のニティン=ガドカリは「インドでは無人自動車は許されない」と言った。どの政府も，特に高い失業率を抱えた国では，最終的に仕事を奪い去る技術を承認しないだろう。ゴールドマン・サックス経済調査部からの報告によると，2014年には米国で400万の運転手の仕事があり，無人のトラックは，そのピークで1年につき30万も仕事の数を減らすだろう。

⑨　無人自動車の本当の衝撃は，すでに存在する，より決まりきった運転の仕事を改善し，運転手が仕事のストレスと危険を減らすのを可能にすることであろうと主張する人もいる。おそらく，ほとんどの運転手はまだ必要とされるだろう。たとえば，飛行機の自動化は，パイロットの必要性を減らしていない。無人自動車は私たちの生活を大いに変えるだろう。問題は，誰が恩恵を得るかである。平均的な運転手であろうか，それとも世界規模の自動車会社の重役であろうか。

◀解　説▶

▶ 24.「以下のうち，第①段の空所［24］を埋めるのに最も適切なものはどれか」

意味を考えて，2の left「残されている」を空所に入れる。

1.「利用できる」　3.「正しい」　4.「適切な」

▶ 25.「以下のうち，第②段の空所［25］を埋めるのに最も適切なものはどれか」

空所を含む文の前の文で，自動運転車の世界市場はどんどん拡大していると述べられている。この内容に沿って，空所には3の so grand that ～「大変大きいので～」を入れると話の筋に合う。so ～ that …「大変～なので…」 let alone ～「～は言うに及ばず」

1.「～ほど魅力的な」

2.「～ほど切実な」

4.「大変広大なので～」 such ～ that …「大変～なので…」という表現はあるが，such の後には名詞や名詞相当語句がくる。

▶ 26～28.「第③段の空所［26］，［27］，［28］のうち最も適切な空所に以下の単語のうち3つを入れよ。<u>それぞれの単語は1回だけ使えるものとする</u>」

空所［26］を含む文の前文の時制は過去形である。By contrast「対照的に」という表現を用いて，交通事故死に関して，世界と欧州連合とを比較している。これより，空所［26］には過去形の単語が入ると想定される。意味を考えて，4の found を入れる。空所［27］には直後の to をもとにして，1の attributed を入れると意味がうまくつながる。be attributed to ～「～に起因する」 ついでながら，an achievement that was partially attributed to automation「自動化に部分的に起因する達成」は，同格の表現である。空所［28］には fallen と risen のどちらかが入りそうだと想定する。空所［28］を含む文の前文で，EU における「交通事故による死者数の減少」が記されている。このことを頭に入れて，空所［28］の直後の at a much lower rate「ずっともっと低い割合で」という比較級があるので，fallen と risen のうち fallen を入れる。さらに，29％ of all fatalities in the EU「EU における死者数の 29 パーセント」という表現もヒントになる。

▶ 29.「以下のうち，第④段の空所［29］を埋めるのに最も適切なものはどれか」

空所に後続する文に「結果として，交通違反の減少によって，警察署は，地域社会が直面する他の問題に焦点を当てる時間をもっと多くもつようになるだろう」と記されている。この記述をもとにして，空所には2の「無人自動車は速度制限を決して超えないだろう」を入れると，話の筋が通る。as a result「結果として」 with the reduction in traffic violations「交通違反の減少によって」 このwithは「原因や理由」を表し，「〜によって，〜のおかげで，〜のために」などと訳す。

1．「通勤が楽しみになるだろう」

3．「それにもかかわらず，駐車違反の罰金は起こり続けるだろう」

4．「いくらかの交通事故はまだ起こるだろう」

▶ 30.「第⑤段において，以下のうち，潜在的に問題があるとして著者が述べているのはどれか」

第⑤段第3文（As the cars are …）に「車はいくつかの集積技術に非常に依存しているので，失敗したプログラミングのアップデート，ダウンした衛星システム，損傷したシステムのために，自動車がエラーを起こしやすいだろうという懸念がある」とある。これをもとにして，1の「相互依存性」が問題であると著者は言っている。

2．「非効率性」 3．「可動性」 4．「安全」

▶ 31.「以下のうち，第⑦段の空所［31］を埋めるのに最も適切なものはどれか」

空所を含む文の前文で，自動車会社は事故の責任を負うことに反対していると記されている。さらに，空所を含む文の前半部分の「すべての事故を予見できるとは限らない」という内容をもとにして，3の「自動車会社がこの不確かさの経費を負うべきではない」を空所に入れる。not all 〜「すべて〜とは限らない」 部分否定に注意。

1．「政府が事故の費用をカバーするべきだ」

2．「保険会社がすべての事故のリスクを負うべきではない」

4．「所有者が保険と維持管理に対する責任を負うべきではない」

▶ 32.「以下のうち，第⑧段の空所［32］を埋めるのに最も適切なものはどれか」

空所から後の部分には，産業界，組合，立法規制などさまざまな領域からの影響が論じられている。よって，2の「政治」を空所に入れる。

1．「財政」 3．「技術」 4．「時間」

▶ 33・34.「以下の意見を読むように。それから，記事全体に基づいて，マークシートの数字(33)，(34)の欄に，もし著者がその意見に賛成すると思うならば，1をマークせよ。もし著者がその意見に反対すると思うならば，2をマークせよ。もし著者がその意見について自分の意見を言っていないと思うならば，3 をマークせよ」

33.「無人自動車はサイクリストにとって安全を向上させるだろう」 第③段最終文（With reduced potential for …）に「無人自動車で人為的ミスの可能性が減ったので，都会の通りは自転車のために再設計することができ，このことは歩くこととサイクリングをより安全により快適にするだろう」と記されている。よって，1 を選ぶ。

34.「無人自動車の環境への衝撃は大きいだろう」 このような記述は本文に見当たらない。よって，3 を選ぶ。

▶ 35・36.「発音するとき，どの 2 つの単語が同じ母音をもっていないのか」

35. 3 の grown「成長した」と crown「王冠」は母音が異なる。grown の発音は［gróʊn］であり，crown の発音は［kráʊn］である。他の組み合わせは同じ母音である。

1．［bə́ːrd］「鳥」，［hə́ːrd］「聞いた」 2．［tʃúː］「噛む」，［flúː］「飛んだ」 fly の過去形。4．［óʊn］「所有する，自身の」，［sóʊn］「縫った」 sew の過去分詞形。

36. 1 の allow「～を許す」と arrow「矢」は母音が異なる。allow の発音は［əláʊ］であり，arrow の発音は［ǽroʊ］である。他の組み合わせは同じ母音である。

2．［tʃǽrəti］「慈善」，［pǽrəti］「同額，同等」 3．［láitiŋ］「照明」，［ráitiŋ］「書くこと」 4．［táʊəl］「タオル」，［báʊəl］「腸，深部」

●語句・構文●

(第①段) focus on ～「～に焦点を当てる，～に集中する」 allow *A* to *do*「*A* が～するのを可能にする」 loan out ～「～を貸し出す」 as much as ～「～もの」

(第②段) speed along「疾走する，ものすごい勢いで進む」 make updates「アップデートをする」 on the go「大忙しで，忙しく動き回って」 be equaled by ～「～と匹敵するものである」 put the brakes on ～「～にブレーキをかける，～を抑制する」

(第③段) in terms of ～「～という観点から言って」 record high「過去最高の，記録的な」 be redesigned for ～「～のために再設計される」

(第④段) catch up on ～「～を取り戻す」 at least「少なくとも」 the

elderly「高齢者」 the＋形容詞で「〜の人たち」を意味する。no longer「もはや〜ない」 worry about 〜「〜について心配する」 losing their mobility「可動性を失うこと」つまり「移動手段がなくなること」。

（第⑤段） speed bump「スピードバンプ」 これは，「路面に作られた自動車の減速のための隆起」をいう。the cost involved「かかった経費」これは，the cost involved (in the production)「(製造に) かかった経費」と考えるとわかりやすいだろう。be dependent upon 〜「〜に依存している」 there are concerns that 〜「〜という懸念（不安）がある」 that は同格の接続詞。make the cars prone to error「自動車がエラーを起こしやすくする」 fail to update「アップデートすることができない」 update は動詞である。operating system「オペレーティングシステム」はいわゆる「OS」で，スマートフォンなどの「基本ソフト」である。

（第⑥段） worse yet「さらに悪いことに」 yet は比較級を強める働きをする。wireless network「無線ネットワーク」 take over 〜「〜を奪う」 hack into 〜「〜をハッキングする」 internet connection「インターネット接続」 giving them the ability to change 〜「〜を変える能力を彼らに与えた」 つまり「〜を変えることができた」ということ。この文は分詞構文である。the ability to *do*「〜する能力」 prevent *A* from *doing*「*A* に〜させないようにする」

（第⑦段） in the case of 〜「〜の場合に」 be responsible for 〜「〜に対して責任がある」 assign *A* to *B*「*B* に *A* を割り当てる」

（第⑧段） for all 〜「〜にもかかわらず」 the true limit on 〜「〜の本当に制限となっているもの」 the automotive industry「自動車産業」 labor union「労働組合」 legislative regulation「立法府の規制」 end up *doing*「最終的には〜になる」 take away 〜「〜を取り去る」 as many as 〜「〜もの」

（第⑨段） it is likely that 〜「おそらく〜だろう」 the need for 〜「〜の必要性」 the question is 〜「問題は〜である」

Ⅳ **解答**

B1：Long time no see. You were absent from work without notice for three days straight. What happened?

C1：A lot of things happened. I will be in trouble if I get fired.

B2：If I were the shop manager, I would fire you right away. How about quitting, if you don't want to work?

C2：Well, I can't tell my parents about that. Next time I see the manager, I have to apologize to him.

◀解　説▶

英訳する際に，文法的な間違いに気をつけて，自分が自信をもって使える表現や文構造を用いて英語に直すこと。そのためには，難しい単語を使わずに，自分自身がよく慣れている単語やイディオムを使うことが望ましい。特に，この和文英訳は会話なので，難解な言葉を使わない方がよいだろう。

B1：「久しぶりだけど」は定型表現を用いて，Long time no see.とする。「三日連続の無断欠勤」は分けて考える。まず，「三日連続して」は for three days straight あるいは，定型表現を用いて，for three days in a row とする。「欠勤」は「あなたは仕事を休んだ」と考えて，You were absent from work. あるいは You were off work. とする。あるいは You didn't work. や You didn't come. でもなんとか意味がつながる。「無断で」は定型表現を使って without notice とするか，「私たちに何も言わないで」と考えれば，without telling us anything とする。「どうしたの」は What happened? を用いる。What's up? や What's wrong (with you)? や What's the matter (with you)? でも可。

C1：「色々あってさ」は「たくさんのことが起こった」と考えて，A lot of things happened. とするか，もっと短く A lot happened. とする。「辞めさせられたら困るなー」で「辞めさせる」は米国式に fire を使うのが簡単でいいが，英国式に sack でも大丈夫である。「辞めさせられる」は受け身にして be fired〔sacked〕となるが，be の代わりに受け身をつくる get を用いて get fired〔sacked〕とすれば，「辞めさせられる影響」を一層強く意識した表現となる。「困る」は be in trouble や be in difficulty とする。よって，I will be in trouble if I get fired. となる。

B2：「店長」は the shop manager とする。「首にする」は上記の「辞めさせる」と同意で，fire や sack を用いる。「当然」は definitely「間違いなく」や actually「実際に」を用いる。あるいは「すぐに」と考えて，right awayやat onceを用いるのもよい。「僕が店長なら，当然首にするよ」は事実ではないので，仮定法過去を用いる。If I were the shop manager, I would fire you right away.となる。「やる気がないなら」は「働きたくないなら」と考えてif you don't want to workとすればよい。「さっさと辞めれば」は「辞めたらどうですか」と考えて，How about stop working?やHow about quitting?にする。あるいは「辞めるべきだ」と考えれば，You should stop working.やYou should quit now.となる。

C2：「いや，そんなことは親に言えないよ」では，「そんなこと」はsuch a thingあるいは「それについて」と考えればabout thatとなる。Well, I can't tell my parents about that.あるいは，Well, I can't say such a thing to my parents.とする。「今度～したら」はnext time S Vという形式の群接続詞を使えばよい。あるいは，「次に～したとき」と考え，nextを副詞として用いてwhen ～ nextという形もよい。「謝る」はsay, "I am sorry."かapologizeを用いればよい。apologizeは自動詞なので，「彼に謝る」はapologize to himとなることに注意。よって，Next time I see the manager, I have to say, "I am sorry."かWhen I see the manager next, I have to apologize to him.となる。

V 解答例

(A) I do not think that the Japanese government should regulate the use of facial recognition technology. I have two reasons. First, facial recognition technology is a strong measure against terrorist attacks. If surveillance cameras are installed everywhere in town, it will be a little easy for the police to discover possible terrorists and follow them to their hiding place. Thanks to facial recognition technology, security gets much better. Second, this technology is very useful and effective in order to prevent people from committing minor crimes. If people think that they are being watched over by surveillance cameras, they usually do not do bad things. In his 2019 article, U.C. Mee asserts, "Facial recognition technology has multiplied threats to our personal freedom." However, I do not think that I agree with his statement. Facial recognition technology is important in securing "personal freedom."

(B) I think that the Japanese government should promote driverless cars in Japan. I have two reasons. The first reason is Japan is aging. A lot of elderly people live alone or with their partner in villages or towns at present. They can continue to live in villages or towns if driverless cars can carry the goods necessary for them, supporting their daily life. The second reason is that the Japanese population has been decreasing in number, and labor power will soon be in short supply. In such a situation, driverless trucks can be used to carry goods or products from one place to another. According to Otto Matick and Newt Rall's 2019 article, India's Transport and Highways minister said that they would not allow driverless cars in India. However, I see it in a different way. India is young now, but when India gets old and is lacking in working force, it will require driverless cars.

◀解　説▶

設問は「次の２つの設問から１つを選んで自分の意見を英語で書くように」である。

(A)「日本政府は顔認証技術の利用を規制するべきか。なぜそうすべきか，あるいは，なぜそうすべきでないのか」

(B)「日本政府は日本で無人自動車を促進するべきか。なぜそうすべきか，あるいは，なぜそうすべきでないのか」

問題文Ⅰ，Ⅱ，Ⅲに記されている見解を最低１つ引用して反論する形にすれば書きやすいだろう。引用例は下記の通りである。

- 「2010年の記事の『動物園に反対して』で，フェーレーは主張する。『自然はコントロールするべき私たちのものではない』 彼女は…と主張するが，私はその意見に強く反対する。なぜならば…」
- 「フォーン（2010）によるエッセーの中で『学校は生徒の権利を十分保護していない』と主張するイブ=N.スズキにある程度のみ賛成する。XはYであるという彼女の主張は正しいかもしれないが，…」 to a certain extent「ある程度」
- 「オワーク（2012，第７段）によると，１つの選択肢は間接課税である。この議論は…であるけれども」

文法的な間違いをしないように気をつけて，自分が自信を持って使える表現や文構造を用い，できるだけ論理的な流れになるように書くこと。

❖講　評

2021 年度は，2020 年度と同じ大問５題の出題で，そのうちの３題が長文読解問題，１題が和文英訳問題，１題が意見論述であった。

３題ある読解問題の英文は，いずれも現代社会でよく議論になる問題を扱っており，**Ⅰ**では「顔認証技術がもたらす恩恵」，**Ⅱ**では**Ⅰ**と逆の立場として「顔認証技術が及ぼす弊害」という内容が述べられている。さらに，**Ⅲ**は「自動運転車の未来」について述べている。設問形式は例年通り空所補充や内容説明，内容真偽が中心で，ほとんどが４択問題であるが，一部異なる問題もある。英文の量と難度の高さで圧倒されてしまいがちだが，個々の設問の選択肢は比較的理解しやすく，正解を絞りやすいものが多い。また，語彙力・文法力に関する設問もあり，総合力が試されている。

Ⅳの和文英訳は内容こそ日常的なもので，一見易しい印象を受けるが，実際に書いてみると正確な英訳が難しいことに気づくはずだ。注意点にもあるように，与えられた日本文をそのまま直訳しようとせず，どこまで英語に訳しやすい別の日本語表現にできるか，いわゆる「和文和訳」のプロセスを上手に経ることが重要である。

Ⅴの意見論述は，経済学部の入試では毎年出題され，避けては通れない関門だ。2020 年度と同様，読解問題の英文に関連したテーマが与えられ，それについての自分の見解を，英文から必要箇所を引用しつつ述べるというもの。このようないわゆる「アカデミック・ライティング」には決まった書き方が多く，事前に何度か練習しておくと大変効果的である。できれば，他の人に添削してもらうと，自分の弱点が把握できて有効である。

全体的に盛りだくさんの出題である。速く，しかも正確に読めて，内容がある文を書くためには普段からのトレーニングがものをいう。さらに時間配分にも十分気を配る必要がある。

日本史

I 解答

問１．(1)１→３→２→４

(2)－３

問２．商場という交易地で松前藩の藩士がアイヌと交易を行う商場知行制から，藩士に運上金を納めた商人が商場でのアイヌ交易を請け負う場所請負制となった。

問３．ａ－６　ｂ－４　ｃ－５

問４．江戸幕府は日露和親条約を結び，千島列島の択捉島以南を日本領，得撫島以北をロシア領とし，樺太は両国人雑居地として国境を決めなかった。その後，明治政府は樺太・千島交換条約で，樺太をロシア領，千島全島を日本領とした。

問５．ａ－３　ｂ－２　ｃ－１

◀解　説▶

≪豊臣政権期～明治期の日朝関係史≫

▶問１．(1)　豊臣政権期の内政・外交策について，個々の年号が記憶できていればよいが，できていなくても因果関係に注目して年代配列できる。

１．関白に就任した豊臣秀吉はその権威を背景に，諸大名に停戦を命じ（1585 年・惣無事令），ついで諸大名に海賊の取り締まりを命じる海賊停止令を出した（1588 年）。

→３．停戦命令に応じなかった諸大名を平定・服属させて全国統一（1590 年）した後，朝鮮出兵に必要な人員確保のため「武家奉公人が町人や百姓になること」を禁じる身分統制令を出した（1591 年）。

→２．朝鮮に大軍を侵入させ，漢城を占領させた（1592 年・文禄の役）。

→４．明の来援などで戦争は膠着状態に陥り，日明間で講和の機運が高まって「明皇帝の使節が豊臣秀吉と会見した」（1596 年）が，交渉は決裂。翌年朝鮮に再出兵した（慶長の役）。

よって，１→３→２→４の順である。

(2)　３が正解。朝鮮出兵の本拠地は肥前国の名護屋である。現在の佐賀県唐津市で，玄界灘に臨む東松浦半島の先端に位置する。なお，１は平戸，

2は壱岐で，どちらも現在は長崎県。4は博多で現在は福岡県。5は下関で現在は山口県。

▶問2．17～18 世紀における「松前藩とアイヌとの交易」に関して「制度の変化」を，2行以内で説明する問題である。解答に盛り込むべきポイントは2点。①制度名が「商場知行制から場所請負制」へ変化したこと，そして，②その内容が「松前藩藩士とアイヌが商場で交易する形態から運上金を納めた商人が商場でのアイヌ交易を請け負う形態」へ変化したことである。まず前提として，松前藩は米作の収穫がないため，アイヌとの交易独占権を幕府から認められ，その利益が藩の財政基盤となっていた。そこで本題だが，17 世紀には松前藩は商場知行制をとり，蝦夷地内に設定した商場における交易権を藩士に知行として与えたので，商場で藩士がアイヌと交易した。18 世紀には，藩士に運上金を上納した内地商人が商場の経営を請け負い，商人がアイヌ交易を行う場所請負制に変化した。以上を述べればよい。なお，場所請負制になると，内地商人はアイヌを労働力として使役したため，アイヌへの収奪は強化された。

▶問3．a．6が正解。資料aは福沢諭吉の「脱亜論」であり，これを『時事新報』に発表したのは甲申事変の後である。日本公使館守備隊の支援を受けた「金玉均らがクーデタを起こした」甲申事変は，清国軍の反撃によって失敗した（1884 年）。福沢は金玉均を援助し甲申事変に深く関わっていただけに，事変後の 1885 年3月，「我れは心において亜細亜東方の悪友を謝絶するものなり」と，「悪友」である清・朝鮮への武力行使を主張して国権論に転じた。また，aの発表は，日清戦争の発端となる，東学の乱（甲午農民戦争）よりは前であるから，時期6にあたる。

b．4が正解。bは「朝鮮国は自主の邦」と，清の朝鮮に対する宗主権を否定したうえで，朝鮮を開国させ「日本人民の往来通商」を認めさせた日朝修好条規であり，1876 年に締結された。次に時期確定だが，征韓論政変（明治六年の政変）で下野した江藤新平が征韓を主張する不平士族らと「佐賀で蜂起した」1874 年の佐賀の乱よりは後。また征韓論政変後，不平士族の反乱などの治安問題にあたる内務省を設置し自ら初代内務卿となった大久保利通が，士族反乱の最後である西南戦争鎮圧の翌 1878 年に暗殺された（紀尾井坂の変）。よってbは，佐賀の乱と紀尾井坂の変の間で，時期4にあたる。

c．5が正解。cは,「朝鮮の兇徒日本公使館を侵襲し，職員多く難に罹り」から，大院君を担いだ朝鮮の兵士らが起こしたクーデタで，日本公使館も襲撃された壬午軍乱（1882年）の記事だと判断できる。したがって時期は,「大久保利通が暗殺された」紀尾井坂の変の後,「金玉均らがクーデタを起こした」甲申事変の前にあたるから，時期5である。なお，年表中の残った項目は,「日本政府が，対馬藩を通じて朝鮮に新政府成立を通知」が1868年,「日清修好条規」の締結は1871年である。

▶問4．設問の要求は「19世紀後半における日本とロシアの国境の変化について」,「両国の間の2つの条約に触れつつ」3行以内で説明すること。まず，日露間の国境線を初めて画定した日露和親条約は想起できただろう。1855年に江戸幕府がロシアと結んだこの条約では，千島列島の択捉島以南が日本領，得撫島以北がロシア領，樺太については両国人雑居の地として国境を定めなかった。そのため明治政府は樺太の帰属問題を解決すべく1875年に樺太・千島交換条約を締結し，樺太はロシア領，千島列島は占守島までの全島を日本領とした。ここまでが「19世紀後半における」変化である。なお，20世紀初頭（1905年）に結ばれたポーツマス条約で，北緯50度以南の樺太が割譲され日本領となった。

▶問5．a．3が正解。「韓国政府の法令の制定」「行政上の処分は予め統監の承認を経ること」から，日本政府が韓国政府の内政権を掌握した第3次日韓協約である。

b．2が正解。「韓国政府は今後日本国政府の仲介に由らずして…何等の条約若は約束をなさざることを約す」とは，日本政府が韓国の外交権を掌握した第2次日韓協約の内容である。

c．1が正解。韓国政府に日本人の「財務顧問」を傭聘させることを決めた内容から，第1次日韓協約である。

Ⅱ　解答

問6．a－3　b－2　c－6

問7．(1)政府は日本の皇室に対する大逆罪を適用して大津事件の犯人の死刑を求めたが，大審院長児島惟謙はこれに反対し，大審院は無期徒刑の判決を下した。

(2)－1

問8．(1)a．伊藤博文　b．松方正義　(2)ア．自由党　イ．進歩党

⑶ａ－１　ｂ－３　ｃ－４

⑷政府は版籍奉還で領地・領民を返上した藩主と公卿を華族とした。その後，将来の貴族院の構成員を補強するため華族令を制定し，旧華族に維新の功臣たる軍人や政治家を加えて華族とし，公・侯・伯・子・男の爵位を授けた。

⑸２個師団増設を拒否された陸軍は陸相上原勇作を単独辞職させ，軍部大臣現役武官制を盾に後任を推薦しなかったため，内閣は陸相を得られず総辞職した。

問９．⑴－３　⑵－２・４・５

◀解　説▶

≪明治・大正期の政治・社会≫

▶問６．明治政府の中央官制の変遷について，年表を用いて時期が問われた。

ａ．３が正解。左院とは，1871 年の「廃藩置県の詔が出された」後の官制改革で，太政官内に設置された立法の諮問機関である。また，1874 年に「後藤象二郎らが民撰議院設立建白書を提出した」のは，左院に対してであったから，両者の間にあたる時期３を選ぶ。

ｂ．やや難。２が正解。政体書における官制（太政官の下に議政官・行政官・刑法官を置く）にかわって，1869 年１月に版籍奉還が上奏された後，３月に立法機関の議政官下局が公議所となり，７月に公議所を廃止して集議院が設置された。府藩県の代表者から選出された議員による政府の諮問機関であった。集議院は廃藩置県後の官制改革で太政官左院の下部機関となり，1873 年には左院に吸収された。集議院の設置時期は細かい知識で厳密にはわからなくても，「政体書」で太政官制が復活，「廃藩置県」後に太政官三院制（正院・右院・左院）となる基本知識があれば，両者の間の時期２で，設置・改廃されたものだろうと見当はつく。

ｃ．６が正解。枢密院は，大日本帝国憲法の草案を審議するために設置され（1888 年），そのとき伊藤博文が内閣総理大臣を辞して初代枢密院議長に就任した。この点に注目すれば，内閣制度の創設に伴い「太政官制が廃止された」（1885 年）ことから，枢密院の設置はその後の時期６だとわかる。なお，残った「開拓使が廃止された」のは 1882 年である。

▶問７．⑴　やや難。設問の要求は，「外国の皇族が日本国内で襲撃された事件」によって起こった「政府と大審院長との対立」と,「大審院が下した判決について」, 2行以内で説明することである。事件とは, ロシア皇太子ニコライが津田三蔵巡査に斬りつけられ負傷した大津事件（1891年）である。第1のポイントは,「政府と大審院長との対立」である。政府（第1次松方正義内閣）はロシアの報復を恐れて, 犯人に日本の皇室に対する罪である大逆罪（刑法第116条）を適用して死刑にするよう司法当局に圧力をかけた。しかし大審院長児島惟謙は, 大逆罪はあくまで外国の皇族には適用できないとして, それに反対したのである。第2のポイント「大審院が下した判決について」とは, 児島が担当裁判官を説得して, 犯人を刑法の規定通り通常人に対する謀殺未遂罪を適用し, 無期徒刑の判決を下させたことである。「大逆罪を適用して」や, 大審院の判決「無期徒刑」など, 難解な法律用語の知識が必要とされた。

⑵　1が正解。資料は1878年の第2回地方官会議で議論された「地方制度の改革」に関する法令についての議事録だから, 同年制定の, いわゆる地方三新法のどれかだと見当がつく。地方三新法とは, 1. 郡区町村編制法, 4. 地方税規則, 5. 府県会規則の総称である。一方, 議事録には「従前の区画を廃する」とは, 大区小区を廃することだとの説明がある。ゆえに, 大区小区制を廃止し郡区町村を設置するとした「郡区町村編制法」の導入を議論した記録とわかる。なお, 2の郡制は1890年に制定され, 自治体としての郡の設置を定めた。3の市制・町村制は1888年に制定された。

▶問8. ⑴・⑵　三国干渉をきっかけに対ロシア戦争に向けての軍拡をめざす政府は,「増税を含む予算案を衆議院で可決してもらう」必要から政党と提携した。第2次伊藤博文(a)内閣には, 軍拡とそのための増税を支持した自由党(ア)が接近し, 内務大臣として自由党総理の板垣退助が入閣した。そのあとを継いだ第2次松方正義(b)内閣と提携したのは, 進歩党(イ)で,「大隈重信が外務大臣として入閣した」ので松隈内閣とも呼ばれた。

⑶　女性の社会進出に関する事件a～cの時期確定問題である。まず, 年表中の衆議院議員選挙法の改正年代を確認しておく。選挙資格を「直接国税15円以上」に限った選挙法は黒田清隆内閣で1889年,「直接国税10円以上」と改正されたのは第2次山県有朋内閣で1900年,「直接国税3円以

上」が原敬内閣で1919年,「納税の要件を撤廃」した選挙法の改正は第1次加藤高明内閣で1925年に公布された。

a. 1が正解。大阪事件は,旧自由党急進派の景山(福田)英子らが甲申事変(1884年)の失敗を受けて,朝鮮に渡り独立党政権樹立を企てたが渡航前に逮捕された,1885年に起こった自由民権運動の激化事件である。この後,運動は憲法制定・国会開設に向けての大同団結運動に発展する。つまり,大日本帝国憲法と同時に公布された衆議院議員選挙法より前の,時期1にあたる。

b. 3が正解。女性解放運動の先駆けとなった青鞜社が,平塚らいてうを中心に結成されたのは1911年であるが,詳細はわからなくても明治末年だとの認識さえあれば,それだけで第2次山県内閣の1900年と原内閣の1919年の間,時期3だとわかる。

c. 4が正解。女性の政治参加を禁じた治安警察法第5条改正を求めた新婦人協会は,高橋是清内閣時に第5条の一部改正が実現されると,間もなく解散した(1922年)。その後,護憲三派連立の第1次加藤内閣が成立し,普通選挙法の成立が確実視されるなかで,女性の参政権をめざして市川房枝らが1924年に婦人参政権獲得期成同盟会を設立した。したがって,原内閣による「直接国税3円以上」の選挙法改正と,第1次加藤内閣で「納税の要件を撤廃」の間,時期4である。

(4) やや難。設問の要求は,「明治維新後に華族制度が導入されてから,内閣制度ができるまでの時期の華族制度の変化について」3行以内で説明すること。付帯条件は「どのような資格の人に華族の地位が与えられたのかに触れ」ることである。まず華族制度の導入は,1869年の版籍奉還の布告時である。領地・領民を返上した藩主は知藩事に任命されたが,藩主ではなくなった。そこで同時に出された太政官達で「公卿・諸侯の称を廃し,改めて華族と称す」とされ,旧藩主と公卿が華族とされた。その後の変化は,憲法制定・国会開設に向けて諸制度の準備を進める政府が,将来の貴族院の構成員となる華族層を補強する必要から,1884年に華族令を制定し華族の地位を明確化したことである。ここでは,旧華族たる旧藩主・公卿に,国家に勲功のあった政治家や軍人などを新たに加えて,509名を華族とした。そして華族には公・侯・伯・子・男の5つの爵位を授与した。

こうした経緯から，①華族制度の導入時は，「版籍奉還」のときに，「藩主・公卿」を華族とした。②その後の変化は，「華族令制定」で，「旧華族に加えて国家に勲功のあった者」も華族とし，「公・侯・伯・子・男の爵位を授与」したと説明すればよい。なお，国家に勲功のあった者とは政治家（大久保家・木戸家や伊藤博文など）や軍人（西郷従道など）で，ほとんどが薩長出身者であった。以上に加えて，問8の問題文の下線部β前後に「貴族院議員は，華族議員や，勅選議員などから構成されていた」とあるように，華族令制定の意図は，貴族院が創設された折に議員の構成母体となる華族層をつくることにあった。したがって，③「将来の貴族院の構成員を明確化するために」華族令を制定した，または「華族の範囲を広げて将来の上院の基盤を形成した」と，背景でも結論でもよいが，「帝国議会の創設」と「華族制度の変化」との相関関係に言及できるとよい。以上，①～③が盛り込むポイントである。

(5)「第2次西園寺公望内閣が総辞職するにいたった経緯を，軍部大臣現役武官制に触れつつ」2行以内で説明することが要求された。「経緯」を組閣時にさかのぼって考えたい。1911年8月に成立した第2次西園寺公望内閣は，行財政整理を政治課題としていた。明治40年恐慌（日露戦後恐慌）以降の経済的不振と，戦費の外債依存によって生じた元利払い負担や，国際収支の赤字傾向などで国家財政が悪化していたためである。しかし，陸軍は新年度予算編成にあたって，前年に併合した新領土朝鮮に2個師団を増設する必要を強く内閣に迫った。西園寺首相が行財政整理を理由に拒否すると，陸軍は上原勇作陸軍大臣を単独辞職させたうえで，後任陸相の推薦を拒否した。そのため西園寺首相は，軍部大臣を現役の大将・中将のみに限定した軍部大臣現役武官制の規定に阻まれて陸相を得られず，総辞職したのである。以上から，情報を取捨選択して「内閣が2個師団増設要求を拒否→陸軍は陸相上原勇作を単独辞職させ後任を推薦せず→軍部大臣現役武官制によって内閣は陸相を得られず総辞職」という筋道にすればよい。

▶問9．(1)　3が正解。「労働者の共同の組合即ち団結も，大阪或いは東京…九州の方にも起りかけて居り」，「或鉄道会社の労働者が同盟罷工を為したために…公衆が幾許の損害を蒙り，幾許の迷惑をなすか…歎息に堪えない」とある。つまり，労働組合の結成が各地で始まっており，鉄道会社のストライキによって公衆が蒙った損害は甚だ大きかったということである。次に，この状況から時代を考えたい。日本各地で労働組合の結成が始まるのは，高野房太郎らが 1897 年に労働組合期成会を設立して，労働組合の結成を訴えたことが契機となる。同年には鉄工組合が，翌年には日本鉄道矯正会などの労働組合が結成された。よって，この記録は「19 世紀末年」のものだとみられる。そして，同盟罷工が公衆にとって損害・迷惑と評価する発言者の提議した法律案は労働運動を規制する法律案である。したがって，1900 年に成立した 3 の治安警察法に限定できる。なお，2 の集会条例は 1880 年，4 の保安条例は 1887 年に成立した法律で，労働組合の結成時期以前である。また，1 の工場法の制定は 1911 年で，やはり速記録の社会状況や内容とは異なるので排除できる。

(2) 2・4・5が正解。最初に，出来事 1 ～ 5 の起きた年代を確認する。1．第 1 回メーデーは 1920 年。2．日本社会党の結成は 1906 年。3．大日本労働総同盟友愛会の結成は 1919 年で，大正初年に結成された友愛会が，「大戦景気中」の労働運動の高揚を受けて闘争的傾向を強め，この名称に改称したものとの認識でよい。4．日比谷焼き打ち事件は 1905 年。5．労働組合期成会が結成されたのは 1897 年である。ここで最も時代が古い 5 は 1897 年，最も新しい 1 が 1920 年だから，両者の時代幅は 24 年間であることに注目する。第 1 図の範囲は「25 年間」で，1 と 5 の両年を含むから，「1896～1920 年」か，「1897～1921 年」のどちらかしかあり得ない。そして，そのどちらであろうと，Aの時期に起きたのは 2・4・5 の明治期の 3 つに限定される。残りの 1・3 は大正期の出来事。なお，ストライキ件数の変化から解析すると，図は「1897～1921 年」である。大戦景気中における労働者数の増加・権利意識の向上に加え，急激な物価上昇は労働者の賃金上昇を上回ったので，1917 年夏頃から各地で賃上げを要求する労働争議が活発化した。ストライキ件数も 1916 年が 100 件余りだったのに対し，1917 年には 400 件ほどに急増して，図中，最も顕著な増加を示す。そこから 1919 年がピークで 500 件近くとなる。厳密なデータを覚えていなくても，ストライキ件数が急激に 400～500 件と伸びた 3 年間が「大戦景気中」にあたると判断できれば，大まかな年代確定は可能である。

Ⅲ　解答

問 10. ⑴ア. 首里　イ. 那覇

⑵琉球王国は，幕府将軍の代替わりごとに将軍就任を祝賀する慶賀使を，琉球国王の代替わりごとにその就任を感謝する謝恩使を江戸幕府に派遣した。

問 11. a－3　b－5

問 12. 日本がノモンハンでソ連と戦闘中に，日独伊防共協定を結び反ソ連で提携してきたドイツが独ソ不可侵条約を締結したため，内閣は欧州情勢を見失い総辞職した。

問 13. ⑴－6

⑵米国一辺倒の吉田茂に代わり鳩山一郎首相が自主外交を唱えて日ソ共同宣言に調印し国交を回復すると，日本の国連加盟に反対していたソ連が賛成に回った。

問 14. a－0　b－2　c－5　d－1

問 15. ⑴－2　⑵a－1　b－5　c－2

◀解　説▶

≪中世～昭和戦後の政治・外交・文化・経済≫

▶問 10. ⑴ア・イ. 琉球王国を建てた尚巴志の時代に，首里が王都として整備された。また，東南アジアや中国方面との交易により国際貿易港として繁栄した外港は那覇である。

⑵　設問の要求は「琉球王国が江戸幕府に派遣した使節の名称とその派遣の名目」を 2 行以内で説明することである。琉球王国が薩摩藩と中国（明・清）の両属関係であったことは設問の前提としてあるので，なぜ使節を派遣したのかなどに触れる必要はない。単純明快に，使節の名称とその派遣の名目に解答を収斂させればよい。

▶問 11. a. 3が正解。「尚泰…琉球藩王と為し」とあるから，琉球藩が置かれ尚泰が藩王に任命されたのであり，それは 1872 年である。明治政府は，日清両属関係を解消するため，1871 年廃藩置県に際し，琉球を鹿児島県の管轄とした。さらに翌年，琉球藩として外務省直轄下に置いて，国王尚泰を琉球藩王として華族に列した。次に，年表中の年代確定だが，「岩倉具視を大使とする使節団」は，1871 年，廃藩置県のあと条約改正予備交渉と欧米視察のため「横浜港を出港した」。そして岩倉使節団が帰国して，征韓論争がおこり「西郷隆盛が下野した」のは，明治六年の政変ともいうから1873年である。したがって，岩倉使節団の出港と征韓論争の間，時期3にあたる。

b． 5が正解。「琉球藩を廃し沖縄県」を置くのだから，琉球処分が断行された1879年である。これは，征韓論争で下野した西郷隆盛が武力蜂起し「西南戦争が始まった」1877年よりあとの時期5にあたる。

▶問12. やや難。第二次世界大戦の直前に「平沼騏一郎内閣が総辞職した。その理由を，日本とドイツとの関係に触れつつ」2行以内で説明することが設問の要求である。端的に言えば，提携を深めていたドイツに突然裏切られ，内閣は状況判断ができず総辞職したのである。時系列に沿って説明しよう。広田弘毅内閣のときに日独防共協定を（1936年），第1次近衛文麿内閣のときには日独伊防共協定を結んで（1937年），日本はドイツとともに反ソ反共陣営を形成した。さらに平沼内閣は，ドイツから防共協定を対ソ・英・仏の軍事同盟へ強化する提案を受けて閣内で検討中であった。つまり①「日本とドイツとの関係」は，防共協定を結び，反ソ連でドイツと提携していたことを述べる。一方，満州国建国以後，満ソ国境紛争が頻発し（1932〜38年で約760回），日本とソ連との関係は緊張が高まっていた。特に平沼内閣では，1939年5月に満蒙ソ国境のノモンハンで軍事衝突が始まり（ノモンハン事件），ソ連の大戦車部隊の攻撃を受けて日本軍の敗北が決定的となったなか，8月23日に突如として独ソ不可侵条約の締結が知らされた。状況の急変に混乱した平沼内閣は，「今回締結せられたる独ソ不可侵条約に依り，欧州の天地は複雑怪奇なる新情勢を生じたので…別途の政策樹立を必要とする」と，自主的な外交政策を立てることができなくなったとして28日に総辞職した。つまり②内閣は，ソ連軍とのノモンハンでの戦闘中に独ソ不可侵条約が締結されたため，欧州情勢に対する判断力を失い総辞職したのである。蛇足だが，ノモンハン事件の停戦協定は，代わって成立した阿部信行内閣によって成立した（9月15日）。

▶問13. ⑴　6が正解。文学作品を読んでいなくても，資料中のキーワードから作品名が想起できるよう配慮されている。

aは，唯一「詩」であり，「広島」「やがてボロ切れのような皮膚を垂れた」「泣きながら群れ歩いた裸体の行列」から，原爆投下による広島の惨状を描写していることがわかる。よって，作品は『原爆詩集』であり，作者は峠三吉に限定できる。

ｂは，冒頭から「白痴の女が」とあり，「焼夷弾のふりそそぐ」大戦末期の東京を舞台に主人公の俺＝伊沢と白痴の女との生活を描いた小説『白痴』だと見当がつく。よって，作者は坂口安吾である。

ｃは，「同胞がなお…戦いつつある時，自分のみ安閑として敵中に生を貪るのは，いかにも奇怪な，あるまじきことと思われた」から，自らの俘虜体験を描いた『俘虜記』だと判断できる。よって，作者は大岡昇平である。

以上から，６のａ．峠三吉，ｂ．坂口安吾，ｃ．大岡昇平が正解。

⑵　設問の要求は，日本の国連加盟が国連総会で認められた背景にある，「サンフランシスコ平和条約以後の日本の外交関係の変化」について２行以内で述べること。付帯条件は，その変化を実現させた「当時の首相の姓名」に触れることである。比較的容易に解答の筋道は，「鳩山一郎首相が登場 → 日ソ共同宣言で国交回復 → ソ連が日本の国連加盟を支持」とわかるだろう。ただ「日本の外交関係の変化について，その変化を実現させた当時の首相の姓名に触れつつ」と，〈変化〉が強調されていることから，「変化の前の状況」にも言及することが必要である。つまり「米国一辺倒」とか「対米依存」「対米追従」と批判される吉田茂首相から，「自主外交」を唱える鳩山一郎首相への外交政策の変化，である。そして，日ソ国交回復と日本の国連加盟という課題が連動している点もはっきりさせよう。ソ連は国交のない日本の国連加盟申請に拒否権を行使していた。そのため鳩山首相自ら1956年10月にソ連を訪問し，北方領土の返還問題は棚上げとして，日ソ共同宣言に調印し，日ソの国交回復を優先させた。共同宣言が同年12月に発効すると，「日本の国連加盟に反対していたソ連が賛成に回った」のである。ソ連の「反対から賛成へ」の変化が読み取れる文章表現を心がけたい。

▶問14．まず，図の時期を確定する。最も特徴的な動きを示すのが，図中の20年間で唯一「実質経済成長率がマイナス（－１％余り）」を示す「期間４の１番目の点」である。その前年の期間３の５番目が８％だから，１年で９％余りも経済成長率が落ち込んでいる。そのことから期間４の１番目の点は，円の変動相場制移行と第１次石油ショックの影響で戦後初のマイナス成長を記録した1974年と特定できる。つまり図は1959～1978年の20年間とわかる。次に，ａ～ｄの出来事が起きた時期を図中に特定する。出来事はいずれも基本事項であり，年代把握は必須である。

ａ．０が正解。教育委員が公選制から任命制となったのは，鳩山一郎内閣の政策で 1956 年である。図の期間１は 1959〜1963 年で岸信介・池田勇人内閣時代にあたる。よって，ａは時期１より前である。

ｂ．２が正解。公害対策基本法は佐藤栄作内閣で 1967 年に制定された。よって，1964〜1968 年にあたる期間２である。なお，期間２の１番目の点は 1964 年であり，オリンピック景気のため 11％もの経済成長率である。翌 1965 年は昭和 40 年不況で一時的に経済成長率は６％程度に落ち込むが，1966〜70 年にはいざなぎ景気となり再び経済成長率は 10％を超えている。

ｃ．５が正解。男女雇用機会均等法は 1985 年に中曽根康弘内閣で制定された。よって，1978 年までの期間４より後の５にあたる。

ｄ．１が正解。農業基本法が制定されたのは池田勇人内閣の 1961 年であり，時期１である。岩戸景気のさなかにあって，さらに池田内閣が所得倍増計画を発表した 1960 年は，図中最高の 13％の経済成長率を示した。その計画実現のためもあり，農業と他産業との経済格差是正をめざして農業基本法が翌 1961 年に出された。

▶問 15.（1）　２が正解。吉田茂内閣時に施政権が返還されたのは，奄美諸島であり（1953 年），沖縄島を中心とする沖縄諸島の北に位置する。なお，１は沖縄県の一部，八重山列島であるから，佐藤栄作内閣の 1972 年に施政権が返還された。３は小笠原諸島であり，佐藤内閣の 1968 年に返還された。４は日本の東端（東経 153.59 度）に位置する南鳥島である。小笠原諸島に属するため 1968 年に返還された。

⑵ａ．１が正解。「MSA 協定が締結された」のは，吉田茂内閣時の 1954 年である。この年には，ビキニ環礁で第五福竜丸が被爆する事件が起こったため，原水爆禁止運動が全国的に高揚した。それを受けて翌 1955 年鳩山一郎内閣のときに「第１回原水爆禁止世界大会が開かれた」。よって，時期１にあたる。

ｂ．５が正解。佐藤栄作内閣がアメリカのニクソン大統領との間に 1971 年に締結した「沖縄返還協定に基づいて」，「沖縄の施政権が返還された」のは翌 1972 年である。そこで両首脳に注目して時期確定するとよい。「ニクソン大統領が金とドルとの兌換停止を発表した」のは，1971 年である。また，次の「日中平和友好条約が締結された」のは 1978 年で福田赳夫内閣時である。したがって，両者の間の時期5にあたる。

c．2が正解。岸信介内閣が「日米相互協力及び安全保障条約」を締結したのは1960年で，その発効をもって岸内閣は総辞職した。代わって成立した池田勇人内閣の1964年に「日本がIMF 8条国へ移行した」。aで述べたように「第1回原水爆禁止世界大会」は1955年である。よって，両者の間の時期2にあたる。

❖講　評

2021年度は，2020年度と同じ大問3題構成で，記述問題は2020年度の2個から6個に増加，選択問題は4個減の28個であった。誤文選択問題は2019年度以降出題されていない。配列問題が2020年度の0個から1個復活。その分，年表を利用した選択法の年代特定問題が，2020年度の4問15個から5問14個と1個減少したから，時代把握・時期特定の設問総数に変更はない。論述問題は2019・2020年度と同じ8個だが，解答欄3行の論述2個，2行の論述6個で，合計行数は2020年度より1行減少して18行になった。4行以上の長文論述問題もなく，論述の負担はやや軽くなった。解答総数は42個で変化がなかった。時代別の出題分野では，室町時代が2個，織豊政権期が2個，江戸時代が2個，近現代史分野が36個であった。出題範囲は「1600年以降を中心とする」とされているが，それより前の時代（室町時代と織豊政権期）からの出題が4個あり，2020年度の7個からは3個減。また，前近代史と近現代史の出題数比はおよそ1：6であり，2019・2020年度のおよそ3：7と比べ，問題構成が前近代史の減少，近現代史にシフトしたといえる。地図問題は2問2個で，2020年度より5個減少。文化史問題は1問1個と8個減少した。2020年度は折れ線グラフ2点，それらを利用した問題は論述1個であったが，2021年度は棒・折れ線グラフ各1点，それらを利用した選択問題が2問で，論述問題ではなかった。

Ⅰは，対馬を介して展開した豊臣政権期〜明治期の日朝関係中心に出題された。2020年度同様，**Ⅰ**のリード文は世界史の**Ⅰ**とほぼ同文であった。問1⑴脈絡なくみえる豊臣政権の出来事だが「国内統一過程→朝鮮出兵準備→文禄の役緒戦→文禄の役後」と因果関係で配列でき，標準レベル。⑵朝鮮出兵の本拠地，肥前の名護屋を地図中から選ぶ基本問題。

問２は「商場知行制から場所請負制」への変化を，問４は「日露和親条約から樺太・千島交換条約」での国境線変化を説明する，やや易レベルの論述問題である。問３は明治初期～日清戦争までの，問５は第１次～３次日韓協約の，史料を用いた日朝関係史である。問３のｂ・ｃは，世界史Ⅰの問２ｂ・ｃとほぼ共通問題。問３・問５の史料６点とも明解であり，基本レベル。大問全体としては，2020年度同様，リード文および一部設問が世界史と共通であったが，いずれも頻出かつ単純な設問で難易度は下がり，やや易レベルである。

Ⅱは，近代の議事・立法機関とその議事録を通して，明治・大正期の政治史を中心に社会史についても出題された。問６は集議院の時期確定がやや難問。問７(1)は大津事件に関する政府の主張「大逆罪」，大審院判決の「無期徒刑」という法律用語は必須であり，やや難問。問７(2)と問９(1)はいずれも議事の質疑記録から法令名を選ぶ斬新な出題形式だが，時代と史料中の用語から正解を導くのは基本レベル。問８(3)の婦人参政権獲得期成同盟会はやや細かい知識であるが，年表時期区分の幅が広く時期確定は標準レベル。(4)華族制度は有資格者の変化と将来の貴族院開設を見通した制度改革である点まで言及したい，やや難問。(5)第２次西園寺公望内閣倒閣の経緯を軍部大臣現役武官制との関係で説明する論述問題で，コンパクトにまとめる力さえあれば標準レベル。問９(2)ストライキ件数の変化を示したグラフが25年間，選択肢の時代幅が24年間であることから数的処理で正解できると気づけば難しくないが，正攻法で考えるとやや難問。したがって，難易度の傾斜のついた問題構成であったが，大問全体でみれば標準レベルである。

Ⅲは，中世から昭和戦後の琉球・沖縄史を軸に，当該期の政治・外交・文化・経済が出題された。問10(2)は慶賀使と謝恩使に関する語句説明であり，標準レベル。問12は平沼騏一郎内閣の総辞職理由として，ノモンハン事件・防共協定・独ソ不可侵条約の３点を論述答案に盛り込むのはやや難問。問13(1)は2020年度に続き，文学作品と作者の組み合わせ問題であるが，ａ～ｃとも資料から作品名を推測しやすい作品であり，標準レベル。(2)は，吉田茂から鳩山一郎への首相交代と，日ソ国交回復・国連加盟実現の関連を示す論述問題で標準レベル。問14は，経済学部頻出の５年刻み20年間分のグラフ読み取り問題である。実質経済成長率がマイナスとなっている年が1974年であると気づけば，a～dの時期確定は難しくない。問15(2)のbは2019年度Ⅲ問17でも資料cとして出題されていた。a～cともに基本問題。したがって，大問全体的に，教科書の精読によって解答可能な標準レベルであった。

総括すれば，2020年度に続き，世界史との共通問題や，現代文学に関する出題など学問分野の垣根をこえた学際的知識，複数の情報を統合・分析して解答に至る応用力を測る出題が目を引いた。一方で，沖縄問題・女性問題・労働問題といった経済学部頻出テーマも多かった。そのうえ例年はグラフの読み取り問題を中心に解答に窮するような難問が数問含まれるが，2021年度は皆無であった。論述問題も解答の方向性がつかみやすく用語説明レベルの問題が多いので，2020年度より1行減という分量以上に易しくなった印象である。よって全体としては，2020年度よりやや易化したといえる。ただ，入試制度改革を踏まえた共通テストのあり方なども見据えて，出題傾向や難易度が大きく変動する可能性は十分ある。日本史教科書・史料集・図説集を併用した緻密な学習と，多年度分の過去問演習を通じて経済学部特有の問題への対応力を培いたい。

世界史

I 解答

問1．(1)5→3→2→1→4

(2)清は，反清復明運動を行う鄭氏に対し，経済基盤となっている交易を妨害するため遷界令を発したが，台湾征服後は海禁を解除し，海関を設けて民間貿易を認めた。

問2．a－5　b－3　c－4

問3．アロー戦争中のアイグン条約でロシアは黒竜江以北を領土とし，アロー戦争の講和を仲介した見返りに北京条約で沿海州を獲得した。イリ事件後のイリ条約で清はイリ地方の大半を奪還し，露清の国境がほぼ画定された。

問4．ナロードニキの流れをくむ社会革命党が結成されていた。また，マルクス主義に立脚するロシア社会民主労働党が路線対立から急進派のボリシェヴィキと穏健派のメンシェヴィキに分裂していた。

問5．日清戦争の下関条約で清の宗主権が否定され，冊封体制から離脱した朝鮮は，独立した主権国家を示すため国王を皇帝，国号を大韓帝国に改めることで，清や日本と対等な地位を主張した。

問6．a－4　b－3　c－1

◀解　説▶

≪対馬の歴史≫

▶問1．(1)　やや難。清朝の歴代皇帝のときの出来事を年代順に並べる設問。康熙帝の治世中の三藩の乱と『康熙字典』の編纂開始の年代判定がやや細かい。

1．軍機処の設置は第5代雍正帝のときの1730年。

2．第4代康熙帝による『康熙字典』の編纂開始は1710年（完成は1716年)。

3．康熙帝の廃藩令に反抗して呉三桂らが三藩の乱を起こしたのは1673年。

4．ジュンガルを1758年に滅ぼしたのは第6代乾隆帝。

5．李自成が反乱を起こしたのは1631年（1636年という説もある)。この反乱で明が滅亡（1644年）すると，これに乗じて清朝第3代順治帝が中国本土に進出した。

以上から，古い順に並べると5→3→2→1→4となる。

(2)「清と敵対する勢力が活動」は，台湾の鄭氏の活動について述べればよい。鄭氏は，海上交易活動によって経済基盤を確保し，反清復明運動を行った。「活動の終焉」は清の康熙帝による鄭氏台湾の征服である。これらを「清の海上交易政策の変化との関係」と結びつけることが求められている。鄭氏に対抗するため清は遷界令（1661年）を発して，台湾対岸の広東・福建を中心とする沿岸部から住民を強制的に内陸部に移住させ，海上交易に依拠する鄭氏を孤立させようとした。その後，清は，1683年に台湾を武力で征服したのを機に，翌年海禁を解除し，1685年には沿岸部に海関（税関）を設置して民間貿易を認めている。

▶問2．難問。資料a～cの時期を特定し，年表中に入れる年代整序問題。

a．甲申政変（1884年）の翌年に日清間で結ばれた天津条約（1885年）で，将来の朝鮮出兵は事前に両国間で照会することを定めた。

b．江華島事件（1875年）の翌1876年に結ばれた日朝修好条規で，朝鮮が開国した。

c．大院君派が蜂起し，日本公使館を襲撃した壬午軍乱（1882年）の直後に結ばれた済物浦条約。資料の内容から日本公使館を襲撃したことがわかるので，壬午軍乱に関連する条約と判断したい。

年表を整理すると以下のようになる（太字が解答箇所）。

日清修好条規が締結された（1871年）
日本政府が，琉球漂流民殺害事件を口実に台湾に出兵した（1874年）
b．日朝修好条規（1876年）
沖縄県が設置された（1879年）
c．済物浦条約（1882年）
金玉均らがクーデタをおこした（1884年）
a．天津条約（1885年）
東学を奉じる全琫準らが蜂起した（1894年）

▶問3．露清間の3つの国境画定に関する条約（アイグン条約・北京条約・イリ条約）の内容を述べるだけではなく，前2者の条約はアロー戦争との関係，後者はイリ事件との関係にもそれぞれ簡単に触れたい。また，イリ条約で最終的にほぼ露清間の国境線が画定したことを指摘したい。

▶問 4．日露戦争は 1904〜05 年。農村共同体を基礎に社会主義的な改革をめざしたナロードニキの流れをくむ社会革命党が 1901 年に結成されていた。また，マルクス主義のロシア社会民主労働党が 1903 年に結成されたが，結成直後に急進派のボリシェヴィキと穏健派のメンシェヴィキに分裂している。

▶問 5．1868 年から 1897 年の時期の清と朝鮮・韓国の関係の変化に触れつつ，朝鮮国王高宗が「皇帝」を称したことが，東アジアの国際秩序において持った意味が求められている。日清戦争の下関条約（1895 年）で清が宗主権を放棄した結果，属国であった朝鮮が冊封体制から離脱した点が清と朝鮮の関係の変化である。また，東アジアの国際秩序においては，高宗が皇帝を称し，朝鮮が清や日本などの君主国と対等な地位の国家であることを主張した点を指摘したい。

▶問 6．資料 a 〜 c の時期を特定し，年表中に入れる年代整序問題。

a．1965 年に締結された日韓基本条約で，日本政府が大韓民国政府を朝鮮における唯一の合法的な政府として確認した。

b．1951 年に調印されたサンフランシスコ平和条約。

c．1948 年に大韓民国が建国され，その独立式典にマッカーサー元帥が列席したことを伝える新聞記事。

年表を整理すると以下のようになる（太字が解答箇所）。

c．大韓民国の独立式典（1948 年）
中華人民共和国の建国が宣言された（1949 年）
日本で警察予備隊が設置された（1950 年）
b．サンフランシスコ平和条約（1951 年）
日ソ共同宣言が出された（1956 年）
a．日韓基本条約（1965 年）
沖縄返還協定に基づいて日本に沖縄の施政権が返還された（1972 年）
日中平和友好条約が締結された（1978 年）

II 解答

問 7．4

問 8．(1)ア．ユカタン　イ．キープ　(2)a－1　b－5

問 9．フェリペ 2 世がポルトガルを併合した結果，そのアジア・アフリカ大陸に及ぶ領土も支配し，地球規模の植民地帝国となったことを意味している。

問 10. ⑴エンコミエンダ制による酷使やヨーロッパからの伝染病で先住民が激減し，不足した労働力を補うためアフリカから黒人奴隷を導入した。

⑵―3・4・6

問 11. メキシコのアカプルコからラテンアメリカ産の銀をガレオン船でフィリピンのマニラに運び，その地で中国商人が持ち込んだ絹・陶磁器と交換した。

◀解　説▶

≪スペイン・ポルトガルの探検航海≫

▶問 7．難問。資料 a は 1513 年パナマ地峡を横断して太平洋を発見したスペインの探検家バルボアに関する航海記録。彼はこの海（太平洋）を「南の海」と呼んだ。

資料 b には「マルーコ〔モルッカ〕諸島」という語が登場するので，インド航路を発見したヴァスコ=ダ=ガマや，パナマ地峡を横断したバルボアは無関係で，1521 年フィリピンに到達したマゼランに関する航海記録と判断したい。マゼラン自身はセブ島で原住民の争いに巻き込まれ殺されたが，部下が航海を続け，ボルネオやモルッカ諸島をへて 1522 年に帰国している。

資料 c はインド航路を開拓したポルトガルの航海者ヴァスコ=ダ=ガマに関する記録で，「かの喜望峰を見つけた」がヒントとなっている。アフリカ南端の喜望峰は 1488 年バルトロメウ=ディアスが到達。この地を回ってヴァスコ=ダ=ガマが 1498 年インド西南岸のカリカットに到達した。

▶問 8．⑴ア．マヤ文明が発展したのは，中央アメリカのユカタン半島（現メキシコ南部・グアテマラ・ベリーズ）。

イ．15 世紀後半にコロンビア南部からチリに及ぶアンデス高地一帯に成立したインカ帝国では，数量などの記録としてキープ（結縄）が用いられた。

⑵a．前 1200 年頃までに，メキシコ湾岸地方で成立したオルメカ文明はジャガー信仰を特徴とし，メソアメリカ文明の母体となった。

b．メキシコ高原に 14 世紀に成立したアステカ王国の首都テノチティトランは，テスココ湖上の島に建設された都市であったが，スペイン人コルテスの征服によって破壊され，その上に現在のメキシコシティが建設された。

▶問9．スペイン=ハプスブルク家のフェリペ2世が1580年ポルトガルを併合した結果，スペイン植民地の新大陸だけでなく，ポルトガル領のゴア・マラッカ・マカオなどのアジアやアフリカ（沿岸部）も支配下に収め，世界規模の植民地帝国を現出させた。「太陽の沈まぬ国」という形容は，帝国内のどこかで常に太陽が昇っているという状態を表している。

▶問10．(1)「奴隷も労働力として必要とされるにいたった経緯」を「奴隷の主な出身地に触れつつ」説明することが求められている。16世紀にスペイン人がエンコミエンダ制によって先住民を鉱山で酷使し，ヨーロッパから伝わった天然痘などの伝染病で先住民の人口が激減したため，代わりの労働力としてアフリカ西岸から黒人奴隷を導入したことを説明すればよい。

(2)　スペイン国王カルロス1世が在位したのは1516～56年。

1．レコンキスタの完了は，ナスル朝の首都グラナダを陥落させた1492年。

2．イタリア戦争を終結させたカトー=カンブレジ条約の締結は1559年。

3．諸侯にルター派の信仰を容認したアウクスブルクの和議は1555年。

4．ドイツ農民戦争（1524～25年）の指導者ミュンツァーの処刑は1525年。

5．ネーデルラント北部7州がユトレヒト同盟を結成したのは1579年。

6．オスマン帝国がプレヴェザの海戦で勝利したのは1538年。

したがって，在位期間中に起こった出来事は3・4・6となる。

▶問11．アカプルコ貿易（ガレオン貿易とも呼ぶ）の説明が求められている。スペインは16世紀後半からメキシコのアカプルコとマニラ間でガレオン船を用いて官営の太平洋貿易を営み，ラテンアメリカ大陸産の銀（アジアではメキシコ銀と呼ばれた）をフィリピンのマニラに持ち込み，中国産の絹・陶磁器を買いつけてアカプルコに運んだ。

Ⅲ　解答

問12．a－7　b－9　c－2　d－4

問13．製紙法が普及し，グーテンベルクによる活版印刷術が実用化した。

問14．(1)資料アの著者：エラスムス　波線部αの人物：トマス=モア

(2)王妃離婚問題で教皇と対立したヘンリ8世が，国王至上法で国王を教会

の首長とするイギリス国教会を創立し，カトリック教会から自立した。

問 15. 3

問 16. a－3 b－1 c－5 d－8

問 17. 国民公会は男性普通選挙で成立し，七月王政下では制限選挙が実施された。

問 18. (1) a－1 b－3 (2) 3→4→2→1

◀解 説▶

≪パリ大学の歴史≫

▶問 12. a．13 世紀にイタリアのトマス=アクィナスはアリストテレス哲学を導入して『神学大全』を著し，スコラ学（スコラ哲学）を大成した。

b．「実験科学」がキーワード。13 世紀に，経験と観察を重視し実験科学を提唱したのはイギリスのロジャー=ベーコン。

c．スコラ学は信仰と理性の調和をはかるためギリシア哲学，特にアリストテレス哲学を用いてカトリック思想を体系化した。

d．イベリア半島のコルドバ生まれのアラビア系法学者・医学者イブン=ルシュド（ラテン名アヴェロエス）は，12 世紀にアリストテレス哲学の注釈書を著し，そのラテン語訳は西欧のスコラ学に大きな影響を与えた。

▶問 13. すでにイスラーム世界を通じて伝わっていた製紙法の普及とドイツのグーテンベルクが 15 世紀半ばに改良した活版印刷術の実用化について説明すればよい。それまでの書籍は，主に写本によって製作されていた。

▶問 14. (1) やや難。資料アの内容から，聖職者（「神学者先生」）を批判している部分を読み取って，エラスムスの『愚神礼賛』と判断したい。『愚神礼賛』は，痴愚の女神の口を借りて聖職者・教会の偽善や悪徳を痛烈に風刺している。もしくは，(2)の「自国の教会制度を従来のものから大きく変化させた」から，波線部 β がイギリス国王ヘンリ 8 世であると確定してから，資料アの著者と波線部 α を導き出すことも可能である。資料 a～c は，エラスムスが親交を結んでいたイギリスの人文主義者トマス=モアにあてた手紙で，文中の α「大兄」とは『ユートピア』の著者でヘンリ 8 世の大法官を務めたトマス=モアのこと。彼はカトリックの立場からルターの宗教改革に反対した。

(2) 資料 a の波線部 β の君主であるイギリス国王ヘンリ 8 世がカトリッ

ク教会から自立してイギリス国教会を創設したことを述べればよい。ヘンリ8世は教皇が王妃との離婚を認めなかったため，1534年国王至上法（首長法）を発布して国王を首長とするイギリス国教会を創立した。これは，教皇を頂点とするカトリック教会から自立したことを意味する。

▶問15. 難問。資料a～cの著作からキーワードになる語句や著作の主張を読み取った上で，1～6の選択肢の組み合わせのどれに該当するかを特定していきたい。

資料aは「幾何学者らが，…証明にたどりつく」がヒントで，この著作は，17世紀に合理論哲学を樹立したフランスの哲学者デカルトの『方法序説（方法叙説）』である。「証明」から演繹法を想起したい。また，デカルトは数学者でもある。

資料bは「豊かなラブルール（耕作者）で王国は満ちていなければならない」がヒントで，この著作は，農業生産の拡大が国富の源泉であるとした18世紀フランスの重農主義者ケネーの『経済表』である。

資料cは人間の本性にある「あらそい」に言及しているので，人間は自然状態のもとでは利己的で「万人の万人に対する闘争」が生じるため，自然権を放棄して為政者に委ねたとする社会契約説を提唱した，17世紀イギリスの政治学者ホッブズの著作と判断できる。資料は『リヴァイアサン』。

▶問16. a．1802年に英仏が結んだアミアンの和約。アミアンは北仏の都市で地図の3。

b．1805年にイギリス海軍が勝利したトラファルガーの海戦。場所はスペイン南端のトラファルガー岬付近で地図の1。

c．ナポレオンはイエナの戦いでプロイセンを破り，1806年ベルリンを占領して対英の大陸封鎖令（ベルリン勅令）を発布した。ベルリンはドイツ東部にあり，地図の5。

d．難問。1807年のティルジット条約。ティルジットは地図の8で，当時はプロイセン領。現在はロシア連邦の飛び地にあるソヴィエツクである。

▶問17. フランス革命期の国民公会は立法議会に代わり，男性普通選挙によって成立した一院制議会。王政を廃止し，フランス最初の共和政（第一共和政）を樹立した。それに対し，七月革命でブルボン復古王政を倒して成立した七月王政は多額の納税者のみに選挙権を与える制限選挙を実施し，ルイ=フィリップを国王とする立憲君主政を敷いた。

▶問 18. (1) a，b の時期を特定し，年表中に入れる年代整序問題。

a．ソ連が米英仏占領地区の西ベルリンに対して行った陸上交通の遮断とはベルリン封鎖のことで 1948 年。

b．ソ連軍の介入でナジ=イムレが拘束されたのはハンガリー暴動で，1956 年 10 月に発生。

年表を整理すると以下のようになる（太字が解答箇所）。

a．ソ連がベルリン封鎖を実施（1948 年）
スターリンが死去した（1953 年）
ソ連共産党第 20 回大会で，フルシチョフがスターリンを批判した（1956 年 2 月）
b．ハンガリーの反ソ暴動（1956 年 10 月）
東ドイツ政府が東西ベルリンの境界に壁を築いた（1961 年）
フルシチョフが第一書記および首相の座を追われた（1964 年）

(2) アフリカ諸国の独立に関する年代配列問題。

1．アフリカ統一機構（OAU）が結成されたのは 1963 年。

2．アルジェリアが独立したのは 1962 年。

3．チュニジアが独立したのは 1956 年。

4．フランスで第五共和政が発足したのは 1958 年。

以上から，古い順に並べると 3 → 4 → 2 → 1 となる。

❖講　評

2021 年度も 2020 年度と同じく大問数は 3 題で構成されている。解答個数は 2020 年度の 45 個から 39 個に減少した。その一方で，小論述は 2020 年度の 8 問から 10 問に増加した。ただし，論述解答の行数は 2020 年度と同じ 21 行であった。出題形式では，例年，資料（史料）に加えて視覚資料・地図・グラフなど多彩な形式が出題されているが，2021 年度は資料関連が多く，視覚資料やグラフの問題は出題されなかったものの，地図問題が出題された。2021 年度も資料の年代・人物の特定や年代配列法が目立っており，詳細な年代把握が求められている。小論述の問題はほぼ標準レベルとなっている。用語集の説明文レベルの知識や，歴史事象の経緯や因果関係の考察力を試される問題も出題されている。

I は，「対馬の歴史」をテーマとしているが，出題対象は 17〜20 世紀の東アジア（中国・朝鮮・日本）の政治史が中心であった。問 1 (2)は，鄭氏の復明運動に対する清の遷界令，台湾征服後の海禁の緩和に言及することが求められた。問2は難問。資料cは，壬午軍乱の直後に結ばれた済物浦条約。資料内容から条約とその年代を特定させる年表問題は例年頻出となっている。問3の露清間の国境条約ではイリ条約を，問4の日露戦争時のロシアの社会主義政党では社会革命党を忘れないようにしたい。問5の朝鮮が大韓帝国を称した背景は考察力が必要で，下関条約による清の冊封体制からの自立，主権独立国家の主張を考えたい。

Ⅱは，「スペイン・ポルトガルの探検航海」をテーマとした標準レベルの問題。問8で古代から16世紀に至る中南米の文明史も出題されている。難問は問7で，資料a～cは誰の航海記録か判定しにくいのでキーワードを見つけて判断したい。資料bはモルッカ諸島があるのでバルボアではなくマゼランの一隊と推定できる。資料cがポイントで，「かの喜望峰を見つけた」（「かの」とあるので，すでに喜望峰に到達し，その地が知られていたということである）とあるのでヴァスコ=ダ=ガマと判断できる。問9は，1580年にポルトガルを併合した点を説明すればよい。問10⑴と問11は定番の論述なので対処しやすい。なお，問10⑵は「番号が小さい順に左から記入」とあるので十分注意したい。

Ⅲは，「パリ大学」をテーマに扱っているが，問12～問15は中世・近世の文化史（哲学・文学・宗教），問16はナポレオン戦争に関連した地図問題，問18は第二次世界大戦後のソ連の外交政策，アフリカ諸国の独立など幅広い分野から出題されている。総じて標準レベルで作問されているが，問14のエラスムスからトマス=モアに宛てた書簡や，問15の近世ヨーロッパ思想家の著作などの資料問題は紛らわしい内容で，文化史が苦手な人には手ごわいだろう。

数学

1

◇発想◇　(1)　円の中心間の距離の関係から $r \geqq 1$，直線 $x=3$ に関して円 C_2 と対称な円を利用すると，$a \leqq 3$ が必要条件であるので，$r=1$ のとき，$a=3$ のときの十分性を確認する。

(4)　a，r を求める方針では計算が面倒。(2)の結果を利用して，a を消去する。

解答　(1) 1　(2) 3　(3)(4) 48　(5)(6) −3

(7)(8) 19　(9) 8　(10)(11)(12) 195　(13) 2　(14)(15) 24　(16) 7

◀解　説▶

≪２つの円に外接する円≫

(1)　円 C_2 の中心を A$(7,\ 0)$，円 C_3 の中心を P$(a,\ b)$ とおくと，円 C_1，C_2，C_3 の中心間の距離の関係から

$$\mathrm{OP}+\mathrm{AP} \geqq \mathrm{OA}$$

$$(r+2)+(r+3) \geqq 7 \iff r \geqq 1$$

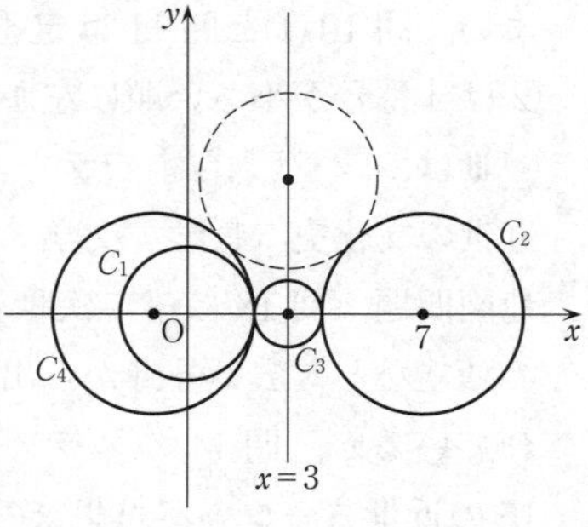

直線 $x=3$ に関して C_2 と対称な円を C_4 とおくと，C_4 は中心 $(-1,\ 0)$，半径 3 の円より，C_1 は点 $(2,\ 0)$ で C_4 に内接する。

$a>3$ と仮定すると，C_3 が C_2 に外接すれば，C_4 は C_3 の外部にあるから，C_1 と C_3 が外接しないので矛盾する。

よって，$r \geqq 1$，$a \leqq 3$ が必要条件である。

$a=3$，$r=1$ のとき，C_3：$(x-3)^2+y^2=1$ は，C_1，C_2 に外接するから

　　r の最小値は　　1　→(1)

　　a の最大値は　　3　→(2)

(2)　C_1 と C_3 が外接する条件より

$$\mathrm{OP}=\sqrt{a^2+b^2}=r+2 \quad \cdots\cdots ①$$

C_2 と C_3 が外接する条件より

$$\mathrm{AP}=\sqrt{(a-7)^2+b^2}=r+3 \quad \cdots\cdots②$$

①，②より，r を消去すると

$$\sqrt{(a-7)^2+b^2}=\sqrt{a^2+b^2}+1$$

両辺正より平方しても同値なので

$$(a-7)^2+b^2=a^2+b^2+1+2\sqrt{a^2+b^2}$$

$$\Longleftrightarrow 24-7a=\sqrt{a^2+b^2} \quad \cdots\cdots③$$

$a\leqq 3$ より $24-7a\geqq 3>0$ で，両辺正より平方しても同値なので

$$(24-7a)^2=a^2+b^2 \quad (\because \quad a\leqq 3)$$

$$\Longleftrightarrow b^2=(7a-24)^2-a^2=(8a-24)(6a-24)=48(a-3)(a-4) \quad \cdots\cdots④$$

→(3)～(6)

(3)　C_3 が直線 $x=-3$ に接する条件は $|a+3|=r$ であるが，$a+3<0 \Longleftrightarrow a<-3$ のときは

$$|a+3|=|a-7|-10<\sqrt{(a-7)^2+b^2}-10=r-7 \quad (\because \quad ②)$$

となるので成り立たない。よって，$a+3>0$ であるから

$$a+3=r \quad \cdots\cdots⑤$$

①，③から，$r+2=24-7a$ より　　$r=22-7a \quad \cdots\cdots⑥$

⑤，⑥から，$a+3=22-7a$ より　　$a=\dfrac{19}{8}$　→(7)～(9)

このとき，④から

$$b^2=48\left(\frac{19}{8}-3\right)\left(\frac{19}{8}-4\right)=\frac{195}{4}$$

$$\therefore \quad |b|=\frac{\sqrt{195}}{2}$$ →(10)～(13)

(4)　$\overrightarrow{\mathrm{OP}}=(a,\ b)$，$\overrightarrow{\mathrm{AP}}=(a-7,\ b)$，$\mathrm{OP}\perp\mathrm{AP}$ より

$$\overrightarrow{\mathrm{OP}}\cdot\overrightarrow{\mathrm{AP}}=a(a-7)+b^2=0 \qquad \therefore \quad b^2=-a^2+7a \quad \cdots\cdots⑦$$

(2)の④より　　$b^2=48(a^2-7a+12)$

⑦より $a^2-7a=-b^2$ であるから，これを代入すると

$$b^2=48(-b^2+12)$$

$$b^2=\frac{48\times 12}{49}=\frac{24^2}{7^2}$$

$$\therefore \quad |b|=\frac{24}{7}$$ →(14)～(16)

2

◇発想◇ (1) 合計点が最大になる場合を考えてみる。

(2) 条件付き確率の公式を利用する。

(3) 「得点が正の数で，かつ，さいころを投げる回数が 14 回以下」である確率を求めるには，確率の加法定理を利用する。

解答 (17) 6 (18) 7 (19) 9 (20)(21) 93 (22)(23) 57 (24)(25) 12 (26)(27) 31

(28) 8 (29) 4 (30) 8 (31) 4 (32) 9

◀解 説▶

≪反復試行の確率，条件付き確率≫

(1) $m+1$ 回目に初めて出た 1 以外の目を n，$m+2$ 回目以降に出た目を順に a_1，a_2，…，a_n とし

$$X_n=a_1+a_2+\cdots+a_n$$

とおく。合計得点を S，さいころを投げた回数を N とおくと

$$S=m+n+X_n,\quad N=m+n+1$$

ただし，m，n は，$0\leqq m\leqq 9$，$2\leqq n\leqq 6$ を満たす整数である。

$$1\leqq a_i\leqq 6\quad (1\leqq i\leqq n)\quad \cdots\cdots①$$

であるから

$$S\leqq 9+n+6n=7n+9$$

$n\leqq 5$ と仮定すると，$S\leqq 44<49$ であるから

$n=6$ →(17)

このとき，$S=m+6+X_6=49$ より

$$X_6=43-m$$

①より，$6\leqq X_6\leqq 36$ だから，$6\leqq 43-m\leqq 36$ より　$7\leqq m\leqq 37$

$0\leqq m\leqq 9$ であるから　$7\leqq m\leqq 9$ →(18)・(19)

(i) $m=7$ のとき　$N=14$

$S=7+6+X_6=49\iff X_6=36$　∴ a_1～a_6 はすべて 6

よって，確率は　$\left(\dfrac{1}{6}\right)^7\cdot\dfrac{1}{6}\cdot\left(\dfrac{1}{6}\right)^6=\dfrac{1}{6^{14}}$

(ii) $m=8$ のとき　$N=15$

$S=8+6+X_6=49\iff X_6=35$　∴ a_1～a_6 は 5 が 1 個，6 が 5 個

よって，確率は　$\left(\dfrac{1}{6}\right)^8\cdot\dfrac{1}{6}\cdot{}_6C_1\left(\dfrac{1}{6}\right)^6=\dfrac{1}{6^{14}}$

(iii) $m=9$ のとき　　$N=16$

$$S=9+6+X_6=49 \Longleftrightarrow X_6=34$$

$\therefore$　$a_1 \sim a_6$ は 5 が 2 個，6 が 4 個，または 4 が 1 個，6 が 5 個

よって，確率は

$$\left(\frac{1}{6}\right)^9 \cdot \frac{1}{6} \cdot \left\{ {}_6C_2 \left(\frac{1}{6}\right)^6 + {}_6C_1 \left(\frac{1}{6}\right)^6 \right\} = \frac{21}{6^{16}}$$

$S=49$ となる事象を A，$N \geqq 15$ となる事象を B とおくと，(i)〜(iii)より

$$P(A) = \frac{1}{6^{14}} + \frac{1}{6^{14}} + \frac{21}{6^{16}} = \frac{93}{6^{16}} \quad \to (20)(21)$$

$$P(A \cap B) = \frac{1}{6^{14}} + \frac{21}{6^{16}} = \frac{57}{6^{16}} \quad \to (22)(23)$$

さいころを投げる回数が 14 回以下である事象は $\overline{B}$ だから，(i)より

$$P(A \cap \overline{B}) = \frac{1}{6^{14}}$$

よって

$$P_A(\overline{B}) = \frac{P(A \cap \overline{B})}{P(A)} = \frac{\dfrac{1}{6^{14}}}{\dfrac{93}{6^{16}}} = \frac{36}{93} = \frac{12}{31} \quad \to (24) \sim (27)$$

(2)　$N \geqq 15$ となるのは，$(m,\ n)=(9,\ 6)$，$(9,\ 5)$，$(8,\ 6)$ だから

$$P(B) = \left(\frac{1}{6}\right)^9 \cdot \frac{1}{6} + \left(\frac{1}{6}\right)^9 \cdot \frac{1}{6} + \left(\frac{1}{6}\right)^8 \cdot \frac{1}{6} = \frac{8}{6^{10}} \quad \to (28)$$

$$P_{\overline{B}}(A) = \frac{P(A \cap \overline{B})}{P(\overline{B})} = \frac{P(A \cap \overline{B})}{1-P(B)}$$

$$= \frac{\dfrac{1}{6^{14}}}{1-\dfrac{8}{6^{10}}} = \frac{1}{6^4(6^{10}-8)} \quad \to (29) \cdot (30)$$

(3)　$S>0$ という事象を C とおくと，$\overline{C}$ は(a)のときなので

$$P(\overline{C}) = \frac{1}{6^{10}},\quad P(\overline{C} \cap B) = 0$$

ゆえに

$$P(C \cap \overline{B}) = 1 - P(\overline{C} \cup B) = 1 - \{P(\overline{C}) + P(B) - P(\overline{C} \cap B)\}$$

$$=1-\frac{1}{6^{10}}-\frac{8}{6^{10}}=1-\frac{9}{6^{10}}$$

よって

$$P_{C\cap\overline{B}}(A)=\frac{P(A\cap\overline{B}\cap C)}{P(C\cap\overline{B})}=\frac{P(A\cap\overline{B})}{P(C\cap\overline{B})}=\frac{\frac{1}{6^{14}}}{1-\frac{9}{6^{10}}}$$

$$=\frac{1}{6^4(6^{10}-9)}\quad \to(31)\cdot(32)$$

3

◇発想◇ (2) k, l は，$l<k$ を満たす自然数の定数とする。
数列 $\{a_n\}$ の漸化式が

$$(n+k)a_{n+1}=(n+l)a_n\quad (n=1,\ 2,\ 3,\ \cdots)$$

で与えられているとき，両辺に
$(n+k-1)(n+k-2)\cdots(n+l+1)$ を掛けると

$$(n+k)(n+k-1)(n+k-2)\cdots(n+l+1)a_{n+1}$$
$$=(n+k-1)(n+k-2)\cdots(n+l)a_n$$

と変形できて

$$b_n=(n+k-1)(n+k-2)\cdots(n+l)a_n\quad (n=1,\ 2,\ 3,\ \cdots)$$

とおけば $b_{n+1}=b_n$ が成り立つ。

解答 (33) 1　(34) 4　(35)(36) 40　(37)(38) 10
(39) 2　(40) 1　(41) 3　(42) 4　(43) 1　(44) 2　(45) 0　(46) 1　(47) 2　(48) 6
(49)(50) 60　(51) 1　(52) 2　(53) 1　(54)(55) 12

◀解 説▶

≪漸化式≫

(1) $S_n=\dfrac{(n-2)(n+1)^2}{4}a_{n+1}\quad (n=1,\ 2,\ 3,\ \cdots)$ ……(*)

(*)で $n=1$ とすると　$a_1=-a_2=-1$　→(33)

$a_1+a_2=0$ であるから，(*)で $n=4$, 5 とすると

$$a_3+a_4=\frac{25}{2}a_5 \quad\cdots\cdots①$$

$$a_3+a_4+a_5=54\quad (\because\ a_6=2)\quad\cdots\cdots②$$

①，②より　　$a_5=4$　→(34)

$a_3+a_4=50$　……③

(*)で $n=3$ とすると　　$a_3=4a_4$　……④

③，④より　　$a_3=40$，$a_4=10$　→(35)〜(38)

(2)　$n\geqq 2$ のとき(*)より　　$S_{n-1}=\dfrac{(n-3)n^2}{4}a_n$

よって

$$S_n-S_{n-1}=\frac{(n-2)(n+1)^2}{4}a_{n+1}-\frac{(n-3)n^2}{4}a_n$$

$S_n-S_{n-1}=a_n$ であるから　　$\dfrac{(n-2)(n+1)^2}{4}a_{n+1}-\dfrac{(n-3)n^2}{4}a_n=a_n$

$$(n-2)(n+1)^2a_{n+1}=(n^3-3n^2+4)a_n \quad (n=2,\ 3,\ \cdots)$$　→(39)〜(42)

$$(n-2)(n+1)^2a_{n+1}=(n-2)^2(n+1)a_n$$

よって，$n\geqq 3$ のとき，$(n-2)(n+1)\neq 0$ より

$$(n+1)a_{n+1}=(n-2)a_n$$　→(43)・(44)

両辺に $n(n-1)$ を掛けると

$$(n+1)n(n-1)a_{n+1}=n(n-1)(n-2)a_n$$

$b_n=n(n-1)(n-2)a_n$ とおくと　→(45)〜(47)

$$b_{n+1}=b_n \quad (n=3,\ 4,\ \cdots)$$

が成り立つ。したがって，$n\geqq 3$ に対して，$b_n=b_3$ が成り立ち

$$n(n-1)(n-2)a_n=3\cdot 2\cdot 1\cdot a_3$$

$$\therefore \quad a_n=\frac{6a_3}{n(n-1)(n-2)}$$　→(48)

(3)　(*)より，$n\geqq 2$ のとき

(1)，(2)の結果より $a_{n+1}=\dfrac{6a_3}{(n+1)n(n-1)}=\dfrac{6\cdot 40}{(n+1)n(n-1)}$ だから

$$S_n=\frac{(n-2)(n+1)^2}{4}\cdot\frac{6\cdot 40}{(n+1)n(n-1)}$$

$$=\frac{60(n+1)(n-2)}{n(n-1)}$$　→(49)〜(53)

$$S_n\geqq 59 \Longleftrightarrow 60(n+1)(n-2)\geqq 59n(n-1) \Longleftrightarrow n(n-1)\geqq 120$$

$f(n)=n(n-1)$　$(n\geqq 2)$　とおくと，$f(n)$　は $n\geqq 2$ において単調に増加するので

$f(11)=110,\ f(12)=132$

したがって，$f(n)\geqq 120$ となる最小の整数 n は　　$n=12$　→(54)(55)

4

◇発想◇　(2)　(★)を満たす奇数を列挙する。

(3)　$\dfrac{5^n-1}{2}$ の桁数と $\dfrac{5^n}{2}$ の整数部分の桁数が等しいことを利用する。

解答　(1)　真数条件から　　$x>0$　かつ　$6x-5^k>0$

$\therefore\quad x>\dfrac{5^k}{6}$　……①

このとき

$$(\bigstar)\Longleftrightarrow \log_5\frac{x^2}{6x-5^k}<\log_5 5^{k-1}$$

$$\Longleftrightarrow \frac{x^2}{6x-5^k}<5^{k-1}$$

$$\Longleftrightarrow x^2<5^{k-1}(6x-5^k)\quad(\because\quad 6x-5^k>0)$$

$$\Longleftrightarrow x^2-6\cdot5^{k-1}x+5^k\cdot5^{k-1}<0$$

$$\Longleftrightarrow (x-5^{k-1})(x-5^k)<0$$

$$\Longleftrightarrow 5^{k-1}<x<5^k\quad\cdots\cdots②$$

①かつ②より，(★)を満たす x の範囲は

$5^{k-1}<x<5^k$　……(答)

(2)　(★)を満たす x のうち奇数は

$5^{k-1}+2,\ 5^{k-1}+4,\ \cdots,\ 5^k-2$

これは，公差 2，項数 a_k の等差数列だから

$5^{k-1}+2+2(a_k-1)=5^k-2$

よって　　$a_k=2\cdot5^{k-1}-1$　……(答)

$$S_n=\sum_{k=1}^{n}(2\cdot5^{k-1}-1)=\frac{2(5^n-1)}{5-1}-n=\frac{5^n-1}{2}-n\quad\cdots\cdots(答)$$

(3)　$S_n+n=\dfrac{5^n-1}{2}$，$\dfrac{5^n}{2}-\dfrac{5^n-1}{2}=\dfrac{1}{2}$ であり，$\dfrac{5^n-1}{2}$ は整数であるから，

$\dfrac{5^n-1}{2}$ の桁数と $\dfrac{5^n}{2}$ の整数部分の桁数は一致し，$\dfrac{5^n}{2}$ の整数部分が 10 桁と

なるような自然数 n の値を求めればよい。

このとき

$$10^9 \leqq \frac{5^n}{2} < 10^{10} \Longleftrightarrow 2\cdot 10^9 \leqq 5^n < 2\cdot 10^{10}$$

$$\Longleftrightarrow \log_{10}2 + 9 \leqq n\log_{10}5 < \log_{10}2 + 10$$

$$\Longleftrightarrow \frac{\log_{10}2+9}{\log_{10}5} \leqq n < \frac{\log_{10}2+10}{\log_{10}5} \quad (\because \ \log_{10}5 > 0)$$

$$\Longleftrightarrow \frac{\log_{10}2+9}{1-\log_{10}2} \leqq n < \frac{\log_{10}2+10}{1-\log_{10}2}$$

$$n_1 = \frac{\log_{10}2+9}{1-\log_{10}2} = -1 + \frac{10}{1-\log_{10}2}$$

$$n_2 = \frac{\log_{10}2+10}{1-\log_{10}2} = -1 + \frac{11}{1-\log_{10}2}$$

とおく。

$0.30 < \log_{10}2 < 0.31$ より

$$0.69 < 1-\log_{10}2 < 0.70$$

であるから

$$\frac{1}{0.7} < \frac{1}{1-\log_{10}2} < \frac{1}{0.69}$$

よって

$$-1+\frac{10}{0.7} < n_1 < -1+\frac{10}{0.69} \qquad 13.2\cdots < n_1 < 13.4\cdots$$

$$-1+\frac{11}{0.7} < n_2 < -1+\frac{11}{0.69} \qquad 14.7\cdots < n_2 < 14.9\cdots$$

であり，求める自然数 n の値は　　$n=14$　……(答)

◀解　説▶

≪対数不等式，数列の和，桁数≫

(2)　5^{k-1} と 5^k が奇数だから，(★)を満たす最小の整数は $5^{k-1}+2$，最大の整数は 5^k-2 である。a_k は等差数列の一般項の公式が利用できる。

(3)　公式「正数 M の整数部分が n 桁 $\Longleftrightarrow 10^{n-1} \leqq M < 10^n$」を用いる。

n_1 のとる値の範囲は

$$9.30 < \log_{10}2 + 9 < 9.31$$

と〔解答〕で示した不等式 $\frac{1}{0.7} < \frac{1}{1-\log_{10}2} < \frac{1}{0.69}$ を利用して，$\frac{9.30}{0.7}$

$<n_1<\dfrac{9.31}{0.69}$ を導いてもよい。

5

◇発想◇　(2)　△ABC の形状を調べてみる。

(3)　直線 AQ と点 P を含む平面による断面図を利用する。

解答　(1)　2 点 A，B は $\overrightarrow{OA}$ に直交する平面 H 上の点であるから，

$\overrightarrow{OA}\perp\overrightarrow{AB}$ より　　$\overrightarrow{OA}\cdot\overrightarrow{AB}=0$

よって，$|\overrightarrow{OA}|=2$ より

$$\begin{aligned}\overrightarrow{OA}\cdot\overrightarrow{OB}&=\overrightarrow{OA}\cdot(\overrightarrow{OA}+\overrightarrow{AB})\\&=|\overrightarrow{OA}|^2+\overrightarrow{OA}\cdot\overrightarrow{AB}=4\quad\cdots\cdots(\text{答})\end{aligned}$$

(2)　線分 AC を 2：1 に内分する点を E，直線 l と線分 AB の交点を D とおく。

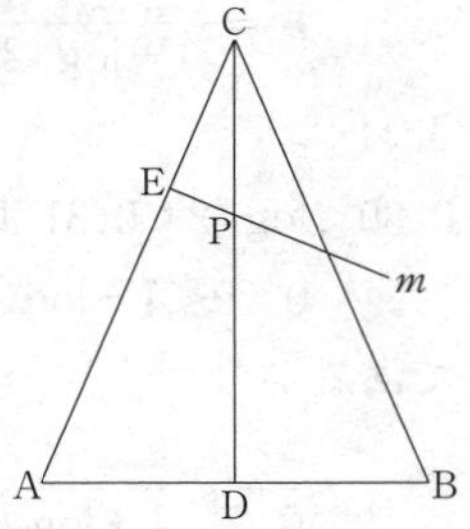

$$\begin{aligned}|\overrightarrow{BC}|^2&=|\overrightarrow{AC}-\overrightarrow{AB}|^2\\&=|\overrightarrow{AB}|^2+|\overrightarrow{AC}|^2-2\overrightarrow{AB}\cdot\overrightarrow{AC}\\&=4a^2+9a^2-4a^2=9a^2\end{aligned}$$

$\therefore\quad|\overrightarrow{BC}|=3a$

よって，AC＝BC が成り立ち，D は線分 AB の中点である。

また，l は CD と一致する。

CP：PD＝t：$(1-t)$　とおくと

$$\overrightarrow{AP}=t\overrightarrow{AD}+(1-t)\overrightarrow{AC}=\frac{t}{2}\overrightarrow{AB}+(1-t)\overrightarrow{AC}$$

$$\overrightarrow{EP}=\overrightarrow{AP}-\overrightarrow{AE}=\overrightarrow{AP}-\frac{2}{3}\overrightarrow{AC}=\frac{t}{2}\overrightarrow{AB}+\left(\frac{1}{3}-t\right)\overrightarrow{AC}$$

$\overrightarrow{EP}\perp\overrightarrow{AC}$ より

$$\overrightarrow{EP}\cdot\overrightarrow{AC}=\frac{t}{2}\overrightarrow{AB}\cdot\overrightarrow{AC}+\left(\frac{1}{3}-t\right)|\overrightarrow{AC}|^2=ta^2+(3-9t)a^2=(3-8t)a^2=0$$

$a^2>0$ より，$t=\dfrac{3}{8}$ であり，$\overrightarrow{AP}=\dfrac{3}{16}\overrightarrow{AB}+\dfrac{5}{8}\overrightarrow{AC}$ だから

$$\overrightarrow{OP}=\overrightarrow{OA}+\frac{3}{16}(\overrightarrow{OB}-\overrightarrow{OA})+\frac{5}{8}(\overrightarrow{OC}-\overrightarrow{OA})$$

$$=\frac{3}{16}\overrightarrow{OA}+\frac{3}{16}\overrightarrow{OB}+\frac{5}{8}\overrightarrow{OC}$$

したがって　　$\alpha=\beta=\frac{3}{16},\ \gamma=\frac{5}{8}$　……(答)

別解 1　メネラウスの定理を利用して，次のように $\overrightarrow{AP}$ を求めることができる。

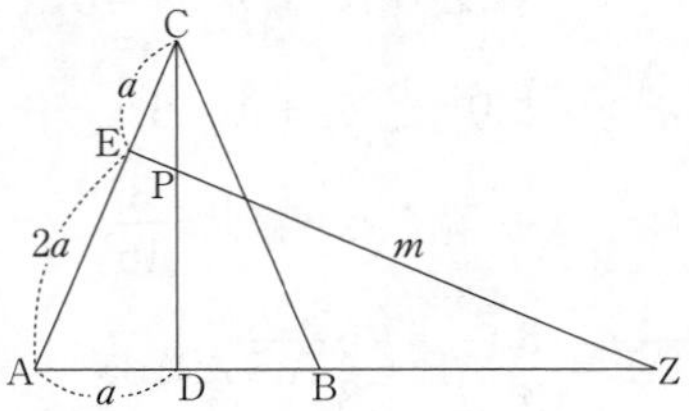

直線 m と直線 AB の交点を Z とおく。

△CAD∽△ZAE（相似比は AD：AE ＝1：2）より

$$DZ=6a-a=5a$$

メネラウスの定理から

$$\frac{EA}{CE}\cdot\frac{ZD}{AZ}\cdot\frac{PC}{DP}=1 \Longleftrightarrow \frac{2a}{a}\cdot\frac{5a}{6a}\cdot\frac{PC}{DP}=1$$

よって，$\frac{PC}{DP}=\frac{3}{5}$ だから

$$PC : DP=3 : 5$$

$$\therefore\quad \overrightarrow{AP}=\frac{3\overrightarrow{AD}+5\overrightarrow{AC}}{8}=\frac{3}{16}\overrightarrow{AB}+\frac{5}{8}\overrightarrow{AC}$$

（以下，〔解答〕に同じ）

別解 2　AC を 2：1 に内分する点を E，直線 l と線分 AB の交点を D とおく。

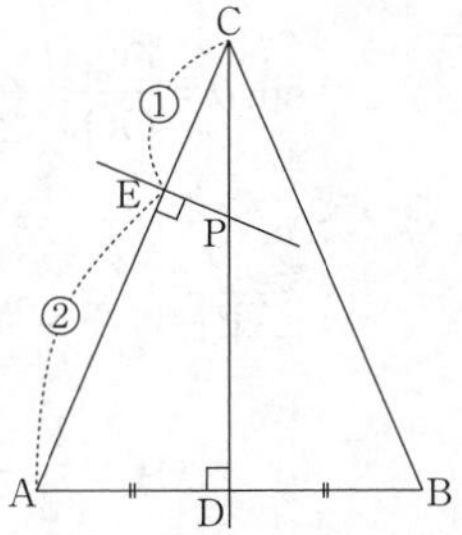

$\overrightarrow{AP}=s\overrightarrow{AB}+t\overrightarrow{AC}$（$s$, t は定数）とおくと，$\overrightarrow{AD}=\frac{1}{2}\overrightarrow{AB}$，$\overrightarrow{AE}=\frac{2}{3}\overrightarrow{AC}$ より

$$\overrightarrow{DP}=\left(s-\frac{1}{2}\right)\overrightarrow{AB}+t\overrightarrow{AC}$$

$$\overrightarrow{EP}=s\overrightarrow{AB}+\left(t-\frac{2}{3}\right)\overrightarrow{AC}$$

$\overrightarrow{DP}\perp\overrightarrow{AB}$ より

$$\overrightarrow{DP}\cdot\overrightarrow{AB}=\left(s-\frac{1}{2}\right)|\overrightarrow{AB}|^2+t\overrightarrow{AB}\cdot\overrightarrow{AC}=0$$

$$\left(s-\frac{1}{2}\right)\cdot 4a^2+t\cdot 2a^2=0 \qquad 2a^2(2s+t-1)=0$$

$a^2>0$ より　　$2s+t=1$　……①

$\overrightarrow{EP} \perp \overrightarrow{AC}$ より

$$\overrightarrow{EP}\cdot\overrightarrow{AC} = s\overrightarrow{AB}\cdot\overrightarrow{AC} + \left(t-\frac{2}{3}\right)|\overrightarrow{AC}|^2 = 0$$

$$s\cdot 2a^2 + \left(t-\frac{2}{3}\right)\cdot 9a^2 = 0 \qquad a^2(2s+9t-6)=0$$

$a^2>0$ より　$2s+9t=6$ ……②

①，②を解くと　$s=\dfrac{3}{16}$，$t=\dfrac{5}{8}$

$\overrightarrow{AP} = \dfrac{3}{16}\overrightarrow{AB} + \dfrac{5}{8}\overrightarrow{AC}$ だから

$$\overrightarrow{OP}-\overrightarrow{OA} = \frac{3}{16}(\overrightarrow{OB}-\overrightarrow{OA}) + \frac{5}{8}(\overrightarrow{OC}-\overrightarrow{OA})$$

$$\overrightarrow{OP} = \frac{3}{16}\overrightarrow{OA} + \frac{3}{16}\overrightarrow{OB} + \frac{5}{8}\overrightarrow{OC}$$

$\therefore$　$\alpha=\beta=\dfrac{3}{16}$，$\gamma=\dfrac{5}{8}$

(3)　点Oは線分 AQ 上にあり，3点A，P，Q を通る平面による断面は右図のようになる。球 S と直線 PQ の接点をT，$\angle\mathrm{AQP}=\theta$ とおくと，

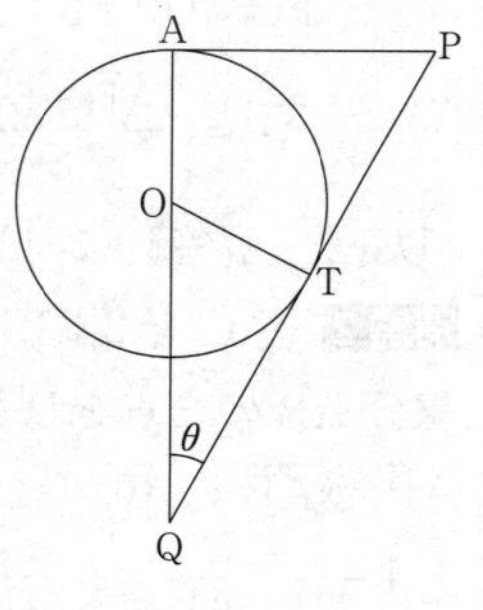

$\mathrm{OA}=\mathrm{OT}=2$，$\overrightarrow{OQ}=-2\overrightarrow{OA}$ より　$\mathrm{OQ}=4$

$$\sin\theta = \frac{\mathrm{OT}}{\mathrm{OQ}} = \frac{1}{2} \qquad \therefore \quad \theta=\frac{\pi}{6}$$

よって

$$|\overrightarrow{AP}| = \mathrm{AP} = \mathrm{AQ}\tan\frac{\pi}{6}$$

$$= 6\cdot\frac{1}{\sqrt{3}} = 2\sqrt{3} \quad \cdots\cdots(答)$$

(2)より，$\overrightarrow{AP} = \dfrac{3}{16}\overrightarrow{AB} + \dfrac{5}{8}\overrightarrow{AC}$ であるから

$$|3\overrightarrow{AB}+10\overrightarrow{AC}| = 16|\overrightarrow{AP}| = 32\sqrt{3}$$

$$9|\overrightarrow{AB}|^2 + 60\overrightarrow{AB}\cdot\overrightarrow{AC} + 100|\overrightarrow{AC}|^2 = 32^2\cdot 3$$

$$(36+120+900)a^2 = 32^2\cdot 3 \iff 11a^2 = 32$$

$a>0$ より　$a=\sqrt{\dfrac{32}{11}} = \dfrac{4\sqrt{2}}{\sqrt{11}} = \dfrac{4\sqrt{22}}{11}$ ……(答)

平面 H 上の点Xに対して線分 QX が球 S に接すれば，上と同様にして，$AX=2\sqrt{3}$ であるから，$AR=2\sqrt{3}$ より，点P，Rは点Aを中心とする半径 $2\sqrt{3}$ の円と，直線 l の交点である。

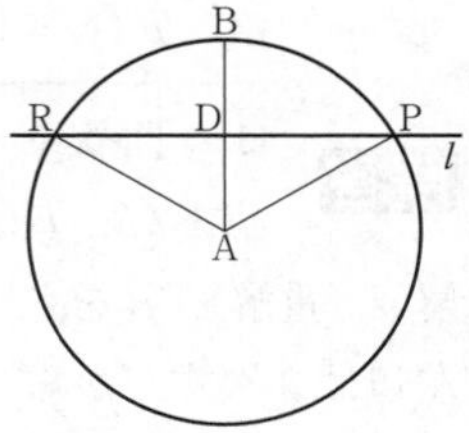

$$PD=\sqrt{AP^2-AD^2}=\sqrt{(2\sqrt{3})^2-a^2}$$
$$=\sqrt{12-\frac{32}{11}}=\frac{10}{\sqrt{11}}$$

よって

$$\triangle APR=2\triangle ADP=AD\cdot PD=\frac{4\sqrt{2}}{\sqrt{11}}\cdot\frac{10}{\sqrt{11}}$$
$$=\frac{40\sqrt{2}}{11}\quad\cdots\cdots(答)$$

◀解　説▶

≪ベクトルと図形，円錐面≫

(1)　与えられた等式だけでは，$\overrightarrow{OA}\cdot\overrightarrow{OB}$ の値は決まらない。$\overrightarrow{OA}$ と平面 H が垂直であることを利用する。

(2)　原点Oが始点だと，与えられた条件が扱いにくいので，$\overrightarrow{AP}$ を $\overrightarrow{AB}$ と $\overrightarrow{AC}$ を用いて表し，その後，Oを始点とする位置ベクトルに書き換える。△ABC が AC＝BC の二等辺三角形になり CD が l と一致する。また，△ABC が二等辺三角形であることに気づかなくても，〔別解２〕のように $\overrightarrow{AP}=s\overrightarrow{AB}+t\overrightarrow{AC}$ とおき，$\overrightarrow{DP}\perp\overrightarrow{AB}$，$\overrightarrow{EP}\perp\overrightarrow{AC}$ を用いて s，t の関係式を導けばよい。

(3)　平面 H 上の点Xに対し，線分 QX が球 S に接するときは，∠XQA が一定だから線分 AX の長さも一定で，点Xは点Aを中心とする円周上を動く。$|\overrightarrow{AP}|$ の値はその円の半径になっている。

6

◇発想◇　(1)　因数定理が利用できる。接点の x 座標は重解である。

(2)　接線 L_β の方程式を変形して導けばよい。$l_\alpha(x)$ は接線 L_α が点 $(\beta,\ F(\beta))$ を通ることを用いて表すことができる。また，γ は $F(x)-\{l_\alpha(x)+m(x)\}$ を因数分解すれば得られる。

(3)　$F(x)-\{l_\alpha(x)+m(x)\}$ を因数分解した式を利用する。

解答　(1)　曲線 $y=F(x)$ と直線 $y=l_\alpha(x)$ は点 $\mathrm{A}(\alpha,\ F(\alpha))$ で接し，点 $\mathrm{B}(\beta,\ F(\beta))$ で交わっているので，方程式 $F(x)-l_\alpha(x)=0$ は，解 α（重解），β をもつ。

左辺は3次式だから，これら以外の解をもたず，因数定理から

$$F(x)-l_\alpha(x)=c(x-\alpha)^2(x-\beta)\quad(c\text{ は定数})$$

と因数分解されるが，x^3 の係数が1より $c=1$ であり

$$G(x)=F(x)-l_\alpha(x)=(x-\alpha)^2(x-\beta)\quad\cdots\cdots①\quad\cdots\cdots(\text{答})$$

また，曲線 $y=G(x)$ の点 $(\beta,\ G(\beta))$ における接線の方程式は

$$y-G(\beta)=G'(\beta)(x-\beta)$$

すなわち　$y=G'(\beta)(x-\beta)+G(\beta)$

であり　$m(x)=G'(\beta)(x-\beta)+G(\beta)\quad\cdots\cdots②$

①より　$G'(x)=2(x-\alpha)(x-\beta)+(x-\alpha)^2\quad\cdots\cdots③$

①，③より，$G(\beta)=0$，$G'(\beta)=(\beta-\alpha)^2$ であるから，②に代入すると

$$m(x)=(\beta-\alpha)^2(x-\beta)\quad\cdots\cdots(\text{答})$$

(2)　接線 L_β の方程式は，$y-F(\beta)=F'(\beta)(x-\beta)$ すなわち

$$y=F'(\beta)(x-\beta)+F(\beta)$$

$$F(x)=G(x)+l_\alpha(x)$$

であり，L_α の傾きは $F'(\alpha)$ より　$l_\alpha{}'(x)=F'(\alpha)$

よって，$F'(x)=G'(x)+F'(\alpha)$ より

$$F'(\beta)=G'(\beta)+F'(\alpha)=(\beta-\alpha)^2+F'(\alpha)$$

であるから

$$\begin{aligned}F'(\beta)(x-\beta)+F(\beta)&=\{(\beta-\alpha)^2+F'(\alpha)\}(x-\beta)+F(\beta)\\&=(\beta-\alpha)^2(x-\beta)+F'(\alpha)(x-\beta)+F(\beta)\\&=m(x)+F'(\alpha)(x-\beta)+F(\beta)\end{aligned}$$

L_α は傾きが $F'(\alpha)$ で点 $(\beta,\ F(\beta))$ を通る直線でもあるから

$$y-F(\beta)=F'(\alpha)(x-\beta)\quad\text{すなわち}\quad y=F'(\alpha)(x-\beta)+F(\beta)$$

ゆえに　$l_\alpha(x)=F'(\alpha)(x-\beta)+F(\beta)$

よって，L_β の方程式は　$y=l_\alpha(x)+m(x)$　　（証明終）

(1)より

$$F(x)-\{l_\alpha(x)+m(x)\}=G(x)-m(x)$$

$$= (x-\alpha)^2(x-\beta) - (\beta-\alpha)^2(x-\beta)$$
$$= (x-\beta)\{(x-\alpha)^2 - (\beta-\alpha)^2\}$$
$$= (x-\beta)^2(x+\beta-2\alpha)$$

$\alpha<\beta$ より　　$2\alpha-\beta<2\beta-\beta=\beta$

γ は，$y=F(x)$ と $y=L_\beta(x)$ の交点の x 座標で，$\gamma\neq\beta$ であるから

$\gamma=2\alpha-\beta$　……(答)

別解　前半の証明部分は次のようにしてもよい。

L_α の方程式は，$y-F(\alpha)=F'(\alpha)(x-\alpha)$ すなわち

$y=F'(\alpha)(x-\alpha)+F(\alpha)$

よって　　$l_\alpha(x)=F'(\alpha)(x-\alpha)+F(\alpha)$

L_β の方程式を $y=l_\beta(x)$ とすると，同様に　　$l_\beta(x)=F'(\beta)(x-\beta)+F(\beta)$

ここで

$$l_\beta(x)-l_\alpha(x)=\{F'(\beta)(x-\beta)+F(\beta)\}-\{F'(\alpha)(x-\alpha)+F(\alpha)\}$$
$$=F'(\beta)(x-\beta)-F'(\alpha)(x-\alpha)+F(\beta)-F(\alpha)\quad\cdots\cdots①'$$

L_α は点 $(\beta,\ F(\beta))$ も通るから

$$F(\beta)=F'(\alpha)(\beta-\alpha)+F(\alpha)$$
$$F(\beta)-F(\alpha)=F'(\alpha)(\beta-\alpha)\quad\cdots\cdots②'$$

①′ に②′ を代入すると

$$l_\beta(x)-l_\alpha(x)=F'(\beta)(x-\beta)-F'(\alpha)(x-\alpha)+F'(\alpha)(\beta-\alpha)$$
$$=\{F'(\beta)-F'(\alpha)\}(x-\beta)\quad\cdots\cdots③'$$

$G(x)=F(x)-l_\alpha(x)$ より，$G'(x)=F'(x)-l_\alpha'(x)=F'(x)-F'(\alpha)$ だから

$$G'(\beta)=F'(\beta)-F'(\alpha)\quad\cdots\cdots④'$$

③′ に④′ を代入すると

$$l_\beta(x)-l_\alpha(x)=G'(\beta)(x-\beta)=(\beta-\alpha)^2(x-\beta)=m(x)$$

$\therefore$　$y=l_\beta(x)=l_\alpha(x)+m(x)$　　(証明終)

(3)　(2)の結果から　　$F(x)-l_\alpha(x)-m(x)=(x-\beta)^2(x-\gamma)$

$\gamma<\beta$ で，$\gamma\leqq x\leqq\beta$ において，$F(x)-l_\alpha(x)-m(x)\geqq0$ だから

$$S=\int_\gamma^\beta\{F(x)-l_\alpha(x)-m(x)\}dx$$
$$=\int_\gamma^\beta(x-\gamma)(x-\beta)^2dx=\frac{1}{12}(\beta-\gamma)^4$$

よって，$\gamma=2\alpha-\beta$ より　　$S=\dfrac{1}{12}\{2(\beta-\alpha)\}^4=\dfrac{4}{3}(\beta-\alpha)^4$　……(答)

$-1<\alpha<0$，$1<\beta<2$ より，$1<\beta-\alpha<3$ であるから

$$\frac{4}{3}<S<108 \quad \cdots\cdots (答)$$

◀解　説▶

≪3次関数のグラフと接線で囲まれた図形の面積≫

(1)　因数定理「整式 $P(x)$ が $x-\alpha$ で割り切れる $\Longleftrightarrow P(\alpha)=0$」を利用する。また，曲線 $y=f(x)$ と $y=g(x)$ が $x=\alpha$ で接すれば

$$f(x)-g(x)=(x-\alpha)^m h(x) \quad (m \text{ は2以上の自然数})$$

と因数分解される。接線の方程式の公式から

$$m(x)=G'(\beta)(x-\beta)+G(\beta)$$

だから，前半の結果を用いて $G'(\beta)$，$G(\beta)$ を求めればよい。

(2)　$F(x)=G(x)+l_\alpha(x)=G(x)+F'(\alpha)(x-\alpha)+F(\alpha)$ を用いて，$G(\beta)$，$G'(\beta)$ を求め，接線の方程式に代入すればよい。最後に，$F'(\alpha)(x-\beta)+F(\beta)$ が残るが，これは $l_\alpha(x)$ である。

〔別解〕のように，L_α，L_β の方程式 $y=l_\alpha(x)$，$y=l_\beta(x)$ に対して，$l_\beta(x)-l_\alpha(x)$ を変形して $m(x)$ と一致することを証明してもよい。後半の γ の計算は $F(x)-\{l_\alpha(x)+m(x)\}$ を因数分解して，$(x-\beta)^2(x-\gamma)$ の形にすれば求められる。

(3)　(2)の結果を利用して，$F(x)-\{l_\alpha(x)+m(x)\}$ を因数分解した式と与えられた積分の公式を利用する。

❖講　評

1　2円に外接する円の中心に関する問題である。(1)は a の最大値がやや難。$a<\frac{7}{2}$ は図形的にわかるので，(2)の結果を利用して，$a\leqq 3$ とすることもできる。(4)は計算の方針を間違えると煩雑になるので要注意。

2　条件付き確率の問題である。(1)の n の値と m の範囲を正しく求められるかどうかが鍵である。合計得点の最大値は，$9+6+6\times 6=51$ 点なので，m，n は大きくないと49点にはならないことがわかる。合計得点をうまく数式で表して処理することがポイント。(3)は確率の加法定理を利用する。

3　S_n を含んだ漸化式の問題。［(44)］までは誘導にしたがって計算

するだけの問題で易しい。〔発想〕で記した内容を知っている受験生は容易に完答できるが，知らないと方針が立っても難しい。得点差のつく問題である。

4　対数不等式，数列の和，桁数の問題。(1)，(2)は易しい。(3)は $\frac{5^n}{2}$ の整数部分が 10 桁になることに気づくことがポイント。条件が不等式で与えられているため，やや煩雑である。

5　(1)は基本的な問題だが，$\overrightarrow{\mathrm{OA}}$ が平面 H に垂直であることを用いないと正解できない。(2)は△ABC が二等辺三角形であることに気づけば，$\overrightarrow{\mathrm{AP}}$ は容易に求まる。(3)は $|\overrightarrow{\mathrm{AP}}|=2\sqrt{3}$ がヒント。X を平面 H 上の点とするとき，線分 QX が球 S に接していれば，$\mathrm{AX}=2\sqrt{3}$ が成り立つことに気づくことがポイントである（線分 QX 全体は円錐面を作る）。

6　3 次関数のグラフと接線で囲まれた図形の面積を題材にした問題である。誘導にしたがって計算していけばよいが，(2)がやや難。(3)は(2)の結果を利用すれば易しいので，(2)が完答できなくても解いておくことも大事。

小論文

解答例　［設問］A．アメリカ経済の圧倒的な強さを背景に基軸通貨となったドルは，貨幣が貨幣であるのは，それが貨幣として使われているからであるという自己循環論法により，アメリカを介在せずに世界中で流通している。そのため，アメリカは自国の生産に見合う以上のドルを流通させ，その分だけ余分に他国の製品を購買できるという特権をもつ一方で，自国の貨幣であっても世界全体の利益を考慮して発行せねばならないという責任も負っている。(200 字以内)

［設問］B．核兵器不拡散条約に基づいて核軍縮を目指す国際体制において，核保有が認められている５カ国と，その他の加盟国との間には，支配関係は存在しないが，両者は非対称的関係にある。条約では，核保有国については，核兵器の他国への譲渡が禁止され，誠実に核軍縮交渉を行う義務が規定されている。また，非核保有国については，核兵器の製造・取得が禁止され，国際原子力機関による査察等を受け入れることが義務づけられている。この関係において，核保有国は，非核保有国に対する軍事的優位性を利用した，強権的な外交を展開する誘惑に駆られやすい。しかし，それは世界全体の軍拡を助長し，そこに核保有国自身も巻き込まれる結果につながる。そのため，核保有国には，条約の規定通りに核軍縮を進め，規律ある外交態度を守る責任がある。また，非核保有国も，核保有国の動向を監視するとともに，核軍縮や紛争の平和的な解決において協力する共同責任を負っている。(400 字以内)

◀解　説▶

≪非対称的な関係における両者の責任≫

▶［設問］A．課題文の筆者が 25 年ぶりにローマを訪れた際に気づいた「大きなアメリカ」を成立させている条件のなかで，通貨が果たしている役割を説明する。

まず，①「アメリカの存在の大きさ――それはアメリカの貨幣であるドル…が…基軸通貨…として使われていること」（課題文第５段落）とあるので，これが解答の軸となる。他に課題文が「大きなアメリカ」に言及しているのは，「小さなアメリカと大きなアメリカとが共存している」（第12 段落），「大きなアメリカと小さなアメリカとの間の対立」（第 19 段落）の 2 カ所なので，それぞれの前の部分から「通貨が果たしている役割」についての説明を補ってくるとよい。

第 6 〜12 段落については，「ドルが基軸通貨であるとは…アメリカの貨幣…でしかないドル…が，アメリカを介在せずに世界中で流通しているということ」（第 7 段落），②「貨幣が貨幣であるのは，それが貨幣として使われているからであるという貨幣の自己循環論法…によって…全世界でアメリカのドルが使われている」（第 12 段落）とある。

一方，第 13〜19 段落については，「基軸通貨であることには大きな利益が伴」う（第 13 段落）という点と，「特権は乱用と背中合わせ」（第 15 段落）という点の，2 つのポイントを押さえる必要がある。前者は，③「アメリカは自国の生産に見合う以上のドルを流通させ…その分だけ他国の製品を余分に購買でき」るため「丸もうけ」が可能であるという「シニョレッジ（君主特権）」のことである（第 14 段落）。後者は，このシニョレッジによって「基軸通貨を過剰に発行する誘惑」にさらされるということだが，基軸通貨の過剰発行は「基軸通貨の価値に対する信用を失墜させ」るため（第 15 段落），④「基軸通貨国が基軸通貨国であるかぎり，その行動には全世界的な責任が課される」（第 16 段落）ことになるのである。

以上①〜④の内容について簡潔に説明すればよい。

▶［設問］B．今後も続くと考えられる，支配関係は存在しないが，非対称的な関係にある具体例を挙げ，そこでの両者の責任について意見を述べる。具体例は，個人，組織，国家などは問わない。

まずは，課題文のいう「支配関係は存在しないが，非対称的な関係」とはどういうものかを把握しておく必要がある。課題文が見ているのは，「自国の貨幣…が他のすべての国々で使われる唯一の基軸国アメリカ」と「アメリカの貨幣…を媒介として互いに交渉せざるをえない他のすべての非基軸国」の関係である（第 8 段落）。この関係は確かに非対称的であって対等ではないが，「世界が覇権国アメリカによって一元的に支配される」というものでもない（第 10 段落）。［設問］A で見たように，大きなアメリカは小さなアメリカと共存しており，その大きなアメリカも「圧倒的な強さ」ではなく，非基軸国が「ドルを貨幣として受け入れる」ことによって支えられている（第11段落）。この関係において，基軸国は特権を享受する一方で，自己規律をもって行動する責任を負っており，非基軸国も基軸国を「監視し，助言し，協力する共同責任を負っている」（第22段落）。「非対称的な構造…の中で，基軸国と非基軸国とが運命共同体をなしている」（第21段落）といえるのである。

したがって，ある二者関係が非対称的な構造にありながら，どこかで相互依存的であって，お互いや関係そのものの存続について，それぞれが責任を負っているような事例を挙げることができればよい。ただし，設問文にあるように，「今後も続くと考え」られる関係でなければならないため，かつてはあったが今は存在しないものを具体例とすることはできない。

答案の基本方針としては，まず適切な具体例を挙げ，それが支配関係ではないが非対称的な関係であることを明示した上で，その関係をなす二者それぞれが負っている責任について説明するということになるだろう。しかし，現実の諸関係は複雑であり，ある関係に関与する要素をすべて説明しようとすると，とても制限字数には収まらない。二者関係として図式化できる範囲内で，要素を限って簡潔に論じることが求められる。

〔解答例〕では，核兵器不拡散条約に基づく国際体制（NPT体制）における核保有国と非核保有国の関係を具体例とし，核軍縮および紛争解決における両者の責任について述べた。ほかにも，商品の売り手と買い手，医師と患者，科学者と一般市民など，情報の非対称性をもつ関係を例に，説明責任と意思決定における主体性を指摘することができる。あるいは，SNSのプラットフォーマーとユーザーの関係を例に，デマや暴力の拡散を防ぐため，ユーザーの責任だけでなく，プラットフォーマーにも場を管理する責任があるとすることもできるだろう。いずれにせよ，課題文の示す図式との対応が明確になるよう，構成を工夫することが肝要である。

❖講　評

課題文は，戦後の国際通貨体制における基軸通貨国アメリカとその他の国々との間の非対称的な関係について，それを支配と非支配の関係ではなく，両者が共同責任を負う国際協調関係と説明するものであった。慶應義塾大学の小論文では，「望ましい社会のありかた」という問題意識が通底するテーマのひとつとなっており，2021年度もそうした視点からの出題であったといえよう。設問構成は，まず内容説明を通して課題文の論理枠組みを正しく把握させ，次いでそれを用いた意見論述をさせるという形になっている。ポイントは，課題文中にもあるように，現実社会の複雑な諸現象を分析・考察するにあたり，認識の第一歩として「図式化」を行うことであった。また，単なる二項対立あるいは支配―従属関係という，ありがちな図式ではなく，非対称的でありながら協調的な関係というとらえ方を求められている点で，発想の柔軟さが試されたといえよう。

////////////////////// · memo · //////////////////////

2020年度

解答編

解答編

英語

I **解答**　1－4　2－1　3－2　4－4　5－3　6－4
7－2　8－4　9－4

◆全　訳◆

≪政府の支援：芸術にとっての悲劇≫

① ドナルド=トランプ大統領が，全米芸術基金（NEA）への予算を削除することによって，赤字を減らすことを提案した時，アメリカの多くの人たちは，彼の提案を支持した。驚いたことに，芸術界の中にさえ同意した人々がいたのである。実際，似たような議論は，イギリスを含めて，他の国々で美術批評家によって提案されてきた。世界各国の政府は，2008 年の金融危機によって残された負債をいまだ抱えており，この問題はますます明白になってきた。

② 芸術に対する国家支援は，民間部門による慈善としての寄付をほとんど妨げるものではない。1996 年に，NEA はニューヨークのメトロポリタン=オペラへ約 39 万ドルを助成した。だが，この金額は同基金の１億３千３百万ドルという年間収入のたった 0.29 パーセントを占めているにすぎない。その上，他の美術館や文化機関は，資金を集めるのに注目すべき成功を収めてきた。たとえば，その翌年に，ニューヨーク公共図書館は，４億３千万ドルを集め，メトロポリタン美術館は３億ドルを集めた。芸術への国家支援が手厚い国々においてさえ，文化施設を私的に支援することは不可能ではない。たとえば，グラインドボーン劇場は，イギリスの東サセックス州で年に１度のオペラ祭を主催しているが，個人からの資金助成にもっぱら依存していると言われている。

③ 多くの国で，芸術と文化への民間支援は，政府の資金拠出を不要にするほど十分である。必要なのは，芸術への直接的な資金拠出よりはむしろ，芸術をひっそりと奨励する一連の税制上の規則であり，そしてそれらは企

業や個人が自由に行動することを可能にした。たとえば，アメリカとイギリスの文化団体に対する非課税の慈善状況は，既に重要な財政的援助を提供している。しかしながら，文化団体に，個人や企業の献金者に働きかけるよう奨励することも可能で，さらに献金者は，税制上の優遇措置によって報酬を受けるだろう。こんなわけで，政府が芸術を支援する一番良い方法は，放っておくことだと主張する経済学者もいる。

④　さらに，芸術への国家支援は，芸術それ自体の質へ否定的な影響を及ぼす。資金拠出は政治的な方向性のもとに割り当てられるので，政治は芸術界の公平性と創造性に必然的に影響を与える。一般的に，国家の助成は，通例，才能ある新人や部外者よりはむしろ，有力なコネがある，あるいは定評のある芸術家や団体に与えられる。さらに，芸術家たちは，芸術のための芸術を創造することよりもむしろ，助成金の申請手続きをうまくパスするような芸術を作り出すよう奨励されている。このことは，芸術家の間で冒険をしない態度につながり，究極的には芸術的な刷新の拒絶につながる。たとえば，19 世紀に，アカデミーフランセーズが印象主義と呼ばれる新しい絵画様式を進んで退けたように。

⑤　芸術家たちは，苦境にある時，最も花開く。評価されず金銭的な困難さがあっても，ファン=ゴッホが傑作を生みだすのを妨げることはできなかった。そして，この記事が印刷される時でさえ，多くの未来のすばらしい芸術家たちが貧困の中で，あるいは少なくとも無名の状態でせっせと働き続けていることを私たちは想像することができる。実際，偉大な芸術はその性質上，創作時にはしばしば認められずにいる。未来の成功は，国家の支援によってもソーシャルメディアによっても保証されるのではなく，未来世代の批評家たちがよく考えた末に下した判断によって保証されるのだ。

⑥　対照的に，実際，それほど有名ではないが才能のある芸術家を支援する準備がある多くの裕福な個人がいる。この種の支援制度は，何世紀もの間存在してきた。今日の後援者は，お金ばかりでなくスタジオや画材を提供し続け，それによって，芸術家は自分たちの作品に集中することができる。かくして，これらの現代のパトロンたちのおかげで，芸術家ははるかにずっと大きな実験をする自由を与えられる。オハイオ芸術評議会の前会長ウェイン=ローソンによると，これらのパトロンたちは「芸術家の創造

性を信用して，その芸術家の眼を通して，私たちに世界を見せたいのである」。

⑦　多くの政府が既に予算を大幅にオーバーしていることは誰も否定することができない。さらに，2008年以来，ほとんどの政府は少なくとも1回は不況を経験している。この状況では，芸術にお金を使うことは，政治的に困難である。納税者は芸術にお金を使うことに不満足である。なぜなら彼らはそれが社会福祉，医療，国防，教育そして産業への支援といったもっと緊急を要する目的に使われるべきだと信じているからだ。さらに，芸術は実際順応性があるように思われる。2015年に，イギリスのジャーナリストのルパート=クリスチャンセンが，2009年以来のイギリス政府による助成金削減にもかかわらず，「全体として芸術分野は生き延び，開花さえする方法を見出すことに見事に成功したと証明した」と発表した。

⑧　行動するときは今だ。実際，多くの説得力のある議論は，政府による芸術への助成をただちに廃止するよう私たちに促している。うまくいっている文化団体や催し物は，通例は広告を通して産業界から支援を得ることができる。これは，成功が認識されたということである。すなわち，商業的な資金は人気によって集まってくる。国家の助成金はこのプロセスの逆である——すなわち，大衆の判断というよりはむしろ管理者の書類作業に基づいて「勝者」を選ぼうとする試みである。それは，未来の諸産業にとって，流行遅れであると同時に間違っている国家の支援であり，止めなければならない。

◀解　説▶

▶１.「以下のうち，第①段の空所［１］を埋めるのに最も適切なものはどれか」

空所の後の the debts left by the 2008 financial crisis「2008年の金融危機によって残された負債」という表現につながるものとして，４の tackle「～に取り組む」を空所に入れると，意味をなす。

１.「～を実行する」　２.「～を促進する」

３.「努力する」は自動詞で，struggle with ～で「～と闘う」という意になる。

▶２.「第②段で述べられた４つの組織の中で，以下のうち，政府からの資金を受けているのが一番少ないのはどれか」

第②段最終文（Glyndebourne, which hosts …）に「グラインドボーン劇場は，イギリスの東サセックス州で年に１度のオペラ祭を主催しているが，個人からの資金助成にもっぱら依存していると言われている」とあるので，政府からの助成はほぼないと思われる，１の Glyndebourne を正答とする。

▶３．「以下のうち，第③段の空所［３］を埋めるのに最も適切なものはどれか」

まず空所の後の them は the arts「芸術」を受けることを確認する。次に空所の後の「企業や個人が自由に行動することを可能にした」を基にして，２の encourages「～を奨励する」を空所に入れると，この文の一部が「必要なのは芸術をひっそりと奨励する一連の税制上の規則である」となり意味がつながる。他の選択肢では意味がうまくつながらない。

１．「～を適用する」　３．「～に従う」　４．「～を強制する」

▶４．「以下のうち，第④段の空所［４］を埋めるのに最も適切なものはどれか」

空所を含む文の直前の文に「このことは，芸術家の間で冒険をしない態度につながる」とある。この論理の流れを受けて，最終的につながるものは，４の「芸術的な刷新の拒絶」である。２の「失望と絶望」も入る可能性があるのではないかと考える受験生もいるかもしれないが，空所に続く文に，「たとえば，19世紀に，アカデミーフランセーズが印象主義と呼ばれる新しい絵画様式を進んで退けたのである」とあるので，これに関係がある４の「芸術的な刷新の拒絶」が確実に空所に入る。

１．「適切な申請についての意見の不一致」　３．「増えた政府の資金」

▶５．「以下のうち，第⑤段の空所［５］を埋めるのに最も適切なものはどれか」

空所の後の icons は「アイコン，偶像」という意味で用いられることが多いが，ここでは「偶像視される人」という意味で使われ，次の of art と連結して「すばらしい芸術家」という意味だと考える。まず，「芸術家たちは，苦境にある時，最も花開く。評価されず金銭的な困難さがあっても，ゴッホが傑作を生みだすのを妨げることはできなかった」と記されている。現在は無名でも将来有名になるであろう，という流れで空所に３の future「未来の」を入れると，空所の後の「貧困の中で，あるいは少なくとも無名の状態でせっせと働き続けている」とうまくつながる。

1．「有名な」　2．「運命の定まった」　4．「現在の」

▶ 6．「以下のうち，第⑥段の空所［6］を埋めるのに最も適切なものはどれか」

空所を含む文の前文で「今日の後援者は，お金ばかりでなくスタジオや画材を提供し続け，それによって，芸術家は自分たちの作品に集中することができる」と述べられている。後援者が創作活動全般を支援してくれるという状況では，芸術家は自由に表現できるので，空所に 4．「実験する」という動詞を入れると freedom to experiment「実験する自由」となり論理的に整合性がある。したがって「かくして，これらの現代のパトロンたちのおかげで，芸術家ははるかに大きな実験をする自由を与えられる」という意味になる。

1．「公の批判からの」　2．「課税からの」　3．「有名になる」

▶ 7．「以下のうち，第⑦段の空所［7］を埋めるのに最も適切なものはどれか」

各国の厳しい財政状況について述べた第 7 段の内容を考えて，「予算を大幅にオーバーしている国が多い」ことは否定できないので，2 の None「誰も～ない」を入れると，話の流れがうまくいく。

▶ 8．「以下のうち，第⑦段の空所［8］を埋めるのに最も適切なものはどれか」

空所の前の「納税者は芸術にお金を使うことに不満足である。なぜなら彼らはそれが社会福祉，医療，国防，教育そして産業への支援といったもっと緊急を要する目的に使われるべきだと信じているからだ」という記述を基にして，空所に 4 の「さらに，芸術は実際順応性があるように思われる」を入れると，次の文のルパート=クリスチャンセンの「イギリス政府による助成金削減にもかかわらず，芸術分野は生き残り繁栄することに見事に成功した」という言葉とうまくつながる。what is more は「さらに」という意の定型表現。do は強意の用法。

1．「さらに，芸術家と政治家は説明責任を強調している」 insist on ～「～を強調する」

2．「その上，政府は芸術家にお金を払う余裕がない」 cannot afford to *do*「～する余裕がない」

3.「その上，文化は社会福祉ほど重要でない」

▶ 9.「以下のうち，第⑧段の空所［9］を埋めるのに最も適切なものはどれか」

空所の次に「今すぐ政府による芸術への助成をやめるべきだ」という内容が続くので，4.「行動するときは今だ」を空所に入れると，論理がうまく流れる。

1.「芸術的な質問が理性的であるのはまれだ」

2.「資金拠出のレベルは明らかに維持されるべきだ」

3.「それはとても難しい質問だ」

●語句・構文●

(第①段) put forward ～「～を提出する」

(第②段) the private sector「民間部門，私的部門」 account for ～「～を占める」 be said to *do*「～すると言われている」 rely on ～「～に依存する（=depend on）」

(第③段) sufficient to *do*「～するに十分な」 rather than ～「～よりむしろ」 allow *A* to *do*「*A* が～するのを可能にする」 reach out to ～「～に働きかける」 tax breaks「税制上の優遇措置」 this is why ～「こんなわけで～」

(第④段) have an effect on ～「～に影響を及ぼす」 be encouraged to *do*「～するように勧められる」 art for art's sake「芸術のための芸術」 lead to ～「～につながる」

(第⑤段) prevent *A* from *doing*「*A* が～するのを妨げる，*A* に～させないようにする」 go to print「印刷される」 work away「せっせと働き続ける」 in obscurity「無名の状態で」 in the nature of ～「～の性質上」 go unrecognized「認められずにいる」 at the moment of ～「～の時期に」

(第⑥段) by contrast「対照的に」 be prepared to *do*「進んで～する」 not only *A* but also *B*「*A* ばかりでなく *B* も」 thereby「それによって，その結果として」 enable *A* to *do*「*A* が～することを可能にする」 allow artists much greater freedom「芸術家にはるかにずっと大きな自由を与える」 allow *A* *B*「*A* に *B* を与える」

(第⑦段) over budget「予算オーバーで」 at least「少なくとも」 in

this environment「この状況で」 be dissatisfied with ～「～に不満足である」 health care「医療」 national defense「国防」 despite ～「～にもかかわらず」 as a whole「全体として」 prove successful「うまくいくとわかる」
(第⑧段) urge *A* to *do*「*A* に～するよう促す」 without delay「遅延なく」 in recognition of ～「～を認めて」 based on ～「～に基づいて」

II 解答

10―3　11―3　12―2　13―2　14―2　15―1
16―4　17―2　18―1　19―3　20―4　21―4
22―4　23―2

◆全　訳◆

≪芸術：なぜ国家の資金助成が重要なのか≫

① 多くの国で伝統ある政府組織が芸術に資金助成をしている。たとえば，英国芸術評議会や全米芸術基金（NEA）がある。両者とも，絵画，彫刻，音楽，舞踊，民芸を含む様々な芸術ばかりでなく，図書館，劇場，美術館のような文化施設も支援している。加えて，これらの組織は，人々が芸術と文化的イベントを楽しむのを奨励するために，数々のプログラムに資金助成をしている。このような支援は特に不況の間は重要である。国の助成を打ち切るのではなく，私たちは政府による芸術への助成を守り，むしろ増やす必要がある。

② 第一に，芸術と文化は人々の生活を豊かにする。ロンドンの国立肖像画美術館の元館長であるサンディ=ネアンが言っていたように，「文化と芸術は，個人としてもまた共同体の一員としても人々にとって必要なものである。美術館やアートギャラリーへ行くことであろうと，聖歌隊で歌うこと，すばらしい音楽家の演奏に耳を傾けること，詩を読むこと，あるいは大道芸の興奮に加わることであろうと，これは，人生を価値あるものにするもののひとつである」。さらに，移住や社会変化の時代に，芸術は，人々を団結させること，国民が共通の経験をするのに役立つこと，そして違いを受け入れる方法を見つけることにおいて重要な役割を果たしている。

③ 芸術と文化は，そこに民族の歴史とアイデンティティがしっかりと根ざしている遺産の典型である。この遺産は，国のさまざまな文化施設で保存されている。小説家のマイケル=ローゼンによると，「図書館や美術館，

と公文書館の魅力は，私たちが他者と関係を持つことができる――しばしば，何百年も何千年も遡って――ということである。これは，私たちが人類の歴史と輪郭，並びに私たちがその中のどこでどのように属しているのかを発見できる方法の１つである」。実際，美術館はこの遺産に関係する業界のまさにその核心に位置している。それゆえに，美術館を保持し，支援し，奨励することは私たちの義務である。

④　それにもかかわらず，いくつかの芸術分野は自立して自らを維持することができず，継続的な政府による助成が続くことを求めている。ロンドンやニューヨークのような大都市の商業的に成功した大劇場とは対照的に，もっと小さな都市や町の地元の劇場はチケットの販売が必然的に限られているため，通常安定性を欠いている。また，美術館や図書館は非営利の文化団体であるため，政府の助成金による支援がなければ，それら組織が施設を維持し品質の高いサービスを提供することは難しい。さらに，そのような助成は芸術の刷新のために必要である。なぜならば助成のおかげで，芸術家が芸術それ自体のために危険を冒し実験することができるからである。

⑤　可能な場合にはどこでも，個人的な寄付が政府の助成金に取って代わることもできるし，また取って代わるべきだと主張する人もいるかもしれない。アメリカでは，芸術と文化に対する個人的な支援は比較的確実なものであるが，一方では，他の多くの国々では，芸術への寄付は当然のことと思われていない。今日，極端に豊かな個人と企業が世界経済を支配しており，明らかに彼らからもっと多くのものを求めることができる。しかしながら，民間部門による慈善寄付にはこれ以上は望めないだろう。私たちの芸術を民間企業の政治的あるいは経済的負担に過度に依存させることは賢明ではないだろう。経済的に困難な間は，個人的な資金拠出はいつも危険にさらされるだろう。

⑥　対照的に，政府の安定した助成によって，可能な限り多くの人たちが芸術と文化を享受することができる。政府の助成金によって，全ての人が確実に芸術と文化に手ごろな価格で触れることができ，したがって，芸術と文化が日常生活の必要不可欠な部分になるのだ。収入は不平等であるにもかかわらず，全ての国民が共通の基盤を見つけることができる。さらに，美術館の見学ツアーや文化的プログラムによって，裕福な大人たちばかり

でなく貧しい人たちや子どもたちも芸術を享受できる。これらのプログラムを通して，人々は芸術の重要性と未来の世代のために文化的遺産を保護する必要性を理解することができる。

⑦ 芸術と文化活動への政府の資金拠出は，観光客を引きつけることによって，経済的な利益をもたらす。このことによって，今度は，郊外の再開発が促進され，観光関連のサービスが成長するよう奨励される。1980年代に，イギリスの政治家たちは，芸術と文化のことを，国内の脱工業化時代の都市再生で一役を演じることのできる貴重な資源とみなしていた。そのときに，イギリスの政治家クリス＝スミスが，「創造的産業」の１つとしての芸術という考えを取り上げた。続いて，芸術政策は芸術と文化に大衆が接する機会を増やし，都市を再生して社会的疎外と戦うのに役立つよう，展開された。この変化は重要であった。今日，英国芸術評議会は，国は芸術への助成における投資１ドルに対して４ドル以上の利益を得ると推定している。

⑧ 芸術はより質の高い生活のために必要不可欠である。すなわち，英国芸術評議会は，ウェブサイトではっきりとこの主張をして，「偉大な芸術と文化は，私たちを鼓舞し，私たちを団結させ，私たち自身と私たちの周りの世界について私たちに教えてくれる」と宣言している。個人がいかに多く寄付しようとも，国民に芸術を提供することは常に政府の責任である。そういうわけで，芸術への国家の継続的な支援はきわめて重要で確保されなければならない。

◀解 説▶

▶ 10.「以下のうち，第①段の空所［10］を埋めるのに最も適切なものはどれか」

空所を含む文の後半部分の「私たちは政府による芸術への助成を守り，むしろ増やす必要がある」という箇所と論理的整合性のあるものとして３のFar from「～どころか，決して～でない」という定型表現を選ぶ。

１．「結局」 ２．「～を除いて」 ４．「～に加えて」

▶ 11.「以下のどの種類の芸術が第②段で議論されていないのか」

３のfilms「映画」以外は，第②段第３文（Whether enjoying a visit …）で記述されている。１．「コンサート」は「すばらしい音楽家の演奏に耳を傾けること」として，２．「展示」は「美術館やアートギャラリーへ行くのを楽しむこと」として，4.「文学」は「詩を読むこと」として述べられている。

▶ 12.「以下のうち，第③段の空所［12］を埋めるのに最も適切なものはどれか」

第③段は，芸術と文化は遺産であり，我々の歴史やアイデンティティを示すもの，としている。空所の前では，図書館や美術館，公文書館によって我々が歴史について知ることができる，とあり，空所の次の文ではそれらを保存し支援することは私たちの義務，とある。この them「それら」は空所中にあると思われ，それが2の文中にある museums である。2の「実際，美術館はこの遺産に関係する産業のまさにその核心に位置している」が空所に入る。at the heart of ～「～の核心に」 very は「まさにその」という意味の形容詞である。

1.「あきらかに，多くの作家は私たちの遺産のための内容を作ることに忙しい」 be busy *doing*「～するのに忙しい」

3.「あきらかに，遺産は国の威信の意識としっかりと結びついている」be connected to ～「～と結びついている」

4.「究極的に，ナショナリズムの意識は，ほとんどの現代の国家にとって必要不可欠である」 be essential for ～「～にとって必要不可欠である」

▶ 13.「以下のうち，第④段の空所［13］を埋めるのに最も適切なものはどれか」

空所を含む文の後半部分に「もっと小さな都市や町の地元の劇場はチケットの販売が必然的に限られているため，通常安定性を欠いている」と記されている。このような劇場と対照的な都会の大劇場はうまくいっているという記述が前半部にあるので，2の commercially「商業的に」を空所に入れると，第④段の論理の流れに合う。in contrast to ～「～とは対照的に」

1.「芸術的に」3.「文化的に」4.「大規模な」

▶ 14.「以下のうち，第⑤段の［14］でなぜ著者がその言葉をイタリック体（斜字体）で書いたのかを最も適切に説明しているのはどれか」

overly は「過度に」という意の副詞で，その後の dependent と連結して「過度に依存して」という意味であるから，2の to emphasize degree

「程度を強調するために」が適切。
1．「対照を強調するために」 3．「驚きを強調するために」 4．「変化を強調するために」

▶ 15.「以下のうち，第⑥段の空所［15］を埋めるのに最も適切なものはどれか」

空所の前の It allows において，It は前文の A government grant「政府の助成金」を受け，allows は it allows *A* to *do*「それによって，*A* が～することができる」という文構造である。政府の助成金によって全ての人が芸術や文化に接し，それが生活の一部になる，というこの段落の主旨から，空所に 1 の all citizens to find common ground despite income inequalities を入れると，この文全体の意味が「政府の助成金によって，収入の不平等にもかかわらず，全ての国民が共通の基盤を見つけることができる」となり，論理がうまくつながる。空所に他の選択肢を入れると，文全体が次のようになる。

2．「それによって，政府は芸術への資金拠出を通して収入の不平等を解決できる」
3．「それによって，少数派の人たちが自分たちの芸術への資金拠出によって歓迎されていないと感じる」
4．「それによって，より豊かな国民のみが芸術を鑑賞できる」

▶ 16.「以下のうち，第⑦段の空所［16］を埋めるのに最も適切なものはどれか」

空所の前で 1980 年代のイギリスで芸術を「創造的産業」ととらえ，積極的に助成を推し進めることにより都市の再生といった変化をもたらしたことが過去形で述べられ，前文では This change has been important と現在完了形で表現されている。空所のある文は現在形で現在の状況が述べられており，4 の Today「今日」を空所に入れれば，意味がつながる。
1．「対照的に」　2．「さらに」　3．「それにもかかわらず」

▶ 17.「以下のうち，第⑧段の空所［17］を埋めるのに最も適切なものはどれか」

最終文に「そういうわけで，芸術への国家の継続的な支援はきわめて重要で確保されなければならない」とある。国家の支援が必要だという論理の流れと，空所のある副詞節は，個人による寄付についてという，相反する内容であることから，2の「いかに多く～だろうとも」が適切。might が空所の後に使われているので，譲歩ではないかと見当をつけることもできる。

1.「～するかぎり」3.「～でさえ」4.「～の程度まで」

▶ 18～20.「以下の記述を見よ。それから，両方の記事に基づいて，マークシートの(18)(19)(20)の欄で該当箇所を塗りつぶせ。もしY=ボザーのみがその意見に賛成ならば，1をマークせよ。もしスー=ポータギグのみがその意見に賛成ならば，2をマークせよ。もし両方の著者がその意見に賛成ならば，3をマークせよ。もしどちらの著者もその意見に賛成でないならば，4をマークせよ」

[18]「慈善寄付は芸術を支援するのに十分でありうる」 Y=ボザーの記事の第③段第1文（In many countries, …）に「多くの国で，芸術と文化への個人的な支援は，政府の資金拠出を不要にするほど十分である」とある。スー=ポータギグは第⑤段で，アメリカは民間からの寄付が比較的安定しているが多くの国では寄付がさかんではなく，そしてこれ以上は増えないだろうと述べている。Y=ボザーのみがこの意見に賛成なので，1である。

[19]「政治家たちは芸術の方向性に既に影響を与えている」 Y=ボザーの記事では，第④段第2文（Since funding is allocated …）に「資金拠出は政治的な方向性のもとに割り当てられているので，政治は芸術界の公平性と創造性に必然的に影響を与える」とあり，彼はこの意見に賛成である。スー=ポータギグの記事では，第⑦段第3文（In the 1980s, …）に「1980年代に，イギリスの政治家たちは，芸術と文化を…貴重な資源とみなしていた」とあり，さらに，クリス=スミスという政治家が芸術を「創造的産業」ととらえたことにより，同段第5文（Subsequently, an art policy …）「続いて，芸術政策は芸術と文化への大衆の接近を拡大し，都市の再生を行い社会的疎外と戦うのに役立つよう展開された」とあり，スー=ポータギグも政治家の影響について述べている。よって，両方の著者がその意見に賛成なので，3である。

[20]「芸術は，価値があるためには利益を出さなければならない」 Y=ボザーの記事には，この文章のような言及は何もない。スー=ポータギグの記事の第⑦段最終文（Today, the Arts Council …）で，イギリス政府

が芸術への助成をさかんにした結果，利益を生んだという記述はあるが，「芸術は，価値があるためには利益を出さなければならない」とは主張していない。よって，どちらの著者もその意見に賛成でないので，4が正解。

▶ 21.「以下の対の単語で，アクセントの位置が同じものはどれか」

4の exclusive「排他的な」，exclusion「除外，排他」は両方とも第2音節にアクセントがあるので，これを正解とする。

以下，アクセントのある音節を順に示す。1.「創造的な」第2音節，「創造」第3音節　2.「宣言」第3音節，「宣言する」第2音節　3.「経済の」第3音節，「経済」第2音節　5.「助成金」第1音節，「副次的な，助成金の」第2音節

▶ 22.「以下の対の単語で，動詞と違うように発音する名詞を含むのはどれか」

4の an abuse「乱用，誤用」と to abuse「～を乱用する，誤用する」は名詞と動詞では発音が異なる。最終音が名詞では［s］で，動詞では［z］である。よって，これを正解とする。他の選択肢は名詞も動詞も同じ発音である。

1.「利益」，「利益を得る」　2.「絵画」，「～を描く」　3.「約束」，「～を約束する」　5.「興味，利子」，「～に興味を持たせる」

▶ 23.「次の6つの対のうち5つの対は発音が同じである。発音が異なる対の単語はどれか」

2の freight「貨物」と fright「恐れ，恐怖」は発音が異なる。freight の発音は［freit］であり，fright の発音は［frait］である。他の組み合わせは同じ発音である。

1.［beri］「ベリー（イチゴなど)」，「～を埋める」　3.［ail］「小島」，「(教室や飛行機などの）通路」　4.［souiŋ］「裁縫」，「種まき」　5.［sʌm］「いくらか」，「総計，金額」　6.［θroun］「投げた」，「王座，王位」

●語句・構文●

（第①段）　not only *A* but also *B*「*A* ばかりでなく *B* も」 in addition「加えて」 an array of ～「ずらりと並んだ～，～の数々」は「多くの～」とほぼ同意。economic recessions「不況」

（第②段）　to begin with「第一に」 whether *A*, *B*, *C*, *D* or *E*「*A* であ

ろうが，*B* であろうが，*C* であろうが，*D* であろうが，*E* であろうが」 in an age of ～「～の時代に」 share in ～「～に加わる，参加する」 street performance は「通りの演芸」つまり「大道芸」である。serve an important role in *doing*「～することにおいて重要な役割を果たす」 bring *A* together「*A* を団結させる」 accommodate their differences「違いを受け入れる」

（第③段） be rooted in ～「～に根ざしている」 relate *oneself* with ～「～と関係を持つ」 fit into ～「～にかかわる，～に属する」

（第④段） enable *A* to *do*「*A* が～することを可能にする」 take risks「危険を冒す」 for the sake of ～「～のために」

（第⑤段） wherever possible「可能な場合にはどこでも」 private donations「個人的な寄付」 whereas ～,「～であるが，一方では」 take *A* for granted「*A* を当然のことと考える」 at risk「危険にさらされて」

（第⑥段） by contrast「対照的に」 as many people as possible「できるだけ多くの人たち」 ensure everyone's affordable access to ～「全ての人が確実に～に接近する」 affordable は「手に入れることができる」という形容詞。the poor「貧しい人たち」は the＋形容詞で「～の人々」の形をとったもの。*B*, not only *A*「*A* ばかりでなく *B* も（＝not only *A* but also *B*）」 well-to-do は「豊かな（＝wealthy）」という意の形容詞。gain an understanding of ～「～を理解する（＝understand）」

（第⑦段） in turn「今度は」 encourage *A* to *do*「*A* に～するよう奨励する」 the renewal of post-industrial cities「脱工業化時代の都市の再生」 take up ～「～を始める」 widen public access to ～「～への大衆の接近を拡大する」 drive urban rebirth「都市の再生を行う」 benefit by over $4 for every $1 of investment「投資 1 ドルに対して 4 ドル以上の利益を得る」 benefit は「利益を得る」という意の自動詞。by は程度や差を示す前置詞。

（第⑧段） make this point「このような主張をする」 provide *A* for *B*「*B* に *A* を提供する」 that is why ～「そういうわけで～」

III **解答** 24－3　25－1　26－2　27－1　28－4　29－4
30－2　31－6　32－5　33－1　34－2　35－2
36－2

◆全　訳◆

≪漁業への補助金はどうあるべきか≫

① あらゆる海で，魚の数は急速に減少している。漁業の補助金は，通例は金銭的な援助という形だが，この激減の背後にある主要な要因の1つである。2009 年までさかのぼると，これらの補助金は世界全体で合計約 350 億ドルであると，カナダ人の研究者ラシッド=スマイラは推定した。そして，補助金は世界中の漁業者が漁獲高を増やす誘因を作り出している。アジアは補助金が最も高い地域であるが，3つの国——日本，中国，そしてアメリカ——だけで，それぞれ世界全体の補助金の 20 パーセント近くを占めていた。それでも，少なくとも日本とアメリカに関しては，さまざまな国々が世界市場に参入してきたため，世界の全漁獲高にこの2国が占める割合は 1960 年代以来着実に減少してきた。

② 現在の世界における魚の消費は，1人当たり1年に約 20 キログラムという過去最高記録に達した。確かに，世界全体の漁獲高と貿易は 1970 年代以来著しく成長し，7千万トンから 2016 年には1億7千万トンを超えるまで増加した。だが，漁獲高におけるほとんど全ての最近の増加は，養殖魚によるものであった。養殖は，特に中国において，過去数十年間で驚くほど増加した。実際，養殖魚は今，世界中で人々が食べる魚全体の半分以上を占めている。ある程度これは役立ってきたが，それは公海にかかる圧力が弱まったことを意味しているのではない。

③ 国連食糧農業機関（FAO）による 2018 年のアセスメントによれば，生物学的に持続可能なレベル内にある世界の海洋水産資源は，1974 年の 90 パーセントから 2015 年の 66 パーセントへ減少した。2018 年までには，世界の漁場の 33 パーセントは生物学的に持続不可能なレベルで利用され，したがって過剰利用に分類されると推測された。減少率は 2008 年以来鈍化してきているとはいえ，海洋漁業を本当に持続可能なものにすることに対してほとんど改善は見られなかった。FAO はさらに，世界の海洋漁場の 87 パーセントが完全に利用されつくされているか，過剰利用されているかのどちらかであると報告した。実際，少なくとも1つの地球規模の研

究は，これらの傾向を考えると，世界中の商業漁業は2050年までには崩壊するだろうと予想した。

④　その数字の背後に存在しているのはこういうことである。つまり，新しい技術のおかげで，漁業がはるかにより効率的になってきたのである。漁獲量の多くが混獲である可能性が大であるとはいえ，現代の漁網によって漁獲高が増大してきた。すなわち，混獲とは，カメやイルカを含めて漁の目的ではない海洋生物であり，そんな生き物は殺されそれから単に海に投げ捨てられる。最も大型の魚を捕りつくすこと一つをとっても，海洋生物にまた大きな被害が及ぶ。クロマグロやマゼランアイナメのようないくつかの種は，国際協定で合法的に設定された制限を優に超えた量がいつも捕獲される。政府によって漁業産業に与えられる補助金は，海上船舶数を不自然に多くし続けることや，船舶に最新の基盤設備を備えつけること，また魚の価格を故意に低くしておくことによって，海洋環境に直接的な影響を与えてきた。3つの方策は全て持続不可能である。

⑤　なぜ政府は経済的に言って小さな産業にすぎないものにそんなにも注意を払うのか。1つの理由は単に歴史である。過去において，製造業やデジタル経済が主要になる以前は，漁業は現在よりはるかにもっと価値があった。もう1つの理由は，政治的なものである。すなわち，漁業はより辺鄙な地域の人々を雇用する傾向があり，そのような地域では，そういったことがなければ，失業と社会の衰退がもっと深刻になるであろう。しかしながら，これらの理由のみでは，おそらく今日も続いている補助金の説明にはならないだろう。むしろそれは，政府を巻き込む漁業の競争的な性質である。つまり，各国政府は，「無料の」資源（魚）を求めて競争している。魚は，移動するので，どの国にも属していないからだ。さらに，船舶を公海に送ることは政治的な行為であり，たとえそれらの地域における主権を示しているのではないにしても，それらの地域への関心を示しているのだ。

⑥　助成金は多くの形をとるかもしれない。お金は，水中音波探知機やGPSといった新しい装置のために与えられるかもしれない。あるいは，税金の優遇措置の形で，間接的に保険やローンを利用しやすくするかもしれない。港のインフラや魚の加工施設を改善する助成金もまた効果的である。しかしながら，補助金は国内経済に限定されていない。つまり，しば

しばより豊かな国々は，自国の漁師のために開発途上国周辺水域における権利を買う。たとえば，中国の企業がナミビアのいくつかの企業から漁業権を購入し，その地域で過度に魚を捕ったとしよう。そのような取引はしばしば不当で，たいていの場合，そのより貧しい国にとって長期的には状況がどれほど持続可能になるのかについて何ら注意を払っていない。さらに，国際的な割当協定から免れるために，多くの政府は自国の船舶に海外で登録するよう促し，この明白な矛盾にもかかわらず，船舶に補助金を提供している。

⑦　国の威信，世界の海へ権力と影響力を及ぼしたいという欲求，自らの正当な分け前をもらいたいという競争的な衝動，雇用や伝統と文化の維持，それらがいかに政府に影響を及ぼしているかを理解することは易しい。しかし，それらはそれだけで現在の状況を正当化する十分な理由にはならない。経済学者のギャレット=ハーディンは，私たちが今目撃していることを「共有地の悲劇」と呼んでいる。すなわち，それは，共有資源を扱う時，いかに人間が聡明な形で協力することができないかを表している。それはそうである必要はない。TPPやさまざまな漁場や魚種資源に関する国際協定のような仕組みを通じて，もっと大きな国際協力が緊急に必要とされている。これは，国力への政治的な要請は失策となるであろう問題である。協力のみが未来を保証することができる。

⑧　短期的な「魚を捕る競争」が，漁業が私たちすべてに与えてくれる長期の環境的，社会的，経済的安全を脅かしていることに，疑いの余地はほとんどない。フランス，スペイン，日本，アメリカのようないくつかの国々では，漁業への補助金は，国内の捕獲によって得られる価値との比率としては，20パーセント以上である。ほかのノルウェー，アイスランド，ニュージーランドのような国々では，補助金は10パーセント以下である。魚が世界中でそのような圧力を受けているので，確かに，私たちが従う必要があるのは後者の例である。補助金は，私たち自身が逃げる必要のあるわななのだ。

◀解　説▶

▶24.「以下のうち，第①段の空所［24］を埋めるのに最も適切なものはどれか」

空所のある文は，「さまざまな国々が世界市場に～した」なので，3の

entered「～に参入した」を空所に入れると，意味がうまくまとまる。various players「さまざまな選手たち」とは various countries のことである。

1.「～を放棄した」

2.「競争した」 この単語は自動詞で，この例のように直接目的語を取ることはない。

4.「合計～となった」

▶ 25.「以下のうち，第②段の空所［25］を埋めるのに最も適切なものはどれか」

1 の attributed を入れると，「漁獲高におけるほとんど全ての最近の増加は，養殖魚によるものであった」という意味になり，段落の内容に合う。attribute *A* to *B*「*A* を *B* に帰する，*A* を *B* の結果だと考える」の *A* を主語とする受動態。

▶ 26.「第③段によると，2018 年において過剰利用されていたというよりはむしろ完全に利用されつくされていたのは世界の漁場の約何パーセントか」

fishing areas「漁場」という表現は，第③段第 2 文（By 2018, 33％ …）と第 4 文（The FAO further reported …）で用いられている。第 2 文に「世界の漁場の 33 パーセントは，…過剰利用されている」という記述が見られる。第 4 文には「世界の海洋漁場の 87 パーセントが完全に利用されつくされているか，過剰利用されているかのどちらかである」という記述が見られる。よって，「過剰利用されている」のは 87－33＝54 となり，正解は 2。

▶ 27.「以下のうち，第④段の空所［27］を埋めるのに最も適切なものはどれか」

この段落後半では，漁業への補助金が海の環境に及ぼす悪影響について述べられている。この内容を受けて，1 の「3 つの方策は全て持続不可能である」を選べば，うまく論理が進む。「3 つの方策」とは，前文で述べられている 3 つの by から後の部分，すなわち「海上船舶数を不自然に多くし続けることや，船舶に最新の基盤設備を備えつけること，また魚の値段を故意に低くしておくこと」を受ける。

2.「これらの影響は両方ともこれらの問題の原因である」

be responsible for ～「～の原因である」

3．「これらの技術は大型の魚を危険にさらしている」

4．「漁業が始まって以来，その状況全ては続いてきた」

▶ 28.「以下のうち，第⑤段の空所［28］を埋めるのに最も適切なものはどれか」

空所の後の account for は「～を説明する」という意味であり，また，空所の前の these reasons alone「これらの理由のみ」という表現によって，並びに，空所を含む文の後続文の文頭で，Rather「それどころか，むしろ」という接続詞的に用いられた副詞の存在によって，空所に否定を示す表現が入るのではないかと見当をつけることができる。よって，論理の流れを受けて，4の「おそらく～ではないだろう」を選べば,「これらの理由だけでは～の説明にはならない」となり，次の文とつながる。

1．「～するのに十分である」

2．「～を考慮に入れない」 おそらく，空所の後の account と連結して take *A* into account「*A* を考慮する」との混同を狙ったものであろう。*A* が長ければ take into account *A* となる。いずれにしてもその場合には，for が文法的に間違っていることになる。

3．「政策の問題として～だろう」

▶ 29.「以下のうち，第⑤段の空所［29］を埋めるのに最も適切なものはどれか」

この段落の最終文の後半の分詞構文「たとえそれらの地域の主権を示しているのではないにしても，それらの地域への関心を示している」を考えれば，漁船を公海に派遣することは4の「政治的な」行為である。

1．「商業的な」 2．「正式な」 3．「軍事の」

▶ 30.「以下のうち，空所［30］を埋めるもので，第⑥段の序文として最もよいものはどれか」

空所に続く文では，補助金がさまざまな用途に交付されていることが述べられており，2の「多くの形をとるかもしれない」が適切である。

1．「漁船を改良することができる」

3．「一般的に直接的な現金による寄付である」

4．「国内で適用される」

▶ 31～33.「以下の単語のうち3個の単語を，第⑦段の空所［31］［32］

［33］の最も適切な空所に入れよ。それぞれの単語は 1 回のみ使用できる」

［31］空所を含むコンマで区切られた部分は，政府に影響を及ぼす要因の一つ，「～したいという競争的な衝動」なので，6 の share を入れると take *one's* fair share「自らの正当な分け前をもらう」となり，意味がつながる。

［32］空所の部分はコロン以下で，「共有地の悲劇」について説明している。「～時，人間はいかに理性的に協力することができないか」の～部分であり 5 の resources を入れると，shared resources「共有資源を扱う」となり，the Tragedy of the Commons の説明になる。

［33］空所に 1 の areas を入れると，international agreements on various fishing areas or fish stocks「さまざまな漁場や魚種資源に関する国際協定」となり，論理の流れに合う。

▶ 34.「以下のうち，第⑧段の空所［34］を埋めるのに最も適切なものはどれか」

第⑧段の最終文（Subsidies are a trap …）が示すように，著者は補助金に反対の立場をとっている。最後から 2 番目の文に「確かに，私たちが従う必要があるのは後者の例である」とある。後者の例とは，「ノルウェー，アイスランド，ニュージーランド」であり，「20 パーセント以上」よりは割合が少ないはずであると予想できる。よって，2 の「10 パーセント以下で」がこの予想に合致する。less than ～「～以下」

1.「少なくとも 50 パーセント高く」　3.「多かれ少なかれ同じレベルで」 4.「30 パーセント以上で」

▶ 35・36.「下記の 2 つの文を読んで，それから，記事全体に基づいて，マークシートの（35）と（36）の欄で該当箇所を塗りつぶせ。もし著者がその意見に賛成だと思うならば，1 をマークせよ。もし著者がその意見に反対だと思うならば，2 をマークせよ。もし著者がその意見については意見を述べていないと思うならば，3 をマークせよ」

［35］「各国は主に経済的な理由のために補助金を与えている」 第⑤段に，補助金は，歴史的な背景もあり，政治的な理由もあり，国家の威信や関心という理由もあるとしている。政治的な理由の中で，失業や社会の衰退について触れられているが，経済的理由が主であるとはされていない。

よって，この文章は，筆者の意見と対立しているので，2を正解とする。

[36]「養殖は世界の海洋への圧力を大きく取り除いた」 第②段に養殖への言及が見られる。同段最終文に「ある程度これは役立ってきたが，それは公海にかかる圧力が弱まったことを意味しているのではない」とあり，著者の意見と対立しているので，2を正解とする。

●語句・構文●

(第①段) in the form of ～「～という形で」 total about $35 billion「合計約350億ドルである」 total は「合計～になる」という意の動詞であることに注意。incentives for fishermen around the world to increase their catch「世界中の漁業者が漁獲高を増やす誘因」 incentives for *A* to *do*「*A* が～する誘因」 catch はここでは「漁獲高」という意の名詞。be accountable for ～「～を占めている (= account for ～)」 as regards ～「～に関しては」

(第②段) an all-time high「過去最高記録」 all-time は「空前の，前代未聞の」という意の形容詞で，high は「最高記録」という意の名詞。to be sure, ～, but …「確かに～だが…」 recent gains「最近の増加」 account for ～「～を占める」 in some ways「ある程度」

(第③段) fish stocks「魚種資源」 biologically sustainable「生物学的に持続可能な」 fishing areas「漁場」 make progress towards *doing*「～することに対して進歩する」 given these trends「これらの傾向を考えると」 given は形容詞で，前置詞であることに注意。

(第④段) a large percentage of ～「～の多く」 fishing take「漁獲量」 be likely to *do*「～する可能性が大である」 bycatch は「混獲」という意で，漁業の際に，目指す魚とは別の種の魚を一緒に捕獲してしまうとか，同じ種でも求める魚よりも小さな魚を一緒に捕ってしまうことを意味し，漁獲量の減少や乱獲の点で問題だとされる。that is「すなわち」 damage is done to ～「～に害が及ぼされる」は do damage to ～「～に害を与える」の受動の形。fish out ～「～を取り出す，引っ張り出す」 at rates well above the limits「限界を十分超えた割合で」 provide *A* with *B*「*A* に *B* を備えつける，提供する」

(第⑤段) pay attention to ～「～に注意を払う」 economically speaking「経済的に言って」 独立分詞構文。tend to *do*「～する傾向が

ある」 draw in *A*「*A* を引き入れる」 signaling interest in, even if not sovereignty over, those areas「たとえそれらの地域の主権を示しているのではないにしても，それらの地域への関心を示している」 interest in ～「～への関心，興味」も，sovereignty over ～「～の主権」も両方とも文末の those areas と連結する。even if ～「たとえ～だとしても」 signaling ～「～を示している」 分詞構文。

（第⑥段） be limited to ～「～に限定される」 take account of ～「～を考慮する」 in the long run「最終的には」

（第⑦段） the desire to *do*「～したいという欲求」 project *A* into *B*「*B* に *A* を投影する」 the urge to *do*「～したいという衝動」 in *oneself*「それ自体」 label *A* as *B*「*A* を *B* と呼ぶ，分類する」 The Tragedy of the Commons「共有地の悲劇，コモンズの悲劇」 経済学者のギャレット=ハーディンの説。多数の人が利用する共有資源を乱獲することによって，資源の枯渇を招いてしまうという経済学の法則をいう。fail to *do*「～できない」 the political call to national strength「国力への政治的な要請」

（第⑧段） there is little doubt that ～「～ということに疑いの余地はほとんどない」 that は同格の接続詞。race to fish「魚を捕る競争」 fish は動詞であることに注意。escape from ～「～から逃げる」

Ⅳ 解答

R1：That was a call from our manager. He said that he needs the material for the Monday meeting. He asked me to show it to him by the end of today.

S1：You're kidding！ I just found a problem with it this morning. I am rewriting it.

R2：Really？ If you had told me about it earlier, I would have helped you.

S2：For now I will do it by myself. If I cannot finish it by noon, I hope you will help me.

◀解　説▶

英訳する際に，文法的な間違いに気をつけて，自分が自信を持って使える表現や文構造を用いて英語に直すこと。そのためには，難しい単語を使わずに，自分自身がよく慣れている単語やイディオムを使うことが望ましい。特に，この和文英訳は会話なので，難解な言葉を使わない方がよいだろう。

R1：「部長」は our manager としてもいいし，the head of our division としてもよい。「今のは部長で」は「それは部長からの電話だった」とし，That was a call from our manager. とする。あるいは，「私たちの部長が僕に電話をかけてきた」と考えて，Our manager just called me. とするのもよい。call の代わりに phone という動詞も可。「月曜日の会議に使う資料」は，関係代名詞を使って the material that is going to be used at the Monday's meeting とする。あるいは「月曜日の会議のための資料」と考えて，the material for the Monday meeting または the handout for the Monday's meeting としてもよい。「今日中に」は「今日の終わりまでに」と考えて by the end of today か by the end of the day とする。あるいは，もっと簡単に by today や today でも構わない。「月曜日の会議に使う資料，今日中に見せてくれだって」は2つに分けて，「彼は月曜日の会議に使う資料を必要としている」「今日中にそれを見せてくれ」とすれば，簡単になる。

S1：「ウソでしょ！」は「冗談でしょ！」と考え，You're kidding! や You must be kidding! や No kidding! などを使う。英語の lie「うそ」は，だます意図のある「うそ」であり，相手の人格を否定するニュアンスがあるため，会話で lie を用いるのは避けるべきである。「問題を見つけた」は I found a problem〔problems〕とする。「書き直す」は rewrite。

R2：「そうなの？」は Really? か Is that so? とする。相手の表現 I am rewriting it を受けて，Are you? と繰り返す方法を使うのもよい。「もっと早く言ってくれれば私も手伝ったのに」は仮定法過去完了を使い，If you had told me about it earlier, I would have helped you. とする。

S2：「とりあえず自分でやってみるけど」では，「とりあえず」は訳をする必要はないだろう。「自分でやってみる」は I will do it by myself にするか，I think を前につけて，I think I will do it by myself としてもよい。あるいは I will try to do it by myself でも可。「昼までに出来なかったら頼むよ」は「もし私が昼までに終わることができなければ，私を助けてくれるように」と考え，「もし私が昼までに終わることができなければ」を

if I cannot finish it by noon か if I cannot have done it by 12 o'clock とする。「目的を遂げる，間に合う」という意の make it を使って if I cannot make it by noon でもよい。「私を助けてくれるように」は I hope you will help me か I will ask you for help などを使う。簡単に help me please としてもよいし，定型表現 lend me your hand でも可。

V 解答例

(A) I think that the Japanese government should reduce funding for the arts. There are two reasons for this. One reason is that Japan has accumulated a huge deficit for a long time. If I remember correctly, Japanese people, including babies, owe over eight million yen per person to banks. In such a situation, we should reduce spending in every field. The arts are not an exception. Sue Portagig asserts that state support "is critical, especially during economic recessions. Far from withdrawing state money, we need to protect and even increase government funding for the arts." (2018, paragraph 1) However, I think that regardless of whether the economy is good or bad, we have to cut spending for the arts because of the huge deficit. Another reason is that government funding may make artists unadventurous and unwilling to take risks. As Bothur says (2018, paragraph 4), funding from the government may rob artists of their challenging spirit and adventurous attitude. In Japan, it can be assumed that there are a lot of wealthy companies and individuals that are willing to support artists so that they can create their art freely, without being influenced politically.

(B) I do not think that the Japanese government should reduce subsidies for the fishing industry. I have two reasons. One reason is that the fishing industry is very important to the Japanese people. We have eaten fish for a long time, but now, the amount of fish catch has been declining as many countries have entered the global market. In such a situation, to eat fish at a low price, the government must provide subsidies for the fishing industry. Another reason is that more attention and money should be allocated to aquaculture. Because of the decrease in fishing catch in the open seas, we are forced to move on to farmed fish, which account for over half of all the fish eaten over the world. Fish farming is becoming more and more important, so the government should not reduce subsidies, and a considerable percentage of subsidies should be allocated to fish farming. Though Nettes claims that "Subsidies are a trap from which we ourselves need to escape" (2018, paragraph 8), I look at the problem in a different way. I am sure that they are a good tool that benefits us.

◀解　説▶

設問は「次の２つの設問から１つを選んで，自分の意見を英語で書くように」である。

(A)「日本政府は芸術への資金拠出を減らすべきか？　なぜそうすべなのか，あるいはなぜそうすべきでないのか」

(B)「日本政府は漁業産業への補助金を減らすべきか？　なぜそうすべきなのか，あるいはなぜそうすべきでないのか」

問題文Ⅰ，Ⅱ，Ⅲで言及されている見解を最低１つ引用して反論せよという指示がある。引用例は下記のとおりである。

- 「2010年の記事の『動物園に反対して』で，フェーレーは主張する。『自然はコントロールするべき私たちのものではない』　彼女は…と主張するが，私はその意見に強く反対する。なぜならば…」
- 「フォーン（2010）によるエッセーの中で『学校は生徒の権利を十分保護していない』と主張するイブ=N．スズキにある程度のみ賛成する。XはYであるという彼女の主張は正しいかもしれないが，…」 to a certain extent「ある程度」
- 「オワーク（2012，第７段）によると，１つの選択肢は間接課税である。この議論は…であるけれども」

文法的な間違いをしないよう気をつけて，自分が自信を持って使える表現や文構造を用い，できるだけ論理的な流れになるように書くこと。

❖講　評

2020年度は，2019年度と同じ5題で，そのうちの3題が長文読解問題，1題が和文英訳問題，1題が意見論述であった。

3題ある読解問題の英文は，いずれも現代社会でよく議論になる問題を扱っており，Ⅰでは「政府の支援：芸術にとって悲劇」，ⅡではⅠと逆の立場として「芸術：なぜ国家の資金助成が重要なのか」という内容が述べられている。さらに，Ⅲは「漁業への補助金はどうあるべきか」について述べている。設問形式は例年通り空所補充や内容説明，内容真偽が中心で，ほとんどが4択問題であるが，一部異なる問題もある。英文の量と難度の高さで圧倒されてしまいがちだが，個々の設問の選択肢は比較的理解しやすく，正解を絞りやすいものが多い。また，語彙力・文法力に関する設問もあり，総合力が試されている。

Ⅳの和文英訳は内容こそ日常的なもので，一見易しい印象を受けるが，実際に書いてみると正確な英訳が難しいことに気づくはずだ。注意点にもあるように，与えられた日本文をそのまま直訳しようとせず，どこまで英語に訳しやすい別の日本語表現にできるか，いわゆる「和文和訳」のプロセスを上手に経ることが重要である。

Ⅴの意見論述は，経済学部の入試では毎年出題され，避けては通れない関門だ。2019年度と同様，読解問題の英文に関連したテーマを与えられ，それについての自分の見解を，英文から必要箇所を引用しつつ述べるというもの。このようないわゆる「アカデミック・ライティング」には決まった書き方が多く，事前に何度か練習しておくと大変効果的である。できれば，他の人に添削してもらうと，自分の弱点が把握できて有効である。

全体的に盛りだくさんの出題である。速く，しかも正確に読めて，内容がある文を書くためには普段からのトレーニングがものをいう。さらに時間配分にも十分気を配る必要がある。

日本史

I 解答

問1．プロテスタントが宗教改革運動でヨーロッパに勢力を拡大すると，カトリックはイエズス会を結成し，アジアでの布教活動で信者を獲得して勢力挽回を図った。

問2．(1)3　(2)3・6・7・8

問3．明は海禁政策をとり私貿易を禁止したが，環東シナ海地域の人々は国の枠をこえた中継貿易を展開していた。ポルトガル商人は明のマカオを根拠地にして，中国産の生糸や絹織物を日本産の銀と交易する日明間の中継貿易に参入した。

問4．幕府は朱印状を交付して海外貿易を奨励したが，生糸輸入は糸割符商人に限定した。後に朱印状とともに老中奉書を受けた奉書船以外の海外渡航を禁じた。

◀解　説▶

≪アジアにおけるキリスト教の普及と貿易≫

▶問1．設問の要求は，イエズス会宣教師らのアジアでの布教活動の背景にある，16世紀ヨーロッパのキリスト教の動向を2行以内で説明することである。まず，当時のヨーロッパの動向を詳述しよう。16世紀前半，ルターやカルヴァンらによって，堕落したカトリック教会の信仰を捨てて聖書に復帰しようとする宗教改革運動が起こり，この新教派はプロテスタントと呼ばれた。運動はヨーロッパ各地に広まり，ドイツ・オランダ・イギリスなどに新教義は急速に普及した。これに対抗して，カトリックが勢力の立て直しと失地回復を図って反宗教改革を展開した。その内容は教会内部の改革（トリエント公会議で教会粛正・教義の再確認など）と，改革団体として1534年にイエズス会を創設して，民衆教化や活発な布教活動を行うというものであった。その結果，ヨーロッパではプロテスタントの拡大阻止と，奪われた西南ドイツ・フランスなどの失地回復が実現した。また，新天地アメリカ・インド・中国，そして日本などで信者を獲得し勢力拡大に成功した。以上のうち，①宗教改革の進展でプロテスタント勢力拡大，②カトリックはイエズス会を設立し海外布教で勢力挽回を図った，の２点が解答行数２行に盛り込むべきポイントとなる。

▶問２．(1)　３が正解。天正遣欧使節を派遣したのは，大友義鎮（豊後）・大村純忠（肥前大村）・有馬晴信（肥前有馬）の３名である。なお，大内義隆はフランシスコ=ザビエルに領国での布教を許したが，入信していないので「キリスト教に改宗した大名」の定義からは外れ，キリシタン大名には含まれない。

(2)　やや難。３・６・７・８が正解。日本から「ポルトガルの植民地の港を経て」リスボンに入るルートを順に挙げれば，明のマカオ，マレー半島のマラッカ，インドのカリカットとゴア，アフリカ東海岸のモザンビークである。これらのうち地図中，インドにある６はゴアである。いずれにせよ，現インド領にある点を判断基準に選べばよい。教科書や図説集収載の地図情報とはいえ，細かい知識である。なお，９のマニラ（現フィリピン）はスペイン領であることから消去できる。

▶問３．設問の要求は「ポルトガル商人が日本と明との間の貿易を中継するようになった背景」の３行以内での説明である。付帯条件は「取引された主な商品と，明の貿易政策に触れ」ることである。まず付帯条件の，①明の貿易政策として「海禁政策」を示す。それは倭寇対策として，自国民の海外渡航・貿易の禁止と，海外諸国には朝貢貿易のみを許すというものであった。しかし背景として，②環東シナ海の周辺諸国の人々は，国の枠組みをこえた中継貿易を行っていた。一方，ポルトガル人は，③16世紀前半にインド航路で明に達したが，海禁政策ゆえに通商交渉は進展しなかった。しかし16世紀半ばに居住権を得たマカオを拠点に，ポルトガル商人が日明間の中継貿易に本格的に参入した。④ポルトガル商人が取引した主な商品は，以下の通り。

輸入品	中国産生糸・絹織物・綿糸・鉄砲・火薬・鮫皮・蘇木
輸出品	銀・硫黄・蒔絵・扇子

以上から「主な中継貿易の商品」として必ず取り上げるべきものは，生糸と銀である。1530年代に石見銀山に灰吹法が導入され日本銀の生産量は急増した。一方，明では銅銭より取り扱いに便利な銀の需要が増大しており，ポルトガル商人は生糸貿易の代価として銀を仕入れ，明に輸出する中継貿易を展開した。

▶問4．設問の要求は，1603年から1635年までの，日本人の貿易活動に対する幕府の政策を2行以内で説明することである。この間の幕府が行った貿易政策とは，貿易振興策から管理貿易体制への変化の過程である。日本人対象の政策に限り時系列に並べると，「朱印船貿易の奨励（1601年～）ー糸割符制度の創設（1604年）ー奉書船制度の開始・徹底（1631・1633年～）」となる。日本史論述は，歴史的事実を時系列に書き進めることが原則だから，以下に挙げる3点を「　」部分をおさえつつ，簡明に述べればよい。①朱印船貿易の奨励策から書き始めたい。徳川家康は将軍就任以前の1601年から各国に国書を送付して，日本からの正規の貿易船には朱印状を持参させる，それ以外の船は排除せよと，朱印船制度の創設を通報し，「幕府は東南アジア地域における日本人の海外貿易（＝朱印船貿易）を奨励」した。②一方，16世紀前半から続くポルトガル商人との貿易は，「糸割符制度を創設して幕府の管理下においた」。それは長崎・京都・堺（1631年に江戸・大坂も加わる）の「特定商人に組織させた糸割符仲間が，輸入生糸の価格決定と一括購入」をする方式である。ポルトガル商人の利益独占を抑制し，生糸の販売主導権を日本側が握ることになった政策である。③1631年に幕府は，海外渡航には，朱印状のほかに老中発給の長崎奉行宛奉書も必要であるとした。そして1633年には厳格化して，「奉書船以外の日本船の海外渡航を禁止」した。

II　解答

問5．(1)ア．岡倉天心　イ．東京美術学校

(2)a－4　b－9　c－7　d－1

問6．a－2　b－8　c－1　d－5　e－4　f－3

◀解　説▶

≪明治・大正期の美術・外交≫

▶問5．(1)　設問文中の2段落目の空欄cを先に明らかにしてからア・イを解く。アは，cのフェノロサと協力してイを設立し，その校長をつとめた。さらに横山大観らとともに日本美術院を設立したことから，アは岡倉天心，イは東京美術学校である。

(2)　a．4が正解。タゴールから，横山大観やaの作品は「西洋絵画を模倣せず，それでいて日本の伝統絵画をただ継承したわけでもない」と評されたから，日本画家である。また横山大観らとともに日本美術院を設立し

たことから下村観山である。観山は，東京美術学校の１期生で卒業後は助教授をつとめた。岡倉天心に従って辞職した後，日本美術院を設立した。代表作に「大原御幸」「弱法師」などがある。

ｂ．９が正解。ｂは動物学者・考古学者で，アメリカにいた教員ｃを東京大学に推薦し，自身も東京大学で教鞭を執ったアメリカ人ということから，モースと判断できる。モースは1877年に大森貝塚を発見し，日本初の学術発掘を行ったことでも知られる。

ｃ．７が正解。ｄ．１が正解。ｄは，代表作「悲母観音」を発表したことから，狩野芳崖とわかる。そして，狩野芳崖の作画活動に多大な影響を与え，「アメリカから来日し，東京大学で教えていた」人物ということから，ｃはフェノロサとなる。

▶問６．ａ．２が正解。「清国政府は英国政府に対して山東省の威海衛を租貸することに同意する」がキーワードである。欧米諸国の中国分割が本格化するのは日清戦争後で，威海衛は1898年からイギリスの租借地となる。したがって「朝鮮が国号を大韓帝国に改めた」のが1897年，また「アメリカ国務長官ジョン=ヘイの門戸開放宣言」が1899年であり，ａは両者の間の２の時期である。

ｂ．８が正解。「合衆国及日本国両政府ハ，領土相近接スル国家ノ間ニハ，特殊ノ関係ヲ生スルコトヲ承認ス」から，第一次世界大戦中の1917年に締結した石井・ランシング協定である。よって，ｂは「第４次日露協約が締結された」1916年より後の８の時期である。

ｃ．１が正解。「清国ハ朝鮮国ノ…独立自主ノ国タルコトヲ確認ス」から，1895年に結ばれた下関条約である。よって，ｃは１の時期である。

ｄ．５が正解。やや難。「大英帝国皇帝陛下とロシア皇帝陛下は，アジア大陸におけるそれぞれの国の利害に関する諸問題…に関して両国の間に誤解を生じうるようなものが一切ないように協約を締結する」から，ｄが英露間で結ばれた協約（英露協商）だとわかる。イギリスはロシアの南下政策に対抗して第１回日英同盟協約を締結するなどしたが，日露戦争後は敗戦と第１次ロシア革命で弱体化したロシアではなく，むしろドイツの脅威を警戒した。そこで英露協約が締結された。よって，ｄはポーツマス条約に基づきロシアから譲渡された鉄道を経営する「南満洲鉄道株式会社が設立された」1906年より後だとわかる。さらにヨーロッパには，ｄの英露協商と英仏協商（1904年締結）によって三国協商陣営ができ，独・墺・伊の三国同盟諸国との対立が第一次世界大戦を惹起する背景であったことから，ｄは「日本がドイツに宣戦布告した」第一次世界大戦の緒戦の1914年より前の5か6かまでは絞れる。しかしその二者択一には，英露協商の締結年は1907年という詳細な知識が必要である。ｄは，「孫文が中華民国臨時大総統に就任した」1912年より前の5の時期。

ｅ．4が正解。露西亜帝国政府が「旅順口・大連…ノ租借権」などを日本政府に「移転譲渡ス」とあるから，1905年に締結されたポーツマス条約である。よって，ｅは「第1次日英同盟協約が締結された」1902年と，「南満洲鉄道株式会社が設立された」1906年の間の4の時期である。

ｆ．3が正解。「清国皇帝陛下ハ…列国ニ」賠償金を支払うと約諾し，さらに「各国公使館所在ノ区域ヲ…公使館警察権ノ下ニ属セシメタルモノト認メ」各国の軍隊駐留を容認しているから，ｆは北清事変鎮圧後の1901年，列国と清国との間で締結された北京議定書である。よって，ｆは3の時期である。

Ⅲ　解答

問7．(1)3　(2)3　(3)6
(4)ａ－2　ｂ－6　ｃ－3　(5)3

問8．明治政府の主な財源は，幕藩時代から引き継いだ米納の年貢で，領国ごとに税率が異なり，米の作柄や米価の変動によって歳入が不安定になり，予算編成が困難だった。

問9．(1)ａ－2　ｂ－7　ｃ－6

(2)価格等統制令で生活物資は公定価格制にして物価騰貴を抑え，七・七禁令でぜいたく品の製造・販売を禁止し，マッチ・砂糖には切符制，米には供出制・配給制を導入した。

問10．(1)ａ－8　ｂ－5　ｃ－2　(2)ａ－3　ｂ－4　ｃ－5

問11．6

問12．物不足と通貨増発でインフレが進行し物価が上昇した。政府は金融緊急措置令で貨幣流通量を減らし，傾斜生産方式で石炭などの生産を確保したが物価は抑制できず，経済安定九原則に基づく超均衡予算を実施して物価を安定させた。

問13．新自由主義的な行財政改革を進める中曽根康弘内閣は，電電公社をNTT，専売公社をJT，日本国有鉄道をJRに分割民営化した。
問 14．竹下登内閣がリクルート事件で退陣し，宮沢喜一内閣で佐川急便事件・ゼネコン汚職事件が起き政治不信が高まるなか，自民党は分裂した。総選挙で自民党が敗れ，日本新党の細川護熙を首相とする非自民８党派連立内閣が成立した。

◀解　説▶

≪幕末～平成の政治・外交・文化・経済≫

▶問７．⑴　３が正解。⑵　３が正解。幕府は文久の改革の一貫で，「西洋を学ぶための様々な改革」として，西洋諸国で唯一の通商国「オランダ」に 1862 年，幕府初の留学生として派遣したのが，西周と津田真道であった。明治維新後，西も津田も政府に仕え，明六社同人にもなった。津田は日本初の西洋法学書『泰西国法論』の著者でもある。

⑶　６が正解。廃藩置県（1871 年）後の官制改革で，政府組織は太政官を正院・左院・右院とする太政官三院制となった。なお，太政官正院は太政大臣，左右大臣と参議などで構成され内閣にあたった。

⑷　ａ．２，ｃ．３が正解。年表中にはいくつか日本史教科書の内容のレベルを超える世界史分野の事項が含まれる。よって因果関係から解答を導こう。ラクスマンがロシア皇帝エカチェリーナ２世の命で通商交渉のために根室に来航した（1792 年）のを受けて，幕府は近藤重蔵らに千島を調査させた。その折，「大日本恵登呂府」の標柱をたてた（1798 年）。このことから，ａは２以降の時期だと推定できるが，それを確定するために，２の下限「ナポレオン１世の皇帝就任」の年を明らかにする。ナポレオン１世が皇帝になったのは，フランスが全ヨーロッパ征服を目指した戦争（＝ナポレオン戦争・1796～1815 年）の最中である。皇帝就任後も征服戦争を続け，イギリスとも激しく戦った。対抗措置としてイギリスは，フランス支配下のオランダが領有していた植民地を次々に奪取した。その一環で，イギリス船フェートン号がオランダ船捕獲のため長崎港に侵入し（フェートン号事件・1808 年），その責任を負って「長崎奉行松平康英が自害した」。また，３は「アヘン戦争が始まった」（1840 年）までであることから，先にｃが３の時期だと判断できる。また，「重複使用不可」の指示から，ａは「ナポレオン１世の皇帝就任（実は 1804 年）」より以前の２の時期に確定できる。

ｂ．６が正解。「橋本左内が処刑された」のは，大老井伊直弼による一橋派大名らへの弾圧（安政の大獄・1858〜1859 年）に連座したためである。それ以前の老中堀田正睦が幕政を主導していた時期に「アロー戦争が始まった」（1856 年）ことを想起したい。アメリカ総領事ハリスは，アロー戦争の経過を説いて幕府に通商条約の締結を迫ったが，老中堀田は天皇の勅許を得られなかった。その後，大老に就任した井伊直弼は日米修好通商条約の締結に踏み切り，無勅許調印を責めた一橋派を弾圧した。あとは６の時期の下限となる「アメリカで南北戦争が始まった」年代を確定する。これも教科書の内容を超えるが，幕末の貿易状況からヒントを得たい。各国と結んだ修好通商条約に則って貿易が始まる（1859 年）と，最大の貿易相手国となったのはイギリスであった。最も熱心に日本との通商を求めたのはアメリカだが，南北戦争（1861〜1865 年）のために，対日貿易が振るわなかったのである。したがって，ｂは南北戦争勃発前の６の時期である。

⑸　３が正解。やや難。日本史の受験知識で解くために注目するのは，ａ・ｃは小説，ｂは詩であること。選択肢３人のうち詩人は上田敏だけであり，ｂの訳者は上田敏と決まり，選択肢は３と５に絞られた。次にａ・ｃの文体の違いに注目する。ａの文章は，「有った」「のぞかれた」と口語体である。一方，ｃは「知りたるべし」「名なり」「及べり」と文語体である。それらからａが『浮雲』で初めて小説に「だ」体の口語文（言文一致体）を取り入れた二葉亭四迷だと決まり，残るｃが森鷗外と決まる。ａは，二葉亭四迷の『あひびき』。ロシアの作家ツルゲーネフの『猟人日記』の一部を言文一致体で訳したものである。ｂは，上田敏の『海潮音』から，ガブリエレ=ダンヌンチオの「燕の歌」の訳詩。『海潮音』はイタリアなどの 57 編の訳詩を収め，日本の近代詩壇に新風をもたらした。ｃは森鷗外の『即興詩人』。アンデルセンの同名小説を擬古文調の文体で訳した。

▶問８．「地租改正条例公布までの時期の明治政府の財源の問題点」の２行以内の説明が求められた。明治政府の主な財源は，旧幕藩時代から引き継いだ，農民が納める本途物成や小物成などの年貢であった。①その中核の本途物成は米納が原則で，米の作柄により収穫は一定せず，米価変動で政府歳入額も不安定であったから，予算編成に支障を来した。②また，税が米などの現物納だと，税の運搬費・保管費・売却経費などの徴税コストが高い。③本途物成や小物成などの年貢は，税率も税の種類も領国ごとにまちまちであり，また商人・職人は税が軽いなど，税負担の公平性に欠けた。そのため年貢賦課の不満からの農民一揆も続発した。これらのうち，②・③は専門性が高く，答案は①を中心にまとめればよい。

▶問 9⑴　a．2が正解。難問だが，基本に立ち返って論理的に解答を導きたい。aの「アメリカが日本に日米通商航海条約の破棄を通告した」のは，平沼騏一郎内閣時代の 1939 年 7 月である。その平沼内閣時代には，問 9⑵の〔解説〕でも示すように，日中戦争の長期化で物資不足が深刻になり，仏領インドシナやフィリピン・マレー・蘭領東インドといった東南アジアに進出して，石油・天然ゴムなどの物資を獲得する目的と，あわせて援蔣ルートの遮断のための航空基地の獲得を目指して，日本軍の「海南島の占領」が 1939 年 2 月に開始された。これは東南アジア地域に既得権を持つ英・仏・米・蘭の対日警戒心をあおることになり，アメリカ政府は 7 月に日米通商航海条約の破棄を通告した。この警告から半年後に条約は失効し，日本はアメリカからの物資輸入が困難になった。またこの間に欧州戦でドイツ軍は優勢で 1940 年 6 月フランスは対独降伏，ドイツの占領下に入った。そこで第 2 次近衛文麿内閣の成立直後に，南進政策と，そのために優勢なドイツとの結束強化が決定された（「世界情勢の推移に伴ふ時局処理要綱」7 月 27 日)。その方針に沿って，北部仏印進駐の開始（9 月 23 日）と，ほぼ同時に「日独伊三国軍事同盟が締結された」(9 月 27 日）ことに気づきたい。したがって，日本軍が海南島の占領を開始→アメリカが警戒・警告のためaの日米通商航海条約の破棄を通告→日本は北部仏印進駐を実行，それと同時期に日独伊三国軍事同盟の締結と関係づけることができる。よって，aは2の時期に入る。海南島の占領は詳細な知識で，一部の教科書にしか記載されておらず，因果関係も判断しづらく難しい。

b．7が正解。第 3 次近衛文麿内閣は，10 月上旬までに日米交渉不成功の場合は対米開戦も辞さずとした「帝国国策遂行要領」を 1941 年 9 月 6 日の御前会議で決定した。しかし日米交渉は進展せず打ち切られ，近衛内閣は総辞職した。かわって成立した東条英機内閣でも継続された日米交渉において，「アメリカが日本にハル=ノートを提示した」(11 月 26 日)。日本政府はそれを最後通牒と見なして，12 月 1 日の御前会議で対米・英開戦を決定し，12月8日真珠湾攻撃の後に「米英に対して宣戦を布告した」。よってbは7の時期である。

c．6が正解。「アメリカが日本への石油輸出を全面的に禁止」（1941年8月）するきっかけとなったのは，第3次近衛文麿内閣成立直後に実行された日本の「南部仏印への進駐」（1941年7月）である。また，bで上述の通り，第3次近衛内閣が「帝国国策遂行要領」を決定したのは，1941年9月の倒閣直前であるから，cは6の時期である。

⑵「国家総動員法制定以降米英に対する宣戦布告までの期間の生活物資に関する統制について」2行以内で説明することが求められた。「経過・推移」型の論述であり，順を追って要点を確認しよう。第1次近衛文麿内閣の国家総動員法制定（1938年）によって，政府が議会の承認を経ずに，勅令によって戦争遂行のため物資も人も統制できるようになった。そのために軍需物資の生産確保と輸入が優先され，生活物資は欠乏し価格が高騰した。①阿部信行内閣は国家総動員法に基づき価格等統制令を出して（1939年），生活物資の公定価格を決め物価統制を強化した。②米内光政内閣で，砂糖・マッチの切符制（代金のほかに回数購入券との交換で物資を購入する）を開始（1940年6月）し，③七・七禁令（1940年7月）でぜいたく品（金糸・銀糸の入った高級呉服や装身具）の製造・販売を禁止した。④第2次近衛文麿内閣は米の供出制（1940年），翌年から配給制（1941年4月）を導入した。

以上をふまえ，「生活物資に関する統制」についての説明が求められていることから，「価格等統制令による物価統制」「砂糖・マッチの切符制」「米の供出制と配給制」については，特に言及しておきたい。

▶問10．⑴ a．8，b．5，c．2が正解。「第二次世界大戦中の連合国側の宣言もしくは協定」で，日本に直接関係するのは，カイロ宣言・ヤルタ協定・ポツダム宣言の3つであり，a～cは各々どれにあたるかを決める。まず，bだけが「ソヴィエト」連邦と明示されているから，ヤルタ協定である。この協定は，ソ連の対日参戦の代償を決めた秘密協定で，世界に向けて宣言しないから「ソヴィエト」と明示されている。次にcが「吾等ハ無責任ナル軍国主義カ世界ヨリ駆逐セラルルニ至ル迄…日本国国民ヲ欺瞞シ之ヲシテ世界征服…ノ過誤ヲ犯サシメタル」，つまり軍国主義的指導者・勢力の除去を謳っているから，ポツダム宣言である。aは，

「三同盟国ハ…日本国ノ無条件降伏ヲ齎スニ必要ナル重大且長期ノ行動ヲ続行スヘシ」と，日本国の無条件降伏を勧告しており，米・英・中３国が行ったカイロ宣言である。したがって，ａのカイロ宣言はエジプトのカイロ＝８，ｂのヤルタ協定はクリミア半島の都市（現ウクライナ共和国）ヤルタ＝５となる。ｃのポツダム宣言は，ドイツの東部に位置する都市ポツダム＝２を選ぶことになる。

⑵　ａ．３が正解。ヨーロッパでは，1943 年９月にイタリアが無条件降伏した。ａのカイロ宣言は，1943 年 11 月 22〜26 日の会談後，12 月１日に発表された。この後 1944 年にはドイツの敗北が濃厚になる。６月に連合国軍は，北フランスの海岸ノルマンディーからの上陸作戦を実行した。このノルマンディー上陸作戦の時期は日本史教科書に記載はないが，ドイツ敗北の一大転機となる重要ポイントとして記憶したい。よって，ａはイタリアの無条件降伏より後であり，ｂはドイツの無条件降伏より前，かつ「ａ→ｂの年代配列」と重複使用不可の条件から，ａは３の時期である。

ｂ．４が正解。前述のように，ノルマンディー上陸作戦以後，ドイツは劣勢となり，1945 年５月８日に無条件降伏する。ｂのヤルタ協定はその間の 1945 年２月に，米・英・ソ３国首脳がドイツの敗北が決定的となったことを受けて，ドイツ降伏後の処理問題や東欧問題，ソ連の対日参戦などを決定した。したがって，ｂは４の時期である。

ｃ．５が正解。ドイツが無条件降伏した（1945 年５月８日）直後に，イギリス首相チャーチルが米・英・ソ３国首脳会談の開催要請をし，ポツダム会談が７月 17 日から開催され，ポツダム宣言は７月 26 日に発表された。アメリカは原爆投下を正当化するために日本に対し最後通牒としてポツダム宣言を出す必要があった。果たして日本政府がこれを黙殺したことを受けて，1945 年８月６日に「原爆が広島に投下された」。よって，ｃは５の時期である。なお，ソ連政府はアメリカによる広島への原爆投下の報告を受け取ってから対日攻撃を命じ，８月８日に「日本に宣戦布告した」。

▶問 11.　６が正解。日本国憲法は，第１次吉田茂内閣によって 1946 年 11 月３日に公布された。それ以前に公布されたものを考える手がかりは，幣原喜重郎内閣が GHQ から受けた五大改革指令に沿って行われた民主化政策の流れである。特に５と６は，「労働組合の結成奨励」を図るため作られた労働三法のうちの二つであり，幣原内閣で 1945 年に６の労働組合法，第1次吉田内閣で1946年に労働関係調整法，1947年に5の労働基準法の順番で公布されたものである。よって，正解は6である。なお，残りの法律はすべて1947年に公布されている。

▶問12. 第1図「実質国民総生産（以下，GNP）と物価水準の推移」と，第2図「それぞれの増加率」における，「図の3の時期」の「急激な物価上昇をもたらした原因」と「それを鎮静化するために図の3から4の時期に行われた政策について」，3行以内での説明が求められた。

まず，図が示す「30年間」を確定する。第1図で注目するのは，「3の時期の2年目」1年分のデータ欠損と，第2図の「3の時期の2・3年目」の2年分のデータ欠損である。これは終戦の混乱で一定期間，データが採取されなかったか，失われたかであると推定される。したがって両図に共通する「3の時期の2年目」は終戦の年である1945年と考え，第1・2図は「1934～1963年の30年間のグラフ」と推定できる。

次に設問の要求の1点目「図の3の時期」の「急激な物価上昇をもたらした原因」とは，「1946～1948年の物価上昇の原因」であると考えられる。したがって，それは「極度の物不足と，通貨増発によって起こった悪性インフレの進行」，つまり「モノとカネの極端なアンバランス」で起こった「インフレ（戦後インフレ・悪性インフレ）」である。終戦による外地からの軍人の復員・海外居留民の引揚げで人口が急増したにもかかわらず，戦時中からの農家の労働力不足と終戦年の台風被害による収穫量減少，植民地からの輸入途絶が重なり，食糧不足は深刻であった。また戦争被害による生産力の落ち込みなどから極度の物不足にもなった。通貨増発の背景は，軍人への復員手当の支払い・戦時中に納入された軍需品への支払いといった終戦処理や，企業や庶民が戦争中に強制されていた預貯金を引き出そうとしたことにあった。そのため，激しい悪性インフレが進行し物価が急激に上昇したのである。

設問の要求の2点目は，急激な物価上昇を鎮静化するために図の3から4の時期，つまり1946～1953年までの政府のインフレ対策を説明することである。まず，幣原喜重郎内閣が1946年2月に出した金融緊急措置令を指摘する。これは預金封鎖と新円の発行・旧円の通用禁止によって通貨流通量を強制的に縮減するものであった。しかし第1図の物価水準は1946～47年でむしろ急上昇している。続く第1次吉田茂内閣から片山哲・

芦田均の3内閣の間，1947～1949年に実施されたのが傾斜生産方式である。石炭・鉄鋼などの基礎材料の供給力を優先するため，資金・人材・資材をこれら基幹産業に重点投入する政策である。しかし，結果は，第1図で1947～1948年の物価水準は急上昇，翌1948～1949年は鈍化したとはいえ，物価水準は上昇している。復興金融金庫からの融資によって生産回復は促進されたが，通貨膨張が進み，復金インフレと呼ばれるインフレが加速して物価は抑制できなかった。そこでGHQは1948年12月第2次吉田茂内閣に経済安定九原則を出し，その実行のため翌年にはドッジを来日させた。彼の指示により，日本政府は超均衡予算の編成や，地方財政・民間企業への補助金の縮小，など一連の財政支出削減策「ドッジ=ライン」を実施した。これは明らかなデフレ政策であり，この結果，第1図にあるように1949～1950年の物価上昇は戦後初めて増加が抑えられ，横ばいに近い状態となり，インフレは収束し，物価の安定が実現したのである。

以上から，物価上昇の原因は，「物不足と通貨増発によるインフレの進行」にあったことを指摘し，それに対する政府の鎮静化政策として，「金融緊急措置令・傾斜生産方式→(インフレ加速) 物価抑制できず」「経済安定九原則に基づくドッジ=ラインの実施→(インフレ収束) 物価の安定」の2点を盛り込みたい。

▶問13．設問の要求は，内閣が行ったNTTを含むいくつかの組織の民営化について2行以内で説明するものである。説明条件は，内閣名を首相の名前で示すこと，そしてNTTを含め，民営化前と後のそれぞれの具体的な組織名を挙げることである。よって内閣名は中曽根康弘内閣，具体的な組織名として電電公社をNTT（日本電信電話株式会社）に，専売公社をJT（日本たばこ産業株式会社）に，そして日本国有鉄道をJR（7社の旅客・貨物会社と生産事業団の全8社）に分割・民営化したことを挙げ，民営化について説明をする。民営化は行財政改革として行われたことは付言したい。さらにその背景として，こうした民営化はイギリスのサッチャー首相・アメリカのレーガン大統領といった世界的な新自由（保守）主義の風潮に同調した世界的潮流であったという視点を示してもよいだろう。こういう説明があれば，中曽根康弘内閣の民営化について正しく理解していることを示したことになるだろう。また，民営化は，前任の鈴木善幸内閣のときに発足（1981年3月）した第2次臨時行政調査会からの答申に掲げられた「増税なき財政再建」の方策として実施された行財政改革の一環であったことに言及してもよい。

▶問 14. 設問の要求は，1980 年代から 1990 年代に相次いだ，政官財の癒着として問題となった事件（以下，汚職事件）の具体例と，その結果成立した非自民連立内閣について，概要を示しながら 3 行以内で説明することである。「1980 年代から 1990 年代」，「非自民連立内閣の成立」をヒントにし，1993 年に成立した細川護熙内閣について述べることが解答の核である。ポイントは，相次いだ汚職事件と退陣した内閣は，どの事件・どの内閣かである。1980 年代から 1993 年の細川内閣成立までの内閣のうち，汚職事件で退陣したのは，リクルート事件での竹下登内閣だけである。そして，衆議院議員選挙で自由民主党が過半数割れの敗北を喫して宮沢喜一内閣が退陣し，細川護熙内閣が成立する。その選挙の敗因は佐川急便事件とゼネコン汚職事件の発覚で，これによって与党自民党が分裂した。次に，上記の事柄について詳述しつつ，取捨選択するポイントを考えよう。

① 1988 年に表面化したリクルート事件は，リクルート社が子会社の未公開株を，中曽根康弘・宮沢喜一ら自民党有力政治家らに譲渡し，株式公開後に売却利益を上げさせた贈収賄事件である。さらに時の内閣の竹下登首相とその秘書が同社から資金提供を受けていたことなどを認め，1989 年 4 月に竹下首相は辞任した。

②宮沢喜一内閣のときに発覚した佐川急便事件とは，同社元社長から自民党副総裁金丸信への 5 億円のヤミ献金授受が発覚した事件（1992 年）。また，その捜査中の 1993 年に，大手建設会社，いわゆるゼネコン各社からの中央・地方政界への多額のヤミ献金が次々に発覚した。これがゼネコン汚職事件である。相次ぐ汚職事件で政治改革論議が高揚するなか，宮沢首相は選挙制度改革を柱とする政治改革の実現を明言したが，自民党執行部の反対で見送られた。

③国民の非難が強まる中，国会で内閣不信任案が可決され，宮沢首相は衆議院を解散。直後に自民党は分裂し，新党さきがけ・新生党が結成された。総選挙では，自民党は過半数割れの大敗を喫し，宮沢内閣は退陣した。

④その結果，日本新党の党首・細川護熙を首相とする非自民 8 党派（新党さきがけ・新生党・社会党・公明党・民社党など）連立内閣が 1993 年 8 月に発足した。

以上から,「竹下登内閣がリクルート事件で退陣→宮沢喜一内閣では佐川急便事件・ゼネコン汚職事件が発覚→政治改革が進まず自民党が分裂→総選挙で自民党敗北→日本新党の細川護熙を首相とする連立内閣成立」,といった論旨を示したい。

❖講　評

2020 年度は，2019 年度と同じ大問 3 題構成だが，記述問題は 2019 年度の 4 個から 2 個に減少，選択問題は 10 個減の 32 個であった。誤文選択問題は 2019 年度に続き出題されず，配列問題も姿を消した。ただし，年表を利用した選択法の年代特定問題は，2019 年度の 1 問 6 個から 4 問 15 個に増加しており，時代把握を重視する傾向に変わりはない。論述問題は 2019 年度と同じ 8 個だが，解答枠 4 行の長文問題はなく，合計行数は 3 行減少して 19 行になり，論述の負担はやや軽くなった。解答総数も 55 個から 42 個に減少した。時代別の出題分野では，織豊政権期が 7 個，江戸時代が 4 個，近現代史分野が 31 個であった。織豊政権期の出題は 2018 年度の 1 個に比べると，4 個は特筆すべきだが，その分，江戸時代の出題が減少した。よって，前近代史と近現代史の出題数比，およそ 3 ： 7 は 2019 年度と同程度である。地図問題は 2 問 7 個。文化史問題は 4 問 9 個の出題で 3 個減少した。一方，グラフや表の出題は，2018 年度に比べ，2019 年度は棒グラフ 1 点・それを利用した問題は 4 個に減少したが，さらに 2020 年度は折れ線グラフ 2 点・それらを利用した問題は論述 1 個に留まった。

Ⅰは，織豊政権期から江戸時代初期の「アジアにおけるキリスト教の普及と貿易」をテーマに，外交史中心に出題された。問 1 ・問 2 (2)・問 3 は世界史との共通問題で,「世界史Bの出題範囲は 1500 年以降を中心とし，日本史Bの出題範囲は 1600 年以降を中心とする」と公表しているが，16 世紀の「ヨーロッパにおけるキリスト教の動向」や「ポルトガル人」の立場から問うという出題は日本史選択者の意表をつくものであった。特に問 2 (2)の地図問題は，教科書収載地図の丁寧な確認を必要とする，やや難問。問 1 は 2014 年度**Ⅱ**問 7 に類題の出題歴もあり，標準レベル。問 2 (1)はやや易。問 4 は取り組みやすく標準レベルであるが,「日本の大名や商人の貿易活動」への政策に絞り，余分な情報まで書かないことがポイントである。大問全体としては，標準レベルであった。

Ⅱは，アジア初のノーベル文学賞受賞者タゴールの視点から，日本の明治・大正期の美術・外交についての出題である。問5(1)(2)は明治期の美術に関する基本〜標準レベルの記述・語句選択問題であり，失点は避けたい。問6の資料dは，締結時期の確定に手間どるため，やや難問。しかし，それ以外は初見史料のa・fも内容読解は易しく，時期確定も迷わずできる。したがって，大問全体としては，教科書学習で対応可能であり，やや易レベルといえよう。

Ⅲは,「日本における統計の発展」を問題文に設定し，江戸後期〜平成（1990年代）の政治・外交・文化・経済に関する広範な知識が問われた。Ⅰ，Ⅱとともに，Ⅲの問7(1)(2)(4)(5)，問9(1)，問10(1)(2)を通して,「東西世界と日本との交流の歴史」といった基軸が2020年度入試問題全体を貫いていたようにうかがわれる。問7(4)は，2015年度Ⅰ問4と重複する事項が多い類題であり，a・cは標準レベル。bはアメリカで南北戦争が始まった年代が教科書の内容を超え，判断に苦しむが，貿易開始後に日米貿易額が伸びなかった要因に南北戦争があったことと関連づければ，判断できる問いであった。問7(5)は，翻訳書の抜粋文からその訳者名を選択する斬新な問題である。読書経験の有無ではなく,「言文一致体か文語体か」「小説か詩か」といった日本史と現代文の知識を融合し分析する力が測られた，やや難問であるが，入試改革の指針に基づく新機軸の設問である。問9(1)，特に日本軍が海南島の占領を開始した時期については教科書記述を超える詳細な知識が必要であり，周知の情報との関連づけが難しい問題である。問10(1)は，史料名はわかっても，bのヤルタやcのポツダムの位置特定は，意外に盲点をつく出題であった。問11は2018年度Ⅱ問9(4)に類問の出題歴があった。問12は，経済学部頻出の5年刻み30年間分のグラフを読み取る問題である。第1図の物価水準のグラフは教科書収載の「戦後の小売物価指数」グラフに酷似しており，明確な年代特定ができなくとも物価上昇の原因・その対策に関する論述は取り組みやすかった。問13は2019年度Ⅲ問16・問17，問14は2019年度Ⅲ問19(2)がヒントとなる類題であったが，問19は難問。よって大問全体としては学際的知識やグラフ・地図問題など応用力を要する設問が多く，やや難レベルであった。

総括すれば，2020年度は初めて世界史との共通問題が出題され，世界史レベルの知識を要する年代特定問題や，文学に関する出題を通して，日本史・世界史や現代文といった学問分野の垣根を越えた学際的知識，複数の情報を統合・分析して解答に至る応用力を測る，入試改革の方針に沿った学力判断のための工夫が盛り込まれた出題が目立った。総問数・論述解答行数は減少したが，全体としては2019年度並みの難易度であった。また，こうした出題傾向は，入試制度改革を見据えたもので，今後も増加が予想されよう。したがって，日本史中心の緻密な学習に加え，世界史，地理，現代社会，政治・経済，倫理など社会科系科目全体の総合的な知識獲得も心がけてほしい。

世界史

I

解答 問1．(1)宗教改革によって新教勢力が台頭すると，危機感を抱いたカトリック側はトリエント公会議を開催して対抗宗教改革を推進した。その先頭に立ったイエズス会はポルトガル・スペインの対外進出とともに海外への布教をめざした。

(2)マテオ=リッチの協力によってエウクレイデスの幾何学書を漢訳して『幾何原本』を著し，アダム=シャールと西洋の暦書を共訳して『崇禎暦書』を刊行するなど，ヨーロッパの幾何学や暦法などの学術を中国に紹介した。

問2．(1)3，6，7，8 (2)2，4，6

(3)イエズス会は中国人のキリスト教信者に対し，中国古来からの慣習である祖先祭祀や孔子崇拝などの典礼を認めながら布教活動を展開した。

問3．朝貢形式による勘合貿易断絶後も海禁が継続され，日明間の貿易は後期倭寇による密貿易が中心となった。海禁緩和後も日明間の民間貿易は禁止され，ポルトガルがマカオと平戸を拠点に日本の銀と中国の生糸を交換する中継貿易に参入した。

◀解 説▶

≪アジアにおけるキリスト教の普及と貿易≫

▶問1．(1) 宗教改革によって新教派が台頭したことに危機感を抱いたカトリック側の対抗（反）宗教改革について説明するとよい。ルターやカルヴァンによる宗教改革に対抗するため，ローマ教会は1545～63年トリエント公会議を開催し，教皇の至上権を再確認して巻き返しを図った。その対抗宗教改革の先頭に立ったイエズス会は，カトリックの失地回復として海外布教に力を注いだ。

(2) 『幾何原本』とマテオ=リッチ，『崇禎暦書』とアダム=シャールの関係などから，翻訳によって徐光啓がヨーロッパの知識を伝えたことを指摘したい。中国だけでなくヨーロッパの農業水利学の知識も収めた『農政全書』も徐光啓の書物なので，これについて言及してもいいだろう。

▶問2．(1) 天正遣欧使節のルートとなったポルトガルの拠点の港市を地図上から選ぶ設問。南アフリカの喜望峰を通るインド航路のルートを想起することがポイント。地図の3はアフリカ東岸のモザンビーク，6はインド西岸のゴア，7は1511年にマラッカ王国を滅ぼして拠点としたマラッカ，8は1557年に明から居住権をえて中国貿易の拠点としたマカオ。3のモザンビークが難しい。なお，4のアデンにもポルトガルの拠点があったが，天正遣欧使節は立ち寄っていない。9はスペインが拠点としたマニラなので対象外。

(2)　スペイン王フェリペ2世の在位は1556～98年なので，2のネーデルラント北部7州が独立を宣言した1581年，4のポルトガルとスペインの同君連合が成立した1580年，6のレパントの海戦でオスマン帝国を破った1571年の3つが該当する。なお，1の『ドン＝キホーテ』前編の刊行は1605年，3のポトシ銀鉱発見は1545年，5のマゼランのフィリピン到達は1521年。

(3)　イエズス会は，中国のキリスト教信者に対して中国古来の典礼（祖先祭祀，孔子崇拝など）を認めながら布教したが，後発のドミニコ派・フランシスコ派が典礼を迷信としたため論争（典礼問題）となり，康熙帝は典礼非認派を追放し，雍正帝によって1724年にキリスト教布教が全面禁止となった。

▶問3．難問。「取引された主な商品」は日本産の銀と中国産の生糸，「明の貿易政策」については海禁・朝貢・勘合貿易などを説明したい。明は初め日本の室町幕府との間で朝貢形式による勘合貿易を行った。16世紀に入ると海禁・朝貢体制は維持されたものの，16世紀半ばには勘合貿易は断絶した。明は朝貢体制を維持するため密貿易を取り締まり，海禁は継続されたが，これに反発する中国人主体の後期倭寇が日明間の密貿易を行い，活動を活発化させたことなどから，1570年頃海禁を解除した。しかし，倭寇に対する警戒から日本との民間貿易は認めず日明間の民間貿易は途絶えた。このため1550年に平戸，1557年にマカオを根拠地としたポルトガル商人が貿易に参入し，日本の銀を中国に運び，中国産の生糸を日本にもたらす中継貿易を営んだ。

II 解答

問4．(1)5　(2)4

問5．(1)アー1　イー3　ウー2

(2)アー4　イー2　ウー1　(3)3→1→4→2　(4)1

問6．サトウキビのモノカルチャー経済に特化したため，激増する黒人奴隷のための食糧生産が低下し，また製糖の過程で燃料として大量の木材を必要とした。

問7．イギリスではヨーロッパ大陸からの穀物輸入が激減したためアイルランドの穀物輸入に依存し，穀物価格は高騰した。一方，プロイセンのような大陸国家では対英の穀物輸出が激減したため小麦価格が下落した。

問8．(1)ジャガイモ

(2)農地を秋耕地・春耕地・休耕地に3分して輪作する三圃制農法から，休耕地に家畜飼料用のカブやクローバーなどの植物を栽培する四輪作法に変化した。

◀解　説▶

≪ヨーロッパにおける甘味料の歴史≫

▶問4．(1)　神聖ローマ皇帝カール4世が1356年に発布した金印勅書で7人の聖俗諸侯に皇帝選挙の特権が付与された。選帝侯に選ばれたのはマインツ・トリーア・ケルンの3大司教と，ベーメン王・ブランデンブルク辺境伯・ザクセン公・ファルツ伯の4大世俗諸侯。

(2)　やや難。ドイツのデューラーの晩年の大作は，4の「四人の使徒」（1526年）。1はホルバインの「エラスムス像」，2はブリューゲルの「農民の婚宴」，3はファン=アイク兄弟の「ガン（ヘント）の祭壇画」。

▶問5．(1)(2)　ア．西インド諸島のキューバ島（地図中の1）の東南にあるイスパニョーラ島（地図中の4）はスペインが植民地化したが，1697年に島の西半分をフランスが奪ってサン=ドマング（現ハイチ）と名づけた。東半分はスペイン領として残り，サント=ドミンゴ（現ドミニカ）と称された。

イ．クロムウェルが派遣したイギリス艦隊は1655年キューバの南方のジャマイカ島（地図中の2）を占領した。

ウ．キューバの独立運動に際し，アメリカがハバナ港での米軍艦メイン号爆発沈没事件を理由に1898年アメリカ=スペイン（米西）戦争が勃発。勝利したアメリカはプラット条項でキューバを保護国化した。なお，地図中の5はプエルトリコ。

(3)　難問。1．オランプ=ドゥ=グージュはフランス革命中，女権運動を開始したが，反革命の容疑で1793年11月に処刑。

2．ハイチの黒人独立運動家トゥサン=ルヴェルチュールの獄死は1803年。

3．ルイ16世は国民公会の裁判で1793年1月に処刑。

4．ロベスピエールはテルミドール9日のクーデタで逮捕され，1794年に処刑。以上から，3→1→4→2の順となる。

(4)やや難。消去法を用いるとよい。ウィルバーフォースは，ピット首相の援助も得て福音主義の立場から奴隷解放運動を推進した。

▶問6．難問。大西洋三角貿易に関連した問題。サトウキビの栽培と収穫，そして製糖の過程には大量の労働力が必要で，プランテーションの労働力として急増する黒人奴隷の食糧供給が不足した点を指摘したい。また，砂糖は，サトウキビを砕いてその原液を煮詰めて生産されるため，燃料として大量の木材が必要であったが，サトウキビプランテーションの拡大にともなって西インド諸島の森林資源が枯渇したため，北アメリカ大陸のイギリス植民地から木材が輸入されたのである。

▶問7．ナポレオンが1806年に大陸封鎖令でヨーロッパ大陸諸国に対してイギリスとの通商を禁止した内容を前提とした問題。第1図のグラフにみられるように，イギリスではプロイセン（首都ベルリン）など大陸諸国からの穀物輸入が激減し，アイルランドの穀物に依存するようになった結果，小麦価格は上昇している。他方，穀物販路を失ったプロイセンでは小麦が国内で過剰となったため小麦価格が下落した。

▶問8．(1)　資料イの「250年前からヨーロッパに知られている」や「パンを食べるのと同様に生きていける」からジャガイモと推測したい。

(2)　三圃制農法から18世紀の四輪作法への変化を説明する。資料のアにテンサイの薄赤が挙げられているが，一般に四輪作法はカブ→大麦→クローバー→小麦を4年周期で輪作し，休耕地をなくした分，家畜用飼料の生産を増大させた。カブとクローバーは牛などの家畜の餌とされた。この輪作法はノーフォーク農法とも呼ばれ，イギリスでは第2次囲い込みを促進させた。

III **解答**　問9．(1)a－1　b－9　c－4　d－8　ア－4
(2)a－2　b－1　c－7　d－8　(3)－1・4

問10.　a－4　b－1　c－3　d－2

問11.　a－8　b－9　c－6　d－3

問12.　(1)α．バルト　β．アドリア　(2)a－6　b－1　c－4

問13.　ゴルバチョフは新思考外交のもと，アメリカと中距離核戦力全廃条約を結ぶなど核軍縮を進め，アフガニスタンから撤退した。また新ベオグラード宣言で東欧諸国への不干渉政策を発表した。

問14.　4→2→3→1

◀解　説▶

≪ヴァイツゼッカーの第二次世界大戦終戦四十年の記念演説関連史≫

▶問9．(1)a．ヴァイマル共和国の初代大統領は社会民主党のエーベルト（任1919～25年）。

b．フランスのポアンカレ右派内閣（任1922～24年）はドイツの賠償金支払い遅延を理由に，1923年ベルギーをさそってドイツ鉱工業地帯のルールを占領した。

c．1923年首相に就任したシュトレーゼマンはルール占領軍への抵抗を中止させてフランスとの協調をはかり，インフレを収拾するためレンテンマルクを発行した。

d．外相となったシュトレーゼマンは，フランスのブリアンとともに平和協調外交を展開し，1925年にロカルノ条約を締結し，翌年にドイツは国際連盟に加入した。

(2)a．イギリスでは第一次世界大戦中，ロイド=ジョージ内閣が1918年第4次選挙法改正を実施し，21歳以上の男性と30歳以上の女性に参政権を付与した。

b．アメリカでは民主党のウィルソン大統領時代の1920年に女性参政権（男女平等選挙権）が成立した。

c．第一次世界大戦の敗戦国ドイツでは1919年のヴァイマル憲法で男女平等に普通選挙権が付与された。

d．トルコ革命で1923年共和国を樹立したムスタファ=ケマル（ケマル=パシャ）大統領が女性解放を推進し，1934年に女性参政権を成立させた。

(3)　第3図のグラフでニューヨーク株式取引所の株価指数が垂直的に暴落

したのは 1929 年 10 月 24 日のことで，これを機に世界恐慌が始まった。そのため A は，1920〜29 年と判定できる。

1．パリで不戦条約が調印されたのは 1928 年。

2．産業別組織会議（CIO）が結成されたのは 1935 年。

3．全国産業復興法（NIRA）が制定されたのは 1933 年。

4．ドイツがドーズ案を受け入れたのは 1924 年。

5．フーヴァー=モラトリアムの宣言は 1931 年。

したがって，A の時期に起こったのは 1 と 4。

▶問 10．a・b．ブルガリアとのヌイイ条約，オーストリアとのサン=ジェルマン条約は 1919 年に，c．ハンガリーとのトリアノン条約，d．オスマン帝国とのセーヴル条約は 1920 年に結ばれた。

▶問 11．a．スターリングラードの戦い（1942〜43 年）なので，地図中の 8。

b．北フランス上陸作戦を協議したのはテヘラン会談（1943 年）なので，地図中の 9。

c．ドイツ戦後処理の大綱を決めたのはヤルタ会談（1945 年 2 月）なので，地図中の 6。

d．日本の無条件降伏などを討議したのはポツダム会談（1945 年 7 〜 8 月）なので，地図中の 3。

▶問 12．資料 a は，1970 年の西ドイツ=ポーランド国交正常化に関する条約で，オーデル=ナイセ線を国境とすることで合意した。

資料 b は，1946 年のチャーチルの「鉄のカーテン」演説。

資料 c は 1954 年のパリ協定で，西ドイツ（ドイツ連邦共和国）の NATO 加盟が承認された。

(1) α. オーデル川は，チェコのズデーテン地方を源流としてバルト海に注いでいる。シュテッティン（シュチェチン）はポーランドの港市。

β. トリエステはアドリア海北東岸にあるイタリアの港市。

(2)資料 a 〜 c の時期を特定し，年表中に入れる年代整序問題。年表を整理すると以下のようになる。（太字が解答箇所）。

b．チャーチルの「鉄のカーテン」演説（1946 年）
トルーマン=ドクトリンが発表された（1947 年 3 月）
マーシャル=プランが発表された（1947 年 6 月）

スターリンが死去した（1953 年）
c．パリ協定（西ドイツの NATO 加盟）（1954 年）
ナジ=イムレが処刑された（1958 年）
「プラハの春」が起こった（1968 年）
a．西ドイツ=ポーランドの国交正常化（1970 年）
東西ドイツが同時に国連に加盟した（1973 年）
＊資料 b：歴史学研究会編『世界史史料 11』

▶問 13．1989 年 12 月，米大統領ブッシュ（父）とソ連のゴルバチョフ書記長がマルタ会談で冷戦終結を宣言するまでの経緯を，ゴルバチョフの外交政策に触れながら説明することが求められている。そのためには，ゴルバチョフによる「新思考外交」について，アメリカとの間の中距離核戦力（INF）全廃条約（1987 年），新ベオグラード宣言（1988 年）による東欧社会主義共和国への内政不干渉，アフガニスタン撤退（1989 年）という政策を挙げて言及するとよい。なお，新ベオグラード宣言は東欧各国独自の社会主義の道を尊重し，東欧に対するソ連の指導性を否定するものであった。

▶問 14．1．イギリスのヨーロッパ共同体（EC）加盟は 1973 年。
2．ヨーロッパ経済共同体（EEC）の発足は 1958 年。
3．ヨーロッパ自由貿易連合（EFTA）の発足は 1960 年。
4．ヨーロッパ石炭鉄鋼共同体（ECSC）の発足は 1952 年。
以上から，古い順に並べると 4 → 2 → 3 → 1 となる。

❖講　評

2020 年度も 2019 年度と同じく大問数は 3 題で構成。解答個数は 2019 年度の 49 個から 45 個に減少したが，論述は 2019 年度の 7 問 20 行から 8 問 21 行に分量がやや増加した。出題形式では，本年度は史料（資料）に加えて視覚資料・地図・グラフなど多彩な形式の問題が復活しており，特に地図関連が 3 題，グラフ関連が 2 題が出題された。また，2019 年度と同じく資料の年代特定や年代配列法が頻出しており，詳細な年代把握が欠かせない。例年と同様，論述問題は概してやや難のレベルで作問されており，用語集や大型参考書の詳細な知識と，歴史事象の経緯や因果関係の考察を試す問題が多い。

Ⅰは，「アジアにおけるキリスト教の普及と貿易」をテーマとした大問。16～17世紀のポルトガル・スペインやイエズス会による日本・中国への進出とその影響を扱っており，問2(1)と問3を除いて標準レベルの問題。問2(1)は，ポルトガルの拠点としてマカオ・マラッカ・ゴアは特定しやすいが，アフリカ東南岸のモザンビークは難しいと思われる。問3は日明間の貿易の変化を理解していないとまとめるのが難しい。明の海禁と後期倭寇に必ず言及すること。

Ⅱは，「ヨーロッパにおける甘味料の歴史」をテーマとした大問で，全体的にやや難のレベルで作問されている。問4(2)はやや難。ドイツの画家デューラーの「四人の使徒」は有名だが，絵画作品に見慣れていないと誤答しやすい。問5(3)は難問。1のオランプ=ドゥ=グージュの処刑年代の確定が困難であろう。問6も難問で，サトウキビプランテーションの実態を理解しているかどうかで得点差が生じる。問7のグラフ問題はナポレオンが1806年に発した大陸封鎖令の内容を理解していれば，グラフの国々の関係が説明できる。

Ⅲは，「ヴァイツゼッカー大統領の第二次世界大戦終戦四十年演説」の史料をテーマとした大問。第一次世界大戦から第二次世界大戦以後に至るヨーロッパ政治史を扱っており，標準レベルの問題。問9(3)のグラフの株価指数の暴落が1929年であると判断できるので，Aの時期も特定しやすい。問13は新思考外交が具体的にどのような政策としてあらわれているかを述べていけばよいが，新ベオグラード宣言を見逃しやすいので注意したい。

数学

1

◇発想◇　(1)　b^2+3b+9 を平方完成すれば

$$A^2-B^2=C \Longleftrightarrow (A+B)(A-B)=C$$

が利用できる。

(2)　$ab=21^2-c^2$，$20 \leqq ab \leqq 110$ より c の範囲が求まる。

(3)　c を消去する。p が5以上の素数であるから，3と異なる素数より，$3p^2$ の正の約数は6個ある。

解答　(1) 7　(2)(3)(4) 110　(5)(6) 19　(7) 2　(8) 2　(9) 3

(10) 3　(11)(12) 21　(13)(14) 35

◀解　説▶

≪2次の不定方程式≫

▶(1)　$a^2+b^2+ab=c^2$　……①

$a=3$ のとき，①より

$$b^2+3b+9=c^2 \qquad \left(b+\frac{3}{2}\right)^2+\frac{27}{4}=c^2$$

$$c^2-\left(b+\frac{3}{2}\right)^2=\frac{27}{4} \qquad \left(c+b+\frac{3}{2}\right)\left(c-b-\frac{3}{2}\right)=\frac{27}{4}$$

$$(2c+2b+3)(2c-2b-3)=27$$

b，c は，$3<b$ を満たす自然数だから，$2c+2b+3$，$2c-2b-3$ は，$2c+2b+3>11$ を満たす整数で

$$2c+2b+3=27,\ 2c-2b-3=1$$

よって　　$b=5$，$c=7$　→(1)

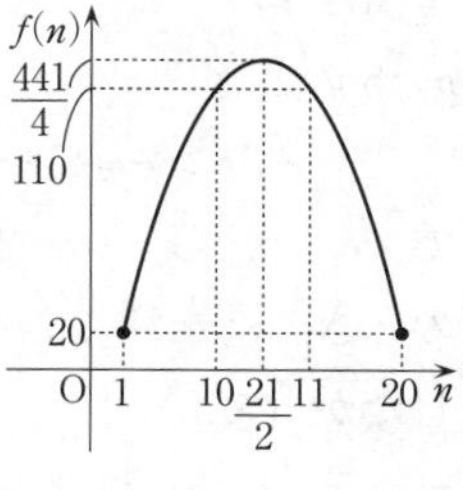

▶(2)　2つの自然数の一方を n として

$f(n)=n(21-n)$　($n=1$，2，…，20) とおくと

$$f(n)=-n^2+21n=-\left(n-\frac{21}{2}\right)^2+\frac{441}{4}$$

であるから　　$20 \leqq f(n) \leqq 110$

よって，和が21になる2つの自然数の積の最大値は　　110　→(2)〜(4)

$a+b=21$ のとき　　$20 \leqq ab \leqq 110$

$$① \Longleftrightarrow (a+b)^2-ab=c^2 \qquad \therefore \quad ab=441-c^2$$

よって

$$20 \leqq 441-c^2 \leqq 110 \qquad 331 \leqq c^2 \leqq 421 \qquad \therefore \quad c=19,\ 20$$

a, b は偶奇が一致しないから，ab は偶数であり，これより $c^2=441-ab$ は奇数で，c も奇数だから

$$c=19$$

このとき，$ab=80$　$(a<b)$ から，$(a,\ b)=(5,\ 16)$ であり，条件を満たす a, b $(a<b)$ が存在する。

以上より　　$c=19$　→(5)・(6)

▶(3)　$c=a+b-p$ と①から

$$a^2+b^2+ab=(a+b-p)^2$$

$$a^2+b^2+ab=(a+b)^2-2(a+b)p+p^2$$

$$ab-2(a+b)p+p^2=0$$

$$(a-2p)(b-2p)=3p^2 \quad \to (7)\sim(9)$$

$a<b$ より，$a-2p$, $b-2p$ は，$a-2p<b-2p$ を満たす整数なので，p が5以上の素数のとき

$$(a-2p,\ b-2p)=(1,\ 3p^2),\ (3,\ p^2),\ (p,\ 3p),$$
$$(-3p^2,\ -1),\ (-p^2,\ -3),\ (-3p,\ -p)$$

c が自然数だから，$a+b>a+b-c=p$ より

$$(a-2p)+(b-2p)=a+b-4p>p-4p=-3p \quad \cdots\cdots②$$

を満たす。

$p \geqq 5$ のとき

$$-3p>-4p>-p^2-3>-3p^2-1$$

であるから，$(a-2p,\ b-2p)=(-3p^2,\ -1)$，$(-p^2,\ -3)$，$(-3p,\ -p)$ のとき，②を満たさないので不適。

したがって

$$(a,\ b)=(2p+1,\ 3p^2+2p),\ (2p+3,\ p^2+2p),\ (3p,\ 5p)$$

となり，条件を満たす a, b, c の組は全部で3個ある。→(10)

また，$p=7$ のとき　　$(a,\ b)=(15,\ 161)$，$(17,\ 63)$，$(21,\ 35)$

$c=a+b-7$ の値が最小となるのは

$$(a,\ b)=(21,\ 35) \quad \to (11)\sim(14)$$

2

◇発想◇ (1) 出た目の合計が k となる場合の数は，合計が k となる目の組合せを利用して求める。

(2) さいころを，たとえば3回投げて，目の和が6となる場合の数は，6個の「○」と2本の「｜」の順列の数を求める考え方が利用できる。ただし，さいころの目であるから両端は「○」で「｜」を続けて並べてはならないことに注意する。

解答 (15)(16) 25 (17)(18)(19) 216 (20) 3 (21) 8 (22) 7 (23) 5

(24) 6 (25) 6 (26) 5 (27) 7 (28) 6 (29) 7 (30) 2 (31) 3

◀解 説▶

≪さいころの確率，二項定理≫

▶(1) さいころを3回投げ終えた時点で，それまでに出た目の合計を X で表すことにする。

$X=9$ となる目の組は

$\{1,\ 2,\ 6\}$，$\{1,\ 3,\ 5\}$，$\{1,\ 4,\ 4\}$，$\{2,\ 2,\ 5\}$，$\{2,\ 3,\ 4\}$，$\{3,\ 3,\ 3\}$

$$\therefore\quad P(X=9)=\frac{3!\cdot 3+{}_3\mathrm{C}_1\cdot 2+1\cdot 1}{6^3}=\frac{25}{216}\quad \to(15)\sim(19)$$

$X=12$ となる目の組は　$\{1,\ 5,\ 6\}$，$\{2,\ 4,\ 6\}$，$\{2,\ 5,\ 5\}$，$\{3,\ 3,\ 6\}$，$\{3,\ 4,\ 5\}$，$\{4,\ 4,\ 4\}$

$X=13$ となる目の組は　$\{1,\ 6,\ 6\}$，$\{2,\ 5,\ 6\}$，$\{3,\ 4,\ 6\}$，$\{3,\ 5,\ 5\}$，$\{4,\ 4,\ 5\}$

$X=14$ となる目の組は　$\{2,\ 6,\ 6\}$，$\{3,\ 5,\ 6\}$，$\{4,\ 4,\ 6\}$，$\{4,\ 5,\ 5\}$

$X=15$ となる目の組は　$\{3,\ 6,\ 6\}$，$\{4,\ 5,\ 6\}$，$\{5,\ 5,\ 5\}$

$X=16$ となる目の組は　$\{4,\ 6,\ 6\}$，$\{5,\ 5,\ 6\}$

$X=17$ となる目の組は　$\{5,\ 6,\ 6\}$

$X=18$ となる目の組は　$\{6,\ 6,\ 6\}$

$$\therefore\quad P(X\geqq 12)=\frac{3!\cdot 7+{}_3\mathrm{C}_1\cdot 12+1\cdot 3}{6^3}=\frac{81}{216}=\frac{3}{8}\quad \to(20)\cdot(21)$$

▶(2) 出た目の合計が6になるまでにさいころを投げた回数を Y とする。

$Y=1$ のとき，1回目に6の目が出る場合だから　$P(Y=1)=\dfrac{1}{6}$

$Y=2$ のときを考える。

たとえば「1回目に2の目，2回目に4の目が出る」は ○○|○○○○ と表すことができる。

この対応で，6個の「○」と1本の「|」の順列（両端は「○」）の総数を求めればよい。このような順列の総数は，「○」で挟まれた5つの部分から1つ選んでそこに「|」を入れると考えて，${}_5C_1$ 通りあり

$$P(Y=2)={}_5C_1\left(\frac{1}{6}\right)^2$$

同様にして

$$P(Y=3)={}_5C_2\left(\frac{1}{6}\right)^3 \qquad P(Y=4)={}_5C_3\left(\frac{1}{6}\right)^4$$

$$P(Y=5)={}_5C_4\left(\frac{1}{6}\right)^5 \qquad P(Y=6)={}_5C_5\left(\frac{1}{6}\right)^6$$

したがって，出た目の合計が6になる確率は

$$\sum_{k=1}^{6}P(Y=k)={}_5C_0\left(\frac{1}{6}\right)+{}_5C_1\left(\frac{1}{6}\right)^2+{}_5C_2\left(\frac{1}{6}\right)^3+{}_5C_3\left(\frac{1}{6}\right)^4+{}_5C_4\left(\frac{1}{6}\right)^5+{}_5C_5\left(\frac{1}{6}\right)^6$$

$$=\frac{1}{6}\sum_{k=0}^{5}{}_5C_k\left(\frac{1}{6}\right)^k=\frac{1}{6}\cdot\left(1+\frac{1}{6}\right)^5=\frac{7^5}{6^6} \quad \to(22)\sim(25)$$

▶(3)　出た目の合計が初めて7以上になった時点で，その値が12以上になるのは，ある回で，出た目の合計が6になり，その次の回に6の目が出る場合であるから，確率は(2)より

$$\frac{7^5}{6^6}\cdot\frac{1}{6}=\frac{7^5}{6^7} \quad \to(26)\cdot(27)$$

出た目の合計が初めて7以上になる直前までの目の和を Z，最後の目を W とおくと，出た目の合計が初めて7以上になった時点で，その値が9となるのは

$$(Z,\ W)=(6,\ 3),\ (5,\ 4),\ (4,\ 5),\ (3,\ 6)$$

の場合である。

$P(Z=k)=p_k$ $(k=3,\ 4,\ 5,\ 6)$ とおくと，(2)の結果から　$p_6=\dfrac{7^5}{6^6}$

また，(2)と同様に

$$p_5={}_4C_0\left(\frac{1}{6}\right)+{}_4C_1\left(\frac{1}{6}\right)^2+{}_4C_2\left(\frac{1}{6}\right)^3+{}_4C_3\left(\frac{1}{6}\right)^4+{}_4C_4\left(\frac{1}{6}\right)^5$$

$$=\frac{1}{6}\sum_{k=0}^{4}{}_4\mathrm{C}_k\left(\frac{1}{6}\right)^k=\frac{1}{6}\cdot\left(1+\frac{1}{6}\right)^4=\frac{7^4}{6^5}$$

$$p_4={}_3\mathrm{C}_0\left(\frac{1}{6}\right)+{}_3\mathrm{C}_1\left(\frac{1}{6}\right)^2+{}_3\mathrm{C}_2\left(\frac{1}{6}\right)^3+{}_3\mathrm{C}_3\left(\frac{1}{6}\right)^4$$

$$=\frac{1}{6}\sum_{k=0}^{3}{}_3\mathrm{C}_k\left(\frac{1}{6}\right)^k=\frac{1}{6}\cdot\left(1+\frac{1}{6}\right)^3=\frac{7^3}{6^4}$$

$$p_3={}_2\mathrm{C}_0\left(\frac{1}{6}\right)+{}_2\mathrm{C}_1\left(\frac{1}{6}\right)^2+{}_2\mathrm{C}_2\left(\frac{1}{6}\right)^3$$

$$=\frac{1}{6}\sum_{k=0}^{2}{}_2\mathrm{C}_k\left(\frac{1}{6}\right)^k=\frac{1}{6}\cdot\left(1+\frac{1}{6}\right)^2=\frac{7^2}{6^3}$$

よって，出た目の合計が初めて 7 以上になった時点で，その値が 9 となる確率は

$$(p_3+p_4+p_5+p_6)\cdot\frac{1}{6}=\left(\frac{7^2}{6^3}+\frac{7^3}{6^4}+\frac{7^4}{6^5}+\frac{7^5}{6^6}\right)\cdot\frac{1}{6}$$

$$=\frac{7^2}{6^4}\left\{1+\frac{7}{6}+\left(\frac{7}{6}\right)^2+\left(\frac{7}{6}\right)^3\right\}$$

$$=\frac{7^2}{6^4}\cdot\frac{\left(\frac{7}{6}\right)^4-1}{\frac{7}{6}-1}$$

$$=\frac{7^2}{6^3}\cdot\left(\frac{7^4}{6^4}-1\right)$$

$$=\frac{7^6}{6^7}-\frac{7^2}{6^3}\quad\rightarrow(28)\sim(31)$$

参考　(1)の $X=9$ となる確率は，(2)と同様に，9 個の「○」と 2 本の「｜」の順列（両端は「○」）の数が ${}_8\mathrm{C}_2$ 通りで，そのうち「○」が 7 個連続して現れるものが 3 通りあるから

$$P(X=9)=\frac{{}_8\mathrm{C}_2-3}{6^3}=\frac{25}{216}$$

3

◇発想◇　(3)　S_{3m} は 3 項ずつまとめて計算すると，計算しやすくなる。また，S_{3m} の桁数については，10^{2m} が $2m+1$ 桁の整数であることを利用する。

解答 (32) 2 (33) 2 (34) 4 (35) 3 (36) 2 (37) 0 (38) 1 (39) 1
(40) 2 (41) 1 (42) 1 (43) 1 (44) 2 (45) 2 (46) 1 (47) 1
(48) 2 (49) 2 (50) 1 (51) 2 (52) 2 (53)(54) 70 (55)(56) 33 (57) 2 (58) 1

◀解　説▶

≪連立漸化式，数学的帰納法，数列の和，桁数≫

▶(1)　$a_1=1$，$b_1=1$ より

$\dfrac{a_1}{b_1}=1<2$ より　　$a_2=a_1+1=2$，$b_2=b_1=1$

$\dfrac{a_2}{b_2}=2$ より　　$a_3=a_2=2$，$b_3=b_2+1=2$　→(32)・(33)

$\dfrac{a_3}{b_3}=1$ より　　$a_4=a_3+1=3$，$b_4=b_3=2$

$\dfrac{a_4}{b_4}=\dfrac{3}{2}<2$ より　　$a_5=a_4+1=4$，$b_5=b_4=2$

$\dfrac{a_5}{b_5}=2$ より　　$a_6=a_5=4$，$b_6=b_5+1=3$　→(34)・(35)

▶(2)　(1)の結果から

$$a_{3m}=2m,\ \ b_{3m}=m+1 \quad \cdots\cdots ②$$　→(36)〜(39)

が成り立つと推測される。

$m=1$ のとき，(1)の結果から成り立つ。$m=k$ のとき②が成り立つと仮定すると

$\dfrac{a_{3k}}{b_{3k}}=\dfrac{2k}{k+1}=2-\dfrac{2}{k+1}<2$ より

$$a_{3k+1}=a_{3k}+1=2k+1,\ \ b_{3k+1}=b_{3k}=k+1$$　→(40)〜(43)

$\dfrac{a_{3k+1}}{b_{3k+1}}=\dfrac{2k+1}{k+1}=2-\dfrac{1}{k+1}<2$ より

$$a_{3k+2}=a_{3k+1}+1=2k+2,\ \ b_{3k+2}=b_{3k+1}=k+1$$　→(44)〜(47)

$\dfrac{a_{3k+2}}{b_{3k+2}}=2$ より

$$a_{3k+3}=a_{3k+2}=2k+2,\ \ b_{3k+3}=b_{3k+2}+1=k+2$$　→(48)〜(51)

となるので，$m=k+1$ のときにも②は成り立つ。

▶(3)　(2)の結果から

$$a_{3k+1}=2k+1,\ \ a_{3k+2}=2k+2,\ \ a_{3k+3}=2k+2 \quad (k=0,\ 1,\ 2,\ \cdots)$$

が成り立つから

$$S_{3m}=\sum_{k=1}^{3m}10^{a_k}$$

$$=\sum_{k=0}^{m-1}(10^{a_{3k+1}}+10^{a_{3k+2}}+10^{a_{3k+3}})$$

$$=\sum_{k=0}^{m-1}(10^{2k+1}+10^{2k+2}+10^{2k+2})$$

$$=\sum_{k=0}^{m-1}10^{2k}(10+100+100)$$

$$=210\sum_{k=0}^{m-1}100^k$$

$$=210\cdot\frac{100^m-1}{100-1}$$

$$=\frac{70}{33}(10^{2m}-1)\quad \to (52)\sim(56)$$

$$\frac{70}{33}(10^{2m}-1)-10^{2m}=\frac{1}{33}(37\cdot 10^{2m}-70)>0$$

$$10^{2m+1}-\frac{70}{33}(10^{2m}-1)=\frac{1}{33}(26\cdot 10^{2m+1}+70)>0$$

よって

$$10^{2m}<S_{3m}<10^{2m+1},\ 2m<\log_{10}S_{3m}<2m+1$$

が成り立ち，S_{3m} は $2m+1$ 桁の整数 →(57)・(58)

4

◇発想◇ (2) Pが線分 RS 上を動くという条件から

$$\overrightarrow{OP}=t\overrightarrow{OR}+(1-t)\overrightarrow{OS}\quad (0\leqq t\leqq 1)$$

と表せる。

(3) 三角形の面積の公式

$$S=\frac{1}{2}\sqrt{|\overrightarrow{AB}|^2|\overrightarrow{AC}|^2-(\overrightarrow{AB}\cdot\overrightarrow{AC})^2}$$

を利用して，S を p，q，r で表すことを考える。

解答 (1) Pは直線 AC 上にあるから，実数 α を使って

$\overrightarrow{OP}=\overrightarrow{OA}+\alpha\overrightarrow{AC}$ より

$$\overrightarrow{\mathrm{OP}}=(0,\ 0,\ 1)+\alpha(p,\ q,\ r-1)$$
$$=(\alpha p,\ \alpha q,\ (r-1)\alpha+1)$$

Pは xy 平面上の点だから　$(r-1)\alpha+1=0$

C≠Aより，$r\neq1$ であるから　$\alpha=\dfrac{1}{1-r}$

$$\therefore\ \ \mathrm{P}\left(\frac{p}{1-r},\ \frac{q}{1-r},\ 0\right)\ \cdots\cdots(答)$$

同様に　$\mathrm{Q}\left(\dfrac{p}{1+r},\ \dfrac{q}{1+r},\ 0\right)$ ……(答)

(2)　点Cは原点を中心とする半径1の球面の点だから

$p^2+q^2+r^2=1$　……①

C≠A，C≠Bより　$-1<r<1$　……②

である。

Qの x 座標，y 座標について

$X=\dfrac{p}{1+r},\ \ Y=\dfrac{q}{1+r}$　……③

とおく。Pが線分RS上を動くから

$$\overrightarrow{\mathrm{OP}}=t\overrightarrow{\mathrm{OR}}+(1-t)\overrightarrow{\mathrm{OS}}=\left(\frac{t}{2},\ \frac{1-t}{4},\ 0\right)\quad(0\leqq t\leqq1)$$

と表され，(1)の結果より

$\dfrac{p}{1-r}=\dfrac{t}{2},\ \ \dfrac{q}{1-r}=\dfrac{1-t}{4}$　……④

①，③より，p と q を消去すると

$(1+r)^2X^2+(1+r)^2Y^2+r^2=1$　　$(1+r)^2(X^2+Y^2)=1-r^2$

$X^2+Y^2=\dfrac{1-r}{1+r}$　……⑤

$X^2+Y^2>0$ であるから，③，④，⑤より

$$(1+r)X=\frac{t}{2}(1-r)$$

$\therefore\ \ t=2X\cdot\dfrac{1+r}{1-r}=\dfrac{2X}{X^2+Y^2}$　……⑥

$$(1+r)Y=\frac{(1-t)(1-r)}{4}$$

$$\therefore \quad 1-t=4Y\cdot\frac{1+r}{1-r}=\frac{4Y}{X^2+Y^2} \quad \cdots\cdots ⑦$$

⑥＋⑦より，t を消去して整理すると

$$X^2+Y^2-2X-4Y=0$$

$$(X-1)^2+(Y-2)^2=5$$

また，$0\leqq t\leqq 1$ より，⑥，⑦から

$$X\geqq 0,\quad Y\geqq 0$$

したがって，Qの軌跡は右図のような半円である。
ただし，端点 (2，0) (0，4) を含む。

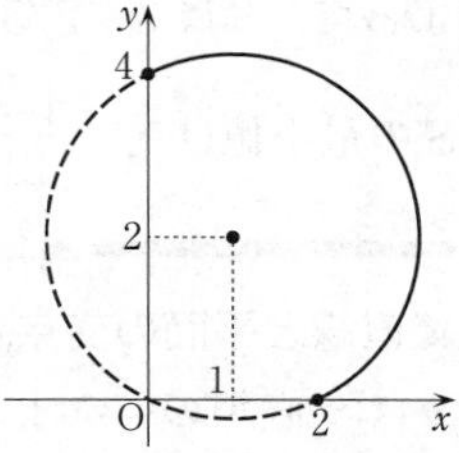

(3)　$\overrightarrow{AC}=(p,\ q,\ r-1)$，$\overrightarrow{AB}=(0,\ 0,\ -2)$ であるから，△ABC の面積を S とすると

$$S=\frac{1}{2}\sqrt{|\overrightarrow{AB}|^2|\overrightarrow{AC}|^2-(\overrightarrow{AB}\cdot\overrightarrow{AC})^2}$$

$$=\frac{1}{2}\sqrt{4\{p^2+q^2+(r-1)^2\}-4(r-1)^2}$$

$$=\sqrt{p^2+q^2}=\sqrt{1-r^2} \quad (①より)$$

$u=\sqrt{X^2+Y^2}$ とおくと，$u>0$ であり，⑤より

$$r=\frac{1-X^2-Y^2}{1+X^2+Y^2}=\frac{1-u^2}{1+u^2}$$

$$S=\sqrt{1-\left(\frac{1-u^2}{1+u^2}\right)^2}=\sqrt{\frac{4u^2}{(1+u^2)^2}}=\frac{2u}{1+u^2}$$

u は原点Oと点 $(X,\ Y)$ の距離であり，点 $(X,\ Y)$ は右図の半円上を動くので

$(X,\ Y)=(2,\ 0)$ のとき u は最小値 2

$(X,\ Y)=(2,\ 4)$ のとき u は最大値 $2\sqrt{5}$

をとり

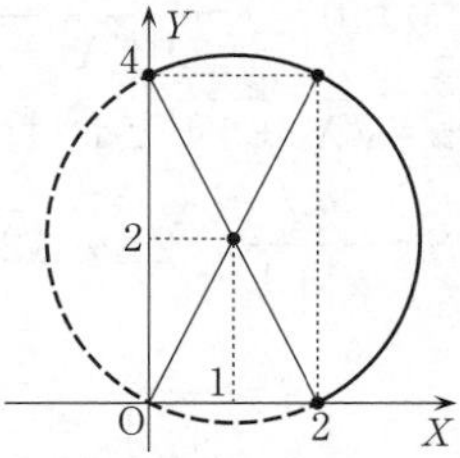

$$2\leqq u\leqq 2\sqrt{5}$$

$f(u)=\dfrac{2u}{1+u^2}$　$(u>1)$ とおくと，$1<\alpha<\beta$ のとき

$$f(\alpha)-f(\beta)=\frac{2\alpha}{1+\alpha^2}-\frac{2\beta}{1+\beta^2}$$

$$=\frac{2\{\alpha(1+\beta^2)-\beta(1+\alpha^2)\}}{(1+\alpha^2)(1+\beta^2)}$$

$$=\frac{2(\beta-\alpha)(\alpha\beta-1)}{(1+\alpha^2)(1+\beta^2)}>0$$

これより，$f(\alpha)>f(\beta)$ が成り立ち，$f(u)$ は $u>1$ で単調減少である。
よって，S は $u=2\sqrt{5}$ のとき最小値をとり

S の最小値は　$\dfrac{4\sqrt{5}}{21}$　……(答)

◀解　説▶

≪直線と平面の交点，軌跡，三角形の面積≫

▶(1)　直線のベクトル方程式を利用する。点 P が xy 平面上の点であるから，z 座標は 0 である。

▶(2)　p，q，r，t が，①，②，④の条件を満たしながら変化するとき，③によって定義される点（X，Y）の軌跡を求めればよいから，媒介変数の p，q，r，t を消去して，X，Y だけの関係式を求めればよい。

③より　　$p=(1+r)X$，$q=(1+r)Y$

これを，①，④に代入すれば，p，q が消去でき，得られた⑤と

$$(1+r)X=\frac{t(1-r)}{2},\quad (1+r)Y=\frac{(1-t)(1-r)}{4}$$

より，r と t を消去すればよい。

▶(3)　三角形の面積の公式を利用して

$$S=\sqrt{p^2+q^2}=\sqrt{1-r^2}$$

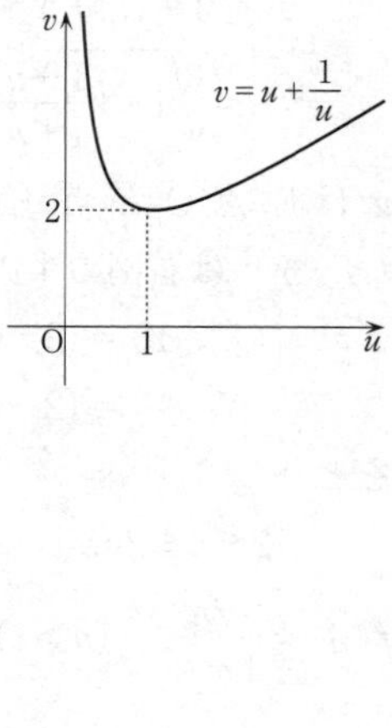

⑤より，$r=\dfrac{1-X^2-Y^2}{1+X^2+Y^2}$ であるから，

$u=\sqrt{X^2+Y^2}$ とおけば，S が u で表される。

$S=\dfrac{2u}{u^2+1}$　（$2\leqq u\leqq 2\sqrt{5}$）の最小値は

$$S=\frac{2}{u+\dfrac{1}{u}}$$

と変形すれば，$v=u+\dfrac{1}{u}$ のグラフから

$$S\text{ が最小}\iff u+\frac{1}{u}\text{ が最大}\iff u=2\sqrt{5}$$

このことを利用して S の最小値を求めることもできる。

5

◇発想◇ (3) $3\sin\left(\frac{s+t}{2}\pi\right)+\cos\left(\frac{s+t}{2}\pi\right)$ を合成し，$\frac{s+t}{2}\pi$ のとり得る値の範囲を調べる。

解答 (1) $\log_8(2-\alpha)+\log_{64}(\alpha+1)=\log_4\alpha$ ……①

真数は正より，$2-\alpha>0$，$\alpha+1>0$，$\alpha>0$

$\therefore\ 0<\alpha<2$ ……②

このとき，①より

$$\frac{\log_2(2-\alpha)}{\log_2 8}+\frac{\log_2(\alpha+1)}{\log_2 64}=\frac{\log_2\alpha}{\log_2 4}$$

$$\frac{1}{3}\log_2(2-\alpha)+\frac{1}{6}\log_2(\alpha+1)=\frac{1}{2}\log_2\alpha$$

$$2\log_2(2-\alpha)+\log_2(\alpha+1)=3\log_2\alpha$$

$$\log_2(2-\alpha)^2(\alpha+1)=\log_2\alpha^3$$

$$\alpha^3=(2-\alpha)^2(\alpha+1)$$

$$\alpha^2=\frac{4}{3}$$

よって，②から　$\alpha=\frac{2}{\sqrt{3}}$ ……(答)

(2) 点 $(s,\ t)$ は，点 $\left(2,\ \frac{4}{3}\right)$ に関して，点 $(x,\ y)$ と対称な点であるから

$$\frac{x+s}{2}=2,\ \frac{y+t}{2}=\frac{4}{3}\qquad\therefore\ x=4-s,\ y=\frac{8}{3}-t$$

$y=\log_2 x$ だから　$\frac{8}{3}-t=\log_2(4-s)$

$\therefore\ t=\frac{8}{3}-\log_2(4-s)$ ……(答)

(3) $K=3\sin\left(\frac{s+t}{2}\pi\right)+\cos\left(\frac{s+t}{2}\pi\right)$ とおいて

$s+t=u$ ……③

とおくと，合成により　$K=\sqrt{10}\sin\left(\frac{u}{2}\pi+\theta_1\right)$

ただし，θ_1 は

$$\sin\theta_1=\frac{1}{\sqrt{10}},\ \cos\theta_1=\frac{3}{\sqrt{10}},\ 0<\theta_1<\frac{\pi}{2}$$

を満たす定数である。

s 軸との交点の s 座標は $t=0$ として

$$\log_2(4-s)=\frac{8}{3}\qquad 4-s=2^{\frac{8}{3}}\qquad s=4(1-\sqrt[3]{4})$$

曲線 $t=\dfrac{8}{3}-\log_2(4-s)$ の $s\leqq 0$, $t\geqq 0$ の部分は右図のようになる。ただし，端点 $(4(1-\sqrt[3]{4}),\ 0)$, $\left(0,\ \dfrac{2}{3}\right)$ を含む。

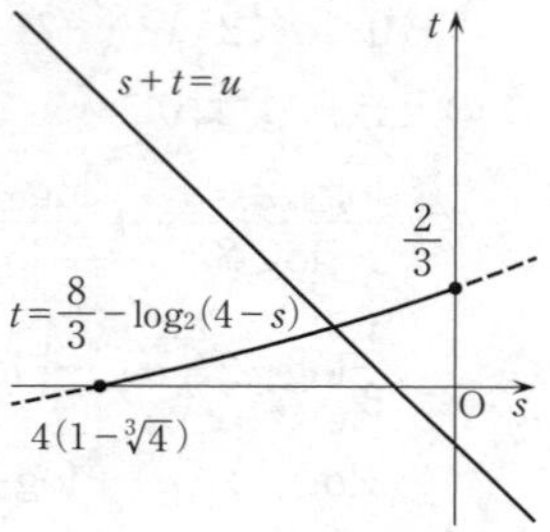

点 $(s,\ t)$ がこの曲線上を動くとき，u のとる値の範囲は，直線③と曲線が共有点をもつような u の値の範囲を求めればよい。

u が最大になるのは，③が点 $\left(0,\ \dfrac{2}{3}\right)$ を通る場合で，u が最小になるのは，③が点 $(4(1-\sqrt[3]{4}),\ 0)$ を通る場合であるから，u の範囲は

$$4(1-\sqrt[3]{4})\leqq u\leqq\frac{2}{3}$$

よって　　$2(1-\sqrt[3]{4})\pi\leqq\dfrac{u}{2}\pi\leqq\dfrac{\pi}{3}$

$\theta_2=2(1-\sqrt[3]{4})\pi$ とおくと，$\theta_2\leqq\dfrac{u}{2}\pi\leqq\dfrac{\pi}{3}$　……④ と書くことができる。

$1.5<\sqrt[3]{4}<1.6$ であるから

$$-1.2<2(1-\sqrt[3]{4})<-1\qquad\therefore\quad -\frac{6}{5}\pi<\theta_2<-\pi\quad\cdots\cdots⑤$$

$\sin\theta_1=\dfrac{1}{\sqrt{10}}<\dfrac{1}{2}$ より　　$0<\theta_1<\dfrac{\pi}{6}$　……⑥

ところで，④の各辺に θ_1 を加えると

$$\theta_1+\theta_2\leqq\frac{u}{2}\pi+\theta_1\leqq\frac{\pi}{3}+\theta_1\quad\cdots\cdots⑦$$

であり，⑤と⑥を辺々加えることにより

$$-\frac{6}{5}\pi<\theta_1+\theta_2<-\frac{5}{6}\pi$$

また，⑥の各辺に $\frac{\pi}{3}$ を加えることにより

$$\frac{\pi}{3}<\frac{\pi}{3}+\theta_1<\frac{\pi}{2}$$

$$\sin\left(-\frac{6}{5}\pi\right)=\sin\frac{\pi}{5}<\sin\left(\frac{\pi}{3}+\theta_1\right)$$

である。

$-2\pi<-\frac{6}{5}\pi<-\pi$ かつ $-\pi<-\frac{5}{6}\pi<-\frac{\pi}{2}$ であるから，⑦の範囲において

$$\frac{u}{2}\pi+\theta_1=-\frac{\pi}{2}$$

となるときがあり，最小となる。

したがって，K の最小値は　$-\sqrt{10}$　……(答)

K の最大値は $\frac{u}{2}\pi+\theta_1=\frac{\pi}{3}+\theta_1$ のときなので

$$\begin{aligned}\sqrt{10}\sin\left(\frac{\pi}{3}+\theta_1\right)&=\sqrt{10}\left(\sin\frac{\pi}{3}\cos\theta_1+\cos\frac{\pi}{3}\sin\theta_1\right)\\&=\sqrt{10}\left(\frac{\sqrt{3}}{2}\cdot\frac{3}{\sqrt{10}}+\frac{1}{2}\cdot\frac{1}{\sqrt{10}}\right)\\&=\frac{3\sqrt{3}+1}{2}\quad\text{……(答)}\end{aligned}$$

◀解　説▶

≪対数方程式，三角関数の最大値と最小値≫

▶(1)　底を 2 にそろえて計算する。

▶(3)　$s+t$ のとる値の範囲は，$s+t=u$ とおいて，この直線と点 $(s,\ t)$ が描く曲線が共有点をもつ条件から求められるが

$$s+t=s+\frac{8}{3}-\log_2(4-s)$$

s の範囲は，$4(1-\sqrt[3]{4})\leqq s\leqq 0$ であるから，関数 $f(s)=s+\frac{8}{3}-\log_2(4-s)$ $(4(1-\sqrt[3]{4})\leqq s\leqq 0)$ を利用してもよい。

〔解答〕の図より，s が $4(1-\sqrt[3]{4})$ から 0 まで変化するとき，$f(s)$ は単調増加であるから

$$f(4(1-\sqrt[3]{4}))\leqq f(s)\leqq f(0)$$

6

◇発想◇ (1) 3次式 $f(x)$ を

$$f(x)=p(x-a)^3+q(x-a)^2+r(x-a)+s \quad (p\neq 0)$$

とおいて考えれば，与えられた条件が使いやすくなる。

(2) $x\geqq 0$ におけるグラフを利用して考える。

解答 (1) $f(x)=p(x-a)^3+q(x-a)^2+r(x-a)+s\ (p\neq 0)$ とおくと

$$f'(x)=3p(x-a)^2+2q(x-a)+r$$

$f(a)=s=0$, $f'(a)=r=0$ より

$$f(x)=p(x-a)^3+q(x-a)^2$$

$$f(0)=-pa^3+qa^2=-a^2$$

$a>0$ より　$-ap+q=-1$　∴　$q=ap-1$　……①

また

$$\int_0^a f(x)\,dx=\int_0^a \{p(x-a)^3+q(x-a)^2\}\,dx$$

$$=\left[\frac{p}{4}(x-a)^4+\frac{q}{3}(x-a)^3\right]_0^a$$

$$=-\frac{p}{4}a^4+\frac{q}{3}a^3=a^3\left(-\frac{ap}{4}+\frac{q}{3}\right)=0$$

$a\neq 0$ より　$q=\dfrac{3}{4}ap$　……②

①，②より　$p=\dfrac{4}{a}$，$q=3$

$$f(x)=\frac{4}{a}(x-a)^3+3(x-a)^2$$

$$\therefore\ f(x)=\frac{4}{a}(x-a)^2\left(x-\frac{a}{4}\right)\ \cdots\cdots(\text{答})$$

(2) $f(x)=\dfrac{4}{a}(x-a)^3+3(x-a)^2$ より

$$f'(x)=\frac{12}{a}(x-a)^2+6(x-a)=\frac{12}{a}(x-a)\left(x-\frac{a}{2}\right)$$

$a>0$ であるから $\dfrac{a}{2}<a$ であり，$x\geqq 0$ における $f(x)$ の増減表は次のようになる。

x	0	$\cdots$	$\frac{a}{2}$	$\cdots$	a	$\cdots$
$f'(x)$		$+$	0	$-$	0	$+$
$f(x)$	$-a^2$	↗	$\frac{a^2}{4}$	↘	0	↗

ここで$f(x)=\dfrac{a^2}{4}$を満たすxで$\dfrac{a}{2}$と異なるものを求めておく。

3 次方程式$f(x)-\dfrac{a^2}{4}=0$は$x=\dfrac{a}{2}$を重解にもち，$f(x)-\dfrac{a^2}{4}$のx^3の係数は$\dfrac{4}{a}$であるから

$$f(x)-\frac{a^2}{4}=\frac{4}{a}\left(x-\frac{a}{2}\right)^2(x-b)$$

と表され，$f(0)=-a^2$より

$$-\frac{5}{4}a^2=\frac{4}{a}\cdot\frac{a^2}{4}\cdot(-b) \qquad \therefore \quad b=\frac{5}{4}a$$

以上より，$y=f(x)$ のグラフは右図のようになる。

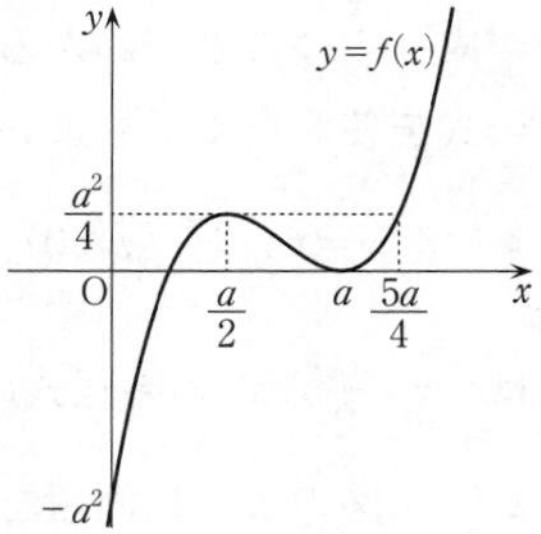

$0\leqq x\leqq 1$ における$f(x)$ の最大値をMとおくと，グラフより

(i) $1<\dfrac{a}{2}\iff a>2$ のとき

$$M=f(1)=\frac{4}{a}(1-a)^2\left(1-\frac{a}{4}\right)$$

(ii) $\dfrac{a}{2}\leqq 1\leqq\dfrac{5}{4}a\iff\dfrac{4}{5}\leqq a\leqq 2$ のとき　　$M=\dfrac{a^2}{4}$

(iii) $\dfrac{5}{4}a<1\iff 0<a<\dfrac{4}{5}$ のとき　　$M=f(1)$

したがって，$0\leqq x\leqq 1$ における$f(x)$ の最大値は

$$\begin{cases}\dfrac{4}{a}(1-a)^2\left(1-\dfrac{a}{4}\right) & \left(0<a<\dfrac{4}{5},\ a>2\right)\\[2ex] \dfrac{a^2}{4} & \left(\dfrac{4}{5}\leqq a\leqq 2\right)\end{cases}$$ ……(答)

(3)　$a=4$ のとき

$$f(x)=(x-4)^2(x-1)=x^3-9x^2+24x-16$$

曲線 $y=f(x)$ と x 軸の共有点の x 座標は $x=1,\ 4$ であるから，求める図形の面積の和を S とおくと

$$S=-\int_0^1 f(x)\,dx+\int_1^4 f(x)\,dx$$

$F(x)=\dfrac{1}{4}x^4-3x^3+12x^2-16x$ とおくと

$$F(0)=0,\ F(1)=-\frac{27}{4},\ F(4)=0$$

であるから

$$S=-\Big[F(x)\Big]_0^1+\Big[F(x)\Big]_1^4=F(0)+F(4)-2F(1)=\frac{27}{2}\quad\cdots\cdots(答)$$

◀解　説▶

≪3次関数のグラフ，最大値，面積≫

▶(1)　$f(x)$ が x の多項式のとき，〔解答〕と同じように考えると

$f(x)$ が $(x-a)^2$ で割り切れる $\Longleftrightarrow f(a)=0,\ f'(a)=0$

が成り立つことがわかるが，$f(x)$ を $x-a$ の多項式で表しておけば，この公式を使わなくてもよい。

▶(2)　$y=f(x)$　$(x\geqq 0)$ のグラフを利用する。$f(x)=f\left(\dfrac{a}{2}\right)$ となる x の値は，$x=\dfrac{a}{2}$ がこの方程式の重解であることを用いる。

▶(3)　図のように面積を S_1，S_2 とおくと

$$S=S_1+S_2$$

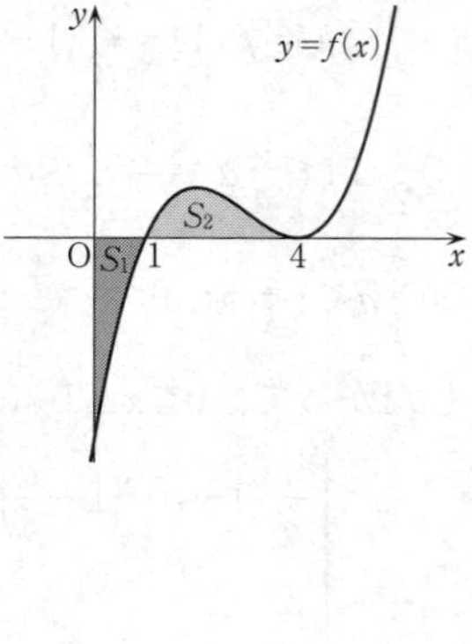

一方，与えられた条件から

$$\int_0^4 f(x)\,dx=\int_0^1 f(x)\,dx+\int_1^4 f(x)\,dx$$
$$=-S_1+S_2=0$$

であるから，$S_1=S_2$ が成り立ち　　$S=2S_1$

❖講　評

3 は易しいが，**4** の(2)と(3)，**5** の(3)は思考力が必要で，やや難である。**2**，**6** は時間がかかり，2019 年度より難化した。

1 は 2 次の不定方程式の問題。難問ではなく得点差のつく問題である。いずれも，$A^2-B^2=(A+B)(A-B)$ を用いて積の形に変形すればよい。(2)は，$20 \leqq ab \leqq 110$，あるいは，$1 \leqq ab \leqq 110$ に気づくことがポイントである。(3)は p が 3 と異なる素数だから，$3p^2$ の正の約数が 6 個あることに注意が必要である。

2 の(1)はさいころを繰り返して投げた時の出た目の和を題材にした確率の計算問題である。いずれも数え上げていけばよいが，ミスをしないことが大事である。いきなり，目の出方を考えずに，目の組合せを利用する。(2)と(3)も数え上げていけば求まるが，順列を利用して処理することもできる。

3 は連立漸化式の問題であるが，誘導に従って計算するだけの問題で解きやすい。(3)の出来で差がついたと思われる。計算ミスに要注意である。

4 は空間における直線と平面の交点を題材にした軌跡の問題である。(1)は易しいが，(2)はやや難。媒介変数は 3 個または 4 個になり，媒介変数の消去の段階で行き詰まった受験生が多かったと思われる。点 P が線分 RS 上を動く条件をどのように表したかで，軌跡の限界を求めるための処理の手間が違ってくるため，完答は難しい。

5 の(1)と(2)は基本的な問題で，(3)の合成までは得点しておきたい。$s+t$ の値の範囲を求めた後の処理が煩雑である。

6 の(1)は 3 次関数の決定問題で難しくはないが，$f(x)$ の方程式の置き方によって計算量が違ってくることに要注意。(2)は $f(x)=f\left(\dfrac{a}{2}\right)$ を満たす x の値を求めることがポイント。解法を是非習得してほしい。

小論文

解答例　［設問］A．狩猟社会や農業社会では，自然のリズムに合わせなければ人間は生存できない。しかし，自然のリズムは不確実であるから，そうした社会で人間が生き抜くためには，資源や情報の「分かち合い」が欠かせない。また，「分かち合い」は，他者にとって自己の存在が必要不可欠であるという実感をわたしたちに与え，それは，わたしたちの生きがいとなる。「分かち合い」は，人間にとって生存の物質的基盤であるとともに精神的基盤でもある。(200 字以内)

［設問］B．課題文の言う「社会サービス」は，人生における様々な困難を，その悲しみを分かち合いながら，協力して乗り越えようとする仕組みである。現在，グローバル化とともに，経済格差をはじめとした社会的分断が深刻化している。すなわち，各自が自己利益の最大化をめざして資源や情報を奪いあう競争が，地球規模で拡大している。今後も，AI の発達と普及によって，格差は一層拡大していくだろう。そのような社会は生きづらい社会である。分断や格差は，わたしたちの生きがいの源泉である，他者の生が自己の生の喜びであるという感覚を奪い去ってしまうからだ。分断や格差を乗り越えて他者とのつながりを回復するためには，「社会サービス」が要る。「社会サービス」を通して，自己のためではなく，社会の構成員全員が互いに与えあえば，わたしたちは，他の人を競争相手ではなく協力者として認められる。したがって，「社会サービス」は，重要性を増すべきである。(400 字以内)

◀解　説▶

≪「分かち合い」とその必要性に関する考察≫

▶［設問］A．設問の要求は，２つの課題文に共通する「分かち合い」の必要性を説明せよというものである。

そこで，［課題文１］と［課題文２］の要点を以下にまとめてみよう。

〔課題文の要点〕

［課題文１］

○北方狩猟採集民の狩猟活動における「分かち合い」の意味について述べ

ている。

○北方狩猟採集民は，狩猟対象となる動物，すなわち，トナカイに大きく依存している。トナカイの生態は季節による移動など一定の規則性があるものの，そこには不確定性が存在している。

○その不確定性に対応するため，北方狩猟採集民が行っているのが，情報（トナカイの発見）と収穫物（トナカイの肉）の分配（＝「分かち合い」）である。

○老猟師が最初のトナカイを狩猟したことを遠くの村まで伝えることは，彼の優れた猟師としての威信を示すためであり，それは彼の喜びでもあるが，それだけでなく，狩猟民全員の資源を最大化させて，集団の生命を維持するための生存戦略なのである。

［課題文２］

○「社会サービス」の本質とそれが必要な歴史的・社会的背景について述べている。

○「社会サービス」の本来的意味はスウェーデン語の「オムソーリ」すなわち「悲しみの分かち合い」である。

○アリストテレスが至言したように「人間は共同体的動物」であり，人間は，一人では生きることはできず，共同体を形成し，「分かち合い」をすることで，自己と他者の生存を維持している。

○さらに「悲しみの分かち合い」は，他者にとって自己が必要だという生きがいを付与する。

○人間が活動する場のうち，家族やコミュニティといった，生命を維持する生活の「場」は，相互扶助や共同作業といった「分かち合いの原理」（協力原理）に基づかなければ成立しない。

○農業を基盤とした市場経済以前の社会も，生きている自然に働きかけるため，共同体の協力原理に基づいて営まれていた。そこでは，協力原理によって，生産と生活が一体となっていた。

○ところが，農業から工業が自立すると，死んだ自然に働きかける工業では人為的行動として生産活動を完結できるため，競争原理に基づく生産活動と協力原理に基づく生活活動が分離していくことになる。

〔解答の方向性〕

「分かち合い」の必要性についての言及に下線部を付した。２つの課題文に共通するのは，第一に，「分かち合い」は人間にとって，生命を維持（生存）していくために必要ということ。第二に，「分かち合い」は，生きがいや生の喜びを人々にもたらすということである。トナカイの出現を他の狩猟民に伝える老猟師のふるまいからは，自分の狩猟の腕が他の狩猟民に役立っているという自負を読み取れる。こうして，「分かち合い」は人間の生存の物質的基盤であるとともに精神的基盤でもある。これを結論としてその理由を簡潔に述べればよい。

▶［設問］B．設問の要求は，これからの社会において，「社会サービス」の重要性は増すべきか減るべきかについて，自己の見解とその理由を，筆者たちの考えにとらわれず述べよというものである。

〔考察の方向性〕

●２つの課題文が示唆するもの

•「筆者たちの考えにとらわれず」とあるが，課題文を無視していいわけではない。課題文に現れた筆者たちの考えから，出題者の問題意識を探ることも考察の出発点になりうる。

•２つの課題文から，㋐狩猟採集を基盤とする社会（狩猟社会）→㋑農業を基盤とする社会（農業社会）→㋒農業から工業が分離自立した社会（工業社会）という歴史的展開のなかに「分かち合い」を位置づけようという出題者の意図が見て取れる。㋐と㋑は生産と生活が不可分であり協力原理で営まれる社会である。㋒は，競争原理で営まれる生産と協力原理で営まれる生活が分離した近代工業化社会である。その流れでいえば現代は，競争原理の比重が一段と高まった，ポスト工業化社会＝情報社会となるだろう。このような現代社会では，すでに問題視されているように，経済的格差等の分断が深刻である。

•では，設問が言う「これからの社会」とは何か。自分なりの未来像を描けばいいが，未来は現在からつながっているわけだから，現代社会の諸課題をどう解決するかという視点から考えればよい。〔解答例〕では，課題文の流れから，情報社会の先にある社会（「Society 5.0」などとして内閣府第５期科学技術基本計画で提唱されている）を想定してみた。この社会は，端的に言えば，AI の台頭と普及という特徴をもった社会である。そのような社会では，AI が人間の仕事を奪うことで，格差や分断にいっそう拍車がかかると言われている。

•〔解答例〕では，こうした理解を踏まえて，格差や分断の意味を課題文に即して明らかにしながら，それらを乗り越えつながりを回復するために，課題文の言う「社会サービス」が必要だと主張した。

〔論の展開〕

•設問の要求に沿って，オーソドックスに組み立てると次のような展開になろう。

起：「社会サービス」とは何か，課題文に沿って定義する。

承：現代社会の有様からこれからの社会を見通し，問題を指摘。

転：指摘した問題の意味を，課題文の内容から明らかにする（わたしたちの生きがいの源が分かち合いであるという点）。

結：「社会サービス」の重要性を説く。

•ここで問題になるのは「社会サービス」の定義である。すでにある社会保障制度などの公共サービスと違うのか，違わないのか。違うとすれば，それは家族や地域共同体などにおける相互扶助や共同作業といった国家的規模ではない「分かち合い」を指すのであろうか。課題文には，「社会サービス」は「社会全体のために租税を支払うということ」とあり，その点では国家的な規模での公共サービスを指しているようである。

•では，従来の公共サービスとどう違うのか。［課題文２］によれば，従来の公共サービスは自己のために租税を負担する仕組み（社会保険）であるけれども，「社会サービス」は，「社会全体のために租税を支払う」仕組みである。この違いを念頭に置いて，論述を展開しよう。

•〔解答例〕では，「社会サービス」の重要性は増すべきとの結論を導いたが，もちろん逆の結論でもよい。社会全体での「分かち合い」は果たして可能なのか，「分かち合い」は，親しい人々同士での狭いコミュニティでしか成立しないのではないか，という問題意識があれば，筆者の言う「社会サービス」は，家族や地域共同体内にとどめ置かれるべきだと主張できる。このような脈絡では，「社会サービス」に反対であるという論も立てられるだろう。

•評価のポイントとしては，課題文が提起している問題意識を正しく受けとめることができたか，それを現代社会の諸問題と結合させて考察することができたか，結論に至る論理展開に破綻がないかなどの点であろう。

❖講　評

「分かち合い」の経済学という非市場経済型の経済システムがテーマとなっている。互酬性の関係や贈与制社会といった概念がこれからの社会にとって有効なのかどうかという問題意識が背景にある。2016 年度の公共政策のあり方，2018 年度の市場型社会におけるフェアな分配規範と関連性のあるテーマである。

2020 年度は課題文が２つ提示された点は目新しかった。設問構成は，Aが内容説明，Bが意見論述という点に変わりはない。

［設問］Aは，２つの課題文に共通する「分かち合い」の必要性について述べよという問題である。「分かち合い」は生存のための戦略であると同時にそれが人々に喜び（生きがい）を与えるという，人間にとって重要な役割があることを導けたかどうかがポイント。課題文の引用をつなぎ合わせるだけでは 200 字で要領よく記述できない。前述の２点を軸に自分の言葉で整理できるかどうかも重要。

［設問］Bは，これからの社会において，「社会サービス」の重要性は増すべきか，減るべきか，自己の見解とその理由を述べよ，というものである。

これからの社会を考えるときには，歴史と現状認識から出発すべきだろう。地球環境問題や貧困・格差問題あるいはこれらに伴う社会の分断の深刻化などを競争原理や協力原理という概念と結び付けて考える視点が持てたかどうかがポイントである。これらの問題はいずれも個人の利益の最大化を追求する経済人的な発想や一国主義的な対応では解決できないのであって，互酬とか連帯・協力といった原理に基づく社会システム構築の必要性を説く根拠にもなる。

課題文自体は決して難解なものではないが，ここから出題者の経済学的問題意識まで見通して，短時間で広い視野から解答するのは受験生にはなかなか困難であろう。そういう点では，経済学の基礎的素養や社会的問題への関心，問題発見の洞察力や思考力が高いレベルで求められる難問であった。

・memo・

////////////////////// · memo · //////////////////////

//////////////////// · memo · ////////////////////

//////////////////// · memo · ////////////////////

//////////////////// · memo · ////////////////////

//////////////////// · memo · ////////////////////

大学赤本シリーズ

慶應義塾大学

経済学部

別冊問題編

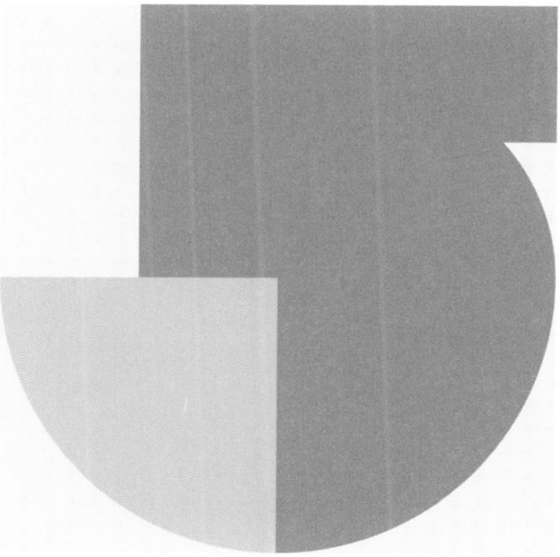

2025

矢印の方向に引くと
本体から取り外せます

教学社

目　次

問題編

2024年度

問題編

一般選抜

問題編

▶試験科目・配点

方式	教　科	科　　目	配　点
A方式	外国語	コミュニケーション英語Ⅰ・Ⅱ・Ⅲ，英語表現Ⅰ・Ⅱ	200 点
	数　学	数学Ⅰ・Ⅱ・A・B	150 点
	小論文	高校生にふさわしい知識，理解力，分析力，構想力，表現力を問う。高等学校の特定の教科とは直接には関わらない。	70 点
B方式	外国語	コミュニケーション英語Ⅰ・Ⅱ・Ⅲ，英語表現Ⅰ・Ⅱ	200 点
	地　歴	日本史B，世界史Bのうち１科目選択	150 点
	小論文	高校生にふさわしい知識，理解力，分析力，構想力，表現力を問う。高等学校の特定の教科とは直接には関わらない。	70 点

▶備　考

- 数学Ⅱの「微分・積分の考え」においては一般の多項式を扱うこととする。数学Aは「場合の数と確率」・「整数の性質」・「図形の性質」を，数学Bは「数列」・「ベクトル」を出題範囲とする。上記範囲とその応用を出題する。
- 日本史Bの出題範囲は1600年以降を中心とし，世界史Bの出題範囲は1500年以降を中心とする。２科目とも基礎的理解並びに体系的理解を問う。
- A方式は「外国語」の問題の一部と「数学」の問題の一部の合計点が一定の得点に達した受験生について，「外国語」の残りの問題と「数学」の残りの問題および「小論文」を採点する。B方式は「外国語」の問題の一部が一定の得点に達した受験生について，「外国語」の残りの問題と「地理歴史」および「小論文」を採点する。A・B両方式とも，最終判定は総合点によって合否を決定する。

•「外国語」と「小論文」はA・B両方式共通。

英語

（100分）

（注意事項）英語の問題のうち，問題ⅠからⅢが最初に採点されます。問題ⅣとⅤは，最初に採点される問題の得点（数学受験者については数学の得点の一部をそれに加味した合計）が一定点に達した受験生のみ，採点されます。

Ⅰ. Read the following article and answer the questions as indicated.

Remote Work Revolution

Noah Fice (2023)

① Workers are revolting. Amazingly, people across every economic sector are choosing to quit stable jobs in [1] numbers, leaving many businesses unable to function. Some workers demand higher salaries, some want to improve their education, and others are simply taking some "me" time. What can be done to bring back these workers and how can we improve their working conditions? The answer is simple: remote work.

② Remote work is a way of working where employees do not commute to a designated office building. Of course, remote work has existed for decades. It was first termed "telecommuting" by Jack Niles in the 1970s. Niles claimed the barriers to its implementation were not technological but social in nature: it was stubborn managers and outdated organizational schemes that kept employees tied to their desks. Certainly, its recent rise has been enabled by advances in communications technologies and personal computers. Ironically, however, it was [2] that spurred the remote work revolution in 2020. What it took was a virus.

③ The COVID-19 pandemic produced lockdowns affecting many countries until 2022. For the financial year 2020, this resulted in a contraction of the world economy by 3.3%, accompanied by a sharp wave of lay-offs. However, the following year, despite difficulties in accurately measuring economic activity in those countries where restrictions were still in place, surprisingly global growth seems to have reached 5.8%. [3]. Economic numbers generally improved and, with a few notable exceptions, the governments and corporations best able to weather the storm were those that quickly adopted remote work policies.

④ The benefits from remote work are felt by companies and workers alike, with none more important than cost saving. For employees, going to the workplace incurs costs for travel, lunch, work clothing, and hidden expenses like gifts for colleagues' birthdays. Parents working at home may benefit by saving on childcare. At the same time, [4], as remote work reduces the need for office space. Savings may be found on rent, utilities, cleaning, furniture, as well as reduced allowances for travel and housing.

⑤ These ideas were best expressed by Seymour Dolhers of Bildemup, a construction firm in Cambridge: "Remote work is a win-win for everyone," Dolhers said. When the pandemic hit, the company closed their headquarters and moved their office workers online. "The first thing we did was get rid of our previous method that required documents to be passed around the office for approval," Dolhers explained. For Bildemup, putting everything online [5] operations and [6] flexibility for employees, none of whom have yet to quit. It also [7] the business to take on new projects far from their previous headquarters, as personnel are able to work from anywhere.

⑥ One of the lingering fears about remote work is that employees will be less productive when they are away from the office environment. This may have been justified in the past, but most work today can be done with a laptop and an internet connection. Working remotely allows employees to find the best environment for themselves, [8] at home, at a local café, on the top of a mountain, or at a sunny beach. With no stress or time wasted commuting, workers are happier and more productive.

⑦ [9]. It increases freedom and improves job satisfaction, allows workers to live anywhere they like, and improves work-life balance. It reduces harmful office politics, improves loyalty, and reduces absences. Among these benefits, one of the less well-noted is its impact on the environment. With the lockdowns during the pandemic, the residents of large cities marveled at the clearing skies, quiet roadways, and never-so-clean rivers and lakes. While remote work is only partially responsible for these improvements, one can easily see how it reduces greenhouse gasses and energy consumption.

⑧ Some people worry about the broader impacts of the remote work revolution. They claim it will negatively impact building owners as companies give up their leases, or it will run local restaurants out of business. However, from San Francisco to Manhattan, urban centers in the United States have experienced lower rents for residential and commercial spaces, which has allowed for new, diverse usage of this prime real estate. Certainly, remote work has deeply impacted the restaurant industry, but that is [10]: the pressures have forced restaurants to improve customers' dining experience in surprising ways, and to increase take-out and delivery options.

⑨ The remote work revolution will continue to change how corporations are run. When companies meet the needs and expectations of their employees for remote work environments, they will be [11] with loyal employees equipped to do better work. No longer tied to commuting routes and stale office spaces, workers may improve the quality of their lives and, in turn, the wider communities they live in.

Answer the questions [1]—[11] as indicated.

1. Which of the following would best fill the gap at [1] in Paragraph ①? Answer by filling in the corresponding slot under the number (1) on the mark sheet.
    1. understandable
    2. unmistaken
    3. unprecedented
    4. unstable

2. Which of the following would best fill the gap at [2] in Paragraph ②? Answer by filling in the corresponding slot under the number (2) on the mark sheet.

1. a combination of technological and social transformations
2. a technological, not a social transformation
3. neither a technological nor a social transformation
4. not a technological transformation, but an organizational one

3. Which of the following would best fill the gap at [3] in Paragraph ③? Answer by filling in the corresponding slot under the number (3) on the mark sheet.
   1. All the figures reveal a uniform trend
   2. Explaining this is not easy, but one thing is clear
   3. It could hardly have been otherwise
   4. The outcome was entirely predictable

4. Which of the following would best fill the gap at [4] in Paragraph ④? Answer by filling in the corresponding slot under the number (4) on the mark sheet.
   1. employers are the real beneficiaries
   2. employers benefit just as much as employees
   3. employers' benefits are overshadowed by employees'
   4. employers experience some losses comparatively

5, 6, 7. Place three of the words below into the most suitable of the gaps marked [5], [6], and [7] in Paragraph ⑤. Each word may be used only once. Fill in the corresponding slots under the numbers marked (5), (6) and (7) on the mark sheet.
   1. empowered
   2. exceeded
   3. expected
   4. provided
   5. streamlined

8. Which of the following would best fill the gap at [8] in Paragraph ⑥? Answer by filling in the corresponding slot under the number (8) on the mark sheet.
   1. if it was
   2. of which

3. regardless of
4. whether it be

9. Which of the following would best fill the gap at [9] in Paragraph ⑦? Answer by filling in the corresponding slot under the number (9) on the mark sheet.
1. One positive of remote work clearly stands out from others
2. Some benefits of remote work are more important than others
3. The many merits of remote work are countered with some demerits
4. The positives of remote work are seemingly endless

10. Which of the following would best fill the gap at [10] in Paragraph ⑧? Answer by filling in the corresponding slot under the number (10) on the mark sheet.
1. hardly a positive
2. needlessly to say
3. not necessarily a bad thing
4. on the whole a negative

11. Which of the following would best fill the gap at [11] in Paragraph ⑨? Answer by filling in the corresponding slot under the number (11) on the mark sheet.
1. earned
2. granted
3. recognized
4. rewarded

II. Read the following article and answer the questions as indicated.

The Dark Side of Remote Work

I. D. Nighet (2023)

① Remote work is a danger, not only to us individually, but to the very fabric of modern life. How we work is central to how we interact with others and function as a society. In the past, hunter gatherers lived in small tribes and moved over great distances to search for food. Farmers created large families and social networks that collaborated during planting and harvesting seasons. Recently, the Industrial Revolution has brought people into dense urban centers, [12] the growth of culturally rich cities like New York, London, Paris, and Tokyo. If we take office work away from these cities, what will be left of them?

② Working remotely became a reality for many in the early days of the COVID-19 pandemic, and at first it all seemed so attractive. Businesses and employees welcomed it, as it kept the economy moving. Worker productivity skyrocketed, with reported increases ranging from 13% to as high as 56%. Workers reported exercising more, finding new hobbies, and spending more time with family members. [13]. But was this all an illusion?

③ Today, few are deceived. Companies who dreamed of increased worker productivity have found the benefits to be overstated. Many firms no longer trust their employees' self-reported data. For workers, disillusionment has also set in: today, they realize that employers are happy to allow remote work because the boundary between work and private life becomes blurred. Work-at-home employees are expected to take conference calls, even though they may be driving their kids to soccer practice or helping them with homework. [14] increased productivity is concerned, it has simply been a product of more hours working.

④ In their quest for more productive hours from remote work, companies fail to see the long-term impacts on the quality of work [15]. The first stems from the rise of supervision. Employees work more quickly, not more intelligently, because companies evaluate remote workers simply for the time it takes them to complete tasks or respond to emails. The second is a product of working at home, which over time stifles innovation. Employees are no longer free to chat with colleagues or exchange ideas with people they meet from outside their immediate working groups. Spontaneous encounters are essential to the emergence of new ideas. Ultimately, they are key to the growth and education of quality workers as well as the development of a healthy company culture.

⑤ A survey in 2021 found 70% of people reported a positive view of remote work, claiming benefits for one's health, interpersonal relationships, and finances. In the same survey, however, 24% of respondents reported stressed relationships at home and 54% identified the lack of workspace as negatively impacting work-life balance. Alarmingly, while 10.4% cited improved mental health as one of the top three things they liked about remote work, one in five of all respondents reported new mental health issues. This is due to the isolation and anxiety from the lack of interaction with colleagues and supervisors. Most worryingly, when looking only at the younger employees and those who live alone, this reported rate of mental health problems almost doubled to [16].

⑥ The harmful effects of remote work are visible everywhere. On the one hand, with people no longer compelled to live in cities, businesses have ceased trading, and art museums, symphony halls, and other cultural institutions no longer have many visitors. This forces urban governments and resident groups to either fund them or let them fold. On the other hand, over the past two years remote workers have flooded into rural towns and villages. This has been truly disastrous for those communities, since the unexpected wave of new residents has caused severe problems across the entire community: for schools, roads, hospitals, police, and other government services. These problems are compounded when corporations employing remote workers are based in, and thus pay taxes to, different cities or states. [17]

⑦ The idea that remote work is beneficial to the environment is a fantasy. For example, the energy costs of operating a single office for a hundred workers [18] what it takes to run a hundred home offices. Workers boast about the CO_2 reduction with no more daily hour-long commutes to work. But when they move to remote areas, they simply exchange this for hour-long drives to the supermarket or home center. Moreover, with people building new homes on large farmsteads or remote forested hills, they are not only damaging these landscapes but also preventing them from being used to produce food and other resources.

⑧ Somebody needs to intervene: whether that means individuals through their actions as consumers, or the government through public policy. Left alone, companies and employees are both seemingly willing to let things get out of hand. Take Meta for example. It started as a company that revolutionized the world by making it easier to keep in touch, plan events, and meet like-minded people. Today, they are trying to push everyone into a virtual world where people will conduct all their work and amusement activities. Is this really the future we want? Indeed, do we want this at the cost of our cultural institutions, social relationships, and our mental health?

Answer the questions [12]−[20] as indicated.

12. Which of the following would best fill the gap at [12] in Paragraph ①? Answer by filling in the corresponding slot under the number (12) on the mark sheet.
    1. beginning to
    2. consisting of
    3. leading to
    4. taking over

13. Which of the following would best fill the gap at [13] in Paragraph ②? Answer by filling in the corresponding slot under the number (13) on the mark sheet.
    1. Many took these figures at face value
    2. Most people were skeptical of the data
    3. Nobody was fooled by such numbers
    4. The data never seemed very rosy at all

14. Which of the following would best fill the gap at [14] in Paragraph ③? Answer by filling in the corresponding slot under the number (14) on the mark sheet.
    1. However as
    2. Much as

3. So far as
4. Whereas

15. Which of the following would best fill the gap at [15] in Paragraph ④? Answer by filling in the corresponding slot under the number (15) on the mark sheet.
    1. and the creativity of employees
    2. and the mental health of workers
    3. or impacts on employees' work-life balance
    4. or the importance of direct supervision

16. Which of the following would best fill the gap at [16] in Paragraph ⑤? Answer by filling in the corresponding slot under the number (16) on the mark sheet.
    1. 20%
    2. 39%
    3. 47%
    4. 48%

17. In Paragraph ⑥, according to the author, which of the following groups has been most negatively impacted by the increase in remote work? Answer by filling in the corresponding slot under the number (17) on the mark sheet.
    1. city residents
    2. companies who hire remote workers
    3. cultural establishments
    4. residents in rural towns and villages

18. Which of the following would best fill the gap at [18] in Paragraph ⑦? Answer by filling in the corresponding slot under the number (18) on the mark sheet.
    1. are equal to
    2. are many times more than
    3. are only a fraction of
    4. are qualitatively different from

19, 20. Look at the statements below. Then, based on **BOTH** articles, under the corresponding number (19) and (20), fill in

Slot 1, if **only Noah Fice** agrees with that statement
Slot 2, if **only I. D. Nighet** agrees with that statement
Slot 3, if **both authors** agree with that statement
Slot 4, if **neither author** agrees with that statement

19. Governments should make policies to encourage remote work.
20. Remote work improves the environment.

Ⅲ. Read the following article and answer the questions as indicated.

Media Literacy: A Vaccine Against Disinformation?

Frank D. Bayt (2023)

① The availability of information online and the spread of social media have radically changed our exposure to disinformation. "Fake news", a phrase few had heard of before the 2016 US presidential election, has now become a catchphrase for politicians everywhere. Disinformation can take many forms, but at heart it can be [21] the harmful intentions of its creators to spread material they know to be false.

② To be sure, a limited amount of disinformation has always been with us. Even in Greek and Roman times, politicians spread false rumors hoping to gain advantages. Furthermore, falsehoods spread in the name of commerce have characterized much of the private sector since the Middle Ages. Before the arrival of mass media, harmful gossip could easily spread inside poor, rural communities, resulting in many forms of injustice. [22].

③ Certainly, the arrival of the internet has been a game-changer. Today, our willingness to believe things which are not true, or to accept ideas without due reflection has never been more pronounced. Much of what we see or hear digitally is brought to us by computer algorithms, which create cognitive bias. Instead of being exposed to a variety of [23], we live increasingly in echo chambers where people are exposed to content containing similar, ever more extreme opinions. Indeed, as online disinformation videos attract an increasing number of [24], they often become viral. This tends to confer a special kind of legitimacy, which is difficult to counter. In the US, the persistence of the falsehoods spread by the QAnon cult is evidence of the trend. QAnon [25] continue to be mentioned in the media as legitimate popular opinion, even though many prominent believers have abandoned them.

④ The consequences of disinformation should never be underestimated. On a national scale, political disagreements have led not simply to increased falsehoods, but to violence. At a more local level, false rumors have been shown to be the source of riots. Furthermore, the [26] has begun to weaken people's faith in democratic systems. False claims that elections were stolen, for example, tend to erode public trust in the system of governance itself. Political disinterest is a modern disease, but the source of the problem is often a sense of despair amongst voters – brought on by a lack of faith in any official narrative.

⑤ Ironically, the idea of promoting fair and unbiased debate has itself contributed to the spread of disinformation. Modern media's love affair with skepticism and its encouragement of debate has allowed views contrary to established consensus to flourish, even when the science is overwhelmingly against them. People who claim that the earth is flat gain the undeserved chance to argue their "case", and vaccine skeptics are given media exposure, even with little or no evidence to support their claims. Even in educational institutions, actively promoting debate can also have unintended consequences, when some students conclude that all sources of information are equally suspect. [27]

⑥ How should we respond to this situation? Some have advocated mass censorship, attempting to control what can or cannot appear on the internet, and controlling the content of school textbooks, for example, so as to present a single acceptable version of the world. The problem with this approach, however, is that when governments monopolize what they decide to be the truth, they wind up with mass disinformation projects of their own. Accordingly, people in totalitarian societies become skeptics, often regarding the official story, [28]. Thus, the problem remains.

⑦ Reform of the media seems like a plausible solution, but is tricky to achieve.

Take social media companies for example. Attempts by national governments to control them [29]. Progress has been limited, since these companies, though cooperative, often have a built-in resistance to the idea of balanced information streams. Partly, that is due to the technical problem of how to police their own sites, partly it stems from a competitive business model where sharing even distorted information is a source of revenue.

⑧ Rather, it may be that we have to live with disinformation as a problem, in the same way, sadly, that we have to live with viral infections. In this case, we need to "vaccinate" as many children and adults as possible. In short, give them the [30] tools to fight off becoming infected with false information. Doing that requires educated citizens, who can think critically: that is to say, citizens who can question, analyze, and make judgments about such information as they encounter. Media literacy classes for adults, including classes which examine the nature of social media, are necessary, and in exceptional circumstances even national governments should take steps to make sure they are adopted.

⑨ Media literacy has been on the agenda of many nations for some time now, but it is needed today more than ever before. Addressing the spread of disinformation is complex: [31], this is no quick fix. At the end of the day, however, leaving the ultimate say on what to believe in the hands of well-educated citizens, not politicians or business leaders, may be the best defense against disinformation that we possess.

Answer the questions [21]－[33] as indicated.

21. Which of the following would best fill the gap at [21] in Paragraph ①? Answer by filling in the corresponding slot under the number (21) on the mark sheet.
    1. consisted in
    2. identified by
    3. materialized from
    4. regarded for

22. Which of the following would best fill the gap at [22] in Paragraph ②?

Answer by filling in the corresponding slot under the number (22) on the mark sheet.

1. Clearly, politicians in earlier times were unable to act as deceitfully as those of today
2. However, gossip was rarely, if ever, spread with dishonest intentions, and so was relatively harmless
3. In fact, disinformation was as prevalent in earlier times as nowadays
4. Nevertheless, the volume of falsehoods spread in earlier times was limited by technology

23, 24, 25. Place three of the words below into the most suitable of the gaps marked [23], [24], and [25] in Paragraph ③. Each word may be used only once. Fill in the corresponding slots under the numbers marked (23), (24) and (25) on the mark sheet.

1. activists
2. conspiracies
3. ideas
4. reasons
5. viewers

26. Which of the following would best fill the gap at [26] in Paragraph ④? Answer by filling in the corresponding slot under the number (26) on the mark sheet.

1. aggressive reaction of dictators
2. deliberate spreading of doubts by politicians
3. dishonesty of many voters
4. huge increase in media coverage

27. Why does the author begin Paragraph ⑤ with the word "Ironically"? Answer by filling in the corresponding slot under the number (27) on the mark sheet.

1. He is using the idea of fairness in an unfair way.
2. He is using the idea of irony as a form of debate.
3. He thinks that by being overly fair, the media shows a clear bias.
4. He thinks that rational debate is undermined by needless debate.

28. Which of the following would best fill the gap at [28] in Paragraph ⑥? Answer by filling in the corresponding slot under the number (28) on the mark sheet.
    1. despite its falsehood, as fiction
    2. even when true, as the truth
    3. however unlikely, as the truth
    4. whether true or not, as fiction

29. Which of the following would best fill the gap at [29] in Paragraph ⑦? Answer by filling in the corresponding slot under the number (29) on the mark sheet.
    1. caused no change whatsoever
    2. fell apart due to a lack of cooperation
    3. have had mixed results at best
    4. have met little resistance

30. Which of the following would best fill the gap at [30] in Paragraph ⑧? Answer by filling in the corresponding slot under the number (30) on the mark sheet.
    1. emotional
    2. intellectual
    3. medical
    4. physical

31. Which of the following would best fill the gap at [31] in Paragraph ⑨? Answer by filling in the corresponding slot under the number (31) on the mark sheet.
    1. finally
    2. increasingly
    3. naturally
    4. unbelievably

32. Which one of the following pairs of words has the **primary stress** on the **same** syllable? Answer by filling in the corresponding slot under the number (32) on the mark sheet.
    1. communication (noun) – communicative (adjective)
    2. constitution (noun) – constitutional (adjective)
    3. similarity (noun) – similar (adjective)
    4. strategy (noun) – strategic (adjective)

33. Each of the following is a verb-noun pair. Which one of the following pairs of words has the **different** stress pattern? Answer by filling in the corresponding slot under the number (33) on the mark sheet.
    1. divorce (verb) – divorce (noun)
    2. highlight (verb) – highlight (noun)
    3. produce (verb) – produce (noun)
    4. support (verb) – support (noun)

IV. Read the following letter to the editor and answer the questions (a–d) as indicated.

次の日本語の文章は問題Ⅲの F. Bayt 氏の論考に対し，伊藤陽子氏が Journal of Media and Politics (2023) の編集者に宛てた投稿の和訳である。

① 先月貴誌（Journal of Media and Politics）に掲載された F. Bayt 氏の論考は混乱を招くものであり，その問題点を指摘したいと思う。

② まず第一に，同氏はメディア・リテラシー教育を通して政府が偽情報（disinformation）への対処に関与し続ける必要性を認めている。しかし，同氏のこの考えは極めて甘い。なぜならば，豊富な資金を持つ悪徳政治家たちが問題を引き起こしてもメディア・リテラシー教育がそれを是正できると主張することには無理があるからだ。

③ 更に，そもそもメディアや学校教育において何かを議論することは問題であるという同氏の主張には全く根拠がない。実際には，真逆である。メディアにおいては，より多くの事実に基づいた活発な議論がもっとなされるべきであり，そのようにしてこそ，誤った論考の不備を明らかにできるのである。また学校では，生徒に真実を追求することを諦めさせるのではなく，物事を疑う力を養わせるべきである。たとえば高校生は様々な問題を多角的な視点から考察する必要がある。そうしなければ，十分な情報に基づいて政治に関する自分の立場を選択できなくなってしまう。

④ 最後に，同氏は論考の中で家族や友人やコミュニティの役割については全く言及していない。しかしながら，偽情報が最も弊害をもたらすのは，まさしく既に政治的に分断されてしまった社会においてなのである。集団の中で個人と個人が積極的に関わり合う社会においては，自己検閲が行われるようになり，偽情報の影響は軽減され

るものである。従って，同氏は論考の中で，家族や友人やコミュニティにおいて人的な社会交流が促進されることも，重要な点として論じるべきであったと考える。

⑤ 同氏がこの論考をもって，メディア・リテラシーの議論に貢献したことは明らかではあるが，大人は特別な訓練を受けなくても，メディアが作り上げる曖昧模糊とした状況を十分見通すことができるものと考える。皮肉なことだが，Bayt氏の見解こそ，批判的に検討されるべきなのである。

a. Reading Bayt's article, which of the following would most likely be referred to by Ito's phrase "全く根拠がない" in paragraph ③? Write the correct number in box (a) on answer sheet B.
1. Bayt's complete lack of any overall point
2. Bayt's concentration on falsehoods, unsupported by the facts
3. Bayt's failure to cite any research to support his argument
4. Bayt's tendency to use irrelevant data

b. In Ito's letter, which of the following views is **incorrectly** ascribed to Bayt? Write the correct number in box (b) on answer sheet B.
1. Family members and friends can play a positive role in countering disinformation.
2. Government intervention is continually required to counter disinformation.
3. Media literacy classes may contribute to solving the problem.
4. Self-censorship is a plausible solution to the problem.

c. Which of the following ideas is supported by Bayt, but challenged by Ito? Write the correct number in box (c) on answer sheet B.
1. The idea that adults need training to think critically
2. The idea that disinformation is a tool of corrupt, powerful people
3. The idea that fragmented societies are vulnerable to exploitation
4. The idea that governments have a key role to play

d. With which of the following statements would **both** authors most likely agree? Write the correct number in box (d) on answer sheet B.
1. Censorship may help reduce the spread of disinformation.
2. Disinformation was more serious in the past, when rural societies were the norm.

3. More debate in the media helps reduce disinformation.
4. Political disagreements within communities foster the spread of disinformation.

V. Choose one of the questions below and write an essay in response.

以下の設問（A），（B）の中から一つ選んで，問題文 I ～ IV を基にして，自分の意見を解答用紙 B の V 欄に英語で論じなさい。注意点をよく読んでから書くこと。

（A） Should the Japanese government encourage companies and schools to adopt remote work practices? Why or why not?

（B） Should the Japanese government take action to control the spread of disinformation? Why or why not?

注意点：

（1） 自分の意見と異なる見解に言及し，それに反論すること。

（2） 問題文 I，II，III または IV で言及されている見解やことがらを**最低一つ**引用して，自分の言葉で意見をまとめること。

（3） 引用する際には，著者名，出版年などを入れること。もし本文から直接引用する場合には，必ず引用符（"quotation marks"）を使うこと。

〔解答欄〕タテ約 1 cm×ヨコ約 25 cm×23 行

日本史

(80分)

I　建築家ル=コルビュジエのユネスコ世界遺産に登録された作品について述べた次の文章を読んで，問1，問2に答えなさい．**解答は，設問で指定された場合を除いて，すべて〔解答用紙A（マークシート）〕の所定の解答欄にマークしなさい**．

近代建築に多大な影響を与えたル=コルビュジエは，1887年にスイスで生まれ，のちにパリを拠点に活躍し，1965年にフランスで亡くなった．

2016年，ル=コルビュジエの17の作品が「ル=コルビュジエの建築作品―近代建築運動への顕著な貢献―」として，Aユネスコ世界遺産に登録された．これらの作品は，アルゼンチン，インド，スイス，ドイツ，日本，フランス，ベルギーという複数の国に存在している．ル=コルビュジエが牽引した，近代社会の求めに応じた新しい建築技術の創造を目指した運動が，20世紀に世界規模で展開されたのである．

その17の作品の1つが日本の国立西洋美術館である．同美術館は，B松方幸次郎がヨーロッパで収集した作品の受け入れと展示のための美術館として，ル=コルビュジエが建築設計を担い，1959年に開館した．

問1　下線部Aに関連して，1993年にユネスコ世界遺産に登録された姫路城は，日本の伝統的建築の代表であり，16世紀後半から17世紀初頭にかけて盛んに建築された城郭の特徴を示している．姫路城に代表される，この時期の城郭の構造上の特徴について，それ以前の城郭から機能がどのように変化したのかに触れながら，**〔解答用紙B〕の所定の欄の範囲内で説明しなさい**．

〔解答欄〕約17cm×3行

問2　下線部Bの人物について述べた次の文章を読んで，以下の①～④に答えなさい．

松方幸次郎は1866年1月に鹿児島で生まれた．アメリカでα法律を学び，ヨーロッパでも学んだのち，β川崎造船所初代社長になった．松方は，日本に西洋美術を広めるため，ヨーロッパで絵画や彫刻などの美術品の収集を積極的に行った．

そのコレクションは，散逸したり，火事で消失したものを含めると10,000点におよぶ膨大なものであった．松方自身の美術館設立計画は頓挫したが，第二次世界大戦後，γ敵国人財産としてフランス政府に接収されていた375点がフランス政府から寄贈という形で日本に返却され，国立西洋美術館に所蔵されることになった．松方は同美術館の開館を見ることはなく，1950年に没した．なお，松方のコレクションにはパリで購入した約8,000点のδ浮世絵が含まれ，それらは東京国立博物館に所蔵されている．

①　下線部αに関連して，明治期の日本では様々な法律が整備された．そして，1889年2月には大日本帝国憲法が発布された．この憲法の規定では，帝国議会は二院制をとっていた．それぞれの院の議員はどのように選ばれていたか，**〔解答用紙B〕の所定の欄の範囲内で説明しなさい**．

〔解答欄〕約17cm×2行

② 下線部βに関連して，次の第1図は，20世紀前半のある30年間における日本とイギリスのそれぞれの建造船数（総トン数で表示）と日本の平均米価の推移をグラフ化したものである．図の横軸の1～3は10年ごとの区分である．下のa～cの出来事が起きた時期を，図の1～3の中からそれぞれ選びなさい．ただし，a～cの出来事が起きた時期が1の時期より前の場合は0を，3の時期より後ろの場合は4を選びなさい．

aの解答は解答欄（1）に，　bの解答は解答欄（2）に，　cの解答は解答欄（3）に，
その番号をマークしなさい．（重複使用不可）

a．造船奨励法が制定された．
b．南満州鉄道株式会社が鞍山製鉄所を設立した．
c．ロンドン海軍軍縮条約が締結された．

第1図：日本とイギリスの建造船数（棒グラフ）と
日本の平均米価（折れ線グラフ）の推移

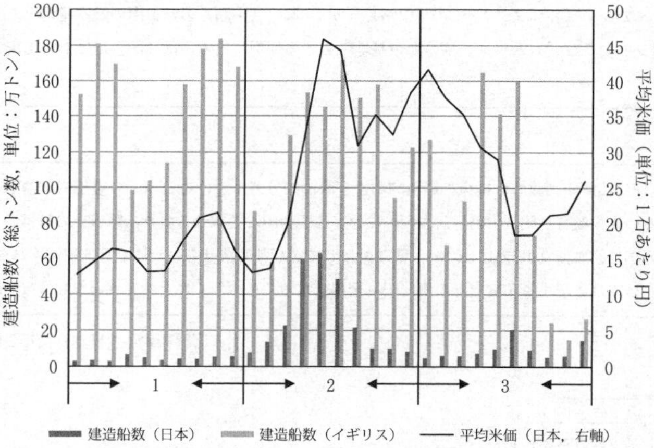

〔資料出所〕建造船数については，逓信省編『逓信事業史』（再版）第6巻；Buxton,I., Fenton, R. & Murphy,H., "Measuring Britain's Merchant Shipbuilding Output in the Twentieth Century," *The Mariner's Mirror* 101-3より作成．日本の平均米価については，杉山伸也『日本経済史：近世-現代』より作成．

③ 下線部γに関連して，次の資料a～cは20世紀半ばの日仏関係に関連する外交文書の抜粋である（必要に応じて表現を改めた）．資料a～cが交わされた時期または発令された時期を，下の年表中の空欄1～7の中からそれぞれ選びなさい．

aの解答は解答欄（4）に，　bの解答は解答欄（5）に，　cの解答は解答欄（6）に，
その番号をマークしなさい．（重複使用不可）

a

一，帝国大本営はここに勅命により且つ勅命に基づく一切の日本国軍隊の連合国最高司令官に対する降伏の結果として日本国国内および国外にある一切の指揮官に対しその指揮下にある日本国軍隊（中略）をして敵対行為を直ちに終止しその武器を措き（中略） （イ）支那（満洲を除く），台湾および北緯十六度以北の仏領印度支那にある日本国の先任指揮官ならびに一切の陸上，海上，航空および補助部隊は（中略）降伏すべし （中略） （ハ）（中略）「ビルマ」，「タイ」国，北緯十六度以南の仏領印度支那（中略）にある日本国の先任指揮官ならびに一切の陸上，海上，航空および補助部隊は（中略）降伏すべし

b

一，「フランス」国政府は日本国に対し左記措置を取るの権限を与ふ イ，必要数の日本国軍隊，艦艇および航空隊の（中略）印度支那への派遣 ロ，「シェムレアプ」，「プノンペン」（中略），「サイゴン」（中略）の八個所の航空基地としての使用並びに「サイゴン」および「カムラン」湾の海軍基地としての使用，日本軍は前記各地において所要の施設を為すべし

c

（前略）本使は仏蘭西国政府は極東の経済的および政治的分野における日本国の優越的利益を認むる旨，閣下に通報するの光栄を有し候（中略）日本国において仏蘭西国に要求せられたる軍事上の特殊の便宜供与に付ては，仏蘭西国は，右便宜供与は（中略），臨時的にして該紛争解決せられたるときは消滅すべきものなること，ならびに右は支那に境する印度支那の州に限り適用せらるるものなることを了承いたし候（後略）

〔資料出所〕『日本外交年表竝主要文書』下巻

[1]

フランスがドイツに宣戦布告した．

[2]

パリがドイツ軍に占領された．

[3]

日ソ中立条約が締結された．

[4]

アメリカが日本に対する石油の輸出を全面的に禁止した．

[5]

カイロ宣言が出された．

[6]

ドイツ軍が連合国軍に無条件降伏した．

[7]

④　下線部δに関連して，18世紀半ばに，絵暦の競作を契機にその後の浮世絵の主流となる版画の手法が確立した．その版画の手法について，その確立に主導的な役割を果たした絵師の名にも触れつつ，**〔解答用紙B〕の所定の欄の範囲内で説明しなさい**．

〔解答欄〕約17cm×1行

Ⅱ 江戸時代の儒学について述べた次の文章を読んで，問3～問8に答えなさい．**解答は，設問で指定された場合を除いて，すべて番号で解答用紙A（マークシート）の所定の解答欄にマークしなさい．**

学問は，時代の政治や社会を動かす思考を形作る基盤となる．A徳川幕府は，南宋でうちたてられ東アジア諸国で大きな影響力をもった朱子学を正学とし，江戸時代を通じて儒学に基づいた政治を行った．

朱子学のみならず，多様な立場があり，その中には，B明で朱子学を批判する立場で生まれた儒学の一派もあった．18世紀を迎える頃，柳沢吉保に重用された荻生徂徠が活躍しはじめる．そのC蘐園派が人気を呼び，若き日の大田南畝がその戯文に「儒に朱子・徂徠あり」（『寝惚先生文集』）と書くほど，学問の世界だけでなく文芸界でも注目を浴び，結果として闊達な議論が生まれた．しかし，幕府の正学である朱子学の低迷が危惧され，寛政改革では，幕府のD学問所において朱子学以外の儒学を禁じることになる．さらに徂徠の学風は，本居宣長の国学にも影響を与えた．その意味で，幕末の熱狂的な尊王論を用意したともいえる．

問3　下線部Aに関連して，以下の①，②に答えなさい．

①　次のa～cの出来事は，下の年表のどこに入れるのが適当か．年表中の空欄1～8の中からそれぞれ選びなさい．
aの解答は解答欄（7）に，　bの解答は解答欄（8）に，　cの解答は解答欄（9）に，
その番号をマークしなさい．（重複使用不可）

a．閑院宮家が創立された．
b．旧里帰農令が出された．
c．最初の武家諸法度が出された．

［1］
方広寺鐘銘事件が起きた．
［2］
女性の明正天皇が即位した．
［3］
由井正雪の乱が起きた．
［4］
湯島聖堂が建設された．
［5］
漢訳洋書の輸入が緩和された．
［6］
山県大弐が処刑された．

7

徳川家治が死去した．

8

② 朝鮮から日本あてに送られた国書に記された将軍の対外的な名称は，18世紀前半に２度にわたって変更された．その変更について，将軍の対外的な名称に言及しつつ，**〔解答用紙Ｂ〕の所定の欄の範囲内で説明しなさい**．

〔解答欄〕約17cm×２行

問４　下線部Ｂの学派は日本でも中江藤樹や熊沢蕃山に大きな影響を与えた．その学派の名称を，**〔解答用紙Ｂ〕の所定の欄に記入しなさい**．

問５　次の資料は，下線部Ｂの学派の学者であった大塩平八郎が挙兵に際して，参加を促した檄文の一部である（必要に応じて表記を改めた）．この資料を読んで，以下の①，②に答えなさい．

> 此節$_{\alpha}$米価いよいよ高直（こうじき）に相成り，$_{\beta}$大坂の奉行ならびに諸役人とも，万物一体の仁を忘れ，得手勝手の政道をいたし，江戸へ廻米をいたし，（中略）大坂の金持共，年来諸大名へかし付け候利徳の金銀ならびに扶持米等を莫大に掠め取り，未曾有の有福に暮し

〔資料出所〕歴史学研究会編『日本史史料』第３巻

① 資料中の波線部αについて，その後この問題を扱った水野忠邦が，その原因についてどのように考え，それに対してどのような政策で対応しようとしたか，**〔解答用紙Ｂ〕の所定の欄の範囲内で説明しなさい**．

〔解答欄〕約17cm×１行

② 1820年代に，資料中の波線部βへ，菜種や綿実などの商品生産を担う人々が連帯して訴え出た．これに代表されるような，流通の独占に反対して，村などを越えて広範囲に行われた訴願を何というか，**〔解答用紙Ｂ〕の所定の欄に記入しなさい**．

問６　下線部Ｃに関連して，次の資料ａ～ｃは，江戸時代の学問について述べた著作の一部である（必要に応じて表現を改めた）．資料ａ～ｃとその著者の組み合わせとして最も適当なものを，下の１～６の中から選びなさい．

解答は解答欄 (10) に，その番号をマークしなさい．

ａ

> 一，御高札の表は勿論，何事も御法度急度（きっと）慎んで相守るべき事
>
> 一，神明を尊び儒仏の教へによりて直道（ちょくどう）を守るべき事
>
> 一，主君の心父母の心に相背き申すまじき事
>
> 一，その身の家業を太切（たいせつ）に勉むべき事

b

六経残欠す．たとひそれ完存すとも，また古時の言なり．いづくんぞ能く一一その義の謬らざるをえんや．故に後の六経を解する者は，みな牽強のみ．（中略）今の学者はまさに古言を識るを以て要となすべし．古言を識らんと欲せば，古文辞を学ぶに非ずんば能はざるなり．

c

周の穆王・漢の武帝・唐の玄宗・宋の徽宗の属みな仏教に迷ひて，国を亡ぼすに至れり．まのあたりに本朝には，聖徳太子蘇我氏と計りて，我国の神道をないがしろにし（中略）神道儒門を塞ぐ棘にあらずや．彼又人倫を絶滅することや至りて罪重し．元来人の一身には，五つのついで(*)おのおの具足し来たれり．

(*)五つのついで＝五倫五常（仁義礼智信）

（資料出所はいずれも省略する.）

1. a 荻生徂徠　b 手島堵庵　c 山崎闇斎
2. a 荻生徂徠　b 山崎闇斎　c 手島堵庵
3. a 手島堵庵　b 荻生徂徠　c 山崎闇斎
4. a 手島堵庵　b 山崎闇斎　c 荻生徂徠
5. a 山崎闇斎　b 荻生徂徠　c 手島堵庵
6. a 山崎闇斎　b 手島堵庵　c 荻生徂徠

問7　下線部Cに関連して，次の資料は，荻生徂徠の弟子である太宰春台の『経済録拾遺』から抜粋したものである（必要に応じて表記を改めた）．この資料を読んで，以下の①，②に答えなさい．

昔は日本に金銀少なく，銭を鋳ることも無かりし故に，上より下まで，金銀を使うこと稀なり．銭も異国の銭ばかりを使ひて用足れりしに（中略），α（　ア　）に銭を鋳てより，大事には金銀にて用を足し，小事には銭にて用を足す．（中略）天下の人，金銀を貴ぶこと，昔に百倍なり．（中略）金銀を手に入るる術は，買売より近きことなし．当代にも，昔より買売にて国用を足し，禄食に代ふる国あり．（　イ　）侯は小国を領して，僅か二万余石の禄なるが，朝鮮の人参，其の外諸の貨物を，甚だ賤く買ひ入れ，一国にて占めて，甚だ貴く売り出す故に（中略）余裕あり．（　ウ　）君は（　ウ　）を領して，七千石の禄なるが，国の土産と，蝦夷の貨物を占めて，貴く売る故に，五万石の諸侯も及ばざるほどの富なり．（中略）（　エ　）は本より大国なれども，琉球の貨物を占めて売り出す故に，其の富有海内に勝れたり．（中略），（　イ　）・（　エ　）・（　ウ　）は皆外国の貨物を占めて，一口より売り出せば，他の諸侯の比類する所に非ず．

〔資料出所〕頼惟勤編『徂徠学派』

①　資料中の波線部αで言及された銭は，幕末までに何度も鋳造されたが，すべて資料中の空欄（　ア　）に入る年号を名称の一部とした．その年号を，**〔解答用紙B〕の所定の欄に記入しなさい**．

②　資料中の空欄（　イ　）～（　エ　）に入る最も適当な語を，**〔解答用紙B〕の所定の欄に記入しなさい**．

問8　下線部Dに関連して，次のa～dの教育機関の位置として最も適当なものを，下の地図上の1～9の中からそれぞれ選びなさい．

aの解答は解答欄 (11) に，　bの解答は解答欄 (12) に，　cの解答は解答欄 (13) に，
dの解答は解答欄 (14) に，
その番号をマークしなさい．(重複使用不可)

a. 咸宜園の名前で，身分に関わらず儒学を教えた．
b.『古事記伝』の著者が開いた．
c. 閑谷学校の名前で，郷学の先駆であった．
d.『蘭学階梯』の著者が開いた．

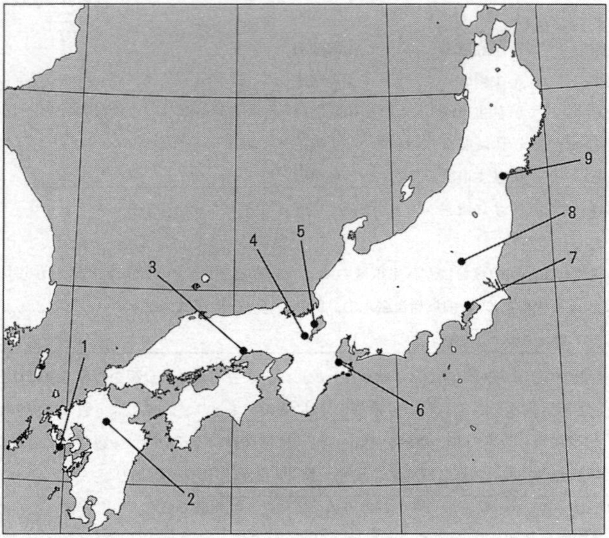

備考：海岸線は現在のもの．

III 実業家の松永安左エ門に関して述べた次の文章を読んで，以下の問９～問15に答えなさい．**解答は，設問で指定された場合を除いて，すべて番号で〔解答用紙Ａ（マークシート）〕の所定の解答欄にマークしなさい．**

電力業界で活躍し，「電力の鬼」とも呼ばれた松永安左エ門は1875年に<u>Ａ壱岐</u>で生まれた．<u>Ｂ福澤諭吉の『学問のすゝめ』</u>を読んで感動した松永は上京して慶應義塾に学び，福澤の朝の散歩の伴もした．実業に関心を持つようになった松永は福澤の了解を得て慶應義塾を中退し，<u>Ｃ日本銀行</u>などを経て，福岡の電気軌道事業に関係したことを契機に電力事業に取り組むようになった．松永が社長をつとめた東邦電力は５大電力の１つにまで成長したが，1930年代になると<u>Ｄ経済統制</u>が強化される中で電力国家管理が主張されるようになった．松永は電力国家管理に抵抗するが，1939年に電力の発電と送電は国策会社の日本発送電に統合され，1942年の第２次電力国家管理により配電も地域別の配電会社に統合され，東邦電力は解散し松永は引退した．

埼玉県柳瀬村（現・所沢市），神奈川県<u>Ｅ小田原市</u>で茶道三昧の生活を送った松永は，戦後に吉田茂首相により電気事業再編成審議会会長に任命され，日本発送電と配電会社を９つの発送配電一貫の民間地域独占会社に再編することに尽力した．その後松永は官僚や学者を動員してシンクタンクの産業計画会議を設立し，石炭から石油へのエネルギー転換や高速道路網の整備，<u>Ｆ国の公共企業体の経営改革</u>などを提言した．

松永は1947年に母校の慶應義塾に土地を寄贈し（近代<u>Ｇ農業</u>のための人材育成をはかった慶應義塾農業高等学校を経て現・慶應義塾志木高等学校），晩年には『人間・福澤諭吉』を執筆するなど慶應義塾と師の福澤への愛着を持ち続け，1971年に慶應義塾大学病院で死去した．

問９　下線部Ａに関連して，近世の壱岐は肥前の平戸に藩庁があった平戸藩の領地だった．近世初期の平戸には多くの中国やヨーロッパの船が来航し，オランダやイギリスの商館も置かれていた．しかし，それらの船は平戸に来航しなくなっていった．江戸時代に入り平戸に中国やヨーロッパの船が来航しなくなっていった経緯について，**〔解答用紙Ｂ〕の所定の欄の範囲内で説明しなさい．**　〔解答欄〕約17cm×３行

問10　下線部Ｂに関連した次の文章中の空欄（ ア ），（ イ ）に入る人名を，下の１～８の中からそれぞれ選びなさい．
アの解答は解答欄 (15) に，　イの解答は解答欄 (16) に
その番号をマークしなさい．（重複使用不可）

明治時代初期には欧米の個人主義，自由主義に基づく啓蒙思想が広まり，福澤諭吉の『学問のすゝめ』や，（ ア ）の著作の翻訳『西国立志編』などが広く読まれた．一方，明治政府は欧米人教師を高給で雇い西洋の学問を日本人に教授させた．その中にはアメリカから政治学や経済学を教えるために来日し，後に東洋美術の再評価に大きな役割を果たした（ イ ）のような人物もいた．

1. スマイルズ	2. ナウマン	3. フェノロサ	4. フォンタネージ
5. ベルツ	6. ミル	7. モッセ	8. ロエスレル

問11　下線部Ｃが設立された理由の１つとして，当時紙幣が盛んに発行されインフレーションが進行していたことがあった．これに関する以下の①，②に答えなさい．

① 日本銀行設立前，新貨条例が制定されたにもかかわらず政府や銀行によって紙幣が大量に発行されていた理由を，**〔解答用紙Ｂ〕の所定の欄の範囲内で説明しなさい．**　〔解答欄〕約17cm×２行

② 日本銀行設立時に政府は紙幣に関係してどのような財政政策を行い，それに基づき日本銀行はどのような紙幣を発行したか，**〔解答用紙B〕の所定の欄の範囲内で説明しなさい．** 〔解答欄〕約17cm×2行

問12　下線部Dに関連して，次の資料a，bは経済統制に関する法令の抜粋である（必要に応じて表現を改めた）．資料a，bの法令が出された時期を，下の年表中の空欄1～6の中からそれぞれ選びなさい．

aの解答は解答欄 (17) に，　bの解答は解答欄 (18) に，

その番号をマークしなさい．（重複使用不可）

a

> 第一条　（中略）生産又は販売に関し命令の定むる統制協定を為したる場合に於て，同業者二分の一以上の加盟あるときは命令の定むる期間内に之を主務大臣に届出づべし．之を変更廃止したるとき亦同じ．（中略）
>
> 第二条　主務大臣前条の統制協定の加盟者三分の二以上の申請ありたる場合に於て，当該産業の公正なる利益を保護し国民経済の健全なる発達を図る為特に必要ありと認むるときは，統制委員会の議を経て当該統制協定の加盟者又は其の協定に加盟せざる同業者に対して其の協定の全部又は一部に依るべきことを命ずることを得．
>
> 第三条　主務大臣第一条の統制協定が公益に反し又は当該産業もしくは之と密接なる関係を有する産業の公正なる利益を害すと認むるときは，統制委員会の議を経て其の変更又は取消を命ずることを得．

b

> 第一条　本法は（中略）物資及資金の需給の適合に資する為国内資金の使用を調整するを目的とす．
>
> 第二条　銀行，信託会社，保険会社，産業組合中央金庫，商工組合中央金庫及北海道府県を区域とする信用組合連合会（以下金融機関と総称す）は，事業に属する設備の新設，拡張もしくは改良に関する資金の貸付を為し，又は有価証券の応募，引受もしくは募集の取扱を為さんとするときは，命令の定むる所に依り政府の許可を受くべし．
>
> （中略）
>
> 第八条　命令の定むる時局に緊要なる事業を営む会社は，事業拡張の場合に於て命令の定むる所に依り政府の認可を受け其の事業に属する設備の費用に充つる為株金全額払込前といえども其の資本を増加することを得．

（資料出所はいずれも省略する．）

1

山東出兵が実施された．

2

血盟団事件が起きた．

3

二・二六事件が起きた．

4

盧溝橋事件が起きた．

5

独ソ不可侵条約が締結された．

6

問13　下線部Eに関連して，次の文章を読んで，以下の①，②に答えなさい．

近世の小田原は小田原藩の城下町として，また東海道のα宿駅として栄えた．一方，1707年に富士山が噴火し（宝永噴火），富士山に近い小田原藩領の田畑は軽石や火山灰で耕作不能となり，また火山灰の堆積で酒匂川の川底が上昇し水害が頻発した．小田原藩領のうち荒廃した地域は幕府直轄領となり，その後に将軍となった徳川吉宗は東海道川崎宿の名主だった（　ア　）を登用して酒匂川の堤防修築を行った．再建された地域は徐々に小田原藩領に戻されたが酒匂川は氾濫を繰り返し，それによる一家離散の経験が，荒廃した農村復興に報徳仕法で取り組んだ小田原藩領出身の（　イ　）の思想にも影響しているといわれる．

① 下線部αに関連して，各宿駅に設けられていた，公用文書や荷物の継ぎ送りのために一定数の人足や馬を用意した施設の名称を，**〔解答用紙B〕の所定の欄に記入しなさい**．

② 文章中の空欄（ア），（イ）に入る人名を，次の1～8の中からそれぞれ選びなさい．
アの解答は解答欄 (19) に，　イの解答は解答欄 (20) に，
その番号をマークしなさい．（重複使用不可）

1. 青木昆陽　2. 安藤昌益　3. 稲生若水　4. 大蔵永常
5. 貝原益軒　6. 田中丘隅　7. 二宮尊徳　8. 宮崎安貞

問14　下線部Fに関連して，「戦後政治の総決算」を掲げる内閣は国の公共企業体の民営化を実施した．この内閣名を示すとともに，その内閣が行った民営化について，民営化前と後のそれぞれの組織名を挙げながら，**〔解答用紙B〕の所定の欄の範囲内で説明しなさい**．ただし，分社化された組織についてはグループの総称を記し，また組織名は一般に用いられている略称でよい．
〔解答欄〕約17cm×2行

問15　下線部Gに関連して，第二次世界大戦後，日本政府は農地調整法を改正するなどの農地改革案を閣議決定し，国会でも可決されるが，GHQ/SCAP（連合国軍最高司令官総司令部）はその案が不徹底であると指摘した．これに関する以下の①，②に答えなさい．

① GHQ/SCAPからの勧告を受けて農地調整法が再改正されるとともに，農地改革のための新たな法律が制定された．この法律の名称を，**〔解答用紙B〕の所定の欄に記入しなさい**．

② ①の法律と再改正された農地調整法とに基づいて実際の農地改革が行われた．その改革の内容を，**〔解答用紙B〕の所定の欄の範囲内で説明しなさい**．
〔解答欄〕約17cm×2行

世界史

（80分）

I　建築家ル=コルビュジエのユネスコ世界遺産に登録された作品について述べた次の文章を読んで，問1〜問4に答えなさい．**解答は，設問で指定された場合を除いて，すべて〔解答用紙A（マークシート）〕の所定の解答欄にマークしなさい．**

近代建築に多大な影響を与えたル=コルビュジエは，1887年に$_A$スイスで生まれ，のちにパリを拠点に活躍し，1965年にフランスで亡くなった．

2016年，ル=コルビュジエの17の作品が「ル=コルビュジエの建築作品――近代建築運動への顕著な貢献――」としてユネスコ世界遺産に登録された．これらの作品は，$_B$アルゼンチン，$_C$インド，スイス，ドイツ，日本，フランス，ベルギーという複数の国に存在している．ル=コルビュジエが牽引した，近代社会の求めに応じた新しい建築技術の創造を目指した運動が，20世紀に世界規模で展開されたのである．

その17の作品の1つが日本の国立西洋美術館である．同美術館は，$_D$松方幸次郎がヨーロッパで収集した作品の受け入れと展示のための美術館として，ル=コルビュジエが建築設計を担い，1959年に開館した．

問1　下線部Aに関連して，次の文章を読んで，以下の①〜③に答えなさい．

スイスは，ヨーロッパにおける宗教改革の中心の1つであった．ツヴィングリはウィーンなどの大学で学び，聖職者となった．1518年に（ a ）の大聖堂教会の説教者に着任することになり，そこを拠点に宗教改革運動を主導した．ツヴィングリは，ドイツで活動するルターへの賛同を示すものの，聖餐の解釈をめぐって対立し，$_\alpha$1529年に両者はドイツで会談したものの決裂した．ツヴィングリは，スイスにおける新教諸州と旧教諸州との衝突のなかで1531年に戦死した．

その後，スイスでは（ b ）で宗教改革が進んだ．主導したのは，フランス出身のカルヴァンであった．カルヴァンは一度は（ b ）から追放されたが，1541年に戻り，$_\beta$教会改革をすすめたのみならず，その思想に基づいた政治改革も実施した．スイスでは，カルヴァンと（ a ）でツヴィングリの後継者となったブリンガーによって聖餐に関する見解が統一された．また，カルヴァンは1559年にのちの（ b ）大学となる神学校を設立している．

① 文章中の空欄（ a ），（ b ）に入る地名を，**〔解答用紙B〕の所定の欄に記入しなさい．**

② 下線部αに関連して，その後もドイツでは，ツヴィングリ派や同じくスイスで生まれたカルヴァン派は広まらなかった．その背景の1つには16世紀半ばのドイツにおいて，宗教に関わる，ある政治的な決着がみられたことがある．その決着の内容について，**〔解答用紙B〕の所定の欄の範囲内で説明しなさい．**　〔解答欄〕約17cm×2行

③ 下線部βに関連して，カルヴァンが導入した教会組織の特徴について，それまでの教会組織との制度的な相違に触れつつ，**〔解答用紙B〕の所定の欄の範囲内で説明しなさい．**　〔解答欄〕約17cm×1行

問２　下線部Ｂにある作品はクルチェット邸である．これは，1948年にブエノスアイレス近郊の計画都市ラ＝プラタに建築された．この都市は，19世紀後半における後背地パンパの急速な開発を背景に，商工業の中心として発展した．このパンパの開発と19世紀後半における世界経済・貿易の変化との関係について，アルゼンチンの主要輸出品に触れつつ，**〔解答用紙Ｂ〕の所定の欄の範囲内で説明しなさい**．　〔解答欄〕約 17cm× 3 行

問３　下線部Ｃに関連して，次の文章を読んで，以下の①～③に答えなさい．

インドにある作品は，チャンディーガルのキャピトル・コンプレクスであり，高等裁判所や州庁舎などが集まるチャンディーガル都市計画全体の中心である．チャンディーガルは，$_{\alpha}$インドとパキスタンの独立後に都市計画に基づいて建設された．その計画はアメリカの建築家によって進められていたものの，1950年にル＝コルビュジエが引きついだのである．

インドには，これ以外にも，$_{\beta}$キャリコ織物博物館を運営するサラバイ家の邸宅などのル＝コルビュジエ作品が残されている．

①　下線部αに関連して，次の資料ａ～ｃは，独立前後の時期におけるジンナーまたはネルーのスピーチの一部を抜粋し，日本語に訳したものである（必要に応じて表現を改めた）．資料ａ～ｃのスピーチが行われた時期を年代の古い順に並べ替え，それを左から並べたものとして適当なものを，下の１～６の中から選びなさい．

解答は解答欄［（1）］に，その番号をマークしなさい．

１．ａｂｃ　　２．ａｃｂ　　３．ｂａｃ　　４．ｂｃａ　　５．ｃａｂ　　６．ｃｂａ

ａ

インドと世界がかの悲劇を知ってから２週間が経ちました．このことは今後ずっとインドの恥となるでしょう．（中略）彼は，何世代にもわたって最も偉大なヒンドゥーでありインド人です．彼はヒンドゥーであり，インド人であることに誇りをもっていました．（中略）しかし，彼が信仰心があつく，（中略）民族の父と呼ばれるようになったとしても，狭隘な宗教心や民族の紐帯が彼の精神を閉じこめることはありませんでした．彼は偉大なる国際派であり，人間の結びつきを信じ，あらゆる宗教の融和と人道の必要性を強調しました．（中略）歴史上，彼の死ほど弔意を集めた人の死があったでしょうか．

ｂ

これは，最も記念すべき稀有な機会の１つであります．本日，インドの人々は完全に権限が委譲される前夜にあり，２つの独立したドミニオン(*)であるパキスタンとヒンドゥスタン(**)が（中略）誕生します．この国王陛下の政府の決断は，偉大なる理想が現実のものとなったことの証となりましょう．その理想は，イギリス帝国を構成するあらゆる民族と国家を，他国の支配からは自由な自治領および独立国家にするという明確な目的をもつイギリス連邦の形成という形で表明されたものです．

(*) ドミニオン＝イギリス連邦内自治領のこと．

(**) ヒンドゥスタン＝インドのこと．

c

(前略) ヒンドゥーとムスリムが同じ国民になっていくというのは夢です．1つのインド民族という誤った認識は限界をこえ，あなた方が抱える問題のほとんどの原因になっています．(中略) ムスリムのインドはヒンドゥー多数派政府の成立につながるようないかなる憲法も受け入れません．(中略) ムスリムはいかなる民族の定義においても1つの民族なのです．そして，かれらは自らの故郷，領土，国家をもたなければなりません．(中略) 友よ，私はあなた方にはっきりと決意してもらいたいのです．そして，策を練り，あなた方の民を組織し，あなた方の組織を強化し，インド中のムスリムの結束をかためてもらいたいのです．

(資料出所はいずれも省略する．)

② 下線部αに関連して，イギリスから独立した国家であるパキスタンはその後分裂した．パキスタンが分裂した経緯とその帰結について，インドの役割に触れつつ，〔解答用紙B〕の所定の欄の範囲内で説明しなさい．

〔解答欄〕約17cm×2行

③ 下線部βに関連して，次の資料は，1722年にイギリスで制定された条例の前文の一部を日本語に訳したものである（必要に応じて表現を改めた）．このような条例が出されるにいたった背景について，織物としてのキャリコ（キャラコ）の特徴および資料中の（　ア　）に入る最も適当な産業名を明示しつつ，〔解答用紙B〕の所定の欄の範囲内で説明しなさい．

〔解答欄〕約17cm×2行

本条例は，本王国の（　ア　）産業・絹織物産業を保護し，奨励するため，また，貧困層をより効果的に雇用するためのものである．そのために，1722年12月25日以降，捺染されたものであれ，(中略) 染色されたものであれ，キャリコを衣類，家財，調度等に使用したり，着用したりすることを禁ずる．

(資料出所は省略する．)

問4　下線部Dの人物について述べた次の文章を読んで，以下の①，②に答えなさい．

松方幸次郎は1866年1月に鹿児島で生まれた．アメリカで法律を学び，ヨーロッパでも学んだのち，川崎造船所初代社長になった．松方は，日本に西洋美術を広めるため，ヨーロッパで$_{\alpha}$絵画や彫刻などの美術品の収集を積極的に行った．

そのコレクションは，散逸したり，火事で消失したものを含めると10,000点におよぶ膨大なものであった．松方自身の美術館設立計画は頓挫したが，第二次世界大戦後，$_{\beta}$敵国人財産としてフランス政府に接収されていた375点がフランス政府から寄贈という形で日本に返却された．それらが国立西洋美術館に所蔵されることになったのである．松方は同美術館の誕生を見ることはなく，1950年に没した．なお，松方のコレクションにはパリで購入した約8,000点の浮世絵が含まれ，それらは東京国立博物館に所蔵されている．

① 下線部αに関連して，次のａ～ｃの作品が発表された年代の古い順に左から並べたものとして適当なものを，下の1～6の中から選びなさい．

解答は解答欄（2）に，その番号をマークしなさい．

1．ａｂｃ　2．ａｃｂ　3．ｂａｃ　4．ｂｃａ　5．ｃａｂ　6．ｃｂａ

a

b

c

（資料出所はいずれも省略する.）

② 下線部βに関連して，次の資料ａ～ｃは20世紀半ばの日仏関係に関連する外交文書の抜粋である（必要に応じて表現を改めた）．資料ａ～ｃが交わされた時期または発令された時期を，下の年表中の空欄１～７の中からそれぞれ選びなさい．

ａの解答は解答欄（3）に，　ｂの解答は解答欄（4）に，　ｃの解答は解答欄（5）に，
その番号をマークしなさい．（重複使用不可）

a

> 一，帝国大本営はここに勅命により且つ勅命に基づく一切の日本国軍隊の連合国最高司令官に対する降伏の結果として日本国国内および国外にある一切の指揮官に対しその指揮下にある日本国軍隊（中略）をして敵対行為を直ちに終止しその武器を措き（中略）
>
> （イ）支那（満洲を除く），台湾および北緯十六度以北の仏領印度支那にある日本国の先任指揮官ならびに一切の陸上，海上，航空および補助部隊は（中略）降伏すべし
>
> （中略）
>
> （ハ）（中略）「ビルマ」，「タイ」国，北緯十六度以南の仏領印度支那（中略）にある日本国の先任指揮官ならびに一切の陸上，海上，航空および補助部隊は（中略）降伏すべし

b

> 一,「フランス」国政府は日本国に対し左記措置を取るの権限を与ふ
> イ，必要数の日本国軍隊，艦艇および航空隊の（中略）印度支那への派遣
> ロ，「シェムレアプ」,「プノンペン」（中略),「サイゴン」（中略）の八個所の航空基地としての使用並びに「サイゴン」および「カムラン」湾の海軍基地としての使用，日本軍は前記各地において所要の施設を為すべし

c

> （前略）本使は仏蘭西国政府は極東の経済的および政治的分野における日本国の優越的利益を認むる旨，閣下に通報するの光栄を有し候（中略）日本国において仏蘭西国に要求せられたる軍事上の特殊の便宜供与に付ては，仏蘭西国は，右便宜供与は（中略)，臨時的にして該紛争解決せられたるときは消滅すべきものなること，ならびに右は支那に境する印度支那の州に限り適用せらるるものなることを了承いたし候（後略）

〔資料出所〕『日本外交年表竝主要文書』下巻

1

フランスがドイツに宣戦布告した.

2

パリがドイツ軍に占領された.

3

日ソ中立条約が締結された.

4

アメリカが日本に対する石油の輸出を全面的に禁止した.

5

連合国軍によるノルマンディー上陸作戦が開始された.

6

バオ=ダイがフランス連合内のベトナム国元首となった.

7

Ⅱ　近世から近代にかけてのスペインに関して述べた次の文章を読んで，問５～問７に答えなさい．**解答は，設問で指定された場合を除いて，すべて〔解答用紙Ａ（マークシート)〕の所定の解答欄にマークしなさい．**

近世のスペインは世界規模の帝国を作り上げたことで知られるが，その国家としての原型はＡ中世のイベリア半島に遡る．その後16世紀に成立したハプスブルク朝スペインの時代は，主にその文化・芸術面での充実から黄金世紀とも形容される．また，広大なアメリカ植民地からは大量の銀がスペイン本国に流れこんだ．しかし，運営・統治という面からみると，スペイン王室は度重なる戦争に伴う膨大な戦費に苦しみ，破産宣告を繰り返しながら衰退していった．その後，Ｂスペイン継承戦争を経て成立したブルボン朝スペインは，中央集権化を志向する改革を通じて帝国の再活性化を目指した．しかし，アメリカ植民地は人口においてスペイン本国よりも大きくなり，自由貿易への希求や，スペイン本国の政情不安にも刺激されて，Ｃ独立へと向かっていった．

問５　下線部Ａに関連して，次のａ～ｃの出来事を年代の古い順に左から並べたものとして適当なものを，下の１～６の中から選びなさい．

解答は，解答欄［（６）］に，その番号をマークしなさい．

ａ．アラゴン王国とカスティリャ王国が婚姻を通じて統合した．
ｂ．ナスル朝が滅亡した．
ｃ．バルトロメウ=ディアスが喜望峰に到達した．

１．ａｂｃ　　２．ａｃｂ　　３．ｂａｃ　　４．ｂｃａ　　５．ｃａｂ　　６．ｃｂａ

問６　下線部Ｂに関連して，次の資料ａはフランスがイギリスと，資料ｂはスペインがイギリスと，それぞれ結んだ講和条約の一部を日本語に訳したものである（必要に応じて表現を改めた)．これらを読んで，以下の①～③に答えなさい．

ａ

第12条　（前略）今後，クリストファー島はイギリスの臣民が単独で所有する．ノヴァ=スコシアあるいはアカディア全土も同様である．（中略）フランスの臣民は今後，ノヴァ=スコシア沿岸の海，湾，その他の場所におけるいかなる漁業からも排除される（後略)． 第13条　（　ア　）については，この時点から，権利上，完全にイギリスに属するものとする．（中略）加えて，フランス臣民が上述の（　ア　）のいかなる場所に砦を築くことも違法となる（後略)．

ｂ

第12条　αスペイン国王はイギリス女王（中略）に対し，スペイン領アメリカの各地に黒人奴隷を供給する権限，通称アシエントを授与する．期間は（中略）30年間とし，またその条件はかつてフランス人が享受し，また享受し得たであろうものと同じとする（後略)．

（資料出所はいずれも省略する.）

① 資料a，bの講和条約は同じ場所で締結された．その地名を，**〔解答用紙B〕の所定の欄に記入しなさい．**

② 資料a中の（ ア ）の位置として最も適当なものを，次の地図中の1～6から選びなさい．
解答は解答欄 （7） に，その番号をマークしなさい．

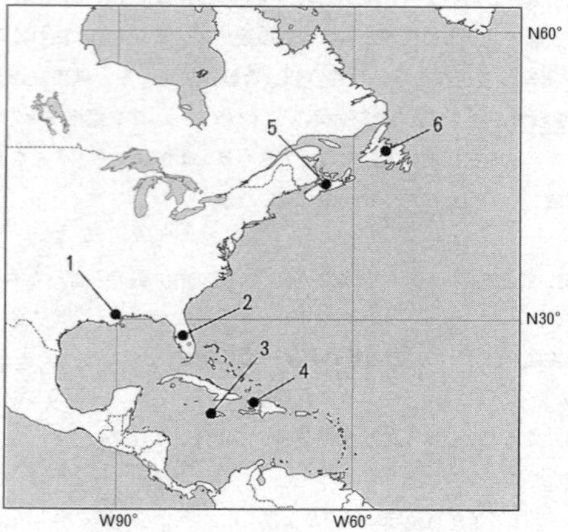

備考：国境線は現在のもの．

③ 資料b中の波線部αに関連して，スペイン領アメリカでは，先住民人口が激減しており，労働力としての奴隷が必要とされていた．スペインが奴隷を直接調達するのではなく，アシエントの授与という形でこれを得る必要があったのはなぜか，**〔解答用紙B〕の所定の欄の範囲内で説明しなさい．** 〔解答欄〕約17cm×2行

問7 下線部Cに関連して，次の文章を読んで，以下の①～④に答えなさい．

スペイン領アメリカの独立運動は，$_{\alpha}$クリオーリョと呼ばれる人々が牽引した．すなわちメキシコでは（ ア ）が，南米大陸の北部では（ イ ）が，南部では（ ウ ）らがそれぞれ運動を指導し，独立を達成していった．一方，キューバでも独立運動が展開されたが，これらの地域からは遅れた上，$_{\beta}$アメリカ合衆国の介入も受けた．

スペインからの独立後も，中南米諸国は諸外国からの強い影響を受けることになる．特に冷戦期のアメリカ合衆国は，中南米の左傾化を避けるために様々な介入を行った．例えばチリでは（ エ ）が選挙により社会主義政権を樹立したが，ニクソン政権はこれを打倒しようとし，その後チリ軍部の（ オ ）がクーデタを起こして長期にわたる軍事政権をしいた．

① 下線部αという呼称がスペイン領アメリカにおいて指した内容を，**〔解答用紙B〕の所定の欄に記入しなさい．**

② 文章中の空欄（ ア ）～（ ウ ）に入る人名の組み合わせとして適当なものを，次の1～6の中から選びなさい．
解答は解答欄 （8） に，その番号をマークしなさい．

1．ア．イダルゴ　イ．サン=マルティン　ウ．シモン=ボリバル
2．ア．イダルゴ　イ．シモン=ボリバル　ウ．サン=マルティン
3．ア．サン=マルティン　イ．イダルゴ　ウ．シモン=ボリバル
4．ア．サン=マルティン　イ．シモン=ボリバル　ウ．イダルゴ
5．ア．シモン=ボリバル　イ．イダルゴ　ウ．サン=マルティン
6．ア．シモン=ボリバル　イ．サン=マルティン　ウ．イダルゴ

③　下線部βに関連して，19世紀末から展開したキューバの独立運動にアメリカ合衆国はどのように介入し，それがキューバにどのような影響を及ぼしたか，**〔解答用紙B〕の所定の欄の範囲内で説明しなさい．**

〔解答欄〕約17cm×2行

④　文章中の空欄（　エ　），（　オ　）に入る最も適当な人名を，**〔解答用紙B〕の所定の欄に記入しなさい．**

Ⅲ　アジアにおける共産主義について述べた次の文章を読んで，以下の問8～問14に答えなさい．**解答は，設問で指定された場合を除いて，すべて番号で〔解答用紙A（マークシート）〕の所定の解答欄にマークしなさい．**

19世紀以降，欧米諸国のアジア進出が本格化すると，$_A$西洋の近代的な技術や思想がアジアにもたらされた．共産主義もその1つである．とりわけ，19世紀後半から20世紀前半にかけて，アジア諸地域で$_B$政治体制の変動や改革の動きが起こるなか，ロシア革命を契機としてソヴィエト政権が成立したことを背景に，アジア各地に$_C$共産主義を掲げる政治勢力が出現した．第二次世界大戦後は，これらのアジアの共産主義勢力が$_D$アジアにおける冷戦を構成する要素となり，共産主義勢力の盟主である$_E$ソ連からの影響を受けつつ，ときには$_F$国内外の勢力との衝突・紛争を引き起こした．その後，冷戦は終結するが，$_G$著しい経済成長を遂げるアジアにおいて，共産主義勢力は依然として存在しつづけている．

問8　下線部Aに関連して，次の文章を読んで，以下の①，②に答えなさい．

欧米諸国によるアジアへの蒸気船や鉄道などの近代的輸送技術の導入は，アジア内の交通網の発展をうながした．例えば，$_\alpha$清朝領域内の東北地方を通るロシアが開発を進めた鉄道は，のちにロシアが租借した（　ア　）までつながった．

①　文章中の（　ア　）に入る地名の位置として最も適当なものを，次の地図中の1～7の中から選びなさい．
　解答は解答欄［（9）］に，その番号をマークしなさい．

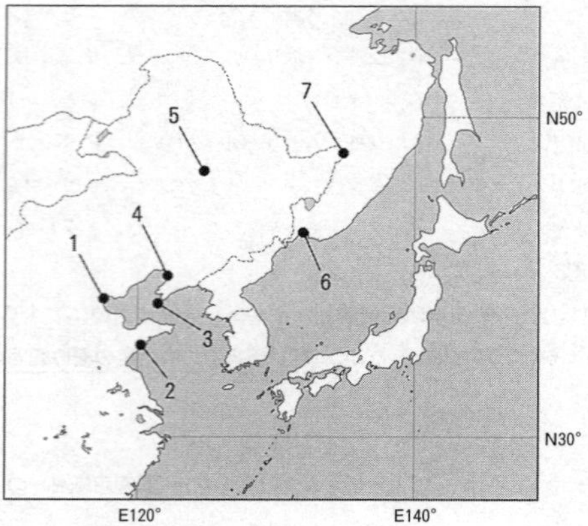

備考：国境線は現在のもの.

② 下線部αの鉄道の名称を示した上で，この鉄道と南満州鉄道株式会社の設立との関係について，**〔解答用紙B〕の所定の欄の範囲内で説明しなさい.**
〔解答欄〕約17cm×2行

問9　下線部Bに関連して，清朝においては様々な改革の試みがなされた．清朝が義和団事件（戦争）後に進めた政治体制の改革の内容について，**〔解答用紙B〕の所定の欄の範囲内で説明しなさい.**
〔解答欄〕約17cm×1行

問10　下線部Cに関連して，モンゴルではモンゴル人民党（後にモンゴル人民革命党と改称）が創設された．その創設に参加し，のちのモンゴル人民共和国の成立に関わり，1939年から1952年にかけて同国の首相となった人物の名前を，**〔解答用紙B〕の所定の欄に記入しなさい.**

問11　下線部Dに関連して，次の資料a～cは，アジアの政治的指導者による著作の日本語訳からの抜粋である（必要に応じて表現を改めた）．それぞれの著作の著者としても最も適当な人物を，下の1～9の中から選びなさい．
aの解答は解答欄 (10) に，　bの解答は解答欄 (11) に，　cの解答は解答欄 (12) に，
その番号をマークしなさい.（重複使用不可）

a

> アメリカ帝国主義はあなたがたの敵ですが，わたしたちの敵でもあり，全世界人民の敵でもあります．アメリカ帝国主義がわたしたちに干渉するのは，あなたがたに干渉するよりもいくらか困難です．アメリカはわたしたちのところから遠く離れている，これが一つの要因です．とはいえ，アメリカ帝国主義の手はひじょうに遠くまで伸びており，わが国の台湾に伸び，日本，南朝鮮，南ベトナム，フィリピンなどにも伸びています．また，イギリス，フランス，イタリア，アイスランド，西ドイツに駐兵しており，北部アフリカと中近東にも軍事基地があります．その手は全世界に伸びています．アメリカ帝国主義は世界的な帝国主義で，全世界人民の反面教師なのです．全世界人民は団結して，たがいに助けあい，それぞれの地でアメリカ帝国主義の手を断ち切らなくてはなりません.

b

著作権の都合上，省略。

c

> 農工業の生産は飛躍的に前進し，都市も農村もすべて繁栄した．地方自治は強固な基礎を築き，国民教育は日に日に強化された．消極的な弊害の除去から積極的な建設まで，すべては三民主義を実践するためであり，中華文化を復興するためであった．（中略）いま苦難にみまわれ，粛清を受け，抹殺されている大陸の同胞は，まさに抗戦勝利のために戦った人々であり，光復(*)した台湾の兄弟，親族である．彼らとわれわれには同じ血が流れており，栄辱は一体である．よって，われわれは一つの目標のもとに一致団結，手をたずさえて邁進し，台湾建設の成果を拡大し，さらに進んで，大陸光復という神聖な使命を早期に達成し，その歴史的意義を発展させ輝かしいものにし，国家と民族の光明ある前途を開拓しなければならない．

(*)光復＝失地を回復すること．

（資料出所はいずれも省略する．）

出典追記：c.『産経新聞』1976年12月7日

1．李承晩　2．金日成　3．ゴ＝ディン＝ジエム　4．蔣介石　5．朴正熙
6．ホー＝チ＝ミン　7．毛沢東　8．リー＝クアンユー　9．李登輝

問12　下線部Ｅに関連して，冷戦下において，中華人民共和国とソ連との関係はどのようなものであったか．中華人民共和国成立当初から1960年代末までの関係の推移について，ソ連とアメリカとの関係に触れつつ，**〔解答用紙Ｂ〕の所定の欄の範囲内で説明しなさい．**

〔解答欄〕約17cm×2行

問13　下線部Ｆに関連して，ベトナム戦争後のカンボジアをめぐって，中国とベトナムは対立し，その対立はのちに戦争に発展した．その経緯について，カンボジアで政権を握った共産主義勢力とその政策に触れつつ，**〔解答用紙Ｂ〕の所定の欄の範囲内で説明しなさい．**

〔解答欄〕約17cm×3行

問14　下線部Ｇに関連して，次の第１図は，20世紀後半から21世紀前半にかけてのある30年間におけるアジア３カ国とアメリカの経済成長率の動向をグラフ化したものである．図の横軸の１～３は，10年ごとの区分である．次のａ～ｄの出来事が起きた時期を，第１図の１～３の中からそれぞれ選びなさい．ただし，１の時期より前の場合は０を，３の時期より後ろの場合は４を選びなさい．

ａの解答は解答欄 (13) に，　ｂの解答は解答欄 (14) に，　ｃの解答は解答欄 (15) に，
ｄの解答は解答欄 (16) に，
その番号をマークしなさい．（重複使用不可）

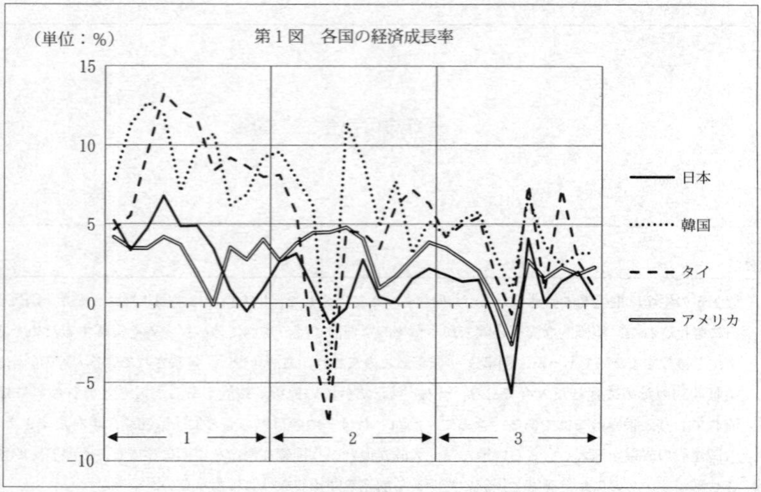

資料出所：International Monetary Fund, *World Economic Outlook Database* より作成.

a．アメリカでバラク=オバマが大統領に就任した.

b．インドネシアでスハルト政権が倒れた.

c．日中平和友好条約が締結された.

d．マルタでアメリカ大統領とソ連共産党書記長が会談した.

数　学

（80分）

（注意事項）

1．数学の問題のうち，問題の［**1**］から［**3**］が最初に採点されます。問題の［**4**］から［**6**］は，数学の最初に採点される問題と英語の最初に採点される問題の得点が一定点に達した受験生についてのみ，採点されます。

2．① 問題の［**1**］から［**3**］の解答は，解答用紙A（マークシート）の解答欄にマークしてください。

［例］ $\boxed{(11)\,|\,(12)}$ と表示のある問いに対して，「45」と解答する場合は，解答欄⑾の④と解答欄⑿の⑤にマークしてください。

なお，解答欄にある㊀はマイナスの符号－を意味します。

② 解答欄⑴，⑵，…の一つ一つは，それぞれ0から9までの数字，またはマイナスの符号－のいずれか一つに対応します。それらを⑴，⑵，…で示された解答欄にマークしてください。

下の例のように，数字は右によせて表示し，マイナスの符号－は左端に置いてください。空のマスがあれば0を補ってください。分数の分母と分子がともに解答欄のときは，分母を正で，約分しきった形で解答してください。

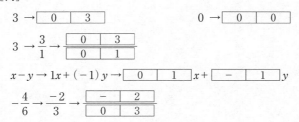

［例］

$3 \to \boxed{0\,|\,3}$　　　　$0 \to \boxed{0\,|\,0}$

$3 \to \dfrac{3}{1} \to \dfrac{\boxed{0\,|\,3}}{\boxed{0\,|\,1}}$

$x-y \to 1x+(-1)y \to \boxed{0\,|\,1}\,x+\boxed{-\,|\,1}\,y$

$-\dfrac{4}{6} \to \dfrac{-2}{3} \to \dfrac{\boxed{-\,|\,2}}{\boxed{0\,|\,3}}$

[1] 以下の問いに答えよ．

(1) pを実数とする．xの2次方程式$x^2-(p-9)x-p+1=0$の解は整数m, nで$m<0<n$が成り立つとする．このとき$mn+m+n=\boxed{(1)}\boxed{(2)}$なので，$m=\boxed{(3)}\boxed{(4)}$, $n=\boxed{(5)}$, $p=\boxed{(6)}\boxed{(7)}$である．

(2) θは$|\theta|<\dfrac{\pi}{2}$の範囲の定数とする．$x=\tan\theta$とおくと，$\dfrac{x}{x^2+1}=\dfrac{\boxed{(8)}}{\boxed{(9)}}\sin 2\theta$かつ$\dfrac{1}{x^2+1}=\dfrac{\boxed{(10)}}{\boxed{(11)}}\big(\cos 2\theta+1\big)$であるので，$y=\dfrac{x^2+3x+5}{x^2+1}$とすると，

$$y=\frac{\boxed{(12)}}{\boxed{(13)}}\sin(2\theta+\alpha)+\boxed{(14)}$$

と表せる．ただし，$\cos\alpha=\dfrac{\boxed{(15)}}{\boxed{(16)}}$, $\sin\alpha=\dfrac{\boxed{(17)}}{\boxed{(18)}}$である．また，$|x|\leqq 1$に対応する$\theta$の範囲が$|\theta|\leqq\dfrac{\pi}{\boxed{(19)}}$であることに注意すると，$|x|\leqq 1$における$y$の取りうる値の最大値は$\dfrac{\boxed{(20)}\boxed{(21)}}{\boxed{(22)}}$，最小値は$\dfrac{\boxed{(23)}}{\boxed{(24)}}$である．

[2] 袋の中に，1から9までの番号を重複なく1つずつ記入したカードが9枚入っている．A, B, C, Dの4人のうちDがさいころを投げて，1の目が出たらAが，2または3の目が出たらBが，その他の目が出たらCが，袋の中からカードを1枚引き，カードに記入された番号を記録することを試行という．ただし，1度引いたカードは袋に戻さない．この試行を3回続けて行う．また，1回目の試行前のA, B, Cの点数をそれぞれ0としたうえで，以下の(a), (b)に従い，各回の試行後のA, B, Cの点数を定める．

(a) 各回の試行においてカードを引いた人は，その回の試行前の自分の点数に，その回の試行で記録した番号を加え，試行後の点数とする．

(b) 各回の試行においてカードを引いていない人は，その回の試行前の自分の点数を，そのまま試行後の点数とする．

(1) 1回目の試行後，Bの点数が3の倍数となる確率は $\dfrac{\boxed{(25)}}{\boxed{(26)}}$ である．ただし，0はすべての整数の倍数である．

(2) 2回目の試行後，A, B, Cのうち，1人だけの点数が0である確率は $\dfrac{\boxed{(27)}\boxed{(28)}}{\boxed{(29)}\boxed{(30)}}$ である．

(3) 2回目の試行後のAの点数が5以上となる確率は $\dfrac{\boxed{(31)}\boxed{(32)}}{\boxed{(33)}\boxed{(34)}}$ である．

(4) 2回目の試行後のAの点数が5以上であるとき，3回目の試行後のA, B, Cの点数がすべて5以上である条件付き確率は $\dfrac{\boxed{(35)}\boxed{(36)}}{\boxed{(37)}\boxed{(38)}\boxed{(39)}}$ である．

[3] 実数 a に対して $f(a)=\dfrac{1}{2}(2^a-2^{-a})$ とおく．また，$A=2^a$ とする．

(1) 等式 $\left(A-\dfrac{1}{A}\right)^3=\boxed{(40)}\left(A^3-\dfrac{1}{A^3}\right)-\boxed{(41)}\left(A-\dfrac{1}{A}\right)$ より，実数 a に対して

$$\{f(a)\}^3=\frac{\boxed{(42)}}{\boxed{(43)}}f(3a)-\frac{\boxed{(44)}}{\boxed{(45)}}f(a)\quad\cdots\cdots\quad ①$$

が成り立つ．

(2) 実数 a,b に対して $f(a)=b$ が成り立つならば，$A=2^a$ は2次方程式

$$A^2-\boxed{(46)}bA-\boxed{(47)}=0$$

を満たす．$2^a>0$ より，a は b を用いて

$$a=\log_2\left(\boxed{(48)}b+\sqrt{b^2+\boxed{(49)}}\right)\quad\cdots\cdots\quad ②$$

と表せる．つまり，任意の実数 b に対して $f(a)=b$ となる実数 a が，ただ1つ定まる．

以下，数列 $\{a_n\}$ に対して $f(a_n)=b_n\ (n=1,2,3,\ldots)$ で定まる数列 $\{b_n\}$ が，関係式

$$4b_{n+1}^3+3b_{n+1}-b_n=0\quad(n=1,2,3,\ldots)\quad\cdots\cdots\quad ③$$

を満たすとする．

(3) ①と③から $f\left(\boxed{(50)}a_{n+1}\right)=f(a_n)\ (n=1,2,3,\ldots)$ となるので，**(2)** より，$a_n=\dfrac{a_1}{\boxed{(51)}^{n-p}}\ (n=1,2,3,\ldots)$ が得られる．ここで，$p=\boxed{(52)}$ である．

(4) $n\geqq 2$ に対して，$S_n=\displaystyle\sum_{k=2}^{n}3^{k-1}b_k^3$ とおく．$c_n=3^nb_n\ (n=1,2,3,\ldots)$ で定まる数列 $\{c_n\}$ の階差数列を用いると，③より，

$$S_n=\frac{\boxed{(53)}}{\boxed{(54)}}b_1-\left(\frac{\boxed{(55)}}{\boxed{(56)}}\right)^n b_n\quad(n=2,3,4,\ldots)$$

となる．ゆえに，$b_1=\dfrac{4}{3}S_5-108$ が成り立つならば，

$$a_1=\boxed{(57)}\boxed{(58)}\boxed{(59)}\log_2\boxed{(60)}$$

である．

[4] $p,\ q$ を正の実数とし，O を原点とする座標空間内に 3 点 $\mathrm{A}\left(3, -\sqrt{3}, 0\right)$, $\mathrm{B}\left(3, \sqrt{3}, 0\right)$, $\mathrm{C}\,(p, 0, q)$ をとる．ただし，四面体 OABC は 1 辺の長さが $2\sqrt{3}$ の正四面体であるとする．

(1) p および q の値を求めよ．

以下，点 $\left(\dfrac{3}{2}, 0, \dfrac{q}{2}\right)$ に関して O, A, B, C と対称な点を，それぞれ D, E, F, G とする．

(2) 直線 DG と平面 ABC の交点 H の座標を求めよ．

(3) 直線 CB と平面 DEG の交点を I，直線 CA と平面 DFG の交点を J とする．四角形 CJHI の面積 S と四角錐 G-CJHI の体積 V を，それぞれ求めよ．

[5] x を正の実数とする．m と n は，それぞれ $m \leqq \log_4 \dfrac{x}{8}$, $n \leqq \log_2 \dfrac{8}{x}$ を満たす最大の整数とし，さらに，$\alpha = \log_4 \dfrac{x}{8} - m$, $\beta = \log_2 \dfrac{8}{x} - n$ とおく．

(1) $\log_2 x$ を，m と α を用いて表せ．

(2) $2\alpha + \beta$ の取りうる値をすべて求めよ．

(3) $n = m - 1$ のとき，m と n の値を求めよ．

(4) $n = m - 1$ となるために x が満たすべき必要十分条件を求めよ．

[6] a, b, p を実数とする．関数 $f(x) = x^3 + ax^2 + bx + 17$ は $x = p$ で極大値，$x = -4p$ で極小値をとり，$f(-2p) = -17$ を満たすとする．

(1) a, b, p の値，および $f(x)$ の極大値 M，極小値 m を，それぞれ求めよ．

(2) **(1)** で求めた a, b および $0 \leqq t \leqq 5$ を満たす実数 t に対して，区間 $0 \leqq x \leqq t$ における $|f(x)|$ の最大値を $g(t)$ とする．t の値について場合分けをして，それぞれの場合に $g(t)$ を求めよ．

(3) **(2)** で求めた $g(t)$ に対して，定積分 $I = \displaystyle\int_0^5 g(t)dt$ を求めよ．

小論文

（60分）

（注意事項）　字数をかぞえるとき，句読点も1字とかぞえます。ただし，算用数字は1マスに2つまで記入できます。

次の課題文を読んで，設問A，Bに答えなさい．解答は解答用紙の所定の欄に横書きで記入しなさい．

［課題文］

世の中には，雑誌だけを読んで暮らしている人たちがあります．たとえば，研究室の自然科学者たちは，その例であるといっていいでしょう．本を読むことがないわけではありません．しかし，どちらかといえば，読書の大部分は雑誌を中心にしています．自然科学（注）は進歩がはやいので，十年前の本はほとんど役に立たなくなり，それぞれの研究領域で専門雑誌に発表される論文を規則的に読んでゆかなければなりません．また過去の論文でも，そのあまりにも専門的な多くの論文は，とても教科書に採録することができないので，古雑誌をさがして読むほかに，過去に行なわれた業績を知る方法はないのです．自然科学研究室に付属している図書館で，専門雑誌のバック・ナンバーが一番大事な部分になっているのは，そのためです．特定の研究対象について，研究者はそれまでになされた仕事を調べあげる必要がありますが，そういうことは雑誌のバック・ナンバーを利用することによって行なわれます．もちろん，自然科学の領域にも古典的な仕事がないとはいえません．ガリレオ（1564-1642）がこういうことをしたとか，ニュートン（1642-1727）がこういうことをしたとか，最初に発表されたそういう論文はあるはずです．しかし，そういう種類の自然科学的な古典を広く読んでいるのは「科学史」の専門家であって，一般の研究者ではありません．科学者は自分の仕事を雑誌に発表し，他人の仕事を雑誌で知る —— これが研究者の読書の大筋で，そのほかは，例外的な，あるいは補助的な読書ということになるでしょう．

社会科学者の場合には，しかし，様子が違います．そこにも専門的な雑誌があり，学者は本を書くばかりでなく，研究論文の大部分を雑誌に発表し，また他人の研究論文を雑誌で読む．そのかぎりでは，自然科学者の場合と同じことです．しかし，社会科学的な仕事のなかには古典を必要とするものが多くあります．たとえば，経済学者は，いまでもマルクスやケインズを読み，社会科学者は，デュルケーム（フランスの社会学者，1858-1917）やマックス・ヴェーバーを読むでしょう．しかし多くの場合には，現在の研究を進めてゆくために，プラトンやアリストテレスまでは必要としません．(ア)おおざっぱにいえば，社会科学者は，一方で必要な若干の古典を参照しながら，他方で絶えず専門雑誌を読んでいるということになります．

哲学者や文学者の場合には，その読書の範囲がどうしても，雑誌よりは古典にかたむくのがふつうでしょう．その理由は，いうまでもなく，哲学や文学の領域では古典がいまでも生きているということです．(イ)哲学にも，文学にも，歴史的な発展はある．しかし自然科学と同じ意味での進歩はありません．

自然科学の場合には，一度確認された事実が，そのとき以来，万人の所有物になります．どうしてその事実が確立されたかということを，あとから来た研究者がたどってみる必要はない．確立された事実をそのまま受けとって，その先の事実を求めることに力をそそげばいいわけです．たとえば，コッホ（1843‐1910）が，結核という病の原因は人体のなかに侵入した結核菌であるということをたしかめました．その事実は，その後も多くの人によって検証されて，確実な事実として認められています．現在，結核を研究する人は，その原因が結核菌であるという前提に立って，その先の問題を調べ，その過程であきらかに前提と矛盾する事実に出会わないかぎり，もう一度その前提を検証してみる必要はありません．そういうことをするよりも，前提をそのまま認めて，たとえば結核菌による免疫がどういう形で成立するか，人体外および人体内での結核菌の増殖を抑制するにはどういう手段を講じればよいか，そのほかコッホの当時には知られていなかった無数の事柄について，研究を進めてゆくために，結核の原因であることをたしかめたコッホの論文を読んでみる必要はない．それが「一度確立された事実は万人の所有になる」ということの意味です．

ところが，哲学や文学の場合には，同じ意味で古典が万人の所有になるということはありません．その仕事が作者の個性に結びつき，作者の個人的な経験とからみあっているからです．シェークスピアの芝居が一度書かれると，それが万人のものとなり，その次の世代の劇作家は，シェークスピアのやったことの先へ進めばよろしい，というふうに簡単には事がはこばない．シェークスピアがその仕事のなかで到達したものは，けっして完全には，ほかのだれのものにもなりません．そのなかの個性的な部分，作者の個人的な経験に密接に結びついている部分は，別の個性や別の経験を持った人に完全には伝達されないからです．同じことは哲学についてもいえます．デカルトは「人間は考える，ゆえに人間がある」といったのではなく，「私は考える，ゆえに私はある」といったのです．自然科学の知識は，その「私」には関係していないで，自然にだけ関係しています．自然は，歴史にも，時代の変化にも，文化の違いにも，まったく関係のない法則によって動きます．しかし，哲学者の知識は，その「私」に関係している．その「私」は歴史のなかにあり，時代によって違い，また，二つの違った文化のなかでは必然的に二つの違った「私」であるほかはないでしょう．文学的な，または哲学的な古典が，何度読んでも読みつくせないものであるというのは，そういう古典のなかに一時代と，一文化と，一つの個性に固有の要素があって，古典を読むということは，その時代や文化や個性との，いわば対決を意味するからです．もちろん，文学にも哲学にも，歴史的な発展というものがあります．しかしその発展は，前の時代の仕事が，次の時代の仕事に完全に吸収されるということではなく，一面では次の時代のものの基礎として働きながら，他面ではそれ自身として，そのまま次の時代にも存在しつづけてゆくということです．その意味での発展は，自然科学の進歩とはまったく違います．（科学的な仕事は，それが厳密に科学的であればあるほど，一時代の知識は次の時代の知識のなかに完全に含まれてしまいます．）

たとえば，歌舞伎は，近松から，並木五瓶（1747-1808）や鶴屋南北（1755-1829）を通って，黙阿弥（1816-93）にいたりました．だから，黙阿弥のなかにそれ以前の歌舞伎のすべてが含まれている，とはいえません．近松がなければ，黙阿弥はなかったでしょう．しかし，近松は黙阿弥のなかにまったく含まれているのではなく，黙阿弥のなかにないものも持っているのです．たとえば，私たちはいまでも近松を見物し，黙阿弥を見物し，また，その後の歌舞伎作者の新作を同時に見物することができます．そういう世界で仕事をしている者にとっては，当然，新作だけを追っているわけにはゆかず，新作のなかに含まれていない近松を絶えず読まなければなりません．文学や哲学の進歩について語ることが危険なのは，そのためです．すべての文学作品，すべての哲学的な思想には，それが歴史的な発展の一局面であるという面と同時に，それ自身で完結し，一つの世界を形づくっている面があるのです．もう一度別の言葉でいえば，二つの文学作品は時間的に前後の関係にあるとともに，また同時的に同じ空間に配列されているといってよいでしょう．だから，哲学者はいまでもプラトンを読む必要があり，朱子学に立ちかえる必要があり，文学者は芭蕉（1644-94）や，近松や，西鶴を読む必要があるということになります．

（加藤周一『読書術』岩波書店，1993年より抜粋，見出しは省略した．（注）は出題者による．）

（注）　自然科学は自然界に生ずる諸現象を研究対象とし，社会科学は人と社会の関わり，社会の在り方を研究対象とする．

［設　問］

A.　下線（イ）について，自然科学と哲学・文学との違いがなぜ起こるのか，課題文に則してその理由を200字以内で説明しなさい．

B.　社会科学者が下線（ア）のような読書傾向を有する理由について考え，説明しなさい．そのうえで，仮にあなたが社会科学者で，歴史上や現代の出来事を研究対象とする場合，どのような問いを，どのように立て，どのように検証していくあるいは探っていくと考えられますか．具体的な問いを一つ挙げながら，課題文に則してあなたの考えを400字以内で記しなさい．

////////////////////// · memo · //////////////////////

//////////////////// · memo · ////////////////////

////////////////////// · memo · //////////////////////

////////////////////// ・memo・ //////////////////////

2023年度

問題編

■一般選抜

問題編

▶試験科目・配点

方式	教　科	科　　目	配　点
A方式	外国語	コミュニケーション英語Ⅰ・Ⅱ・Ⅲ，英語表現Ⅰ・Ⅱ	200点
	数　学	数学Ⅰ・Ⅱ・A・B	150点
	小論文	高校生にふさわしい知識，理解力，分析力，構想力，表現力を問う。高等学校の特定の教科とは直接には関わらない。	70点
B方式	外国語	コミュニケーション英語Ⅰ・Ⅱ・Ⅲ，英語表現Ⅰ・Ⅱ	200点
	地　歴	日本史B，世界史Bのうち１科目選択	150点
	小論文	高校生にふさわしい知識，理解力，分析力，構想力，表現力を問う。高等学校の特定の教科とは直接には関わらない。	70点

▶備　考

- 数学Ⅱの「微分・積分の考え」においては一般の多項式を扱うこととする。数学Aは「場合の数と確率」・「整数の性質」・「図形の性質」を，数学Bは「数列」・「ベクトル」を出題範囲とする。上記範囲とその応用を出題する。
- 日本史Bの出題範囲は1600年以降を中心とし，世界史Bの出題範囲は1500年以降を中心とする。２科目とも基礎的理解並びに体系的理解を問う。
- A方式は「外国語」の問題の一部と「数学」の問題の一部の合計点が一定の得点に達した受験生について，「外国語」の残りの問題と「数学」の残りの問題および「小論文」を採点する。B方式は「外国語」の問題の一部が一定の得点に達した受験生について，「外国語」の残りの問題と「地理歴史」および「小論文」を採点する。A・B両方式とも，最終判定は総合点によって合否を決定する。
- 「外国語」と「小論文」はA・B両方式共通。

英語

（100分）

（注意事項） 英語の問題のうち，問題ⅠからⅢが最初に採点されます。問題ⅣとⅤは，最初に採点される問題の得点（数学受験者については数学の得点の一部をそれに加味した合計）が一定点に達した受験生のみ，採点されます。

Ⅰ. Read the following article and answer the questions as indicated.

Cash for Kids: Government Finance as Fertility Solution

by Aphra Disiac (2020)

① Across the world, governments are increasingly concerned about falling fertility rates. To ensure stability in any population, the total fertility rate (TFR), which is the average number of children each woman gives birth to over her lifetime, needs to be 2.1. The world as a whole still [1]: in 2020 the world TFR was 2.4, with high rates still seen in Africa (the highest was Niger, with a TFR of 6.8).

② Elsewhere, however, worrying examples of decline in the TFR are not hard to find. In East Asia the trend is particularly [2]. Today, China seems set to experience again the low levels of TFR around 1.2, last seen in the 1990s. In 2020, the TFR in Singapore was 1.1 and Korea had reached 0.84. At 1.36, Japan seems slightly better, but considering that the figure is still well below the rate required to keep the population stable, there can be no cause for optimism in any of these countries.

③ In isolation, such situations are by no means new. Even in Roman times, Caesar Augustus placed a tax on unmarried men – via the *Lex Papia Poppaea* – apparently in the hope of raising the birth rate. Similar measures were attempted in the US states of Missouri in 1927 and California in 1933. In the former Soviet

Union, Stalin enacted a tax on childlessness, helping reverse the devastating losses suffered during WWII. Each of these was somewhat successful, even if to a limited degree. [3]. In 2020, the decline in fertility has become a global phenomenon, enhanced by the devastating impact of COVID-19.

④ Many factors are behind this alarming trend. Economic uncertainties and the pandemic are merely the most visible of these. Environmental factors such as pollution could also be at work. Societal shifts, including the greater role played by women outside the home, might have further contributed. [4], given the immense strains it has placed upon social systems, from healthcare to pensions, it is vital that governments respond.

⑤ Yet, can government initiatives really be effective? France provides a good illustration of how government policies may indeed [5]. France's total fertility rate stood at close to 1.9 in 2019, making it one of Europe's most successful countries in this respect. Government policies aimed explicitly at family life and children's well-being (as opposed to those emphasizing gender equality, like in Sweden) have been at the heart of this success. The French family policy model is built on generous cash transfers towards families combined with an extensive childcare provision, without regard to social class.

⑥ In France, these cash transfers have a pro-birth character and are directed foremost towards large families. However, an indirect approach has been found to be the most productive. Tax breaks, therefore, form one of the cornerstones of the French family policy system: income subject to taxes can be [6] in family size. This means the larger the family the lower the tax burden. In addition, France grants universal family allowances to parents with at least two children, special allowances for poor families, and extra housing allowances.

⑦ The French are not reluctant to have children largely because of their well-organized system of childcare services. This system has allowed more women to participate in the labor force. The childcare system has also benefited from a shorter working week, with 35 hours as standard. Although the French work week was mainly shortened to reduce unemployment, a secondary result of this reform was to improve work-family balance.

⑧ The consistent and generous family policy package in France can be considered an important reason for its relatively high fertility. Moreover, it is not the sole government to achieve success: Canada and Estonia, to give just two examples, also experienced some modest fertility growth by offering baby bonuses and a "mother's salary." Similarly, other governments need to take action. Leaving society without support when it comes to creating and nourishing children is to abandon the government's duty to govern and is a disastrous refusal to take responsibility for the future of the [7] societies whom they claim to represent.

Answer the questions [1]—[7] as indicated.

1. Which of the following would best fill the gap at [1] in Paragraph ①? Answer by filling in the corresponding slot under the number (1) on the mark sheet.
   1. challenges this figure
   2. makes the challenge
   3. meets this challenge
   4. fails to meet the challenge

2. Which of the following would best fill the gap at [2] in Paragraph ②? Answer by filling in the corresponding slot under the number (2) on the mark sheet.
   1. pronounced
   2. spoken
   3. understandable
   4. worried

3. Which of the following would best fill the gap at [3] in Paragraph ③? Answer by filling in the corresponding slot under the number (3) on the mark sheet.
   1. Additionally, several other countries are affected
   2. However, the scale of the problem has changed
   3. Moreover, the totals have been alarming
   4. Ultimately, this is a wholly modern disaster

4. Which of the following would best fill the gap at [4] in Paragraph ④? Answer by filling in the corresponding slot under the number (4) on the mark sheet.

1. Despite this factor
2. No matter the reason
3. Whatever matters
4. Whichever cases might arise

5. Which of the following would best fill the gap at [5] in Paragraph ⑤? Answer by filling in the corresponding slot under the number (5) on the mark sheet.

1. make a difference
2. mark an impact
3. stand no reason
4. take a chance

6. Which of the following would best fill the gap at [6] in Paragraph ⑥? Answer by filling in the corresponding slot under the number (6) on the mark sheet.

1. increased with each addition
2. lowered with each reduction
3. modified with each reduction
4. reduced with each increase

7. Which of the following would best fill the gap at [7] in Paragraph ⑧? Answer by filling in the corresponding slot under the number (7) on the mark sheet.

1. ideal
2. real
3. so-called
4. very

II. Read the following article and answer the questions as indicated.

Asking the Impossible? Government Campaigns for Larger Families
by Cole Schauer (2020)

① Governments should choose carefully which issues to tackle in society. Jobs, crime, healthcare, and education are all examples of legitimate government concerns. This is because in each case, citizens' behavior in the public sphere is at issue. The total fertility rate, however, is not an issue that governments should try to tackle. How citizens conduct their lives in private should never be a target for state intervention.

② To be sure, many countries today are facing a demographic challenge: too few babies, and an aging population. However, most studies continue to show that people across the globe would prefer, [8] no external factors, to have two children per couple. That they often do not do so is, in the end, their choice and their responsibility. Assuming that governments are not authoritarian, and not disposed to impose choices on their citizens, they are obliged to respect that choice.

③ Some might argue that strong government intervention can have positive effects. France, with a total fertility rate of 1.9, is often cited as an example. But France's success has more to do with immigration than its day-care policy. The fertility of citizens born in France is estimated to be about 1.7. However, several studies suggest the fertility rate of immigrants is between 2.8 and 5.0. Suppose France closed its borders: its fertility rate, although not falling to the levels of those born in France, would likely fall by at least [9].

④ State-led fiscal policies have not worked any better. Since the 2000s, Singapore enacted a series of incredibly family-friendly initiatives. First, the government [10] big tax breaks to mothers with three or more children. Then it started awarding cash as baby bonuses – $9,000 for a second child and $18,000 for a third. The government created child savings accounts that matched parental savings dollar-for-dollar in pension-like funds that could be used to pay for childcare expenses. The government also [11] that employers offer a minimum of 12 weeks of paid maternity leave. It instituted a program to help grandparents find housing near the grandkids, in order to help with childcare. All of this was [12] by public campaigns urging people to have more children. Yet, despite everything, Singapore's fertility rate continued to fall. By 2013 it stood at 0.79 – one of the lowest marks in recorded history.

⑤ Considerable research has been conducted on these kinds of "natalist measures" [13]. Admittedly, such government policies can sometimes have a small, positive effect on fertility rates. Yet, for every success story there are many failures. In purely financial terms, these schemes make little sense. One study suggests that for every 25 percent increase in natalist spending, society gets a 0.6 percent fertility increase in the short term, and only a 4 percent increase in the long run. As the demographer Jan Hoem argued, fertility is "best seen as a systemic outcome that depends more on broader attributes, such as the degree of family-friendliness of a society, and less on the presence and detailed construction of monetary benefits."

⑥ In fact, shouldn't we really be questioning why increasing human numbers was ever such an important goal? Our societies are geared towards increasing growth, usually via consumption. Thus, any slowdown is seen as a negative thing. However, [14] producing increasing amounts of consumer goods and plastics is short-sighted, maybe our reliance on keeping up national populations is similarly misguided. True, as societies age, difficult transitions are on the horizon. However, at the same time, many new opportunities might appear.

⑦ Take [15]. This has been a global problem since the 1970s, after the total fertility rate in the developed world had already passed its peak. Yet in a world of declining fertility, things may start to change. Struggling to find a job may become a thing of the past. Most economists are familiar with the concept of secular stagnation, which simply refers to economies suffering from long-term lack of demand. However, with massive re-investment in ordinary workers, changing the nature of work itself and its relation to family life will re-energize the wider economy. Ironically, this reorientation might actually be spurred on by labor shortages and the transition to a fully-employed economy.

⑧ Ultimately, we already live in an over-populated world. In 1900 the globe held just 1.6 billion people, whereas today it contains close to 8 billion. This occurred even with two massive global conflicts, countless minor wars, pandemics, and famines. [16] Human activity is hurting the planet, from the climate to the oceans, with rising tides of pollution and waste and collapse of other species. When we consider this inescapable fact, a decline in human numbers is not an evil to be endured, but a future we might actually embrace.

Answer the questions [8]－[20] as indicated.

8. Which of the following would best fill the gap at [8] in Paragraph ②? Answer by filling in the corresponding slot under the number (8) on the mark sheet.
   1. absent
   2. given
   3. presenting
   4. unless

9. Which of the following would best fill the gap at [9] in Paragraph ③? Answer by filling in the corresponding slot under the number (9) on the mark sheet.
   1. 0.1
   2. 0.2
   3. 1.0
   4. 1.8

10, 11, 12. Place three of the words below into the most suitable of the gaps marked [10], [11], and [12] in Paragraph ④. Each word may be used only once. Fill in the corresponding slots under the numbers marked (10), (11) and (12) on the mark sheet.
   1. accompanied
   2. created
   3. mandated
   4. offered
   5. predicted

13. Which of the following "natalist measures" was **NOT** previously mentioned by the author **in Paragraph ④**? Answer by filling in the corresponding slot under the number (13) on the mark sheet.
    1. Direct cash grants for additional children
    2. Housing rebates for grandparents to relocate
    3. Infrastructure spending on parks
    4. Tax breaks for mothers

14. Which of the following would best fill the gap at [14] in Paragraph ⑥? Answer by filling in the corresponding slot under the number (14) on the mark sheet.
    1. as far as
    2. for all that
    3. just as
    4. no matter how

15. Which of the following would best fill the gap at [15] in Paragraph ⑦? Answer by filling in the corresponding slot under the number (15) on the mark sheet.
    1. growth
    2. stagnation
    3. the economy
    4. unemployment

16. Which of the following would best fill the gap at [16] in Paragraph ⑧? Answer by filling in the corresponding slot under the number (16) on the mark sheet.
    1. Are there no limits to humanity's ceaseless conflict with itself?
    2. Is there any wonder, then, that the environment is under strain?
    3. Surely all these disasters were entirely avoidable, weren't they?
    4. Who could possibly anticipate such catastrophes?

17, 18. Look at the statements below. Then, based on **BOTH** articles, under the corresponding number (17) and (18), fill in

Slot 1, if **only Aphra Disiac** would agree with that statement

Slot 2, if **only Cole Schauer** would agree with that statement
Slot 3, if **both authors** would agree with that statement
Slot 4, if **neither author** would agree with that statement

17. Governments should not make policies that try to influence the TFR.
18. Government attempts to raise the TFR have had some success.

19. Which one of the following words has a **different stress pattern** from the others? Answer by filling in the corresponding slot under the number (19) on the mark sheet.
    1. comprehend
    2. compulsive
    3. condition
    4. consider

20. Each of the following is a verb-noun pair. Which one of the following pairs of words has the **different stress pattern**? Answer by filling in the corresponding slot under the number (20) on the mark sheet.
    1. advance (verb) – advance (noun)
    2. conduct (verb) – conduct (noun)
    3. promise (verb) – promise (noun)
    4. surprise (verb) – surprise (noun)

III. Read the following article and answer the questions as indicated.

Caring for Care Workers: Whose Responsibility?

by Seymour Zimmer (2020)

① By 2027, the global market for health caregiving is projected to reach $234 billion. Globally, by 2050, over one in five adults will be over the age of 60. Indeed, 80% of those people will live in low and middle-income countries. These people will require increasing support. In the US [21], one survey found that about half of all people over 65 will need some kind of long-term care, whether it is an in-home caregiver, at an assisted living facility, or in a nursing home. Whatever we call them – carers, care workers, or caregivers – they are in short supply.

② Despite the need, the world already faces a massive shortage of workers in the caregiving field. Most paid caregiving jobs do not pay well (in the US, for example, $13,000 is an average annual wage) making it an unattractive career choice. By 2030, the US likely faces a shortage of more than 150,000 care workers, even with 3.8 million unpaid family caregivers for the elderly.

③ [22]. In many countries, the system of caregiving remains based on women's unpaid labor. In the UK during the 1960s, when caregiving policy began to take shape, only one third of women participated in the workforce. Because women stayed home to care for children and grandparents, there was no need for professional caregiving. [23]. By 2011, over six million working women in the UK who were also unpaid caregivers were estimated in one study to save the government £57 billion per year. The same study found that over half of married or cohabiting women between 45 and 64 had become primary caregivers for elderly parents and/or their partners. [24].

④ [25]. This is because at every level of society, the value of care has not been given sufficient recognition. Wages are low, and little investment has been made in training and equipment. The result is that elderly homes, while numerous, vary markedly in quality. The aged deserve our respect and we must provide proper care facilities. However, shocking mistreatment of the elderly has become widespread. This has gradually become a significant issue in many countries.

Possible solutions may include legislation, stricter penalties for mistreatment, or increasing wages to attract better workers.

⑤ Migration has been at the heart of current policies for many countries. Increasingly, in the US and elsewhere in the developed world, families are turning to migrants – usually women – to solve their care dilemmas. In 2013 the International Labour Organization estimated that of some 67 million domestic workers worldwide, 11.5 million were migrants. Since migration is usually under-reported, that figure is likely to have been higher then, and considerably higher today. For the care sector considered more broadly, however, this total is just the [26]: modern migration streams include nurses, teachers, and doctors, all of whom are employed in the care sector.

⑥ Migrant caregivers often differ ethnically or racially from the dominant population group, which often looks down on care work and leaves such jobs to stigmatized "others." Female caregivers who work in isolated private homes are vulnerable to racial, ethnic, and sexual harassment. Worldwide, the historical [27] of women of marginalized social status with care work remains strong. In the US, care work, once undertaken by black women, has become the task of migrant women from poorer countries. Breaking such cultural stereotypes that undervalue the work of women and women from ethnic minorities by strengthening and diversifying the care workforce is essential. Integrating migrant care workers into the wider society of a host country remains a considerable challenge.

⑦ Technology does have a role to play. Technologies that help lift up patients can remove much of the physical burden from workers, while new medical technologies, like robots and telemedicine, can help even untrained caregivers monitor patients' health in real time. With some basic training, otherwise unqualified care workers can take advantage of the latest health-care technologies and could become a real bridge between the [28] and health-care specialists, especially nurses. This will thereby ease the burden on both nurses and families.

⑧ Nevertheless, reconsidering the role of women in society seems inevitable. Both parents now work in most European and American households with children under 18. Indeed, women account for around 40% of the workforce in many countries. Yet, the burden of caregiving is still usually expected to fall on female family members. Many of these families are also part of the "sandwich generation," which describes people who are taking care of an older family member while taking care of their own children. Many women, therefore, do both, whilst still [29] a job. That is double the labor with half the help.

⑨ Most women are confronted with caregiving issues just as they reach the peak earning years in their careers. Many are not promoted at their work because of their caregiving responsibilities, or even quit altogether. If the cost of care was affordable and accessible, companies could avoid the huge losses implied by training staff just to see them quit. Private-sector companies need to [30] the caregiving needs and responsibilities of their employees. This means developing flexible schedules, benefits, and practices that accommodate employees' caregiving needs.

⑩ Finally, we need policies that more comprehensively address families' caregiving needs. In the US, proposals such as the Universal Family Care program envision federal legislation that would create a family-care insurance fund that individuals could use to pay for childcare, elder care, or for time off from work to attend to caregiving needs. [31] adopted, it would allow individuals and families to access caregiving support throughout their lifetime, from the arrival of a child to long-term care for a family member or oneself.

Answer the questions [21]－[32] as indicated.

21. Which of the following would best fill the gap at [21] in Paragraph ①? Answer by filling in the corresponding slot under the number (21) on the mark sheet.
    1. alone
    2. only
    3. simply
    4. solely

22, 23, 24. Place three of the sentences below into the most suitable of the gaps marked [22], [23], and [24] in Paragraph ③. Each sentence may be used only once. Fill in the corresponding slots under the numbers marked (22), (23) and (24) on the mark sheet.

1. All of this can be explained by the aging of society
2. But times change
3. The reason for this is the poor status of care work
4. Without their contribution, social care would collapse

25. Which of the following would best fill the gap at [25] in Paragraph ④? Answer by filling in the corresponding slot under the number (25) on the mark sheet.

1. Abuse at care facilities has become systemic
2. Care is a clear example of a monopoly industry
3. Finding a care home has become a major problem
4. Which caregivers deserve to be paid is now the central issue

26. Which of the following would best fill the gap at [26] in Paragraph ⑤? Answer by filling in the corresponding slot under the number (26) on the mark sheet.

1. best of the bunch
2. icing on the cake
3. tip of the iceberg
4. top of the world

27. Which of the following would best fill the gap at [27] in Paragraph ⑥? Answer by filling in the corresponding slot under the number (27) on the mark sheet.

1. association
2. example
3. mistreatment
4. suitability

28. Which of the following would best fill the gap at [28] in Paragraph ⑦? Answer by filling in the corresponding slot under the number (28) on the mark sheet.

1. doctors

2. innovators
3. patients
4. robots

29. Which of the following would best fill the gap at [29] in Paragraph ⑧? Answer by filling in the corresponding slot under the number (29) on the mark sheet.
    1. applying for
    2. carrying over
    3. holding down
    4. working up

30. Which of the following would best fill the gap at [30] in Paragraph ⑨? Answer by filling in the corresponding slot under the number (30) on the mark sheet.
    1. acknowledge
    2. challenge
    3. remove
    4. solve

31. Which of the following would best fill the gap at [31] in Paragraph ⑩? Answer by filling in the corresponding slot under the number (31) on the mark sheet.
    1. Be it
    2. Was it
    3. Were it
    4. Would it be

32. Which one of the following pairs of words has the **primary stress (第一強勢) on the same syllable (音節)**? Answer by filling in the corresponding slot under the number (32) on the mark sheet.
    1. project (v) – project (n)
    2. participate (v) – participation (n)
    3. stigmatize (v) – stigma (n)
    4. recognize (v) – recognition (n)

IV. Read the following piece and answer the questions (a-d) as indicated.

次の日本語の文章は問題IIIのSeymour Zimmer氏の論考に対するフクシ・セイタ氏による論評からの抜粋である。この文書を読んで，それに続く質問（a，b，c，d）に答えなさい。解答は解答用紙BのIV欄に書くこと。

介護問題再考：ジマー氏の難しい選択

フクシ・セイタ（2021）

① 21世紀に於いては，高齢者を十分に尊重した介護政策を立案しなければならない。最近，介護の問題に関し社会や政治を扱う多くの専門家の関心が集まっている。これまでこの問題を取り上げた著書や論文が数多く出版されてきたが，主要な新聞，雑誌の社説や講評欄でも取り上げられてきている。

② シーモア・ジマー氏は長年この介護問題に取り組んできた専門家であるが，当該問題を解決するためには，基本的に公共政策に於ける抜本的な改革が必要であると考える立場を取っている。しかし，まず初めに理解しておかなければならないのは，いかなる国のいかなる政府にとっても，唯一の理想的な解決策，または，一連の明確な解決策など存在しないということである。

③ ジマー氏が介護問題の歴史的経緯とその広範に及ぶ社会的な影響をよく認識していることは評価できる。だが，扱っている事例が地理的に限定されているために，主張の論拠が弱くなってしまっている。この論考を注意深く読んでみると，様々な解決方法を提案しているが，科学技術のメリットを見落としていることは明らかである。特に介護に対する投資が世界規模で不足していることを氏が十分理解していることに鑑みると，この点は非常に残念である。また，氏は科学技術ではなく，女性の役割を再検討する必要性ばかりを強調しているが，確かにそのことに関しては更なる議論が必要ではあるが，政府が直接社会的な操作を行うことは果たして良いことであろうか。

a. Which of the following ideas does the reviewer incorrectly attribute to Zimmer? Write the correct number in box (a) on answer sheet B.

1. A failure to acknowledge the merits of science and technology
2. An acceptance of the change in the role played by women in society
3. The importance of the size of the caregiving market
4. The lack of need for future investment in the caregiving sector

b. Which of the following areas is discussed by Zimmer, but is not mentioned by the reviewer? Write the correct number in box (b) on answer sheet B.

1. The changing role of men in caregiving
2. The involvement of government in shaping policy
3. The low level of investment currently in this area
4. The role played by migrants in caregiving

c. Which of the following would most likely be the meaning of the reviewer's phrase 地理的に限定されている in paragraph ③? Write the correct number in box (c) on answer sheet B.

1. Zimmer's concentration on the situation in the U.S
2. Zimmer's failure to mention countries in Asia, Africa, and Latin America
3. Zimmer's failure to use data from international institutions
4. Zimmer's lack of description of country-specific situations

d. Which of Zimmer's unwritten assumptions or ideas does the reviewer directly mention? Write the correct number in box (d) on answer sheet B.

1. The idea that governments must bear responsibility for improving caregiving
2. The idea that women are more suitable for caregiving than men
3. The idea that the aged are worthy of respect and proper care
4. The idea that marginalized communities are vulnerable to exploitation

V．以下の設問（A），（B）の中から一つ選んで，問題文Ⅰ～Ⅳを基にして，自分の意見を解答用紙BのV．欄に英語で書きなさい。注意点をよく読んでから書くこと。

（A）　Should the Japanese government pay families to have more children? Why or why not?

（B）　Should the Japanese government take action to increase the number of caregivers in society? Why or why not?

注意点：

（1）　箇条書きは不可。

（2）　**自分の意見と異なる見解に言及し，それに反論すること。**

（3）　問題文Ⅰ，Ⅱ，ⅢまたはⅣで言及されている見解やことがらを**最低一つ引用して**，自分の意見をまとめること。引用する際には，下の例を参考にして，英語で書くこと。

引用例：

- According to Watanabe (2023, paragraph 3), one option is indirect taxation. Although this argument ...,
- In her 2019 article “Against Zoos”, Faerrer claims, “Nature is not ours to control”. She argues that .... However, I strongly disagree with that statement, because ....
- I agree only to a certain extent with Eve N. Suzuki who argues, “Schools do not protect the rights of students enough” in the essay by Foane (2018). Her claim that X is Y may be true, but ....

〔解答欄（(A)(B)とも)〕タテ約1cm×ヨコ約25cm×23行

日本史

（80分）

I 近代の日本とドイツの関係について述べた次の文章を読んで，問１～問５に答えなさい．**解答は，設問で指定された場合を除いて，すべて番号で解答用紙の〔解答欄A〕の所定の欄に記入しなさい．**

日本とドイツとの外交関係は，1860年９月，ケーニヒスベルク（現在のカリーニングラード）出身の$_A$フリードリヒ・ツー・オイレンブルク伯爵を長とする使節団が，江戸に来航し，1861年１月，日本と$_B$プロイセン王国のあいだで条約が調印されたことに始まる．この時期のドイツは統一国家を形成していなかった．そのため，オイレンブルクは，プロイセンをはじめ，30を超える国と日本との条約締結を使命として来日した．しかし，幕府はそのような多数の国家との条約締結を拒み，結局，プロイセン１国を相手とした条約が締結されたのである．条約締結後には，幕府の蕃書調所ではドイツ語の学習も始まった．この時期にドイツ語を学んだ知識人の１人にのちに東京大学綜理(そうり)などを歴任し，$_C$日本の教育界に足跡を残した加藤弘之がいる．また，$_D$日本からドイツへの留学生も多かった．

19世紀末から20世紀初頭にかけて，ドイツの外交政策が転換すると，日本とドイツは外交的には対立関係に入った．第一次世界大戦がはじまると，$_E$日本はドイツに対して宣戦布告し，山東半島のドイツ租借地やドイツ領南洋諸島を占領した．

問１　下線部Aに関連して，次の資料は，オイレンブルク使節団の公式報告書中に記された，江戸時代の日本の対外関係に関する叙述の日本語訳からの抜粋である（必要に応じて表現を改めた）．これを読んで，以下の（1），（2）に答えなさい．

> （　a　）は贈物とシベリア総督の書翰(しょかん)を用意し（中略）蝦夷（中略）に上陸し，そこで歓迎された．（中略）書翰にたいする回答（中略）によると，（中略）そこでの交渉はできず，また彼が江戸に来ることも許されない．彼は通行証を提出のうえ（　ア　）港へ入るように．$_α$遭難者に関しては，ロシア人は彼らを置いていこうとふたたび連れ帰ろうと，好きなようにするがよかろう（中略）というのであった．（中略）（　a　）は（　ア　）へ行かなかった．その代り，日本の書翰とそれに添えられた通行証を見た皇帝アレクサンドル１世は，1803年，シベリアと千島に詳しい侍従（　b　）をかなりの全権を与えて派遣した．（中略）奉行は，彼が江戸に行きたいという要望を断固として拒否した．（　b　）は，皇帝の書翰を（　ア　）の官憲に差し出し，その回答を待つということで満足しなければならなかった．

〔資料出所〕『オイレンブルク日本遠征記』上巻

（中井晶夫訳）

（1）　資料中の空欄（ａ），（ｂ）に入る人名を，次の〔語群A〕の１～５の中から，空欄（ ア ）に入る地名を，〔語群B〕の１～５の中からそれぞれ選びなさい．

〔語群A〕

1. ウィッテ　2. ゴローウニン（ゴローニン）　3. プチャーチン　4. ラクスマン　5. レザノフ

〔語群B〕

1. 下田　2. 長崎　3. 根室　4. 箱館　5. 松前

（2） 波線部αに関連して，資料中の空欄（ a ）の人物が伴ってきた漂流民の談話などをもとに『北槎聞略』がまとめられた．これをまとめた人物の名を，次の1～5の中から選びなさい．

1. 桂川甫周　2. 工藤平助　3. 近藤重蔵　4. 志筑忠雄　5. 林子平

問2 下線部Bに関連して，大日本帝国憲法は，プロイセン王国の憲法や，それについての法学者による解釈の影響を受けている．例えば，予算に関する規定がある．議会は政府の同意なくして予算案を削減できないとされていたが，他に政府にはどのような予算に関する権限が与えられていたか．その権限の内容について，**〔解答欄B〕の所定の欄の範囲内で説明しなさい**．

〔解答欄〕約17cm×1行

問3 下線部Cに関連して，近代日本の教育に関する次のa～cの出来事は，下の年表のどこに入れるのが適当か．年表中の空欄1～7の中からそれぞれ選びなさい．（重複使用不可）

a. 内村鑑三が第一高等中学校を辞職した．
b. 学制が公布された．
c. 大学令が公布された．

1
大教宣布の詔が発せられた．
2
東京大学が設立された．
3
教育令が公布された．
4
帝国大学令が公布された．
5
教育勅語が発布された．
6
小学校の教科書が国定となった．
7

問4 下線部Dに関連して，次の資料a～cは，ドイツに留学した経験のある人物による著作の一部である（必要に応じて表現を改めた）．資料a～cとその著者の組み合わせとして適当なものを，下の1～6の中から1つ選びなさい．

a

> 驚くべきは現時の文明国における多数人の貧乏である．（中略）私がここに，西洋諸国にはたくさんの貧乏人がいるというのは，経済学上特定の意味を有する貧乏人のことで，かりにこれを第三の意味の貧乏人といっておく．そうしてそれを説明するためには，私はまず経済学者のいうところの貧乏線の何ものたるやを説かねばならぬ．

b

> もし君主が統治権の主体であると解してすなわち君主が御一身の利益のために統治権を保有し給うものとするならば，統治権は団体共同の目的のために存するものではなく，ただ君主御自身の目的のためにのみ存するものとなって，君主と国民とは全くその目的を異にするものとなり，したがって国家が一つの団体であるとする思想と全く相容れないことになるのであります．

c

> この定義は自ら二つの内容を我々に示す．一つは政権運用の目的即ち「政治の目的」が一般民衆の利福に在るということで，他は政権運用の方針の決定即ち「政策の決定」が一般民衆の意向に拠るということである．換言すれば，一は政治は一般民衆のために行われねばならぬということで，二は政治は一般民衆の意向によって行われねばならぬということである．

（資料出所はいずれも省略する．）

1. a 河上肇　b 美濃部達吉　c 吉野作造
2. a 河上肇　b 吉野作造　c 美濃部達吉
3. a 美濃部達吉　b 河上肇　c 吉野作造
4. a 美濃部達吉　b 吉野作造　c 河上肇
5. a 吉野作造　b 河上肇　c 美濃部達吉
6. a 吉野作造　b 美濃部達吉　c 河上肇

問 5　下線部Eに関連して，日本が第一次世界大戦へ参戦した当時の外務大臣である加藤高明について述べた次の文章を読んで，以下の（1）～（4）に答えなさい．

加藤高明は，1860年，尾張藩の下級武士の家に生まれた．大学卒業後は三菱本社などにつとめたのち官僚となり，外務省，大蔵省で働いた．外交官としては$_{\alpha}$イギリスに駐在していた期間が長く，親英的な立場をとった．第四次伊藤内閣で外務大臣となり，当初は伊藤博文が設立した（　ア　）に近かったが，桂太郎の新党設立計画に賛同し，桂の没後，その計画によってつくられた（　イ　）の総裁となった．その後他党との合流をへて成立した（　ウ　）でも総裁を務めた．（　ア　）に近かった寺内正毅内閣の成立以降，野党の党首であったが，$_{\beta}$第二次護憲運動ののちに首相となった．加藤高明内閣のもとでは，男子普通選挙が実現したほか，$_{\gamma}$治安維持法も成立した．

（1）　文章中の空欄（ア）～（ウ）に入る，それぞれ異なる政党の名称を，**〔解答欄B〕の所定の欄に記入しなさい．**

（2） 下線部αに関連して，次の資料a～cは，日本とイギリスとの間で結ばれた条約・協定の一部である（必要に応じて表現を改めた）．資料a～cの条約・協定が結ばれた時期を，下の年表中の空欄1～7の中からそれぞれ選びなさい．（重複使用不可）

a

大ブリテン国が日本帝国に於て執行したる裁判権，及び該権に属し又は其の一部として大ブリテン国臣民が享有せし所の特典，特権及び免除は，本条約実施の日より，別に通知をなさず全然消滅に帰したるものとす．

b

日本国は韓国に於て政事上，軍事上及経済上の卓絶なる利益を有するを以て，大ブリテン国は日本国が該利益を擁護増進せむが為，正当且必要と認むる指導，監理及び保護の措置を韓国に於て執るの権利を承認す．

c

若（も）し日本国又は大ブリテン国の一方が上記各自の利益を防護する上に於て，列国と戦端を開くに至りたる時は，他の一方の締約国は厳正中立を守り，併（あわ）せて其同盟国に対して他国が交戦に加はるを妨くることに努むべし．

〔資料出所〕『日本外交年表竝主要文書』上巻

［ 1 ］
ノルマントン号事件が起きた．
［ 2 ］
下関講和条約が結ばれた．
［ 3 ］
ロシアなど3国が，日本に遼東半島の清への返還を要求した．
［ 4 ］
ロシアが旅順・大連を清から租借した．
［ 5 ］
北京議定書が締結され，清に巨額の賠償金が課せられた．
［ 6 ］
日露戦争が始まった．
［ 7 ］

（3） 下線部βはどのような事態を批判して発生したか．当時の内閣の性格に触れつつ，**〔解答欄B〕の所定の欄の範囲内で説明しなさい**．

〔解答欄〕約17cm×1行

（4） 下線部γに関連して，治安維持法の内容と，のちに田中義一内閣がおこなった改正の内容について，**〔解答欄B〕の所定の欄の範囲内で説明しなさい**．

〔解答欄〕約17cm×2行

Ⅱ　近世から明治期の三井家・三井財閥について述べた次の文章を読んで，問６～問10に答えなさい．**解答は，設問で指定された場合を除いて，すべて番号で解答用紙の〔解答欄A〕の所定の欄に記入しなさい．**

A伊勢松坂を発祥の地とし，17世紀に創業した三井越後屋は，京都，江戸，大坂など各地に拠点を持ち，呉服商，両替商などを営んだ．両替店は，幕府の御用として，江戸・大坂間の送金業務を担い，それは三井に大きな利益をもたらした．一方で，幕末になると，財政難に苦しむB幕府は，三井に巨額の御用金を課し，それは三井の経営を圧迫した．

維新後の三井は，新しい時代に対応するための改革を実行した．呉服業と金融業を分離したのもその１つである．このとき分離された呉服業が，後にC三越百貨店となり，金融部門はD三井銀行に発展してゆく．やがて三井の事業は多角化し，E商社や鉱業会社なども含む三井財閥が形成された．

問６　下線部Aに関連して，伊勢松坂出身の人物として，国学者の本居宣長がいる．江戸時代の思想家について述べた次の文章を読んで，空欄（ア）～（エ）に入る人名を，下の１～８の中からそれぞれ選びなさい．（重複使用不可）

本居宣長は日本古典の研究を通じて，日本独自の思想のあり方を探った学者であるが，国学にはさまざまな潮流があった．宣長の影響を強く受け，その弟子を自称した（　ア　）は，神道と結びつき，その思想は幕末・維新期の政治に大きな影響を与えた．一方，（　イ　）は古典の文献学的研究に従事し，幕府の援助のもとで，和学講談所を設立した．

本居宣長は町人出身で，自身は医師だったが，江戸時代には町人出身の学者は少なくない．大坂の町人が設立した私塾・懐徳堂は，『夢の代』をあらわした（　ウ　）のような学者を輩出した．また，（　エ　）の心学は，町人たちの道徳規範として広く受け入れられた．

1. 石田梅岩　2. 賀茂真淵　3. 太宰春台　4. 塙保己一
5. 平田篤胤　6. 山県大弐　7. 山片蟠桃　8. 山崎闇斎

問７　下線部Bに関連して，近世後期に幕府がおこなった改革に関する，以下の（１），（２）に答えなさい．

（１）18世紀末の寛政の改革では，江戸に町会所が設置された．江戸町会所の機能について，その資金源に触れつつ，**〔解答欄B〕の所定の欄の範囲内で説明しなさい．**　〔解答欄〕約17cm×２行

（２）近世後期の幕府が関東地方の統治を改革するために置いた役職に，関東取締出役がある．この役職の任務と，その特徴について，**〔解答欄B〕の所定の欄の範囲内で説明しなさい．**　〔解答欄〕約17cm×２行

問８　下線部Cに関連して，次の資料a～cは，三越百貨店に関する新聞記事である（必要に応じて表現を改めた）．資料a～cが新聞に掲載された時期を，下の年表中の空欄１～７の中からそれぞれ選びなさい．（重複使用不可）

a

> 商工省，大政翼賛会，戦時物資活用協会では消耗戦と資源戦の実相を知らしめるため戦ふ資源展覧会を大蔵，内務両省，情報局協賛のもとに十八日から二十七日まで三越本店で開催する（中略）その内容はまづ米英蘭の東亜侵略，敵側の対日圧迫年表から戦前の我国資材の対米依存状況なども展示され，ここで一転して逆封鎖を受けた敵の資源などが戦果と共に示される．

b

> 二日午前十一時頃，日本橋区三越本店へ学生風や労働者風の男が三々五々百名余集合不穏の形勢あるといふので所管堀留署員十余名で警戒中，この一隊は三井銀行寄りの一階休憩室から腕を組み雪崩れを打つて飛びだし『ワッショワッショ』の喚声と共に真向ひの三井銀行裏門へ殺到『国民生活を蹂躙しドル買ひに狂奔する奸悪の牙城を粉砕せよ』とか『三井財閥を膺懲（ようちょう）せよ』等印刷したビラを散布しつゝ受付へ現れ（中略）堀留署に検束された社会青年同盟員二十六名は（中略）単なる財閥に対する反感からこの挙に出たものとみられてゐる．青年同盟は社会民衆党内にある前衛分子からなるもので（中略）騒ぎが一段落ついたあとで同銀行の筆頭常務池田成彬氏は語る．（中略）銀行としてのまじめな商取引の上からドルを買つたもので金輸出再禁止を見越して買つたなぞといふことはない．

c

> 楽しい新入学を待つお子さん方や，目出度く進級の諸子諸嬢の為に，時節柄の新装を凝らした学用品がもう店頭に客待ち顔に並んでゐます．（中略）日章旗を持つた兵士と云つた軍国調の鉛筆削り（各十銭）と先頃(*)の日独伊防共協定に因んだ三国の国旗を配したナイフ（六十五銭）と爆弾型のナイフ（三十五銭）等事変の産んだ時世粧がはつきりとこんな些細なものにまで現れてゐます（三越にて）．

（*）先頃とは，資料cの記事が掲載された約3ヶ月前のことである．

（資料出所はいずれも省略する．）

［　1　］

張作霖が殺害された．

［　2　］

ニューヨークのウォール街で株価が大暴落した．

［　3　］

犬養毅首相が殺害された．

［　4　］

二・二六事件が起きた．

［　5　］

ドイツがポーランドへの侵攻を開始した．

［　6　］

日本軍が南部仏印に進駐した．

［　7　］

問9　下線部Dに関連して，三井家は，三井銀行設立以前に第一国立銀行の設立にかかわっていた．国立銀行の設立状況の推移について，国立銀行が発行する紙幣の性質に関連づけて，**〔解答欄B〕の所定の欄の範囲内で説明しなさい**．

〔解答欄〕約 17cm × 3 行

問10　下線部Eに関連して，第二次世界大戦後の三井物産・三井鉱山に関する次の文章を読んで，以下の（1），（2）に答えなさい．

三井財閥の商社部門である三井物産は，財閥解体のなかで，連合国軍最高司令官総司令部（GHQ/SCAP）の指令によって一度解散させられ，多くの企業に分かれたが，その後，アメリカの対日政策の転換を受けて，旧三井物産系企業の合同によって，新しい三井物産が設立された．$_{\alpha}$エネルギー源の石炭から石油への転換がすすむなか，三井物産はインドネシアなどで石油開発に乗りだした．

一方，エネルギー転換によって石炭産業は人員整理を迫られた．三井三池炭鉱では労働者の解雇がおこなわれたが，労働組合はこれに反発して激しい労働争議が起こった．$_{\beta}$日本労働組合総評議会や，その傘下の日本炭鉱労働組合の支援もあったが，争議は労働者側の敗北に終わった．

（1）　下線部αに関連して，次の第1図は，20世紀後半から21世紀にかけてのある50年間における石油の国際価格および日本における石油供給量の動向をグラフ化したものである．図の横軸1～5は10年ごとの区分である．下のa～dの出来事が起きた時期を，図の1～5の中からそれぞれ選びなさい．ただし，1の時期より前の場合は0を，5の時期より後ろの場合は6を記入しなさい．（重複使用不可）

第1図　石油価格と石油供給量の推移

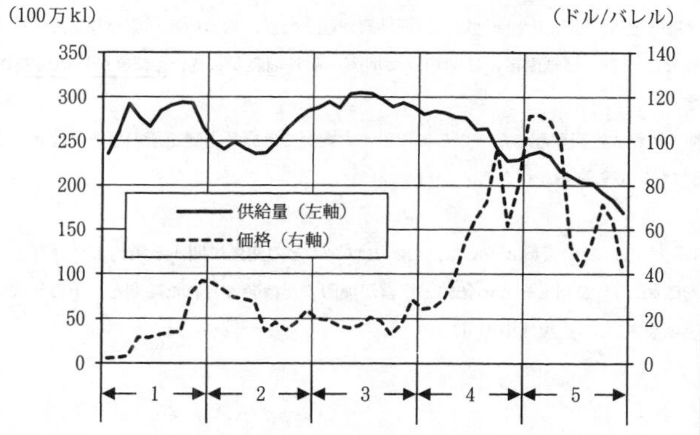

〔資料出所〕資源エネルギー庁『エネルギー白書』および
BP p.l.c., *Statistical Review of World Energy*より作成．

a．イラク復興支援特別措置法が公布された．

b．第1回先進国首脳会議が開催された．

c．PKO協力法が公布された．

d．プラザ合意によりドル高の是正がはかられることになった．

（2）　下線部βに関連して，日本労働組合総評議会の結成とその路線転換について，次の語をすべて用いて，**〔解答欄B〕の所定の欄の範囲内で説明しなさい.**　〔解答欄〕約 17cm × 3 行

産別会議　　　日本社会党　　　レッドパージ

Ⅲ 19世紀後半から現代までの日本で起きた大地震に関して述べた次の文章を読んで，問11～問16に答えなさい．**解答は，設問で指定された場合を除いて，すべて番号で解答用紙の〔解答欄A〕の所定の欄に記入しなさい.**

地震の多い日本では，大規模な被害を出す地震が何度も起きてきた．地震の被害が社会に大きな影響を与えることも多く，また地震に対する反応からその当時の政治や文化の特徴を理解することもできる.

江戸時代末期には大地震が相次いだ．安政東海地震では津波が発生し，当時開国と国境の画定を求め来航していたAロシアの使節の乗艦も被害を受けた．翌年には安政江戸地震が発生し，水戸藩のB徳川斉昭の腹心として活躍した藤田東湖も地震で死亡した.

明治時代中期には濃尾地震が発生し，5年後には明治三陸地震が発生した．濃尾地震や明治三陸地震では当時発達しつつあったC新聞による報道でその被害が日本全国に報じられ，多くの義援金も集まり，これ以降災害時に義援金を送る文化が定着していった.

1923年には関東大震災が発生して東京や横浜は大きな被害を受け，10万人を超える死者・行方不明者を出した．経済への打撃も深刻であり，D震災で決済不能になり支払いが猶予されていた手形が不良債権化して問題となった．一方，その後起きた昭和恐慌により東北を中心とした農村の生活は一層苦しくなり，それに追い打ちをかける形で昭和三陸地震が起きた.

太平洋戦争中には鳥取地震，昭和東南海地震，三河地震が起きたが，報道統制が敷かれ国民に被害の実情が十分知らされることはなかった．一方，終戦直後には昭和南海地震，福井地震が起き，E戦争からの復興途上だった被災地はさらに打撃を受けた.

平成に入ると阪神・淡路大震災が起きた．さらに東日本大震災では原子力発電所の事故が起き，これを契機に日本のF電力政策のあり方についても議論が起きた.

問11　下線部Aに関連して，次の資料a～cは，日本とロシアとの関係に関する条約または宣言の抜粋である（必要に応じて表現を改めた）．資料a～cの条約・宣言が調印または発表された時期を，下の年表中の空欄1～6の中からそれぞれ選びなさい．（重複使用不可）

a

第一条　日本国は満洲に於ける政事上及び経済上の利益及び活動の集注する自然の趨勢に顧み，かつ競争の結果として生ずることあるべき紛議を避けんことを希望し，本協約追加約款に定めたる分界線以北の満洲に於て，自国の為又は自国臣民若しくは其の他の為，何等鉄道又は電信に関する権利の譲与を求めず，又同地域に於て露西亜国政府の扶持する該権利譲与の請求を直接間接共に妨礙せざることを約す．露西亜国は亦た同一の平和的旨意に基き前記分界線以南の満洲に於て自国の為，又は自国臣民若しくは其の他の為，何等鉄道又は電信に関する権利の譲与を求めず，又同地域に於て日本国政府の扶持する該権利譲与の請求を直接間接共に妨礙せざることを約す． （中略） 第二条　露西亜国は日本国と韓国との間に於て，現行諸条約及び協約（中略）に基き存在する政事上利害共通の関係を承認し，該関係の益々発展を来すに当り之を妨礙し又は之に干渉せざることを約す． （中略） 第三条　日本帝国政府は外蒙古に於ける露西亜国の特殊利益を承認し，該利益を損傷すべき何等の干渉を為さざることを約す．

b

第二条　露西亜帝国政府は日本国が韓国に於て政事上，軍事上及び経済上の卓絶なる利益を有することを承認し日本帝国政府が韓国に於て必要と認むる指導，保護及び監理の措置を執るに方り之を阻礙し又は之に干渉せざることを約す． （中略） 第九条　露西亜帝国政府は薩哈嗹島南部及び其の附近に於ける一切の島嶼並びに該地方に於ける一切の公共営造物及び財産を完全なる主権と共に永遠日本帝国政府に譲与す．其の譲与地域の北方境界は北緯五十度と定む．（後略）

c

抑々「チエツク，スローヴァック」軍は夙に建国の宿志を抱き，終始聯合列強と共同敵対するものなるが故に，其の安危の繫る所延いて与国に影響すること尠しとせず．是れ聯合列強及び合衆国政府が同軍に対し多大の同情を寄与する所以なり．（中略）合衆国政府も亦同く其の危急を認め，帝国政府に提議して先ず速に救援の軍隊を派遣せむことを以てせり．是に於てか帝国政府は合衆国政府の提議に応じて其の友好に酬い，且つ今次の派兵に於て聯合列強に対し歩武を斉しうして履信の実を挙ぐる為速に軍旅を整備し，（後略）．

〔資料出所〕『日本外交年表竝主要文書』上巻

1

江華島事件が起きた．

2

官営八幡製鉄所が操業を開始した．

3

南満州鉄道株式会社（満鉄）が設立された．

4

軍部大臣現役武官制が改正され，陸海軍大臣の資格が予備役・後備役にまで拡大された．

5

ワシントン会議で海軍軍縮条約が締結された．

6

問12　下線部Bに関連して，次の文章を読んで，文章中の空欄（ a ），（ b ）に入る人名を，下の1～8の中からそれぞれ選びなさい．(重複使用不可)

徳川斉昭は水戸藩主となると，藤田東湖や，『新論』を執筆して民心統合の核に天皇を位置づける国体論を提示した（ a ）を登用して藩政改革を進めた．ペリーが来航すると老中首座（ b ）は諸大名や幕臣にも意見を求めるなどの改革を進める中で斉昭を幕政に参与させた．その後斉昭は安政の大獄で永蟄居を命ぜられ間もなく死去する．

1. 会沢安（正志斎）　2. 阿部正弘　3. 安藤信正　4. 海保青陵
5. 佐藤信淵　6. 本多利明　7. 松平慶永（春嶽）　8. 水野忠邦

問13　下線部Cに関連して，次の文章を読んで，以下の（1），（2）に答えなさい．

明治に入り，活版印刷や洋紙製造の技術が導入されることにより日刊新聞や雑誌が次々に創刊され，報道や評論を行った．福澤諭吉や森有礼らは『（ ア ）』を発行して近代思想を紹介した．当初は，政府内のα<u>木戸孝允なども新聞の発行を奨励する立場をとっていたが，自由民権運動が広まり政府批判が高まると，政府は讒謗律や新聞紙条例を制定して言論を取り締まるようになった</u>．明治時代中期には初期の欧化主義への反動もあり，陸羯南の新聞『（ イ ）』などが国家の独立性や国民性を重視する国民主義を主張した．一方で幸徳秋水・堺利彦らが創刊した『（ ウ ）』は反戦論や社会主義論を掲載して当局から弾圧を受けた．

（1）　文章中の空欄（ ア ）～（ ウ ）に入る新聞・雑誌名を，次の1～8の中からそれぞれ選びなさい（重複使用不可）．

1. 国民之友　2. 時事新報　3. 太陽　4. 中央公論
5. 日本　6. 平民新聞　7. 明六雑誌　8. 万朝報

（2）　下線部αに関連して，政府は言論を取り締まる一方で，自由民権運動に対応した政治機構の改革も進めた．この時期の政治機構改革について，一度は政府を去った木戸孝允が政府に復帰する契機となった会談と，そこで決められた方針に触れつつ，<u>〔解答欄B〕の所定の欄の範囲内で説明しなさい</u>．　〔解答欄〕約17cm×2行

問14　下線部Dの手形の処理は政治状況とも関わり内閣交代につながる大きな混乱を引きおこした．これに関連して，以下の（1），（2）に答えなさい．

（1）　手形の処理をきっかけとして起きた混乱により内閣が総辞職に至る経緯について，内閣名に触れつつ，<u>〔解答</u>

欄B〕の所定の欄の範囲内で説明しなさい.　〔解答欄〕約 17cm × 3 行

（2）（1）で総辞職した内閣の次の内閣は混乱をどのように収束させたか，内閣名に触れつつ，**〔解答欄B〕の所定の欄の範囲内で説明しなさい.**　〔解答欄〕約 17cm × 1 行

問15　下線部Eに関連して，戦後復興期の日本経済に関する次の資料ａ，ｂ（必要に応じて表現を改めた）が出された時期を，下の年表中の空欄１～６の中からそれぞれ選びなさい.（重複使用不可）

a

> 支出を厳重に引締め，かつ必要適切と認められる新財源を含めて最大限の収入を確保することによつて一日もはやく総合予算の真の均衡をはかること，
> 収税計画を促進強化し，脱税者にたいしては迅速かつ広範囲にわたつて徹底的刑事訴追措置をとること，
> 金融機関からの融資は日本の経済回復に貢献する諸事業にだけ与えるよう厳重に限定すること，
> 賃金安定を実現するための効果的計画を作成すること，
> 現行の価格統制計画を強化し，必要があればその範囲を拡張すること，
> 外国貿易管理の操作を改善し，かつ現行外国為替管理を強化すること，これらの措置を適切に日本側機関に移譲することが出来る程度にまで行うこと，
> （後略）

b

> 第一条　金融機関は本令施行の際，現に存する預金其の他金融業務上の債務にして命令を以て定むるもの（以下封鎖預金等と称す）に付ては，第三条第二項の規定に依るの外，其の支払を為すことを得ず.
> 日本銀行券預入令第四条第二項の規定に依り生じたる預金，貯金及び金銭信託は之を封鎖預金等と看做(みな)す.
> （中略）
> 第六条　大蔵大臣は命令の定むる所に依り金融機関其の他大蔵大臣の指定する者に対し，資金の融通を制限し又は禁止することを得(う).

（資料出所はいずれも省略する.）

［　　1　　］

連合国軍最高司令官総司令部（GHQ/SCAP）が人権指令を出した.

［　　2　　］

片山哲内閣が発足した.

［　　3　　］

ロイヤル陸軍長官が対日政策の転換について演説した.

［　　4　　］

下山事件が起こった.

［　　5　　］

警察予備隊が設置された.

［　　6　　］

問16　下線部Fに関連して，近年まで続いていた電力の地域独占体制は，日中戦争勃発後に制定された電力国家管理法に基づく体制が第二次世界大戦後に再編成されて成立した．電力国家管理法が制定された同じ議会では，議会の承認なしに戦争の遂行のために必要な物資や労働力を利用する権限を政府に与える法律が制定された．この法律の名称を，**〔解答欄B〕の所定の欄に記入しなさい**．

世界史

（80 分）

I　近代の日本とドイツの関係について述べた次の文章を読んで，問 1 ～問 5 に答えなさい．**解答は，設問で指定された場合を除いて，すべて番号で解答用紙の〔解答欄 A〕の所定の欄に記入しなさい．**

日本とドイツとの外交関係は，1860年 9 月，$_{A}$ケーニヒスベルク（現在のカリーニングラード）出身の $_{B}$フリードリヒ・ツー・オイレンブルク伯爵を長とする使節団が，江戸に来航し，1861年 1 月，日本とプロイセン王国のあいだで条約が調印されたことに始まる．この時期の $_{C}$ドイツは統一国家を形成していなかった．そのため，オイレンブルクは，プロイセンをはじめ，30を超える国と日本との条約締結を使命として来日した．しかし，幕府はそのような多数の国家との条約締結を拒み，結局，プロイセン 1 国を相手とした条約が締結されたのである．条約締結後には，幕府の蕃書調所では $_{D}$ドイツ語の学習も始まった．

19世紀末から20世紀初頭にかけて，ドイツの外交政策が転換すると，日本とドイツは外交的には対立関係に入った．第一次世界大戦がはじまると，$_{E}$日本はドイツに対して宣戦布告した．

問 1　下線部 A に関連して，カリーニングラード（ケーニヒスベルク）の歴史について述べた次の文章を読んで，以下の（1）～（3）に答えなさい．

現在のカリーニングラードを州都とするカリーニングラード州は，ロシアの飛び地となっている．こうした状況は，国家とは国境線で囲まれた領域的なまとまりをもつものだという現在の常識からみれば例外的なものだが，かつてのヨーロッパでは，王侯が分散した支配領域を持つのはごく普通のことであった．

現在のカリーニングラード，かつてのケーニヒスベルクは，13世紀にドイツ騎士団によって建設された城塞に起源をもち，のちにプロイセン公国の中心都市となった．プロイセン公位はブランデンブルク選帝侯のホーエンツォレルン家に継承され，18世紀初頭には，$_{\alpha}$ブランデンブルク選帝侯はプロイセン王の称号を名乗ることを認められていた．ホーエンツォレルン家の当主がブランデンブルクとプロイセンの君主を兼ねたとはいえ，当初，両者は地理的につながっていたわけではない．あいだにはポーランドが存在していた．1772年の第 1 次ポーランド分割の結果，両者は一体的な領域となった．

$_{\beta}$第一次世界大戦後，ケーニヒスベルクを含む地域はドイツの飛び地となった．ところが，第二次世界大戦後には，$_{\gamma}$戦前のポーランドの東部とともに，ケーニヒスベルク周辺はソ連領となる．そして，ケーニヒスベルクはカリーニングラードと改称された．その後，ソ連邦の解体を経て，今度はロシアの飛び地となって現在にいたるのである．

（1）　下線部 α に関連して，ブランデンブルク選帝侯がプロイセン王の称号を名乗ることを認められた経緯について，**〔解答欄 B〕の所定の欄の範囲内で説明しなさい．**　〔解答欄〕約 17cm× 1 行

（2）　下線部βに関連して，次の文章を読んで，空欄（ア）に入る地名を，**〔解答欄B〕の所定の欄に記入しなさい**.

第一次世界大戦後のヴェルサイユ条約によって，ドイツから領土を割譲されたポーランドは，海への出口となる回廊を確保した．一方，ドイツはこの回廊によって分断された．この回廊は貿易港（　ア　）と接していたが，ドイツ系住民が大半を占める（　ア　）とその周辺地域は国際連盟の保護下におかれ，自由市となった．ただし，この自由市において，貿易のために必要な施設や鉄道などを使用し，管理する権利はポーランドが有した．

1930年代後半に，ドイツは，東欧各地に支配地域を拡大させるなか，ポーランドに対してこの自由市の返還を要求していた．

（3）　下線部γに関連して，ポーランドは第二次世界大戦以前の領土の東部をソ連に割譲するかわりに，大戦前のドイツ領の東部を領有することになった．しかし，ドイツ連邦共和国（西ドイツ）がこの新しい国境線を承認するには，西ドイツの対外政策の転換を待たなければならなかった．この西ドイツの対外政策の転換について，新しい国境線の位置に触れつつ，**〔解答欄B〕の所定の欄の範囲内で説明しなさい**.

〔解答欄〕約17cm×3行

問2　下線部Bに関連して，次の資料は，オイレンブルク使節団の公式報告書に付された序文の日本語訳からの抜粋であり，使節団が派遣された当時の国際情勢について叙述したものである（必要に応じて表現を改めた）．この資料を読んで，以下の（1），（2）に答えなさい．

> αロンドンで世界大博覧会が開かれた1851年とその後の時代は，世界貿易の点で一つの転換を画するものとなった．至る所で自由主義の原理が台頭し，国際的諸関係はますます活発となり，企業精神はあらゆる方面に向って道を開いていった．中国の産物に対する消費の増加，オーストラリア及びβ北アメリカの西海岸における植民の急激な発展（中略）．これらは，当時，太平洋沿岸の諸国の商業上の意義を，ここ2，30年前には考えられなかったほど高めたのである．

〔資料出所〕『オイレンブルク日本遠征記』上巻

（中井晶夫訳）

（1）　波線部αに関連して，この博覧会では，インドからもたらされた「コーイヌール」と呼ばれるダイヤモンドが展示された．この石は，第2次シク戦争後にヴィクトリア女王に譲り渡され，のちにイギリス王室の戴冠宝器となったものである．この戦争への勝利を経てインドの大部分がイギリスの支配下に入ったが，1850年代にはイギリスのインド支配には制度的な変化が生じた．この変化について，それをもたらす契機となった出来事に触れつつ，**〔解答欄B〕の所定の欄の範囲内で説明しなさい**.

〔解答欄〕約17cm×2行

（2）　波線部βに関連して，19世紀半ばにおけるアメリカ合衆国の西部への領土拡大は，北部諸州と南部諸州の対立を激化させた．両者の対立について，産業構造および貿易をめぐる立場の相違に触れつつ，**〔解答欄B〕の所定の欄の範囲内で説明しなさい**.

〔解答欄〕約17cm×3行

問3　下線部Cに関連して，次のa～cの出来事は，ドイツの統一に関する下の年表のどこに入れるのが適当か．年表中の空欄1～7の中からそれぞれ選びなさい．（重複使用不可）

a．イェーナ大学で，学生らの組織であるブルシェンシャフトが結成された．
b．フランスで，ルイ＝ブランら社会主義者を含む政府が成立した．
c．プロイセンとオーストリアが，デンマークと開戦した．

1

ウィーン会議が始まった．

2

ドイツ関税同盟が成立した．

3

フランクフルトで国民議会がプロイセン国王を皇帝に推した．

4

ビスマルクがプロイセン首相に任じられた．

5

北ドイツ連邦が成立した．

6

普仏戦争（プロイセン＝フランス戦争）が起きた．

7

問4　下線部Dに関連して，この時期にドイツ語を学んだ知識人の1人に，のちに東京大学綜理（そうり）などを歴任し，日本の教育界に足跡を残した加藤弘之がいる．加藤弘之に関する次の文章を読んで，空欄（ア）～（オ）に入る人名を，下の1～9の中からそれぞれ選びなさい．（重複使用不可）

加藤弘之は，スイス出身でドイツで法学者となったブルンチュリの『一般国法学』の抄訳を出版している．この本でブルンチュリは，君主に絶対的な権力を認める立場と，社会契約論にもとづく（　ア　）の人民主権論をともに批判した．これは急進派と保守派の双方を批判する立場に立つものであった．ブルンチュリが教えを受けた学者の1人に，歴史的な見地から法学を研究したサヴィニーがいる．歴史への関心は，ドイツのナショナリズムの特徴の1つで，近代歴史学の基礎を築いた（　イ　）もまた，政治的には急進派と保守派の中間に立っていた．

また，加藤は，『人権新説』を著して天賦人権論を批判した．この本は（　ウ　）の生物学的な自然淘汰の理論を社会に適用しようとした当時の欧米の思潮の影響を受けている．（　ウ　）と同時代に，社会の進化を考察したイギリスの思想家（　エ　）の著作も『人権新説』のなかで言及されている．（　オ　）もまた，その主著『資本論』を（　ウ　）に献呈するなど，当時（　ウ　）の思想は自然科学にとどまらない影響力を持っていた．

1．コッホ　2．コント　3．スペンサー　4．ダーウィン　5．フーリエ
6．ホッブス　7．マルクス　8．ランケ　9．ルソー

問5　下線部Eに関連して，日本の動向に関する次の1～5の出来事を，年代の古い順に並べ替え，その番号を左から順に記入しなさい．

1．加藤友三郎内閣がシベリア本土からの撤兵を決定した．
2．米騒動が起き，寺内正毅内閣が総辞職した．

3．ドイツ領であった赤道以北の南洋諸島が日本の委任統治領となった．

4．日本がドイツの膠州湾租借地を占領した．

5．ワシントン会議で海軍軍備制限条約が締結された．

Ⅱ　中国の対外関係について述べた次の文章を読んで，以下の問6～問10に答えなさい．**解答は，設問で指定された場合を除いて，すべて番号で解答用紙の〔解答欄A〕の所定の欄に記入しなさい．**

中国の歴代王朝は，様々な形で周辺地域との関係を結び，貿易を含む交流を行ってきたが，A 貿易を制限する政策を行うこともあった．また，B 王朝の統治領域は周辺地域との関係に応じて変化し，必ずしも一定していなかった．

こうした中国の王朝と周辺地域の関係は，欧米諸国の東アジア進出が本格化した19世紀半ば以降に大きな転機を迎えた．中国では，世界の潮流に対応した C 新たな文化や，D 政権の形，他国との関係のあり方が模索されることとなる．そうした模索は，20世紀後半においては，E 冷戦という国際環境に規定されるなかで継続した．そのなかで中国は，変化する国際情勢を踏まえて，より積極的に国際社会と関わるようになっていった．

問6　下線部Aに関連して，明朝は，海上貿易の統制政策を実施したが，16世紀にその政策を緩和している．明朝が統制政策を緩和した背景について，政策の内容を述べた上で，当時の中国の周辺海域における貿易の状況に触れつつ，**〔解答欄B〕の所定の欄の範囲内で説明しなさい．**

〔解答欄〕約17cm×2行

問7　下線部Bに関連して，次の文章を読んで，以下の（1），（2）に答えなさい．

広大な領域を統治していた清朝は，同じく巨大な帝国であったロシアと隣接しており，その国境は時期によって変動した．康熙帝時代には，当時黒竜江（アムール川）方面に進出していたロシアと対峙し，（　ア　）条約を結んでアルグン川とスタノヴォイ山脈（外興安嶺）を国境と定めた．また，雍正帝時代には，（　イ　）条約を締結し，さらなる国境を画定するとともに，通商や逃亡者の引きわたし，北京への教会の設置などに関する取り決めを結んだ．

しかし19世紀半ばになると，欧州諸国の東アジア進出を背景として，ロシアの清朝に対する圧力が強まり，黒竜江以北をロシア領とする（　ウ　）条約が黒竜江沿岸の（　ウ　）において結ばれた．また，（　エ　）条約では，ウスリー川以東の沿海州がロシア領となった．

さらに，イスラーム教徒の反乱をきっかけとして，（　a　）＝ハン国の軍人であるヤークーブ＝ベクが勢力を拡大し，清朝の統治地域内に独立政権を樹立した．この政権は清朝の左宗棠らによって打ち倒されたが，ロシアはこれを機に清朝の領域内の（　オ　）地方を一時的に占領した．その後，（　オ　）条約によりその地域は清朝に返還された．また，（　a　）＝ハン国は，1876年にロシアに併合された．

（1）　文章中の空欄（ア）～（オ）には地名が入る．（ア）～（オ）の地名の位置として最も適当なものを，下の地図中の1～9の中からそれぞれ選びなさい．（重複使用不可）

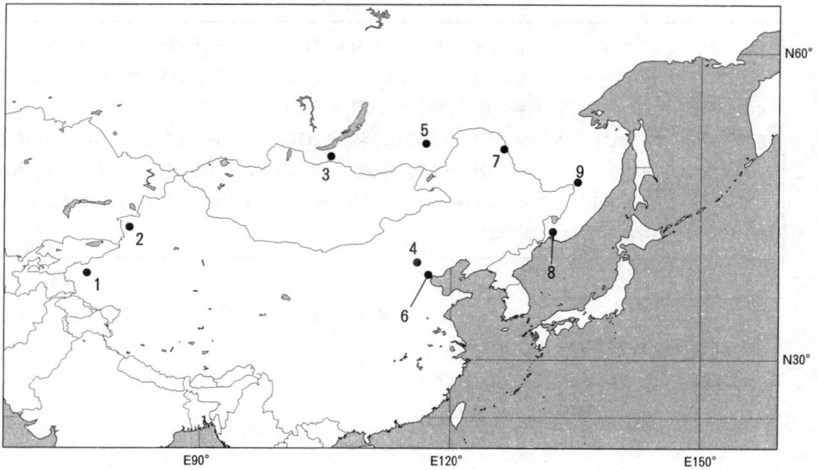

備考：国境線は現在のもの.

（2）　文章中の空欄（a）に入る語を，〔解答欄 B〕の所定の欄に記入しなさい.

問 8　下線部Cに関連して，1910年代には，中国において新文化運動と呼ばれる思想・文化面での革新を訴える運動が起きた．次の資料 a ～ c はその運動を代表する人物による著作の日本語訳からの抜粋である（必要に応じて表現を改めた）．それぞれの著作の著者の組み合わせとして適当なものを，下の 1 ～ 6 の中から選びなさい.

a

> また近世の文学を見てみると，なぜ『水滸伝』，『西遊記』，『儒林外史』，『紅楼夢』を「生きた文学」と称することができるのだろうか．それらはみな生きた文字で書かれたものだからである．もし，その作者らがみな文語で書物を書いたなら，かれらの小説はこのような生命を持つことはできず，このような価値を持つことはなかったのだ．（中略）この一千年余りの文学で，およそ真に文学的な価値のあるもので，白話の性質を帯びていないものはない（中略）．だからわたしは，「死んだ文字は決して生きた文学を生むことはできない」と言うのである.

b

> わたしは歴史をひもといて調べてみたが，その歴史には年代がなく，くねくねとどのページにもみな「仁義道徳」という字が書いてあるのである．わたしはどのみち眠れないので，夜中まで丹念に読んでみたところ，字と字のあいだから字が見えてきた．本にはびっしりと「食人」という二字が書かれているのだ！（中略）四千年来，いつも人を食ってきたところ．今日やっとわかったのだが，わたしもそこで長いあいだすごしてきたのだ．（中略）人を食ったことのない子供なら，まだいるかもしれないではないか？子供を救え…….

c

> われわれがもし，中国の法は，孔子の道であり，それがわれわれの国家を組織し，われわれの社会を支配して，それで今日の競争の世界で生存するに耐えると考えるのであれば，ただ共和国憲法を廃すべきのみならず，（中略）あらゆる新政治，新教育は（中略）ことごとく廃止し（中略）なければならない．万一（中略），西洋式の新国家を建設し，西洋式の新社会を組織し，現在の世界で適者として生存しようなどと（中略）考えるのであれば，根本問題は，西洋式の社会・国家の基礎，いわゆる平等・人権の新信仰をまっさきに輸入しなければならないということであり，この新社会・新国家・新信仰と相容れない孔教に対しては，徹底した覚醒，勇猛な決心を持たなければならない．

（資料出所はいずれも省略する．）

資料ａ：佐藤公彦訳／資料ｂ：駒田信二訳／資料ｃ：小野寺史郎訳

1．ａ 胡適　ｂ 陳独秀　ｃ 魯迅
2．ａ 胡適　ｂ 魯迅　ｃ 陳独秀
3．ａ 陳独秀　ｂ 胡適　ｃ 魯迅
4．ａ 陳独秀　ｂ 魯迅　ｃ 胡適
5．ａ 魯迅　ｂ 胡適　ｃ 陳独秀
6．ａ 魯迅　ｂ 陳独秀　ｃ 胡適

問9　下線部Ｄに関連して，次のａ，ｂの出来事は，下の年表のどこに入れるのが適当か．年表中の空欄１～６の中からそれぞれ選びなさい．（重複使用不可）

ａ．蔣介石を中心とする勢力が南京に国民政府を建てた．
ｂ．中国国民党が党大会で「連ソ・容共・扶助工農」の方針を決定した．

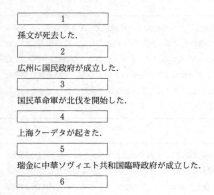

1

孫文が死去した．

2

広州に国民政府が成立した．

3

国民革命軍が北伐を開始した．

4

上海クーデタが起きた．

5

瑞金に中華ソヴィエト共和国臨時政府が成立した．

6

問10　下線部Ｅに関連して，第二次世界大戦後の中国での内戦の結果，中国を代表すると主張する政府が北京と台北にそれぞれ存在する状況が生まれた．これにより，国際社会では，どちらを正式な中国政府として承認するかが問題となったが，国際連合は，その成立から現在にいたるまで，この問題に対してどのような立場をとってきたか．北京と台北に政府が並立することになった経緯に触れつつ，**〔解答欄Ｂ〕の所定の欄の範囲内で説明しなさい**．

〔解答欄〕約17cm×3行

Ⅲ　経済学者ワシリー・レオンチェフに関して述べた次の文章を読んで，以下の問11〜問18に答えなさい．**解答は，設問で指定された場合を除いて，すべて番号で解答用紙の〔解答欄A〕の所定の欄に記入しなさい．**

1905年生まれ(※)のレオンチェフは，大学教授である父親が勤務する大学があった現在の A ロシアにて，幼少期と青年期を過ごし，15歳で大学に入学し，10代で卒業した．レオンチェフは，B ソヴィエト政権に対して，学問の自治，言論の自由を求める反政府活動に参加していたことから，拘束されることもあったが，病気を理由に国外に出ることが許され，ドイツの大学で研究を続け，20代前半で博士号を取得した．そして，ドイツのキール大学の世界経済研究所に勤務し，1931年に，アメリカの全米経済研究所（NBER）から招聘され，C アメリカに移住し，翌年にハーバード大学に移り，1946年には教授になった．

レオンチェフは，第二次世界大戦中，アメリカ統合参謀本部戦略情報局の顧問を務めるとともに，自らが発展させた産業連関分析により，戦時体制から平時の経済体制への移行が，D アメリカ経済に及ぼす影響の予測も行なった．さらに，レオンチェフは，E 国際貿易の基本理論であるヘクシャー＝オリーンの定理と矛盾する「レオンチェフの逆説」と呼ばれる現象を発見するなど，産業連関分析の発展の業績により，1973年に F ノーベル賞（ノーベル経済学賞）を受賞している．

レオンチェフは，次々と産業連関分析を現実の経済問題に適用し，冷戦構造の下でのアメリカにおける軍事支出の大きさとその影響や，G 軍縮が世界経済に与える影響に関する研究なども行っている．また，ノーベル賞受賞記念講演の基礎となった研究は，H 環境問題が世界経済に及ぼす影響に関するものである．

レオンチェフは，慶應義塾との学術的交流の一環として，1992年に，三田キャンパスにて講演を行うなど，精力的に研究活動を続けたが，1999年に93歳で死去した．

（※）　レオンチェフの生誕年については，1906年という記述もある．

問11　下線部Aに関連して，レオンチェフが幼少期と青年期を過ごした都市に関する次の文章を読んで，空欄（a）〜（c）に入る都市名の組み合わせとして適当なものを，下の1〜6の中から選びなさい．

バルト海に面したこの都市は，スウェーデンとの戦争中にピョートル1世が建設した都市である．1712年にロシア帝国の首都となった．第一次世界大戦開戦後，（　a　）と改称され，1918年に首都はモスクワに移された．その後，名称は，（　b　）に改められたが，ソ連邦が解体した年に，（　c　）と呼ばれるようになり現在まで続いている．

1．a　サンクト＝ペテルブルク　b　ペトログラード　c　レニングラード
2．a　サンクト＝ペテルブルク　b　レニングラード　c　ペトログラード
3．a　ペトログラード　b　サンクト＝ペテルブルク　c　レニングラード
4．a　ペトログラード　b　レニングラード　c　サンクト＝ペテルブルク
5．a　レニングラード　b　サンクト＝ペテルブルク　c　ペトログラード
6．a　レニングラード　b　ペトログラード　c　サンクト＝ペテルブルク

問12　下線部Bに関連して，以下の（1），（2）に答えなさい．

（1）　ソヴィエト政権が反ソヴィエト政権勢力との内戦の時期に実施した経済政策は，内戦終結とともにどのように転換されたか，転換後の政策の呼称を明示しつつ，**〔解答欄B〕の所定の欄の範囲内で説明しなさい．**

〔解答欄〕約17cm×2行

（２）　ソヴィエト政権の発足によって，諸外国との関係はどのように変化したか．その発足から（１）の内戦の時期にかけてのイギリス，ドイツ，フランスとの関係に触れつつ，**〔解答欄Ｂ〕の所定の欄の範囲内で説明しなさい．**

〔解答欄〕約 17cm × 2 行

問13　下線部Ｃに関連して，レオンチェフがアメリカへ移住した当時，アメリカへの移民は1924年の移民法に基づいて管理されていた．その移民法はアメリカへの移民の出身地域・国の構成にどのような影響を与えたか．**〔解答欄Ｂ〕の所定の欄の範囲内で説明しなさい．**

〔解答欄〕約 17cm × 1 行

問14　下線部Ｄに関連して，次の第１図，第２図は，20世紀のある30年間（２つの図で共通に設定）におけるアメリカの工業生産指数，労働組合加入者数，関税率，失業率の動向をグラフ化したものである．図の横軸の１～６は，５年ごとの区分（２つの図で共通に設定）である．これらの図に関する以下の（１），（２）に答えなさい．

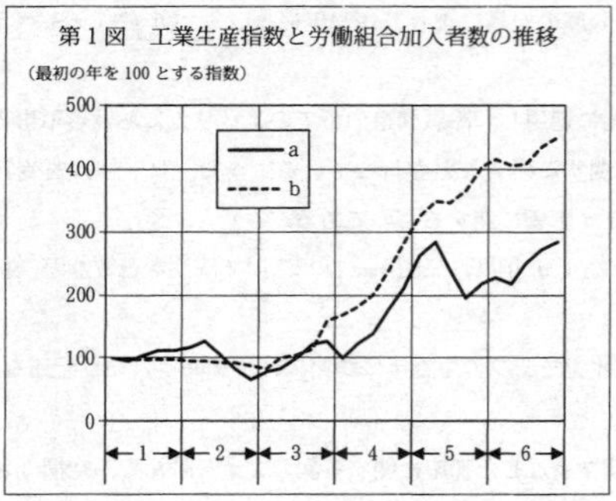

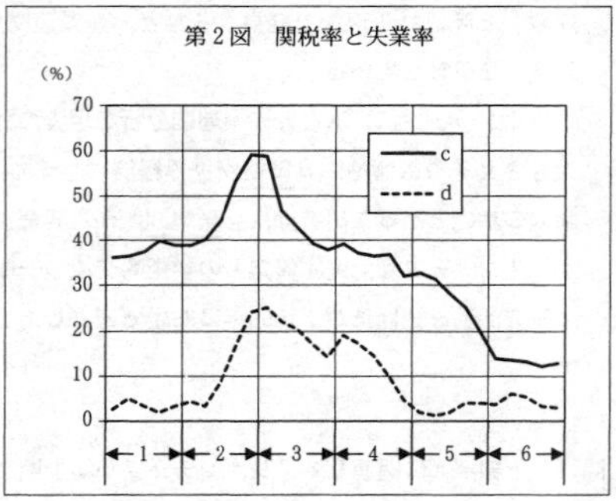

〔資料出所〕United States. Bureau of the Census, *Bicentennial Edition: Historical Statistics of the United States, Colonial Times to 1970*（工業生産指数，関税率，失業率），Troy, L., 'Trade Union Membership, 1897-1962,' *The Review of Economics and Statistics*, vol.47（労働組合加入者数）より作成．

（１）　第１図のａおよびｂ，第２図のｃおよびｄの組み合わせとして，最も適当なものを下の１～４から選びなさい．

１．ａ　工業生産指数　　ｂ　労働組合加入者数　　ｃ　関税率　　ｄ　失業率
２．ａ　工業生産指数　　ｂ　労働組合加入者数　　ｃ　失業率　　ｄ　関税率
３．ａ　労働組合加入者数　　ｂ　工業生産指数　　ｃ　関税率　　ｄ　失業率
４．ａ　労働組合加入者数　　ｂ　工業生産指数　　ｃ　失業率　　ｄ　関税率

（２）　次のア～エの出来事が起きた時期を，図の１～６からそれぞれ選びなさい．ただし，１の時期より前の場合は０を，６の時期より後ろの場合は７を記入しなさい．（重複使用不可）

ア．ウィルソン大統領が十四カ条を発表した．
イ．国際通貨基金（IMF）が発足した．
ウ．フーヴァー＝モラトリアムが宣言された．
エ．ワグナー法が制定された．

問15　下線部Eに関連して，以下の（1），（2）に答えなさい.

（1）　第二次世界大戦後，世界では関税と貿易に関する一般協定（GATT）を中心として，貿易の自由化が進展していったが，GATTは世界貿易機関（WTO）に継承された．GATTとWTOの相違点について，WTOの設立時期の世界経済の環境の変化に触れつつ，**〔解答欄B〕の所定の欄の範囲内で説明しなさい**.

〔解答欄〕約17cm×2行

（2）　レオンチェフは，国際貿易に関しては，地域的な国際貿易の進展による発展途上国の発展の重要性も指摘している．次のa～cの地域共同体あるいは地域協定に関する出来事は，下の年表のどこに入れるのが適当か．年表中の空欄1～7の中からそれぞれ選びなさい．（重複使用不可）

a．アジア太平洋経済協力会議（APEC）が発足した.
b．東南アジア諸国連合（ASEAN）が発足した.
c．北米自由貿易協定（NAFTA）が発効した.

［　1　］
第1回先進国首脳会議が開催された.
［　2　］
プラザ合意により，ドル高の是正がはかられることになった.
［　3　］
ヨーロッパ連合（EU）の創設などを規定するマーストリヒト条約が調印された.
［　4　］
タイの通貨バーツの急落をきっかけにアジア通貨危機が発生した.
［　5　］
アフリカ連合（AU）が発足した.
［　6　］
アメリカの投資銀行リーマン＝ブラザーズが経営破綻して，世界的な金融恐慌が起こった.
［　7　］

問16　下線部Fに関連して，ノーベル文学賞を受賞した作家の中には，現実の社会についての論説を記した者も多い．次の資料a～cは，ノーベル文学賞を受賞した3名の作家のそれぞれの著作からの抜粋を日本語に訳したものである（必要に応じて表現を改めた）．これらを読んで，以下の（1），（2）に答えなさい.

a

> 1938年は，（　ア　）にとって，喪の年である．（　ア　）は国際的友好を裏切り，チェコスロヴァキアを引渡し，（　イ　）を見捨てた．（中略）われわれは，名誉を救ってくれたわれわれの同胞にたいしてただただ感謝するばかりである．共和国（　イ　）に彼らの血を捧げに行った英雄的な義勇兵たちに，（　ア　）政府は（中略），彼らの帰還にあたって，輝かしく，愛情のこもった，公の歓迎をするべきだった！

b

私のような類の（　ウ　）気質は，アメリカという名の，この人種的民族的宇宙において，客人を手厚くもてなすコスモポリスにおいてこそ，最も適切に保護されています．（中略）スイスへの旅行は，田舎から世界へと出て行く旅でした．（中略）スイスは中立であり，複数の言語が使われ，（　ア　）の影響を受けていて，（中略）実際，北方の政治的大国よりもはるかに「世界」であり，ヨーロッパを目のあたりにできる場所だったのです．

c

われわれは，重機関銃とライフルの砲火の中を（　イ　）の歩兵の列と共に丘陵の頂上で伏せていた．（中略）ファシスト軍はわれわれの背後の道や野原に80ミリ迫撃砲で砲撃してきた．（中略）ニューヨークから受取ったばかりの新聞には，フランコ将軍が勝利に向けた最後の攻撃を開始する前に，政府側に降伏を決断させるため，5日間の猶予を与えたことが書かれていたが，（中略）反乱軍の重要な拠点に我々が歩いて入ってきたということとは，少しばかり矛盾しているようだ．

（資料出所はいずれも省略する．）

（1）　資料a～cの空欄（ア）～（ウ）に入る国名の組み合わせとして適当なものを，下の1～6の中から選びなさい．

1．ア．スペイン　イ．ドイツ　ウ．フランス
2．ア．スペイン　イ．フランス　ウ．ドイツ
3．ア．ドイツ　イ．スペイン　ウ．フランス
4．ア．ドイツ　イ．フランス　ウ．スペイン
5．ア．フランス　イ．スペイン　ウ．ドイツ
6．ア．フランス　イ．ドイツ　ウ．スペイン

（2）　資料a～cの著者名の組み合わせとして適当なものを，下の1～6の中から選びなさい．

1．a　トーマス＝マン　b　ヘミングウェー　c　ロマン＝ロラン
2．a　トーマス＝マン　b　ロマン＝ロラン　c　ヘミングウェー
3．a　ヘミングウェー　b　トーマス＝マン　c　ロマン＝ロラン
4．a　ヘミングウェー　b　ロマン＝ロラン　c　トーマス＝マン
5．a　ロマン＝ロラン　b　トーマス＝マン　c　ヘミングウェー
6．a　ロマン＝ロラン　b　ヘミングウェー　c　トーマス＝マン

問17　下線部Gに関連して，レオンチェフは，アメリカのノーベル経済学賞受賞者などを中心に組織された団体である「軍縮問題を考えるエコノミストの会（ECAAR）」などの活動を通じて軍縮問題にも積極的にかかわっていた．軍縮に関する次の文章を読んで，文章中の空欄（a）～（c）の場所として最も適当なものを，下の地図中の1～9の中からそれぞれ選びなさい．（重複使用不可）

1954年にマーシャル諸島の（　a　）での水爆実験で被爆事件がおきると，原水爆禁止を求める運動が世界各地に広がり，翌1955年には広島で第１回原水爆禁止世界大会が開催され，1957年には日本の湯川秀樹ら東西各国の22人の科学者たちが集まって（　b　）で第１回（　b　）会議を開き，核兵器禁止を訴えた．1962年に起きたキューバ危機を契機に，核戦争勃発の危険性が認識されるようになり，核兵器の管理が進むことになった．その後も冷戦は続いたが，1989年にゴルバチョフ共産党書記長とブッシュ大統領が（　c　）で会談し，冷戦の終結が宣言され，1991年に第１次戦略兵器削減条約（START1）が米ソ間で調印された．

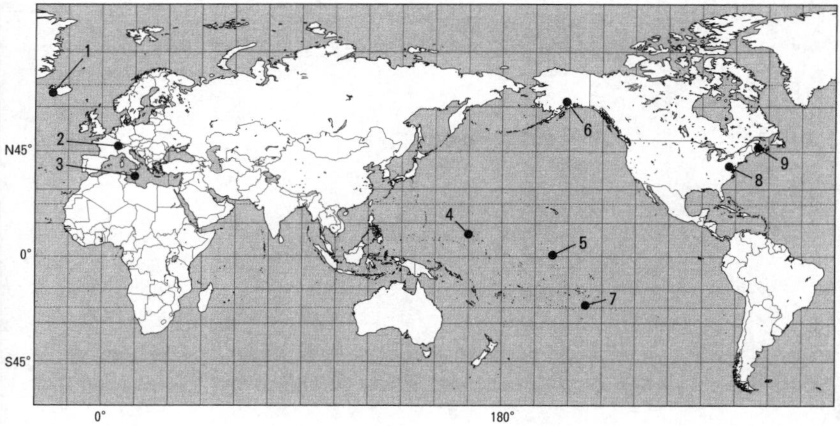

備考：国境線は現在のもの．

問18　下線部Ｈに関連して，環境問題の解決を目指した次のａ～ｃの出来事は，下の年表のどこに入れるのが適当か．年表中の空欄１～７の中からそれぞれ選びなさい．（重複使用不可）

ａ．京都議定書が採択された．
ｂ．国連人間環境会議が開催された．
ｃ．リオデジャネイロで「環境と開発に関する国連会議」が開催された．

1

レイチェル＝カーソンが『沈黙の春』を刊行した．

2

オゾン層の保護のためのウィーン条約が採択された．

3

気候変動枠組条約が発効した．

4

アメリカでバラク＝オバマが大統領に就任した．

5

気候変動に関する国際的枠組みであるパリ協定が採択された．

6

アメリカでドナルド＝トランプが大統領に就任した．

7

数学

（80 分）

（注意事項）

1．数学の問題のうち，問題の［**1**］から［**3**］が最初に採点されます。問題の［**4**］から［**6**］は，数学の最初に採点される問題と英語の最初に採点される問題の得点が一定点に達した受験生についてのみ，採点されます。

2．① 問題の［**1**］から［**3**］の解答は，解答用紙A（マークシート）の解答欄にマークしてください。

［例］ $\boxed{(11)}\boxed{(12)}$ と表示のある問いに対して，「45」と解答する場合は，解答欄(11)の④と解答欄(12)の⑤にマークしてください。

なお，解答欄にある㊀はマイナスの符号－を意味します。

② 解答欄(1)，(2)，…の一つ一つは，それぞれ0から9までの数字，またはマイナスの符号－のいずれか一つに対応します。それらを(1)，(2)，…で示された解答欄にマークしてください。

下の例のように，数字は右によせて表示し，マイナスの符号－は左端に置いてください。空のマスがあれば0を補ってください。分数の分母と分子がともに解答欄のときは，分母を正で，約分しきった形で解答してください。

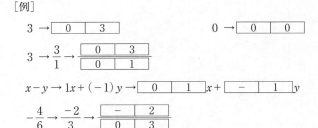

［例］

$3 \rightarrow \boxed{0}\boxed{3}$　　　　$0 \rightarrow \boxed{0}\boxed{0}$

$3 \rightarrow \dfrac{3}{1} \rightarrow \dfrac{\boxed{0}\boxed{3}}{\boxed{0}\boxed{1}}$

$x-y \rightarrow 1x+(-1)y \rightarrow \boxed{0}\boxed{1}\,x+\boxed{-}\boxed{1}\,y$

$-\dfrac{4}{6} \rightarrow \dfrac{-2}{3} \rightarrow \dfrac{\boxed{-}\boxed{2}}{\boxed{0}\boxed{3}}$

[1] 以下の問いに答えよ.

(1) △ABC において，頂点 A, B, C に向かい合う辺 BC, CA, AB の長さをそれぞれ a, b, c で表し，∠A, ∠B, ∠C の大きさを，それぞれ A, B, C で表す.

$$\sin A : \sin B : \sin C = 3 : 7 : 8$$

が成り立つとき，ある正の実数 k を用いて

$$a = \boxed{(1)}\,k, \quad b = \boxed{(2)}\,k, \quad c = \boxed{(3)}\,k$$

と表すことができるので，この三角形の最も大きい角の余弦の値は $-\dfrac{\boxed{(4)}}{\boxed{(5)}}$ であり，正接の値は $-\boxed{(6)}\sqrt{\boxed{(7)}}$ である. さらに△ABC の面積が $54\sqrt{3}$ であるとき，$k = \boxed{(8)}$ となるので，この三角形の外接円の半径は $\boxed{(9)}\sqrt{\boxed{(10)}}$ であり，内接円の半径は $\boxed{(11)}\sqrt{\boxed{(12)}}$ である.

(2) m, n を自然数とし，p を実数とする. 平面上の点 $\left(p, \dfrac{p}{2}\right)$ に関して点 (m, n) と対称な点が $\left(-3m^2-4mn+5m,\ n^2-3n-3\right)$ であるとき，関係式

$$\boxed{(13)}\,m^2 + 2\left(\boxed{(14)}\,n - \boxed{(15)}\right)m + 2\left(n + \boxed{(16)}\right)\left(n - \boxed{(17)}\right) = 0$$

が成り立つ. ゆえに $m = \boxed{(18)}$，$n = \boxed{(19)}$，$p = \boxed{(20)}\boxed{(21)}$ である.

[2] 数列 $\{a_n\}$ に対して $S_n = \sum_{k=1}^{n} a_k$ $(n = 1, 2, 3, \ldots)$ とし，さらに $S_0 = 0$ と定める．$\{a_n\}$ は，

$$S_n = \frac{1}{4} - \frac{1}{2}(n+3)a_{n+1} \qquad (n = 0, 1, 2, \ldots)$$

を満たすとする．

(1) $a_1 = \dfrac{\boxed{(22)}}{\boxed{(23)}}$ である．また $n \geqq 1$ に対して $a_n = S_n - S_{n-1}$ であるから，関係式

$$\left(n + \boxed{(24)}\right) a_{n+1} = \left(n + \boxed{(25)}\right) a_n \qquad (n = 1, 2, 3, \ldots) \qquad (*)$$

が得られる．数列 $\{b_n\}$ を，

$$b_n = n(n+1)(n+2)a_n \qquad (n = 1, 2, 3, \ldots)$$

で定めると，$b_1 = \boxed{(26)}$ であり，$n \geqq 1$ に対して $b_{n+1} = \boxed{(27)}\, b_n$ が成り立つ．ゆえに

$$a_n = \frac{\boxed{(28)}}{n(n+1)(n+2)} \qquad (n = 1, 2, 3, \ldots)$$

が得られる．

次に，数列 $\{T_n\}$ を $T_n = \sum_{k=1}^{n} \dfrac{a_k}{(k+3)(k+4)}$ $(n = 1, 2, 3, \ldots)$ で定める．

(2) $(*)$ より導かれる関係式

$$\frac{a_k}{k+3} - \frac{a_{k+1}}{k+4} = \frac{\boxed{(29)}\, a_k}{(k+3)(k+4)} \qquad (k = 1, 2, 3, \ldots)$$

を用いると，

$$T_n = A - \frac{\boxed{(30)}}{\boxed{(31)}\,(n+p)(n+q)(n+r)(n+s)} \qquad (n = 1, 2, 3, \ldots)$$

が得られる．ただしここに，$A = \dfrac{\boxed{(32)}}{\boxed{(33)}\boxed{(34)}}$ であり，$p < q < r < s$ として

$p = \boxed{(35)}$，$q = \boxed{(36)}$，$r = \boxed{(37)}$，$s = \boxed{(38)}$ である．

(3) 不等式

$$\left| T_n - A \right| < \frac{1}{10000(n+1)(n+2)}$$

を満たす最小の自然数 n は $n = \boxed{(39)}\boxed{(40)}$ である．

[3] 袋の中に，1 から 9 までの数字を重複なく 1 つずつ記入したカードが 9 枚入っている．この袋からカードを 1 枚引き，カードに記入された数字を記録してから袋に戻すことを試行という．この試行を 5 回 繰り返し行う．また以下の (a), (b) に従い，各回の試行後の点数を定める．ただし，1 回目の試行前の点数は 0 点とする．

(a) 各回の試行後，その回の試行で記録した数字と同じ数字のカードをそれまでに引いていない場合は，その回の試行前の点数にその回の試行で記録した数字を加える．

(b) 各回の試行後，その回の試行で記録した数字と同じ数字のカードをそれまでに引いている場合は，その回の試行前の点数にその回の試行で記録した数字を加え，さらに 1000 点を加える．

(1) 3 回の試行後の点数は 23 点であった．それまでに引いた 3 枚のカードに記入された数字は，小さい順に $\boxed{(41)}$，$\boxed{(42)}$，$\boxed{(43)}$ である．これら 3 つの数字の分散は $\dfrac{\boxed{(44)}\boxed{(45)}}{\boxed{(46)}}$ である．

(2) 4 回の試行後の点数が 23 点となる確率は $\dfrac{\boxed{(47)}}{\boxed{(48)}\boxed{(49)}\boxed{(50)}}$ である．

(3) 2 回の試行後の点数が 8 点または 1008 点となる確率は $\dfrac{\boxed{(51)}}{\boxed{(52)}\boxed{(53)}}$ である．

(4) 2 回の試行後の点数が 8 点または 1008 点であるとき，5 回の試行後の点数が 2023 点となる条件付き確率は $\dfrac{\boxed{(54)}\boxed{(55)}}{\boxed{(56)}\boxed{(57)}\boxed{(58)}\boxed{(59)}}$ である．

[4] x, y を正の実数とし，$z = 2\log_2 x + \log_2 y$ とする．また k を正の実数とする．

(1) x, y が $x + y = k$ を満たすとき，z の取りうる値の最大値 z_1 およびそのときの x の値を，k を用いて表せ．

(2) x, y は $x + y = k$ または $kx + y = 2k$ を満たすとする．このとき，z の取りうる値の最大値 z_2 が **(1)** の z_1 と一致するための必要十分条件を，k を用いて表せ．

(3) n を自然数とし，$k = 2^{\frac{n}{5}}$ とする．**(2)** の z_2 について，$\dfrac{3}{2} < z_2 < \dfrac{7}{2}$ を満たす n の最大値および最小値を求めよ．なお，必要があれば $1.58 < \log_2 3 < 1.59$ を用いよ．

[5] xyz 空間における 8 点 O$(0, 0, 0)$, A$(1, 0, 0)$, B$(1, 1, 0)$, C$(0, 1, 0)$, D$(0, 0, 1)$, E$(1, 0, 1)$, F$(1, 1, 1)$, G$(0, 1, 1)$ を頂点とする立方体 OABC-DEFG を考える．また p と q は，$p > 1, q > 1$ を満たす実数とし，3 点 P, Q, R を P$(p, 0, 0)$, Q$(0, q, 0)$, R$\left(0, 0, \dfrac{3}{2}\right)$ とする．

(1) a, b を実数とし，ベクトル $\vec{n} = (a, b, 1)$ は 2 つのベクトル $\overrightarrow{\mathrm{PQ}}$, $\overrightarrow{\mathrm{PR}}$ の両方に垂直であるとする．a, b を，p, q を用いて表せ．

以下では 3 点 P, Q, R を通る平面を α とし，点 F を通り平面 α に垂直な直線を ℓ とする．また，xy 平面と直線 ℓ の交点の x 座標が $\dfrac{2}{3}$ であるとし，点 B は線分 PQ 上にあるとする．

(2) p および q の値を求めよ．

(3) 平面 α と線分 EF の交点 M の座標，および平面 α と直線 FG の交点 N の座標を求めよ．

(4) 平面 α で立方体 OABC-DEFG を 2 つの多面体に切り分けたとき，点 F を含む多面体の体積 V を求めよ．

[6] a, b を実数の定数とする．また，x の関数 $f(x)=x^3-ax+b$ は

$$a=\int_{-1}^{1}\left\{\frac{3}{2}b\left|x^2+x\right|-f(x)\right\}dx$$

を満たすとする．

(1) b を，a を用いて表せ．

(2) $y=f(x)$ で定まる曲線 C と x 軸の共有点の個数がちょうど 2 個となるような a の値を求めよ．また，曲線 C と x 軸で囲まれた図形の面積 S を求めよ．なお，必要があれば $\alpha<\beta$ を満たす実数 α, β に対して成り立つ公式

$$\int_{\alpha}^{\beta}(x-\alpha)^2(x-\beta)dx=-\frac{1}{12}(\beta-\alpha)^4$$

を用いてもよい．

小論文

（60 分）

（注意事項）字数をかぞえるとき，句読点も1字とかぞえます。ただし，算用数字は1マスに2つまで記入できます。

次の課題文を読んで，設問A，Bに答えなさい．解答は解答用紙の所定の欄に横書きで記入しなさい．

［課題文］

カフェでじっとチョコレートケーキを見つめている小さな女の子を見かけ，あなたは考える．「あの子，あのケーキが食べたいんだな」．このとき，あなたはその子のふるまいを解釈した．つまり，志向的状態（この場合はケーキを食べたいという欲求）を帰属することで，彼女のふるまいを説明したのである．誰かの行っていることを理解しようとする場合や，次に行うことを予測しようとする場合，私たちは相手を志向的行為者とみなす．そして相手の動作や発言の裏に，それを動機づける志向的状態があるものと考える．こうした志向的状態にもとづいてふるまいを予測・説明することは，解釈という実践にふくまれる．以下のような例を考えてほしい．「あのウェイターが親切なのは，チップがたくさんほしいからだ」．「あの男の子が興奮して飛び跳ねているのは，おばあちゃんにおもちゃ屋へ連れて行ってもらえるからだ」．「あのチームのコーチは，ミッドフィルダーを下げてストライカーを出すだろう．試合はもう終わりかけで，自チームはゴールを決めないと勝てないのだから」．

（中略）

さてここで，2人の哲学者の名前をあげたい．彼らの研究内容は明らかに異なっているが，重なり合う部分も有している．1人はドナルド・デイヴィドソン．もう1人は，ダニエル・デネット．両者とも，私たちが誰かのふるまいを解釈するプロセスに関心をもっていて，そのプロセスの本質的な側面をとらえようとしたのである．では，彼らのコミットした見解はどのようなものだったか．ある人がある信念や欲求をもっている，と正しく述べられるためには条件があるが，彼らによるとその条件の1つは，解釈の可能性によって与えられる．すなわち，もし適切な位置におかれた解釈者がいたなら，その人はまさにその信念や欲求をもっていると解釈されるだろう，ということが条件となる．さらに彼らによると，解釈者はある決まった前提のもとでしか，志向的な言葉を用いてふるまいを説明・予測することができない．そのなかでも中心的とされるのが，相手は合理性の基準を満たすようにふるまっている，との前提なのだ．以上の主張へのコミットメントを基本的な理念とするのが，解釈主義 —— 解釈の実践を見ることで，志向的行為者性の本性がわかるという見解 —— である．

では，解釈主義者たちが考える合理性とはどのようなものか？　デネットの論文「本当に信念をもつ者たち」(1981) での説明によると，ある行為者が合理的といえるのは，もつべき信念と欲求をもっており，なすべきことを行っている場合である．ここでの「なすべきこと」は，自分の目的を達成するためになすべきこと，という意味であり，それは行為者の信念と欲求によって変わってくる．それでは，行為者がもつべき信念と欲求とはどのようなものか．これは論争を呼ぶ話題だが，デネット自身の提案はこうだ．ある行為者が合理的であるためには，自分が知りうる範囲にあり，かつ関心をもっている真理をすべて信じねばならない．さらに，何かが自分にとってよいものだと思ったならば，それを欲求せねばならない．志向的システム理論とよばれるデネットの理論においては，このような意味での合理性が必要不可欠な前提とされる．その人が合理的であることを前提しなければ，人のふるまいを予測するべく方針を立てることはできないというのだ．

デネットによると，人が他者のふるまいを予測するために使う方針は 3 種類ある．まず，物理的スタンス．このスタンスをとることで，予測したいシステムのふるまいについては一定の洞察が得られるが，そこで参照されているのは，システムの物理的な組成，システムに影響する可能性があるものの物理的本性，および物理法則の知識である．観察者がこの方針をとるのは，水が何度で沸騰するか，日曜日に雨は降るか，といったことを予測するときだ．次に，設計的スタンス．この方針でシステムのふるまいを予測する場合，そのシステムがどうふるまうように設計されたかがポイントとなる．観察者が設計的スタンスに立つのは，目覚まし時計がいつ鳴るのかを予測するときや，パソコンのキーボードのESCキーを押したら何が起こるのかを予測するときだ．こうした出来事を予測する際に物理的スタンスをとり，目覚まし時計やコンピュータの物理的組成に注目することもできはする．だが，このようなシステムは複雑だから，設計的スタンスのほうが便利だし経済的なのだ．ただし，もしシステムに誤作動が生じたならば，物理的スタンスへ立ち戻らないといけなくなる．それはシステムが設計通りにふるまわなくなった，ということなのだから．そして最後に，志向的スタンス．これを使うためには，ふるまいを予測したい対象のシステムを，志向的状態をもった合理的な行為者とみなしていなければならない．ゆえに，解釈者には考えねばならないことが出てくる．たとえば，対象のシステムの目的を前提したとき，そのシステムはどのような信念と欲求をもっているべきか．こうしたことを考えてはじめて，そのシステムが目的を達成するべく，帰属された信念と欲求にそってどう動くかが予測できるようになる．この文脈において，解釈者はある特定の意味で対象の合理性を前提している．つまり，対象のシステムがもつべき信念と欲求をもっていると前提している．そして，その信念と欲求を前提したとき，システムが目的を達成するため行うべきことを行うとも前提している．解釈の対象が人の行為者のふるまいである場合，この志向的スタンスがデフォルトの方針となる．

原則としては，1つ目と2つ目の方針，すなわち物理的スタンスや設計的スタンスで人のふるまいを予測することも可能である．だがそれでも，志向的スタンスが余計だということにはならない．ここでデネットは以下のように論じている．外部からやってきて人のふるまいを観察する存在，たとえば好奇心旺盛な火星人が仮にいたとしよう．もしこの火星人が志向的スタンスをとらなかったとしたら，おそらく大事なことを見落としてしまうだろう．火星人が認識できるふるまいのパターンのなかには，志向的スタンスでの一般化と予測を支えるパターンがふくまれていないのである．物理的スタンスや設計的スタンスをとり，物理的な組成や生物学的な機能だけで考えたせいで，火星人は人のふるまいを最もシンプルに説明することができなくなってしまった．そして，人がお互いを理解し，相互に協力することを可能にしているパターンを見抜くこともできなくなってしまったのだ（例：人は悪いニュースを聞くと悲しくなる．ディナーに招待された人は，おそらくワインとかチョコレートを持参する．バス停の横に立っている人々は，バスがもうすぐ来ると信じていて，来れば乗れるとも信じている）．

志向的スタンスでふるまいを予測することは，どのような個体に対しても可能ではある．じっさい，ペットや植物，時計，雲といったもののふるまいを志向的な言葉で語ることもある（「トマトの苗木が日光を欲しがっている」「あの犬は，リスがオークの木の上にいると信じている」といったように）．だが，志向的スタンスがふるまいの予測で本領を発揮するのは，やはりペットでも植物でも時計でも雲でもなく，人に関して予測を立てるときだ．人々はひっきりなしに志向的スタンスでやりとりをしている．そして通常，仲間の人間のふるまいを説明・予測することが非常にうまい．相手を志向的なシステムとみなし，このシステムについて前提を立て，そうした前提にもとづいてふるまいを説明・予測する，この一連の作業にたいへんすぐれているのだ．デネットにいわせれば，これは驚くようなことではない．進化の過程で人は合理的なものとして設計されたのだから．

では対象が非合理であったとき，解釈にはどのような影響が出るだろうか？　デネットの場合，志向的スタンスにもとづいた予測には必ず問題が生じることになる．とはいえ非合理性にはさまざまな形があり，それに応じて対応も変わってくる可能性がある．明らかに誤った知覚的な信念，たとえば幻覚による信念を考えてみよう．デリアはアルコールか薬物のせいで幻覚を見ており，まわりの環境に関して誤った知覚的な信念（例：「目の前にチカチカ光るものがある」）を抱いたとする．このときデリアのふるまいは，アルコールか薬物が視覚にもたらす影響によって説明可能である．彼女のふるまいをうまく説明するためには，知覚のメカニズムに異常が生じていることに言及すればよいのだから，予測したければ志向的スタンスでなく物理的スタンスに立てばよいのだ．

それでは，対象のふるまいが不整合であるとか，自己欺瞞（ぎまん）的であると見受けられた場合はどうか．デネットによればこうした場合，解釈者は明確ではっきりとした信念・欲求の帰属を行うことができず，予測も不安定になってしまう．メアリーが自己欺瞞に陥っているとしよう．息子のジミーが銀行強盗犯であるはずがない，と彼女は自分にいい聞かせている．だが本当は，ジミーを犯人と示す証拠がたくさんあることを彼女は知っている．息子が重大な犯罪に手を染めたという事実を，彼女は受け入れられないのである．解釈者はメアリーにどちらの信念を帰属するべきだろうか？　ジミーは無実だという信念を帰属したなら，彼女が次に何をするか，信頼に足る予測を行えるだろうか？　合理性からの逸脱が一時的で，たまにしか起こらないものである場合には，信念と欲求をはっきりしない形とはいえ帰属して暫定的な予測を立てられる．こうしたケースは規則にとっての例外なのだ．だが，もしふるまいがどこを取っても，そして体系的に非合理であるならば，志向的スタンスではいかなる志向的状態も帰属できず，いかなる予測も立てられない．

（リサ・ボルトロッティ著，鴻浩介訳『非合理性』岩波書店，2019年より抜粋．見出しは省略した．）

※ 常用漢字表にない漢字については，一部ふりがなをつけた．

［設　問］

A. 課題文に基づき，「志向的スタンスでふるまいを予測すること」とはどういうことか，およびその予測に問題が生じるケースとはどのようなものか，200字以内で説明しなさい．

B. あなたが電車に乗って席に座っており，隣にも人（以下「甲」とよぶ）が座っているとする．駅に着き，ある人が甲の席の前に立つと，甲が席を立った．課題文に基づき，この甲の行動を志向的スタンスで説明できるような3つの異なる状況を設定し，各々の状況における「席を立つ」という甲の行動の「合理性」について400字以内で説明しなさい．

2022年度

問題編

■一般選抜

問題編

▶試験科目・配点

方式	教科	科目	配点
A方式	外国語	コミュニケーション英語Ⅰ・Ⅱ・Ⅲ，英語表現Ⅰ・Ⅱ	200点
	数学	数学Ⅰ・Ⅱ・A・B	150点
	小論文	高校生にふさわしい知識，理解力，分析力，構想力，表現力を問う。高等学校の特定の教科とは直接には関わらない。	70点
B方式	外国語	コミュニケーション英語Ⅰ・Ⅱ・Ⅲ，英語表現Ⅰ・Ⅱ	200点
	地歴	日本史B，世界史Bのうち1科目選択	150点
	小論文	高校生にふさわしい知識，理解力，分析力，構想力，表現力を問う。高等学校の特定の教科とは直接には関わらない。	70点

▶備　考

- 数学Ⅱの「微分・積分の考え」においては一般の多項式を扱うこととする。数学Aは「場合の数と確率」・「整数の性質」・「図形の性質」を，数学Bは「数列」・「ベクトル」を出題範囲とする。上記範囲とその応用を出題する。
- 日本史Bの出題範囲は1600年以降を中心とし，世界史Bの出題範囲は1500年以降を中心とする。2科目とも基礎的理解並びに体系的理解を問う。
- A方式は「外国語」の問題の一部と「数学」の問題の一部の合計点が一定の得点に達した受験生について，「外国語」の残りの問題と「数学」の残りの問題および「小論文」を採点する。B方式は「外国語」の問題の一部が一定の得点に達した受験生について，「外国語」の残りの問題と「地理歴史」および「小論文」を採点する。A・B両方式とも，最終判定は総合点によって合否を決定する。
- 「外国語」と「小論文」はA・B両方式共通。

英語

（100 分）

（注意事項） 英語の問題のうち，問題ⅠからⅢが最初に採点されます。問題Ⅳ とⅤは，最初に採点される問題の得点（数学受験者については数学の得点の一部をそれに加味した合計）が一定点に達した受験生のみ，採点されます。

Ⅰ. Read the following article and answer the questions as indicated.

"Minimalism: Less is Better"
by Clare Yermesse (2020)

① Minimalism is a movement whose time has arrived. From Japan to the US and Europe, people in various countries have fallen under the spell of Marie Kondo, who encouraged us to simplify our lives by cleaning up our homes and limiting our material possessions to only those that "spark joy" in our lives. On her television show, she would go into the homes of American families who typically had never-ending piles of stuff in every corner of their homes, and [1] their possessions. The thrill of the *KonMari Method* was clear. By greatly reducing material possessions, people found they became more relaxed, happier, and saw their family relationships improve.

② Reducing possessions, however, is only one step in the transition to a minimalist lifestyle. In adopting this philosophy, many people choose to [2] their most important consumption choices: home size and location and modes of transportation, for example. Some [3] their giant homes in the suburbs and live instead in a city-center apartment one fraction the size. Others opt to use public transportation or cycle to work, allowing families to get rid of their second car, or even [4] the need for one at all. Taken even further, some people choose to live in mobile homes or camping vans that allow their owners to live anywhere at any time.

③ The minimalist lifestyle reflects our sense of responsibility to the planet.

Personal consumption impacts the broader environment and community in profound ways. For example, shopping at farmers markets for local produce and bread not only improves your diet, but also reduces the creation of waste. For most people a single food choice might [5]. However, great long-term benefits can follow because it can reduce dependency upon global transportation networks to bring food to your plate. Ultimately, purchasing fewer things means that less will have to be produced and, over time, less waste will result. These environmental benefits can and should be calculated.

④ Indeed, many people who choose minimalism do so because of the financial stress caused by overconsuming. Many were once shopaholics. They lived paycheck to paycheck and relied on credit cards just to make ends meet. In fact, today the average adult in the US and the UK has unsecured loans or credit card debt of over $5,000 and, according to the US Federal Reserve, fully one quarter of all US adults have no savings for retirement. People often forget that it is not just the desire to buy more that keeps people poor, but there are also costs just for keeping and storing the things they have, including phone subscriptions, insurance and taxes, as well as cleaning and maintenance costs. At its heart, minimalism promotes basic financial health. As such, any responsible government would adopt policies that embody some of the principles of minimalism. [6]

⑤ Minimalism has the capacity to correct some of the economic disparities that exist in the world today. [7] a certain portion of their consumption, more resources might be freed to provide for the truly poor in developing countries. The rich can and should restrain their global environmental footprint, if not from moral considerations, then from self-interest. If developing nations continue to be ravaged for resources to supply the rich with new devices, one can see how global migrations and the outbreaks of disease might well follow.

⑥ Some claim that if we all lived minimalist lifestyles the global economy would crash because there would be no consumer spending to keep supply chains running and local stores open. However, minimalists never advocate the end of consumption. Instead, [8]. By consuming conscientiously, we can support ethically produced and locally sourced goods over those which are mass-produced by the lowest bidder. Cumulatively, each individual decision will produce considerable national economic benefits, as local manufacturing and family-based businesses will revive when consumers reject multinational corporations.

⑦ Minimalism is not in itself a political movement, though its critics usually paint it as a radical, anti-capitalist movement. Minimalists have no problems with individual ownership of property or the accumulation of wealth. What they object to is conspicuous consumption as a means of social display. We live in an age where quiet virtues like saving for the future and being responsible to one's neighbors have become unfashionable. Yet, as Jason Rodrigues has explained, "The US minimalist movement represents an increasingly popular critical reflection on the ills of consumerism and an effort to forge new ways of living amidst consumer capitalism." For most national governments, [9] achieve to uproot the inequalities of our consumerist society would be a major step forward.

Answer the questions [1]—[9] as indicated.

1. Which of the following would best fill the gap at [1] in Paragraph ①? Answer by filling in the corresponding slot under the number (1) on the mark sheet.
   1. calculate the costs for upgrading
   2. guide them to make decisions about
   3. help the owners to rearrange
   4. work with them to expand

2, 3, 4. From the expressions below, choose the most suitable expression to fill in the gaps marked [2], [3], and [4] in Paragraph ②. <u>Each expression can only be used once.</u> Fill in the corresponding slots under the numbers marked (2), (3) and (4) on the mark sheet.
   1. eliminate
   2. give up
   3. make good
   4. take stock of
   5. wipe off

5. Which of the following would best fill the gap at [5] in Paragraph ③? Answer by filling in the corresponding slot under the number (5) on the mark sheet.
   1. appear very meaningful

2. bring many disadvantages
3. make life-changing differences
4. seem absolutely insignificant

6. Which of the following best expresses the author's **main idea** in paragraph ④? Answer by filling in the corresponding slot under the number (6) on the mark sheet.
   1. Consuming less has financial benefits.
   2. Most people are happier with fewer things.
   3. People have become addicted to consuming.
   4. Storage costs are hidden financial strains.

7. Which of the following would best fill the gap at [7] in Paragraph ⑤? Answer by filling in the corresponding slot under the number (7) on the mark sheet.
   1. Might the rich extend
   2. Need the global elite reduce
   3. Were the rich to go without
   4. Would the poor gain

8. Which of the following would best fill the gap at [8] in Paragraph ⑥? Answer by filling in the corresponding slot under the number (8) on the mark sheet.
   1. their focus is on reinforcing global supply chains
   2. they argue for simply reusing what we have
   3. they say we must buy only high-quality products
   4. they want to focus on what impacts our money might have

9. Which of the following would best fill the gap at [9] in Paragraph ⑦? Answer by filling in the corresponding slot under the number (9) on the mark sheet.
   1. however minimalism will
   2. whatever minimalism can
   3. whenever minimalism might
   4. whichever minimalism may

Ⅱ. Read the following article and answer the questions as indicated.

"Minimalism: Small-Minded?"

by Winnie D. Morstuf (2021)

① A superficial examination of minimalism reveals only its positive face. This modern, family-centered philosophy encourages living only with the things you need. Certainly, if living with less stuff can be shown to relieve stress, which some studies indeed demonstrate, then minimalism is a sound and worthwhile movement. Yet deeper reflection reveals the truth: behind the appearance of virtue lies a cult-like ideology [10] restricting our social interactions and installing new social norms.

② The chief appeal of minimalism is its perceived benefit to the environment. By consuming less, we are told, we are saving the planet. But is this true? Unfortunately, there is a lot more to consider than most minimalists admit. To begin with, we need to understand the impact that sharp reductions in global consumption would have on developing countries, whose economies are often reliant on exporting primary commodities which later become consumer goods. People in these countries might be forgiven for strongly criticizing the rich who simply chose to abandon them. As a result, they [11] more precious natural resources to make up for the losses.

③ People often point to the environmental benefits of minimalizing consumption. True, working out minimalism's environmental costs and benefits is imperative. Yet these are harder to calculate in real life than some might believe. Going to the farmers market or local shop will not solve all our trading problems. Economies of scale mean that big really can be beautiful: massive operations can often produce far more with far less waste. Moreover, [12]. Nations need to adopt measures that reflect their unique geography, available resources, and varying circumstances.

④ Logically, the government should be encouraging mass consumption, not encouraging people to reduce it. Domestic consumption is the primary driver of growth in GDP. Scale is also important. Tidying up one rich person's house is a minor adjustment involving a single decision-maker. Tidying up a whole nation's consumption stream involves a myriad of political and economic questions to which there are simply no right answers.

⑤ Indeed, political questions would naturally follow from the adoption of minimalism on a wider scale. Do we really want to reverse international integration to the point where nations will resort to armed conflict in their attempts to become self-sufficient? Should governments legislate which trading partners are suitable? How would they do this? And how would truly "minimalist" consumption be calculated? With the domestic consumer in mind? Or the many producers or traders whose efforts created the products involved? [13]

⑥ To be clear, the minimalist movement is powered by the shift to an Internet-based economy and society. So, no matter how many possessions a minimalist removes from their living environment, the computer and smartphone are never absent. These devices let us do without framed photographs, DVDs, and books. However, most people fail to recognize the hidden costs and massive energy demands of storing things in this way. The Internet allows people to [14] "things" because virtual versions are only a mouse-click or screen tap away. In theory, people never need more than two toilet paper rolls in the house because, of course, companies will hand over the next roll with free same-day delivery. In reality, the costs are only shifted elsewhere.

⑦ It is important to recognize how minimalism has become its own kind of conspicuous consumption. In mid-2020 there were some 18 million images on Instagram with the hashtag "minimalism." Most are by self-proclaimed fashion gurus who take selfies showing off their $800 all-white sneakers. In one of the most ridiculous things ever heard, high-end makeup companies somehow [15] selling their "minimalist foundations," which are valued for making people appear as if they have no makeup on. It seems the minimalist emperor really has no clothes!

⑧ Finally, several American minimalists have spoken about the potential of the movement to make a "radical change" in the current consumerist society we live in. What they fail to see is that minimalism is in fact a privilege, [16]. The poor are not able to throw away things so easily, as they might need them in the future and cannot repurchase them. Refugees who are forced to flee their homes will cry as they decide what they can bring with them and what they must leave behind. If these people are giving up their possessions, <u>it is not because of some</u> selfish idea that removing objects from their lives will ultimately make them happier and improve their relationships. [17] If minimalists really want to make a change, they should stop worrying about their Instagram accounts and begin arguing for a more equitable society in which people consume in proportion to their needs.

Answer the questions [10] − [22] as indicated.

10. Which of the following would best fill the gap at [10] in Paragraph ①? Answer by filling in the corresponding slot under the number (10) on the mark sheet.
    1. that constitutes on
    2. that stresses on
    3. with the intent to
    4. with the aim of

11. Together, the five words below fill the gap at [11] in Paragraph ②. Which word **must come third** in order for the words to complete a grammatical sentence? Answer by filling in the corresponding slot under the number (11) on the mark sheet.
    1. destroy
    2. have
    3. might
    4. to
    5. well

12. Which of the following would best fill the gap at [12] in Paragraph ③? Answer by filling in the corresponding slot under the number (12) on the mark sheet.
    1. increasing scale to maximize production is inevitable
    2. long-distance trade is not necessarily bad for the environment
    3. nations should be adopting harmonized policies
    4. standardizing environmental calculations is a first step

13. Which of the following issues is **NOT** raised in paragraph ⑤? Answer by filling in the corresponding slot under the number (13) on the mark sheet.
    1. Environmentalism
    2. Globalization
    3. International conflicts
    4. National economic policies

14. Which of the following would best fill the gap at [14] in Paragraph ⑥? Answer by filling in the corresponding slot under the number (14) on the mark sheet.
    1. get rid off their lives
    2. get rid their lives of
    3. rid their lives of
    4. rid their lives off

15. Which of the following logically fills the gap at [15] in Paragraph ⑦? Answer by filling in the corresponding slot under the number (15) on the mark sheet.
    1. break the bank
    2. get cleaned up
    3. make a killing
    4. take a hit

16. Which of the following would best fill the gap at [16] in Paragraph ⑧? Answer by filling in the corresponding slot under the number (16) on the mark sheet.
    1. and an obligation that we should encourage all to bear
    2. limited only to the wealthy in the developed countries
    3. one that only Americans can take advantage of
    4. which everyone of any nationality can share

17. Which one of the following words from the underlined phrase in Paragraph ⑧ is **naturally stressed** when spoken? Answer by filling in the corresponding slot under the number (17) on the mark sheet.
    1. it
    2. is
    3. not
    4. because
    5. of
    6. some

18, 19, 20. Look at the statements below. Then, based on **BOTH** articles, under the corresponding number (18), (19), and (20), fill in

Slot 1, if **only Clare Yermess** would agree with that statement
Slot 2, if **only Winnie D. Morstuff** would agree with that statement
Slot 3, if **both authors** would agree with that statement
Slot 4, if **neither author** would agree with that statement

18. Government policies to reduce consumption should be implemented.
19. Minimalism impacts the rich unfairly.
20. Calculating the environmental costs and benefits of minimalism is essential.

21. Which one of the following words has a **different stress (アクセント) pattern** from the others? Answer by filling in the corresponding slot under the number (21) on the mark sheet.
1. architecture
2. deplorable
3. equitable
4. minimalism
5. synthesis

22. Each of the following is a verb-noun pair. Which one of the following pairs of words has the **same stress (アクセント) pattern**? Answer by filling in the corresponding slot under the number (22) on the mark sheet.
1. deliver (v) – delivery (n)
2. imitate (v) – imitation (n)
3. proclaim (v) – proclamation (n)
4. record (v) – record (n)

Ⅲ. Read the following article and answer the questions as indicated.

"Fashion Waste: Outsized?"

by Anne Derwahn (2020)

① Fashion has become a monster whose environmental costs are simply too high. According to the United Nations Alliance for Sustainable Fashion, the fashion industry contributes $2.4 trillion to global manufacturing and employs over 75 million people worldwide. [23]. The United Nations Development Program estimated that 100 billion garments were produced in 2014 alone, a figure twice that of a decade earlier, and enough to provide every person on the planet with fourteen items of clothing. [24]. By one estimate, overall apparel consumption will continue to rise by 63%, from 62 million tons in 2017, to 102 million tons in 2030, an equivalent of 500 billion T-shirts. [25]. Closets inevitably become full, followed by trash bins and landfill sites. Analysts suggest that today's consumers only keep their clothing items for half as long as they did 15 years ago, even treating their cheapest clothes as "nearly disposable".

② The statistics tell a depressing story. Globally, the industry created 92 million tons of fashion waste in 2015. Developed countries played an outsize role. For example, the volume of clothes Americans threw away rose over 20 years from 7 million to 9 million tons in 2015, with the vast majority going directly to landfills. Similarly, the EU has seen clothing purchases increase by over 40% between 1996 and 2015; yet of the roughly 6 million tons of new clothing consumed in 2015, more than 30% have not been used for over a year, and of those discarded, more than 50% end up buried or burnt as trash. [26]

③ If waste disposal were the only cost involved, that would already be enough to convince most people that action needs to be taken. [27] The industry also damages the environment at every stage of production. Take cotton, for example, the world's most consumed fabric. Cotton production is water intensive and relies heavily on pesticides. While only 2.4% of the world's farming land is planted with cotton, 24% of the world's insecticides and 11% of pesticides are used to grow it. Furthermore, garments usually travel vast distances to reach their destination. Complex supply chains, consumer waste, and intensive farming [28] a heavy carbon footprint. A 2018 study showed that the apparel and footwear industry together account for more than 8% of global climate impacts. That might translate into more greenhouse gas emissions than all international flights and maritime shipping trips combined.

④ What can be done to curb this massive source of pollution, and the accompanying waste of resources? Many responses to other environmental issues call for the introduction of new technologies – to reduce pollution, for example. Yet it is hard to see how technology [29] can help here. Indeed, it is precisely the creations of modern technology – synthetic fibers – which may cause the most difficult problems. Roughly 60% of our clothes now contain these fibers. Yet, from an average 6kg washing load, over 700,000 plastic microfibers could be flushed into rivers and oceans, to be ingested by fish and later by humans. If technology has a part to play, it will be to undo this cycle.

⑤ Nor is it easy to find ways to adjust the market by taxation or regulation. Sure enough, the rights of poor garment workers in developing countries might be better protected by new laws. Yet, restricting excess consumption might be difficult: taxing synthetic garments for their environmental impact might be effective but it is politically awkward. For example, an attempt to introduce a single penny tax on all fast fashion garments in the UK in 2018 was [30], even though it might have raised millions for use in pollution control.

⑥ Nevertheless, we must improve social awareness of these problems. Here, the environmentalists' goals of re-use, reduce, and recycle are worth reconsidering. These days, re-use must mean more than simply shipping off old clothes to Africa, where people are <u>all too easily said to be</u> in need of them. [31] Between them, the USA, UK, Germany, and China account for roughly half of the trade in second-hand clothes today. They reduce their waste by shipping unwanted clothes to poorer countries, mainly in Africa. It seems charitable, but the sizes are often inappropriate, and the clothes are often not ideal. Worse still, the trade undermines the ability of these developing countries to develop industries of their own. Given that textile manufacturing is often the initial step on the ladder to industrialization, this has become a major obstacle.

⑦ Ultimately, we all can, and should, be aware of the recycling possibilities for our clothing. This goes far beyond just turning old clothes into floor cloths. It means advocating and investing in new fabrics which can be readily dissolved and remade. The economics of recycled materials are unappealing at present; recycled polyester, for example, is 10% more expensive compared to fresh materials. Even though, as one leading outdoor brand estimates, recycling saves 75% of the energy needed and 40% of the CO_2 compared to using virgin polyester, companies will make little progress until that key number changes. [32] Both the technology and the economics of recycling need to improve dramatically.

⑧ Nevertheless, while sustainable fashion, quality second-hand clothing, and other alternatives are becoming increasingly available, the burden should not just lie with consumers. Fashion companies must take responsibility. Governments may also contribute through regulations and tax structures. Tackling those global and complex issues requires more than a shift in an individual's shopping habits, it requires a system change.

Answer the questions [23] — [35] as indicated.

23, 24, 25. Which of the sentences would best fill the gaps marked [23], [24], and [25] in Paragraph ①? Each sentence should be used only once. Fill in the corresponding slots under the numbers marked (23), (24) and (25) on the mark sheet.

1. Nor is the pace set to drop
2. The growth in production has been absurd
3. What follows is not hard to guess

26. According to Paragraph ②, roughly what percentage of global fashion waste in 2015 came from the USA? Answer by filling in the corresponding slot under the number (26) on the mark sheet.

1. 5%
2. 10%
3. 20%
4. 40%

27. Which of the following sentences would best fill the gap at [27] in Paragraph ③? Answer by filling in the corresponding slot under the number (27) on the mark sheet.

1. All that is true.

2. But it is not.
3. However, such is enough.
4. This could be questioned.

28. Which of the following would best fill the gap at [28] in Paragraph ③? Answer by filling in the corresponding slot under the number (28) on the mark sheet.
    1. bring up
    2. conform to
    3. make for
    4. take up

29. Which of the following would best fill the gap at [29] in Paragraph ④? Answer by filling in the corresponding slot under the number (29) on the mark sheet.
    1. alone
    2. only
    3. simply
    4. solely

30. Which of the following would best fill the gap at [30] in Paragraph ⑤? Answer by filling in the corresponding slot under the number (30) on the mark sheet.
    1. abolished
    2. considered
    3. passed
    4. rejected

31. Which of the following would best describe the author's reason for using the phrase underlined at [31] in Paragraph ⑥? Answer by filling in the corresponding slot under the number (31) on the mark sheet.
    1. to accept the truth of this story
    2. to cast doubt on the truth of this story
    3. to emphasize the poverty in Africa
    4. to give the most common story about Africa

32. Which of the following would best replace the phrase underlined at [32] in Paragraph ⑦? Answer by filling in the corresponding slot under the

number (32) on the mark sheet.

1. the recycling rate of polyester
2. the environmental damage of polyester
3. the energy cost for polyester
4. the cost of recycled polyester

33, 34, 35. Read the three statements below. Then, based on the article, under the corresponding number (33), (34), and (35) on the mark sheet, fill in **slot 1** if you think the author would **agree with the statement**, or **slot 2** if you think the author would **disagree with the statement**.

33. Increasing consumer education about sustainable fashion practices is sufficient to reduce fashion waste.
34. Taxing unsustainable clothing production is one remedy to reduce waste.
35. Both natural materials and synthetic materials are damaging to the environment.

IV. 以下の会話文を英語に直して，解答用紙BのⅣ. のR1，D1，R2，D2と記載されている行に書きなさい。

注意点：

日本語の表現をうまく英語にできない場合は，別の言い方に変えてから英語にしてみましょう。(例) 難解 → 分かりにくい → hard to understand

会話の場面：

小学校の教員RとDがある生徒が起こしたトラブルについて話している。

会話文：

R1：あら探しをするつもりはないけど、この前の言い方、ちょっと田中さんに失礼だった気がするのですけど。

D1：でもああいう時は、はっきり言わなければ、親たちは事の重大さに気が付かないわ。

R2： いくら重大だとしても、親に全ての責任を負わせるのは行き過ぎではないでしょうか。

D2： 一般的にあんなものを遊び道具として学校に持ち込ませるのは親の不注意だと思う。

V. **以下の設問（A），（B）の中から一つ選んで，問題文Ⅰ～Ⅲを基にして，自分の意見を解答用紙BのV．欄に英語で書きなさい。注意点をよく読んでから書くこと。**

（A） Should the Japanese government encourage citizens to adopt a minimalist lifestyle? Why or why not?

（B） Should the Japanese government encourage citizens to reduce fashion waste? Why or why not?

注意点：

（1） 箇条書きは不可。

（2） **自分の意見と異なる見解に言及し，それに反論すること。**

（3） 問題文Ⅰ，Ⅱ または Ⅲ で言及されている見解やことがらを最低一つ引用して，自分の意見をまとめること。引用する際には，下の例を参考にすること。

引用例：

- In her 2010 article “Against Zoos”, Faerrer claims, “Nature is not ours to control”. She argues that .... However, I strongly disagree with that statement, because ....

- I agree only to a certain extent with Eve N. Suzuki who argues, “Schools do not protect the rights of students enough” in the essay by Foane (2010). Her claim that X is Y may be true, but ....

- According to O’Werke (2012, paragraph 7), one option is indirect taxation. Although this argument ...,

〔解答欄（(A)(B)とも）：タテ約1cm×ヨコ約25cm×21行〕

日本史

（80 分）

I 17世紀に日本を訪れたケンペルに関して述べた次の文章を読んで，問１～問５に答えなさい．**解答は，設問で指定された場合を除いて，すべて番号で解答用紙の〔解答欄Ａ〕の所定の欄に記入しなさい．**

17世紀の日本には，オランダ東インド会社の活動に付随してオランダ人以外の外国人も訪れた．その一人が博物学者であるエンゲルベルト＝ケンペルである．ドイツ出身のケンペルは，1683年にスウェーデンの使節団に書記官として参加し，ロシアおよびイラン（ペルシア）を訪れた．イランでオランダ東インド会社の医師となったケンペルは，さらに旅をつづけ，インドを経由してバタヴィアに到着した．そこで，$_{\text{A}}$長崎のオランダ商館付きの医師として採用され，1690年に来日し，約２年間滞在した．ケンペルは，滞在中に２度江戸参府をおこない，$_{\text{B}}$道中で見聞きしたことや調べたことなどを記録した．江戸では，$_{\text{C}}$徳川綱吉にも謁見している．ケンペル没後に出版された『日本誌』は，ヨーロッパ諸国に日本の歴史や文化を紹介する役割を担った．また，ケンペルの著作はヨーロッパの様々な言語に訳されただけではなく，日本語にも訳され紹介された．$_{\text{D}}$志筑忠雄がケンペルの著作を訳し，日本が諸外国との関係を閉ざしている状態に「鎖国」という訳語をあてたことはよく知られている．

問１　下線部Ａに関連して，18世紀前半に幕府が実施した長崎貿易に関する政策転換について，その背景と，政策転換を主導した人物の名に触れつつ，**〔解答欄Ｂ〕の所定の欄の範囲内で説明しなさい．**　（解答欄：約 17cm × ２行）

問２　下線部Ｂに関連して，次の資料ａ～ｃは，ケンペルが1691年に長崎から江戸へ向かった際の記録の日本語訳からの抜粋である（必要に応じて表現を改めた）．資料ａ～ｃで述べられている場所の位置として最も適切なものを，下の地図中の１～９の中からそれぞれ選びなさい．（重複使用不可）

ａ

ここは（中略）小さな入江の狭くなった所にあり，約四〇〇戸の家がある．ここではすべての旅行者，とりわけ大名の荷物が，幕府から任命された役人によって検査される．また，それは大名の夫人がそっと通りぬけたり，銃や武器の類がひそかに運ばれるのを防ぐためである．

ｂ

昼食をとってから，われわれは元気な馬に乗りかえて，川岸まで小一里ばかりを下り，さらに二里進んで，北方の湾に臨んでいるある町に着いた．この町には他のすべての小さい村と同様に，二〇〇～三〇〇の小屋や粗末な家があった．途中には炭坑があり，それを人々は大へん珍しいものだとしてわれわれに見せた．

C

町は三つの地区（中略）から成っていて，（中略）最初と最後の地区は，築き上げた低い堤防と堀に囲まれ，立派な門と番所とがある．これに対して中の地区は堤防もなく，土地は低く，川がたくさんあり，水に囲まれている．（中略）正午一二時には雨があがって良い天気になったので，七里半の海を渡って宮の町へ行くために，われわれは馬や荷物と一緒に四艘の舟に乗込んだ．（中略）この川を利用して多量の木材を（中略）流して来るが，また他の地方に運ばれて行く．

〔資料出所〕ケンペル（斎藤信訳）『江戸参府旅行日記』

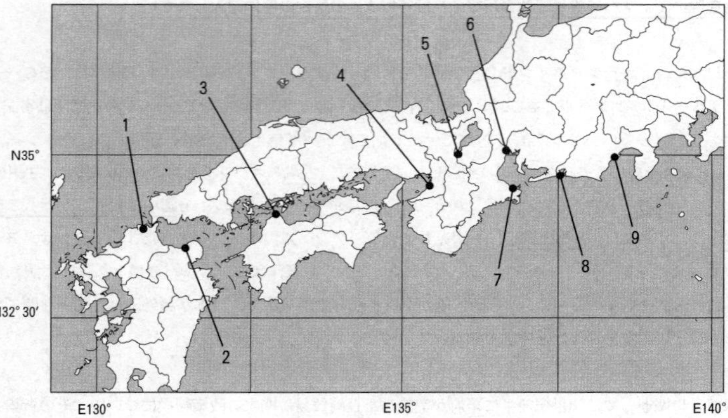

備考：都府県境・海岸線は現在のもの．

問３　下線部Cに関連して，次の資料ア，イはこの将軍の治世に活躍した井原西鶴の同一の著作からの抜粋である（必要に応じて表現を改めた）．これを読んで，以下の（１），（２）に答えなさい．

ア

惣（そう）じてここの米市は，日本第一の津なればこそ，一刻の間に，五万貫目のたてり商（あきない）もある事なり．その米は蔵々に山をかさね，夕の嵐，朝の雨，日和（ひより）を見合せ，雲の立所（たちど）をかんがへ，夜のうちの思ひ入れにて，売る人あり，買ふ人あり．一分二分をあらそひ，人の山をなし，互ひに面を見知りたる人には，千石・万石の米をも売買せしに，両人手打ちて後は，少しもこれに相違なかりき．（中略）空さだめなき雲を印の契約をたがへず，その日切（ぎり）に損徳をかまはず売買せしは，扶桑第一の大商人の，心も大腹中にして，それ程の世をわたるなる，（中略）数千軒の問丸甍（といまるいらか）をならべ，白土（しらつち）雪の曙をうばふ．

（注）扶桑：日本，大腹中：度量の大きいこと，問丸：問屋

イ

> その日は諸商人万事をやめて，我が分限に応じいろいろ魚鳥を調へ，一家あつまりて酒くみかはし，亭主作り機嫌に，下々いさみて小歌・浄瑠璃，江戸中の寺社・芝居，その外遊山所の繁昌なり．（中略）人みな大腹中にして，諸事買物大名風にやつて，見事なる所あり．今日のえびす講は，万人肴を買ひはやらかし，自然と海も荒れて，常より生物をきらし，α殊に鯛の事，一枚の代金一両二分づつ，しかも，尾かしらにて一尺二三寸の中鯛なり．これを町人の分として，内証料理につかふ事，今お江戸にすむ商人なればこそ食ひはすれ．京の室町にて，鯛一枚を二匁四五分にて買ひ取り，五つにわけて，杠秤にかけて取るなど，これに見合せ，都の事をかし．

（注）内証：家庭

（資料出所はいずれも省略する．）

（1）資料アはある都市の米市に関する記述である．この都市の米市で記述のように米売買がおこなわれた背景について，江戸時代の米の流通の特徴に触れつつ，**〔解答欄B〕の所定の欄の範囲内で説明しなさい**．

（解答欄：約17cm×3行）

（2）資料イ中の波線部αでは，鯛の代金が2つの異なる表し方で示されている．その理由を，**〔解答欄B〕の所定の欄の範囲内で説明しなさい**．

（解答欄：約17cm×1行）

問4　下線部Cに関連して，次の文章を読んで，以下の（1），（2）に答えなさい．

徳川綱吉の治世には，浄瑠璃や歌舞伎の分野においても新たな展開がみられた．近松門左衛門が数々の作品を生みだしはじめ，優れた演者も登場した．近松作品の1つである『国性爺合戦』は，（ a ）による（ b ）の復興を題材とした作品であり，主人公の和藤内は（ a ）がモデルとなっている．この作品は，人形浄瑠璃として1715年に大坂で初演をむかえ，好評のため17ヶ月にわたるロングランとなった．この初演がおこなわれた劇場は，独特の語り方を完成させて人気を博した（ ア ）によって1684年に創設されたものである．この作品は，1717年には江戸で歌舞伎として上演され，初世（ イ ）の荒事芸を受け継いだ二世（ イ ）が和藤内を演じた．

（1）文章中の（ a ）に入る最も適切な人名を，次の〔語群A〕の1～4の中から，（ b ）に入る最も適切な語を，〔語群B〕の1～4の中からそれぞれ選びなさい．

〔語群A〕

1. 呉三桂　2. 鄭成功　3. 李自成　4. 李舜臣

〔語群B〕

1. 元朝　2. 清朝　3. 明朝　4. 李朝

（2）文章中の（ ア ），（ イ ）に入る最も適切な語を，次の1～8の中からそれぞれ選びなさい．（重複使用不可）

1. 市川団十郎　2. 尾上菊五郎　3. 坂田藤十郎　4. 竹本義太夫
5. 辰松八郎兵衛　6. 近松半二　7. 鶴屋南北　8. 芳沢あやめ

問5　下線部Dの人物は，ケンペルの著作以外にも天文学や物理学などのヨーロッパの学問を翻訳を通じて紹介し，自らもその学問の研究にあたった．江戸時代の天文学に関連する次のa～dの出来事は，下の年表のどこに入れるのが適当か．年表中の空欄1～7の中からそれぞれ選びなさい．(重複使用不可)

a．幕府が渋川春海を天文方に登用した．
b．幕府が天文方に蕃（蛮）書和解御用をおいた．
c．幕府が蕃書調所をおいた．
d．幕府天文方の高橋景保が投獄された．

[1]
徳川吉宗が将軍になった．
[2]
松平定信が老中首座についた．
[3]
シーボルトが鳴滝塾を開いた．
[4]
高野長英が蛮社の獄で捕えられた．
[5]
アメリカ東インド艦隊司令長官ビッドルが浦賀に来航した．
[6]
西周らが幕命によりオランダに留学した．
[7]

Ⅱ　近代日本の元老に関して述べた次の文章を読んで，問6～問9に答えなさい．**解答は，設問で指定された場合を除いて，すべて番号で解答用紙の〔解答欄A〕の所定の欄に記入しなさい**．

近代日本の政界では，元老と呼ばれる政治家たちが，重要な役割を果たしていた．元老にはっきりした資格や定義はないが，彼らの多くは，幕末維新期からの政治経験をもち，明治国家の形成期に政府の中枢に入った人びとである．初代内閣総理大臣となった伊藤博文をはじめ，陸軍の創設や地方制度の整備にかかわった$_A$山県有朋，長きにわたって財政に関与した松方正義などが元老に含まれる．彼らは，明治時代に相次いで$_B$内閣総理大臣の地位について政府を率い，政界の一線を退いたのちは，総理大臣が交代する際に，次の総理大臣を天皇に推薦する役割を担った．政党の影響力は次第に増していったが，政権の行方を左右する元老の力は依然として大きいものがあった．

しかし，やがて元老たちはその生涯を終えてゆく．1922年に山県が，1924年に松方が死去すると，残された元老は西園寺公望ただ一人となった．西園寺が，政党の党首を総理大臣に推薦しつづけたことによって，1920年代なかばから30年代初頭まで政党内閣がつづくが，1932年に犬養毅首相が五・一五事件で暗殺されると，西園寺は$_C$海軍の長老，斎藤実を総理大臣として推薦し，これによって政党内閣の時代は終わった．西園寺の影響力も次第に低下して，総理大臣推薦は内大臣や総理大臣経験者らの合議でおこなわれるようになり，1940年に西園寺が死去したことによって元老制度は消滅した．第二次世界大戦後，$_D$日本国憲法では，内閣総理大臣は国会が指名することと定められ，議院内閣制が法の上で確立した．

問6　下線部Aに関連して，次のa～cの出来事は，日本の経済発展に関する下の年表のどこに入れるのが適当か．年表中の空欄1～6の中からそれぞれ選びなさい．（重複使用不可）

a．日清戦争の勃発により，山県有朋が第一軍司令官として朝鮮半島に渡った．
b．山県有朋が鹿児島に派遣され，西郷隆盛らの軍と戦った．
c．山県有朋が参謀総長として，日露戦争の作戦を指揮した．

［　1　］
渋沢栄一らが設立した大阪紡績会社が操業を開始した．
［　2　］
日本郵船会社が設立された．
［　3　］
貨幣法が公布され，金本位制が採用された．
［　4　］
官営八幡製鉄所の操業がはじまった．
［　5　］
鉄道国有法が公布された．
［　6　］

問7　下線部Bに関連して，次の資料a～cは，内閣総理大臣もつとめた，ある一人の政治家の日記からの抜粋である（必要に応じて表現を改めた）．これを読んで，以下の（1）～（5）に答えなさい．

a

α 井上伯を訪ふ，講和条約は償金を取らず樺太半分を得たるは不結果なれども，御前会議の決する所にて，山県は目下に於ける奉天地方の露兵は日本兵よりも多し，此上の発展には十師団の増設を要し，費用も到底如何ともする事能はざるに付，已むを得ざる次第なりし事を物語れり．

b

午後西園寺を訪問して大命を拝したる顛末を告げ，尚ほ閣員人選等の事に関して内談したり． 午後二時頃山県を訪問し大命を拝したる事を告げ，政友会総裁の職に居らざれば自由なれども，現位地は一身の利害を顧慮すべきにあらざれば御受をなすの外なしと告げ，尚ほ閣員の詮考に付注意を求め，差向き海軍は留任を希望するも，陸軍には（中略）誰を適任となすやと尋ねたるに，山県は今回は人選等に口出をせざる積なりしも左様の事ならば β 田中義一と決定しては如何と云ふに付，余之を快諾（後略）

c

γ 高橋是清が米国財界の有力者シフより電信を受取れりとて示すを見るに「報道せらるゝが如き日本の態度が真実にして欧州の戦争が極東にまで押移るならば最も悲しまざるを得ず，日本は中立によりて万事に利益を得べし，自ら戦争に加入すれば莫大なる危険を犯すべし（中略）」と，誠に適当の注意なれども今は如何ともなす能はざるべし，高橋は此電信を外相に送り，又シフには政府に送りたる旨返電せりと云ふに付，元老，枢密院の知人等にも送附すべしと注意せり．

（資料出所はいずれも省略する．）

（1） この日記は誰の日記か．その姓名を**〔解答欄B〕の所定の欄に記入しなさい**．

（2） 資料 a ～ c が記された時期を，次の年表中の空欄 1 ～ 7 の中からそれぞれ選びなさい．（重複使用不可）

［ 1 ］
戊申詔書が発せられた．
［ 2 ］
幸徳秋水が大逆罪で処刑された．
［ 3 ］
立憲同志会の結党式が挙行された．
［ 4 ］
シーメンス事件によって，山本権兵衛首相が辞職した．
［ 5 ］
石井・ランシング協定が結ばれた．
［ 6 ］
難波大助が摂政の裕仁親王を狙撃した．
［ 7 ］

（3） 資料 a 中の波線部 α の人物は井上馨である．井上馨が外務卿・外務大臣として推進した欧米との条約改正交渉が失敗に終わった理由を，この時の条約改正案の内容に触れつつ，**〔解答欄B〕の所定の欄の範囲内で説明しな**

さい.　　　　（解答欄：約 17cm× 3 行）

（4） 資料 b 中の波線部 β の人物のもとでとられた外交政策について述べた次の文章を読んで，文章中の（ ア ）～（ エ ）に入る地名の位置として最も適切なものを，下の地図中の 1 ～ 9 の中からそれぞれ選びなさい．（重複使用不可）

田中義一内閣では，田中首相は外務大臣を兼ね，そのもとで，中国大陸に対する強硬な外交政策がとられた．当時の中国大陸では，蔣介石のもとで，国民革命軍が中国の統一をめざして北伐を進めていたが，田中内閣は軍閥張作霖を支援する一方で，山東半島に日本軍を派遣した．1928年の 2 回目の派兵では，第一次世界大戦前はドイツの租借地だった港湾都市（　ア　）に上陸した日本軍は，（　イ　）で国民革命軍と軍事衝突を起こした．一方，（　ウ　）などを含む関東州や満鉄沿線を守備する任務を帯びていた関東軍は，（　エ　）郊外で，張作霖の乗った列車を爆破して殺害し，これに乗じて満州の日本勢力拡大をはかろうとした．田中首相はこの事件を契機に，昭和天皇の信任を失い，内閣は総辞職した．

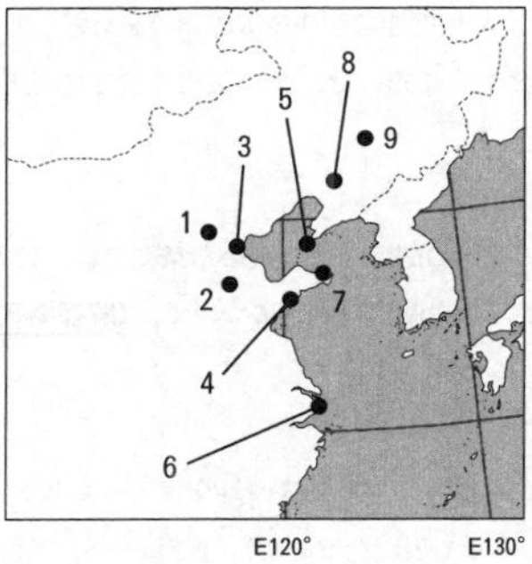

備考：国境線は現在のもの.

（5） 資料 c 中の波線部 γ の人物はたびたび大蔵大臣をつとめた．この人物が，1930年代に立憲政友会内閣の成立にともなって大蔵大臣となった時期の通貨政策および財政政策について，その前任者のとった政策と対比しながら，**〔解答欄B〕の所定の欄の範囲内で説明しなさい.**　　　　（解答欄：約 17cm× 3 行）

問 8　下線部Cに関連して，ロンドンで開かれた海軍軍縮会議で日本が結んだ条約の内容をめぐって，当時の浜口雄幸内閣は国内で批判にさらされた．その批判について，批判の根拠となった憲法の規定に触れつつ，**〔解答欄B〕の所定の欄の範囲内で説明しなさい.**　　　　（解答欄：約 17cm× 2 行）

問 9　下線部Dに関連して，1946年にマッカーサーが新憲法制定を急いだ背景には，この時期に連合国の日本本土に対する占領統治機構が本格的に始動するという事情があった．連合国による日本本土占領統治の機構について，関係する機関の名称と，それらの役割を**〔解答欄B〕の所定の欄の範囲内で説明しなさい.**　（解答欄：約 17cm× 3 行）

Ⅲ　渋沢栄一に関して述べた次の文章を読んで，問10～問14に答えなさい．**解答は，設問で指定された場合を除いて，すべて番号で解答用紙の〔解答欄A〕の所定の欄に記入しなさい．**

渋沢栄一は，1840年に，現在の埼玉県深谷市血洗島で生まれた．生家は，農業，養蚕，製藍を家業とする豪農であった．こうした農家で生産された生糸は，A横浜が開港して外国貿易がはじまった際には重要な輸出品となった．

渋沢は，B尊王攘夷の志士として活動したものの，一転して一橋家につかえることになった．1867年には，徳川昭武にしたがって，パリ万博使節団としてフランスへ出立した．そして，西欧諸国の資本主義的な経済の仕組みを自分の目で確認した．

江戸幕府崩壊の報を受けて日本へ帰国した渋沢は，商法会所を設立した．しかし，大隈重信の要請を受けて，1869年に明治政府へ出仕することになった．政府では，C民部省や大蔵省で租税制度の改正などに取りくんだ．1873年に大蔵省を辞めた渋沢は，以後は民間企業の育成に力を注いだ．同年7月には，第一国立銀行（のちの第一銀行）を開業し，総監役となった．それだけでなく，多様な分野で，近代日本の企業勃興に深くかかわっていった．

日本は，経済が発展したことにくわえ，日清・日露戦争に勝利して国際的地位を上昇させ，第一次世界大戦後には国際連盟の常任理事国となった．その一方で，日本は，D中国への進出を活発化させた．渋沢は，E第一銀行頭取を1916年に辞めたことで実業界から引退していたが，移民問題の解決や国際親善をめざして，ワシントン会議にオブザーバーとして参加している．1923年に関東大震災が発生した際には，大震災善後会を創立して副会長となるなど社会貢献事業にも取りくんだ．

問10　下線部Aに関連して，この当時に横浜の開港を取り決めた条約では，日本人商人と条約締結国の外国人商人との取引方法はどのように制約されたか．その制約の内容について，**〔解答欄B〕の所定の欄の範囲内で説明しなさい．**

（解答欄：約17cm×2行）

問11　下線部Bに関連して，次の資料a～cは，イギリスの外交官アーネスト=サトウが日本の政情を回想した著作の日本語訳からの抜粋である（必要に応じて表現を改めた）．資料a～cで述べられている出来事は，下の年表のどこに入れるのが適当か．年表中の空欄1～6の中からそれぞれ選びなさい．（重複使用不可）

a

> 江戸市中の住民は，やがて慶喜に突き付けられる要求についてはまだ何も知らず，昨年十二月薩摩屋敷の焼打ちの際に一部の者の被った災厄を思い出して，大火の起こることだけを心配していた．（中略）四月四日に，江戸湾の砲台は，町の方へ向けられていた大砲をおろして，官軍の手に引き渡された．これが八日の情報であった．

b

> ところで，外国代表と伯耆守（ほうきのかみ）との会談は数時間つづいたが，その要点は次のようなものであった．すなわち，大君は天皇に対して自己の所信を力説し，大君の従兄一橋の切なる献言もあって，天皇もついに条約批准に同意されたが，その際一橋は，天皇がこれに応じなければ，自分は腹を切るつもりであると明言した（ということである）．

c

> われわれが去るとき，日本の大砲はまだわれわれ目がけて発砲をつづけていた．弾丸は一つも，わが艦隊のところまで届かなかったのであるが．しかし，このようにわれわれを追い撃ちしたので，わが方が数か所の砲台を破壊し，また鹿児島の町を廃墟と化せしめたにもかかわらず，薩摩側では自分の力でイギリス艦隊を退却の止むなきに至らしめたと主張するのも無理ではなかろう．

〔資料出所〕アーネスト=サトウ（坂田精一訳）『一外交官の見た明治維新』

1

日米修好通商条約が調印された．

2

五品江戸廻送令が出された．

3

薩摩・会津両藩などが，長州藩と三条実美らの勢力を京都から追放した．

4

徳川家茂が急死し，幕府は第二次長州征討を中止した．

5

五稜郭にたてこもっていた榎本武揚らの旧幕府軍が降伏した．

6

問12　下線部Cに関連して，次の図は，年号が明治と改元されたのちの，ある15年間における日本の政府紙幣残高および日本銀行券の発行残高と米価の動向をグラフ化したものである．図の横軸の１～３は，５年ごとの区分である．次のａ～ｄの出来事が起きた時期を，図の１～３の中からそれぞれ選びなさい．ただし，１の時期より前の場合は0を，３の時期よりの後ろの場合は４を記入しなさい．（重複使用不可）

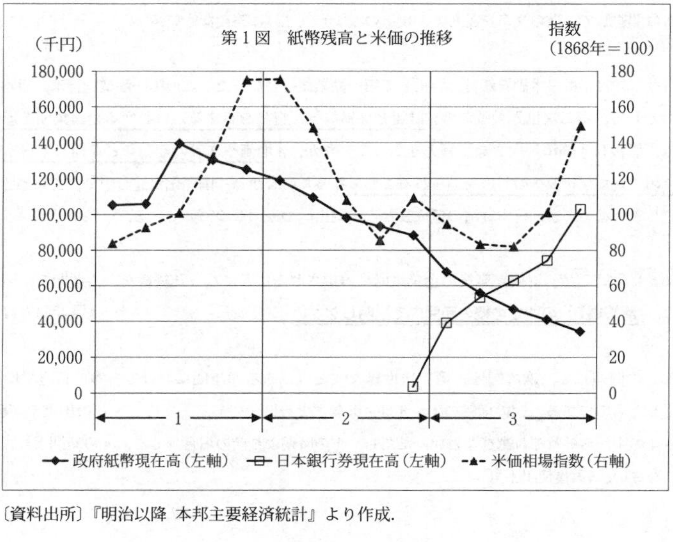

〔資料出所〕『明治以降 本邦主要経済統計』より作成．

a．新貨条例が公布された．

b．大日本帝国憲法が発布された．

c．地租率が地価の３％から2.5％へ引き下げられた．

d．福地源一郎らを中心に立憲帝政党が結成された．

問13　下線部Dに関連して，次の資料１～４は対華二十一カ条要求の内容の一部である（必要に応じて表現を改めた）．中華民国政府は1915年５月にこの要求の大部分を承認したが，それ以前に日本側が撤回したものを，１～４の中から１つ選びなさい．

1

支那国政府は，支那国沿岸の港湾及島嶼を他国に譲与し若くは貸与せざるべきことを約す

2

支那国政府は，本条約締結の日より九十九ヶ年間日本国に吉長鉄道の管理経営を委任す

3

支那国政府は，南満州及東部内蒙古に於ける鉱山採掘権を日本国臣民に許与す，其採掘すべき鉱山は，別に協定すべし

4

中央政府に，政治財政及軍事顧問として，有力なる日本人を傭聘（ようへい）せしむること

〔資料出所〕『日本外交年表竝主要文書』上巻

問14　下線部Eに関連して，次の文章を読んで，以下の（1），（2）に答えなさい．

第一銀行は，1971年に日本勧業銀行と合併して第一勧業銀行となった．この第一勧業銀行は，日本の有力な都市銀行の１つとして，第二次世界大戦前の$_{\alpha}$財閥とは異なった特徴を有する，いわゆる企業集団を形成した．この企業集団は，戦後日本経済に大きな影響力をもっていたが，$_{\beta}$地価や株価の変動などを通じて日本経済が大きく変わったため，新たな状況への対応を迫られることになった．しかし，国際化が進む中で，企業集団も政府もこの変化に対応しきれないまま，日本経済の低成長からの脱出への模索がつづいている．

（1）　下線部αに関連して，財閥が戦後の企業集団に再編されることになった経緯を，占領期の経済改革の内容に触れつつ，**〔解答欄B〕の所定の欄の範囲内で説明しなさい**．　（解答欄：約17cm×２行）

（2）　下線部βに関連して，次の図は，第二次世界大戦後の，ある20年間における日本の日経平均株価の推移をグラフ化したものである．図の横軸の１～４は，５年ごとの区分である．次のａ～ｄの出来事が起きた時期を，図の１～４の中からそれぞれ選びなさい．ただし，１の時期より前の場合は０を，４の時期より後ろの場合は５を記入しなさい．（重複使用不可）

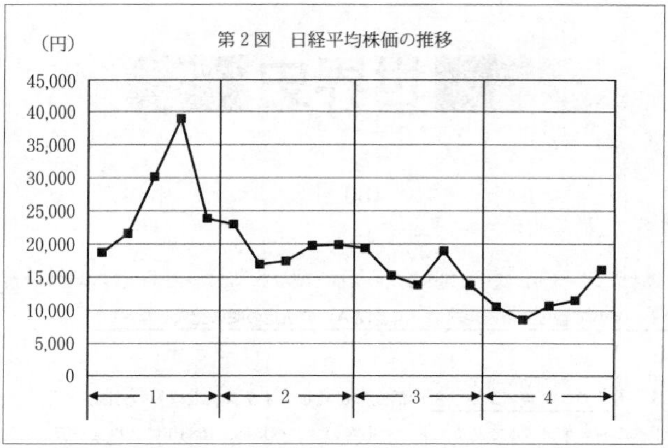

〔資料出所〕『近現代日本経済史要覧 補訂版』より作成.
（注）株価は年末現在のもの.

a. アメリカの投資銀行のリーマン=ブラザーズが経営破綻して，世界的な金融恐慌が起こった.

b. 小渕恵三内閣が，自由党および公明党と連立内閣を成立させた.

c. 竹下登内閣が，消費税を導入した.

d. 細川護熙(もりひろ)内閣が発足した.

世界史

（80分）

I　17世紀に日本を訪れたケンペルに関して述べた次の文章を読んで，問1～問4に答えなさい．**解答は，設問で指定された場合を除いて，すべて番号で解答用紙の〔解答欄A〕の所定の欄に記入しなさい．**

17世紀の日本には，A オランダ東インド会社の活動に付随してオランダ人以外の外国人も訪れた．その一人が博物学者であるエンゲルベルト＝ケンペルである．ドイツ出身のケンペルは，1683年にスウェーデンの使節団に書記官として参加し，B ロシアおよびイラン（ペルシア）を訪れた．イランでオランダ東インド会社の医師となったケンペルは，さらに旅をつづけ，インドを経由してバタヴィアに到着した．そこで，C 長崎のオランダ商館付きの医師として採用され，1690年に来日し，約2年間滞在した．ケンペルは，滞在中に2度江戸参府をおこない，道中で見聞きしたことや調べたことなどを記録した．江戸では，徳川綱吉にも謁見している．ケンペル没後に出版された『日本誌』は，D ヨーロッパ諸国に日本の歴史や文化を紹介する役割を担った．また，ケンペルの著作はヨーロッパの様々な言語に訳されただけではなく，日本語にも訳され紹介された．志筑忠雄がケンペルの著作を訳し，日本が諸外国との関係を閉ざしている状態に「鎖国」という訳語をあてたことはよく知られている．

問1　下線部Aに関連して，次の文章を読んで，以下の（1）～（3）に答えなさい．

1602年に設立されたオランダ東インド会社はアジアにおいて広範な貿易ネットワークを築いただけではなく，ジャワ島を拠点に領土支配も進めた．その後，同社は解散したが，19世紀前半には α オランダ本国による植民地支配が進んだ．オランダの支配地域は拡大し，のちの β インドネシアに相当する地域が植民地支配下におかれた．

（1）　下線部αに関連して，ジャワ島では1830年に東インド総督ファン＝デン＝ボスによって政府（強制）栽培制度が導入されると，オランダに多大な利益がもたらされた．この制度の特徴および，この制度がオランダに利益をもたらした仕組みを，栽培の対象となった主な作物名に触れつつ，**〔解答欄B〕の所定の欄の範囲内で説明しなさい．**

（解答欄：約17cm×2行）

（2）　下線部βに関連して，1967年に，インドネシアを含む東南アジア5カ国が加盟するASEAN（東南アジア諸国連合）が発足した．インドネシアが発足当時から加盟した背景にはインドネシアにおける政変があった．その政変とインドネシアのASEAN加盟との関係について，**〔解答欄B〕の所定の欄の範囲内で説明しなさい．**

（解答欄：約17cm×2行）

（3）　下線部βに関連して，次の文章中の（a），（b）に入る語を，**〔解答欄B〕の所定の欄に記入しなさい．**

（　a　）で「カーネーション革命」によって長期の軍事政権が倒れると，（　a　）の植民地である（　b　）

でも独立運動が活発になった．そうした中，インドネシアが（　b　）に侵攻し，併合した．その後，独立の是非を問う住民投票と国際連合の暫定統治を経て，（　b　）は（　b　）民主共和国として独立した．

問２　下線部Ｂに関連して，次の文章中の（ア）～（ウ）および下線部 α の場所として最も適切なものを，下の地図中の１～９の中からそれぞれ選びなさい．（重複使用不可）

1683年にスウェーデンを発ったケンペルは，ロシアの首都（　ア　）でピョートル１世に謁見したのち，イランに向かった．イランに入り，待機している間に訪れた（　イ　）の近郊で，ケンペルは噴出する原油を見ている．翌1684年に，ケンペルは，アッバース１世が建設した新首都（　ウ　）に到着し，使節としての任務を果たした．（　ウ　）にしばらく滞在したのち，ケンペルはスウェーデンには戻らず，イランの主要貿易港 $_{\alpha}$バンダレ＝アッバースに移動した．

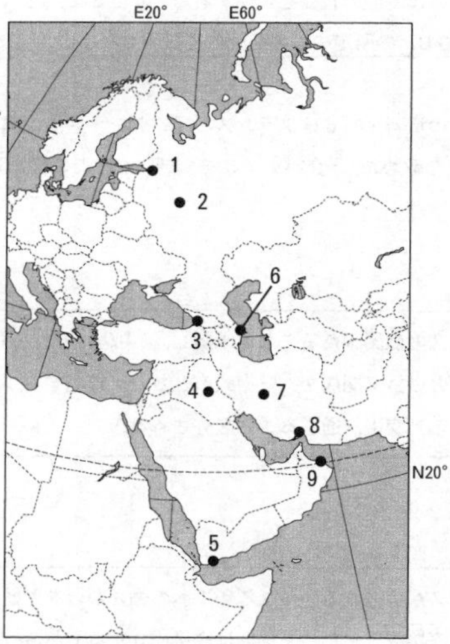

備考：国境線は現在のもの．

問３　下線部Ｃに関連して，東アジアの国際関係における次の１～５の出来事を，年代の古い順に並べ替え，その番号を左から順に記入しなさい．

1．江戸幕府がポルトガル船の来航を禁止した．
2．鄭成功が台湾をオランダから奪取した．
3．豊臣秀吉が朝鮮出兵をおこなった．
4．平戸のオランダ商館が長崎の出島に移された．
5．琉球が薩摩の島津氏の支配下に入った．

問4　下線部Dに関連して，ケンペル同様，日本に関する書物を残した人物としてフランソワ＝カロンがいる．カロンに関する次の文章を読んで，以下の（1）～（4）に答えなさい．

オランダ東インド会社に雇われて1619年に来日し，商館長もつとめたカロンは，約20年間日本に滞在した．その経験は『日本大王国志』として残されている．そのカロンは，ルイ14世の治世にフランス東インド会社が再建されると，今度は同社の理事として招かれた．こうして，カロンは，オランダのみならずフランスのアジア進出においても活躍した．

フランスはインドにおいた拠点を中心にアジアにおける貿易活動を展開したが，$_{\alpha}$イギリスとの断続的な戦いにおいて18世紀後半には劣勢におちいり，インドでは植民地支配を拡大することはできなかった．しかし，19世紀後半になると，$_{\beta}$インドシナを植民地支配下においた．

（1）　下線部αに関連して，イギリスがフランスよりも有利に戦争を遂行できた理由の1つに，戦費調達の能力があり，18世紀のイギリス政府は多額の戦費を調達することができた．それを可能にした方法について，その政治的背景に触れつつ，〔解答欄B〕の所定の欄の範囲内で説明しなさい．（解答欄：約17cm×3行）

（2）　下線部βに関連して，次の資料1～3はフランスのインドシナ進出に関する条約の一部を日本語に訳したものである（必要に応じて表現を改めた）．資料1～3を，調印された時期の古い順に並べ替え，その番号を左から順に記入しなさい．

1

> 第一条　安南国はフランスの保護国たることを承認し，（中略）それを受けいれる．すなわち，フランスは，清朝をふくむあらゆる国との外交関係を，安南政府とともに統制するが，安南政府はただフランスの仲介によってのみ，前述の国々と外交上，通ずることを許される．

（注）安南：ベトナム

2

> 第二条　清朝は，フランスが企図するいかなる和平への働きかけをも妨げず，現在また将来にわたって，フランスと安南国との間で直接成立した，あるいは今後成立するであろう条約，協約，そして協定を尊重すると約定する．

3

> 第二条　フランスおよびスペイン両国の臣民は安南国において，キリスト教を信仰することを許され（後略）
> 第三条　ビエンホア，ザーディン，ディントゥオン（ミトー）全三省（中略）の主権は，本条約をもって，フランス人民の皇帝陛下に全面的に移譲される．

（資料出所はいずれも省略する．）

（3）　下線部βに関連して，インドシナ戦争の停戦に関してジュネーブで開催された会議には，インドシナの4つの政府が参加した．この4つのうちカンボジアとラオスを除く2つの政府とは何か．それぞれが樹立された政治的背景に触れつつ，〔解答欄B〕の所定の欄の範囲内で説明しなさい．（解答欄：約17cm×2行）

（4）下線部βに関連して，第二次世界大戦後のインドシナではフランスの植民地支配が終焉し，その後アメリカの影響力が拡大した．次の図は，20世紀後半の，ある20年間におけるアメリカの貿易収支（左軸）と為替レート（右軸）の推移を示している．図中のAの時期に起こった出来事を，下の1～5の中からすべて選び，その番号を**〔解答欄B〕の所定の欄に記入しなさい**．（順不同）

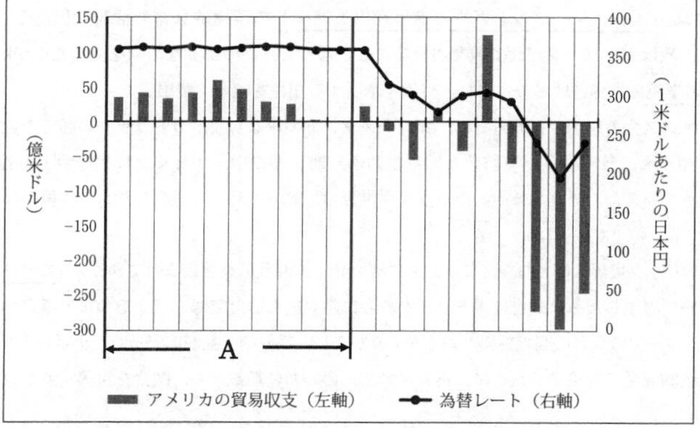

第1図　アメリカの貿易収支と為替レートの推移

備考：横軸の目盛りは1年の区切りを指す．為替レートは12月末のもの．

〔資料出所〕アメリカの貿易収支は U.S. Census Bureau, Economic Indicator Division より，為替レートは『日本銀行百年史（資料編）』より作成．

1．アメリカ軍が北爆を開始した．

2．アメリカ軍が南ベトナムから撤退した．

3．中越戦争が起きた．

4．ニクソンが訪中し，毛沢東と会談した．

5．パリでベトナム和平会談がはじまった．

Ⅱ イエズス会の歴史に関して述べた次の文章を読んで，問５～問８に答えなさい．**解答は，設問で指定された場合を除いて，すべて番号で解答用紙の〔解答欄Ａ〕の所定の欄に記入しなさい．**

16世紀初頭，のちにプロテスタントと総称される諸派の登場によって Aカトリック世界の一体性は大きく損なわれた．時を同じくして，カトリック教会の内部でも自己改革の機運が高まったが，そこで大きな役目を果たしたのが1534年に設立されたイエズス会である．

イエズス会は Bスペイン・ポルトガルの海外進出と連携して積極的な布教活動を展開し，ヨーロッパの外部におけるキリスト教はカトリックが大多数を占めることとなった．このような活動を支えたのが同会の教育事業である．Cイエズス会の学院は世界各地に設立され，時代を牽引する知性を数多く輩出した．

他方で，イエズス会の思想や布教方針は，プロテスタントのみならず，カトリックの間でも批判や反発を絶えず引きおこした．そのうえ，ヨーロッパで教会と国家権力の分離が進む中，かたくなに教皇至上主義を掲げる同会に対し，諸王室は弾圧をくわえた．そうした中，カトリック世界の足並みの乱れを懸念したローマ教皇は，1773年に同会に解散を命じた．

しかし，カトリック世界は間もなく，フランスに端を発する混乱に巻き込まれてゆく．Dルイ16世が招集した三部会が紛糾し，つづいて誕生した革命政府はカトリック教会に敵対的な態度で臨んだ．その後，権力をにぎったナポレオン＝ボナパルトも，ローマ教皇との間で妥協と対立をくりかえし，宗教的混乱が広がった．ナポレオンの帝国崩壊後，ローマ教皇はその宗教的混乱を収拾するために，再びイエズス会の力に頼るべく，同会を復興することを決めた．

問５ 下線部Ａに関連して，次の文章中の（ａ），（ｂ）に入る地名を，下の１～９の中からそれぞれ選びなさい．（重複使用不可）

カトリック世界の一体性は，中世末にも大きく揺らいでいる．14世紀初頭に教皇庁は（ ａ ）に移されたが，およそ70年を経てローマに戻った後も複数の教皇が並びたつ混乱がつづいた．この間に，聖書の英訳をこころみたウィクリフや，彼に共鳴したベーメンの神学者フスなど，各地で教会の改革を求める声があがった．これに対し，神聖ローマ皇帝の求めで（ ｂ ）で開かれた公会議では，ウィクリフとフスはともに異端とされた．くわえて，新教皇が選出され，教会の分裂状態にも終止符が打たれた．

１．アヴィニヨン　２．アナーニ　３．ウィーン　４．クラクフ　５．クリュニー
６．コルドバ　７．コンスタンツ　８．トリエント　９．プラハ

問６ 下線部Ｂに関連して，次の資料ａ，ｂはスペインの進出先に関する記録の日本語訳からの抜粋である（必要に応じて表現を改めた）．これを読んで，以下の（１），（２）に答えなさい．

ａ

（ ア ）を拠点として，この大きな島の他の諸州及び周辺の諸島の平定が続けられて行ったが（中略）州の首府，港，建設された市や町の住民は，その他特別の αエンコミエンダと共に国王の所有とされ，色々の必要性や王室金庫の経費〔の捻出〕にそなえられた．そして統治の政務と原住民の改宗は，必要な形で行なわれており，毎年船団が用意されてヌエバ・エスパニャ〔メキシコ〕へ赴き定期的な援助物資を積んで帰って来る（後略）

（注）〔 〕内は訳者による注である．

b

> この（　イ　）ほど高貴な美点を持った形の都はない．この都市はインカの帝国の首都であり，王たちの玉座だったのである．それだけでなく，〔ここと比べれば〕インディアスの他の諸地方は，ただ人が住んでいるだけ，というにすぎない．かりに集落があったとしても，褒めるに価するような文明も秩序も計画性も存在しないのである．

（注）〔　〕内は訳者による注である．
（資料出所はすべて省略する．）

資料 a：神吉敬三・箭内健次 訳／資料 b：増田義郎 訳

（1）　資料 a 中の（ア），資料 b 中の（イ）に入る地名を，次の 1 〜 9 の中からそれぞれ選びなさい．（重複使用不可）

1．アカプルコ　　2．アモイ　　3．カリカット　　4．クスコ　　5．ゴア　　6．パナマ
7．ポトシ　　8．マカオ　　9．マニラ

（2）　資料 a 中の波線部 α に関連して，エンコミエンダとはどのような制度か．〔解答欄 B〕の所定の欄の範囲内で説明しなさい．

（解答欄：約 17cm × 1 行）

問 7　下線部 C に関連して，次の資料は，ローマのイエズス会学院で教鞭をとったスペイン人イエズス会士ファン＝デ＝マリアナの著作の一部を日本語に訳したものである（必要に応じて表現を改めた）．これを読んで，以下の（1），（2）に答えなさい．

> たとえどんなに強力な君主であれ，（中略）人々の怒りが支配者の息の根を止めることを示す事例は過去にも現在にも数多く挙げられる．嘆かわしくも際立ったこの種の事例が，最近フランスの王侯の間で発生した．この事例は，（中略）民の心を平穏に保つことがどれほど重要かを示している．$_{\alpha}$フランス王アンリ 3 世は，ある修道士に（中略）殺された．この不快だが忘れがたい出来事は，邪悪な行いが見逃されることは無いのだ，ということを君主に教える役目を果たしている．（中略）子がいなかったため，彼は義理の兄弟のヴァンドーム公アンリに彼の王国を譲ろうと準備していた．ヴァンドーム公は幼い頃より腐敗した宗教思想に汚染され，同時にローマ教皇に厳しく非難されて継承権を奪われていたにもかかわらずである．とはいえ，今や $_{\beta}$ヴァンドーム公は改宗し，最も敬虔なフランス王として讃えられる人物になっている．

（資料出所は省略する．）

（1）　資料中の波線部 α の事件は，当時のフランスが直面していた宗教問題を背景としていた．この宗教問題について，フランス国内の政治事情に触れつつ，〔解答欄 B〕の所定の欄の範囲内で説明しなさい．

（解答欄：約 17cm × 2 行）

（2）　資料中の波線部 β に関連して，この王がフランスの宗教問題に関してとった政策について，〔解答欄 B〕の所定の欄の範囲内で説明しなさい．

（解答欄：約 17cm × 1 行）

問 8　下線部 D に関連して，三部会とは何かを明記したうえで，ルイ16世が全国三部会を招集してから，三部会の議員の一部が国民議会という名称の採用を宣言するにいたるまでの経緯を，〔解答欄 B〕の所定の欄の範囲内で説明しなさい．

（解答欄：約 17cm × 3 行）

Ⅲ メセナに関して述べた次の文章を読んで，問９～問12に答えなさい．**解答は，設問で指定された場合を除いて，すべて番号で解答用紙の〔解答欄Ａ〕の所定の欄に記入しなさい．**

古代ローマ皇帝アウグストゥスにつかえた政治家マエケナスは，ウェルギリウスやホラチウスといった詩人を庇護した．このマエケナスの名にちなみ，芸術家を支援する活動のことを，のちに「メセナ」と呼ぶようになった．たとえばＡルネサンス期のフィレンツェでは，メディチ家のもと，数多くの芸術家が活躍した．絶対王政期のフランスでは，ルイ14世の時代に，芸術を組織的に振興した．フランスに限らず，Ｂバロック音楽の作曲家たちは，教会や宮廷に職を得て活動した．19世紀になると，君主や教会によるメセナに代わって，Ｃ資産家による芸術家支援がおこなわれた．ただし芸術家のなかにはこれを脱しようとする風潮もあった．

現代では，「メセナ」という語は，とりわけ企業による芸術文化支援活動に対してもちいられる．企業メセナによる文化プログラムは，2021年に東京で開かれたＤオリンピック・パラリンピック競技大会に際しても開催された．

問９ 下線部Ａに関連して，メディチ家につかえた画家，建築家であるヴァザーリは，イタリアの芸術家たちの伝記『芸術家列伝』を著した．次の資料ａ～ｃはその日本語訳からの抜粋であり，それぞれある芸術家の業績について述べたものである（必要に応じて表現を改めた）．資料ａ～ｃで述べられている芸術家が制作した作品を，下の１～４の中からそれぞれから選びなさい．（重複使用不可）

ａ

> さてこの審判図が公開されるや，それは，かつてそこで制作したことのある第一級の芸術家たちに立ち勝っているばかりか，〔システィーナ〕天井画にさえ勝っていることを証したのであった．その天井画は，かつて彼が大いに賞揚されたものだが，彼はそれすら越えようとしたのである．つまり截然（せつぜん）とそれに立ち勝ることで，自己をも越えたのである．彼はそれら審判の日々の恐怖を思い描き，正しく生きなかった人の大いなる罪のために，主の受難を描いたのであった．

（注）〔 〕内は訳者による注である．

ｂ

> ミラノにおいて彼はサンタ＝マリーア＝デッレ＝グラーツィエ寺の聖ドミニコ派宗団のためにこの絵を描いたが（中略）そこで構想した，誰が主を裏切るであろうか知りたがっている使徒たちを襲った不安と危惧の念の表現に見事に成功した．それゆえに使徒たちの顔には，愛，恐怖，怒り，さらにまたキリストの心を理解することのできぬ悲しみが宿っている．これらに劣らずすばらしいのは，対するユダの頑な態度，憎悪，裏切りの姿である．その上，作品のどの部分においても信じられぬほどの丹念さで描かれ，テーブルクロスの布の質にいたるまで描きこんでおり，本物のリンネル布でさえこれ以上本物らしくは見えないようであった．

ｃ

> メディチ家の館では，ロレンツォ＝ヴェッキオ豪華王のためにたくさんの仕事をした（中略）．フィレンツェ市中のさまざまな邸のために自分の手で円い絵（トンド）を作り，また裸の婦人像もかなりたくさん作ったが，そのなかの二枚の作品が今日でもコジモ公の別荘であるカステッロに伝わっている．その一枚は（中略）微風にはこばれてヴィーナスがキューピッドたちとともに海辺へ着くところであり（中略）彼の手でまことに生き生きと優雅に描かれている．

〔資料出所〕ジョルジョ＝ヴァザーリ（田中英道他訳）『芸術家列伝』白水社

資料ａ：田中英道・森雅彦 訳／資料ｂ：田中英道 訳／資料ｃ：平川祐弘 訳

1

2

3

4

2の写真は，著作権の都合により，類似のものと差し替えています。
（ユニフォトプレス提供）

問10　下線部Bに関連して，次の文章を読んで，以下の（1），（2）に答えなさい．

バロック音楽を代表する二人の作曲家，バッハとヘンデルはともに1685年に生まれたが，その人生は対照的である．アイゼナハの音楽家一族に生まれたバッハは，ミュールハウゼン，ヴァイマル（ワイマール），ケーテンなどのドイツ領邦国家内の宮廷や教会に職を得た．バッハは数多くのオルガン曲，宗教曲などを残し，1750年に$_{\alpha}$ライプツィヒで没した．死後，その作品はかえりみられることが少なかったものの，1829年にメンデルスゾーンの指揮で『マタイ受難曲』が演奏されたことによって再発見された．

一方ハレに生まれたヘンデルは，ドイツの他イタリアなどのヨーロッパ各地で活動した．その後，ロンドンに活動拠点を移し，イギリス王室礼拝堂付音楽家となった．ヘンデルは，オペラやオラトリオを中心に創作し名声を得た．不遇の時期も経験したが，$_{\beta}$アイルランド総督の依頼で作曲され，1742年にダブリンで初演された『メサイア』は絶賛され，彼の代表作となった．

（1）下線部αに関連して，ライプツィヒの聖ニコライ教会では，1980年代に民主化を求める運動がはじまった．1980年代から1990年代初頭にかけて起きた次の１～３の出来事を，年代の古い順に並べ替え，左から順に記入しなさい．

１．コメコンが解散した．
２．東ドイツでホネカー書記長が退陣した．
３．ポーランドでワレサを中心に自主管理労働組合「連帯」が設立された．

（2）下線部βに関連して，次のａ，ｂの出来事は，下の年表のどこに入れるのが適当か．年表中の空欄１～５の中からそれぞれ選びなさい．（重複使用不可）

ａ．アイルランド自治法が成立した．
ｂ．アイルランド自由国が成立した．

［　1　］
ジョゼフ＝チェンバレンが植民相として保守党内閣に入閣した．
［　2　］
ダブリンでイースターの期間に蜂起が起き，パトリック＝ピアースら反乱指導者が処刑された．
［　3　］
ウェストミンスター憲章が成立した．
［　4　］
アイルランド共和国法が制定され，アイルランドは共和国であると宣言された．
［　5　］

問11　下線部Ｃに関連して，次の文章中の（ａ）～（ｄ）に入る人名を，下の１～９の中からそれぞれ選びなさい．（重複使用不可）

アメリカの資産家で，特に印象派の絵画を蒐集したルイジーヌ＝ハヴマイヤーは，女性参政権論者としても活動した．女性参政権が認められるまでには，各国で紆余曲折があった．イギリスで1792年に『女性の権利の擁護』を発表し，女性参政権を主張したメアリ＝ウルストンクラフトは，その著作のなかで，『人間不平等起源論』を著した思想家（　ａ　）の女性観を批判した．イギリス経験論の流れをくむ哲学者・経済学者である（　ｂ　）は，イギリス下院議員として，1867年の選挙法改正に際し，女性参政権を認める修正案を提出するものの，否決された．アメリカでは，小説『アンクル＝トムの小屋』を発表し，奴隷制を批判した（　ｃ　）が女性参政権運動にもかかわった．社会主義者のなかでは，『家族，私有財産および国家の起源』を1884年に刊行した（　ｄ　）が，史的唯物論の立場から，女性の地位の変遷を分析した．

１．ヴォルテール　２．エンゲルス　３．ジョン＝ステュアート＝ミル　４．ストウ　５．ディケンズ
６．フーリエ　７．マルサス　８．モンテスキュー　９．ルソー

問12　下線部Ｄに関連して，次の文章を読んで，以下の（1）～（3）に答えなさい．

オリンピックやパラリンピックにおける選手団の活躍は，その出身地とともに人々の記憶に刻まれてきた．ローマ・東京・メキシコと，３つのオリンピックに出場したマラソン選手アベベは，$_{\alpha}$エチオピア出身で，「はだしの王者」として知られた．1952年に$_{\beta}$ヘルシンキで開かれたオリンピックには，イギリス領ゴールドコーストから初めて選手団が派遣された．その後，イギリス領ゴールドコーストは同じくイギリスの支配下にあったトーゴランドとともに，（　a　）共和国となり，1960年にエンクルマ（ンクルマ）が大統領に就任した．2000年のシドニーオリンピックのサッカー競技で金メダルを獲得した（　b　）も，第一次世界大戦前にはドイツの植民地となっていた．

（1）上の文章中の（a），（b）に入る国の位置を，次の地図中の１～９の中からそれぞれ選びなさい．（重複使用不可）

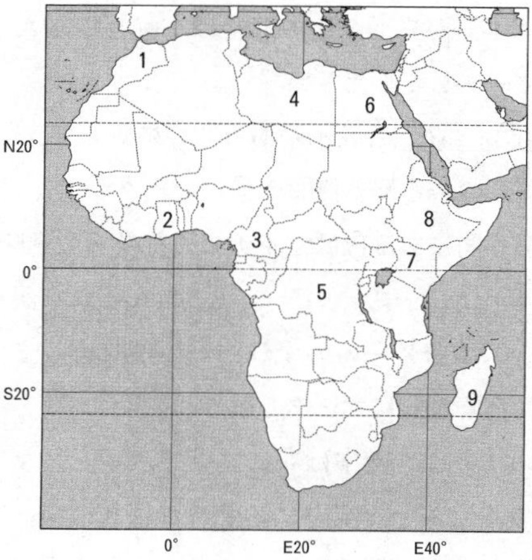

備考：国境線は現在のもの．

（2）下線部αに関連して，エチオピアが独立を失ったのは，アフリカの多くの地域の植民地化よりも後の時期であった．エチオピアが独立を失うにいたった経緯を，次の語をすべて用いて，**〔解答欄Ｂ〕の所定の欄の範囲内で説明しなさい**．

（解答欄：約 17cm × 2 行）

アドワの戦い　　国際連盟

（3）下線部βの都市で，1975年に，ヨーロッパ諸国33カ国とアメリカ，カナダを合わせた35カ国が参加した全欧安全保障協力会議が開催された．最終日に採択されたヘルシンキ宣言では，国家主権の尊重，国境の不可侵，人権と基本的諸自由の尊重などの十原則が掲げられた．この会議が開催された背景にある，1970年代前半のヨーロッパの国家間関係の変化について，**〔解答欄Ｂ〕の所定の欄の範囲内で説明しなさい**．

（解答欄：約 17cm × 3 行）

数学

（80 分）

（注意事項）

1．数学の問題のうち，問題の［**1**］から［**3**］が最初に採点されます。問題の［**4**］から［**6**］は，数学の最初に採点される問題と英語の最初に採点される問題の得点が一定点に達した受験生についてのみ，採点されます。

2．① 問題の［**1**］から［**3**］の解答は，解答用紙A（マークシート）の解答欄にマークしてください。

［例］ | (11) | (12) | と表示のある問いに対して，「45」と解答する場合は，解答欄(11)の④と解答欄(12)の⑤にマークしてください。

なお，解答欄にある⊖はマイナスの符号－を意味します。

② 解答欄(1)，(2)，…の一つ一つは，それぞれ0から9までの数字，またはマイナスの符号－のいずれか一つに対応します。それらを(1)，(2)，…で示された解答欄にマークしてください。

下の例のように，数字は右によせて表示し，マイナスの符号－は左端に置いてください。空のマスがあれば0を補ってください。分数の分母と分子がともに解答欄のときは，分母を正で，約分しきった形で解答してください。

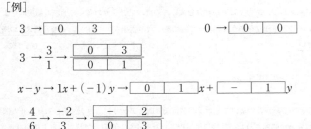

［例］

$3 \rightarrow \boxed{0}\boxed{3}$　　　　$0 \rightarrow \boxed{0}\boxed{0}$

$3 \rightarrow \dfrac{3}{1} \rightarrow \dfrac{\boxed{0}\boxed{3}}{\boxed{0}\boxed{1}}$

$x-y \rightarrow 1x+(-1)y \rightarrow \boxed{0}\boxed{1}\,x+\boxed{-}\boxed{1}\,y$

$-\dfrac{4}{6} \rightarrow \dfrac{-2}{3} \rightarrow \dfrac{\boxed{-}\boxed{2}}{\boxed{0}\boxed{3}}$

[1] 座標平面上の四角形 ABCD は以下の条件を満たすとする．

(a) 頂点 A の座標は $(-1,-1)$ である．

(b) 四角形の各辺は原点を中心とする半径 1 の円と接する．

(c) $\angle$BCD は直角である．

また，辺 AB の長さを l とし，$\angle \mathrm{ABC}=\theta$ とする．

(1) $\angle \mathrm{BAD}=\dfrac{\pi}{\boxed{(1)}}$ である．

(2) 辺 CD の長さが $\dfrac{5}{3}$ であるとき，$l=\dfrac{\boxed{(2)}}{\boxed{(3)}}$，$\tan\theta=\dfrac{\boxed{(4)}\boxed{(5)}}{\boxed{(6)}}$ である．

(3) θ は鋭角とする．四角形 ABCD の面積が 6 であるとき，$l=\boxed{(7)}+\sqrt{\boxed{(8)}}$，$\theta=\dfrac{\pi}{\boxed{(9)}}$ である．

[2] 数列 $\{a_n\}$ は

$$a_{n+1}=-|a_n|-\frac{1}{2}a_n+5 \quad (n=1,2,3,\ldots)$$

を満たすとする．

(1) $a_1=\dfrac{1}{2}$ ならば，$a_2=\dfrac{\boxed{(10)}\boxed{(11)}}{\boxed{(12)}}$，$a_3=-\dfrac{\boxed{(13)}\boxed{(14)}}{\boxed{(15)}}$ である．

(2) $-2\leqq a_n\leqq -1$ ならば，a_{n+1} および a_{n+2} の取り得る値の範囲は，それぞれ $\boxed{(16)}\leqq a_{n+1}\leqq\dfrac{\boxed{(17)}}{\boxed{(18)}}$，$-\dfrac{\boxed{(19)}}{\boxed{(20)}}\leqq a_{n+2}\leqq-\boxed{(21)}$ である．

以下，$a_1=2+\left(\dfrac{2}{3}\right)^{10}$ とする．

(3) $a_n<0$ となる自然数 n のうち最小のものを m とすると，$m=\boxed{(22)}\boxed{(23)}$ である．

(4) **(3)** の m に対して，自然数 k が $2k\geqq m$ を満たすとき，

$$a_{2k+2}=-\frac{\boxed{(24)}}{\boxed{(25)}}a_{2k}-\frac{\boxed{(26)}}{\boxed{(27)}}$$

より

$$a_{2k} = -\frac{\boxed{(28)}\boxed{(29)}}{\boxed{(30)}} + \frac{3}{\boxed{(31)}\boxed{(32)}}\left(-\frac{\boxed{(33)}}{\boxed{(34)}}\right)^{k-\boxed{(35)}}$$

が成り立つ．

[3] x の関数が印刷されているカード25枚が1つの袋に入っている．その内訳は，11枚に $1-3x$，9枚に $1-2x$，4枚に $1-2x+2x^2$，1枚に $1-3x+5x^2$ である．この袋からカードを1枚取り出し，印刷されている関数を記録してから袋に戻すことを100回繰り返したところ，記録の内訳は $1-3x$ が46回，$1-2x$ が35回，$1-2x+2x^2$ が15回，$1-3x+5x^2$ が4回であった．

(1) 記録された関数の実数 x における値を $a_1, a_2, \ldots, a_{100}$ とおく．$a_1, a_2, \ldots, a_{100}$ の平均値は，x の値を定めるとそれに対応して値が定まるので，x の関数である．この関数は $x = \frac{\boxed{(36)}}{\boxed{(37)}}$ のとき最小となり，その値は $-\frac{\boxed{(38)}\boxed{(39)}}{\boxed{(40)}}$ である．

(2) 記録された関数の $x=0$ から $x=1$ までの定積分を $b_1, b_2, \ldots, b_{100}$ とおく．$b_1, b_2, \ldots, b_{100}$ の平均値は $-\frac{\boxed{(41)}}{\boxed{(42)}\boxed{(43)}}$ であり，分散は $\frac{\boxed{(44)}\boxed{(45)}}{\boxed{(46)}\boxed{(47)}}$ である．
また，記録された関数の $x=1$ における値を $c_1, c_2, \ldots, c_{100}$ とおくとき，100個のデータの組 $(b_1, c_1), (b_2, c_2), \ldots, (b_{100}, c_{100})$ の共分散は $\frac{\boxed{(48)}\boxed{(49)}}{\boxed{(50)}\boxed{(51)}}$ である．

(3) カードがすべて袋に入った状態から1枚取り出したとき，印刷されている関数の $x=1$ における値が負である条件のもとで，その関数の0から1までの定積分が負である条件付き確率は $\frac{\boxed{(52)}\boxed{(53)}}{\boxed{(54)}\boxed{(55)}}$ である．

[4] t を実数とする．また，O を原点とする座標空間内に 3 点 A $(4,2,5)$，B $(-1,1,1)$，C $\left(2-t, 4-3t, 6+2t\right)$ をとる．

(1) $\triangle$OAB の面積を求めよ．

(2) 4 点 O, A, B, C が同一平面上にあるとき，C の座標を求めよ．

(3) 点 C が xy 平面上にあるとき，四面体 OABC の体積 V を求めよ．

(4) 四面体 OABC の体積が **(3)** で求めた V の 3 倍となるような t の値をすべて求めよ．

[5] a を 2 以上の整数，p を整数とし，$s = 2^{2p+1}$ とおく．実数 x, y が等式

$$2^{a+1}\log_2 3^x + 2x\log_2\left(\frac{1}{3}\right)^x = \log_s 9^y$$

を満たすとき，y を x の関数として表したものを $y = f(x)$ とする．

(1) 対数の記号を使わずに，$f(x)$ を a, p および x を用いて表せ．

(2) $a = 2,\ p = 0$ とする．このとき，$n \leqq f(m)$ を満たし，かつ，$m + n$ が正となるような整数の組 (m, n) の個数を求めよ．

(3) $y = f(x)$ $\left(0 \leqq x \leqq 2^{a+1}\right)$ の最大値が 2^{3a} 以下となるような整数 p の最大値と最小値を，それぞれ a を用いて表せ．

[6] 関数 $F(x) = \dfrac{1}{2} + \displaystyle\int_0^{x+1} \left(|t-1| - 1\right)dt$ に対し，$y = F(x)$ で定まる曲線を C とする．

(1) $F(x)$ を求めよ．

(2) C と x 軸の共有点のうち，x 座標が最小の点を P，最大の点を Q とする．P における C の接線を ℓ とするとき，C と ℓ で囲まれた図形の面積 S を求めよ．また，Q を通る直線 m が S を 2 等分するとき，ℓ と m の交点 R の座標を求めよ．

小論文

（60 分）

（注意事項）　字数をかぞえるとき，句読点も１字とかぞえます。ただし，算用数字は１マスに２つまで記入できます。

次の２つの課題文Ⅰ，Ⅱを読んで，設問Ａ，Ｂに答えなさい．解答は解答用紙の所定の欄に横書きで記入しなさい．

［課題文］

Ⅰ．多数決は誰の意思か

（日本経済新聞2021年７月11日朝刊より抜粋）

世界を動かす力の一つにオピニオンがある．人々が織りなす考えや主張は社会のムードをつくり，時代を塗り替えてきた．そのオピニオン誕生の力学がスマートフォンやSNS（交流サイト）の普及で変わってきたのではないか．好奇心旺盛な科学者らが新たな原理の探索に乗り出した．

【多数決】賛成者の多い意見を集団として受け入れて物事を決めるしくみ――．私たちは多数決が公平さを担保し，民主主義の根幹をなすと信じている．だからこそ，人々は選挙などの結果を受け入れる．だが，多数決は金科玉条なのか．

「２～３割の人の意見が，全体に優先してしまう」．高知工科大学の全卓樹教授は自らの研究をもとに，多数決とは言いがたい例がある現実をこう明かす．

全教授は，多くの人が周りと意見を交わすうちに世論のような社会のムードができあがるしくみを解明する「世論力学（オピニオンダイナミクス）」理論の第一人者だ．2020年にフランス・国立科学研究センターのセルジュ・ガラム博士と共同で発表した論文は民主主義を強く信じてきた人々に少なからず動揺をもたらした．

論文では，集団の意思が決まるまでの過程をシミュレーション（模擬計算）した．自分の意見を譲らない「確信者」と，他人の意見に影響を受ける「浮動票者」を想定し，集団全体の意見の変遷を数値の変化でわかるようにした．途中，確信者の意見に対して，浮動票者の考えが揺れ動く．突如，変化が起きた．確信者の数を25～30％超まで増やしたとたん，浮動票者全員が確信者の意見に転じたのだ．

３割程度の意見が全体の世論を左右する様子は，集団の意思決定時にふさわしいとされた多数決の力学とは異なる．「多数決」どころか「３割決」の傾向は，SNSを介して議論するような場合に観察できるという．「集団の意思決定に別のしくみが現れた」と全教授はいう．

多数決への信仰が生まれたのは，紀元前５世紀ごろの古代ギリシャだ．市民が戦争や財政について語り合い，今でいう多数決で方針を決めた．社会が発展すると王政や貴族政治が続き，ファシズムなどを乗り越えて，法律や財政，外交などの重要課題を多数決で決めるのが慣例になった．

議論に加わる人数が限られた昔は，一部の意見が多数を支配する傾向が強かった．以前にガラム博士が発表した論文では，わずか17％の意見が世論を左右するとの計算結果が出た．

今はSNSがある．全教授は「マスコミを通じて数人のオピニオンリーダーが世論を率いた2000年頃よりも前と現在は違う」と話す．そうだとしたら，デジタル社会のさらなる進展で「一人ひとりの多様な意見を全体に反映するのはたやすい」「民意を直接，確実に届ける国民投票がかなうかもしれない」と思えてくる．

だが，SNSは民主主義を支える多数決の理想型に近づく可能性を感じさせる一方で，地域や生活様式を超えたつながりやすさゆえに「一部」の意見を「多数」と惑わす遠因にもなる．理想と現実との間の溝を高知工科大学の研究成果は浮き彫りにする．

鳥取大学の石井晃教授らの理論研究では，一人ひとりの真意を吸い上げる難しさが明らかになった．

研究では，世界に1千人が住み，100人は「ほかの誰もが見聞きできる情報」をじかに入手できないと仮定した．

この情報を550人以上が信じてSNSや会話で周りに言いふらしたとして計算すると，情報から隔絶されている100人の８～９割までもが次第に同じ情報に染まっていった．集団の55％が信じる情報が同調を招き，一人ひとりの生の声を覆い隠すという結果になった．

（中略）

一人ひとりが情報の海の中で生きる現代は，意思決定が誰にとっても難しい時代でもある．そんな今を生きているという自覚が求められている．（草塩拓郎）

Ⅱ．変容する科学とその行方

（隠岐さや香『文系と理系はなぜ分かれたのか』星海社，2018年より抜粋）

学術が，科学がどうなるのか．未来のことは誰にもわかりません．ただ，現代は，めざましい情報技術の進展も手伝って，この先どうなるのだろうかという，期待と不安に包まれた時代だと思います．

歴史を振り返る限り，「文系・理系」を含め，学問の分類を大きく変えてきたのは，人間が扱える情報の増大と，学問に参入できる人の増加です．たとえば，活版印刷が生まれて本が普及したことは，近代的な諸学問が発展したことと無関係ではないでしょう．その意味で，近年の情報技術の発展が私たちに何をもたらすのか，未知数の側面はあります．

ただ，文理の区分を含め，私自身はすぐに大きな変化があるとは思っていません．情報技術は，あらゆる分野で処理可能なデータの量を飛躍的に増やしましたが，現状では，研究の手段を豊かにしたという段階に留まっている気がします．

むしろ，明白な変化が起きているのは，人と人のマッチングや交流のあり方です．（中略）尖(とが)った専門性のある人とその間をつなぐ人とで補い合い，集合知を発揮する，という方向の取り組みが今後増えていきそうです．

学問への参入者の増大という点については，情報技術の問題とは独立に，前から新しい動きがあります．研究をしたことがない一般の人が，参加し，貢献することができるような研究活動が，様々な分野で出現しているのです．社会科学や一部の環境科学的プロジェクトにおいては，「参加型研究」「アクションリサーチ」などといわれます．理工医系では「シチズン・サイエンス」という言葉がよく使われています．

背景には，集合知としての研究を追求する視点，すなわち，学問の諸分野に加えて，一般市民も含めた，多様な立場の人が持つ知見をうまく集めて問題解決につなげよう，との発想があります．

典型的な参加型研究の取り組みは，ある地域の課題解決を目指すタイプのものです．それも，研究者が一方的に専門家として住民を受け身の「調査対象」とするのではなく，コミュニティの人々と共に改善の可能な問題について話し合い，可能な作業を分担するといった形を取ります．

（中略）

このように様々な分野で，壮大な挑戦のため，世界中の市民と研究者が協働しています．

ただ，素晴らしい試みの陰には，常に課題も生じることを忘れてはならないでしょう．参加する人々が多様化し，規模が大きくなる場合について，私たちはようやく知見を積み重ね始めたばかりです．特に，情報技術や，先進国の豊富な資金源でもってその可能性が極限まで引き上げられている場合や，市場を通じた価値づけがなされる可能性のある研究の場合は，それが参加者一人一人にとって何を意味するのか，常に考え続ける必要があると思います．

まだこれからの試みですから断言はできませんが，社会科学系の「アクションリサーチ」と自然科学系の「シチズン・サイエンス」に関する文献からは，いくつかの課題も浮かび上がってきます．それは主に，人間に関するものと，データの扱いによるものに大別できるようです．「アクション・リサーチ」では，地域の生活に関わるテーマも多い関係上，「個々の参加者と人間として向き合う」ことが必要となります．特に，地域住民が「生活を乱された」「研究の道具にされた」という気持ちにならないようなアプローチは重要な関心事です．

「シチズン・サイエンス」では「集まってきたデータと向き合う」ことが基本となりやすく，データ処理に関する課題が検討されているようです．たとえば，「質の違いが大きいデータをどのように気をつけて分析するべきか」「参加者によりデータ収集への貢献度が大きく違うことが多いが，報酬をどのように設定するべきか」などの議論がみられました．ただ，課題の性質上，「市民に科学への親しみを持ってもらえる」「科学に関心のある市民に，研究者と一般社会の橋渡しをしてもらえる」という明るい論調が前面に出ていました．

問題が起きないのなら，それに越したことはありません．ただ，こんな話をするのは，世界中の人々が研究のため，データ収集に関わるような状況が仮に生じると仮定した場合，ある過去の議論を思い出すからです．

一九六〇年代のことです．デレク・プライスは，二〇世紀における自然科学研究者の人口と研究論文数の指数関数的増加に着目しました．そして，職人の工房のような「リトル・サイエンス」から，大型装置を備えた工場のような研究室でチーム作業の行われる「ビッグ・サイエンス」に移行したと認識しました．プライスが鋭いのは，そこに科学の普及と民主化よりは，徹底した分業と，階層化の進展を見出したことです．実際のところ，出現したのは，各分野で，少数の科学者が非公式のエリートグループを作り，情報の流通を密に行いながら，階層秩序の頂点に立って全体のトレンドに影響を与えていくという構造でした．そして，多くの研究者にとっては，巨大装置を用いて毎日大量のデータをモニタリングし，そこからひたすら情報処理を繰り返すのが仕事になっていきました．

科学の対象が複雑化し，膨大な情報処理が必要となる時代においては，学際的な研究の営みへとこれまで以上に多くの人が引き込まれていくのでしょう．そして，人文社会でも，理工医でも，研究の内容が，膨大な作業の分業のような性質のものであるとき，個人は巨大な構造の一部となります．爆発的に増え続ける情報と，それを扱える技術の出現．巨大化する協働のコミュニティを前に，一人の人間が持つ知性が一体どんな意味を持ちうるのか．そうしたことも考えなければいけない時代となっている気がします．

※ 常用漢字表の例にない漢字については，原文にある以外に一部ふりがなをつけた．

［設　問］

A. 課題文Ⅰに基づき，個人の多様な意見を反映する集団的意思決定ルールとして，多数決の問題点を200字以内で説明しなさい．

B. 課題文Ⅰを踏まえた上で，課題文Ⅱにおける「学問への参入者の増大」により生じうる問題と，それに対して「一人の人間が持つ知性が一体どんな意味を持ちうるのか」について，あなたの考えを400字以内にまとめなさい．

////////////////////// · memo · //////////////////////

2021年度

問題編

■一般選抜

問題編

▶試験科目・配点

方式	教　科	科　　目	配　点
A方式	外国語	コミュニケーション英語Ⅰ・Ⅱ・Ⅲ，英語表現Ⅰ・Ⅱ	200点
	数　学	数学Ⅰ・Ⅱ・A・B	150点
	小論文	高校生にふさわしい知識，理解力，分析力，構想力，表現力を問う。高等学校の特定の教科とは直接には関わらない。	70点
B方式	外国語	コミュニケーション英語Ⅰ・Ⅱ・Ⅲ，英語表現Ⅰ・Ⅱ	200点
	地　歴	日本史B，世界史Bのうち1科目選択	150点
	小論文	高校生にふさわしい知識，理解力，分析力，構想力，表現力を問う。高等学校の特定の教科とは直接には関わらない。	70点

▶備　考

- 数学Ⅱの「微分・積分の考え」においては一般の多項式を扱うこととする。数学Aは「場合の数と確率」・「整数の性質」・「図形の性質」を，数学Bは「数列」・「ベクトル」を出題範囲とする。上記範囲とその応用を出題する。
- 日本史Bの出題範囲は1600年以降を中心とし，世界史Bの出題範囲は1500年以降を中心とする。2科目とも基礎的理解並びに体系的理解を問う。
- A方式は「外国語」の問題の一部と「数学」の問題の一部の合計点が一定の得点に達した受験生について，「外国語」の残りの問題と「数学」の残りの問題および「小論文」を採点する。B方式は「外国語」の問題の一部が一定の得点に達した受験生について，「外国語」の残りの問題と「地理歴史」および「小論文」を採点する。A・B両方式とも，最終判定は総合点によって合否を決定する。
- 「外国語」と「小論文」はA・B両方式共通。

英語

(100 分)

(注意) 英語の問題のうち，問題Ⅰから Ⅲ が最初に採点されます。問題Ⅳ とⅤは，最初に採点される問題の得点（数学受験者については数学の得点の一部をそれに加味した合計）が一定点に達した受験生のみ，採点されます。

Ⅰ. Read the following article, and answer the questions as indicated.

"Facial Recognition Technology: wrongly perceived?"
by Ai Shiyu (2019)

① Facial recognition is a fast-growing biometric technology that identifies individuals by detecting some distinguishable features of their faces. At present, it is used in a variety of ways, from allowing the unlocking of smartphones, or smoothly passing through airport security, to purchasing products at stores. [1], the facial recognition market by 2022 may be worth more than $9.6 billion.

② Nowadays, people are overwhelmed with all kinds of data, and much of this, in particular photos and videos, constitutes the basic information required to enable facial recognition technology. Facial recognition systems utilize millions of images and videos created by high-quality surveillance cameras, smartphones, social media, and other online activity. Machine learning and artificial intelligence capabilities in the software [2] distinguishable facial features mathematically, [3] for patterns in the visual data, and [4] new images with existing data stored in facial recognition databases in order to determine identity.

③ Facial recognition technology will add convenience to our lives. You will soon be able to pay at stores without using money or credit cards; instead, your face will be scanned. Such a system could be a lifesaver for people who have complicated drug prescriptions, where any mistake could cause detrimental side effects. Facial recognition technology at the pharmacy would be able to identify both the patient and the prescription. This information could be shared with doctors and pharmacists, who could confirm [5] the patient has been given the right medication.

④ Another major advantage of facial recognition technology is in combatting crime. Police forces use the technology to uncover criminals or to find missing children. In New York, the police were able to locate a suspected rapist using facial recognition technology within 24 hours of an incident where he threatened a woman at knifepoint. In areas where the police do not have time to help fight minor crimes, they are now encouraging business owners to install facial recognition systems to watch and identify persons of interest when they come into their stores. [6]

⑤ Critics argue that this technology represents a grave threat to our civil liberties. They argue that such information should not be given to authorities in the first place. However, nothing could be further from the truth. Face scans may confirm the innocence of people suspected of crime. For example, individuals suspected of committing a crime at a certain time and location might be able to prove they were actually at a different location, since their presence would have been recorded by cameras, even in the absence of human witnesses. Many who have been wrongly convicted [7], had the technology been in place. Ultimately, scans favor law-abiding citizens and will allow them to establish their innocence.

⑥ Facial recognition can also help to keep citizens secure. There are good reasons why airports are quickly adding facial recognition technology to security checkpoints; the U.S. Department of Homeland Security predicts that it will be used on 97 percent of travelers by 2023. Clearly, most officials believe that [8]. As is known, when people suspect they are being watched, they are less likely to commit crimes. However, any technology which could recognize potential mass-murderers, either from previous activities or via a purchase history involving weapons, would reduce costs and significantly aid law enforcement.

⑦ Since no physical contact with the individual is necessary for the technology to recognize a face, unlike with fingerprinting or other security measures, facial recognition offers quick, safe, and automatic verification. Systems that rely on physical objects, such as keys or identity documents, which can be lost or stolen, will become unnecessary. Critics are keen to point out the potential flaws in facial recognition systems, but are usually unwilling to acknowledge that the current methods of verification are themselves deeply flawed: signatures can be forged, passports can be faked, and vital personal accounts can be hacked. Of course, facial recognition technology itself might be vulnerable to illegal interference. However, [9] more widely used, any potential flaws would soon be corrected.

⑧ Centuries ago, before urbanization, when the majority of us lived in small villages where everyone knew each other, there was no need to verify someone's identity. Societies could police themselves. Today we live in a chaotic age of mass-travel, migration, and huge cities filled with seemingly anonymous crowds; we need to find appropriate technology to verify who is who. This is not a development to be feared, but one which will [10] to our lives.

Answer the questions [1]—[10] as indicated.

1. Which of the following would best fill the gap at [1] in Paragraph ①? Answer by filling in the corresponding slot under the number (1) on the mark sheet.
   1. Already
   2. By some estimates
   3. In all accounts
   4. Increasingly

2, 3, 4. Place three of the words below into the most suitable of the gaps marked [2], [3], and [4] in Paragraph ②. <u>Each word may be used only once.</u> Fill in the corresponding slots under the numbers marked (2), (3) and (4) on the mark sheet.
   1. analyze
   2. compare
   3. copy
   4. reuse
   5. search

5. Which of the following would best fill the gap at [5] in Paragraph ③? Answer by filling in the corresponding slot under the number (5) on the mark sheet.
   1. however

2. whatever
3. whether
4. while

6. Which of the following would best fill the gap at [6] in Paragraph ④? Answer by filling in the corresponding slot under the number (6) on the mark sheet.
   1. In the end, crime will hardly be reduced as this trend continues.
   2. In the final analysis, the police cannot be overworked.
   3. Ultimately, such collaboration is crucial for fighting crime.
   4. With this, the number of missing-person cases will be reduced further.

7. Which of the following would best fill the gap at [7] in Paragraph ⑤? Answer by filling in the corresponding slot under the number (7) on the mark sheet.
   1. may benefit
   2. might have benefited
   3. need benefit
   4. will benefit

8. Which of the following best fills the gap at [8] in Paragraph ⑥? Answer by filling in the corresponding slot under the number (8) on the mark sheet.
   1. investing heavily in this technology will not be cost-effective
   2. people rarely if ever change their behavior under surveillance
   3. the chances of capturing murderers are extremely high
   4. the mere possibility that this technology is being used will deter crime

9. Which of the following best fills the gap at [9] in Paragraph ⑦? Answer by filling in the corresponding slot under the number (9) on the mark sheet.
   1. even as it becomes
   2. if it became
   3. since it became
   4. while it will become

10. Which of the following best fills the gap at [10] in Paragraph ⑧? Answer

by filling in the corresponding slot under the number (10) on the mark sheet.

1. bring back small-scale values
2. highlight urban-appropriate security
3. provide some democratic fairness
4. restore some long-lost order

II. Read the following article, and answer the questions as indicated.

"Facial Recognition Technology: the thin edge of the wedge"

by U. C. Mee (2019)

① Exactly 70 years ago, we were warned of a future where our every action would be watched over by the government. This was introduced by George Orwell in his novel *Nineteen Eighty-Four*, wherein the leader "Big Brother" seeks to control [11] thoughts and behaviors by constantly observing them. As it happens, Orwell's vision of the future is mild in comparison to the one in store for us. Facial recognition technology is quickly turning the notion of individual privacy into a relic of the past. Worse, governments are not alone in advancing these systems: multinational corporations, online social media services, and even local grocery stores are pushing them along. Ironically, without serious and immediate government oversight, in the near future we will be watched by everyone all the time. [12]

② Facial recognition bears little resemblance to other biometric technologies currently in use, such as fingerprint identification or DNA analysis. We have no control over who captures, records, and analyzes images of our faces. Fingerprints and eye scans, which are used to secure our homes, phones, and computers, require [13] . The problem with facial recognition systems is that individuals cannot control their personal data through a registration process. With phones, you understand such data will be secured on your personal device.

③ [14] recording your face, your friends might have more say in the matter than you yourself. Sharing photos with family and friends is natural, but it has also been essential to the development of this technology. The rapid growth of social media services that allow us to share photos with friends has allowed others to use our images in unforeseen ways. New artificial intelligence programs have pushed this technology to extremes. Today, they can identify an individual in an image more quickly than real people doing the same. At this rate, machines will soon know more about your social life than you do yourself.

④ Facial recognition technology has multiplied threats to our personal freedom. We have given permission to multi-billion-dollar companies to collect and use our personal information, including the images of our faces and those of our friends, and it seems they are free to target us in any way they choose. It will not be long until security cameras located in local stores are transformed into "customer recognition systems" that will constantly encourage you to buy more. Before you know it, it will be impossible to avoid "smart advertisements" that talk to you personally as you walk down the street. [15]

⑤ Worse still, the potential for government abuse is frightening. The right to peaceful protest is guaranteed in most democracies; however, protestors are increasingly obliged to wear masks to protect their identities from surveillance cameras employed by the state. Governments may use the facial images to arrest or imprison peaceful demonstrators – obviously [16] of these systems. Free speech under constant surveillance is ultimately not free.

⑥ Misidentification is another serious issue. On several occasions, innocent people who [17] walked into and out of stores without buying anything were unknowingly marked by the security systems. On their next visit they were asked to leave the store immediately. Similarly, in 2018, the police used facial recognition technology to identify an 18-year-old student as a shoplifter. She was arrested; however, it turned out that the student was at a school dance when the crime was committed. The charges were eventually dropped, but this traumatic experience is the result of flaws in this technology. Now this student is suing the company to [18] the emotional distress it caused.

⑦ Indeed, news of racial bias linked to facial recognition errors seems to appear daily. The problem is that these technologies have been shown to more frequently misidentify people of color. This, in turn, can result in police officers conducting home or body searches that are not warranted. Since these mistakes largely affect communities of color, this [19] further inflame distrust of law enforcement.

This has prompted widespread protests against police prejudice throughout the world.

⑧ Fortunately, there is some hope on the horizon. Concerned individuals have launched lawsuits against social media companies that one can hope will stop the collection and sharing of facial data. Protest marches are prompting discussion of possible reforms. In recent months, cities in California and Massachusetts passed laws to ban "live" facial recognition technology that surveys people in real time. Fingers crossed, the ultimate goal of national legislation may soon be within reach. Indeed, Orwell would surely have recognized the irony of a situation in which it is up to the government to guarantee our privacy from the all-seeing eyes of facial recognition technology. [20]

Answer the questions [11]－[23] as indicated.

11. Which of the following would best fill the gap at [11] in Paragraph ①? Answer by filling in the corresponding slot under the number (11) on the mark sheet.
    1. our
    2. the characters'
    3. the readers'
    4. their

12. According to the article, when was the novel mentioned in Paragraph ① published? Answer by filling in the corresponding slot under the number (12) on the mark sheet.
    1. 1914
    2. 1949
    3. 1951
    4. 1984

13. Which of the following would best fill the gap at [13] in Paragraph ②? Answer by filling in the corresponding slot under the number (13) on the mark sheet.
    1. activation from online servers
    2. government authorization
    3. passwords to work
    4. users' consent to function

14. Which of the following would best fill the gap at [14] in Paragraph ③? Answer by filling in the corresponding slot under the number (14) on the mark sheet.
    1. As far as
    2. To the extent that
    3. When it comes to
    4. Whenever

15. In Paragraph ④, which of the following does the author view as the greatest threat to personal freedom posed by the widespread use of facial recognition technology? Answer by filling in the corresponding slot under the number (15) on the mark sheet.
    1. advertising companies
    2. government agencies
    3. images of friends
    4. large corporations

16. Which of the following would best fill the gap at [16] in Paragraph ⑤? Answer by filling in the corresponding slot under the number (16) on the mark sheet.
    1. a convenient benefit
    2. a gross misuse
    3. a smart application
    4. an inevitable consequence

17. Which of the following best fills the gap at [17] in Paragraph ⑥? Answer by filling in the corresponding slot under the number (17) on the mark sheet.
    1. barely
    2. hardly
    3. never
    4. simply

18. Which of the following best fills the gap at [18] in Paragraph ⑥? Answer by filling in the corresponding slot under the number (18) on the mark sheet.
    1. appeal to

2. compensate for
3. cut up
4. make for

19. Which of the following best fills the gap at [19] in Paragraph ⑦? Answer by filling in the corresponding slot under the number (19) on the mark sheet.
    1. could preferably
    2. may potentially
    3. might necessarily
    4. must possibly

20. Which of the following does the author view as the most important source of "hope" in paragraph ⑧? Answer by filling in the corresponding slot under the number (20) on the mark sheet.
    1. city governments
    2. individual citizens
    3. the federal government
    4. widespread protests

21, 22. Look at the statements below. Then, based on **BOTH** articles, under the corresponding number (21) and (22), fill in

Slot 1, if **only Ai Shiyu** would agree with that statement
Slot 2, if **only U. C. Mee** would agree with that statement
Slot 3, if **both authors** would agree with that statement
Slot 4, if **neither author** would agree with that statement

21. Facial-recognition technology should only be used by governments.
22. Individual security is improved by facial recognition technology.

23. Each of the following pairs of words contains a noun and a verb. Which of the pairs contains words that have **the same stress** (アクセント) **pattern**? Answer by filling in the corresponding slot under the number (23) on the mark sheet.
    1. the balance – to balance
    2. the conduct – to conduct
    3. the project – to project

4. the rebel – to rebel
5. the record – to record

Ⅲ. Read the following article, and answer the questions as indicated.

"Driving the Future of Driverless Cars"
by Otto Matick and Newt Rall (2019)

① In April 2019, Tesla CEO Elon Musk hosted a major event focusing on the future of self-driving cars. Musk announced, "Tesla cars being produced all have the hardware necessary – computer and otherwise – for full self-driving." The only thing [24] to make this a reality is a software update to turn on the feature. Musk also announced that Tesla vehicles would soon allow individual owners to loan out their cars to drive people automatically. These "robotaxis" would work without human intervention and could make their owners as much as $21,000 in profit per year.

② The future of autonomous vehicles is speeding along, built upon many technological advances: cameras and radar to detect surrounding cars, telecommunications to make updates on the go, and computer processers that recognize dangerous conditions faster than humans. The global market for autonomous vehicles reached $10.5 billion in 2017 and is forecast to increase to over $65 billion by 2027. The economic opportunities are [25] no automaker, let alone any nation, can ignore them. Those same opportunities, however, are equaled by significant new risks and challenges that may put the brakes on the expansion of driverless cars.

③ Driverless cars provide a vision of an ideal world in which traffic accidents are a thing of the past. In terms of safety, the WHO estimated a record high 1.35 million deaths worldwide from road crashes in 2016. By contrast, the European Commission [26] a decline in traffic deaths in the European Union by more than 50% between 2001 and 2018, an achievement that was partially [27] to automation. Pedestrian deaths, however, have [28] at a much lower rate and continue to make up 29% of all fatalities in the EU. With reduced potential for human error with driverless cars, urban streets can be redesigned for bicycles, which will make walking and cycling safer and more enjoyable.

④ Safety is not the only benefit. With an automated car, the morning commute to work can be used to get an early start on work or to catch up on needed sleep – a concern for the 19 million workers in the US who drive at least 2.5 hours a day. For many, the quality of life can be vastly improved. Disabled individuals can gain the benefits of enhanced freedom, and the elderly will no longer need to worry about losing their mobility. The social dimensions of driving will likely change too, as the ease of summoning a driverless car reduces the need for individual ownership, thereby allowing cars to be communally shared. [29] As a result, with the reduction in traffic violations police departments will have more time to focus on other problems facing the community.

⑤ Nevertheless, the broad adoption of driverless cars faces many speed bumps. The most obvious is the cost involved, as the current generation of automated cars offered by leading car manufacturers can easily reach more than $100,000. As the cars are highly dependent upon several integrated technologies, there are concerns that failed programming updates, a downed satellite system, or damaged systems could make the cars prone to error – much like how failing to update a smartphone operating system can render it useless. [30]

⑥ Worse yet, as driverless cars will be connected to wireless networks, someone else may take over control of your car. In 2015, researchers remotely hacked into a car via its internet connection, giving them the ability to change its GPS position and to prevent the driver from using the brakes. Moreover, serious concerns remain about the collection of personal data. Driverless cars might require collecting private information about the people in the car and automatically storing and sharing this information.

⑦ Furthermore, there are real concerns about liability. When driving today, it is the responsibility of the car owner and driver to keep their car in proper working condition, and to be insured in the case of an accident. With driverless cars, the question of who is responsible for an accident would become unclear. One suggestion is to assign responsibility solely to car manufacturers; however, they object that doing so would raise costs so high that it would make the cars simply too expensive. Not all accidents can be foreseen, and [31]. Whatever the case, minimum standards for insurance and maintenance must be implemented. Few governments could tolerate a situation in which the legal consequences of accidents are unclear.

⑧ For all the benefits and despite some real concerns, the true limit on the advancement of driverless cars is a question of [32]. The full effects of self-driving vehicles will inevitably be met by resistance from the automotive industry, labor unions, legislative regulations, and the perceived dangers to people's lives and their livelihoods. Nitin Gadkari, India's Transport and Highways minister said, "We won't allow driverless cars in India." No government, especially in a country with high unemployment, will endorse a technology that ends up taking away jobs. According to a report from Goldman Sachs Economic Research, there were four million driver jobs in the US in 2014, and driverless trucks could reduce the number of jobs by as many as 300,000 per year at its peak.

⑨ Some argue that the real impact of driverless cars will be to improve the more routine driving jobs which already exist, allowing drivers to reduce the stress and danger of their jobs. It is likely that most drivers will still be needed. Automation in airplanes, for example, has not reduced the need for pilots. Driverless cars will profoundly alter our lives: the question is, who will benefit? Will it be the average driver or the executives of global automotive companies?

Answer the questions [24]−[36] as indicated.

24. Which of the following would best fill the gap at [24] in Paragraph ①? Answer by filling in the corresponding slot under the number (24) on the mark sheet.
    1. available
    2. left
    3. right
    4. suitable

25. Which of the following would best fill the gap at [25] in Paragraph ②? Answer by filling in the corresponding slot under the number (25) on the mark sheet.
    1. so attractive as
    2. so compelling as
    3. so grand that

4. such vast that

26, 27, 28. Place three of the words below into the most suitable of the gaps marked [26], [27], and [28] in Paragraph ③. Each word may be used only once. Fill in the corresponding slots under the numbers marked (26), (27) and (28) on the mark sheet.

1. attributed
2. granted
3. fallen
4. found
5. risen

29. Which of the following would best fill the gap at [29] in Paragraph ④? Answer by filling in the corresponding slot under the number (29) on the mark sheet.

1. Commuting will become a pleasure.
2. Driverless cars will never exceed the speed limit.
3. Parking fines will nonetheless continue to occur.
4. Some traffic accidents will still occur.

30. Which of the following issues does the author mention as potentially problematic in Paragraph ⑤? Answer by filling in the corresponding slot under the number (30) on the mark sheet.

1. Interdependency
2. Inefficiency
3. Mobility
4. Security

31. Which of the following would best fill the gap at [31] in Paragraph ⑦? Answer by filling in the corresponding slot under the number (31) on the mark sheet.

1. governments should cover the costs of accidents
2. insurers should not bear all accident risks
3. manufacturers should not bear the cost of this uncertainty
4. owners should not bear responsibility for insurance and maintenance

32. Which of the following would best fill the gap at [32] in Paragraph ⑧?

Answer by filling in the corresponding slot under the number (32) on the mark sheet.

1. finance
2. politics
3. technology
4. time

33, 34. Read the statements below. Then, based on the article as a whole, under the corresponding number (33) or (34) on the mark sheet, fill in **slot 1** if you think the author would **agree with the statement**, or fill in **slot 2** if you think the author would **disagree with the statement**, or fill in **slot 3** if you think **the author does not express an opinion about the statement**.

33. Driverless cars will improve safety for cyclists.
34. The environmental impact of driverless cars will be positive.

35, 36. Which of the following pairs of words **do not have matching vowel sounds** (do not rhyme) when spoken? Answer by filling in the corresponding slots under the numbers (35) and (36) on the mark sheet.

35. 1. bird – heard
2. chew – flew
3. grown – crown
4. own – sewn

36. 1. allow – arrow
2. charity – parity
3. lighting – writing
4. towel – bowel

Ⅳ. 以下の会話文を英語に直して，解答用紙BのⅣ.のB1，C1，B2，C2と記載されている行に書きなさい。

注意点：

日本語の表現をうまく英語にできない場合は，別の言い方に変えてから英語にしてみましょう。(例) 難解 → 分かりにくい → hard to understand

会話の場面：

同じコンビニでバイトしている学生同士の会話です。

会話文：

B1： 久しぶりだけど、三日連続の無断欠勤、どうしたの？
C1： 色々あってさ。でも辞めさせられたら困るなー。
B2： 僕が店長なら、当然首にするよ。やる気がないなら、さっさと辞めれば。
C2： いや、そんなことは親に言えないよ。今度店長に会ったら謝ってみるよ。

V. **以下の設問（A），（B）の中から一つ選んで，問題文Ⅰ～Ⅲを基にして，自分の意見を解答用紙BのV．欄に英語で書きなさい。注意点をよく読んでから書くこと。**

（A）　Should the Japanese government regulate the use of facial recognition technology? Why or why not?

（B）　Should the Japanese government promote driverless cars in Japan? Why or why not?

注意点：

（1）　箇条書きは不可。

（2）　**自分の意見と異なる見解に言及し，それに反論すること。**

（3）　問題文Ⅰ，Ⅱ または Ⅲ で言及されている見解やことがらを**最低一つ引用して**，自分の意見をまとめること。引用する際には，下の例を参考にすること。

引用例：

- In her 2010 article "Against Zoos", Faerrer claims, "Nature is not ours to control". She argues that .... However, I strongly disagree with that statement, because ....

- I agree only to a certain extent with Eve N. Suzuki who argues, "Schools do not protect the rights of students enough" in the essay by Foane (2010). Her claim that X is Y may be true, but ....

- According to O'Werke (2012, paragraph 7), one option is indirect taxation. Although this argument ...,

〔解答欄（(A)(B)とも）：タテ約 1 cm × ヨコ約 25.4 cm × 21 行〕

日本史

（80 分）

I 対馬の歴史に関して述べた次の文章を読んで，問 1 ～問 5 に答えなさい．**解答は，設問で指定された場合を除いて，すべて番号で解答用紙の〔解答欄A〕の所定の欄に記入しなさい．**

九州と朝鮮半島のあいだに位置する対馬は，古くから，大陸と日本列島の社会を結びつける役割を果たしてきた．

鎌倉時代から室町時代にかけて力を伸ばし，対馬の支配者となった宗氏は，朝鮮王朝から貿易を許されるようになった．それゆえ，A 豊臣秀吉が朝鮮出兵をおこなった際には，朝鮮と豊臣政権のあいだで困難な立場に立たされることになった．豊臣政権に代わった江戸幕府は，日朝関係の修復をめざした．朝鮮との貿易から利益を得ていた宗氏も，日朝間の緊張緩和に尽力した．これ以降，宗氏を藩主とする B 対馬藩は「鎖国」体制下の日本で，対朝鮮外交・貿易を担う存在となった．

19世紀後半には，対馬は，C 日本・中国・朝鮮の関係のみならず，ヨーロッパを含む国際関係のなかでも焦点となった．1861年には，D ロシアの軍艦が対馬にあらわれ，兵士が上陸し，一部地域を占領した．イギリスはこれに抗議し，ロシア兵は退去した．両国にとっての対馬の戦略的重要性がこの事件の背景にあった．

対馬藩は，対外関係や幕府とのやり取りなどに関する膨大な文書を作成した．それらの文書の一部は，E 日本の韓国併合後，朝鮮の歴史を編纂する事業で利用するために朝鮮半島に運ばれ，現在は大韓民国国史編纂委員会に所蔵されている．日本側に残った史料は，対馬の長崎県対馬歴史研究センターをはじめ，全国のいくつかの機関に分散して所蔵されており，慶應義塾大学もそのうち約1500点を所蔵している．

問 1　下線部Aに関連して，以下の（1），（2）に答えなさい．

（1）　豊臣政権期に起きた次の 1 ～ 4 の出来事を，年代の古い順に並び替え，その番号を左から記入しなさい．

1. 海賊停止令（海賊取締令）が出された．
2. 漢城が日本軍によって占領された．
3. 武家奉公人が町人や百姓になることが禁じられた．
4. 明皇帝の使節が豊臣秀吉と会見した．

（2）　豊臣秀吉が，朝鮮への出兵にあたり，本拠地とした場所の位置として，最も適切なものを，次の地図中の 1 ～ 5 の中から選びなさい．

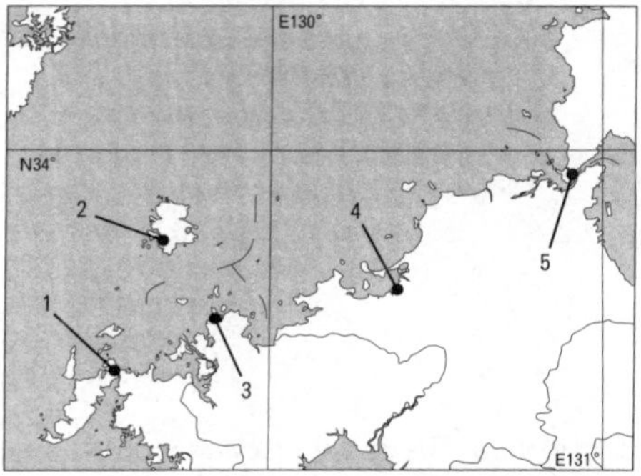

備考：県境・海岸線は現在のもの．

問２　下線部Ｂに関連して，対馬は，江戸幕府の対外交渉・貿易の窓口の１つとして位置づけられた．対馬以外には，松前，長崎，薩摩がそうした窓口であったが，このうち松前藩とアイヌとの交易に関して，17〜18世紀における交易の制度の変化について，**〔解答欄Ｂ〕の所定の欄の範囲内で説明しなさい**．　（解答欄：約 17cm × 2 行）

問３　下線部Ｃに関連して，次の資料ａ〜ｃは，日本と中国・朝鮮の関係にかかわる条約または新聞論説の一部である（必要に応じて表現を改めた）．資料ａ〜ｃのうち，条約が締結された時期，新聞論説が発表された時期を，下の年表中の空欄１〜７の中からそれぞれ選びなさい．（重複使用不可）

ａ

今日の謀を為すに，我国は隣国の開明を待て共に亜細亜を興すの猶予あるべからず，むしろ其伍を脱して西洋の文明国と進退を共にし，その支那朝鮮に接するの法も隣国なるがゆえにとて特別の会釈に及ばず，正に西洋人がこれに接するの風に従て処分すべきのみ．悪友を親しむ者は共に悪名を免かるべからず．我れは心において亜細亜東方の悪友を謝絶するものなり．

ｂ

朝鮮国は自主の邦にして，日本国と平等の権を保有せり，嗣後両国和親の実を表せんと欲するには，彼此互に同等の礼儀を以て相接待し，毫も侵越猜嫌する事あるべからず（中略）
朝鮮国政府は（中略）日本人民の往来通商するを准聴すべし

ｃ

日本暦七月二十三日，朝鮮暦六月九日の変は朝鮮の兇徒日本公使館を侵襲し，職員多く難に罹り，朝鮮国聘する所の日本陸軍教師亦惨害せらる

（資料出所はいずれも省略する．）

1

日本政府が，対馬藩を通じて朝鮮に新政府成立を通知した．

2

日清修好条規が締結された．

3

江藤新平が佐賀で蜂起した.

4

大久保利通が暗殺された.

5

金玉均らがクーデタを起こした.

6

東学を奉じる全琫準らが蜂起した.

7

問4　下線部Dに関連して，19世紀後半における日本とロシアの国境の変化について，両国の間の2つの条約に触れつつ，**〔解答欄B〕の所定の欄の範囲内で説明しなさい.**　（解答欄：約 17 cm × 3 行）

問5　下線部Eに関連して，韓国併合にいたる過程では，3次にわたって日韓協約が結ばれた．次の資料a～cは，それらの協約の条文の一部である（必要に応じて表現を改めた）．資料a～cが下の1～3の協約のどれに含まれるか，それぞれ選びなさい.

a

韓国政府の法令の制定および重要なる行政上の処分は予め統監の承認を経ること

b

韓国政府は今後日本国政府の仲介に由らずして国際的性質を有する何等の条約若は約束をなさざることを約す

c

韓国政府は日本政府の推薦する日本人一名を財務顧問として韓国政府に傭聘し，財務に関する事項は総てその意見を詢い施行すべし

〔資料出所〕『日本外交年表並主要文書』上巻

1.　第1次日韓協約
2.　第2次日韓協約
3.　第3次日韓協約

Ⅱ 近代日本の，議事機関・立法機関とその議事録に関して述べた次の文章を読んで，問6～問9に答えなさい．**解答は，設問で指定された場合を除いて，すべて番号で解答用紙の〔解答欄A〕の所定の欄に記入しなさい．**

明治政府は，その成立直後から，政府の基盤を固めることを目的とし，また官員の意見交換や情報の共有をはかるために，A さまざまな機関を設置した．こうした機関のなかには，その会議の内容が印刷・出版されたものもあった．しかし，当時の日本では，まだ速記術が定着していなかったため，それらの議事録は，議場での発言をそのまま記録したものではなく，参加者の発言の概要を文語体で記したものであった．

1890年，B 帝国議会が開会すると，議事の記録は速記術によって逐語的に記録されるようになり，そのC 議事速記録は，原則として『官報』号外として公刊されるようになった．

問6 下線部Aに関連して，次のa～cの事項は下の年表のどこに入るか．年表中の空欄1～6の中からそれぞれ選びなさい．（重複使用不可）

a．左院が設置された．
b．集議院が設置された．
c．枢密院が設置された．

［ 1 ］
政体書が公布された．
［ 2 ］
廃藩置県の詔が出された．
［ 3 ］
後藤象二郎らが民撰議院設立建白書を提出した．
［ 4 ］
開拓使が廃止された．
［ 5 ］
太政官制が廃止された．
［ 6 ］

問7 下線部Aに関連して，次の文章を読んで，以下の（1），（2）に答えなさい．

明治維新後に設置された会議組織のなかに，各府県の地方官を集めて開催された地方官会議があった．この会議は，漸次立憲政体樹立の詔によって，元老院，α 大審院とともに設立された．第1回の地方官会議は，1875年に開かれ，各府県の議会のあり方や，土木費をはじめとする費用負担の方法などが話し合われた．β 第2回は1878年に開かれ，地方制度の改革について議論した．第3回は1880年に開催され，第2回の会議をうけて制定された地方制度を手直しすることなどが話し合われた．

（1） 下線部αに関連して，大日本帝国憲法が制定された後，外国の皇族が日本国内で襲撃された事件をめぐり，政府と大審院長との対立が起きた．その対立と，大審院が下した判決について，**〔解答欄B〕の所定の欄の範囲内で説明しなさい．**

（解答欄：約 17cm × 2 行）

（2） 下線部βに関連して，次の資料は，第2回地方官会議の議事の記録の一部である（必要に応じて表現を改めた）．ここでは，ある法令についての質疑応答がなされている．その法令の名称を，下の1～5の中から選びなさい．

平山靖彦曰く 「従前の区画を廃する」とある区画は，単に現今の大区小区の事を指すものなるや（中略） 松田道之曰く 「従前の区画」とは大小区を指したるものにして，国・郡を指すに非ず

〔資料出所〕『地方官会議議事筆記』

1. 郡区町村編制法　2. 郡制　3. 市制・町村制　4. 地方税規則　5. 府県会規則

問8 下線部Bに関連して，次の文章を読んで，以下の（1）～（5）に答えなさい．

帝国議会は，衆議院と貴族院の両院から構成された．α 衆議院議員は国民の選挙で選ばれたが，貴族院議員は，β 華族議員や，勅選議員などから構成されていた．両院の権限は対等であり，両院の同意がなければ，予算や法律を成立させることはできなかった．初期の帝国議会では政府と政党が激しく対立したが，政府は，積極的な経済政策をおこなうためには政党に歩み寄り，増税を含む予算案を衆議院で可決してもらう必要があった．このため政府は，しだいに政党との協力を模索するようになっていった．第2次（　a　）内閣と（　ア　）が接近し，内務大臣として板垣退助が入閣したのに続き，第2次（　b　）内閣と（　イ　）が提携し，大隈重信が外務大臣として入閣した．そして，第2次山県有朋内閣は，憲政党の支持を得て，地租の増税を実現した．第2次山県有朋内閣は政党と協調する一方で，軍部大臣現役武官制を導入した．γ この制度は，のちの政治に大きな影響を及ぼした．

（1） 文章中の空欄（ a ），（ b ）に入る人名（姓名）を，〔解答欄B〕の所定の欄に記入しなさい．

（2） 文章中の空欄（ ア ），（ イ ）に入る政党名を，〔解答欄B〕の所定の欄に記入しなさい．

（3） 下線部 α に関連して，次のa～cの出来事が起きた時期を，衆議院議員選挙法の内容にかかわる下の年表中の空欄1～5の中からそれぞれ選びなさい．（重複使用不可）

a. 景山（福田）英子が大阪事件で逮捕された．
b. 青鞜社が結成された．
c. 婦人参政権獲得期成同盟会が設立された．

1

直接国税15円以上を納める25歳以上の男性に選挙権を与える選挙法が公布された．

2

選挙権の納税要件を，直接国税10円以上とする選挙法の改正が公布された．

3

選挙権の納税要件を，直接国税3円以上とする選挙法の改正が公布された．

4

選挙権の規定から納税の要件を撤廃する選挙法の改正が公布された．

5

（4） 下線部 β に関連して，明治維新後に華族制度が導入されてから，内閣制度ができるまでの時期の華族制度の変化について，どのような資格の人に華族の地位が与えられたのかに触れつつ，〔解答欄B〕の所定の欄の範囲内で説明しなさい．

（解答欄：約17cm×3行）

（5）　下線部γに関連して，第2次西園寺公望内閣が総辞職するにいたった経緯を，軍部大臣現役武官制に触れつつ，**〔解答欄B〕の所定の欄の範囲内で説明しなさい．**　（解答欄：約17cm×2行）

問9　下線部Cに関連して，次の資料は，帝国議会の議事速記録の一部である（必要に応じて表現を改めた）．これを読んで，以下の（1），（2）に答えなさい．

> 近来工業が発達致しまするに付きましては，雇主と労働者の間に随分確執を生じ易くなって居るのでございます．御承知の通，労働者の共同の組合即ち団結も，大阪或いは東京其外今日では九州の方にも起りかけて居ります（中略）御承知の如く，或鉄道会社の労働者がα同盟罷工を為したために，その鉄道は数日間運転を停止したのでございます．それがために公衆が幾許の損害を蒙り，幾許の迷惑をなすかと申すことは（中略）歎息に堪えない程の程度であったことでございます．

（資料出所は省略する．）

（1）　この資料はある法律の案を審議している際の議事速記録の一部である．その法律の名称を，次の1～4の中から選びなさい．

1.　工場法　　2.　集会条例　　3.　治安警察法　　4.　保安条例

（2）　下線部αに関連して，次の図は，19世紀後半から20世紀前半の，ある25年間における同盟罷業（ストライキ）件数の変化を示したものである．下の1～5はいずれも，この25年間に起きた出来事である．グラフ中のAの時期に起きた出来事を，下の1～5の中からすべて選び，その番号を，**〔解答欄B〕の所定の欄に記入しなさい．**

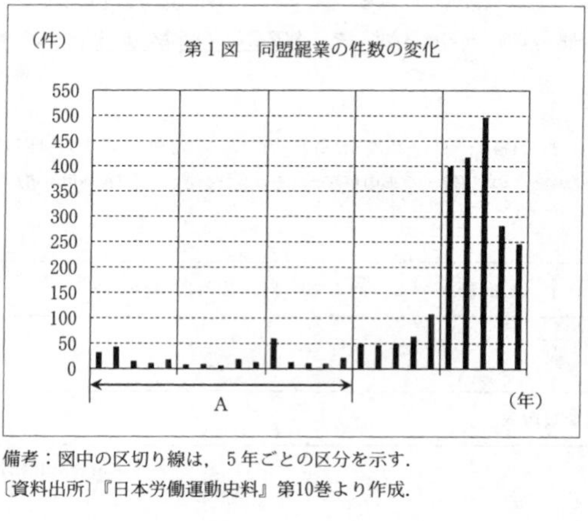

備考：図中の区切り線は，5年ごとの区分を示す．
〔資料出所〕『日本労働運動史料』第10巻より作成．

1.　上野公園で第1回メーデーが開かれた．
2.　堺利彦らが日本社会党を結成した．
3.　大日本労働総同盟友愛会が結成された．
4.　日比谷焼き打ち事件が起きた．
5.　労働組合期成会が結成された．

Ⅲ　沖縄の歴史に関して述べた次の文章を読んで，問10～問15に答えなさい．**解答は，設問で指定された場合を除いて，すべて番号で解答用紙の〔解答欄A〕の所定の欄に記入しなさい．**

A 琉球王国は，明治維新ののち，日本政府によって B 日本領土に編入されていった．日本編入後，20世紀に入るまでの沖縄では，従来の土地制度や租税制度を維持する旧慣温存策がとられた．また，経済開発が進まず，県民の所得が総じて低かったため，出稼ぎや移民による人口流出が起こった．

C 第二次世界大戦において，沖縄は，上陸したアメリカ軍との激しい戦闘の場となった．そのため，沖縄では民間人を含めて多くの犠牲者が出た．

D 敗戦後，日本本土は，戦後改革を通じて復興への道を歩みはじめ，国際社会へ復帰した．E めざましい経済成長も実現された．その一方で，沖縄は，F アメリカ合衆国の施政権下におかれ，本土復帰まで時間を要することになった．本土復帰した後も，沖縄には依然として広大な米軍基地がおかれたままである．

問10　下線部Aに関連して，次の文章を読んで，以下の（1），（2）に答えなさい．

1429年に中山王尚巴志によって，三山に分かれていた琉球が統一され，琉球王国が成立した．琉球王国では，王都（　ア　）の整備が進められ，その外港である（　イ　）は国際貿易港として繁栄した．琉球王国は，明の冊封体制のもとで朝貢（進貢）貿易をおこなっていた．しかし，1609年に，薩摩の島津家久の軍が琉球王国を征服すると，薩摩藩は，琉球王国の貿易を管理しながら，朝貢貿易を継続させた．こうして，琉球王国は，江戸時代には，薩摩藩の支配を受けながら，明そして清を宗主国とするという α 両属関係におかれることとなった．

（1）　文章中の空欄（ア），（イ）に入る地名を，それぞれ**〔解答欄B〕の所定の欄に記入しなさい．**

（2）　下線部 α に関連して，琉球王国は中国のみならず江戸幕府に対しても使節を送ることになった．琉球王国が江戸幕府に派遣した使節の名称とその派遣の名目を，**〔解答欄B〕の所定の欄の範囲内で説明しなさい．**

（解答欄：約 17 cm × 2 行）

問11　下線部Bに関連して，次の資料 a，b は，詔書・法令の一部である（必要に応じて表現を改めた）．資料 a，b が発せられた時期を，下の年表中の空欄 1～5 の中からそれぞれ選びなさい．（重複使用不可）

a

尚泰能(よ)く勤誠を致す，宜(よろし)く顕爵を予(あた)ふへし，陞(しょう)して琉球藩王と為し（後略）

b

琉球藩を廃し沖縄県を被置候(おかれそうろう)

（資料出所はいずれも省略する．）

1

王政復古の大号令が発せられた．

2

岩倉具視を大使とする使節団が横浜港を出港した．

3

征韓論争で西郷隆盛が下野した．

4

西南戦争が始まった．

5

問12　下線部Cに関連して，ヨーロッパにおける第二次世界大戦は，ドイツのポーランド侵攻によって始まったが，その直前に日本では平沼騏一郎内閣が総辞職した．その理由を，日本とドイツとの関係に触れつつ，**〔解答欄B〕の所定の欄の範囲内で説明しなさい**．　（解答欄：約 17cm × 2 行）

問13　下線部Dに関連して，以下の（１），（２）に答えなさい．

（１）　次の資料ａ～ｃは，戦後に発表された文学作品からの抜粋である（必要に応じて表現を改めた）．それぞれの文学作品の作者の組み合わせとして適切なものを，下の１～６の中から選びなさい．

a

渦巻くきいろい煙がうすれると　／　ビルディングは裂け，橋は崩れ
満員電車はそのまま焦げ　／　涯しない瓦礫と燃えさしの堆積であった広島
やがてボロ切れのような皮膚を垂れた　／　両手を胸に
くずれた脳漿を踏み　／　焼け焦げた布を腰にまとって
泣きながら群れ歩いた裸体の行列

b

白痴の女が焼け死んだら――土から作られた人形が土にかえるだけではないか．もしこの街に焼夷弾のふりそそぐ夜がきたら……伊沢はそれを考えると，変に落着いて沈み考えている自分の姿と自分の顔，自分の目を意識せずにいられなかった．俺は落着いている．そして空襲を待っている．よかろう．彼はせせら笑うのだった．

c

兵器が進歩し，戦闘を決定する要素において人力の占める割合が著しく減少した今日，局所の戦闘力に懸絶を生ぜしめたのは指揮者の責任であり，無益な抵抗を放棄するのは各兵士の権利であるとさえ思っていた．しかし，(中略) 同胞がなお生命を賭して戦いつつある時，自分のみ安閑として敵中に生を貪るのは，いかにも奇怪な，あるまじきことと思われた．

（資料出所はいずれも省略する．）

1.　a 大岡昇平　　b 坂口安吾　　c 峠三吉
2.　a 大岡昇平　　b 峠三吉　　c 坂口安吾
3.　a 坂口安吾　　b 大岡昇平　　c 峠三吉
4.　a 坂口安吾　　b 峠三吉　　c 大岡昇平
5.　a 峠三吉　　b 大岡昇平　　c 坂口安吾
6.　a 峠三吉　　b 坂口安吾　　c 大岡昇平

（2）日本はサンフランシスコ平和条約において，国際連合に加盟する意思を表明したが，日本の国連加盟はその後にもちこされた．日本の国連加盟が国連総会で認められた背景にある，サンフランシスコ平和条約以後の日本の外交関係の変化について，その変化を実現させた当時の首相の姓名に触れつつ，**〔解答欄B〕の所定の欄の範囲内で説明しなさい**．

（解答欄：約 17cm × 2 行）

問14　下線部Eに関連して，次の図は，第二次世界大戦後の，ある20年間における日本の実質経済成長率の推移をグラフ化したものである．図の横軸の1～4は，5年ごとの区分である．次のa～dの出来事が起きた時期を，図の1～4の中からそれぞれ選びなさい．ただし，1の時期より前の場合は0を，4の時期より後ろの場合は5を記入しなさい．（重複使用不可）

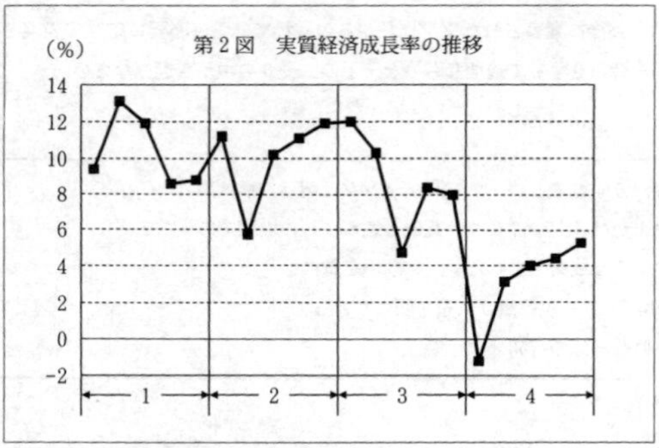

〔資料出所〕『近現代日本経済史要覧　補訂版』より作成．

a．教育委員が，公選制から地方自治体首長による任命制となった．

b．公害対策基本法が制定された．

c．男女雇用機会均等法が制定された．

d．農業基本法が制定された．

問15　下線部Fに関連して，以下の（1），（2）に答えなさい．

（1）吉田茂内閣時に，アメリカ合衆国から日本に施政権が返還された場所として最も適切なものを，次の地図中の1～4の地点の中から選びなさい．

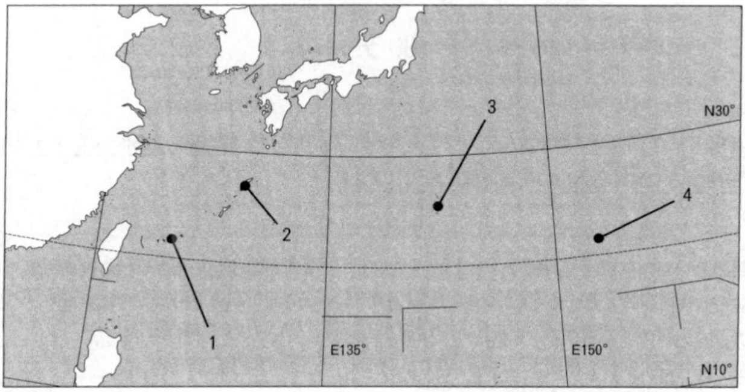

備考：国境は現在のもの．

（2）次のa～cの出来事はそれぞれ下の年表のどこに入るか．年表中の空欄1～6の中からそれぞれ選びなさい．（重複使用不可）

a．アメリカ合衆国と日本との間にMSA協定が締結された．
b．沖縄返還協定に基づいて日本に沖縄の施政権が返還された．
c．日米相互協力及び安全保障条約が締結された．

［　1　］
広島で第1回原水爆禁止世界大会が開かれた．
［　2　］
日本がIMF 8条国へ移行した．
［　3　］
日韓基本条約が締結された．
［　4　］
ニクソン大統領が金とドルとの兌換停止を発表した．
［　5　］
日中平和友好条約が締結された．
［　6　］

世界史

(80分)

I 対馬の歴史に関して述べた次の文章を読んで，問1～問6に答えなさい．**解答は，設問で指定された場合を除いて，すべて番号で解答用紙の〔解答欄A〕の所定の欄に記入しなさい．**

九州と朝鮮半島のあいだに位置する対馬は，古くから，大陸と日本列島の社会を結びつける役割を果たしてきた．

鎌倉時代から室町時代にかけて力を伸ばし，対馬の支配者となった宗氏は，朝鮮王朝から貿易を許されるようになった．それゆえ，豊臣秀吉が朝鮮出兵をおこなった際には，朝鮮と豊臣政権のあいだで困難な立場に立たされることになった．豊臣政権に代わった江戸幕府は，A東アジア域内の関係の安定化をめざした．朝鮮との貿易から利益を得ていた宗氏も，幕府と朝鮮とのあいだの緊張緩和に尽力した．宗氏を藩主とする対馬藩は「鎖国」体制下の日本で，対朝鮮外交・貿易を担う存在となった．

19世紀後半には，対馬は，B日本・中国・朝鮮の関係のみならず，Cロシアやイギリスとの関係のなかでも焦点となった．1861年には，ロシアの軍艦が対馬にあらわれ，兵士が上陸し，一部地域を占領した．イギリスはこれに抗議し，ロシア兵は退去した．両国にとっての対馬の戦略的重要性がこの事件の背景にあった．

明治維新後，廃藩置県によって宗氏の対馬支配は終わりを迎えるが，対馬の戦略的な重要性はD日露戦争時にも変化せず，対馬沖で日本海海戦が起きている．

対馬藩は，対外関係や幕府とのやり取りなどに関する膨大な文書を作成した．それらの文書の一部は，日本がE大韓帝国を併合した後，朝鮮の歴史を編纂する事業で利用するために朝鮮半島に運ばれ，現在はF大韓民国国史編纂委員会に所蔵されている．日本側に残った史料は，対馬の長崎県対馬歴史研究センターをはじめ，全国のいくつかの機関に分散して所蔵されており，慶應義塾大学もそのうち約1500点を所蔵している．

問1 下線部Aに関連して，17～18世紀の東アジア情勢について，以下の（1），（2）に答えなさい．

（1） 次の1～5の出来事を，年代の古い順に並び替え，その番号を左から記入しなさい．

1．軍機処が設置された．
2．康熙字典の編纂が始まった．
3．呉三桂ら三人の藩王が反乱を起こした．
4．ジュンガルが滅亡した．
5．李自成が反乱を起こした．

（2） 17世紀の台湾では，鄭成功ら，清と敵対する勢力が活動していた．そうした勢力の活動およびその活動の終焉と，清の海上交易政策の変化との関係について，**〔解答欄B〕の所定の欄の範囲内で説明しなさい．**

(解答欄：約17cm×2行)

問 2　下線部Bに関連して，次の資料 a ～ c は，日本と中国・朝鮮の関係にかかわる条約の一部である（必要に応じて表現を改めた）．資料 a ～ c が締結された時期を，下の年表中の空欄 1 ～ 6 の中からそれぞれ選びなさい．（重複使用不可）

a

> 将来朝鮮国若し変乱重大の事件ありて日中両国あるいは一国兵を派するを要するときは，応に先ず互に行文知照すべし

b

> 朝鮮国は自主の邦にして，日本国と平等の権を保有せり，嗣後両国和親の実を表せんと欲するには，彼此互に同等の礼儀を以て相接待し，毫も侵越猜嫌する事あるべからず．（中略）
> 朝鮮国政府は（中略）日本人民の往来通商するを准聴すべし

c

> 日本暦七月二十三日，朝鮮暦六月九日の変は朝鮮の兇徒日本公使館を侵襲し，職員多く難に罹り，朝鮮国聘する所の日本陸軍教師亦惨害せらる

〔資料出所〕『日本外交年表並主要文書』上巻

［　1　］

日清修好条規が締結された．

［　2　］

日本政府が，琉球漂流民殺害事件を口実に台湾に出兵した．

［　3　］

沖縄県が設置された．

［　4　］

金玉均らがクーデタをおこした．

［　5　］

東学を奉じる全琫準らが蜂起した．

［　6　］

問 3　下線部Cに関連して，19世紀後半におけるロシアと清の間の国境の変化について，両国間の 3 つの条約の締結の経緯に触れつつ，**〔解答欄 B〕の所定の欄の範囲内で説明しなさい．**

（解答欄：約 17cm × 3 行）

問 4　下線部Dに関連して，日露戦争中に開かれた社会主義者の国際組織・第 2 インターナショナルの第 6 回大会では，日本代表の片山潜が，戦争に反対する演説をおこない，ロシアの代表と握手を交わした．日露戦争時のロシアの社会主義者の主要な諸党派について，**〔解答欄 B〕の所定の欄の範囲内で説明しなさい．**

（解答欄：約 17cm × 3 行）

問 5　下線部Eに関連して，1868年に，対馬藩が，朝鮮に日本の新政府の成立を知らせた文書に，日本の君主を示す用語として「皇」が用いられていたことを理由として，朝鮮は文書の受領を拒否した．一方，1897年に，朝鮮国王

高宗は，国号を大韓帝国と改め，君主の称号を，国王から皇帝に改称した．この２つの出来事のあいだの時期の清と朝鮮・韓国の関係の変化に触れつつ，高宗が「皇帝」を称したことが，東アジアの国際秩序において持った意味を，**〔解答欄Ｂ〕の所定の欄の範囲内で説明しなさい．**（解答欄：約 17cm × 3 行）

問６　下線部Ｆに関連して，次の資料ａ，ｂは日本が調印した条約，ｃは日本の新聞記事の一部である（必要に応じて表現を改めた）．資料ａ，ｂが調印された時期，および資料ｃが発表された時期を，下の年表中の空欄１～６の中からそれぞれ選びなさい．（重複使用不可）

ａ

> 大韓民国政府は，国際連合総会決議第195号（Ⅲ）に明らかに示されているとおりの朝鮮にある唯一の合法的な政府であることが確認される．

ｂ

> 日本国は，朝鮮の独立を承認して，済州島，巨文島及び鬱陵島を含む朝鮮に対するすべての権利，権原及び請求権を放棄する．

ｃ

> マッカーサー元帥は大韓民国独立式典に列席するため，日本に来て以来二回目の国外旅行をすることとなった．すなわち総司令部ではマッカーサー元帥が15日朝，空路京城に向かい，式典に列席ののち直ちに帰任するむね13日発表した．

（資料出所はいずれも省略する．）

［　１　］
中華人民共和国の建国が宣言された．
［　２　］
日本で警察予備隊が設置された．
［　３　］
日ソ共同宣言が出された．
［　４　］
沖縄返還協定に基づいて日本に沖縄の施政権が返還された．
［　５　］
日中平和友好条約が締結された．
［　６　］

Ⅱ　スペイン，ポルトガルの探検航海に関して述べた次の文章を読んで，問7～問11に答えなさい．**解答は，設問で指定された場合を除いて，すべて番号で解答用紙の〔解答欄A〕の所定の欄に記入しなさい．**

15世紀，イベリア半島を中心として，ヨーロッパの国々は A大西洋に活路を求めていく．この時期，世界の一体化に重要な役目を果たしたのがスペインである．スペインは，短期間のうちに Bアステカ，インカという先住民国家をあいついで征服し，やがて，自他ともに認める C「太陽の沈まぬ国」となった．

ヨーロッパと結びついたアメリカ大陸は，様々な富をもたらすことになる．Dなかでも世界に大きな影響を与えたのが，ラテンアメリカの各地で発見された豊かな銀の鉱脈である．銀に代表されるモノ，人そして情報が行き交うことで地球上の各地が繋がり，人類史上初のグローバル化が実現したのだ，と考える研究者も少なくない．

問7　下線部Aに関連して，次の資料a～cは，探検航海に関する記録の日本語訳からの抜粋である（必要に応じて表現を改めた）．資料a～cに記された航海に関わった人物の組み合わせとして適切なものを，下の1～6の中から選びなさい．

a

これら26人と公証人アンドレス＝デ＝バルデラーバノは南の海に足を浸した最初のキリスト教徒であった．彼らはみな，水を手にすくい，北のもう一つの海のように塩からいかどうかを調べようと初めて口にする物のように，水を口に含んでみた．塩からいと分り，自分たちがどこにいるかを考えて，彼らはこの発見に対して神に深い感謝を捧げたのであった．

b

これら二つの島を通過すると，11月6日水曜日に，東の方へ14レーガ〔約78キロ〕の地点にわれわれは四つの高い島の姿を望見した．船に抑留していた水先案内人が，あれがマルーコ〔モルッカ〕諸島だ，と告げた．

（注）〔　〕内は訳者による注である．

c

そこでわれわれは南南東へと船を進め，土曜日の夕方，かの喜望峰を見つけた．（中略）日曜日の朝，11月19日，再び岬に接近したが，風は南南東の風で喜望峰は北東から南西へ伸びているのでまわれなかった．

（資料出所はいずれも省略する．）

資料a・c：野々山ミナコ 訳／資料b：長南実 訳

1．a　ヴァスコ＝ダ＝ガマ	b　バルボア	c　マゼラン
2．a　ヴァスコ＝ダ＝ガマ	b　マゼラン	c　バルボア
3．a　バルボア	b　ヴァスコ＝ダ＝ガマ	c　マゼラン
4．a　バルボア	b　マゼラン	c　ヴァスコ＝ダ＝ガマ
5．a　マゼラン	b　ヴァスコ＝ダ＝ガマ	c　バルボア
6．a　マゼラン	b　バルボア	c　ヴァスコ＝ダ＝ガマ

問8　下線部Bに関連して，次の文章を読んで，以下の（1），（2）に答えなさい．

ヨーロッパの人々が到来する前の中南米には，大きく二つの文明圏があった．一つはメキシコ高原と（　ア　）

半島に開花したメソアメリカ文明圏であり，もう一つはアンデス文明圏である．

絵文字をもち，聖獣ジャガーを信仰する（　a　）文明は，メソアメリカにおける最初期の文明であり，メキシコ湾岸地方に成立した．その後，（　ア　）半島を中心に，（　a　）の文化を継承しつつ，マヤ文明が発展した．メキシコ中央部では14世紀なかばからアステカ王国が栄えた．アステカ人が湖上に建設した（　b　）は大都市に成長し，スペイン人が到来した頃にはその人口は20万人以上であったといわれる．

一方，アンデス山脈の南北に版図を広げていたインカ帝国では，統計や数字などの記録を，縄を用いた（　イ　）という手段によって残した．

（1）空欄（ア），（イ）に入る語を，カタカナで，それぞれ**〔解答欄B〕の所定の欄に記入しなさい**．

（2）空欄（a），（b）に入る語を，次の1～6の中からそれぞれ選びなさい．（重複使用不可）

1．オルメカ　　2．クスコ　　3．チャビン
4．テオティワカン　　5．テノチティトラン　　6．マチュ＝ピチュ

問9　下線部Cに関連して，「太陽の沈まぬ国」という言葉は，16世紀末のスペインのどのような状態を意味するのか．それがどのような出来事の結果として生じたものかについて触れつつ，**〔解答欄B〕の所定の欄の範囲内で説明しなさい**．

（解答欄：約17cm×2行）

問10　下線部Dに関連して，次の資料は，スペイン国王カルロス1世（神聖ローマ皇帝としてはカール5世）が公布した文書の一部である（必要に応じて表現を改めた）．これを読んで，以下の（1），（2）に答えなさい．

> 鉱山で働くα インディオと奴隷には，聖なる秘蹟を執りおこない，カトリックの教義を教える司祭ないし修道士を配置し，その報酬は，鉱山関係者が支払うべし．

（資料出所は省略する．）

（1）下線部αにみられるように，スペイン王室がラテンアメリカに有する鉱山では奴隷が働いていた．その奴隷の主な出身地に触れつつ，奴隷も労働力として必要とされるにいたった経緯を，**〔解答欄B〕の所定の欄の範囲内で説明しなさい**．

（解答欄：約17cm×2行）

（2）カルロス1世が在位していた期間に起きた出来事を，次の1～6の中から3つ選び，番号が小さい順に左から記入しなさい．

1．イベリア半島でのレコンキスタが完了した．
2．カトー＝カンブレジ条約が結ばれた．
3．諸侯がルター派を信仰することが，アウクスブルクにおいて承認された．
4．ドイツ農民戦争を指導したミュンツァーが処刑された．
5．ネーデルラント北部7州がユトレヒト同盟を結成した．
6．プレヴェザの海戦でオスマン帝国軍が勝利した．

問11　下線部Dに関連して，スペインのアジアにおける支配拡大にともない，16世紀後半以降に本格化した，スペイン領ラテンアメリカ物産と中国物産の交易について，**〔解答欄B〕の所定の欄の範囲内で説明しなさい**．

（解答欄：約17cm×2行）

Ⅲ　パリ大学の歴史に関して述べた次の文章を読んで，問12～問18に答えなさい．**解答は，設問で指定された場合を除いて，すべて番号で解答用紙の〔解答欄A〕の所定の欄に記入しなさい．**

中世ラテン語の *Universitas* という語は「共同体」を意味した．パリ大学もそうした教師と学生の「共同体」からはじまった．その起源は12世紀後半にもとめられ，13世紀前半に教皇の特許状を得て，自治をおこなった．神学部を中心とし，ラテン語が用いられた．A教師も学生もしばしば複数の大学を遍歴した．しかしのちに，パリ大学は自治権を王に奪われた．パリ大学につどった神学者たちは，Bルネサンス期には人文主義を歓迎せず，C17世紀，18世紀に生まれた新しい思潮に対しては，それらを批判した．

フランス革命は，大学制度にとっても転換点となり，パリ大学は他大学とともに廃止された．その後，Dナポレオンのもとで再び導入された大学制度により，パリ学区に五つの学部が設置された．Eフランス革命以後，19世紀のフランスではさまざまな政治的事件が起きたが，学生たちもそこに参加した．20世紀後半，1968年には五月危機（革命）が起き，大学はその主な舞台の一つとなった．その際，F哲学者サルトルは，学生運動への支持を表明した．

問12　下線部Aに関連して，次の文章を読んで，（a）～（d）に入る人名を，下の1～9の中からそれぞれ選びなさい．（重複使用不可）

中世の大学に用いられた教育法はスコラ学に基づき，講読と討論とを中心とした．スコラ学を大成し『神学大全』を著わした（　a　）は，ナポリ，パリ，ケルンなどで学んだあと，パリ大学教授となり，イタリア各地でも教えた．経験と観察を重んじ『大著作』において「実験科学」という語を用いた（　b　）は，オクスフォードのみならず，パリにも赴いた．スコラ学に欠かせないのが古代ギリシアの（　c　）の哲学である．コルドバ生まれの法学者であり，医学者でもある（　d　）は，イスラーム世界につたわる（　c　）のほぼすべての著作に注釈をおこない，それがラテン語に翻訳され，スコラ学にも大きな影響を与えた．

1．アベラール　　2．アリストテレス　　3．イブン＝ハルドゥーン
4．イブン＝ルシュド　　5．ウィリアム＝オブ＝オッカム　　6．ソクラテス
7．トマス＝アクィナス　　8．プロタゴラス　　9．ロジャー＝ベーコン

問13　下線部Bに関連して，15世紀なかばに，ヨーロッパにおいて書籍の製作が飛躍的に容易になった．その要因は何か．2つの技術に触れつつ，**〔解答欄B〕の所定の欄の範囲内で説明しなさい．**　（解答欄：約17cm×1行）

問14　下線部Bに関連して，次の資料アは16世紀に出版されたある文芸作品の日本語訳からの抜粋である（必要に応じて表現を改めた）．これを読んで，以下の（1），（2）に答えなさい．

ア

> ところが，わが神学者先生たちときたら，自己満足にひたって得意満々，みずからを褒めちぎって，昼夜を分かたずこの心楽しいたわごとに没頭していますから，一度たりとも福音書やパウロの書簡を繙（ひもと）く暇もありません．それでいて，学校でこんな馬鹿げた遊びに耽（ふけ）っていながら，自分こそは三段論法で全教会を支えており，さもなくば教会は崩壊するであろうと考え，それは，詩人たちが詠っているように，アトラスが両肩で天を支えているのと同じことだとしているのです．

（注）アトラス：ギリシャ神話における巨神族の一人．

（資料出所は省略する．）

沓掛良彦 訳

（1）　次の資料 a ～ c は，資料アの著者が，資料 a ～ c 内の波線部 α にあてた手紙の日本語訳からの抜粋である（必要に応じて表現を改めた）．これを読んで，資料アの著者および波線部 α の人物の名を，それぞれ**〔解答欄 B〕の所定の欄に記入しなさい**．

a

α 大兄がいやいやながら宮廷へ引きずり込まれてしまったことについては，α 大兄がお仕えするのが最上の β 君主だということが，唯一の慰めです．しかしそれは間違いなく，私にとっても文芸にとっても，α 大兄というものが失われたということになるのです．

b

α 大兄もタンスタルも力を尽くして，私にルターに論駁（ろんばく）する筆を執らせようとしておられますね．（中略）お二人とも，私が全力を挙げてルターに立ち向かったならば，世人への影響力は大きいとお考えのようです．ところが私としては，そんなことをすればただ蜂の巣をつついて蜂を怒らせるだけだと，まあ固く信じています．

（注）タンスタル：カスバート＝タンスタル．資料アの著者の友人．

c

私はと言えば，私にこんなことを強いた実に愚かな神学者どもを時折呪いながら，世にも危険な旅路へ踏み出そうとしています．（中略）私の遣わしたジョンが，α 大兄と話し合って，使用人の一人として雇っていただけることになったと聞きました．それが本当なら，本当にうれしいことです．なにしろ彼の母親は，息子が無事でいられるのはイギリスだけだと思っていますからね．

（注）ジョン：ジョン＝スミス．資料アの著者のメッセンジャー役であった．

（資料出所はいずれも省略する．）

資料 a ～ c：沓掛良彦 訳

（2）　資料 a 内の波線部 β は，自国の教会制度を従来のものから大きく変化させた．波線部 β の人名を明らかにしたうえで，その変化の内容を，**〔解答欄 B〕の所定の欄の範囲内で説明しなさい．**　　（解答欄：約 17 cm × 2 行）

問15　下線部 C に関連して，次の資料 a ～ c は，それぞれ17世紀から18世紀にかけてヨーロッパで発表された著作の日本語訳からの抜粋である（必要に応じて表現を改めた）．それぞれの著作の著者名の組み合わせとして適切なものを，下の 1 ～ 6 の中から選びなさい．

a

幾何学者らが，かれらの最も骨の折れた証明にたどりつくために，つねに用い慣れた，実に単純で容易な，論拠から論拠への長い鎖は，何かのおりに私にこんなことを考えさせたのである，人間に知られうるようなものは何から何まで，これと同様の仕方で連続し合っているのであろう，そうしてそれらのもののうち真ならぬものを真なるものとして決して受けいれることなく（中略）必要な順序を守りつづけさえするならば，最後まで到達できぬほどの遠くにあるものも，発見できぬほどに隠されているものも，断じてありえないであろうと．

b

20 耕作すべき大領土を持っていて，さかんな粗生生産物貿易を容易に行うことのできる国民は，農業の労働と支出を犠牲にしてまで，金と人を製造業と奢侈品（しゃしひん）商業に使いすぎる，といったようなことは避けなければならない．何より先ず，豊かなラブルールで王国は満ちていなければならないからである．

21 政府は節約に専念するよりも，王国の繁栄に必要な事業に専念すること．なぜなら，支出が多過ぎても，富が増加すれば，過度でなくなりうるからである．

（注）ラブルール：耕作者を意味する．

c

それであるからわれわれは，人間の本性のなかに，三つの主要な，あらそいの原因を見いだす．第一は競争，第二は不信，第三は誇りである．
第一は，人びとに，利得をもとめて侵入をおこなわせ，第二は安全をもとめて，第三は評判をもとめて，そうさせる．第一は自分たちを他の人びとの人格，妻子，家畜の支配者とするために，暴力を使用し，第二は自分たちを防衛するために，第三は，一語一笑，ちがった意見，その他すべての過小評価のしるしのような，些細なことのために，それらが直接にかれらの人格にむけられたか，間接にかれらの親戚，友人，国民，職業，名称にむけられたかをとわず，暴力を使用する．

（資料出所はいずれも省略する.）

資料ａ：落合太郎 訳／資料ｂ：平田清明，井上泰夫 訳／資料ｃ：水田洋 訳

1．a ケネー　b デカルト　c ホッブズ
2．a ケネー　b ホッブズ　c デカルト
3．a デカルト　b ケネー　c ホッブズ
4．a デカルト　b ホッブズ　c ケネー
5．a ホッブズ　b ケネー　c デカルト
6．a ホッブズ　b デカルト　c ケネー

問16 下線部Ｄに関連して，次の文章を読んで，（ａ）～（ｄ）に入る地名の場所として最も適切なものを，下の地図中の１～９の中からそれぞれ選びなさい．（重複使用不可）

ナポレオンの台頭は，ヨーロッパ諸国をさらなる戦争に巻きこんだ．一連の戦争の背景の一つには，英仏の経済的対抗関係があった．1802年に両国は（　a　）で和約を結んで講和したが，対立はすぐに表面化し，再び戦争が始まった．海上では，1805年にネルソン提督率いるイギリス軍が（　b　）岬沖で勝利し，フランスのイギリス本土上陸を頓挫させたが，大陸に軍を展開させたナポレオンは，オーストリア，ロシア，プロイセンに次々と勝利していった．こうした中，1806年に（　c　）を占領したナポレオンは，イギリス経済への打撃をねらって大陸封鎖の勅令を（　c　）で発した．翌年，（　d　）でロシアとプロイセンはそれぞれフランスと和約を結び，ロシアは大陸封鎖に協力することになり，プロイセンは広大な領土を失った．しかし，大陸封鎖はイギリスと密接な経済関係をもっていた大陸諸国の経済を疲弊させ，ナポレオンの大陸支配を動揺させていった．

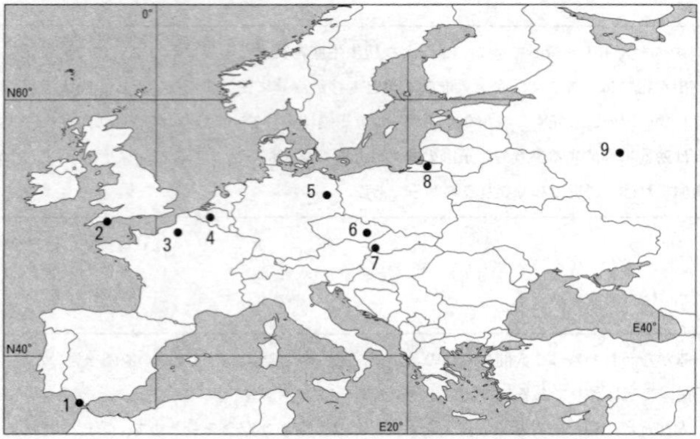

備考：国境線は現在のもの．

問17　下線部Ｅに関連して，フランスではフランス革命以後，選挙制度も変遷した．国民公会を成立させた選挙制度と，七月王政下の選挙制度との違いについて，**〔解答欄Ｂ〕の所定の欄の範囲内で説明しなさい．**

（解答欄：約 17cm × 1 行）

問18　下線部Ｆに関連して，次の文章を読んで，以下の（1），（2）に答えなさい．

サルトルは1905年，パリに生まれた．1938年に小説『嘔吐』を，1943年には哲学書『存在と無』を発表した．第二次世界大戦後は実存主義が流行し，名声を得，発言の機会が増した．1948年から49年にかけて資本主義とも共産主義とも異なる第三の道を探る革命的民主連合に参加する．しかし，この運動はいきづまり，1952年リッジウェイ将軍訪仏反対をめぐる事件を機に，フランス共産党の「同伴者」となる．しかし，α ソ連の外交政策をきっかけに，ソ連を批判し，共産党と訣別する．β アルジェリア戦争に際しては，アルジェリア独立派を擁護した．1966年に日本を訪れた際には，慶應義塾大学三田キャンパスで講演をおこなった．

（1）　下線部αに関連して，次のａ，ｂの出来事はそれぞれ下の年表のどこに入るか．年表中の空欄１～５の中からそれぞれ選びなさい．（重複使用不可）

ａ．ソ連が，ドイツの米英仏占領地区での通貨改革に反発し，米英仏占領地区から西ベルリンへの陸上交通を遮断した．

ｂ．ソ連軍がハンガリー国内に軍事介入し，ナジ＝イムレが拘束された．

［　1　］

スターリンが死去した．

［　2　］

ソ連共産党第20回大会で，フルシチョフがスターリンを批判した．

［　3　］

東ドイツ政府が東西ベルリンの境界に壁を築いた．

［　4　］

フルシチョフが第一書記および首相の座を追われた．

［　5　］

（2） 下線部βに関連して，アフリカ諸国の独立に関わる次の1～4の出来事を，年代の古い順に並べ替え，その番号を左から記入しなさい.

1．アフリカ統一機構が結成された.
2．アルジェリアが独立した.
3．チュニジアが独立した.
4．フランスで第五共和政が発足した.

数学

（80分）

（注意）

1．数学の問題のうち，問題の［**1**］から［**3**］が最初に採点されます。問題の［**4**］から［**6**］は，数学の最初に採点される問題と英語の最初に採点される問題の得点が一定点に達した受験生についてのみ，採点されます。

2．① 問題の［**1**］から［**3**］の解答は，解答用紙A（マークシート）の解答欄にマークしてください。

［例］ $\fbox{(11)}\fbox{(12)}$ と表示のある問いに対して，「45」と解答する場合は，解答欄(11)の④と解答欄(12)の⑤にマークしてください。

なお，解答欄にある⊖はマイナスの符号－を意味します。

② 解答欄(1)，(2)，…の一つ一つは，それぞれ0から9までの数字，またはマイナスの符号－のいずれか一つに対応します。それらを(1)，(2)，…で示された解答欄にマークしてください。

下の例のように，数字は右によせて表示し，マイナスの符号－は左端に置いてください。空のマスがあれば0を補ってください。分数の分母と分子がともに解答欄のときは，分母を正で，約分しきった形で解答してください。

［例］

$3 \to \fbox{0}\fbox{3}$　　　　$0 \to \fbox{0}\fbox{0}$

$3 \to \dfrac{3}{1} \to \dfrac{\fbox{0}\fbox{3}}{\fbox{0}\fbox{1}}$

$x-y \to 1x+(-1)y \to \fbox{0}\fbox{1}\,x+\fbox{$-$}\fbox{1}\,y$

$-\dfrac{4}{6} \to \dfrac{-2}{3} \to \dfrac{\fbox{$-$}\fbox{2}}{\fbox{0}\fbox{3}}$

[1] 座標平面上の原点を中心とする半径 2 の円を C_1，中心の座標が $(7, 0)$，半径 が 3 の円を C_2 とする．さらに r を正の実数とするとき，C_1 と C_2 に同時に外接する円で，その中心の座標が (a, b)，半径が r であるものを C_3 とする．ただし，2 つの円が外接するとは，それらが 1 点を共有し，中心が互いの外部にあるときをいう．

(1) r の最小値は $\boxed{(1)}$ であり，a の最大値は $\boxed{(2)}$ となる．

(2) a と b は関係式

$$b^2 = \boxed{(3)}\boxed{(4)}\left(a + \boxed{(5)}\boxed{(6)}\right)(a-4)$$

を満たす．

(3) C_3 が直線 $x = -3$ に接するとき，$a = \dfrac{\boxed{(7)}\boxed{(8)}}{\boxed{(9)}}$，$|b| = \dfrac{\sqrt{\boxed{(10)}\boxed{(11)}\boxed{(12)}}}{\boxed{(13)}}$ である．

(4) 点 (a, b) と原点を通る直線と，点 (a, b) と点 $(7, 0)$ を通る直線が直交するとき，$|b| = \dfrac{\boxed{(14)}\boxed{(15)}}{\boxed{(16)}}$ となる．

[2] 1個のさいころを繰り返し投げ，出た目の数により以下の (a), (b) に従い得点を定める．

(a) 最初から 10 回連続して 1 の目が出た場合には，10 回目で投げ終えて，得点を 0 点とする．

(b) m を $0 \leqq m \leqq 9$ を満たす整数とする．最初から m 回連続して 1 の目が出て，かつ $m+1$ 回目に初めて 1 以外の目 n が出た場合には，続けてさらに n 回投げたところで投げ終えて，1 回目から $m+n+1$ 回目までに出た目の数の合計を得点とする．ただし，最初から 1 以外の目が出た場合には $m=0$ とする．

(1) 得点が 49 点であるとする．このとき，$n=\boxed{(17)}$ となり，m の取り得る値の範囲は $\boxed{(18)} \leqq m \leqq \boxed{(19)}$ であり，得点が 49 点となる確率は $\dfrac{\boxed{(20)}\boxed{(21)}}{6^{16}}$ である．また，得点が 49 点で，さいころを投げる回数が 15 回以上である確率は $\dfrac{\boxed{(22)}\boxed{(23)}}{6^{16}}$ となる．さらに，得点が 49 点である条件のもとで，さいころを投げる回数が 14 回以下である条件付き確率は $\dfrac{\boxed{(24)}\boxed{(25)}}{\boxed{(26)}\boxed{(27)}}$ となる．

(2) さいころを投げる回数が 15 回以上である確率は $\dfrac{\boxed{(28)}}{6^{10}}$ となる．ゆえに，さいころを投げる回数が 14 回以下である条件のもとで，得点が 49 点となる条件付き確率は，$k=\boxed{(29)}$ とおいて $\dfrac{1}{6^k\left(6^{10}-\boxed{(30)}\right)}$ となる．

(3) 得点が正の数で，かつ，さいころを投げる回数が 14 回以下である条件のもとで，得点が 49 点となる条件付き確率は，$l=\boxed{(31)}$ とおいて $\dfrac{1}{6^l\left(6^{10}-\boxed{(32)}\right)}$ となる．

[3] 数列 $\{a_n\}$ に対して

$$S_n = \sum_{k=1}^{n} a_k \qquad (n = 1, 2, 3, \ldots)$$

とおく．$\{a_n\}$ は，$a_2 = 1$, $a_6 = 2$ および

$$(*) \qquad S_n = \frac{(n-2)(n+1)^2}{4} a_{n+1} \qquad (n = 1, 2, 3, \ldots)$$

を満たすとする．

(1) $a_1 = -\boxed{(33)}$ である．$(*)$ で $n = 4, 5$ とすると，$a_3 + a_4$ と a_5 の関係が 2 通り定まり，$a_5 = \boxed{(34)}$ と求まる．さらに $(*)$ で $n = 3$ として，$a_3 = \boxed{(35)}\boxed{(36)}$，$a_4 = \boxed{(37)}\boxed{(38)}$ と求まる．

(2) $n \geqq 2$ に対して $a_n = S_n - S_{n-1}$ であるから，$(*)$ とあわせて

$$\left(n - \boxed{(39)}\right)\left(n + \boxed{(40)}\right)^2 a_{n+1} = \left(n^3 - \boxed{(41)}\, n^2 + \boxed{(42)}\right) a_n \qquad (n = 2, 3, \ldots).$$

ゆえに，$n \geqq 3$ ならば $\left(n + \boxed{(43)}\right) a_{n+1} = \left(n - \boxed{(44)}\right) a_n$ となる．そこで，$n \geqq 3$ に対して $b_n = (n-r)(n-s)(n-t)a_n$ とおくと，漸化式

$$b_{n+1} = b_n \qquad (n = 3, 4, 5, \ldots)$$

が成り立つ．ただしここに，$r < s < t$ として $r = \boxed{(45)}$，$s = \boxed{(46)}$，$t = \boxed{(47)}$ である．したがって，$n \geqq 4$ に対して

$$a_n = \frac{\boxed{(48)}\, a_3}{(n-r)(n-s)(n-t)}$$

となる．この式は $n = 3$ のときも成立する．

(3) $n \geqq 2$ に対して

$$S_n = \frac{\boxed{(49)}\boxed{(50)}\left(n + \boxed{(51)}\right)\left(n - \boxed{(52)}\right)}{n\left(n - \boxed{(53)}\right)}$$

であるから，$S_n \geqq 59$ となる最小の n は $n = \boxed{(54)}\boxed{(55)}$ である．

[4] k を実数の定数とする．実数 x は不等式

$$(\star)\qquad 2\log_5 x - \log_5(6x - 5^k) < k - 1$$

を満たすとする．

(1) 不等式 $(\star)$ を満たす x の値の範囲を，k を用いて表せ．

(2) k を自然数とする．$(\star)$ を満たす x のうち奇数の個数を a_k とし

$$S_n = \sum_{k=1}^{n} a_k \qquad (n = 1, 2, 3, \ldots)$$

とおく．a_k を k の式で表し，さらに S_n を n の式で表せ．

(3) **(2)** の S_n に対して，$S_n + n$ が 10 桁の整数となるような自然数 n の値を求めよ．なお，必要があれば $0.30 < \log_{10} 2 < 0.31$ を用いよ．

[5] 空間の 2 点 O と A は $\left|\overrightarrow{\mathrm{OA}}\right| = 2$ を満たすとし，点 A を通り $\overrightarrow{\mathrm{OA}}$ に直交する平面を H とする．平面 H 上の三角形 ABC は，正の実数 a に対し

$$\left|\overrightarrow{\mathrm{AB}}\right| = 2a, \qquad \left|\overrightarrow{\mathrm{AC}}\right| = 3a, \qquad \overrightarrow{\mathrm{AB}} \cdot \overrightarrow{\mathrm{AC}} = 2a^2$$

を満たすとする．ただし，$\vec{u} \cdot \vec{v}$ はベクトル $\vec{u}$ と $\vec{v}$ の内積を表す．

(1) $\overrightarrow{\mathrm{OA}} \cdot \overrightarrow{\mathrm{OB}}$ の値を求めよ．

さらに，線分 AB の平面 H 上にある垂直二等分線を ℓ，線分 AC を 2 : 1 に内分する点を通り，線分 AC に直交する H 上の直線を m とする．また，ℓ と m の交点を P とする．

(2) ベクトル $\overrightarrow{\mathrm{OP}}$ を，実数 α, β, γ を用いて $\overrightarrow{\mathrm{OP}} = \alpha\overrightarrow{\mathrm{OA}} + \beta\overrightarrow{\mathrm{OB}} + \gamma\overrightarrow{\mathrm{OC}}$ と表すとき，α, β, γ の値をそれぞれ求めよ．

(3) 空間の点 Q は $2\overrightarrow{\mathrm{OA}} + \overrightarrow{\mathrm{OQ}} = \vec{0}$ を満たすとする．直線 PQ が，点 O を中心とする半径 2 の球 S に接しているとき，$\left|\overrightarrow{\mathrm{AP}}\right|$ の値および a の値を求めよ．さらに，直線 ℓ 上の点 R を，直線 QR が S に接し，P とは異なる点とする．このとき $\triangle$APR の面積を求めよ．

[6] $F(x)$ は実数を係数とする x の 3 次式で，x^3 の項の係数は 1 であり，$y=F(x)$ で定まる曲線を C とする．$\alpha<\beta$ を満たす実数 α, β に対して，C 上の点 $\mathrm{A}\big(\alpha, F(\alpha)\big)$ における C の接線を L_α とするとき，C と L_α との A 以外の共有点が $\mathrm{B}\big(\beta, F(\beta)\big)$ であるとする．さらに，B における C の接線を L_β とし，C と L_β との B 以外の共有点を $\big(\gamma, F(\gamma)\big)$ とする．

(1) 接線 L_α の方程式を $y=\ell_\alpha(x)$ とし，$G(x)=F(x)-\ell_\alpha(x)$ とおく．さらに，曲線 $y=G(x)$ 上の点 $\big(\beta, G(\beta)\big)$ における接線の方程式を $y=m(x)$ とする．$G(x)$ および $m(x)$ を，それぞれ α, β を用いて因数分解された形に表せ．必要ならば x の整式で表される関数 $p(x), q(x)$ とそれらの導関数に関して成り立つ公式

$$\{p(x)q(x)\}'=p'(x)q(x)+p(x)q'(x)$$

を用いてもよい．

(2) 接線 L_β の方程式は，**(1)** で定めた $\ell_\alpha(x), m(x)$ を用いて，$y=\ell_\alpha(x)+m(x)$ で与えられることを示せ．さらに，γ を α, β を用いて表せ．

(3) 曲線 C および L_β で囲まれた図形の面積を S とする．S を α, β を用いて表せ．さらに α, β が $-1<\alpha<0$ かつ $1<\beta<2$ を満たすとき，S の取り得る値の範囲を求めよ．必要ならば $r<s$ を満たす実数 r, s に対して成り立つ公式

$$\int_r^s (x-r)(x-s)^2dx=\frac{1}{12}(s-r)^4$$

を用いてもよい．

小論文

（60分）

（注意）　字数をかぞえるとき，句読点も１字とかぞえます。ただし，算用数字は１マスに２つまで記入できます。

次の課題文を読んで，設問A，Bに答えなさい．解答は解答用紙の所定の欄に横書きで記入しなさい．

［課題文］

二十五年ぶりにローマを訪れました．そこで気付いたことが二つほどあります．一つはアメリカの存在の小ささ，もう一つはアメリカの存在の大きさです．

ローマの町は観光客であふれています．耳を澄ますと，ドイツ語，日本語，中国語，フランス語，韓国語，英語 —— ありとあらゆる国の言葉が聞こえてきます．四半世紀前にはどこに行っても英語しか聞こえてこなかったのに，何と言う様変わりでしょう．

ところが一歩，観光客相手の店に入るとどうでしょう．そこはアメリカが支配する世界です．どの国の観光客もなまりのある英語で店員と交渉しています．代金支払いもドルの小切手やアメリカのクレジットカードで済ませています．

かくも存在の小さくなったアメリカがなぜかくも存在を大きくしているのか．これはローマの町を歩く一人のアジア人の頭だけをよぎった疑問ではないはずです．現代の世界について少しでも考えたことのある人間なら，だれもが抱く疑問であるはずです．

アメリカの存在の大きさ —— それはアメリカの貨幣であるドル，アメリカの言語である英語がそれぞれ基軸通貨，基軸言語として使われていることにほかなりません．

では，基軸通貨，そして基軸言語とはなんでしょうか．単に世界の多くの人々がアメリカ製品をドルで買ってもドルは基軸通貨ではなく，アメリカ人と英語で話しても英語は基軸言語ではありません．

ドルが基軸通貨であるとは，日本人がイタリアでドルを使って買い物をし，チェコの商社とインドの商社がドル立てで取引をすることなのです．英語が基軸言語であるとは，日本人がイタリア人と英語で会話し，台湾の学者とチリの学者が英語で共同論文を書くことなのです．アメリカの貨幣と言語でしかないドルと英語が，アメリカを介在せずに世界中で流通しているということなのです．

ローマの町で私が見いだしたのは，まさに非対称的な構造を持つ世界の縮図だったのです．一方には，自国の貨幣と言語が他のすべての国々で使われる唯一の基軸国アメリカがあり，他方には，そのアメリカの貨幣と言語を媒介として互いに交渉せざるをえない他のすべての非基軸国があるのです．

もちろん，これは極端な図式です．現実には，非基軸国同士の直接的な接触も盛んですし，地域地域に小基軸国もありますし，欧州連合（EU）や東南アジア諸国連合（ASEAN）のような地域共同体への動きもあります．だが，認識の第一歩は図式化にあります．

ソ連が崩壊したとき，冷戦時代の思考を引きずっていた人々は，世界が覇権国アメリカによって一元的に支配される図を大まじめに描いていました．だが，私が今見出した基軸国と非基軸国の関係は，支配と非支配の関係として理解すべきではありません．

確かに，ドルが基軸通貨となるきっかけは，かつてのアメリカ経済の圧倒的な強さにあります．だが，今，世界中の人々がドルを持っているのは，必ずしもアメリカ製品を買うためではありません．それは世界中の人がそのドルを貨幣として受け入れるからであり，その世界中の人がドルを受け入れるのは，やはり世界中の人がドルを受け入れるからにすぎないのです．

ここに働いているのは，貨幣が貨幣であるのは，それが貨幣として使われているからであるという貨幣の自己循環論法です．そして，この自己循環論法によって，アメリカ経済の地盤沈下にもかかわらず全世界でアメリカのドルが使われているのです．小さなアメリカと大きなアメリカとが共存しているのです．

さて，基軸通貨であることには大きな利益が伴います．例えば日本の円が海外に持ち出されたとしても，それはいつかまた日本製品の購入のために戻ってきます．非基軸通貨国は自国の生産に見合った額の貨幣しか流通させることができないのです．

ところがアメリカ政府の発行するドル札やアメリカの銀行の創造するドル預金の一部は，日本からイタリア，イタリアからドイツ，ドイツから台湾へ，と回遊しつづけ，アメリカには戻ってきません．アメリカは自国の生産に見合う以上のドルを流通させることができるのです．もちろん，アメリカはその分だけ他国の製品を余分に購買できますから，これは本当の丸もうけです．この丸もうけのことを，経済学ではシニョレッジ（君主特権）と呼んでいます．

特権は乱用と背中合わせです．基軸通貨国は大いなる誘惑にさらされているのです．基軸通貨を過剰に発行する誘惑です．何しろドルを発行すればするほどもうかるのですから，これほど大きな誘惑はありません．だが，この誘惑に負けると大変です．それが引き起こす世界全体のインフレは基軸通貨の価値に対する信用を失墜させ，その行き着く先は世界貿易の混乱による大恐慌です．

それゆえ次のことが言えます．基軸通貨国は普通の資本主義国として振る舞ってはならない，と．基軸通貨国が基軸通貨国であるかぎり，その行動には全世界的な責任が課されるのです．たとえ自国の貨幣であろうとも，基軸通貨は世界全体の利益を考慮して発行されねばならないのです．

皮肉なことに，冷戦時代のアメリカは資本主義陣営の盟主として，ある種の自己規律をもって行動していました．だが，冷戦末期から，かつての盟友であった欧州や東アジアとの競争が激化し始めると，アメリカは内向きの姿勢を強めるようになりました．

近年には自国の貿易赤字改善の方策として，ドル価値の意図的な引き下げを試み始めています．とくに純債務国に転落した一九八六年以降，その負担を軽減しうる切り下げの誘惑はますます強まっているはずです．

基軸通貨国のアメリカが単なる一資本主義国として振る舞いつつあるのです．大きなアメリカと小さなアメリカとの間の対立――これが二十一世紀に向かう世界経済が抱える最大の難問の一つです．

この難問にどう対処すればよいのでしょうか．理想論で済むならば，全世界的に管理される世界貨幣への移行を唱えておくだけでよいでしょう．だが，貨幣は生き物です．ドルは上からの強制によって流通しているわけではないのです．人工的な世界貨幣の導入の試みは，エスペラント語の普及と同様，ことごとく失敗してきました．

世界は非対称的な構造を持っているのです．その構造の中で，基軸国と非基軸国とが運命共同体をなしていることを私たちは認識しなければなりません．

当然のことながら，基軸国であるアメリカは基軸国としての責任を自覚した行動を取るべきです．だがより重要なのは，非基軸国でしかない日本のような国も自国のことだけを考えてはいられないことです．非基軸国は非基軸国として，基軸国アメリカが普通の国として行動しないよう，常に監視し，助言し，協力する共同責任を負っているのです．

私たちは従来，国際関係を支配の関係か対等の関係か，という二者択一で考えてきましたが，冷戦後の世界に求められているのは，まさにそのいずれでもない非対称的な国際協調関係なのです．それはだれの支配欲もだれの対等意識も満足させないものです．だが，世界経済の歴史の中で一つの基軸通貨体制の崩壊は決まって世界危機をもたらしたことを思い起こせば，この非対称的な国際協調関係に賭けられた二十一世紀の賭け金は大変に大きなものであるはずです．

さて次は基軸言語としての英語について語らねばなりません．だがここでは，今まで貨幣について述べたことは言語についても言えるはずだ，と述べるだけにとどめておきます．それについて詳しく論ずるには，今よりはるかに大きな紙幅を必要とするからです．なにしろ歴史によれば，一つの基軸通貨体制の寿命はせいぜい百年，二百年であったのに対し，あのラテン語はローマ帝国滅亡の後，千年にもわたって欧州の基軸言語としての地位を保っていたのですから．

（岩井克人『二十一世紀の資本主義論』筑摩書房，2000年より抜粋）

［設 問］

A. 筆者が25年ぶりにローマを訪れた際に気づいた「大きなアメリカ」を成立させている条件のなかで，通貨が果たしている役割を課題文に則して200字以内で説明しなさい．

B. 課題文は1997年に書かれたものであるが，その指摘は現在も生きていると思われる．一方，課題文で述べられている，支配関係は存在しないが，非対称的な関係にある事例は，ドルや英語における国家や個人の例に限らず，他にも存在すると考えられる．あなたが今後も続くと考える，支配関係は存在しないが，非対称的な関係にある具体例を挙げ，そこでの両者の責任についてあなたの意見を400字以内で書きなさい．具体例は，個人，組織，国家などは問わない．

2020年度

問題編

■一般入試

問題編

▶試験科目・配点

方式	教科	科目	配点
A方式	外国語	コミュニケーション英語Ⅰ・Ⅱ・Ⅲ，英語表現Ⅰ・Ⅱ	200点
	数学	数学Ⅰ・Ⅱ・A・B	150点
	小論文	高校生にふさわしい知識，理解力，分析力，構想力，表現力を問う（高等学校の特定の教科とは直接には関わらない）	70点
B方式	外国語	コミュニケーション英語Ⅰ・Ⅱ・Ⅲ，英語表現Ⅰ・Ⅱ	200点
	地歴	日本史B，世界史Bのうち1科目選択	150点
	小論文	高校生にふさわしい知識，理解力，分析力，構想力，表現力を問う（高等学校の特定の教科とは直接には関わらない）	70点

▶備　考

- 数学Ⅱの「微分・積分の考え」においては一般の多項式を扱うこととする。数学Aは「場合の数と確率」・「整数の性質」・「図形の性質」を，数学Bは「数列」・「ベクトル」を出題範囲とする。上記範囲とその応用を出題する。
- 日本史Bの出題範囲は1600年以降を中心とし，世界史Bの出題範囲は1500年以降を中心とする。2科目とも基礎的理解並びに体系的理解を問う。
- A方式は「外国語」の問題の一部と「数学」の問題の一部の合計点が一定の得点に達した受験生について，「外国語」の残りの問題と「数学」の残りの問題および「小論文」を採点する。B方式は「外国語」の問題の一部が一定の得点に達した受験生について，「外国語」の残りの問題と「地理歴史」および「小論文」を採点する。A・B両方式とも，最終判定は総合点によって合否を決定する。
- 「外国語」と「小論文」はA・B両方式共通。

英語

（100分）

（注意） 英語の問題のうち，問題ⅠからⅢが最初に採点されます。問題ⅣとⅤは，最初に採点される問題の得点（数学受験者については数学の得点の一部をそれに加味した合計）が一定点に達した受験生のみ，採点されます。

Ⅰ. Read the following article and answer the questions as indicated.

"Government Support: A Tragedy for the Arts?" by Y. Bothur (2018)

① When President Donald Trump proposed to reduce the deficit by eliminating funding for the National Endowment for the Arts (NEA), many people in the US supported his suggestion. Surprisingly, even some people in the art world agreed. Indeed, similar arguments have been put forward by art critics in other countries, including the UK. As the world's governments continue to [1] the debts left by the 2008 financial crisis, this issue has become increasingly visible.

② State support for the arts hardly discourages charitable giving by the private sector. In 1996 the NEA gave about $390,000 to the Metropolitan Opera of New York, but this amount accounts for only 0.29% of its annual income of $133 million. Besides, other museums and cultural organizations have had some notable successes in raising funds; in the next year, the New York Public Library raised $430 million and the Metropolitan Museum of Art raised $300 million. Even in countries where state support for the arts is strong, it is not impossible to privately support cultural institutions. Glyndebourne, which hosts an annual opera festival in East Sussex in the UK, for example, is said to rely solely on private funding. [2]

③ In many countries, private support for the arts and culture is sufficient to make government funding unnecessary. Rather than direct funding for the arts, what is needed is a set of tax rules that quietly [3] them, allowing corporations and individuals to act freely. For example, the tax-free charitable status of cultural institutions in the US and the UK already offers important financial assistance. However, cultural institutions can be encouraged to reach out to individual and corporate donors, who could be further rewarded through tax breaks. This is why some economists have claimed that governments can best support the arts by leaving them alone.

④ Furthermore, state support for the arts has a negative effect on the quality of art itself. Since funding is allocated under political direction, politics inevitably influences both fairness and creativity in the art world. Typically, state funding usually goes to well-connected or well-established artists and institutions rather than to talented newcomers and outsiders. Besides, artists are encouraged to produce art that will successfully pass the application process for a grant rather than to create art for art's sake. This leads to unadventurous attitudes among artists, and ultimately to [4]; for example, in the nineteenth century, the French Academy happily dismissed the new painting style called Impressionism.

⑤ Artists flourish best when they are challenged. Lack of appreciation and financial difficulties did not prevent Van Gogh from creating his masterpieces, and we can expect that even as this article goes to print, many [5] icons of art are working away in poverty, or at least in obscurity. Indeed, it is in the nature of great art that it often goes unrecognized at the moment of its creation. Future success cannot be guaranteed by state support, nor by social media, but by the considered verdict of future generations of critics.

⑥ By contrast, there are in fact plenty of wealthy individuals who are prepared to support less famous but talented artists. This kind of patronage system has existed for centuries. Sponsors today continue to provide not only money, but also a studio and materials, thereby enabling artists to concentrate on their work. Thus, these modern patrons allow artists much greater freedom [6]. According to Wayne Lawson, former director of the Ohio Arts Council, these patrons "trust the artist's creativity and want to let us see the world through the artist's eyes."

⑦ [7] can deny that many governments already spend vastly over budget. Moreover, since 2008, most governments have experienced at least one recession. In this environment, spending on the arts is politically difficult. Taxpayers are dissatisfied with any spending on the arts because they believe it should be used for more urgent purposes such as social welfare, health care, national defense, education, and support for industry. [8]. In 2015, the English journalist Rupert Christiansen found that, despite the cuts to funding by the British government since 2009, "the arts sector as a whole has proved admirably successful in finding ways to survive and even flourish."

⑧ [9]. Indeed, many persuasive arguments urge us to abolish the funding of the arts by the government without delay. Successful cultural institutions and events can usually gain support from industry via advertising. This is in recognition of success: commercial funds are attracted by popularity. State sponsorship is the reverse of this process – an attempt to pick "winners" based on an administrator's paperwork rather than the verdict of the public. It is as mistaken as old-fashioned state support for future industries, and must be discontinued.

*****

Answer questions [1]—[9] as indicated.

1. Which of the following would best fill the gap at [1] in Paragraph ①? Answer by filling in the corresponding slot under the number (1) on the mark sheet.
   1. execute
   2. promote
   3. struggle
   4. tackle

2. Of the four institutions mentioned in Paragraph ②, which of the following received the least funding from the government? Answer by filling in the corresponding slot under the number (2) on the mark sheet.
   1. Glyndebourne
   2. The Metropolitan Museum of Art
   3. The Metropolitan Opera of New York
   4. The New York Public Library

3. Which of the following would best fill the gap at [3] in Paragraph ③? Answer by filling in the corresponding slot under the number (3) on the mark sheet.
   1. applies
   2. encourages
   3. follows

4. obliges

4. Which of the following would best fill the gap at [4] in Paragraph ④? Answer by filling in the corresponding slot under the number (4) on the mark sheet.
   1. disagreements about proper applications
   2. discouragement and despair
   3. increased governmental funding
   4. the rejection of artistic innovations

5. Which of the following would best fill the gap at [5] in Paragraph ⑤? Answer by filling in the corresponding slot under the number (5) on the mark sheet.
   1. celebrated
   2. fated
   3. future
   4. present

6. Which of the following best fills the gap at [6] in Paragraph ⑥? Answer by filling in the corresponding slot under the number (6) on the mark sheet.
   1. from public criticism
   2. from taxation
   3. to become famous
   4. to experiment

7. Which of the following would best fill the gap at [7] in Paragraph ⑦? Answer by filling in the corresponding slot under the number (7) on the mark sheet.
   1. All
   2. None
   3. Some
   4. We

8. Which of the following best fills the gap at [8] in Paragraph ⑦? Answer by filling in the corresponding slot under the number (8) on the mark sheet.
   1. Additionally, artists and politicians are insisting on accountability.
   2. Moreover, governments cannot afford to pay artists.
   3. Further, culture is less important than social welfare.

4. What is more, the arts do seem to be adaptable.

9. Which of the following best fills the gap at [9] in Paragraph ⑧ ? Answer by filling in the corresponding slot under the number (9) on the mark sheet.
1. Artistic questions are rarely rational
2. Funding levels should clearly be maintained
3. It is a very difficult question
4. The time to act is now

II. Read the following article, and answer the questions as indicated.

"The Arts: Why State Funding is Critical" by Sue Portagig (2018)

① Long-established government organizations fund the arts in many nations, for example, the Arts Council England and the National Endowment for the Arts (NEA) in the US. Both support not only a variety of arts including painting, sculpture, music, dance, and folk arts, but also cultural institutions such as libraries, theaters, and museums. In addition, these organizations fund an array of programs to encourage people to enjoy the arts and cultural events. This support is critical, especially during economic recessions. [10] withdrawing state money, we need to protect and even increase government funding for the arts.

② To begin with, art and culture enrich public life. As Sandy Nairne, a former director of the National Portrait Gallery in London said, "Culture and art are a necessity for people both as individuals and as part of communities. Whether enjoying a visit to a museum or art gallery, singing in a choir, listening to extraordinary musicians, reading poetry or sharing in the excitement of street performance, this is a part of what makes life worthwhile." Furthermore, in an age of migration and social change, the arts serve an important role in bringing people together, helping to give citizens common experiences, and finding ways to accommodate their differences. [11]

③ Art and culture represent the heritage in which a people's history and identity are firmly rooted. This heritage is preserved in the various cultural institutions of a nation. According to novelist Michael Rosen, "The wonder of libraries, museums, and archives is that we can relate ourselves with others – often stretching back hundreds or thousands of years. This is one of the ways in which we can discover the history and shape of humanity and where or how we fit into it." [12]. It is, therefore, our duty to preserve, support, and encourage them.

④ Nevertheless, some fields of art cannot sustain themselves independently and require constant governmental funding to continue. In contrast to [13] successful grand theaters in big cities such as London and New York, local theaters in smaller cities and towns usually lack stability because ticket sales are necessarily limited. Also, since museums and libraries are non-profit cultural organizations, it is difficult for them to maintain their facilities and offer a high quality of services without support from government grants. Moreover, such funding is required for artistic innovation because it enables artists to take risks and experiment for the sake of art itself.

⑤ Some may argue that, wherever possible, private donations can and should replace government grants. Whereas in the US, private support for art and culture is relatively secure, donations to the arts cannot be taken for granted in many other countries. Today, when extremely wealthy individuals and corporations are dominating the global economy, more can clearly be asked of them. However, charitable giving by the private sector will only go so far. It would be unwise to make our arts *overly* [14] dependent on the political or economic demands of private enterprise. During times of economic difficulty, private funding would constantly be at risk.

⑥ By contrast, stable government funding enables as many people as possible to enjoy art and culture. A government grant ensures *everyone's* affordable access to art and culture, and thus makes them an integral part of daily life. It allows [15]. Moreover, gallery tours and cultural programs bring the arts to the poor and to children, not only to well-to-do adults. Through these programs, people can gain an understanding of the importance of art and the need to protect cultural heritage for future generations.

⑦ Government funding of the arts and cultural activities brings economic benefits by attracting tourists. This, in turn, can promote the redevelopment of suburbs and encourage tourism-related services to grow. In the 1980s, politicians in the UK recognized art and culture as valuable resources that could play a part in the renewal of post-industrial cities in the country. At that time, a British politician Chris Smith took up the idea of the arts as one of the "creative industries." Subsequently, an art policy was developed to widen public access to art and culture and to help drive urban rebirth and fight social exclusion. This change has been important. [16], the Arts Council of England estimates that the nation benefits by over $4 for every $1 of investment in art funding.

⑧ The arts are vital for a better quality of life; the Arts Council England makes this point clearly on their website, declaring that "great art and culture inspires us, brings us together and teaches us about ourselves and the world around us." [17] individuals might contribute, providing art for citizens is always the responsibility of government. That is why continued state support of the arts is critical and must be ensured.

*****

Answer questions [10] − [23] as indicated.

10. Which of the following would best fill the gap at [10] in Paragraph ①?
Answer by filling in the corresponding slot under the number (10) on the mark sheet.
    1. Above all,
    2. Except for
    3. Far from
    4. In addition to

11. Which of the following types of art is NOT discussed in Paragraph ②?
Fill in the blank at the number (11) on the mark sheet.
    1. concerts
    2. exhibitions
    3. films
    4. literature

12. Which of the following would best fill the gap at [12] in Paragraph ③?
Answer by filling in the corresponding slot under the number (12) on the mark sheet.
    1. Clearly, many writers are busy creating content for our heritage
    2. Indeed, museums are at the very heart of this heritage-related industry

3. Obviously, heritage is firmly connected to a sense of national pride
4. Ultimately, a sense of nationalism is essential for most modern nations

13. Which of the following would best fill the gap at [13] in Paragraph ④? Answer by filling in the corresponding slot under the number (13) on the mark sheet.
    1. artistically
    2. commercially
    3. culturally
    4. large-scale

14. Which of the following **best** explains why the author wrote the word in *italics* at [14] in Paragraph ⑤? Answer by filling in the corresponding slot under the number (14) on the mark sheet.
    1. to emphasize a contrast
    2. to emphasize degree
    3. to emphasize surprise
    4. to emphasize a change

15. Which of the following would best fill the gap at [15] in Paragraph ⑥? Answer by filling in the corresponding slot under the number (15) on the mark sheet.
    1. all citizens to find common ground despite income inequalities
    2. governments to resolve income inequality through arts funding
    3. minorities to feel unwelcome through funding their arts
    4. only wealthier citizens to appreciate art

16. Which of the following would best fill the gap at [16] in Paragraph ⑦? Answer by filling in the corresponding slot under the number (16) on the mark sheet.
    1. By contrast
    2. Moreover
    3. Nevertheless
    4. Today

17. Which of the following would best fill the gap at [17] in Paragraph ⑧? Answer by filling in the corresponding slot under the number (17) on the mark sheet.
    1. As far as
    2. However much
    3. So much as
    4. To the extent that

18, 19, & 20. Look at the statements below. Then, based on **BOTH** articles, under the corresponding number (18), (19), and (20), fill in:

Slot 1, if only Y. Bothur would agree with that statement
Slot 2, if only Sue Portagig would agree with that statement
Slot 3, if both authors would agree with that statement
Slot 4, if neither author would agree with that statement

18. Charitable giving can be sufficient to support the arts.
19. Politicians have already influenced the direction of the arts.
20. Art must make a profit in order to be valuable.

21. In which of the following pairs do both words have **the same stress (アクセント) pattern**? Answer by filling in the corresponding slot under the number (21) on the mark sheet.
   1. creative – creativity
   2. declaration – declaring
   3. economic – economy
   4. exclusive – exclusion
   5. subsidy – subsidiary

22. Which one of the following pairs (1 ～ 5) contains a noun which is **pronounced differently** from the verb? Answer by filling in the corresponding slot under the number (22) on the mark sheet.
   1. a benefit (n) – to benefit (vb)
   2. a picture (n) – to picture (vb)
   3. a promise (n) – to promise (vb)
   4. an abuse (n) – to abuse (vb)
   5. an interest (n) – to interest (vb)

23. Five of the following six pairs contain words that are **pronounced identically**. Which of the pairs contains words that are **pronounced differently**? Answer by filling in the corresponding slot under the number (23) on the mark sheet.
   1. berry – bury
   2. freight – fright
   3. isle – aisle
   4. sewing – sowing
   5. some – sum
   6. thrown – throne

Ⅲ. Read the following article, and answer the questions as indicated.

"Caught in their own traps? Governments, subsidies, and fish"
by M. T. Nettes (2018)

① In every ocean, fish numbers are rapidly declining. Fishing subsidies, usually in the form of financial assistance, are one of the key factors behind this collapse. As far back as 2009, these subsidies were estimated by the Canadian researcher Rashid Sumaila to total about $35 billion globally, and they create incentives for fishermen around the world to increase their catch. Though Asia is the region where subsidies are highest, three countries alone – Japan, China, and the USA – were each accountable for nearly 20% of global subsidies. Nevertheless, as regards Japan and the USA at least, their share of the world's total catch has been steadily dropping since the 1960s as various players [24] the global market.

② Current world fish consumption has risen to an all-time high of about 20 kilos a year per person. To be sure, global fish production and trade have grown remarkably since the 1970s, rising from 70 million tons to over 170 million in 2016. But almost all the recent gains in production have been [25] to farmed fish. Aquaculture, especially in China, has grown amazingly in the past decades: indeed, farmed fish now account for over half of all the fish that people eat worldwide. In some ways this has helped, but it does not mean that the pressure on the open seas has eased.

③ Based on a 2018 assessment by the UN Food and Agriculture Organization (FAO), world ocean fish stocks within biologically sustainable levels declined from 90% in 1974 to 66% in 2015. By 2018, 33% of the world's fishing areas were estimated to be exploited at a biologically unsustainable level, and therefore classified as over-exploited. While the rate of decrease has slowed since 2008, little progress has been made towards making ocean fishing truly sustainable. The FAO further reported that 87% of the world's marine fishing areas are either fully exploited or over-exploited. Indeed, at least one global study has predicted that, given these trends, commercial fisheries worldwide might collapse by 2050. [26]

④ What lies behind the numbers is this: new technologies have made fishing much more efficient. Modern nets have improved catches, even though a large percentage of any fishing take is likely to be bycatch — that is, unwanted sea creatures including turtles and dolphins, which are killed and then simply thrown back into the sea. Major damage is also done to marine life simply by fishing out the biggest fish: some species like Bluefin Tuna or the Patagonian Toothfish are regularly caught at rates well above the limits that have legally been set in international agreements. Subsidies given by governments to the fishing industry have directly impacted the marine environment, by keeping the numbers of boats at sea artificially high, by providing them with modern infrastructure, and by keeping prices for fish deliberately low. [27]

⑤ Why do governments pay such attention to what is, economically speaking, a minor industry? One reason is simply history. In the past, fisheries were far more valuable than today, before manufacturing and the digital economy became dominant. Another is political: fishing tends to employ people in remoter rural areas, where unemployment and social decline might otherwise be more serious. However, these reasons alone [28] account for today's continuing subsidies. Rather, it is the competitive nature of fishing which draws in governments: they are competing for "free" resources (fish), which, being mobile, belong to no nation. Furthermore, the sending of boats out to open ocean zones is a [29] act, signaling interest in, even if not sovereignty over, those areas.

⑥ A subsidy [30]. Money can be provided for fresh equipment, such as sonar or GPS. Or it might be a tax break, indirectly easing access to insurance or loans. Grants that improve port infrastructure and fish processing facilities are also effective. However, subsidies are not limited to the domestic economy: often, richer nations buy rights for their fishermen in the waters surrounding under-developed countries; for example, a Chinese company purchased fishing rights from several Namibian companies and then overfished the area. Such bargains are often unfair and usually take no account of how sustainable the situation might be for the poorer country in the long run. Furthermore, to escape international quota agreements, many governments encourage their vessels to register abroad, funding them despite this apparent contradiction.

⑦ It is easy to understand how national pride, the desire to project power and influence into the world's oceans, the competitive urge to take one's fair [31], the maintenance of employment, or of traditions and cultures can influence governments. Yet they are not sufficient reasons in themselves to justify the current situation. The economist Garrett Hardin has labeled what we are witnessing as "The Tragedy of the Commons": it illustrates how humans fail to cooperate intelligently when dealing with shared [32]. It need not be that way. Greater international cooperation, through mechanisms such as the TPP or international agreements on various fishing [33] or fish stocks, is urgently needed. This is one issue where the political call to national strength would be a mistake. Only cooperation can secure the future.

⑧ There is little doubt that the short-term "race to fish" is threatening the long-term environmental, social, and economic security that fisheries offer us all. In some countries, such as France, Spain, Japan, and the USA, subsidies to the fishing industry are, as a proportion of the value earned by domestic catches, over 20%. In others, such as Norway, Iceland, and New Zealand, they stand [34]. With fish under such pressure across the globe, surely it is the latter examples that we need to follow. Subsidies are a trap from which we ourselves need to escape.

*****

Answer questions [24] − [36] as indicated.

24. Which of the following would best fill the gap at [24] in Paragraph ①? Answer by filling in the corresponding slot under the number (24) on the mark sheet.
    1. abandoned
    2. competed
    3. entered
    4. totaled

25. Which of the following would best fill the gap at [25] in Paragraph ②? Answer by filling in the corresponding slot under the number (25) on the mark sheet.
    1. attributed
    2. comprised
    3. likened
    4. pointed

26. Based on Paragraph ③, approximately what percentage of the world's fishing areas were **fully** rather than **over**-exploited in 2018? Answer by filling in the corresponding slot under the number (26) on the mark sheet.
    1. 33%
    2. 54%
    3. 67%
    4. 87%

27. Which of the following would best fill the gap at [27] in Paragraph ④? Answer by filling in the corresponding slot under the number (27) on the mark sheet.
    1. All three policies are simply unsustainable.
    2. Both of these impacts are responsible for these problems.
    3. These technologies are endangering large fish species.
    4. The whole situation has continued since fishing began.

28. Which of the following would best fill the gap at [28] in Paragraph ⑤? Answer by filling in the corresponding slot under the number (28) on the mark sheet.
    1. are sufficient to
    2. do not take into
    3. will as a matter of policy
    4. would probably not

29. Which of the following would best fill the gap at [29] in Paragraph ⑤? Answer by filling in the corresponding slot under the number (29) on the mark sheet.
    1. commercial
    2. formal
    3. military
    4. political

30. Which of the following fills the gap at [30], **and best introduces** Paragraph ⑥? Answer by filling in the corresponding slot under the number (30) on the mark sheet.
    1. can improve fishing vessels

2. can take many forms
3. is generally a direct cash gift
4. is applied domestically

31, 32, 33. Place three of the words below into the most suitable of the gaps marked [31], [32], and [33] in Paragraph ⑦. Each word may be used only once. Fill in the corresponding slots under the numbers marked (31), (32), and (33) on the mark sheet.

1. areas
2. finances
3. pride
4. profit
5. resources
6. share
7. treaties

34. Which of the following would best fill the gap at [34] in Paragraph ⑧? Answer by filling in the corresponding slot under the number (34) on the mark sheet.

1. at least 50% higher
2. at less than 10%
3. at more or less the same level
4. at more than 30%

35, 36. Read the two statements below. Then, based on the article as a whole, under the corresponding number (35) and (36) on the mark sheet, fill in **slot 1** if you think the author would **agree with the statement**, or fill in **slot 2** if you think the author would **disagree with the statement**, or fill in **slot 3** if you think **the author does not express an opinion about the statement**.

35. Countries give subsidies mainly for economic reasons.
36. Fish farming has largely removed pressure on the world's oceans.

Ⅳ. 以下の会話文を英語に直して，解答用紙BのⅣ. のR1，S1，R2，S2と記載されている行に書きなさい。

金曜日の朝一番に部長から入った電話の内容を社員Rが同僚Sに伝える会話です。

会話文：

R1：今のは部長で，月曜日の会議に使う資料，今日中に見せてくれだって。
S1：ウソでしょ！ 今朝問題を見つけたばかりで，書き直してるところなんだ。
R2：そうなの？ もっと早く言ってくれれば私も手伝ったのに。
S2：とりあえず自分でやってみるけど，昼までに出来なかったら頼むよ。

注意点：

日本語の表現をうまく英語にできない場合は，別の言い方に変えてから英語にしてみましょう。(例) 難解 → 分かりにくい → hard to understand

Ⅴ. 以下の設問 (A)，(B) の中から<u>一つ選んで</u>，問題文Ⅰ～Ⅲをもとにして，自分の意見を解答用紙BのⅤ. 欄に<u>英語で</u>書きなさい。<u>注意点をよく読んでから書くこと</u>。

(A)　Should the Japanese government reduce funding for the Arts? Why, or why not?

(B)　Should the Japanese government reduce subsidies for the fishing industry? Why, or why not?

注意点：

(1)　箇条書きは不可。

(2)　<u>自分の意見と異なる見解に言及し，それに反論すること</u>。

(3)　問題文Ⅰ，ⅡまたはⅢで言及されている見解やことがらを<u>最低一つ引用して</u>，自分の意見をまとめること。引用する際には，下の例を参考にすること。

引用例：

- In her 2010 article “Against Zoos”, Faerrer claims, “Nature is not ours to control”. She argues that .... However, I strongly disagree with that statement, because ....

- I agree only to a certain extent with Eve N. Suzuki who argues, “Schools do not protect the rights of students enough” in the essay by Foane (2010). Her claim that X is Y may be true, but ....

- According to O’Werke (2012, paragraph 7), one option is indirect taxation. Although this argument ...,

〔解答欄（(A)(B)とも）：タテ約1cm×ヨコ約25cm×21行〕

日本史

（80分）

I アジアにおけるキリスト教の普及と貿易に関して述べた次の文章を読んで，問1～問4に答えなさい．**解答は，設問で指定された場合を除いて，すべて番号で解答用紙の〔解答欄A〕の所定の欄に記入しなさい．**

16世紀のアジアでは，ポルトガルやスペインなどの宣教師らによるキリスト教布教活動が盛んとなった．日本では1549（天文18）年に来日した$_{A}$イエズス会宣教師フランシスコ=ザビエルらの活動を通じてキリスト教が普及した．$_{B}$日本からもローマに使節が派遣された．また，ポルトガルやスペインはアジア域内の貿易に参入し，$_{C}$ポルトガル商人は日明貿易の主要な担い手にもなった．$_{D}$日本の大名や商人もアジア諸地域との貿易を行い，こうした活発な貿易は17世紀前半まで続いた．

問1　下線部Aに関連して，イエズス会宣教師らがアジアでの布教活動を積極的に展開した背景にある，当時のヨーロッパにおけるキリスト教の動向を，**〔解答欄B〕の所定の欄の範囲内で説明しなさい．**

（解答欄：約17cm×2行）

問2　下線部Bに関連して，次の文章を読んで，以下の（1），（2）に答えなさい．

1582（天正10）年に，$_{\alpha}$九州のキリシタン大名3名の名代として，伊東マンショら4名の少年が長崎港を出発した．日本からの使節は，$_{\beta}$ポルトガルの植民地の港を経てリスボンに入り，1584年にマドリードでスペイン国王フェリペ2世に，翌年にローマで教皇に謁見したのち，1590年に帰国した．その後，仙台藩主伊達政宗の家臣支倉常長が派遣され，ローマで教皇に謁見した．しかし，支倉常長が帰国した時には，キリスト教は禁教となっていた．

（1）　下線部αの大名の組み合わせとして適切なものを，次の1～4の中から1つ選びなさい．

1.　有馬晴信，大内義隆，大友義鎮
2.　大内義隆，大友義鎮，大村純忠
3.　大友義鎮，大村純忠，有馬晴信
4.　大村純忠，有馬晴信，大内義隆

（2）　下線部βに関連して，使節が日本とローマの往復の途上寄港した場所の位置として適切なものを，次の地図中の1～9から4つ選び，番号が小さい順に左から記入しなさい．

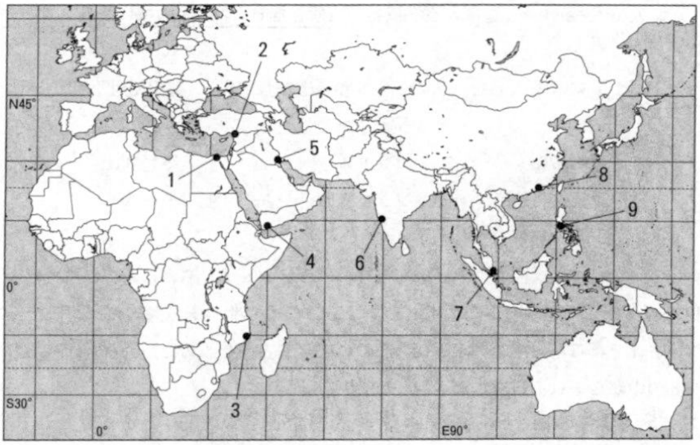

備考：国境線は現在のもの.

問 3　下線部Cに関連して，ポルトガル商人が日本と明との間の貿易を中継するようになった背景について，取引された主な商品と，明の貿易政策に触れながら，**〔解答欄B〕の所定の欄の範囲内で説明しなさい**.

（解答欄：約 17cm × 3 行）

問 4　下線部Dに関連して，徳川家康が征夷大将軍に任じられてから幕府が日本人の海外渡航を禁じる前までの，日本の大名や商人の貿易活動に対する幕府の政策について，**〔解答欄B〕の所定の欄の範囲内で説明しなさい**.

（解答欄：約 17cm × 2 行）

Ⅱ タゴール来日に関して述べた次の文章を読んで，問 5 ～問 6 に答えなさい. **解答は，設問で指定された場合を除いて，すべて番号で解答用紙の〔解答欄A〕の所定の欄に記入しなさい**.

1913年にアジアで初めてノーベル文学賞を受賞した詩人タゴールは，1916年 5 月に初来日し，熱狂的に迎えられた. 滞在中には，実業家の渋沢栄一や大隈重信首相らと懇談するなどさまざまな人々と交流した. また，A 日本美術院では芸術に関する講演を，東京帝国大学と慶應義塾では B ナショナリズムに対する批判的な講演を行った.

問 5　下線部Aに関連して，次の文章を読んで，以下の（1），（2）に答えなさい.

タゴールは，1901年から1902年にかけてインドを訪れていた（　ア　）と親交を結んでいた. タゴールは，日本滞在中に，（　ア　）と親交があった実業家の原富太郎（三渓）の横浜の邸宅に長く滞在した. 原邸で横山大観や（　a　）の作品を鑑賞したタゴールは，「彼らは西洋絵画を模倣せず，それでいて日本の伝統絵画をただ継承したわけでもない. 彼らは慣習という軛（くびき）から芸術を解放したのである」と感想を述べている.

19世紀後半以降，日本美術の固有の価値が見直され，横山大観や（　a　）らが活躍していた背景には，動物学者・考古学者である（　b　）の推薦でアメリカから来日し，東京大学で教えていた（　c　）の強い影響があった. （　c　）と出会った（　d　）は，代表作品『悲母観音』を発表した. （　c　）は，（　ア　）と協力して（　イ　）の設立に尽力した人物でもある. （　ア　）は（　イ　）の校長をつとめたが，横山大観や（　a　）らとともに1898年に日本美術院を設立し，活動の場を移した.

〔文中引用〕：タゴール著（丹羽京子訳）『新・完訳日本旅行者』2016年.

（1）　文中の（ ア ）に入る人名，（ イ ）に入る学校名を **〔解答欄B〕の所定の欄に記入しなさい**.

（2）　文中の（ a ）〜（ d ）に入る人名を，次の1〜9から選びなさい．(重複使用不可)

1.　狩野芳崖　2.　黒田清輝　3.　コンドル　4.　下村観山　5.　高村光雲
6.　ナウマン　7.　フェノロサ　8.　フォンタネージ　9.　モース

問6　下線部Bに関連して，タゴールは他国や他民族を犠牲にするナショナリズムに大きな危機感をもっていた．次の資料a〜fは，日本および欧米諸国の中国進出もしくはその背景に関連する条約や協定の一部である（外国語で書かれたものについてはそれらを日本語に訳した．必要に応じて表現を改めた）．資料a〜fが締結された時期を，年表中の空欄1〜8の中からそれぞれ選びなさい．(重複使用不可)

a

> 英国に中国北部における好適な軍港を提供し，その近隣海域における英国の商業活動により十分な保護を与えるために，清国政府は英国政府に対して山東省の威海衛を租貸することに同意する.

b

> 合衆国及日本国両政府ハ，領土相近接スル国家ノ間ニハ，特殊ノ関係ヲ生スルコトヲ承認ス，従テ合衆国政府ハ日本国カ支那ニ於テ特殊ノ利益ヲ有スルコトヲ承認ス，日本ノ所領ニ接壌セル地方ニ於テ殊ニ然リトス

c

> 第一条　清国ハ朝鮮国ノ完全無欠ナル独立自主ノ国タルコトヲ確認ス，因テ右独立自主ヲ損害スヘキ朝鮮国ヨリ清国ニ対スル貢献典礼等ハ，将来全ク之ヲ廃止スヘシ

d

> 大英帝国皇帝陛下とロシア皇帝陛下は，アジア大陸におけるそれぞれの国の利害に関する諸問題を，相互の同意をもって解決することを切望し，こうした諸問題に関して両国の間に誤解を生じうるようなものが一切ないように協約を締結することを決定した.

e

> 第五条　露西亜帝国政府ハ清国政府ノ承諾ヲ以テ，旅順口・大連並其ノ附近ノ領土及領水ノ租借権及該租借権ニ関連シ，又ハ其ノ一部ヲ組成スル一切ノ権利・特権及譲与ヲ日本帝国政府ニ移転譲渡ス，露西亜帝国政府ハ又前記租借権カ其ノ効力ヲ及ホス地域ニ於ケル一切ノ公共営造物及財産ヲ，日本帝国政府ニ移転譲渡ス

f

> 第六条　清国皇帝陛下ハ・・・列国ニ四億五千万海関両ノ償金ヲ支払フコトヲ約諾セラレタリ
> 第七条　清国政府ハ各国公使館所在ノ区域ヲ以テ特ニ各国公使館ノ使用ニ充テ，且全然公使館警察権ノ下ニ属セシメタルモノト認メ，該区域内ニ於テハ清国人ニ住居ノ権ヲ与ヘス，且之ヲ防禦ノ状態ニ置クヲ得ルコトヲ承諾シタリ

(資料出所はいずれも省略する.)

1

朝鮮が国号を大韓帝国に改めた.

2

アメリカ国務長官ジョン=ヘイが門戸開放と機会均等を列国に求めた.

3

第 1 次日英同盟協約が締結された.

4

南満洲鉄道株式会社が設立された.

5

孫文が中華民国臨時大総統に就任した.

6

日本がドイツに宣戦布告した.

7

第 4 次日露協約が締結された.

8

Ⅲ　幕末以降の日本における統計の発展について述べた次の文章を読んで，以下の問 7 ～問14に答えなさい. **解答は，設問で指定された場合を除いて，すべて番号で解答用紙の〔解答欄 A〕の所定の欄に記入しなさい.**

A 欧米から日本に統計学が移入されたのは，幕末から明治維新にかけての時期であった.

明治政府は，B 地租改正実施前から，物産，物価，人口，土地に関する調査活動を開始した．そして，政府が近代産業の育成に積極的に乗り出すとともに，1883（明治16）年に「農商務通信規則」が制定され，日本の生産統計の体系化が始まった.

1920（大正 9 ）年に内閣に国勢院が創設され，国勢調査統計の必要性を強く認識していた原敬首相のもとで，はじめての国勢調査が行われた.

1939（昭和14）年に，陸軍省に秋丸機関と呼ばれた戦争経済研究班が設置され，動員された研究者によって統計的国力研究が行われ，英米に対する C 日本の抗戦力が問題となった.

D 第二次世界大戦の終結後，連合国軍最高司令官総司令部（GHQ/SCAP）から，日本の生産統計がきわめて不正確であることを指摘され，現在の無作為抽出方法に基づく調査方法が導入されるとともに，1947年に E 統計法が公布された.

日本が，戦後，F 復興し，高度成長を遂げていく中，統計も整備された．そして，今日，「G ビッグ・データ」というような用語も現れるようになり，統計分析の重要性が高まってきている.

しかしながら，H 政府における統計不正問題が明らかになったり，個人情報の不正利用などが頻繁に発生したりするなど，統計の質および統計の活用についての信頼性が揺らいでいる.

問 7　下線部 A に関連して，日本への統計学の移入について述べた次の文章を読んで，以下の（1）～（5）に答えなさい.

α 鎖国から開国への強い圧力にさらされた幕府は，西洋を学ぶための様々な改革を行い，その中で，西周と（　a　）を留学生として（　b　）に派遣した．西周が留学で学んだ国際法を翻訳したものは『万国公法』として刊行された．一方，（　a　）が留学先で受けた講義の内容を翻訳したものは，廃藩置県後の時期に（　c　）正院政表課から『表紀提綱　一名政表学論』として刊行され，明治初期の統計学に大きな影響力を持った．この組織の「政表」という名称は，Statistik（ドイツ語）にあたる語として福澤諭吉が初めて用いたものとされている．のちに，このStatistikをどのような日本語とするか，特に「統計」という語が適切か，の論争において β 森鷗外が重要な役割を果たした．

（1）文章中の（ａ）に入る人名を，次の１～６から選びなさい．

1.　伊藤博文　　2.　井上馨　　3.　津田真道
4.　中江兆民　　5.　前島密　　6.　森有礼

（2）文章中の（ｂ）に入る国名を，次の１～６から選びなさい．

1.　アメリカ　　2.　イギリス　　3.　オランダ
4.　ドイツ　　5.　フランス　　6.　ロシア

（3）文章中の（ｃ）に入る語を，次の１～６から選びなさい．

1.　会計官　　2.　議政官　　3.　行政官
4.　刑法官　　5.　神祇官　　6.　太政官

（4）下線部αに関連して，下の年表は，18～19世紀に海外で起きた出来事を年代の古い順に並べたものである．次のａ～ｃの事項は年表のどこに入れるのが適切か．年表中の空欄１～７の中からそれぞれ選びなさい．（重複使用不可）

ａ．近藤重蔵らが択捉島に「大日本恵登呂府」の標柱をたてた．
ｂ．橋本左内が処刑された．
ｃ．長崎奉行松平康英が自害した．

[1]
エカチェリーナ２世が皇帝になった．
[2]
ナポレオン１世が皇帝になった．
[3]
アヘン戦争が始まった．
[4]
アメリカがメキシコからカリフォルニアを獲得した．
[5]
アロー戦争が始まった．
[6]
アメリカで南北戦争が始まった．
[7]

（5）下線部βに関連して，森鷗外によるものをはじめとして，明治時代に多くの翻訳書が出版された．次の資料ａ～ｃは，それぞれ明治時代に刊行された翻訳書からの抜粋である（必要に応じて表現を改めた）．それぞれの翻訳書の訳者名の組み合わせとして適切なものを，下の１～６から選びなさい．

a

> 秋九月中旬といふころ，一日自分がさる樺の林の中に座していたことが有った．今朝から小雨が降りそそぎ，その晴れ間にはおりおり生ま暖かな日かげも射して，まことに気まぐれな空ら合ひ．あわあわしい白ら雲が空ら一面に棚引くかと思ふと，フトまたあちこち瞬く間雲切れがして，無理に押し分けたやうな雲間から澄みて怜悧(さか)し気に見える人の眼の如くに朗らかに晴れた蒼空(あをそら)がのぞかれた．

b

> 弥生(やよひ)ついたち，はつ燕(つばめ)，
> 海のあなたの静けき国の
> 便(たより)もてきぬ，うれしき文(ふみ)を．
> 春のはつ花，にほひを尋(と)むる
> ああ，よろこびのつばくらめ．

c

> 羅馬に往きしことある人はピアツツア・バルベリイニを知りたるべし．こは貝殻持てるトリイトンの神の像に造り做したる，美しき噴井(ふんせい)ある，大なる広こうぢの名なり．貝殻よりは水湧き出でてその高さ数尺に及べり．羅馬に往きしことなき人もかの広こうぢのさまをば銅板画にて見つることあらむ．かかる画にはヰア・フエリチエの角なる家の見えぬこそ恨なれ．

(資料出所はいずれも省略する．)

1.　a 上田敏　　b 二葉亭四迷　　c 森鷗外
2.　a 上田敏　　b 森鷗外　　c 二葉亭四迷
3.　a 二葉亭四迷　　b 上田敏　　c 森鷗外
4.　a 二葉亭四迷　　b 森鷗外　　c 上田敏
5.　a 森鷗外　　b 上田敏　　c 二葉亭四迷
6.　a 森鷗外　　b 二葉亭四迷　　c 上田敏

問 8　下線部Bに関連して，地租改正条例公布までの時期の明治政府の財源の問題点について，**〔解答欄B〕の所定の欄の範囲内で説明しなさい**．
(解答欄：約 17cm × 2 行)

問 9　下線部Cに関連して，日本の抗戦力が米英よりもはるかに弱いことが明らかになったにもかかわらず，日本は米英に対する宣戦布告へと向かうことになった．これについて，以下の（1），（2）に答えなさい．

（1）　次のａ～ｃはそれぞれ下の年表のどこにはいるか．年表中の空欄１～７の中から選びなさい．(重複使用不可)

a．アメリカが日本に日米通商航海条約の破棄を通告した．
b．アメリカが日本にハル=ノートを提示した．
c．アメリカが日本への石油輸出を全面的に禁止した．

［ 1 ］
日本軍が海南島の占領を開始した．
［ 2 ］

日独伊三国同盟が締結された.

3

日ソ中立条約が調印された.

4

独ソ戦争が始まった.

5

日本が南部仏印への進駐を開始した.

6

第3次近衛内閣が「帝国国策遂行要領」を決定した.

7

日本が米英に対して宣戦を布告した.

（2） 日中戦争の勃発後，国民生活は，強力な統制経済の下におかれ，大きく影響を受けた．国家総動員法制定以降米英に対する宣戦布告までの期間の生活物資に関する統制について，**〔解答欄B〕の所定の欄の範囲内で説明しなさい**.

（解答欄：約17cm×2行）

問10 下線部Dに関連して，次の資料a～cは，それぞれ，第二次世界大戦中の連合国側の宣言もしくは協定の一部を，日本政府が日本語訳したものである（必要に応じて表記を改めた）．これらについて以下の設問（1），（2）に答えなさい.

a

各軍事使節ハ日本国ニ対スル将来ノ軍事行動ヲ協定セリ　三大同盟国ハ海路陸路及空路ニ依リ其ノ野蛮ナル敵国ニ対シ仮借ナキ弾圧ヲ加フルノ決意ヲ表明セリ・・・三同盟国ハ同盟諸国中日本国ト交戦中ナル諸国ト協調シ日本国ノ無条件降伏ヲ齎（モタラ）スニ必要ナル重大且長期ノ行動ヲ続行スヘシ

b

三大国・・・ノ指揮者ハ・・・「ソヴィエト」連邦カ・・・連合国ニ与シテ日本ニ対スル戦争ニ参加スヘキコトヲ協定セリ・・・三大国ノ首班ハ「ソヴィエト」連邦ノ・・・要求カ日本国ノ敗北シタル後ニ於テ確実ニ満足セシメラルヘキコトヲ協定セリ

c

・・・吾等ハ無責任ナル軍国主義カ世界ヨリ駆逐セラルルニ至ル迄ハ平和，安全及正義ノ新秩序カ生シ得サルコトヲ主張スルモノナルヲ以テ日本国国民ヲ欺瞞シ之ヲシテ世界征服ノ挙ニ出ツルノ過誤ヲ犯サシメタル者ノ権力及勢力ハ永久ニ除去セラレサルヘカラス

〔資料出所〕『日本外交年表竝主要文書』

（1） a～cの宣言もしくは協定は，一般に，それぞれ地名を冠した名称で呼ばれている．その地名にあたる場所として最も適切なものを次の地図中の1～9の中からそれぞれ選びなさい.（重複使用不可）

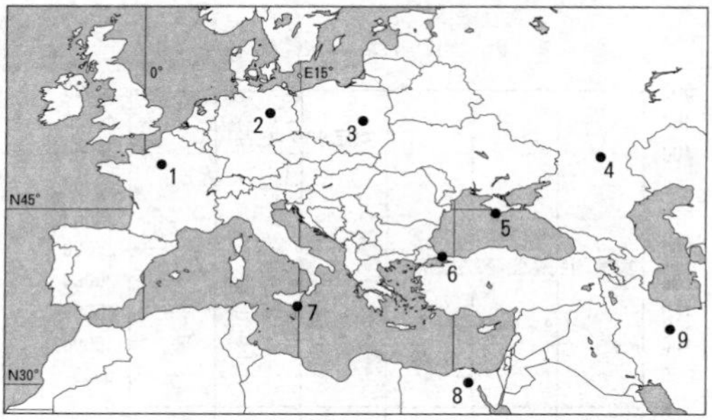

備考：国境線は現在のもの.

（2）　a～cの宣言が発せられた，もしくは協定が署名された時期を，次の年表中の空欄 1～7 の中からそれぞれ選びなさい.（重複使用不可）

1

ミッドウェー海戦が起きた.

2

イタリアのバドリオ政権が無条件降伏した.

3

連合国軍によるノルマンディー上陸作戦が実行された.

4

ドイツが無条件降伏した.

5

原爆が広島に投下された.

6

ソ連が日本に宣戦布告した.

7

問11　下線部Eに関連して，第二次世界大戦後，社会の基盤を形作るさまざまな法律がGHQの指令を受けながら制定された．第二次世界大戦後に制定された次の 1～6 の法律のうち，日本国憲法の公布以前に公布されたものを 1 つ選びなさい.

1.　教育基本法　　2.　警察法　　3.　地方自治法
4.　独占禁止法　　5.　労働基準法　　6.　労働組合法

問12　下線部Fに関連して，次の第 1 図は，第二次世界大戦前後30年間の日本の実質国民総生産（GNP）と物価水準の推移を，第 2 図は，第 1 図のそれぞれの増加率をグラフ化したものである．図の横軸の 1～6 は，5 年ごとの区分である.

図の 3 の時期に，物価が急激に上昇し，図の 4 から 5 の時期にかけてその上昇率は収まっている．この急激な物価上昇をもたらした原因と，それを鎮静化するために図の 3 から 4 の時期に行われた政策について，**〔解答欄B〕の所定の欄の範囲内で説明しなさい**.

（解答欄：約 17cm × 3 行）

第1図 実質国民総生産と物価水準

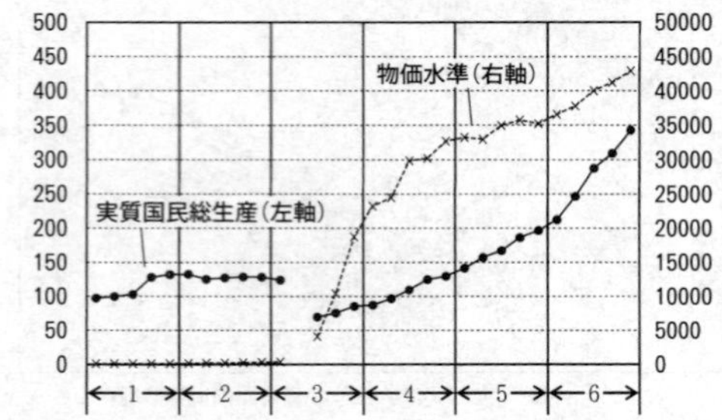

第2図 実質国民総生産増加率と物価上昇率

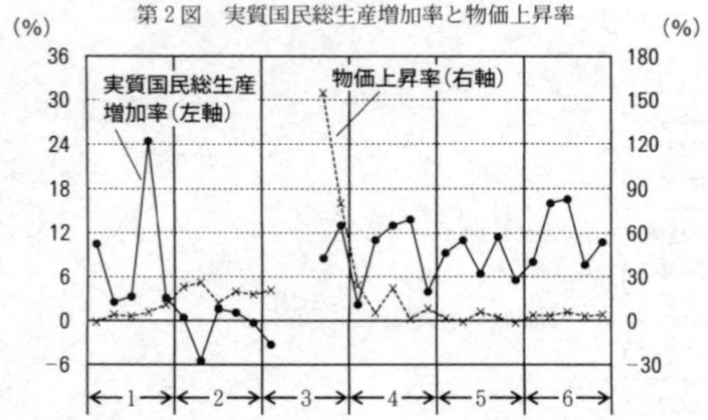

備考：第1図の実質国民総生産と物価水準（GNPデフレータ）はそれぞれ，期間内のある時期を100とした指数である．
資料出所においてデータが欠損している年については図中に現れていない．

〔資料出所〕大川一司，高松信清，山本有造『国民所得（長期経済統計1）』，日本銀行統計局『明治以降本邦主要経済統計』より作成．

問13　下線部Gに関連して，今日のビッグ・データの広がりは，コンピュータ産業や通信産業の発展によるところが大きい．日本の通信産業で重要な位置を占めているNTTは，民営化の結果設立された．このときの内閣名を首相の名前を用いて示すとともに，その内閣が行った民営化について，NTTを含め，民営化前と後のそれぞれの具体的な組織名を挙げながら，**〔解答欄B〕の所定の欄の範囲内で説明しなさい**．（ただし，分社化されたものについてはグループの総称を記すこと．また，組織の名称は一般に用いられている略称でもよい．）

（解答欄：約17cm×2行）

問14　下線部Hに関連して，政府の不祥事は，しばしば内閣の退陣につながってきた．1980年代から1990年代には，政官財の癒着として問題となった事件が相次ぎ，非自民連立内閣の成立をもたらすことにつながった．これについて，それらの事件の具体的な例と，成立した非自民連立内閣の概要を示しながら，**〔解答欄B〕の所定の欄の範囲内で説明しなさい**．（ただし，説明にあたっての内閣名は首相の名前を用いて示すこと．）

（解答欄：約17cm×3行）

世界史

(80分)

I アジアにおけるキリスト教の普及と貿易に関して述べた次の文章を読んで，問1～問3に答えなさい．**解答は，設問で指定された場合を除いて，すべて番号で解答用紙の〔解答欄A〕の所定の欄に記入しなさい．**

16世紀のアジアでは，ポルトガルやスペインなどの宣教師らによるキリスト教布教活動が盛んとなった．日本では1549年に来日した A イエズス会宣教師フランシスコ＝ザビエルらの活動を通じてキリスト教が普及した．B 日本からもローマに使節が派遣された．また，ポルトガルやスペインはアジア域内の貿易に参入し，C ポルトガル商人は日明貿易の主要な担い手にもなった．日本の大名や商人もアジア諸地域との貿易を行い，こうした活発な貿易は17世紀前半まで続いた．

問1 下線部Aに関連して，以下の（1），（2）に答えなさい．

（1） イエズス会宣教師らがアジアでの布教活動を積極的に展開した背景にある，当時のヨーロッパにおけるキリスト教の動向を，**〔解答欄B〕の所定の欄の範囲内で説明しなさい．** （解答欄：約17cm×3行）

（2） イエズス会宣教師らの布教活動は中国にもおよんだ．かれらと交流をもった徐光啓は中国の科学や技術にどのような影響を与えたか，徐光啓が作成に関わった具体的な書物の名を2つ挙げながら，**〔解答欄B〕の所定の欄の範囲内で説明しなさい．** （解答欄：約17cm×3行）

問2 下線部Bに関連して，次の文章を読んで，以下の（1），（2）に答えなさい．

1582年に，九州のキリシタン大名3名の名代として，伊東マンショら4名の少年が長崎港を出発した．日本からの使節は，α ポルトガルの植民地の港を経てリスボンに入り，1584年にマドリードで β スペイン国王フェリペ2世に，翌年にローマで教皇に謁見したのち，1590年に帰国した．その後，仙台藩主伊達政宗の家臣支倉常長が派遣され，ローマで教皇に謁見した．しかし，支倉常長が帰国した時には，γ キリスト教は禁教となっていた．

（1） 下線部αに関連して，使節が日本とローマの往復の途上寄港した場所の位置として適切なものを，地図中の1～9から4つ選び，番号が小さい順に左から記入しなさい．

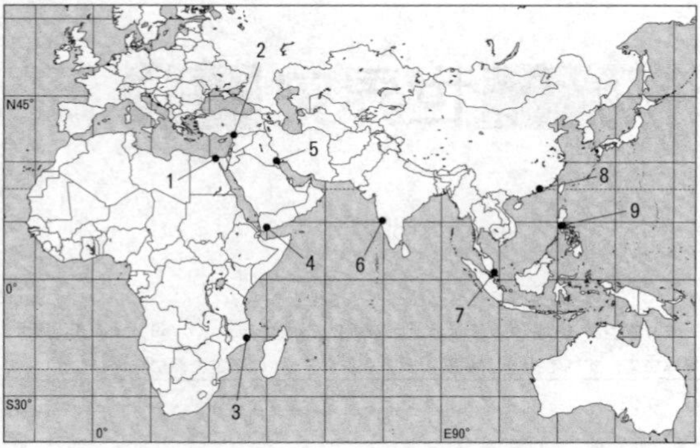

備考：国境線は現在のもの.

（2）下線部βが在位していた期間に起きた出来事を，次の1～6の中から3つ選び，番号が小さい順に左から記入しなさい.

1．セルバンテスの『ドン＝キホーテ』前編が刊行された.
2．ネーデルラント北部7州が独立を宣言した.
3．ポトシで銀鉱が発見された.
4．ポルトガルとスペインの同君連合が成立した.
5．西まわりのアジア航路を目指したマゼランがフィリピンに到達した.
6．レパントの海戦でオスマン帝国軍が敗れた.

（3）下線部γに関連して，中国でも雍正帝の治世にキリスト教の布教が禁止された．その背景として，イエズス会の布教方法をめぐるカトリック内部の対立が挙げられる．そのイエズス会の中国における布教方法の特徴について，〔解答欄B〕の所定の欄の範囲内で説明しなさい.　（解答欄：約17cm×2行）

問3　下線部Cに関連して，ポルトガル商人が日本と明との間の貿易を中継するようになった背景について，取引された主な商品と，明の貿易政策に触れながら，〔解答欄B〕の所定の欄の範囲内で説明しなさい.

（解答欄：約17cm×3行）

Ⅱ　ヨーロッパにおける甘味料の歴史に関する次の文章を読んで，問4〜問8に答えなさい．**解答は，設問で指定された場合を除いて，すべて番号で解答用紙の〔解答欄A〕の所定の欄に記入しなさい．**

ヨーロッパの人々にとって，中世までは，蜂蜜が主要な甘味料であった．そのため，ヨーロッパの森では養蜂が盛んに行われた．たとえば $_A$ニュルンベルク周辺の森は，養蜂業を営む者が多数存在したことで有名である．

大航海時代以降，ヨーロッパでは新しい甘味料が普及してくる．とりわけ $_B$西インド諸島においてアフリカ系奴隷を労働力として営まれた $_C$サトウキビのプランテーションが，ヨーロッパに大量の砂糖をもたらした．七年戦争を期にグローバルな植民地帝国の礎を築いたイギリスでは，しだいにアジア産の茶と西インド諸島・アメリカ産の砂糖を結び付けた喫茶の習慣が庶民にまで広まっていった．

大陸ヨーロッパでは，ナポレオンが $_D$大陸封鎖令を出したのをきっかけに，製糖工場が数多く建てられるようになり，それにともない，テンサイの栽培が盛んになった．そしてこれは当時進行しつつあった $_E$ヨーロッパにおける農業革新の一環を成していた．

問4　下線部Aに関連して，次の文章を読み，以下の（1），（2）に答えなさい．

ニュルンベルクは神聖ローマ帝国有数の都市であり，$_\alpha$皇帝カール4世の金印勅書は，この地およびメッツで1356年に開催された帝国議会で発布された．ドイツ・ルネサンスを代表する画家・版画家デューラーは，金細工師の子としてニュルンベルクに生まれ，$_\beta$晩年の大作を完成したのち生地で没した．

（1）　下線部αに関連して，この金印勅書において神聖ローマ皇帝の選出権を認められた選帝侯を，次の1〜5の中から1つ選びなさい．

1．デンマーク王　　2．バイエルン公　　3．ハノーヴァー公　　4．ハンガリー王　　5．ベーメン王

（2）下線部βに該当する作品として最も適切なものを，次の1〜4の中から選びなさい．

1．

2．

3.

4.

問5 下線部Bに関連して，大航海時代以降の西インド諸島の歴史に関する次の文章を読み，以下の（1）～（4）に答えなさい.

（ ア ）島は当初スペイン領であったが，17世紀末にはこの島の西部がフランスの支配下に入った．ここでは α フランス革命をきっかけとしたさまざまな解放運動の一環として黒人奴隷解放の運動が起き，その結果，1804年にはハイチ共和国が誕生した.

（ イ ）島は，スペイン人の入植が進んだのち，1655年にクロムウェルの派遣した艦隊によって占領され，イギリス領となった．イギリス植民地に関しては，イギリスの下院議員を長らく務め福音主義の立場から奴隷解放運動を展開した（ β ）らの努力により1807年に奴隷貿易が禁止され，1833年には奴隷制廃止が決定された.

（ ウ ）島はスペインの支配下に長らくとどまったが，19世紀後半にはスペインに対する独立戦争が起きる．19世紀末，これにアメリカが介入してアメリカ＝スペイン戦争となり，勝利したアメリカは（ ウ ）にプラット条項を押しつけ保護国とした.

（1）（ア）～（ウ）に入る地名を，次の1～4の中から選びなさい.（重複使用不可）

1．イスパニョーラ　2．キューバ　3．ジャマイカ　4．プエルトリコ

（2）（ア）島，（イ）島，（ウ）島の位置として最も適切なものを，地図中の1～5の中から選びなさい.（重複使用不可）

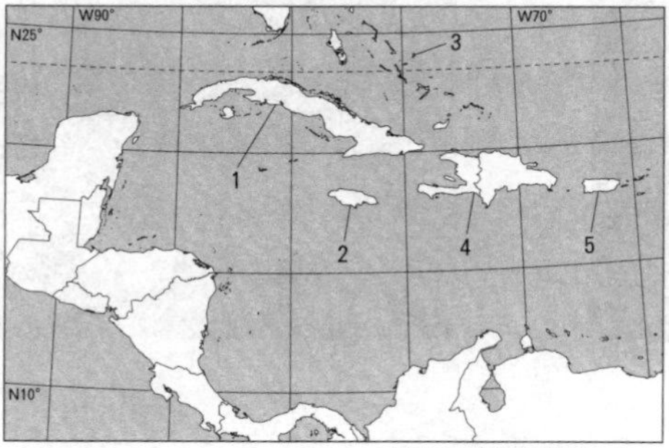

備考：国境線は現在のもの.

（3） 下線部αに関連して，次の1～4の出来事を，年代の古い順に並べ替え，左から記入しなさい.

1．オランプ＝ドゥ＝グージュが処刑された.

2．トゥサン＝ルヴェルチュールが獄死した．
3．ルイ16世が処刑された．
4．ロベスピエールが処刑された．

（4）（β）に入る人物として，最も適切なものを次の1～5の中から選びなさい．

1．ウィルバーフォース　2．オーウェン　3．オコンネル　4．ラス＝カサス　5．リヴィングストン

問6　下線部Cに関連して，西インド諸島では，サトウキビのプランテーションが普及し，砂糖の輸出が増加するにともない，北アメリカ大陸のイギリス植民地からの食糧・木材の輸入が進んだ．その理由を**〔解答欄B〕の所定の欄の範囲内で説明しなさい**．（解答欄：約 17cm × 2 行）

問7　下線部Dがイギリスおよび大陸ヨーロッパの穀物市場に対してもたらした影響について，次の第1図および第2図が示す情報を用いながら，**〔解答欄B〕の所定の欄の範囲内で説明しなさい**．（解答欄：約 17cm × 3 行）

第1図　グレートブリテンの穀物輸入：出荷地別の割合

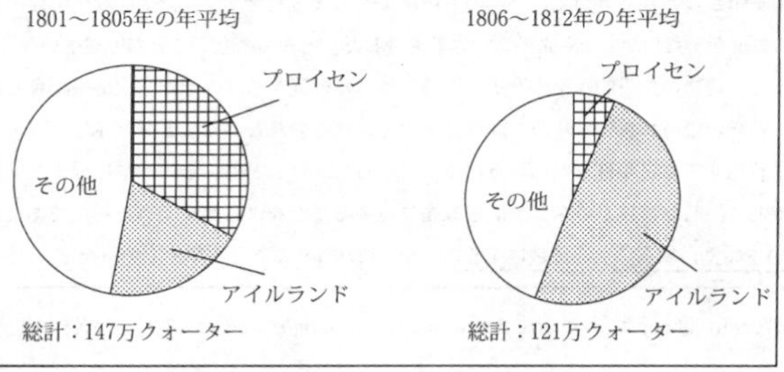

備考：クォーターとは穀物の容積の単位である．

〔資料出所〕J. R. McCulloch, *A dictionary, practical, theoretical, and historical, of commerce and commercial navigation*, a new edition, 1837. W. アーベル（寺尾誠訳）『農業恐慌と景気循環』1972年．

第2図　ロンドンとベルリンにおける小麦価格の推移

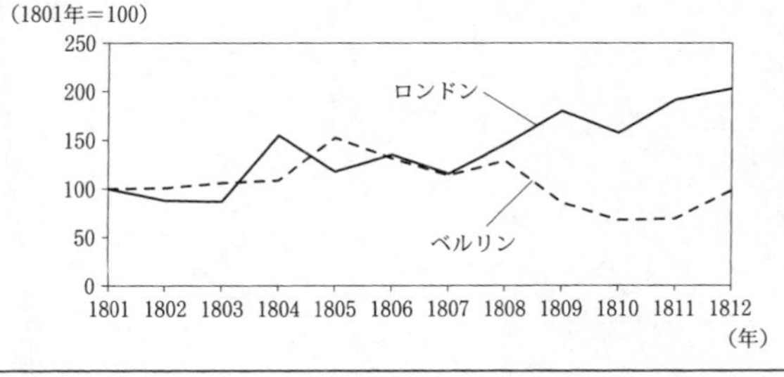

〔資料出所〕ロンドン：P. M. Solar & J. T. Klovland, "New series for agricultural prices in London, 1770-1914", *Economic History Review*, 64, 1 (2011). ベルリン：*Jahrbuch für die amtliche Statistik des preußischen Staats*, 2. Jahrgang, 1867.

問8　下線部Eに関連して，ドイツの農学者アルブレヒト・テーアは，イギリスの先進的農業についての研究を踏まえつつ，ドイツないしヨーロッパにおける農業革新に，学問・実践の両面から貢献した．次の資料ア，イは，テーアが著した『合理的農業の原理』からの抜粋を日本語に訳したものである（必要に応じて表現を改めた）．これを読んで，以下の（1），（2）に答えなさい．

ア

〔テンサイのうち〕薄赤の種は，同じ条件のもとで最も大きく育ち，生産量が最大になる．それゆえ，それは α 家畜飼料用に栽培されることが最も多い．……一方，黄色および白色のテンサイは，身がより締まっていて霜に対してより抵抗力があるという利点があるほか，とりわけ……糖分をより多く含んでいるという利点がある．そのため製糖工場やシロップ工場では……，これらの方が目下より一般的で好まれている…….

イ

（ β ）．……この，今では不可欠のものとなった作物は，およそ250年前からヨーロッパに知られている．……それがドイツで一般化してくるのは，だが，1710年頃になってからのことであった．この頃から，それは菜園のかなり普通の作物とみなされるようになったが，庶民の食べ物というよりは金持ちの食べ物であった．1760年，七年戦争が終わりに近づくと，その利用はより広まってきたが，大半の地域ではそれを空いた耕地に作付けすることをまだ何かとても奇妙で，常軌を逸した，とんでもないことだと見ていた．ようやく1771・1772年になって，穀物の全般的な不作とそのために生じた飢饉から，人々が――従来副食とみなされてきた――（ β ）だけでパンを食べるのと同様に生きていけるのだということを学ぶにつれて，それを耕地でより大規模に栽培することが好まれるようになっていった．けれども，その栽培はいまだ人間の消費用に限られたままであり，時たま生じる余剰や屑を家畜に与えることをようやく始めた程度であった．だが人は次第に，γ それを特別に家畜のために栽培することが得になりうることを学んでいった…….

〔資料出所〕Albrecht Thaer, *Grundsätze der rationellen Landwirthschaft*, 1821（第2版：初版は1809～1812年）.

（1）　資料イの（β）に入る作物名を，**〔解答欄B〕の所定の欄に記入しなさい**.

（2）　資料ア，イの下線部 α，γ は，ヨーロッパにおける農法の変化に関連している．その変化について，「休耕地」または「休閑地」のどちらか1つの語を必ず使用して，**〔解答欄B〕の所定の欄の範囲内で説明しなさい**.

（解答欄：約17cm×2行）

Ⅲ　1985年5月，西ドイツのヴァイツゼッカー大統領は，第二次世界大戦終戦四十年を記念し，「過去に目を閉ざす者は，結局現在にも盲目となります」と述べたことで知られる演説を行った．次の資料はその演説の一部を日本語に訳したものである（必要に応じて表現を改めた）．この資料を読んで，問9～問14に答えなさい．**解答は，設問で指定された場合を除いて，すべて番号で解答用紙の〔解答欄A〕の所定の欄に記入しなさい．**

> 百年以上にわたり，ヨーロッパはナショナリズムの過度の高揚とその衝突に苦しんできたのです．A第一次世界大戦の終結にあたり，B一連の平和条約が締結されました．しかし，これらの条約には平和を樹立する力が欠けておりました．……脆弱な民主制にはヒトラーを阻止する力がありませんでした．そしてヨーロッパの西側諸国もまた無力であり，そのことで，この致命的な事態の推移を招いたのですが，チャーチルはこれを「悪意はないが無実とはいいかねる」と評しています．……暴力に訴えたのはヒトラーです．C第二次世界大戦の勃発はドイツの名と切り離すわけにはまいりません．……戦後，ドイツは戦勝国の申し合わせに従いさまざまな地域に分割されました．……ヨーロッパは，D二つの異なる政治体制へと分裂する道を辿りだしました．……
>
> ソ連共産党のEミハイル・ゴルバチョフ書記長は，ソ連指導部には大戦終結四十年目にあたり反ドイツ感情を煽りたてるつもりはないと言明いたしました．ソ連は諸民族の間の友情を支持する，というのです．東西間の協調に対する，そしてまた全ヨーロッパにおける人権尊重に対するソ連の貢献について，われわれが問いかけている時であればこそ，モスクワからのこうした合図を見逃してはなりますまい．……戦後四十年，ドイツ民族はいまだに分断されたままであります……．壁で分け隔てられたヨーロッパが，国境越しに心からの和解に至ることはできません．そうではなく，F国境から互いを分け隔てるものを取り除いた大陸が，心からの和解に至るのです．まさにこのことを，第二次世界大戦の結末はわれわれに思い起こさせます．

〔資料出所〕Richard von Weizsäcker, *Von Deutschland aus. Reden des Bundespräsidenten*, 1987.

問9　下線部Aに関連して，次の（1）～（3）に答えなさい．

（1）　第一次世界大戦後のドイツに関する次の文章を読み，（a）～（d）に入る人名を下の［語群1］から，また，（ア）に入る地名を下の［語群2］から選びなさい．（ただし，［語群1］については重複使用不可）

社会民主党の（　a　）が初代大統領に就任し，民主的な憲法が制定されたが，巨額の賠償金が課されるなど，国内情勢は不安定であった．加えて，フランスが（　b　）首相の下で，ベルギーと共に（　ア　）を占領した．当時，首相に就任した（　c　）は，（　ア　）での抵抗を中止させ，レンテンマルクを発行するなどして経済の安定化につとめた．また（　c　）は，外相としても，フランスの（　d　）と共に協調外交を展開し，その功績によりノーベル平和賞を受賞した．しかし世界恐慌がおこり，国内情勢は再び混乱をきわめた．

［語群1］
1．エーベルト　2．クレマンソー　3．シャイデマン　4．シュトレーゼマン　5．バルフォア
6．ヒルファーディング　7．ヒンデンブルク　8．ブリアン　9．ポアンカレ

［語群2］
1．アルザス・ロレーヌ　2．ヴェルダン　3．フィウメ　4．ルール

（2）　この時期，女性の社会的地位も変化し，多くの国々で女性に参政権が認められた．女性参政権に関する次の文章を読み，（a）～（d）に入る語を下の1～9の中から選びなさい．（重複使用不可）

（　a　）では，1918年の第４次選挙法改正で21歳以上の男性と30歳以上の女性に，1928年の第５次選挙法改正で21歳以上の男女に参政権が認められた．（　a　）と並び19世紀から女性参政権運動がさかんであった（　b　）では，1920年に，性別を理由に投票権を拒絶または制限することが，憲法の修正によって禁じられた．第一次世界大戦の敗戦国（　c　）でも，1919年の憲法で成年男女に普通選挙権が与えられた．欧米以外の国々では，近代化政策の下（　d　）で1934年に女性参政権が認められている．

1．アメリカ合衆国　2．イギリス　3．イタリア　4．エジプト　5．ソ連
6．中華民国　7．ドイツ　8．トルコ　9．日本

（3）第一次世界大戦後のアメリカ合衆国は，国際金融市場の新たな中心となった．次の図は，20世紀前半の，ある20年間におけるニューヨーク株式取引所の株価指数を表すものである．図中のＡの時期におこった出来事を，下の１～５の中からすべて選び，その番号を**〔解答欄Ｂ〕の所定の欄に記入しなさい**．

第３図　ニューヨーク株式取引所株価指数

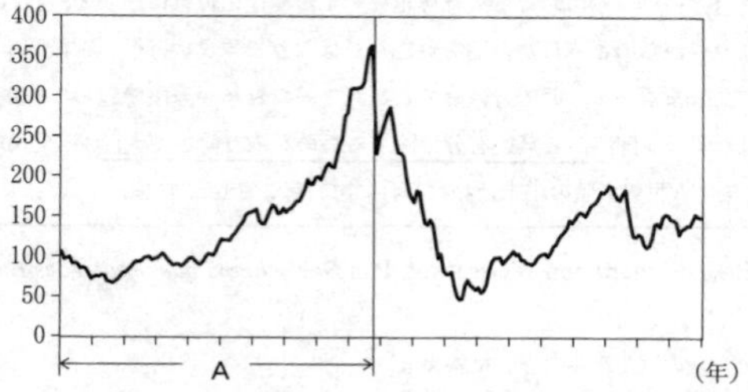

備考：株価は，Dow-Jones Industrial Stock Price Index for United States．月次データ（月初）より作成したものであり，一般にドルの単位として表記される．横軸の目盛りは，１年の区切りを指す．
〔資料出所〕Federal Reserve Bank of St. Louis, Economic Research Division.

1．パリで不戦条約が調印された．
2．産業別組織会議（CIO）が結成された．
3．全国産業復興法（NIRA）が制定された．
4．ドイツがドーズ案を受け入れた．
5．アメリカ合衆国大統領フーヴァーがモラトリアムを宣言した．

問10　下線部Ｂに関連する次の文章を読み，（a）～（d）に入る語を下の１～７の中から選びなさい．（重複使用不可）

ドイツと連合国との間の講和条約としてヴェルサイユ条約が結ばれた．また連合国は，ブルガリアとは（　a　）条約を，オーストリアとは（　b　）条約を，ハンガリーとは（　c　）条約を，そしてオスマン帝国とは（　d　）条約を，それぞれ結んだ．

1．サン＝ジェルマン　2．セーヴル　3．トリアノン　4．ヌイイ
5．ブレスト＝リトフスク　6．ラパロ　7．ロンドン

問11　下線部Cに関連して，ヨーロッパ戦線に関する次の文章を読み，（a）〜（d）に入る地名の場所として最も適切なものを，下の地図中の1〜9の中から選びなさい．（重複使用不可）

1941年，ドイツは独ソ不可侵条約を破ってソ連を攻撃し，独ソ戦が始まった．モスクワ攻撃に失敗したドイツに対してソ連は反撃を開始し，戦争は長期化した．ソ連軍は（　a　）でドイツ軍を降伏させたが，これが独ソ戦の転換点となった．連合国の首脳は（　b　）会談で北フランス上陸作戦について協議し，これに基づいて，1944年にノルマンディーへの上陸作戦が実行された．また，アメリカ合衆国，イギリス，ソ連の首脳による（　c　）会談では，ドイツ戦後処理の大綱などがきめられた．1945年4月末，ヒトラーは自殺し，5月初旬，ドイツは無条件降伏した．これにともない，連合国の首脳は7月から（　d　）で会談を行い，ドイツの戦後処理，日本の降伏条件など，終戦後をにらんだ諸問題を討議した．

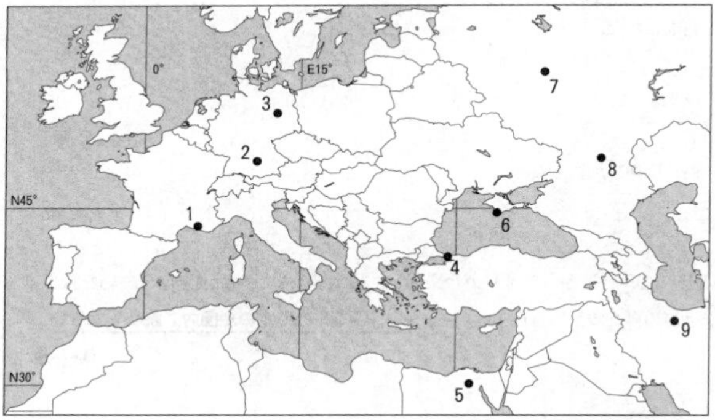

備考：国境線は現在のもの．

問12　下線部Dに関連して，次の資料a〜cを読み，以下の（1），（2）に答えなさい．なお，資料a，cは外交文書の一部，資料bはある演説の一部を，それぞれ日本語に訳したものである（必要に応じて表現を改めた）．

a

第一条（一）ドイツ連邦共和国とポーランド人民共和国は，……スヴィーネミュンデ西端の（　α　）海岸に発しオーデル川に沿ってラウジッツ・ナイセ川との合流点に至り，さらにラウジッツ・ナイセ川に沿ってチェコスロヴァキア国境に至る現在の国境線が，ポーランド人民共和国の西部国境を成すことを一致して確認する．

b

（　α　）海のシュテッティン（シュチェチン）から（　β　）海のトリエステまで，ヨーロッパ大陸をまたぐ鉄のカーテンが降りてしまった．

c

……ワシントンで調印された北大西洋条約の加盟国は，ドイツ連邦共和国がこの条約に加盟することによって北大西洋地域の安全が強化されることを確信する……

（資料出所はいずれも省略する．）

（1）（α），（β）に入る語を，**〔解答欄B〕の所定の欄に記入しなさい**.

（2） 資料a，cの文書が調印された時期，資料bの演説がなされた時期を，次の年表の空欄1～7の中からそれぞれ選びなさい.（重複使用不可）

1
トルーマン＝ドクトリンが発表された.
2
マーシャル＝プランが発表された.
3
スターリンが死去した.
4
ナジ＝イムレが処刑された.
5
「プラハの春」が起こった.
6
東西ドイツが同時に国連に加盟した.
7

問13 下線部Eに関連して，ソ連が，アメリカ合衆国と，1989年のマルタ会談で冷戦終結を宣言するに至るまでの経緯を，ゴルバチョフの外交政策に言及しながら，**〔解答欄B〕の所定の範囲内で説明しなさい**.

（解答欄：約17cm×3行）

問14 下線部Fに関連して，ヨーロッパの地域統合に関する次の1～4の事項を年代の古い順に並べ替え，左から記入しなさい.

1．イギリスがヨーロッパ共同体に加盟した.
2．ヨーロッパ経済共同体が発足した.
3．ヨーロッパ自由貿易連合が発足した.
4．ヨーロッパ石炭鉄鋼共同体が発足した.

数学

(80 分)

(注意)

1．数学の問題のうち，問題の［**1**］から［**3**］が最初に採点されます。問題の［**4**］から［**6**］は，数学の最初に採点される問題と英語の最初に採点される問題の得点が一定点に達した受験生についてのみ，採点されます。

2．① 問題の［**1**］から［**3**］の解答は，解答用紙A（マークシート）の解答欄にマークしてください。

［例］ | (11) | (12) | と表示のある問いに対して，「45」と解答する場合は，解答欄(11)の④と解答欄(12)の⑤にマークしてください。

なお，解答欄にある㊀はマイナスの符号－を意味します。

② 解答欄(1)，(2)，…は，それぞれ0から9までの数字，またはマイナスの符号－のいずれか一つに対応します。それらを(1)，(2)，…で示された解答欄にマークしてください。

下の例のように，数字は右によせて表示し，マイナスの符号－は左端に置いてください。空のマスがあれば0を補ってください。解答が分数のときは，分母を正で，約分しきった形で解答してください。

［例］

$3 \to$ | 0 | 3 |　　　$0 \to$ | 0 | 0 |

$3 \to \dfrac{3}{1} \to \dfrac{\boxed{0\ |\ 3}}{\boxed{0\ |\ 1}}$

$x-y \to 1x+(-1)y \to$ | 0 | 1 | $x+$ | － | 1 | y

$-\dfrac{4}{6} \to \dfrac{-2}{3} \to \dfrac{\boxed{-\ |\ 2}}{\boxed{0\ |\ 3}}$

[1] a, b, c は条件 $a^2+b^2+ab=c^2$, $a<b$ を満たす自然数とする．

(1) $a=3$ であるとき，$c=\boxed{(1)}$ である．

(2) 和が21になる2つの自然数の積の最大値は $\boxed{(2)}\boxed{(3)}\boxed{(4)}$ であることから，$a+b=21$ であるとき，$c=\boxed{(5)}\boxed{(6)}$ である．

(3) $a+b-c=p$ とおくと，a, b, p は

$$\left(a-\boxed{(7)}p\right)\left(b-\boxed{(8)}p\right)=\boxed{(9)}p^2$$

を満たす．よって，p が5以上の素数であるとき，条件を満たす a, b, c の組は全部で $\boxed{(10)}$ 個ある．また，$p=7$ であるとき，c の値が最小となるのは，$a=\boxed{(11)}\boxed{(12)}$, $b=\boxed{(13)}\boxed{(14)}$ のときである．

[2] 1個のさいころを8回続けて投げる．ただし，さいころを1回投げ終えるごとに，それまでに出た目の合計を記録しておく．

(1) さいころを3回投げ終えた時点で，それまでに出た目の合計がちょうど9である確率は $\dfrac{\boxed{(15)}\boxed{(16)}}{\boxed{(17)}\boxed{(18)}\boxed{(19)}}$ であり，合計が12以上である確率は $\dfrac{\boxed{(20)}}{\boxed{(21)}}$ である．

(2) さいころを8回投げ終えるまでの間に，出た目の合計がちょうど6になることが起きる確率は，$a=\boxed{(22)}, b=\boxed{(23)}, c=\boxed{(24)}, d=\boxed{(25)}$ とおくと $\dfrac{a^b}{c^d}$ と書ける．

(3) 出た目の合計が初めて7以上になった時点で，その値が12以上である確率は，$e=\boxed{(26)}, f=\boxed{(27)}$ とおくと $\dfrac{a^e}{c^f}$ と書け，その値がちょうど9である確率は，$g=\boxed{(28)}, h=\boxed{(29)}, i=\boxed{(30)}, j=\boxed{(31)}$ とおくと $\dfrac{a^g}{c^h}-\dfrac{a^i}{c^j}$ と書ける．ただし，a, c は **(2)** で求めた値とする．

[3] 数列 $\{a_n\}, \{b_n\}$ を，$a_1 = 1,\ b_1 = 1$ かつ $n = 1, 2, 3, \ldots$ に対して

$$\frac{a_n}{b_n} < 2 \text{ ならば} \begin{cases} a_{n+1} = a_n + 1 \\ b_{n+1} = b_n \end{cases}, \quad \frac{a_n}{b_n} \geqq 2 \text{ ならば} \begin{cases} a_{n+1} = a_n \\ b_{n+1} = b_n + 1 \end{cases} \quad \cdots\cdots \text{①}$$

で定める．

(1) $a_3 = \boxed{(32)}$，$b_3 = \boxed{(33)}$，$a_6 = \boxed{(34)}$，$b_6 = \boxed{(35)}$ である．

(2) 一般に，自然数 m に対して

$$a_{3m} = \boxed{(36)}\,m + \boxed{(37)}, \quad b_{3m} = \boxed{(38)}\,m + \boxed{(39)} \quad \cdots\cdots \text{②}$$

が成り立つと推測される．この推測が正しいことを次のように確かめる．

$m = 1$ のとき②は成り立つ．$m = k$ のとき②を仮定すると，①から

$$a_{3k+1} = \boxed{(40)}\,k + \boxed{(41)}, \quad b_{3k+1} = \boxed{(42)}\,k + \boxed{(43)}$$

となる．再び①から

$$a_{3k+2} = \boxed{(44)}\,k + \boxed{(45)}, \quad b_{3k+2} = \boxed{(46)}\,k + \boxed{(47)}$$

が成り立つ．さらに①から

$$a_{3k+3} = \boxed{(48)}\,k + \boxed{(49)}, \quad b_{3k+3} = \boxed{(50)}\,k + \boxed{(51)}$$

となるので，$m = k + 1$ のときにも②は成り立つ．

(3) $n \geqq 1$ に対して $S_n = \displaystyle\sum_{k=1}^{n} 10^{a_k}$ とする．自然数 m に対して，$s = \boxed{(52)}$ とおくと

$S_{3m} = \dfrac{\boxed{(53)}\boxed{(54)}}{\boxed{(55)}\boxed{(56)}}(10^{sm} - 1)$ となる．よって，S_{3m} は $\boxed{(57)}\,m + \boxed{(58)}$ 桁の整数になる．

[4] 座標空間の原点 O を中心とする半径 1 の球面上に A $(0, 0, 1)$, B $(0, 0, -1)$ と異なる点 C (p, q, r) をとり，A と C，B と C を通る直線と xy 平面の交点を，それぞれ P, Q とする．また，座標軸上に 2 点 R $\left(\dfrac{1}{2}, 0, 0\right)$, S $\left(0, \dfrac{1}{4}, 0\right)$ をとる．

(1) P, Q の座標をそれぞれ p, q, r を用いて表せ．

(2) P が線分 RS 上を動くとき，Q の軌跡を xy 平面上に図示せよ．

(3) P が線分 RS 上を動くとき，△ABC の面積の最小値を求めよ．

[5] 実数 α は $\log_8(2-\alpha)+\log_{64}(\alpha+1)=\log_4\alpha$ を満たすとする．また，点 $\left(\sqrt{3}\alpha, \alpha^2\right)$ に関して，曲線 $y=\log_2 x$ 上の点 (x, y) と対称な点を (s, t) とする．

(1) α の値を求めよ．

(2) t を s を用いて表せ．

(3) 実数 s, t が $s \leqq 0,\ t \geqq 0$ および **(2)** の関係式を満たすとき，

$$3\sin\left(\frac{s+t}{2}\pi\right)+\cos\left(\frac{s+t}{2}\pi\right)$$

の最大値と最小値を求めよ．必要ならば $1.5<\sqrt[3]{4}<1.6$ を用いてもよい．

[6] a を正の定数とする．また，x の3次式 $f(x)$ は次の条件を満たすとする．

$$f(0)=-a^2, \quad f(a)=0, \quad f'(a)=0, \quad \int_0^a f(x)dx=0$$

(1) $f(x)$ を求めよ．

(2) 区間 $0 \leqq x \leqq 1$ における $f(x)$ の最大値を求めよ．

(3) $a=4$ のとき，x 軸，y 軸および曲線 $y=f(x)$ で囲まれた2つの部分の面積の和を求めよ．

小論文

（60 分）

（注意）　字数をかぞえるとき，句読点も１字とかぞえます。ただし，算用数字は１マスに２つまで記入できます。

次の課題文１，２を読んで，設問A，Bに答えなさい．解答は解答用紙の所定の欄に横書きで記入しなさい．

［課題文１］

北方地域において，狩猟対象動物となる獲物の大群の出現は季節的である．したがって，北方狩猟採集民の一年は夏と冬という規則的にくり返されるリズムにより特徴づけられる．夏，トナカイは出産のためツンドラへと北上する．そして，冬になると，越冬のためタイガへと南下する．繁殖活動は秋に行われ，トナカイは南下の途中，川や湖を泳いで渡り，ツンドラとタイガの境界にあたる森林限界周辺に集まる．そして，川や湖が結氷すると，群れは森林の中へと移動する．

インディアン（注）は夏と冬のキャンプを設営する．夏のキャンプは漁撈（ぎょろう）活動の，冬のキャンプはトナカイ狩猟と罠猟のためである．秋には，インディアンは南下してくるトナカイを迎え撃つため北上する．したがって，インディアンとトナカイはそれぞれ夏と冬に，南と北という反対の方向に移動することになる．冬には両者の活動空間は重なり合い，ここでインディアンがトナカイを狩猟する．すなわち，インディアンとトナカイの生態的関係は，毎年の規則的な空間−時間リズムによって特徴づけられるのである．

しかし，狩猟者と動物との間の生態的リズムは，永久に不変でもなければ保障されているものでもない．トナカイの移動路は年ごとに大きく変わる．また，群れの大きさや越冬地域は，積雪状況や森林火災の範囲に応じて変化する．インディアンは秋になるとトナカイを待つためにキャンプを設営するが，彼らが毎年，同じ場所でトナカイに出合える保証はない．もしトナカイが現れれば大量の肉が得られるが，もし現れなければ人びとは飢えることになる．北方狩猟採集民にとって飢餓は稀なできごとではない．

狩猟活動そのものにおける不確定性も一般的に見られる．狩猟活動とは狩人による動物の探索，追跡，接近，あるいは待ち伏せ，屠（と）殺，解体，運搬という一連の行動により構成される．狩人は動物の生態や行動に対応した狩猟活動の調整を行うが，それは必ずしも常に成功するとはかぎらない．狩猟の失敗，あるいは事故がその結果を不確定なものにしている．すなわち，北方狩猟採集民は動物に大きく依存しており，狩人と動物との生態的関係は規則的な時間−空間リズムを形成してはいるが，同時にそこには不確定性が見られるのである．

もちろん，インディアンは人間と自然との関係の不確定性に対応する社会的，生態的調整も行う．彼らは，森林限界の近くにキャンプを設営する．一つのキャンプと別のキャンプとの距離は時に100キロメートルも離れていることがある．もし，キャンプの設営地の近くで季節移動してくるトナカイが水を渡れば，インディアンは殺せる限りのトナカイを狩猟することができる．これらの肉は後に，トナカイの移動路にあたらなかった場所でキャンプしていた人びとにも分配される．人びとは肉がなければ，トナカイの狩猟に成功した者から肉を自由に得る．狩人たちはお互いのキャンプを訪れて，トナカイの現れた地点に関する情報を交換する．また，最初のトナカイが得られると，この情報は他の人びとにも伝えられる．

私は，アンばあさんの夫で71歳になるジョンじいさんが，この冬における最初のトナカイを狩猟したことを人びとに伝えるためだけに，キャンプから75キロメートル離れた村まで犬橇(ぞり)で往復するのを見た．彼の養子である少年は，この老人が「そうすることが好きだから」行くのだと説明した．ジョンじいさんは若い時にはいつもたくさんの肉をキャンプにもたらした腕のよい狩人だと人びとにいわれていた．また，現在もそういわれるとジョンじいさんは笑って喜んでいるように思われた．したがって，ジョンじいさんの行動は，彼が腕のよい狩人だという威信を示すためと考えることもできる．

しかし，同時に彼の行動は生態学的に見ると，生存のための戦略的行動としての役割をも持つ．すなわち，移動するトナカイの位置に関する情報の速やかな伝達は，すべてのインディアンの狩人によるトナカイの生産量を最大化する．またその結果，肉の分配を通して他のキャンプの人びとの飢餓を防止することにもなる．すなわち，情報と肉の分配機構は，空間的-時間的に不均一に分布している大量の資源の獲得における生存戦略となっている．

（煎本孝著，『こころの人類学―人間性の起源を探る』ちくま新書，2019年より抜粋．なお一部の漢字にふり仮名をつけた．（注）は出題者による．）

（注）　ここでインディアンとは，カナダ先住民であるカナダ・インディアンのうち，カナダ亜北極の北方アサパスカン語族に属する北方狩猟採集民のことを指している．

［課題文２］

過去の成功や失敗に学びながら，目指すべき未来のヴィジョンを構想する時に，「分かち合い」の思想が重要となる．それは，既に紹介した私の大好きなスウェーデン語，つまり「社会サービス」を意味する「オムソーリ」の本来的意味である「悲しみの分かち合い」に学ぶことである．

人間は悲しみや優しさを「分かち合い」ながら生きてきた動物である．つまり，人間は「分かち合う動物」である．人間に対するこの見方は，アリストテレス（Aristotelēs）の「人間は共同体的動物（zōon politikon）である」という至言にも通じている．人間は孤独で生きることはできず，共同体を形成してこそ生存が可能となる．「分かち合い」によって，他者の生も可能となり，自己の生も可能となるのである．

「社会サービス」をオムソーリだと理解すると，社会の構成員は自己の「社会サービス」のために租税を負担するのではなく，社会全体のために租税を支払うということになる．しかも，「分かち合い」は他者の生を可能にすることが，自己の生の喜びでもあることを教えている．人間の生きがいは他者にとって自己の存在が必要不可欠だと実感できた時である.「悲しみの分かち合い」は,他者にとって自己が必要だという生きがいを付与することになる.

<中略>

生命を維持する活動である生活の「場」では,「分かち合い」の原理つまり協力原理にもとづかなければ成り立たない.そのため生命を維持する生活活動は,家族やコミュニティに抱かれて営まれる.つまり,「分かち合い」の原理にもとづく相互扶助や共同作業で営まれる.

したがって,市場社会で生産活動が競争原理にもとづく市場経済で営まれるといっても,生活活動は家族やコミュニティという協力原理にもとづく「分かち合い」の経済で営まれている.農業を基盤とした市場経済以前の社会では,生産活動も共同体の協力原理にもとづいて営まれていた.生きている自然に働きかける農業は,自然のリズムに合致する共同体の原理で営まれる必要があるからである.

ところが,農業の副業から誕生する工業が分離して自立的に営まれるようになると,生産活動が競争原理にもとづく市場経済に包摂されるようになる.工業は農家の副業としての家内工業から生まれてくる.それが都市に立地されるようになると,要素市場において土地,労働,資本という生産要素の生み出す要素サービスを取引することで,工業が自立してくる.

農業が生きている自然を原材料とするのに対して,工業では死んだ自然を原材料とする.綿工業であれば,農業が生産した綿花という死んだ自然を原材料として綿糸を生産する.しかも,工業では農業のように生命を育む大地という自然に働きかけるのではなく,人間が製造した機械に働きかけ,機械のリズムに合わせて生産活動が営まれる.

このように,人間を創造主とする対象に働きかける工業では,人為的行動として生産活動を完結できる.そのため工業では生産と生活を分離することが可能となり,競争原理にもとづく生産活動と協力原理にもとづく生活活動が分離していくことになる.

(神野直彦著,『「分かち合い」の経済学』岩波新書,2010年より抜粋.なお下線は出題者による.)

[設　問]

A.「分かち合い」は,人間にとってなぜ必要であると考えられるか.二つの課題文に共通する必要性を200字以内で答えなさい.

B.課題文2の下線部に「社会サービス」とあるが,これからの社会において,本文の意味での「社会サービス」の重要性は増すべきか,減るべきか.また,なぜそのように考えるのか.筆者たちの考えにとらわれず,あなたの考えを400字以内で自由に述べなさい.

· memo ·

//////////////////// · memo · ////////////////////

////////////////////// · memo · //////////////////////

//////////////////// · memo · ////////////////////

· memo ·

教学社 刊行一覧

2025年版 大学赤本シリーズ

国公立大学（都道府県順）

374大学556点
全都道府県を網羅

全国の書店で取り扱っています。店頭にない場合は，お取り寄せができます。

1 北海道大学(文系－前期日程)
2 北海道大学(理系－前期日程) 医
3 北海道大学(後期日程)
4 旭川医科大学(医学部〈医学科〉) 医
5 小樽商科大学
6 帯広畜産大学
7 北海道教育大学
8 室蘭工業大学／北見工業大学
9 釧路公立大学
10 公立千歳科学技術大学
11 公立はこだて未来大学 総推
12 札幌医科大学(医学部) 医
13 弘前大学 医
14 岩手大学
15 岩手県立大学・盛岡短期大学部・宮古短期大学部
16 東北大学(文系－前期日程)
17 東北大学(理系－前期日程) 医
18 東北大学(後期日程)
19 宮城教育大学
20 宮城大学
21 秋田大学 医
22 秋田県立大学
23 国際教養大学 総推
24 山形大学 医
25 福島大学
26 会津大学
27 福島県立医科大学(医・保健科学部) 医
28 茨城大学(文系)
29 茨城大学(理系)
30 筑波大学(推薦入試) 医 総推
31 筑波大学(文系－前期日程)
32 筑波大学(理系－前期日程) 医
33 筑波大学(後期日程)
34 宇都宮大学
35 群馬大学 医
36 群馬県立女子大学
37 高崎経済大学
38 前橋工科大学
39 埼玉大学(文系)
40 埼玉大学(理系)
41 千葉大学(文系－前期日程)
42 千葉大学(理系－前期日程) 医
43 千葉大学(後期日程) 医
44 東京大学(文科) DL
45 東京大学(理科) DL 医
46 お茶の水女子大学
47 電気通信大学
48 東京外国語大学 DL
49 東京海洋大学
50 東京科学大学(旧 東京工業大学)
51 東京科学大学(旧 東京医科歯科大学) 医
52 東京学芸大学
53 東京藝術大学
54 東京農工大学
55 一橋大学(前期日程)
56 一橋大学(後期日程)
57 東京都立大学(文系)
58 東京都立大学(理系)
59 横浜国立大学(文系)
60 横浜国立大学(理系)
61 横浜市立大学(国際教養・国際商・理・データサイエンス・医〈看護〉学部)
62 横浜市立大学(医学部〈医学科〉) 医
63 新潟大学(人文・教育〈文系〉・法・経済科・医〈看護〉・創生学部)
64 新潟大学(教育〈理系〉・理・医〈看護を除く〉・歯・工・農学部) 医
65 新潟県立大学
66 富山大学(文系)
67 富山大学(理系) 医
68 富山県立大学
69 金沢大学(文系)
70 金沢大学(理系) 医
71 福井大学(教育・医〈看護〉・工・国際地域学部)
72 福井大学(医学部〈医学科〉) 医
73 福井県立大学
74 山梨大学(教育・医〈看護〉・工・生命環境学部)
75 山梨大学(医学部〈医学科〉) 医
76 都留文科大学
77 信州大学(文系－前期日程)
78 信州大学(理系－前期日程) 医
79 信州大学(後期日程)
80 公立諏訪東京理科大学 総推
81 岐阜大学(前期日程) 医
82 岐阜大学(後期日程)
83 岐阜薬科大学
84 静岡大学(前期日程)
85 静岡大学(後期日程)
86 浜松医科大学(医学部〈医学科〉) 医
87 静岡県立大学
88 静岡文化芸術大学
89 名古屋大学(文系)
90 名古屋大学(理系) 医
91 愛知教育大学
92 名古屋工業大学
93 愛知県立大学
94 名古屋市立大学(経済・人文社会・芸術工・看護・総合生命理・データサイエンス学部)
95 名古屋市立大学(医学部〈医学科〉) 医
96 名古屋市立大学(薬学部)
97 三重大学(人文・教育・医〈看護〉学部)
98 三重大学(医〈医〉・工・生物資源学部) 医
99 滋賀大学
100 滋賀医科大学(医学部〈医学科〉) 医
101 滋賀県立大学
102 京都大学(文系)
103 京都大学(理系) 医
104 京都教育大学
105 京都工芸繊維大学
106 京都府立大学
107 京都府立医科大学(医学部〈医学科〉) 医
108 大阪大学(文系) DL
109 大阪大学(理系) 医
110 大阪教育大学
111 大阪公立大学(現代システム科学域〈文系〉・文・法・経済・商・看護・生活科〈居住環境・人間福祉〉学部－前期日程)
112 大阪公立大学(現代システム科学域〈理系〉・理・工・農・獣医・医・生活科〈食栄養〉学部－前期日程) 医
113 大阪公立大学(中期日程)
114 大阪公立大学(後期日程)
115 神戸大学(文系－前期日程)
116 神戸大学(理系－前期日程) 医
117 神戸大学(後期日程)
118 神戸市外国語大学 DL
119 兵庫県立大学(国際商経・社会情報科・看護学部)
120 兵庫県立大学(工・理・環境人間学部)
121 奈良教育大学／奈良県立大学
122 奈良女子大学
123 奈良県立医科大学(医学部〈医学科〉) 医
124 和歌山大学
125 和歌山県立医科大学(医・薬学部) 医
126 鳥取大学 医
127 公立鳥取環境大学
128 島根大学 医
129 岡山大学(文系)
130 岡山大学(理系) 医
131 岡山県立大学
132 広島大学(文系－前期日程)
133 広島大学(理系－前期日程) 医
134 広島大学(後期日程)
135 尾道市立大学 総推
136 県立広島大学
137 広島市立大学
138 福山市立大学 総推
139 山口大学(人文・教育〈文系〉・経済・医〈看護〉・国際総合科学部)
140 山口大学(教育〈理系〉・理・医〈看護を除く〉・工・農・共同獣医学部) 医
141 山陽小野田市立山口東京理科大学 総推
142 下関市立大学／山口県立大学
143 周南公立大学 新 総推
144 徳島大学 医
145 香川大学 医
146 愛媛大学 医
147 高知大学 医
148 高知工科大学
149 九州大学(文系－前期日程)
150 九州大学(理系－前期日程) 医
151 九州大学(後期日程)
152 九州工業大学
153 福岡教育大学
154 北九州市立大学
155 九州歯科大学
156 福岡県立大学／福岡女子大学
157 佐賀大学 医
158 長崎大学(多文化社会・教育〈文系〉・経済・医〈保健〉・環境科〈文系〉学部)
159 長崎大学(教育〈理系〉・医〈医〉・歯・薬・情報データ科・工・環境科〈理系〉・水産学部) 医
160 長崎県立大学 総推
161 熊本大学(文・教育・法・医〈看護〉学部・情報融合学環〈文系型〉)
162 熊本大学(理・医〈看護を除く〉・薬・工学部・情報融合学環〈理系型〉) 医
163 熊本県立大学
164 大分大学(教育・経済・医〈看護〉・理工・福祉健康科学部)
165 大分大学(医学部〈医・先進医療科学科〉) 医
166 宮崎大学(教育・医〈看護〉・工・農・地域資源創成学部)
167 宮崎大学(医学部〈医学科〉) 医
168 鹿児島大学(文系)
169 鹿児島大学(理系) 医
170 琉球大学 医

2025年版　大学赤本シリーズ

国公立大学 その他

171 〔国公立大〕医学部医学科 総合型選抜・学校推薦型選抜※ 医 総推
172 看護・医療系大学〈国公立 東日本〉※
173 看護・医療系大学〈国公立 中日本〉※
174 看護・医療系大学〈国公立 西日本〉※
175 海上保安大学校／気象大学校
176 航空保安大学校
177 国立看護大学校
178 防衛大学校 総推
179 防衛医科大学校（医学科） 医
180 防衛医科大学校（看護学科）

※No.171～174の収載大学は赤本ウェブサイト（http://akahon.net/）でご確認ください。

私立大学①

北海道の大学（50音順）

201 札幌大学
202 札幌学院大学
203 北星学園大学
204 北海学園大学
205 北海道医療大学
206 北海道科学大学
207 北海道武蔵女子大学・短期大学
208 酪農学園大学（獣医学群〈獣医学類〉）

東北の大学（50音順）

209 岩手医科大学（医・歯・薬学部） 医
210 仙台大学 総推
211 東北医科薬科大学（医・薬学部） 医
212 東北学院大学
213 東北工業大学
214 東北福祉大学
215 宮城学院女子大学 総推

関東の大学（50音順）

あ行（関東の大学）

216 青山学院大学（法・国際政治経済学部－個別学部日程）
217 青山学院大学（経済学部－個別学部日程）
218 青山学院大学（経営学部－個別学部日程）
219 青山学院大学（文・教育人間科学部－個別学部日程）
220 青山学院大学（総合文化政策・社会情報・地球社会共生・コミュニティ人間科学部－個別学部日程）
221 青山学院大学（理工学部－個別学部日程）
222 青山学院大学（全学部日程）
223 麻布大学（獣医、生命・環境科学部）
224 亜細亜大学
226 桜美林大学
227 大妻女子大学・短期大学部

か行（関東の大学）

228 学習院大学（法学部－コア試験）
229 学習院大学（経済学部－コア試験）
230 学習院大学（文学部－コア試験）
231 学習院大学（国際社会科学部－コア試験）
232 学習院大学（理学部－コア試験）
233 学習院女子大学
234 神奈川大学（給費生試験）
235 神奈川大学（一般入試）
236 神奈川工科大学
237 鎌倉女子大学・短期大学部
238 川村学園女子大学
239 神田外語大学
240 関東学院大学
241 北里大学（理学部）
242 北里大学（医学部） 医
243 北里大学（薬学部）
244 北里大学（看護・医療衛生学部）
245 北里大学（未来工・獣医・海洋生命科学部）
246 共立女子大学・短期大学
247 杏林大学（医学部） 医
248 杏林大学（保健学部）
249 群馬医療福祉大学・短期大学部
250 群馬パース大学 総推
251 慶應義塾大学（法学部）
252 慶應義塾大学（経済学部）
253 慶應義塾大学（商学部）
254 慶應義塾大学（文学部） 総推
255 慶應義塾大学（総合政策学部）
256 慶應義塾大学（環境情報学部）
257 慶應義塾大学（理工学部）
258 慶應義塾大学（医学部） 医
259 慶應義塾大学（薬学部）
260 慶應義塾大学（看護医療学部）
261 工学院大学
262 國學院大學
263 国際医療福祉大学 医
264 国際基督教大学
265 国士舘大学
266 駒澤大学（一般選抜T方式・S方式）
267 駒澤大学（全学部統一日程選抜）

さ行（関東の大学）

268 埼玉医科大学（医学部） 医
269 相模女子大学・短期大学部
270 産業能率大学
271 自治医科大学（医学部） 医
272 自治医科大学（看護学部）／東京慈恵会医科大学（医学部〈看護学科〉）
273 実践女子大学 総推
274 芝浦工業大学（前期日程）
275 芝浦工業大学（全学統一日程・後期日程）
276 十文字学園女子大学
277 淑徳大学
278 順天堂大学（医学部） 医
279 順天堂大学（スポーツ健康科・医療看護・保健看護・国際教養・保健医療・医療科・健康データサイエンス・薬学部） 総推
280 上智大学（神・文・総合人間科学部）
281 上智大学（法・経済学部）
282 上智大学（外国語・総合グローバル学部）
283 上智大学（理工学部）
284 上智大学（TEAPスコア利用方式）
285 湘南工科大学
286 昭和大学（医学部） 医
287 昭和大学（歯・薬・保健医療学部）
288 昭和女子大学
289 昭和薬科大学
290 女子栄養大学・短期大学部 総推
291 白百合女子大学
292 成蹊大学（法学部－A方式）
293 成蹊大学（経済・経営学部－A方式）
294 成蹊大学（文学部－A方式）
295 成蹊大学（理工学部－A方式）
296 成蹊大学（E方式・G方式・P方式）
297 成城大学（経済・社会イノベーション学部－A方式）
298 成城大学（文芸・法学部－A方式）
299 成城大学（S方式〈全学部統一選抜〉）
300 聖心女子大学
301 清泉女子大学
303 聖マリアンナ医科大学 医
304 聖路加国際大学（看護学部）
305 専修大学（スカラシップ・全国入試）
306 専修大学（前期入試〈学部個別入試〉）
307 専修大学（前期入試〈全学部入試・スカラシップ入試〉）

た行（関東の大学）

308 大正大学
309 大東文化大学
310 高崎健康福祉大学
311 拓殖大学
312 玉川大学
313 多摩美術大学
314 千葉工業大学
315 中央大学（法学部－学部別選抜）
316 中央大学（経済学部－学部別選抜）
317 中央大学（商学部－学部別選抜）
318 中央大学（文学部－学部別選抜）
319 中央大学（総合政策学部－学部別選抜）
320 中央大学（国際経営・国際情報学部－学部別選抜）
321 中央大学（理工学部－学部別選抜）
322 中央大学（5学部共通選抜）
323 中央学院大学
324 津田塾大学
325 帝京大学（薬・経済・法・文・外国語・教育・理工・医療技術・福岡医療技術学部）
326 帝京大学（医学部） 医
327 帝京科学大学 総推
328 帝京平成大学 総推
329 東海大学（医〈医〉学部を除く－一般選抜）
330 東海大学（文系・理系学部統一選抜）
331 東海大学（医学部〈医学科〉） 医
332 東京医科大学（医学部〈医学科〉） 医
333 東京家政大学・短期大学部 総推
334 東京経済大学
335 東京工科大学
336 東京工芸大学
337 東京国際大学
338 東京歯科大学
339 東京慈恵会医科大学（医学部〈医学科〉） 医
340 東京情報大学
341 東京女子大学
342 東京女子医科大学（医学部） 医
343 東京電機大学
344 東京都市大学
345 東京農業大学
346 東京薬科大学（薬学部） 総推
347 東京薬科大学（生命科学部） 総推
348 東京理科大学（理学部〈第一部〉－B方式）
349 東京理科大学（創域理工学部－B方式・S方式）
350 東京理科大学（工学部－B方式）
351 東京理科大学（先進工学部－B方式）
352 東京理科大学（薬学部－B方式）
353 東京理科大学（経営学部－B方式）
354 東京理科大学（C方式、グローバル方式、理学部〈第二部〉－B方式）
355 東邦大学（医学部） 医
356 東邦大学（薬学部）

2025年版　大学赤本シリーズ

私立大学②

357 東邦大学(理・看護・健康科学部)
358 東洋大学(文・経済・経営・法・社会・国際・国際観光学部)
359 東洋大学(情報連携・福祉社会デザイン・健康スポーツ科・理工・総合情報・生命科・食環境科学部)
360 東洋大学(英語〈3日程×3カ年〉)
361 東洋大学(国語〈3日程×3カ年〉)
362 東洋大学(日本史・世界史〈2日程×3カ年〉)
363 東洋英和女学院大学
364 常磐大学・短期大学 総推
365 獨協大学
366 獨協医科大学(医学部) 医

な行(関東の大学)

367 二松学舎大学
368 日本大学(法学部)
369 日本大学(経済学部)
370 日本大学(商学部)
371 日本大学(文理学部〈文系〉)
372 日本大学(文理学部〈理系〉)
373 日本大学(芸術学部〈専門試験併用型〉)
374 日本大学(国際関係学部)
375 日本大学(危機管理・スポーツ科学部)
376 日本大学(理工学部)
377 日本大学(生産工・工学部)
378 日本大学(生物資源科学部)
379 日本大学(医学部) 医
380 日本大学(歯・松戸歯学部)
381 日本大学(薬学部)
382 日本大学(N全学統一方式−医・芸術〈専門試験併用型〉学部を除く)
383 日本医科大学 医
384 日本工業大学
385 日本歯科大学
386 日本社会事業大学 総推
387 日本獣医生命科学大学
388 日本女子大学
389 日本体育大学

は行(関東の大学)

390 白鷗大学(学業特待選抜・一般選抜)
391 フェリス女学院大学
392 文教大学
393 法政大学(法〈Ⅰ日程〉・文〈Ⅱ日程〉・経営〈Ⅱ日程〉学部−A方式)
394 法政大学(法〈Ⅱ日程〉・国際文化・キャリアデザイン学部−A方式)
395 法政大学(文〈Ⅰ日程〉・経営〈Ⅰ日程〉・人間環境・グローバル教養学部−A方式)
396 法政大学(経済〈Ⅰ日程〉・社会〈Ⅰ日程〉・現代福祉学部−A方式)
397 法政大学(経済〈Ⅱ日程〉・社会〈Ⅱ日程〉・スポーツ健康学部−A方式)
398 法政大学(情報科・デザイン工・理工・生命科学部−A方式)
399 法政大学(T日程〈統一日程〉・英語外部試験利用入試)
400 星薬科大学 総推

ま行(関東の大学)

401 武蔵大学
402 武蔵野大学
403 武蔵野美術大学
404 明海大学
405 明治大学(法学部−学部別入試)
406 明治大学(政治経済学部−学部別入試)
407 明治大学(商学部−学部別入試)
408 明治大学(経営学部−学部別入試)
409 明治大学(文学部−学部別入試)
410 明治大学(国際日本学部−学部別入試)
411 明治大学(情報コミュニケーション学部−学部別入試)
412 明治大学(理工学部−学部別入試)
413 明治大学(総合数理学部−学部別入試)
414 明治大学(農学部−学部別入試)
415 明治大学(全学部統一入試)
416 明治学院大学(A日程)
417 明治学院大学(全学部日程)
418 明治薬科大学 総推
419 明星大学
420 目白大学・短期大学部

ら・わ行(関東の大学)

421 立教大学(文系学部−一般入試〈大学独自の英語を課さない日程〉)
422 立教大学(国語〈3日程×3カ年〉)
423 立教大学(日本史・世界史〈2日程×3カ年〉)
424 立教大学(文学部−一般入試〈大学独自の英語を課す日程〉)
425 立教大学(理学部−一般入試)
426 立正大学
427 早稲田大学(法学部)
428 早稲田大学(政治経済学部)
429 早稲田大学(商学部)
430 早稲田大学(社会科学部)
431 早稲田大学(文学部)
432 早稲田大学(文化構想学部)
433 早稲田大学(教育学部〈文科系〉)
434 早稲田大学(教育学部〈理科系〉)
435 早稲田大学(人間科・スポーツ科学部)
436 早稲田大学(国際教養学部)
437 早稲田大学(基幹理工・創造理工・先進理工学部)
438 和洋女子大学 総推

中部の大学(50音順)

439 愛知大学
440 愛知医科大学(医学部) 医
441 愛知学院大学・短期大学部
442 愛知工業大学 総推
443 愛知淑徳大学
444 朝日大学 総推
445 金沢医科大学(医学部) 医
446 金沢工業大学
447 岐阜聖徳学園大学 総推
448 金城学院大学
449 至学館大学 総推
450 静岡理工科大学
451 椙山女学園大学
452 大同大学
453 中京大学
454 中部大学
455 名古屋外国語大学 総推
456 名古屋学院大学 総推
457 名古屋学芸大学 総推
458 名古屋女子大学 総推
459 南山大学(外国語〈英米〉・法・総合政策・国際教養学部)
460 南山大学(人文・外国語〈英米を除く〉・経済・経営・理工学部)
461 新潟国際情報大学
462 日本福祉大学
463 福井工業大学
464 藤田医科大学(医学部) 医
465 藤田医科大学(医療科・保健衛生学部)
466 名城大学(法・経営・経済・外国語・人間・都市情報学部)
467 名城大学(情報工・理工・農・薬学部)
468 山梨学院大学

近畿の大学(50音順)

469 追手門学院大学 総推
470 大阪医科薬科大学(医学部) 医
471 大阪医科薬科大学(薬学部) 総推
472 大阪学院大学 総推
473 大阪経済大学 総推
474 大阪経済法科大学 総推
475 大阪工業大学 総推
476 大阪国際大学・短期大学部 総推
477 大阪産業大学 総推
478 大阪歯科大学(歯学部)
479 大阪商業大学 総推
480 大阪成蹊大学・短期大学 総推
481 大谷大学 総推
482 大手前大学・短期大学 総推
483 関西大学(文系)
484 関西大学(理系)
485 関西大学(英語〈3日程×3カ年〉)
486 関西大学(国語〈3日程×3カ年〉)
487 関西大学(日本史・世界史・文系数学〈3日程×3カ年〉)
488 関西医科大学(医学部) 医
489 関西医療大学 総推
490 関西外国語大学・短期大学部 総推
491 関西学院大学(文・法・商・人間福祉・総合政策学部−学部個別日程)
492 関西学院大学(神・社会・経済・国際・教育学部−学部個別日程)
493 関西学院大学(全学部日程〈文系型〉)
494 関西学院大学(全学部日程〈理系型〉)
495 関西学院大学(共通テスト併用日程〈数学〉・英数日程)
496 関西学院大学(英語〈3日程×3カ年〉) 新
497 関西学院大学(国語〈3日程×3カ年〉) 新
498 関西学院大学(日本史・世界史・文系数学〈3日程×3カ年〉) 新
499 畿央大学 総推
500 京都外国語大学・短期大学 総推
502 京都産業大学(公募推薦入試) 総推
503 京都産業大学(一般選抜入試〈前期日程〉)
504 京都女子大学 総推
505 京都先端科学大学 総推
506 京都橘大学 総推
507 京都ノートルダム女子大学 総推
508 京都薬科大学 総推
509 近畿大学・短期大学部(医学部を除く−推薦入試) 総推
510 近畿大学・短期大学部(医学部を除く−一般入試前期)
511 近畿大学(英語〈医学部を除く3日程×3カ年〉)
512 近畿大学(理系数学〈医学部を除く3日程×3カ年〉)
513 近畿大学(国語〈医学部を除く3日程×3カ年〉)
514 近畿大学(医学部−推薦入試・一般入試前期) 医 総推
515 近畿大学・短期大学部(一般入試後期) 医
516 皇學館大学 総推
517 甲南大学 総推
518 甲南女子大学(学校推薦型選抜) 新 総推
519 神戸学院大学 総推
520 神戸国際大学 総推
521 神戸女学院大学 総推
522 神戸女子大学・短期大学 総推
523 神戸薬科大学 総推
524 四天王寺大学・短期大学部 総推
525 摂南大学(公募制推薦入試) 総推
526 摂南大学(一般選抜前期日程)
527 帝塚山学院大学 総推
528 同志社大学(法、グローバル・コミュニケーション学部−学部個別日程)

2025年版　大学赤本シリーズ

私立大学③

529 同志社大学(文・経済学部－学部個別日程)
530 同志社大学(神・商・心理・グローバル地域文化学部－学部個別日程)
531 同志社大学(社会学部－学部個別日程)
532 同志社大学(政策・文化情報〈文系型〉・スポーツ健康科〈文系型〉学部－学部個別日程)
533 同志社大学(理工・生命医科・文化情報〈理系型〉・スポーツ健康科〈理系型〉学部－学部個別日程)
534 同志社大学(全学部日程)
535 同志社女子大学 総推
536 奈良大学 総推
537 奈良学園大学 総推
538 阪南大学 総推
539 姫路獨協大学 総推
540 兵庫医科大学(医学部) 医
541 兵庫医科大学(薬・看護・リハビリテーション学部) 総推
542 佛教大学 総推
543 武庫川女子大学 総推
544 桃山学院大学 総推
545 大和大学・大和大学白鳳短期大学部 総推
546 立命館大学(文系－全学統一方式・学部個別配点方式)／立命館アジア太平洋大学(前期方式・英語重視方式)
547 立命館大学(理系－全学統一方式・学部個別配点方式・理系型3教科方式・薬学方式)
548 立命館大学(英語〈全学統一方式3日程×3カ年〉)
549 立命館大学(国語〈全学統一方式3日程×3カ年〉)
550 立命館大学(文系選択科目〈全学統一方式2日程×3カ年〉)
551 立命館大学(IR方式〈英語資格試験利用型〉・共通テスト併用方式)／立命館アジア太平洋大学(共通テスト併用方式)
552 立命館大学(後期分割方式・「経営学部で学ぶ感性＋共通テスト」方式)／立命館アジア太平洋大学(後期方式)
553 龍谷大学(公募推薦入試) 総推
554 龍谷大学(一般選抜入試)

中国の大学(50音順)

555 岡山商科大学 総推
556 岡山理科大学 総推
557 川崎医科大学 医
558 吉備国際大学 総推
559 就実大学 総推
560 広島経済大学
561 広島国際大学 総推
562 広島修道大学
563 広島文教大学 総推
564 福山大学／福山平成大学
565 安田女子大学 総推

四国の大学(50音順)

567 松山大学

九州の大学(50音順)

568 九州医療科学大学
569 九州産業大学
570 熊本学園大学
571 久留米大学(文・人間健康・法・経済・商学部)
572 久留米大学(医学部〈医学科〉) 医
573 産業医科大学(医学部) 医
574 西南学院大学(商・経済・法・人間科学部－A日程)
575 西南学院大学(神・外国語・国際文化学部－A日程／全学部－F日程)
576 福岡大学(医学部医学科を除く－学校推薦型選抜・一般選抜系統別日程) 総推
577 福岡大学(医学部医学科を除く－一般選抜前期日程)
578 福岡大学(医学部〈医学科〉－学校推薦型選抜・一般選抜系統別日程) 医 総推
579 福岡工業大学
580 令和健康科学大学 総推

医 医学部医学科を含む
総推 総合型選抜または学校推薦型選抜を含む
DL リスニング音声配信　新 2024年 新刊・復刊

掲載している入試の種類や試験科目，収載年数などはそれぞれ異なります。詳細については，それぞれの本の目次や赤本ウェブサイトでご確認ください。

akahon.net
赤本｜ 検索

難関校過去問シリーズ

出題形式別・分野別に収録した
「入試問題事典」
20大学 73点

定価2,310～2,640円(本体2,100～2,400円)

先輩合格者はこう使った！
「難関校過去問シリーズの使い方」

61年，全部載せ！
要約演習で，総合力を鍛える

東大の英語
要約問題 UNLIMITED

国公立大学

東大の英語25カ年[第12版] 改
東大の英語リスニング20カ年[第9版] DL 改
東大の英語 要約問題 UNLIMITED
東大の文系数学25カ年[第12版] 改
東大の理系数学25カ年[第12版] 改
東大の現代文25カ年[第12版] 改
東大の古典25カ年[第12版] 改
東大の日本史25カ年[第9版] 改
東大の世界史25カ年[第9版] 改
東大の地理25カ年[第9版] 改
東大の物理25カ年[第9版] 改
東大の化学25カ年[第9版] 改
東大の生物25カ年[第9版] 改
東工大の英語20カ年[第8版] 改
東工大の数学20カ年[第9版] 改
東工大の物理20カ年[第5版] 改
東工大の化学20カ年[第5版] 改
一橋大の英語20カ年[第9版] 改
一橋大の数学20カ年[第9版] 改
一橋大の国語20カ年[第6版] 改
一橋大の日本史20カ年[第6版] 改
一橋大の世界史20カ年[第6版] 改
筑波大の英語15カ年 新
筑波大の数学15カ年 新
京大の英語25カ年[第12版]
京大の文系数学25カ年[第12版]
京大の理系数学25カ年[第12版]
京大の現代文25カ年[第2版]
京大の古典25カ年[第2版]
京大の日本史20カ年[第3版]
京大の世界史20カ年[第3版]
京大の物理25カ年[第9版]
京大の化学25カ年[第9版]
北大の英語15カ年[第8版]
北大の理系数学15カ年[第8版]
北大の物理15カ年[第2版]
北大の化学15カ年[第2版]
東北大の英語15カ年[第8版]
東北大の理系数学15カ年[第8版]
東北大の物理15カ年[第2版]
東北大の化学15カ年[第2版]
名古屋大の英語15カ年[第8版]
名古屋大の理系数学15カ年[第8版]
名古屋大の物理15カ年[第2版]
名古屋大の化学15カ年[第2版]
阪大の英語20カ年[第9版]
阪大の文系数学20カ年[第3版]
阪大の理系数学20カ年[第9版]
阪大の国語15カ年[第3版]
阪大の物理20カ年[第8版]
阪大の化学20カ年[第6版]
九大の英語15カ年[第8版]
九大の理系数学15カ年[第7版]
九大の物理15カ年[第2版]
九大の化学15カ年[第2版]
神戸大の英語15カ年[第9版]
神戸大の数学15カ年[第5版]
神戸大の国語15カ年[第3版]

私立大学

早稲田の英語[第11版] 改
早稲田の国語[第9版] 改
早稲田の日本史[第9版] 改
早稲田の世界史[第2版] 改
慶應の英語[第11版] 改
慶應の小論文[第3版] 改
明治大の英語[第9版] 改
明治大の国語[第2版] 改
明治大の日本史[第2版] 改
中央大の英語[第9版] 改
法政大の英語[第9版] 改
同志社大の英語[第10版]
立命館大の英語[第10版]
関西大の英語[第10版]
関西学院大の英語[第10版]

DL リスニング音声配信
新 2024年 新刊
改 2024年 改訂

共通テスト対策関連書籍

共通テスト対策も赤本で

❶ 過去問演習

2025年版

共通テスト赤本シリーズ

全12点

A5判／定価1,320円
（本体1,200円）

- 英国数には新課程対応オリジナル実戦模試 掲載！
- 公表された新課程試作問題はすべて掲載！
- くわしい対策講座で得点力UP
- 英語はリスニングを10回分掲載！赤本の音声サイトで本番さながらの対策！

- 英語 リーディング／リスニング DL
- 数学Ⅰ, A／Ⅱ, B, C
- 国語
- 歴史総合, 日本史探究
- 歴史総合, 世界史探究
- 地理総合, 地理探究
- 公共, 倫理
- 公共, 政治・経済
- 物理
- 化学
- 生物
- 物理基礎／化学基礎／生物基礎／地学基礎

DL 音声無料配信

❷ 自己分析

赤本ノートシリーズ

過去問演習の効果を最大化

▶共通テスト対策には

赤本ノート
（共通テスト用）

赤本ルーズリーフ
（共通テスト用）

共通テスト
赤本シリーズ

新課程攻略
問題集

全26点
に対応!!

▶二次・私大対策には

大学赤本
シリーズ

全556点
に対応!!

赤本ノート（二次・私大用）

❸ 重点対策

**共通テスト
赤本プラス**

新課程攻略問題集

基礎固め&苦手克服のための分野別対策問題集!!
厳選された問題でかしこく対策

- 英語リーディング
- 英語リスニング DL
- 数学Ⅰ, A
- 数学Ⅱ, B, C
- 国語（現代文）
- 国語（古文, 漢文）
- 歴史総合, 日本史探究
- 歴史総合, 世界史探究
- 地理総合, 地理探究
- 公共, 政治・経済
- 物理
- 化学
- 生物
- 情報Ⅰ

DL 音声無料配信

全14点
好評発売中！

A5判／定価1,320円（本体1,200円）

手軽なサイズの実戦的参考書

目からウロコの
コツが満載！

直前期にも！

満点のコツ
シリーズ

赤本
ポケット

いつも受験生のそばに―赤本

大学入試シリーズ+α
入試対策も共通テスト対策も赤本で

入試対策

赤本プラス

赤 PLUS+ 本

赤本プラスとは，**過去問演習の効果を最大にする**ためのシリーズです。「赤本」であぶり出された弱点を，赤本プラスで克服しましょう。

大学入試 すぐわかる英文法 DL
大学入試 ひと目でわかる英文読解
大学入試 絶対できる英語リスニング DL
大学入試 すぐ書ける自由英作文
大学入試 ぐんぐん読める 英語長文〔BASIC〕DL
大学入試 ぐんぐん読める 英語長文〔STANDARD〕DL
大学入試 ぐんぐん読める 英語長文〔ADVANCED〕DL
大学入試 正しく書ける英作文
大学入試 最短でマスターする 数学I・II・III・A・B・C
大学入試 突破力を鍛える最難関の数学
大学入試 知らなきゃ解けない 古文常識・和歌
大学入試 ちゃんと身につく物理
大学入試 もっと身につく 物理問題集（①力学・波動）
大学入試 もっと身につく 物理問題集（②熱力学・電磁気・原子）

入試対策

英検® 赤本シリーズ

英検®（実用英語技能検定）の対策書。
過去問集と参考書で万全の対策ができます。

▶過去問集（2024年度版）
英検®準1級過去問集 DL
英検®2級過去問集 DL
英検®準2級過去問集 DL
英検®3級過去問集 DL

▶参考書
竹岡の英検®準1級マスター DL
竹岡の英検®2級マスター CD DL
竹岡の英検®準2級マスター CD DL
竹岡の英検®3級マスター CD DL

CD リスニングCDつき　DL 音声無料配信
新 2024年新刊・改訂

入試対策

赤本プレミアム

赤本の教学社だからこそ作れた、過去問ベストセレクション

東大数学プレミアム
東大現代文プレミアム
京大数学プレミアム〔改訂版〕
京大古典プレミアム

入試対策

赤本メディカルシリーズ

過去問を徹底的に研究し，独自の出題傾向をもつメディカル系の入試に役立つ内容を精選した実戦的なシリーズ。

〔国公立大〕医学部の英語〔3訂版〕
私立医大の英語〔長文読解編〕〔3訂版〕
私立医大の英語〔文法・語法編〕〔改訂版〕
医学部の実戦小論文〔3訂版〕
医歯薬系の英単語〔4訂版〕
医系小論文 最頻出論点20〔4訂版〕
医学部の面接〔4訂版〕

入試対策

体系シリーズ

国公立大二次・難関私大突破へ，自学自習に適したハイレベル問題集。

体系英語長文
体系英作文
体系現代文
体系世界史
体系物理〔第7版〕

入試対策

単行本

▶英語
Q&A即決英語勉強法
TEAP攻略問題集 CD
東大の英単語〔新装版〕
早慶上智の英単語〔改訂版〕

▶国語・小論文
著者に注目! 現代文問題集
ブレない小論文の書き方 樋口式ワークノート

▶レシピ集
奥薗壽子の赤本合格レシピ

入試対策　共通テスト対策

赤本手帳

赤本手帳（2025年度受験用）プラムレッド
赤本手帳（2025年度受験用）インディゴブルー
赤本手帳（2025年度受験用）ナチュラルホワイト

入試対策

風呂で覚えるシリーズ

水をはじく特殊な紙を使用。いつでもどこでも読めるから，ちょっとした時間を有効に使える！

風呂で覚える英単語〔4訂新装版〕
風呂で覚える英熟語〔改訂新装版〕
風呂で覚える古文単語〔改訂新装版〕
風呂で覚える古文文法〔改訂新装版〕
風呂で覚える漢文〔改訂新装版〕
風呂で覚える日本史〔年代〕〔改訂新装版〕
風呂で覚える世界史〔年代〕〔改訂新装版〕
風呂で覚える倫理〔改訂版〕
風呂で覚える百人一首〔改訂版〕

共通テスト対策

満点のコツシリーズ

共通テストで満点を狙うための実戦的参考書。
重要度の増したリスニング対策は
「カリスマ講師」竹岡広信が一回読みにも
対応できるコツを伝授！

共通テスト英語〔リスニング〕 満点のコツ〔改訂版〕 新 DL
共通テスト古文 満点のコツ〔改訂版〕 新
共通テスト漢文 満点のコツ〔改訂版〕 新

入試対策　共通テスト対策

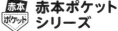

赤本ポケットシリーズ

赤本ポケット

▶共通テスト対策
共通テスト日本史〔文化史〕

▶系統別進路ガイド
デザイン系学科をめざすあなたへ

大学赤本シリーズ

赤本ウェブサイト

過去問の代名詞として、70年以上の伝統と実績。

新刊案内・特集ページも充実！

受験生の「知りたい」に答える

akahon.netでチェック！

志望大学の赤本の刊行状況を確認できる！

「赤本取扱い書店検索」で赤本を置いている書店を見つけられる！

赤本チャンネル＆赤本ブログ

赤本チャンネル

人気講師の大学別講座や
共通テスト対策など、
受験に役立つ動画 を公開中！

YouTubeや
TikTokで受験対策！

YouTube

TikTok

赤本ブログ

受験のメンタルケア、合格者の声など、
受験に役立つ記事 が充実。

詳しくは
こちら

英語の過去問、解きっぱなしにしていませんか？

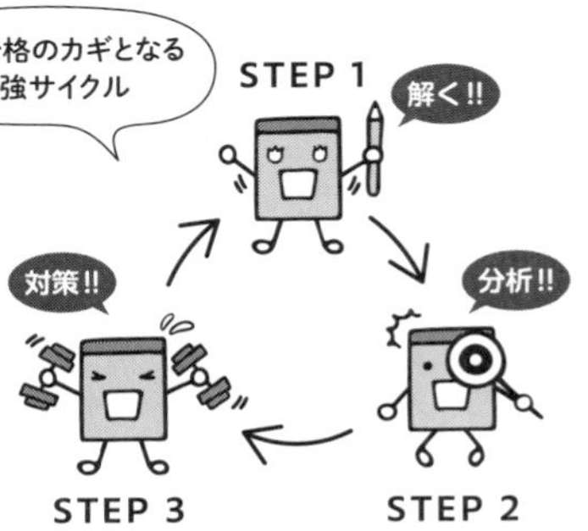

過去問を解いてみると、自分の弱い部分が見えてくる！

受験生は、英語のこんなことで悩んでいる…!?

【英文読解編】
- 単語をつなぎ合わせて読んでます…
- **まずは頻出の構文パターンを頭に叩き込もう**
- 下線部訳が苦手…
- **SVOCを丁寧に分析できるようになろう**

大学入試 ひと目でわかる 英文読解

英文構造がビジュアルで理解できる！

【英語長文編】
- いつも時間切れになってしまう…
- **速読を妨げる原因を見つけよう**
- 何度も同じところを読み返してしまう…
- **展開を予測しながら読み進めよう**

大学入試 ぐんぐん読める 英語長文 BASIC / STANDARD / ADVANCED

6つのステップで、英語が「正確に速く」読めるようになる！

【英作文編】
- ［和文英訳］ってどう対策したらいいの？
- **頻出パターンから、日本語⇒英語の転換に慣れよう**
- いろんな解答例があると混乱します…
- **試験会場でも書けそうな例に絞ってあるので覚えやすい**

New

大学入試 正しく書ける 英作文

頻出パターン×厳選例文でムダなく［和文英訳］対策！

【自由英作文編】
- 何から手をつけたらよいの…？
- **志望校の出題形式や頻出テーマをチェック！**
- 自由と言われてもどう書き始めたらよいの…？
- **自由英作文特有の「解答の型」を知ろう**

大学入試 すぐ書ける 自由英作文

頻出テーマ×重要度順 最大効率で対策できる！

こんな悩み😞をまるっと解決😊してくれるのが、赤本プラスです。

計14点 刊行中

赤本プラスは、数学・物理・古文もあるよ

（英語8点・古文1点・数学2点・物理3点）

大学赤本シリーズ

別冊問題編

2025